明溪年鉴

MINGXI YEARBOOK

2022

中共明溪县委党史和地方志研究室　编

方志出版社
Publishing House of Local Records

图书在版编目（CIP）数据

明溪年鉴. 2022 / 中共明溪县委党史和地方志研究室编. —北京 ：方志出版社，2022.12
ISBN 978-7-5144-5497-0

Ⅰ. ①明… Ⅱ. ①中… Ⅲ. ①明溪县－2022－年鉴
Ⅳ. ①Z525.74

中国版本图书馆CIP数据核字(2022)第242591号

责任编辑：王娜
责任校对：刘玉霞
责任印制：梅中英
出 版 者：方志出版社
地　　址：北京市朝阳区潘家园东里 9 号（国家方志馆4层）
邮　　编：100021
网　　址：http://www.zgfzcb.cn
发　　行：方志出版社图书营销中心（010-67110500）
印　　刷：福州报业鸿升印刷有限责任公司
开　　本：889毫米×1194毫米　1/16
印　　张：26.75
字　　数：635千字
版　　次：2022年12月第1版
印　　次：2022年12月第1次印刷
定　　价：280.00元

明溪县地方志工作领导小组

组　　长	钟　科	县委书记
第一副组长	陈华伟	县委副书记、县政府县长
常务副组长	池文斌	县委常委、县政府党组成员
副 组 长	李　强	县政府副县长
成　　员	林　熙	县委办主任
	王清华	县人大办主任
	温水木	县政府办主任、效能办主任
	谢巧玲	县政协办主任
	雷祖泉	县委宣传部常务副部长
	王远松	县委党史和地方志研究室主任
	黄建茹	县档案局（馆）局（馆）长
	李松青	县人武部副部长
	温裕强	县发改局局长
	张扬伟	县财政局局长
	陈建华	县文旅局局长
	林增云	县统计局局长
	曾卫中	城关乡党委书记
	郑　晔	雪峰镇党委书记
	邱文祥	瀚仙镇党委书记
	王　勇	沙溪乡党委书记
	邱筱斌	夏阳乡党委书记
	邝立聪	盖洋镇党委书记
	陈国泳	夏坊乡党委书记
	范远辉	枫溪乡党委书记

中共明溪县委党史和地方志研究室

主　　任　王远松

副 主 任　温国彪　罗菊妃

成　　员　傅黎明　罗兴东　李桂花　叶安婕
　　　　　邓静倩　周园丽

《明溪年鉴（2022）》编辑部

主　　编　罗兴东

编　　辑　温国彪　罗菊妃　李桂花　邓静倩
　　　　　叶安婕　周园丽　江月兰

编辑说明

一、《明溪年鉴》是中共明溪县委、明溪县人民政府主办，中共明溪县委党史和地方志研究室承编的年度资料性文献。2007年开始编纂，每年一卷，公开出版发行，《明溪年鉴（2022）》为第16卷。

二、《明溪年鉴（2022）》以马克思列宁主义、毛泽东思想、邓小平理论、“三个代表”重要思想、科学发展观、习近平新时代中国特色社会主义思想为指导，坚持辩证唯物主义和历史唯物主义的立场、观点和方法，实事求是地记载明溪县2021年1月1日至12月31日自然、政治、经济、文化、社会和生态等方面的发展情况。为反映事物全貌，“县情概貌”部分分目内容起自发端。

三、《明溪年鉴（2022）》采用分类编辑法，主体内容分为类目、分目、条目3个层次，部分层次较多的分目增设二级分目，以条目为记述的基本形式。全书卷首设彩页专辑、专记、大事记，主体部分设县情概貌、中共明溪县委员会、明溪县人民代表大会、明溪县人民政府、政协明溪县委员会、纪检监察、群众团体、法治、军事、外事　侨务　台港澳事务、应急管理、生态环境保护、城乡建设、经济管理与监督、财政　税务、农业农村、林业与自然保护区、工业与园区建设、交通　邮政　通信、商贸、金融、教育、科学技术、文化　旅游　体育、卫生健康、社会生活、乡镇、人物荣誉，卷末设重要文献、附录、索引。条目文体以记述体为主。

四、《明溪年鉴（2022）》文中未标明党派的“省委”均指“中共福建省委”，“市委”均指“中共三明市委”，“县委”均指“中共明溪县委”，“党员”均指“中共党员”，“党建”均指“中国共产党建设”。用于行政区划单位，未标明具体地区的“省”均指“福建省”，“市”均指“三明市”，“县”均指“明溪县”。

五、《明溪年鉴(2022)》所收录的资料，主体由明溪县各党政机关、群众团体、企事业单位等提供。引用的统计数据，凡国家有统一规定范围、口径和计算方法的，均按国家统一规定统计。使用的计量单位，按国家及有关部门规定执行。部分专有名词，随文括注。

六、《明溪年鉴（2022）》配备双重检索系统，卷首设有目录，卷后配有索引。索引采用主题词分析法，款目按汉语拼音字母顺序排列。

明溪县地图

比例尺1：350 000

编制单位：福建省地图出版社　审图号：明S（2022）011号　资料截至：2021年12月

明溪名片

中央苏区县

海峡内陆新侨乡

中国四大蓝宝石产区之一

中国红豆杉之乡

中国黄腹角雉之乡

中国硒锌农产品之乡

中国淮山之乡

国家生态文明建设示范县

国家级生态示范区

国家级森林经营示范县

中国候鸟旅居小城

福建省文明县城

首批省级森林城市

福建省县域经济发展“十佳”县

2019—2021年第一届福建省全民运动健身模范县

生态明溪

2021年，明溪县森林覆盖率81.96%，居福建省前列。县委、县政府深入践行“绿水青山就是金山银山”理念，推动生态产业化、产业生态化，森林康养、观鸟旅游等绿色产业加快发展，推进国际候鸟迁徙通道保护与修复工程等项目建设，打造森林康养基地12个、省级以上森林村庄12个，获评国家生态文明建设示范县。

明溪城区　（2021年8月13日张峰　摄）

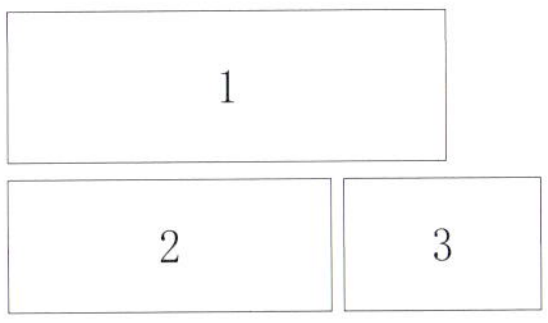

1. 2021年，明溪县完善森林资源监管体系等建设，推进“生态观鸟+森林康养”产业发展。图为福建君子峰国家级自然保护区最高峰君子峰（2021年11月23日摄 图/君子峰国家级自然保护区管理局）

2. 2021年，明溪县加快省级湿地公园鸣溪湿地公园建设，完成首期项目投资230万元。图为夏坊乡鸣溪湿地公园一隅（2021年2月25日吴小平 摄）

3. 2021年，明溪县部分森林生态副产品：红菇（左上）、石斛（右上）、灵芝（左下）、香菇（下中）、金线莲（右下）（2021年9月肖书平 摄）

2021年7月，沙溪流域明溪段国际候鸟迁徙通道保护与修复工程（一期）建设完成，每年可为数百万迁徙候鸟提供优越的栖息环境。9月，启动二期国际候鸟迁徙通道保护与修复工程（夏坊中溪点）

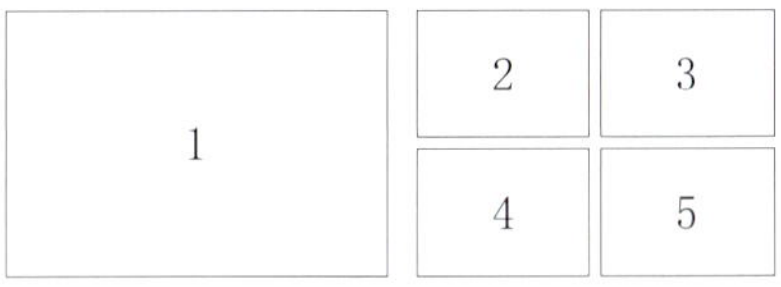

1. 白鹭 （2021年7月13日李慧兰 摄）

2. 国家二级保护野生动物白鹇 （2021年3月22日肖书平 摄）

3. 国家一级保护野生动物东方白鹳 （2021年2月22日肖书平 摄）

4. 国家一级保护野生动物黄腹角雉 （2021年4月4日李慧兰 摄）

5. 国家一级保护野生动物白颈长尾雉 （2021年1月5日肖书平 摄）

2021年，盖洋镇在推进乡村振兴进程中，筑牢绿色发展理念，护绿水青山之态，行生态腾飞之路。图为村头村万亩苗木基地

（2021年7月22日张峰 摄）

2021年，沙溪乡树立绿色发展理念，完成5个初级版、1个高级版“绿盈乡村”创建。图为“绿盈乡村”建设示范样板村沙溪乡梓口坊村

（2021年9月21日吴小平 摄）

中国共产党成立100周年庆祝活动

2021年，为庆祝中国共产党成立100周年，明溪县组织开展党史学习教育和举办明溪红色故事宣讲比赛、明溪党史知识竞赛、烈士纪念日公祭、“光荣在党50年”纪念章集中颁发、文艺演出等一系列庆祝活动，从党的百年历史中汲取智慧与力量，激励和动员全县人民为新时代明溪革命老区高质量发展而努力奋斗。

2021年3月10日，明溪县召开全县党史学习教育动员会。图为县委书记钟科（主席台右七）作动员讲话

（图/曾森锋）

2021年3月23日，明溪县组织处级领导干部走进铜铁岭战斗旧址开展党史学习教育。图为活动现场

（图/江月兰）

2021年4月，明溪县举办“讲好‘三明实践’故事 唱响‘风展红旗 如画三明’品牌”宣讲比赛。图为红色故事组初赛现场

（图/县融媒体中心）

2021年6月3日，明溪县举办“党的英模我来学”和“三明实践”故事宣讲报告会。图为全国“人民满意的公务员”方秋轩作宣讲报告 （图/汤威）

2021年6月，明溪县举办“庆祝中国共产党成立100周年明溪县党史知识竞赛”活动。图为机关组复赛现场

（图/江月兰）

2021年6月30日，明溪县建成“归化正当红——明溪革命历史陈列馆”

（图/县档案馆）

2021年6月11日，明溪县举办“学党史·忆风华”端午诗会

（图/县文联）

城乡建设

2021年，明溪县实施城市更新行动，儿童公园、迎宾大道景观提升改造等48个项目竣工投用，莆炎高速公路明溪收费站正式运营，明溪火车站及站前广场基本完工，兴泉铁路明溪段进入竣工验收阶段；实施乡村建设行动，瀚仙镇龙湖村村庄规划被列入第一批全国村庄规划优秀案例，沙溪乡沙溪村、夏阳乡旦上村获评“2021年省级乡村振兴实绩突出村”。

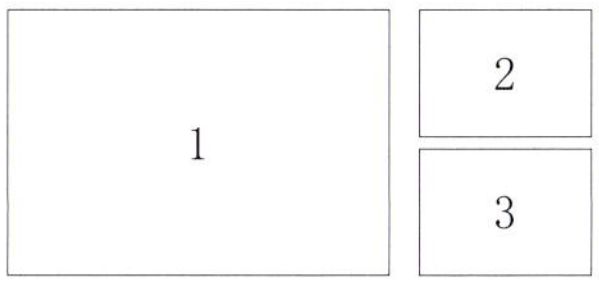

1. 莆炎高速公路明溪收费站于2021年1月1日正式运营。图为收费站闸口

（2021年1月2日吴小平 摄）

2. 2021年6月30日，明溪县档案馆新馆建成投入使用。图为档案馆大楼

（2021年7月2日温国彪 摄）

3. 2021年1月25日，明溪县餐厨废弃物处理站投入运营 （图/戴紫琪）

2021年8月，明溪县城关中学新校门建成投入使用（图/县教育局）

2021年9月4日，明溪县儿童公园改造提升项目建成投入使用
（图/江月兰）

2021年12月30日，建设中的兴泉铁路明溪站　　（图/温国彪）

2021年，夏阳乡依托“红色、绿色、古色”等资源优势，打造乡村振兴精品旅游示范线。图为县国家AAA级旅游景区、“中央红军村”御帘村（2021年9月19日摄 图/夏阳乡）

2021年，瀚仙镇龙湖村推进“杨时故里”闽学文化、省级森林村庄景区建设。图为龙湖村杨时故里龙池
（2021年9月3日罗春招 摄）

交流合作

2021年11月18日，三明市人民政府与福建省药品监督管理局在明溪县举办共建三明（明溪）原料药绿色生产基地合作备忘录签订仪式　　（图/江月兰）

2021年7月23日，福建中医药大学在明溪县举办（明溪）大学生社会实践基地、青年马克思主义者培养工程教育实践基地揭牌仪式　　（图/江月兰）

2021年，明溪县加强与省、市及有关部门、院校交流，开展合作帮扶、产业技术攻关、科研项目申报、新产品开发、人才培养与服务、教学实践基地建设等方面友好合作，推进观鸟产业及新材料、新医药、新能源“三新”产业发展，促进明溪社会经济发展。

2021年9月3日，明溪县人民政府与农业银行三明分行举行全面战略合作协议签约仪式　（图/余土金）

2021年3月5日，福建中医药大学附属第二人民医院与明溪县总医院签署合作帮扶协议　（图/戴紫琪）

社会民生

2021年，明溪县委、县政府用心办好民生事业，常态化做好疫情防控，实施产业发展拓展就业渠道，31个为民办实事项目扎实推进，公共卫生服务综合大楼、实验小学东部校区等项目建成投用，省级全民运动健身模范县通过验收，设立“办不成事”服务窗口，实现全省首例不动产登记境外直接申办，便民服务质量不断提升。

2021年3月，明溪县卫生健康服务中心综合大楼建成投入使用（摄于2021年3月28日）

（图/县卫健局）

2021年3月25日，明溪县召开新冠病毒疫苗接种工作会议　　（图/江月兰）

2021年5月21日，明溪县教育发展促进会举行募捐启动仪式（图/县融媒体中心）

2021年8月18日，明溪县行政服务中心正式启用“办不成事”反映窗口

（图/县行政服务中心）

2021年8月，明溪县税务局承办“税企互动 征纳同心”福建省电子税务局线上交流活动

（图/县税务局）

2021年8月，明溪县实验幼儿园迁建项目竣工，新校园投入使用。图为实验幼儿园新大楼　（图/温国彪）

2021年9月，明溪县实验小学东部校区建成投入使用　（图/张正）

文体事业

2021年，明溪县进一步完善公共文化服务体系，开展群众性文化和体育活动，健全全民健身组织网络，增强竞技体育实力。加大非遗保护传承，实施革命文物保护工程，启动南山国家考古遗址公园项目建设和国家级客家文化生态保护实验区创建，推进县文体事业高质量发展。

2021年1月29日，《中国影像方志·福建卷·明溪篇》在中央电视台科教频道播出 （图/县委党史方志室）

2021年4月5日，中央电视台农业农村频道播出《我的美丽乡村——火山口寻宝之旅》。图为火山口翠竹洋村产出的蓝宝石

（图/县融媒体中心）

2021年4月，明溪县启动南山国家考古遗址公园项目建设。图为全国重点文物保护单位——南山古人类文化遗址 （图/张峰）

2021年5月9日，明溪县举办“永远跟党走 奋进新时代”五一劳动节健步走活动　（图/江月兰）

2021年6月30日，明溪县推出红色歌谣传唱系列舞台节目“杜鹃花红”　（图/县文联）

2021年8月19日，“明溪溪明 青山山青”全省摄影大赛作品展在福州朱紫坊举行　（图/张峰）

2021年11月27日，明溪县在沙溪乡梓口坊村举办第二届柑橘采摘文化节。图为群众品尝并推选橘王现场　（图/江月兰）

2021年12月，明溪县举办“难以忘‘淮’——淮山宴”烹饪大赛。图为一等奖沙溪乡代表队作品

（2021年12月20日江月兰 摄）

2021年，明溪县实施革命遗址保护工程，对重点革命文物进行保护性修缮。图为胡坊镇红军旧址群

（2021年4月26日摄 图/胡坊镇）

目 录

专 记

大事记

县情概貌

中共明溪县委员会

明溪县人民代表大会

明溪县人民政府

政协明溪县委员会

纪检监察

群众团体

法 治

军 事

外事 侨务 台港澳事务

应急管理

生态环境保护

城乡建设

经济管理与监督

财政 税务

农业农村

林业与自然保护区

工业与园区建设

交通 邮政 通信

商 贸

金 融

教 育

科学技术

文化 旅游 体育

卫生健康

社会生活

乡　镇

人物 荣誉

重要文献

附 录

专 记

明溪县党史学习教育工作纪实

明溪县围绕“学党史、悟思想、办实事、开新局”总体要求和省委、市委部署，广泛动员、上下联动、创新载体，以高度政治自觉开展党史学习教育，引导广大党员把学习党史同总结经验、观照现实、推动工作结合起来，切实做到“学史明理、学史增信、学史崇德、学史力行”，不断推动党史学习教育和“我为群众办实事”实践活动出新、出彩、出实效。2021年5月19日，明溪县作为唯一县级代表在全市党史学习教育工作推进会上作典型经验交流；明溪县出国党员党史学习教育“七个一”工作机制2次作为特色亮点被纳入市委党史学习教育领导小组及其办公室汇报内容，并被编入《三明市党史学习教育工作案例》；《明溪：“一码公证”为侨服务“零距离”》入选全市首批20个“我为群众办实事”优秀案例。

“严”字当头，推动党史学习教育高质高效

始终把党史学习作为一项重大的政治任务，切实提高政治站位、强化政治担当，高标准、严要求推进，形成“一级抓一级、层层抓学习”的良好局面。一是抓好“关键少数”。县处级领导干部带头学，率先垂范高标开局，制定《县处级领导干部党史学习教育工作方案》，每期集中学习由县委主要领导亲自审定议

2021年4月15日，明溪县举办习近平总书记来闽考察重要讲话精神宣讲会暨党史学习教育专题党课。图为县委书记钟科（主席台）作主题讲座

（图/县委宣传部）

题、主持会议并作总结讲话，同时至少安排8名处级领导交流心得体会；每期学习报道都在县内主流媒体刊发，力求将学习态度和学习成果传达到各个党组织、每一名党员干部。县处级领导带头开展习近平总书记来闽来明考察重要讲话重要指示精神、“七一”重要讲话精神、中共十九届六中全会和党史学习教育指定书目等专题学习40次，其中交流研讨16次。二是注重工作保障。第一时间成立县委党史学习教育领导小组，下设办公室，抽调16名干部进行集中办公，拨付专项工作经费20万元；县党史学习教育办充分发挥牵头抓总作用，先后印发敦促学习等各类工作方案、提示和通报等70余份；建立“五个一”（每周一例会、每周一活动、每周一小结、每周一提示、每周一督察）工作机制。三是推动上下联动。围绕百年党史、习近平总书记来闽来明考察重要讲话重要指示精神、中共十九届六中全会和省第十一次党代会精神等重大主题，县处级领导带头学、带头悟、带头讲，深入挂钩联系乡（镇）部门开展集中宣讲29场；抽调理论精、素质强的领导干部成立县委宣讲团，深入机关、企业、学校、“跨村联建”党组织等基层一线开展巡回宣讲72场，有力帮助基层党员、群众学懂弄通。深入实施基层党组织“三个一”活动，组织党员领导干部、基层党支部书记在“七一”前后为所在党支部讲一次党史专题党课。充分调动发挥青年学习、宣讲的积极性主动性，开展童心向党、青年心向党等系列宣讲活动，让青年人影响带动青年人。通过“上门+点单”相结合形式，组织发动县、乡两级乡村讲师团、“新时代宣讲师”、先进模范、老党员等各级各类宣讲力量开展基层宣讲1100余场，受众4.7万人次，形成“领导干部带头讲、特色队伍深入讲、社会各界大家讲”的大宣讲格局。四是强化学习指导。成立5支党史学习教育县委巡回指导组，在市委第六巡回指导组指导下，紧扣党史学习教育阶段要求、步骤安排、必学内容、规定动作，强化学习指导，推动各党支部实现学习对象全覆盖、学习资料全覆盖、研讨学习全覆盖、理论宣讲全覆盖、“我为群众办实事”全覆盖等“五个全覆盖”目标。同时，按照党中央要求，指导全县300个党支部严肃认真召开专题组织生活会，高标准落实会议各项环节，在8月底前全部完成召开。督促县处级领导干部严格执行双重组织生活会制度，以普通党员身份参加组织生活，一起学习讨论、一起交流心得、一起接受思想教育，累计开展谈心谈话150人次，查摆问题180余个，达到红脸出汗、凝聚共识、推动事业的积极成效。

“活”字为先，推动党史学习教育有声有色

坚持立足实际、守正创新，以红色资源、宣传媒体、各类比赛活动为抓手，不断丰富党史学习教育形式。一是用活红色资源。通过对党史阐释，保护挖掘，史料收集，编印《铭记初心——明溪（归化）红色遗存背后的故事》《明溪县（归化）革命歌曲选》，摄制《日出旦上》《鱼水御帘》《云起胡坊》红色归化系列专题片，其中《日出旦上》获“第四届中国红色微电影盛典大奖——最佳短视频奖”；广泛开展红色文物征集活动，让红色档案活起来，累计整理明溪红色故事等宣讲素材近百篇。同时，用好学习强国、建党百年优秀影片展映等“接地气、内容广”的可视化教学资源，增强党史学习培训的吸引力感染力。针对听不懂普通话的老党员、村民，量身定制“方言传红音”，推动党史学习教育融入基层实际。二是突出以赛促学。在全县范围深入开展“风展红旗 如画三明”党史故事宣讲比赛67场，参与干部职工454人，1人入围全市宣讲决赛获“优秀奖”。整理汇编500道党史应知应会试题，广泛开展“庆祝中国共产党成立100周年”党史知识竞赛52场，组织基层党支部结合“三会一课”开展党史知

识测试上百场。发动全县5000余名干部职工参加党史知识网络竞赛，先后32人进入“全国党史知识竞赛”全市100强，明溪县入围全省“学史明理，福建有你”党史知识答题市县赛区前四强。三是线上线下共学。充分发挥媒体融合优势，在县内主流媒体开设《百年奋斗路·启航新征程》《党史百年·红色明溪》《每次3分钟·党史记心中》《建党百年话党史》《我为群众办实事》等20多个党史学习教育专题专栏，累计编发简报37期，向上报送稿件320篇，被市级以上主流媒体采用230多条，省级简报4次、市级简报45次刊介明溪经验做法。在归化战役遗址、“归化正当红”革命展馆、县革命纪念园开展“风展红旗·如画三明”党史故事“云”宣讲3期，吸引观看网友9.1万人次。用好“村村响”等村（居）宣传载体，通过每天定点播报，让党的声音“飞入寻常百姓家”。建设“党建有声图书馆”，将党史知识以音频形式融入二维码中，方便群众随时随刻免费畅听，让党史学习更加“声”入人心。

“引”字为要，推动党史学习教育入脑入心

充分挖掘运用革命烈士、革命遗址、先进模范等党史学习教育精神富矿和鲜活教材，多措并举引导党员特别是海外党员在学党史中赓续红色血脉、厚植爱国情怀，汇聚起奋斗“十四五”、建功新时代的磅礴力量。一是抓好先进典型引领。大力开展廖俊波、孙丽美、潘东升同志先进事迹，全国“七一勋章”获得者，明溪县“两优一先”获得者以及“光荣在党50年”纪念章颁发活动的学习宣传工作。组织方秋轩、戴清华等明溪县近年获国家荣誉的先进代表成立英模宣讲团，开展“党的英模我来学”系列宣讲活动，大力营造学习先进、争做先锋的浓厚氛围。二是抓好学习阵地引领。把党史学习教育纳入县委党校（行政学校）干部培训的重要内容，积极适应新时代党员干部学习特点，广泛运用讲授式、研讨式、案例式、沉浸式等灵活方式开展党史学习培训。充分发挥明溪县爱国主义教育基地、革命遗址旧址等红色资源富集的独特优势，确立归化之役遗址等20个党史学习教育参观学习点，打造“归化正当红”革命历史展馆以及“理想照耀中国”专题展览，结合举办重温红军战斗历程、重走总书记来明调研点、清明主题“七个一”、重温入党誓词等活动，组织党员干部约800批次3.5万人次开展现场体验式教学。三是抓好旅外乡亲引领。针对明溪县出国党员多的特点，以沙溪乡为试点，推行“创建一个出国党员微信群、推送一次党史知识、分享一批红色书籍、开展一次视频研讨、录制一季‘方言传红音’音频、收集一次‘我为群众办实事’意见建议、成立一个海外学习小组”的“七个一”党史学习教育工作机制，发挥“微信+云端”等载体作用，为出国党员搭建起人人皆学、时时可学、处处能学的党史学习教育平台。举办明溪旅外乡亲“云”宣讲6场，累计吸引来自世界30余个国家（地区）的旅外乡亲和网友共计20万余人次观看直播，有力引导侨胞回归、侨资回流、侨智回援。明溪县旅外乡亲“云”宣讲典型经验做法先后在央视新闻、福建日报、东南网等媒体刊播。

“实”字为基，推动党史学习教育见行见效

坚持以人民为中心的思想，把学史力行作为党史学习教育落脚点、贯穿党史学习教育全过程，推动党员、干部深入开展“我为群众办实事”实践活动，在积极为群众排忧解难中密切党同人民的血肉联系。一是以上率下强引领。主要领导率先垂范、俯下身子访民情、听民意、解民忧，为全体干部起到了强大的示范引领作用。其中，县委书记钟科心系办好人民群众满意的教育，坚持软件硬件同步发力，亲自

2021年，明溪县将地方党史资料融入党史学习教育中。图为部分地方党史学习资料　　（2021年12月20日温国彪 摄）

研究出台硬件投入、教师待遇、学生补助、教育经费、人才政策、社会助学六个方面扶持政策，成立县教育发展促进会，大力开展“情系教育、助力振兴”爱心捐赠活动。推动完成新城关中学大门建设、职业中学搬迁至东部校区，彻底解决25年来城中、职中“校中校”问题，亲自调研部署教师周转房建设工作，切实让学校、师生、家长感受到党委政府的关怀。党史学习教育开展以来，县处级领导建立为民办实事项目81件次，全面完成年度目标任务。二是精细管理抓落实。转“大水漫灌”为“精准滴灌”，深入实施“三线五步工作法”〔“三线”着力于常态抓监督，即县委党史学习教育办不定期督查调研，县委巡回指导组随机抽查，各党委（党组）班子成员点对点跟踪；“五步”着力于科学抓落实，即实施“调研摸底—建账定责—分类推进—跟踪问效—成效反馈”的闭环管理工作机制〕，推动县委、县政府年初确定的31件为民办实事项目、县委党史学习教育领导小组通过一线调研、“e三明”平台征求意见等方式明确的22件为民办实事项目，各乡镇各部门确立的351件为民办实事项目以及通过县内主流媒体平台征集的142件为民办实事项目完成年度目标任务，切实解决好一批基层群众操心事、烦心事、揪心事。其中，明溪县设“办不成事”反映窗口做法获《中国青年报》等中央媒体推广。三是志愿服务促长效。开展“党旗在基层一线高高飘扬”活动，深入推行“居民夜谈会”制度，依托“红色议事厅”“邻里驿站”等载体，与群众面对面沟通，累计召开“居民夜谈会”40余场次，协调解决停车难、污水管道堵塞、油烟污染等群众急难愁盼问题370余个。创新打造“夜驻晓行”“老骥工作室”等党建示范品牌，听民声、晓民意、解民忧，解决服务村民的“最后一公里”问题，相关做法在《三明日报》、学习强国、东南网等刊发报道。全县共设立党员先锋岗628个，成立党员志愿服务队伍127支，党员参与志愿服务1.45万人次，为群众办实事1.5万件次。四是总结经验助提升。将省委“再学习、再调研、再落实”和市委“牢记新嘱托、增创新优势、再上新台阶”活动与“我为群众办实事”实践活动有机结合，面向全县广泛开展“学史力行，建设开放发展新侨乡”我为群众办实事典型工作案例征集评选活动，征集典型案例60个，形成一批可复制、可推广的经验，推动“我为群众办事”实践活动常态化。

（县委党史学习教育领导小组办公室）

明溪县“学史力行，建设开放发展新侨乡”我为群众办实事典型案例展示

化解登记遗留问题，保障群众合法权益

一、实施背景

明溪县域内依然存在土地、房产分散登记时遗留的历史问题造成无法办理不动产权证的情况，结合“再学习，再调研，再落实”和“我为群众办实事”实践活动，提高不动产登记质量和效率，维护群众合法权益，化解社会矛盾，优化营商环境，更好妥善处理登记历史遗留问题。2021年8月，县成立工作攻坚组，逐步化解不动产登记历史遗留问题。

二、主要做法

（一）统筹推进，组建工作专班。按照县委、县政府的统一部署，成立由自然资源、住建、不动产登记中心等部门组成的工作专班，由县自然资源局牵头，各部门各司其责，挂图作战，全面摸排存在问题的项目。工作组采取周例会、月小结方式，商讨研究政策，逐步推进工作开展，全力推进问题化解。

（二）部门联动，细化攻坚台账。建立细化攻坚台账，明确各个项目在解决产权登记过程存在的难点、堵点，落实责任单位、责任人，完善解决措施和完成时限等信息数据，攻坚工作组按照台账进行调度督导。各部门各司其职，联动推进项目攻坚工作，县住建局负责跟踪落实消防整改、竣工验收备案等工作；县税务局负责配合做好税费征缴等工作；县自然资源局牵头协调各部门会商进度情况，全面开展权籍调查，积极做好不动产登记工作，安排专人专班服务历史遗留问题小区的登记工作。

（三）明确思路，落实“尊重历史、无错优先”原则。工作组明确“尊重历史、无错优先”的攻坚原则，按照“缺什么补什么、谁审批谁负责”的指导意见，实行“证办分离”，“办证、追缴、查处”同步推进等办法，加快推进问题化解，最大限度维护群众的合法权益。不以因开发商过错或部分群众违规建设等问题，让无错群众“买单”。

（四）实事求是，严格出具等效文件。按照尊重历史、尊重现状、敢于担当、化解问题的原则，在法律法规政策的框架内，充分应用历史沿革资料、第三方鉴定或评估等各种方式进行分析，出具与许可文件具有同等效力的说明、证明等文件，解决无法办理完善相关审批手续的问题。

三、主要成效

在工作组的全力调动和各部门的联动协作下，对摸排出的项

2021年3月25日，县委书记钟科（右四）到金家路住宅小区调研不动产办证难问题 （图/县自然资源局）

目取得初步成效。完成办理总确权开发商楼盘项目2个，共涉及群众301户，部分群众陆续会同开发商申请登记并取得产权证。解决县域内集资房，房改房，个人自建房等历史遗留问题共6宗，涉及群众52户；园区企业历史遗留问题3宗，涉及土地面积48899.76平方米，建筑面积11722.55平方米。

2021年6月9日，明溪县公证处公证员进行线上公证

（图/县公证处）

“一码公证”，为侨服务“零距离”

一、实施背景

明溪县是新兴的内陆侨乡，素有“八闽旅欧第一县”之称，出国人员1.43万人，占全县人口的12%。因受新冠肺炎疫情影响，侨胞在办理房屋买卖、银行信贷转贷等业务过程中，回国现场签字和到大使馆办理正常委托手续等方面都存在很大的困难。党史学习教育开展以来，明溪县始终坚持“为人民服务”的宗旨，深入开展“我为群众办实事”实践活动，持续创新为“侨”服务举措，于2021年6月7日起，推出了“零接触”线上公证业务，有效解决侨胞业务办理困难。

二、主要做法

一是“多方位”调研。为更好地服务侨胞侨眷，扎实做好“零接触”线上公证工作，明溪县抽调精干力量，成立了“零接触线上公证”工作专班。5月底，开展专题调研，通过微信、电话征求意见等形式，深入了解侨胞侨眷在房屋买卖、房产抵押解押、银行信贷转贷等业务办理中存在的困难和诉求，及时研究解决工作中的难点堵点。

二是“全流程”服务。6月初，根据前期调研情况，明溪县以公证综合业务系统为载体，嵌入“零接触”公证平台端口，实现远程“一码公证”。公证员在办证系统上生成“零接触”公证订单，向申请人发送订单专属“二维码”；申请人扫码进入“零接触”公证平台，完成身份核验、文书预览及签署等；最后，申请人与公证员视频连线，完成线上公证。

三是“高效率”办结。公证处完成审核后，一小时内即可出具公证书。国内受托人可选择快递邮寄或自取方式领取公证书，帮助侨胞到相关部门代办房屋买卖、房产抵押解押、银行信贷转贷等业务。

三、工作成效

实施“零接触”公证服务，不仅减少了侨胞流动风险，节约往返机票等经济成本，也缩短了业务办理周期，给国外侨胞和出行不便的人员提供了极大的便利，真正实现公证“零接触”“零跑腿”，切实解决群众关切的“急难愁盼”问题，提升群众满意度。全年办结“零接触”线上公证书118份。“零接触”为侨服务等做法逐步在全县范围内推广。10月，明溪县不动产登记中心积极探索境外（异地）办理不动产登记路径，实行境外（异地）直接申办模式，完成多起境外申请办理不动产登记业务。

“办不成事”反映窗口 办成事暖民心

一、实施背景

为进一步优化“六最”营商环境，打造优质、高效的便民利企平台，结合党史学习教育，深入开展“我为群众办实事”实践活动，明溪县行政服务中心管委会于2021年8月18日设立“办不成事”反映窗口，切实有效提升解决群众“急难愁盼”问题。

二、主要做法

“办不成事”反映窗口主要处理企业和群众因政策、系统、申报材料、服务态度以及咨询、受理、审批环节中的办理程序等原因，遇到未能实现成功受理或审批，造成跑多趟等问题。一是面对面倾听群众“吐槽”，拉近和办事群众的距离，缓解群众办不成事的焦虑和疑虑，现场提供协调、咨询和引导服务，切实帮助企业、群众解决办事难题；二是对于群众反映的“办不成”的事，及时汇总，形成问题清单，协调督促相关部门及时跟进处理；三是跨多个部门“很难办”的事，积极协调，由“办不成事”反映窗口牵头召开“联审联办”会议解决问题，并及时给予答复。

三、工作成效

自“办不成事”反映窗口设立以来，解决各类问题37件，其中大力协调县医保中心、人社局、不动产登记中心、发改局、自然资源局等部门为群众及企业解决医保、退休金、不动产权证、工程规划许可证等问题17件，提供咨询、引导服务240余人次，为群众和企业解决了“堵点”“痛点”“难点”问题，不断提高群众的满意度和获得感。“办不成事”反映窗口工作机制得到市委、市政府的肯定，并在全市推广运用，三明各县（市）行政服务中心均已设立“办不成事”反映窗口。《中国青年报》、明溪县政府网站、“明溪在线”、明溪电视台等媒体对此事进行宣传报道。

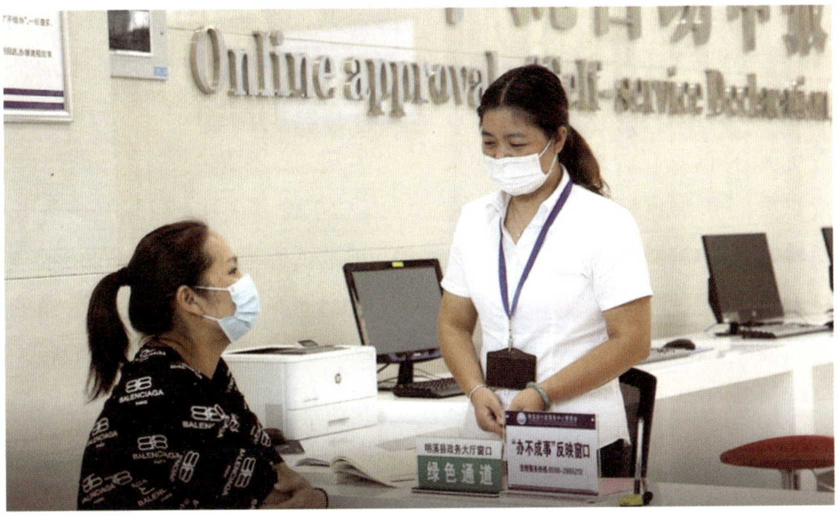

2021年8月18日，县行政服务中心正式启用“办不成事”反映窗口

（图/县行政服务中心）

联动出击，守护“静夜”

一、实施背景

夜间噪声扰民问题一直是群众身边的“急难愁盼”问题，反映强烈，投诉不断。为深入践行习近平生态文明思想，认真贯彻落实习近平总书记来闽考察时的重要讲话精神，明溪县联合开展“静夜守护”城市夜间噪声污染整治专项行动，着力解决城市夜间噪声污染问题，提升百姓生活品质。

二、主要做法

（一）建机制。明溪县成立“静夜守护”专项整治工作领导小组，出台《“静夜守护”城市夜间噪声污染整治专项行动方案》，明确整治目标、整治内容、责任分工及工作要求，建立健全共管联动长效监管机制，完善联勤联动、信息共享、问题移交等工作机制，召开6次“静夜守护”城市夜间噪声污染整治专项行动联席会，对建筑施工、商业活动等领域的噪声扰民问题专项整治进行统一部署、统一推进，形成协同高效的工作格局。

（二）共联动。县生态环境、公安、住建、市场监管、交通运输等8部门联合开展“静夜守护”专项行动，对城区建筑施工单位、文化娱乐场所、公共场所、沿街商铺、重要交通节点等噪声多发地逐一进行全面排查，重点强化敏

2021年7月16日，雪峰镇紫岭社区居民为明溪生态环境局解决夜间噪声扰民问题送锦旗　（图/明溪生态环境局）

感区域的噪声执法监测力度，组织联合执法17次，累计出动执法人员2200余人次，对存在的问题提出整改意见，督促整改落实。

（三）广宣传。通过县电视台、微信公众号等平台发布《噪声管控公告》《清静护考倡议书》，向建筑施工单位、文化娱乐场所、沿街商铺、冷作加工、机动车维修企业发放噪声防控宣传手册，开展宣传活动22次，新增禁止鸣笛标识牌7个，发放宣传材料750余份，粘贴禁噪标识100余张，大力宣传环境噪声污染防控知识。

三、工作成效

“静夜守护”专项整治工作开展以来，排查噪声源1124家次，受理噪声投诉213件，责令整改228家次，立案查处6家，公众环保意识显著提高，各类噪声污染得到有效控制，特别是叶厝坑矿区车辆噪声、粉尘污染问题，通过多次现场联合执法检查指导，促成矿区车辆避开城区改道运输，从根本上解决了困扰附近居民多年的车辆运输噪声和粉尘问题，并入选市级“我为群众办实事”典型案例。

修民生路 解民心忧

一、实施背景

2007年4月，明溪县三钢矿业有限公司进入城关乡王桥村叶厝坑开采石灰石。运输矿石的大货车要经过城区路段，给居住在紫岭社区、第二实验小学和新大路附近的居民带来粉尘、噪声和交通安全隐患等问题。群众多次投诉，由于历史遗留难题一直没有彻底解决，使得沿途居民与企业矛盾日益加深。

二、主要做法

一是做好“排查”文章，畅通渠道通民意。组织党员干部、志愿者等入村入户开展调研，通过实地走访、座谈交流、民意调查、意见征集等方式，及时了解、解决与群众利益最紧密、矛盾最突出、难度最大的土地征迁、青苗补偿等问题。

二是做好“融合”文章，紧盯项目跟落实。按照工作项目化、项目清单化、清单责任化、责任时效化的要求，建立“乡领导领办、责任部门牵头、上下协同联动”的办理机制，逐项明确推进措施，围绕土地征迁、项目报批、农转用、工程建设等问题，建立精准指导的时间表、路线图，立说立行，确保项目有效落实落地。

三是做好“党建”文章，凝聚合力解难题。开展“党旗在基层一线高高飘扬”活动，推进王桥村党支部与三钢矿山党委下属灰粉党支部共建，发挥好党支部战斗堡垒作用和党员先锋模范作用，共同筹集项目建设资金900万元，有序推动2.67公顷土地征迁、青苗补偿等工作。

三、工作成效

2021年7月12日，一条长1600米，路基6.5米，路面6米，厚度24厘米专供矿山货车运输的道路正式通车。该道路通车后，矿车将不再经过紫云佳苑路段，从根本上解决了矿车途经城区带来的噪声、粉尘和交通安全隐患等问题。

（县委宣传部）

“五比五晒”推进明溪高质量发展

2017年2月9日，三明市委、市政府下发通知，决定2017年在全市开展“比谋划、晒前期，比招商、晒签约，比开工、晒进度，比投产、晒成效，比服务、晒质量”的“五比五晒”项目竞赛活动，旨在进一步践行“马上就办、真抓实干”精神，落实正向激励措施，营造浓厚的项目工作氛围，为“再上新台阶、建设新三明”作出更大贡献。此后，三明市委、市政府持续开展“五比五晒”项目竞赛活动，并在2019年将考评方式和内容调整为“比增长点、晒质量，比拉动点、晒投资，比税收点、晒效益，比补短板、晒三产，比真招商、晒服务”，考评内容更加突出主要经济指标，其目标性和导向性更为明确。

2021年，明溪县以开展“牢记新嘱托、增创新优势、再上新台阶”活动、推进“三抓一促”（即抓招商、抓项目、抓产业、促发展）、深化“五比五晒”等为抓手，稳中求进、冲锋在前，突破性获得“五比五晒”考评位列小组首位（一等奖）好成绩。

“三项工程”稳支撑，打造产业发展高地

产业是发展的根基，明溪县坚持以产兴城、以城促产、产城融合，以新材料、新医药、新能源“三新”产业为突破口，引进和培育“科技创新型、环保安全型、税源效益型”项目，加快构建特色现代产业体系，推动县域经济高质量发展。2021年，全县规模以上“三新”产业继续保持高速增长态势，产值、税收分别增长51.4%、42.4%，高技术产业增加值占比达20.56%，成为县经济的重要支撑。尤其在受新冠肺炎疫情等因素影响，经济持续下行的大背景下，“三新”产业发展动力依然强劲，归根结底在于坚持实施“三项工程”。

龙头培育工程。坚持“一企一策”精准施策，培育壮大龙头企业，充分发挥“头雁效应”，以龙头企业为核心构筑产业链条，延链、补链、强链，促进产业集群、企业集聚。新材料产业以海斯福为龙头，集聚新宙邦、科顺股份、中欣氟材等3家上市公司以及锦浪新材料、大林森、美士邦精陶、卓跃氟硅新材料、导洁环保材料等一批成长型企业，2021年实现产值38.6亿、比上年增长33.1%。新医药产业以南方制药公司为龙头，聚集熙华医药、海西联合药业、紫杉园、旻和医药等11家科技型企业，其中7家为国家级高新技术企业，2021年实现产值30亿、比上年增长42.1%。新能源产业以格林韦尔为龙头培育对象，重点推进海斯福锂电池

2021年2月22日，全县2020年“五比五晒”总结表彰暨2021年“五比五晒”动员部署大会召开　（图/曾森锋）

电解液、康墨锂电池隔膜、玮士迈锂电环保装备、格林韦尔NMP纳米导电剂等项目增资扩产，加快形成从正极、负极、电解液、隔膜材料到终端产品的产业链闭环，2021年实现产值15亿元，比上年增长18%。

创新驱动工程。聚焦实施创新驱动发展战略，围绕产业链部署创新链，促进各类创新要素向企业集聚，提升企业创新能力，推进产业全面创新，打造形成核心竞争力。至2021年，累计培育国家高新技术企业8家，省级高新技术企业6家、科技小巨人领军企业8家、行业“单项冠军”企业3家、“专精特新”企业2家、省级龙头企业1家。积极探索实施“引进一名领军人才、集聚一批创新人才、创办一家龙头企业、催生一个工业园区、形成一条产业链”等“五个一”产业人才工作机制，共培引省级“海纳百川”高端人才11批次25人，国务院政府特殊津贴专家2人，累计吸引500多名“海鸥族”“候鸟式”人才来明溪开展创新活动。深化产学研合作机制，与中科院上海有机所、复旦大学、厦门大学等20余所高校、科研院所建立合作关系，建成5家省级企业工程技术研究中心和省级企业技术中心及4家市级企业技术中心，建有院士、博士后和知识产权服务工作站3个。

2021年12月14日，明溪县举行三明市海斯福化工有限责任公司——高端氟精细化学品生产项目二期开工仪式　（图/林铭水）

园区提升工程。坚持“一区多园”模式，不断加强、完善园区基础配套设施建设，进一步推动产业升级、优化产业布局、拓展发展空间，提高园区综合竞争力和可持续发展能力。2021年，园区环境不断优化，获得第二批化工园区安全风险C级认定，获批三明市（明溪）原料药绿色生产基地，园区企业产值突破73亿元，公顷均税收突破75万元。提升园区承载能力，推动“平安园区”“绿色园区”“智慧园区”建设，强化园区规划、基础设施、土地利用、投入产出、园区配套、管理服务、安全生产能力，完善园区污水处理、供水、供气、供热、绿化美化等基础配套设施，实施标准化园区建设项目17个，累计完成投资1亿元；“智慧园区”“安全园区”“绿色园区”综合监管体系、医疗救护站、事故应急池等12个化工园区补短板项目投用；特勤消防站、危化停车场、工业污水处理厂二期等项目加快推进。

“三大行动”促增长，融入“双循环”发展格局

坚持扩大内需这个战略基点，推进供给需求双向发力、消费投资双轮驱动，完善项目谋划激励机制，有序推进项目建设形成实物投资量，围绕重大产业、重大基础设施、重大社会民生、重中之重招商引资等“三大一重”项目，多渠道多维度开展招商推介，加快培育消费新业态、新模式，提振消费信心。围绕持续扩大内需，重点推进“三大行动”。

项目建设大行动。出台项目前期管理办法，安排500万项目前期经费，实行“领导挂包”“问题销号”“提醒告知”等项目推进机制，新增“五个一批”开工和投产项目71个、总投资164亿元，20个省市重点项目，超额完成年度投资任务。推动导洁水处理剂等26个项目开工建设，瑞博

奥脱氧核糖、南方制药二期、福瑞明德医药等33个项目建成投产，科顺新型防水材料一期、卓跃氟硅新材料等项目建成或部分试产，启动实施海斯福四期、熙华医药产业园等项目建设。

招商引资大行动。深入推进“大招商招好商”攻坚战役，建立项目引入评估、全生命周期服务等机制，瞄准京津冀、长三角、粤港澳、闽东南、成渝汉五大片区，发挥驻外商会作用，加大央企、省企、民企、外企招商对接力度，围绕明溪县“232”现代产业体系（即以特色现代农业、中医药种植产业为龙头的第一产业，以新材料、新医药、新能源产业为龙头的第二产业，以文旅康养、生态观鸟产业为龙头的第三产业），用好11张产业链招商地图，创新“投简历”“云平台”招商，紧盯产业链关键环节、空白领域开展招商推介，引进项目87个、总投资167亿元，成功签约福建熙华医药产业园项目、欧起航电商直播及供应链基地建设项目。

促进消费大行动。2021年，明溪县出台促消费14条扶持政策，全县社会消费品零售总额比上年增长13.1%，位居全市第1位，其中批发业、餐饮业分别比上年增长32.1%、43.4%，均居全市第1位。加大服务业惠企政策扶持激励力度，全年新增规上服务业企业3家、限上商贸企业10家。积极培育电商直播等新业态，举办全闽乐购、直播助农等活动，电子商务年交易额达1.3亿元。加强景区打造升级，明溪革命纪念园上榜建党百年精品线路。金融服务持续优化，新增贷款5.2亿元，比上年增长13.9%，新增存贷比达188.7%。

“三个提升”强保障，优化营商环境质量

积极推动有效市场和有为政府更好结合，不断提升政务服务水平，开展“营商环境优化提升年”“我为企业解难题”等活动，推行“一件事”套餐服务和项目建设审批帮代办服务，乡(镇)、部门联动解决项目审核备案、土地报批、环境评估、资金筹措等问题，打造能办事、快办事、办成事的“便利明溪”。围绕强化服务保障，做实“三个提升”。

提升营商环境。持续营造“六最”（即审批最少、流程最短、成本最低、服务最好、门槛最矮、诚信最优）营商环境，践行便民利企高效服务，增设“办不成事”反映窗口，推进“一事一次办”改革和“交地即交证”服务，实现全省首例不动产登记境外直接申办。全面完成政府机构、乡镇机构改革，“放管服”改革持续深化，新行政服务中心建成投用，22项一件事套餐服务上线“网上办事大厅”，9个部门26类事项入驻“e政务”平台，行政审批时限平均压缩92.54%，“一趟不用跑”“最多跑一趟”事项占比达99.79%。

提升帮扶实效。聚焦解决项目用地审批、融资、用工等难点堵点，抽调23名干部组成4个服务重点企业重点项目专班，创建8个行业非公企业“党建联盟”，三个批次143.33公顷土地成片开发方案获批，推动23个地块完成征迁100.87公顷，11个市级征迁项目提前完成，福建南方制药股份有限公司获得股票定向发行融资2.6亿元，帮助招聘员工436人。扎实推进工业厂房和群众房产办证历史遗留问题攻坚，解决3家企业“两证不一”和301户群众产权证办理历史遗留问题。

提升干部精气神。巩固深化党史学习教育和市委“牢记新嘱托、增创新优势、再上新台阶”活动，建立督查清单台账和办结销号机制，常态化开展干部岗位练兵活动，鲜明树立“实干实效、奖惩分明”的选用人导向，落实激励干部担当作为措施，结合换届，提拔、晋级、使用干部187人，深化不实举报澄清保护、为基层减负等机制，引导各级干部在招商引资、项目攻坚、改革创新等重点工作中担当作为、干出实绩，不断激发机关活力，提振干部精气神，营造比学赶超、争先进位的干事创业氛围。

（明溪县发展和改革局）

明溪县“以侨为桥”全面建设开放发展新侨乡

明溪是福建内陆新侨乡，全县实际旅外人员1.43万人，占全县总人口的12%，主要集中在意大利、匈牙利等86个国家和地区，素有“八闽旅欧第一县”之称。近年来，明溪县充分发挥华侨资源优势，实施侨力回归、侨资回流、侨智回援“三侨回归”工程，进一步聚侨力、引侨资、汇侨智，推动侨乡特色优势转化为发展优势，不断加快建设开放发展新侨乡，探索走出一条具有明溪侨乡特色的发展路子。

明溪县侨联先后被授予全国侨联系统先进组织、全省侨联系统先进集体、全省抗击新冠肺炎疫情先进集体等荣誉称号，沙溪乡获评省级侨乡文化名镇，城南社区被授予全国侨联优秀“侨胞之家”称号。

落细落实“侨”服务，搭好侨力回归桥梁

以情连侨，建立县内境外联通服务机制。明溪县先后组建8个覆盖13个国家和地区的境外服务团队，创建海外侨胞微信联络群120多个，引导6500余名侨胞入群。2020—2021年，提供防疫药品援助、新冠疫苗接种等服务2500余次，“点对点”接驳境外返乡人员1113人次。

以行暖侨，构建侨胞“一站式”服务窗口。建立后疫情时代涉侨业务“零接触”办理模式等“一站式”服务，将“最多跑一趟，一趟不用跑”从国内向国外延伸，累计为境外侨胞办理房产、婚姻、委托等公证事项110余次，审定出具“三侨生”证明51份、“三侨子女”中高考加分证明247份，接受华侨来闽定居咨询100余人次，办理华侨来闽定居证等有关证照165本，为侨胞节省相关费用百万余元。“零接触”线上公证业务创新做法入选三明市首批20个“我为群众办实事”优秀案例。

2021年9月25日，沙溪乡沙溪村牛柏岭小区一隅　（图/江月兰）

以心聚侨，健全侨胞回归安居服务体系。出台侨胞子女回乡接受教育、困难归侨侨眷救助、助力侨企健康发展等暖侨惠侨政策，建立健全“守护侨童成长、维护侨胞权益、护航侨企发展”的“三位一体”工作机制。深入开展“暖侨行动”，累计集中走访慰问困难侨眷、困难归侨和返乡侨胞800余人。创新“互联网+”侨益司法保护模式，设立全省首个“侨益司法保护示范中心”、首个涉侨“互联网巡回审判点”，健全完善“涉侨诉讼服务中心”“侨益司法保护服务中心”等涉侨司法服务机构，为海外侨胞回乡发展提供有力保障。近5年来，成功创建省级“侨胞之家”示范点6个，国家级和省级优

秀“侨胞之家”各1个。

做大做强“侨”经济，打造侨资回流平台

明溪县始终把发挥华侨资源优势作为推动经济社会发展的重要抓手，落实扶持华侨回归兴业各项政策措施，有效促进“侨资回流、侨商回归、项目回乡”。

出台置业创业政策，让侨资“安得下”。编制《华侨回归兴业服务指南》，出台《明溪县归侨侨眷二次创业示范基地建设实施方案（试行）》，给予侨资农企最高300万元的低利率贷款或贴息贷款扶持等优惠，鼓励支持侨资回乡置业创业。2020年以来，创建归侨侨眷二次创业示范基地3家，扶持引导归侨侨眷从事农业产业、电商和文旅康养等产业160余人，累计补助专项产业资金200余万元。沙溪茂富果林场柑橘产业项目、胡坊惠农植保专业合作社建设项目等一批侨资农业项目落地建设，带动20余户脱贫户就业增收。全县年均外汇汇入超3500万美元，有效推动欧洲（明溪）进口商品城等商业场所以及沙溪村牛柏岭小区、梓口坊村金井小区等新型住宅小区加快建设。

营造亲商安商环境，让侨商“融得进”。推进华侨金融服务便利化，引导本地金融、保险机构拓展进口预付款信用证等业务，支持华侨企业健康发展。持续开展“六最”营商环境对标活

2020年2月，明溪县澳莱贝尔国际幼儿园校园正式投入使用

（2021年6月7日江月兰 摄）

动，实行问题“销号管理”制度，推动解决侨资企业项目用地等历史遗留问题10余个。加大侨企维权力度，建立“明溪县涉侨人民调解委员会”，配备专业化、职业化调解员队伍，《明溪县倾力打造涉侨维权工作品牌》被最高人民法院司法改革领导小组办公室和中国侨联权益保障部联合编写的《涉侨纠纷多元化解工作指南》采用。

加大招商引企力度，让侨企“回得来”。搭建“资源要素一站通览、全景VR云看园区、投资需求智能预测”为一体的明溪招商云平台，汇聚资源优势、产业特征、扶持政策、要素保障等信息数万条，有效提升涉侨项目撮合效率和匹配水平。组织2批考察代表团前往意大利、匈牙利、阿联酋等国家开展经贸交流、联络联谊和招商引资活动，举办线上线下华侨专场招商会6场次。近5年来，累计引进侨资企业27家，新增外资企业7家、外贸企业8家，产品出口总值增长20%以上；引进欧洲进口商品交易中心、侨心瓷海博物馆、保税仓及电商供应链基地等侨资项目50余个，总投资超20亿元。

用活用好“侨”智慧，激发侨智回援活力

广结侨界乡贤，凝聚侨胞“向心力”。明溪县深入开展“海西春雨行动”“百侨帮百村——联村助户”等品牌活动，2020年以来，广大海外侨胞为残疾人、贫困学子、养老机构等捐

资赠物累计达500余万元，筹款200余万元支援明溪抗击新冠肺炎疫情。组织开展“情系教育、助力振兴”旅外乡亲教育爱心捐赠活动，发动匈牙利明溪商会、意大利明溪华人华侨联合会、意大利福建客家企业总会等7个海外华侨社团累计捐赠爱心助学基金超80万元。

讲好明溪故事，提升明溪“知名度”。与厦门大学南洋研究院合作共建，探索建立“地方支持高校侨务工作，高校侨务资源服务地方发展”双向服务模式，为深入挖掘侨乡文化、促进人才交流及对外传播好声音等方面提供有力保障。立足侨情，把“面对面”与“键对键”相结合，举办以党史学习教育等为主题的旅外乡亲“云”宣讲报告会、直播等活动2场次，吸引来自30多个国家（地区）的旅外乡亲和网友共计4.1万余人次在线参与。加强与海外侨社、海外华文媒体交流合作，邀请福建海峡卫视赴欧洲拍摄专题片《新侨乡·新明溪》，撰写明溪新侨故事集，制作“欧洲的后花园——布达佩斯”“明溪人在匈牙利”等涉侨人文专题宣传片，提升“明溪新侨乡”知名度和影响力。

汇集归侨人才，共绘发展“同心圆”。明溪县鼓励支持归国华侨和归侨侨眷参政议政，协商推荐15名归侨侨眷代表人士担任各级人大代表和政协委员，累计提交“关于发展壮大商会经济”等提案议案和意见建议80多件，高质量完成《打好“侨”牌促进新时代侨乡发展》等专题调研。积极引导52名归国华侨担任村（社区）“两委”干部，充分发挥归国华侨优势资源参与乡村建设，助力推进新时代明溪革命老区高质量发展。

（县委统战部：崔毅、晏希峰）

“观鸟”经济促乡村振兴

明溪县位于福建省西北部，三明市中部，是中国南方重点林区县之一，全县林地面积14.75万公顷，森林覆盖率81.96%，森林蓄积量1772.86万立方米，建有国家级自然保护区1个，省级自然保护区1个，省级地质公园1个，省级森林公园2个，自然保护小区36个，具有丰富的物种资源和生物多样性。明溪县还处于国内全球三大候鸟迁徙通道之一的东亚—澳大利西亚路线的重要通道，是亚洲东部鸟类迁徙的重要停歇站和夏候鸟繁殖地，分布有野生鸟类300多种，有黄腹角雉、白颈长尾雉、鸳鸯等国家Ⅰ、Ⅱ级保护鸟种64种，还有彩鹮、三宝鸟、冕雀、蓝喉蜂虎、叉尾太阳鸟等多种明星鸟种，极具观赏和保护价值。明溪县先后获国家生态县、国家生态文明建设示范县、中国红豆杉之乡、中国黄腹角雉之乡、中国候鸟旅居小城、省级森林县城、观鸟绝胜全国四佳

2020年11月5日，明溪县与北京林草局观鸟产业战略合作签约仪式在明溪县举行（图/江月兰）

等称号。

明溪县贯彻落实习近平生态文明思想，积极践行“绿水青山就是金山银山”发展理念，充分发挥生态资源和鸟类资源优势，推动乡村振兴，实现“生态美、百姓富”。

出台靶向政策培育发展

每逢迁徙时节，明溪山林万鸟齐飞，蔚为壮观，吸引了数万人来这里观鸟旅游。明溪县委、县政府借势将生态观鸟旅游作为新兴产业来抓，2015年出台《明溪县保护鸟类资源推动观鸟旅游产业发展工作意见》，2016年成立明溪县鸟类资源保护与发展行动计划领导小组，2017年出台《明溪县鸟类资源保护和开发工作行动计划》，2019年把生态观鸟旅游纳入生态产业化工作中推进，2020年提出发展生态观鸟+森林康养产业特色产品。

明溪县为了把观鸟、森林康养产业做大做强，2019年出台《关于印发明溪县加快现代服务业发展的九条扶持政策（试行）的通知》，2020年出台《关于印发明溪县提振消费促进经济稳定增长五条措施的通知》，鼓励发展生态观鸟产业、森林康养消费，对新培育且符合要求的观鸟点、新组建且符合要求的村企或村社合作观鸟组织分别给予奖励2万元、5万元；对新评定为市级及以上森林康养基地给予5万—15万元奖励，并按税收县级财政实得部分的100%计算参考给予奖励。

生态资源保护支撑发展

明溪县委、县政府高度重视鸟类资源的保护与发展工作。2017年，发布《明溪县人民政府关于发布野生鸟类禁猎期和野生动物禁止使用的猎捕工具方法的通告》，10年间，在明溪县行政区域内禁止捕猎所有野生鸟类。同时，坚持鸟类栖息环境保护修复，统筹山水林田湖草系统治理，投资8844万元实施沙溪流域明溪段国际候鸟迁徙通道保护与修复工程，完成鸟类栖息地保护与修复、鸟类科普宣教体系和鸟类救护体系建设，建成候鸟智能监测管理指挥平台，在重点区域野外安装21台监测球机，远程实时动态监测鸟类活动情况；完成武夷山国家森林步道明溪示范段（5千米）和70千米宣传廊道建设；建设鸣溪省级湿地公园，以生态项目建设促进鸟类栖息环境优化。

2020年，明溪县组织开展全面清理、停止养殖野生动物行动，全面落实《全国人民代表大会常务委员会关于全面禁止非法野生动物交易、革除滥食野生动物陋习、切实保障人民群众生命健康安全的决定》。明溪县法院、检察院、林业局、市场监督管理局、森林公安等多部门联合开展多轮执法和宣传，严格查办破坏野生动物违法行为，公开审理非法狩猎案件，对被告人发出“护鸟令”，取得良好效果。

2021年，夏坊乡中溪村举办明溪县鸟类保护志愿者培训班，聘任20名生态鸟类保护志愿者，通过志愿者的宣传推动全域鸟类保护意识提升，进一步营造爱鸟、护鸟良好氛围。

创建多维宣传推动发展

2020年，明溪县与北京林业大学经济管理学院、生态与自然

2021年，明溪县大力扶持有条件的村企或村合作观鸟组织发展生态观鸟产业、森林康养消费等项目。图为夏阳乡旦上村鸟友接待中心
（2021年7月21日 肖书平 摄）

保护学院，中国鸟网、福建农林大学、淮北师范大学、福建观鸟协会等合作，建立教学、实习实践基地和观鸟实践基地，与全国鸟类环志中心合作建立明溪县鸟类环志站，开展科研科普活动，通过引智借力推动产业发展。

同年，成功举办“生态观鸟+森林康养”专场活动和“黄腹角雉杯”首届国际观鸟摄影大赛，发布吉祥物“鸣鸣”，集聚中国鸟类研究专家和来自全国各地的观鸟摄影爱好者、鸟类保护志愿者等260余人，选出100幅优秀作品在第十六届林博会展出，签约10名摄影师。

2021年，明溪县启动第二届“黄腹角雉杯”国际观鸟摄影大赛和“最绿福建，鸟类乐园”观鸟挑战赛系列活动，进一步扩大明溪生态观鸟知名度，逐步提升明溪“生态观鸟”品牌效应。

构建梯度培育引领发展

明溪县根据区域鸟类资源分布区划建设五大观鸟基地和精品观鸟旅游路线，中部以雪峰山森林公园及周边县级自然保护区的彩鹮、冕雀、啄木鸟等林鸟为主的观鸟区域；东部以紫云森林公园的黄腹角雉、白眉山鹧鸪、灰胸竹鸡等珍稀雉类为主的观鸟区域；西部以鸣溪湿地公园的鸳鸯等水鸟为主的观鸟区域；北部以夏阳乡旦上村的白颈长尾雉、白鹇和猛禽为主的观鸟区域；南部以胡坊镇的三宝鸟、蓝喉蜂虎等夏候鸟为主的观鸟区域，构建明溪观鸟走廊和鸟类摄影创作基地框架。

明溪县委、县政府还积极引导村民参与观鸟产业建设发展观鸟旅游业，按不同区域引导建设主要鸟种观鸟点，利用项目资金建设了城关王桥、下汴2座钢架结构鸟类监测塔，提升改造观鸟点20处，当地民众借助生态观鸟自发改造建设观鸟民宿，建有紫云云海人家、云台人家、旦上观鸟驿站、中溪、福西、下汴等观鸟为主民宿13家，有9家获得三星级森林人家称号。旦上、紫云、中溪、福西、下汴等5个村还自发成立“村社一体、合股联营、利益共享”管理模式的“村社合一”观鸟专业合作社，由合作社统一与旅行社、观鸟组织、自然教育机构合作，收益由村集体、入股村民、贫困户共享，规范了村级观鸟旅游管理。生态观鸟带动了1000多人以各种形式参与产业发展，每年吸引近3万名游客拍鸟、开展绿色营、自然营、亲子营等活动，给村民带来实惠。

在明溪县委、县政府的指导下，夏阳乡紫云村返乡大学毕业生杨水清2016年就建立了“紫云·鸟生态”创业团队，创办明溪县“云海人家”生态旅游开发有限公司，实行“公司+高校+农户”协作模式，盘活村民闲置民房打造成鸟文化主题民宿。组织村民组建“村嘀”车队负责接送观鸟者，邀请村民加入研学团队，会编草鞋、会做擂茶的村民成为民俗老师，引导村民生产有机农产品为民宿提供蔬菜食品，打造以生态观鸟旅游、乡村研学体验、特色生态农业三大产业为支撑的“紫云鸟生态”品牌。多年来，杨美林老人（杨水清爷爷）与白鹇似朋友般相处，人与鸟和谐相处的画面成为观鸟圈内的热门打卡地，吸引来了全国各个省份及海外32个国家的观鸟爱好者，也吸引了中央电视台、人民日报、新华社等众多媒体报道。通过示范引领，越来越多的村民一起开发观鸟点，一起接待游客，一起生产生态农产品，紫云村建立了鸟主题文化民宿4幢，培训了11名“村嘀”司机，建设18个观鸟点，带动77名村民就业，为乡村带来增收超过862万元，开启乡村振兴新引擎，进一步实现“生态富民”。

在推进生态观鸟旅游的同时，明溪县引入森林康养元素，创新提出“生态观鸟+森林康养”产业发展模式，编制了明溪县全域森林康养规划，重点打造集生态观鸟、中药医养、森林体验、自然教育等为一体的康养基地。培育12个以生态观鸟为主的森林康养基地，其中市级森林康养基地1个，2020—2021年全县森林康养基地实现营业额1.38亿元，税收1225.33万元。

（县林业局：林志鹏、肖书平）

责任编辑：罗兴东

大事记

1月

1日，三明莆炎高速公路明溪收费站正式运营。

6日，明溪城关至建宁里心段正式通车。

7日，明溪县召开人武部党委第一书记任职暨主官宣布命令大会，县委书记钟科任县人武部党委第一书记。

11日，明溪县总医院启动重点人群新冠病毒疫苗接种工作。

12日，县委书记钟科一行先后到林业总公司木材厂地块、原造纸厂地块、康乐路旧城改造地块、嘉豪花园西侧地块和实验幼儿园迁建、县人武部营房建设、坪埠东路二期建设等城建重点项目现场以及县委党校集中医学留观点、县中医院新冠病毒疫苗接种点等处，调研城建重点项目推进情况和新冠肺炎疫情防控工作。

15日，市委书记林兴禄到明溪县调研，实地察看海西联合药业、南方制药二期、南山遗址等项目建设情况，并主持召开座谈会，督促推动“五比五晒”“项目攻坚年”活动。

18日，明溪县召开新冠肺炎疫情防控工作部署会，县委书记、县疫情防控指挥长钟科，副指挥长谌良福，各乡镇及县应对新冠肺炎疫情防控指挥部各工作组成员单位主要负责同志参加会议。会议贯彻落实全省疫情防控工作视频会精神，通报全县冬春季疫情防控工作情况，部署下阶段疫情防控工作。

21日，明溪县盖洋镇、瀚仙镇、胡坊镇被福建省爱国卫生运动委员会命名为“福建省卫生乡镇”。

22日，明溪县在三明市召开“决胜全面小康、决战脱贫攻坚”新闻专场发布会。

25日，明溪县位于瀚仙镇王陂村的餐厨废弃物处理站投入运营，处理站建筑面积607.2平方米，日可处理10吨厨余垃圾。

25日，明溪县夏阳乡后洋村青年邓俊杰在福建省肿瘤医院成功捐献造血干细胞，成为明溪县首例、三明市第21例、福建省第282例、全国第10806例非亲缘关系造血干细胞捐献者。

26日，市委常委、副市长翟超率中央机关、省直机关到三明挂职干部到明溪县夏阳乡紫云村均峰山、龙西湖家庭农场、旦上村归化之役临时指挥所旧址、红军战壕旧址和瀚仙镇龙湖村杨时故里及海斯福化工有限责任公司三期等地，实地察看、听取汇报，详细了解近年来明溪县经济社会发展情况。

29日，《中国影像方志·福建卷·明溪篇》在央视科教频道播出。

31日，明溪县向福州长乐机场派驻首批抗击新冠肺炎疫情“点对点”接驳转运工作专班，负责三明市境外返（入）明人员接驳及相关工作。

2月

2日，位于明溪县夏坊乡的

福建鸣溪省级湿地公园首期项目竣工投入使用，项目总投资230万元，面积5.30公顷。

9日，县委副书记、县长苏迎平深入县集中医学观察点、长途汽车站、综合市场、福万佳超市、南方制药公司、海斯福化工公司、烟花爆竹配送中心等地，调研新冠肺炎疫情防控、安全生产、春运安全、市场保供稳价等工作。

18日，明溪县召开园区重点项目征迁工作推进会。会议由县委书记钟科主持。会议听取瀚仙镇际头村搬迁、南方制药股份有限公司发展备用地、老虎尾片区西侧安置地征迁等工作进展情况，研究部署下阶段工作。

18日，县委副书记、县长苏迎平深入南方制药、紫杉园生物、锦浪新材料、博诺安科等企业，调研企业复工复产、市场销售、劳动用工等情况。

22日，明溪县召开“五比五晒”总结表彰暨动员部署会。会议通报2020年度“五比五晒”“项目攻坚年”“征迁攻坚年”及“五个十”重大项目开展情况，宣读《关于表扬明溪县2020年度地方财政贡献大户企业的通知》和《关于2020年度“五比五晒”活动考评结果的通报》。

25日，明溪县沙溪乡党委书记王德礼在全国脱贫攻坚总结表彰大会上被授予“全国脱贫攻坚先进个人”称号。

25日，明溪县沙溪乡梓口坊党支部书记、村委会主任、妇联主席戴清华被中华全国妇女联合会授予2020年度“全国三八红旗手”称号。

3月

3日，明溪县召开市管干部学习贯彻中共十九届五中全会精神研讨班暨“再学习、再调研、再落实”活动交流研讨会。

5日，明溪县11个项目被列入省级重点项目名单，项目总投资60亿元，包括火车站站前广场及附属道路建设项目等7个序列项目、明溪海斯福高端氟精细化学品生产项目（二期）等4个新申报项目。

5日，明溪县总医院与福建中医药大学附属第二人民医院举行合作帮扶签约仪式。

8日，明溪县召开全县宣传思想文化工作会议。

9日，县委副书记、县长苏迎平带队深入科顺防水材料、明狮水泥、致格新能源、华联硅业等企业和兴泉铁路明溪客货运站、奋发产业园、胡坊镇农村新型住宅小区集中建设试点等地开展现场办公，了解企业生产经营和项目建设情况，协调解决实际困难。

10日，明溪县召开党史学习教育动员大会，县委书记钟科作动员部署讲话，县委副书记、县长苏迎平主持会议。

12日，明溪县环境修复公益补偿实践教育基地揭牌。该基地由县法院、检察院、公安局、司法局、生态环境局、林业局、侨乡国有林场等共同建立，坐落于瀚仙镇雪峰农场，占地面积20公顷。

12日，省司法厅党委书记、厅长邬勇雷一行到明溪县就司法行政队伍教育整顿、司法所工作情况等进行调研。

12日，明溪县四套班子领导带领县林业局等部门80余名志愿者前往明溪城关新开通的莆炎高速连接线旁山地，参加以“依法履行植树义务，携手共建美丽明溪”为主题的义务植树活动。

16日，明溪县召开政法队伍教育整顿新闻发布会。

16日，福建省文物局公布全省第一批革命文物名录，明溪县共有16处不可移动革命文物保护单位被纳入，其中省级文物保护单位4处。

18日，明溪县召开全县组织工作会议。

19日，明溪县召开全县统战工作会议。

22日，明溪县全民健身中心建设项目名列福建省体育局2021年全民健身场地设施建设项目名单。该项目用地总面积1418平方米，建筑总面积6832平方米。

28日，明溪县在夏阳乡紫云村举行庆祝中国共产党成立100周年健康跑暨首届“绿海明溪·显盖紫云”红绿村游跑活动。

3月，明溪县完成第四次全国中药资源普查并通过省级验收。《明溪县中药资源志要》《明溪县中药资源普查报告》《明溪县中药资源区划》编写完成。

4月

5日，中央电视台农业农村频道播出《我的美丽乡村——火山口寻宝之旅》，讲述明溪县城关乡翠竹洋村从一个传统农耕村落转变成为一个魅力小村的故事。

6日，按照福建中医药大学附属第二人民医院和明溪县总医院签订的帮扶协议，省二院首批7名专家赴明溪，开启为期1年的帮扶工作。

14日，明溪县农村信用合作联社与县融媒体中心举行战略合作签约仪式，双方在“乡村振兴”等主要业务领域开展进一步合作。

15日，明溪县举办习近平总书记来闽考察重要讲话精神宣讲会暨党史学习教育专题党课。县委书记、县委党史学习教育领导小组组长钟科以“重温苏区历史感悟思想伟力，争做红色基因的传承者、发扬者、践行者”为主题进行宣讲。

16日，自然资源部地质勘查管理司副司长熊自力带领专家组到明溪县指导地质灾害防治工作。

17日，“我们的中国梦·文化进万家”——“永远跟党走”福建文艺志愿者艺术团舞蹈分团惠民演出在明溪县宣传文化中心举办。

17—19日，中华中医药学会护理分会第五届委员会第五次工作会暨中医护理传承与创新发展共同体第三次工作会在明溪县召开。

18日，中华中医药学会到明溪县开展“中华中医药学会健康中国岐黄行动——中医护理分会明溪行”大型科普活动。

18日，明溪县中山路儿童公园改造项目开工建设，项目占地面积1万平方米，总投资389万元。

19日，由省摄影家协会、明溪县委宣传部主办，县文联、《海峡摄影》杂志、三明市归化印象文化传媒有限公司承办的“明溪溪明 青山山青”全省摄影大展暨颁奖仪式在福州市三坊七巷（朱紫坊）举行。

20日，明溪县组织全县24家危化化工企业生产安全管理员82人参加生产安全事故警示教育学习班。学员参观三明市海斯福化工有限责任公司生产车间、福建南方制药股份有限公司车间，查看应急处置设施，了解安全生产操作规程，开展安全事故警示教育学习。

21日，国务院办公厅印发《新时代中央国家机关及有关单位对口支援赣南等原中央苏区工作方案的通知》，明溪县获国家中医药管理局对口支援。

22日，明溪县举行林则徐禁毒教育基地揭牌仪式。基地总面积330平方米，设有图文和实物展示、影像播放、互动体验、资料查阅、合影拍照等5个功能分区。

25日，明溪籍福建省拳击队队员孙靖宇在2021年全国拳击锦标赛男子46—49公斤级别决赛中，代表福建队夺得冠军。

26—27日，县委书记钟科带队深入县经济开发区部分企业和重点项目一线，开展“访企业、解难题、促六稳”专项行动。

27日，福建省2018—2020年度省级文明城市名单公布，明溪县位列其中。

27日，明溪县召开县青年创业协会成立大会。会上，县农村信用合作联社与青年创业协会共同启动“银团合作”青年创业贷款项目。

30日，明溪县举办第二届“中国绿都 乐购三明”直播节明溪直播专场活动。

4月，明溪县夏阳乡旦上村入选2020年度福建省乡村振兴实绩突出村。

5月

7日，明溪县举行“行摄归化 月映明溪”摄影赛颁奖仪式。

9日，明溪县举办“永远跟党走·奋进新时代”2021年五一职工健步走活动。

12—17日，“永远跟党走”2021

年三明市文化进万家流动舞台车巡演活动走进明溪。

17日，县委副书记、县长苏迎平主持召开全县新冠肺炎疫情防控、新冠病毒疫苗接种工作会议，贯彻落实省市疫情防控、疫苗接种工作电视电话会议精神，部署下阶段全县疫情防控和疫苗接种工作。

18日，明溪县在融媒体中心演播厅举行三明收藏家走进中央苏区——明溪藏品捐赠仪式。

18日，明溪县与省计量科学研究院举行院县合作签约仪式。

21日，明溪县教育发展促进会举行首次捐赠仪式。年内共收到捐款448万元。

21日，明溪县总医院召开胸痛中心建设启动大会。

22日，明溪县举行福建熙华医药产业园项目签约仪式，项目总投资30亿元，占地面积33.33公顷。

24日，县委书记钟科先后深入县总医院西区（中医院）、雪峰镇紫岭社区、县总医院、县第一中学调研检查新冠病毒疫苗接种、居家监测措施落实、新冠肺炎疫情处置流程、校园疫情防控等情况，指导下阶段疫情防控工作。

25日，明溪县召开新冠肺炎疫情防控工作部署会。县委书记钟科主持会议并讲话，县委副书记、县长苏迎平作工作部署。

27—28日，2021第五届中国氟硅产业大会在浙江杭州召开。三明市海斯福化工有限责任公司获“中国氟硅行业创新型企业”称号，公司“环境友好型全氟多氧杂表面活性剂的产业化技术及应用”项目获评“中国氟硅行业优秀科技成果”荣誉，副总工程师吴成英被授予“中国氟硅行业先进科技工作者”称号。

29日，市委书记林兴禄带队赴明溪县开展“项目攻坚年”现场交流推进活动。

31日，文化和旅游部、中央宣传部、中央党史和文献研究院、国家发展改革委联合发布“建党百年红色旅游百条精品线路”。明溪县革命纪念园上榜“闽西苏区 红色福建”精品线路。

6月

1日，明溪县举办2021年“童心向党·唱支红歌给党听”文明实践暨新时代好少年事迹发布和学习报告会。

2日，“全国公安系统二级英雄模范”郑艳授奖仪式在明溪县公安局举行。

2日，明溪县乡村振兴局正式挂牌成立。

3日，明溪县举办“党的英模我来学”和“三明实践”故事宣讲报告会。

4日，县委书记钟科结合学习宣传贯彻习近平总书记来闽考察重要讲话精神和推进“再学习、再调研、再落实”活动，到盖洋镇桂林村、湾内村、温庄村等地，就新冠肺炎疫情防控、防汛备汛、农业生产等工作进行调研指导。

11日，明溪县第五届全民健身运动会暨首届老年人体育健身大会在县侨乡体育中心开幕。

11日，明溪县召开防止干预司法“三个规定”大宣讲暨党政领导干部严格执行“三个规定”公开承诺行动会议。

16日，明溪县举行新图书馆、文化馆开馆仪式。

16日，县委书记钟科先后到枫溪乡华山村河明桥战斗遗址、狮子峰茶叶合作社、枫溪村枫情小镇、际下塘红军烈士墓、小珩村野茶基地、明溪火车站、奋发山海协作产业园等地，了解革命遗址保护、乡村建设、茶产业发展、园区发展、重点项目建设、企业困难诉求等情况，检查安全生产工作。

18日，第十九届“中国·海峡创新项目成果交易会”在福州海峡国际会展中心开幕。明溪县选送海斯福化工、康墨新能源、南方制药等8家企业16个产品参展，共征集企业技术需求10项，对接项目36个，总投资38.1亿元。

25日，明溪县在融媒体中心综艺演播厅举行2020年度践行社会主义核心价值观“最美人物”及“最美人物”提名颁奖仪式。

28日，明溪县第十七届人大常委会举行第三十五次会议。会议决定接受苏迎平辞去明溪县人民政府县长职务的请求，任命陈华伟为明溪县人民政府副县长并代理县长职务。

29日，明溪县召开“光荣在党50年”暨全县“两优一先”表彰大会。

29日，明溪县青少年宫举行首届少工委成立暨青少年宫新宫启用仪式。

30日，明溪县举办杜鹃花红——明溪（归化）苏区红色歌谣传唱晚会。

7月

1日，由明溪县教育局、福建君子峰国家级自然保护区管理局、共青团明溪县委员会、明溪县文体和旅游局、明溪县新时代文明实践中心联合主办的“走近美丽君子峰、共护绿色新明溪——颂党恩、听党话、跟党走庆祝中国共产党成立100周年”文艺会演在县宣传文化中心举办。

2日，福建省三明市消防救援支队在三明市海斯福化工有限责任公司开展大跨度、大空间厂房灭火救援实战演练。支队全勤指挥部、战勤保障科和特勤、明溪、清流、宁化、永安大队以及应急、公安、医疗、环保等政府部门联动力量共出动27辆车、90余人参加演练。

7日，中共明溪县委十二届十四次全体会议召开。全会听取和讨论钟科受县委常委会委托所作的工作报告，审议通过《中共明溪县委关于深入学习贯彻习近平总书记来闽考察重要讲话精神 为推进三明革命老区高质量发展示范区建设做出明溪贡献的决定》。

7日，三明市融媒体中心“礼赞建党百年——记者访百村”大型主题采访活动走进明溪县。

17日，明溪县召开安全生产紧急工作会议并迅速开展在建农房质量安全专项检查。

20日，县委书记钟科深入企业、项目现场，结合“再学习、再调研、再落实”活动和“访企业、解难题、促‘六稳’”专项行动，开展“五比五晒”“项目攻坚年”调研暨安全生产检查。

23日，福建中医药大学校长李灿东带队到明溪县考察指导明溪中医药事业发展工作。在县委党校，县委书记钟科与李灿东共同为“福建中医药大学大学生社会实践基地、青年马克思主义者培养工程教育实践基地”揭牌。

24日，福建省妇幼保健院与明溪县总医院、明溪县妇幼保健院联合举行妇幼专科医联体、儿科专科联盟签约授牌仪式。

26日，县委副书记、代县长陈华伟带队深入企业、项目现场，开展“访企业、解难题、促‘六稳’”专项行动暨推动“五比五晒”、重点项目建设和安全生产工作调研，帮助解决实际困难问题。

28日，中国共产党明溪县第十三次代表大会开幕，县委书记钟科代表中国共产党明溪县第十二届委员会作题为《奋进新征程 奋战“十四五” 为持续推进新时代明溪革命老区高质量发展而努力奋斗》的报告。

29日，中国共产党明溪县第十三届委员会召开第一次全体会议。会议选举产生中国共产党明溪县第十三届委员会常务委员会委员、书记、副书记，钟科当选为县委书记，陈华伟、谭细华当选为县委副书记，刘儒光、黄日福、徐婷、林中甲、张庚豫、聂建兴、杨元增、廖廷建、杨琦当选为中国共产党明溪县第十三届委员会常务委员会委员。

29日，中国共产党明溪县纪委十三届一次全会召开。会议选举产生新一届县纪委常委、书记、副书记。

8月

7日，市委书记余红胜到明溪县检查指导新冠肺炎疫情防控工作。

11日，明溪县境内首次发现珍稀野生动物阳彩臂金龟，属于国家二级保护动物。

14日，市委副书记、市长李春一行先后到明溪县梓口坊村医养结合中心、金井小区、侨乡文化展示馆、海斯福三期、南方制药二期、欧陆风情街等地调研，推进开展“牢记新嘱托、增创新优势、再上新台阶”活动。

17日，市委书记余红胜到明溪县调研落实习近平总书记来闽来明考察重要讲话重要指示精神及统筹新冠肺炎疫情防控和经济社会发展、县委换届后班子运行等工作情况。

18日，明溪县行政服务中心正式启用“办不成事”反映窗口。

23日，明溪县召开“大招商招好商”暨服务保障项目企业动员大会。

26日，明溪县招商工作专班在泉州市与福建省锦浪新材料科技有限公司成功签订锦浪精细化学品生产项目，项目总投资5亿元。

29日，县委书记钟科带队深入盖洋等部分乡(镇)调研督导新冠病毒疫苗接种工作情况，详细了解疫苗接种流程、效率和接种率以及采取的动员措施。

30日，明溪县举行三明市海斯福化工有限责任公司及高管爱心助学捐赠仪式。公司和公司高管向明溪县教育发展促进会捐赠总计213.4万元爱心助学资金，县委书记钟科向公司回赠“情系教育 爱心助学”牌匾，县委副书记、代县长陈华伟向公司高管代表回赠捐赠证书。

9月

1—3日，县委书记钟科带领县招商工作专班到广东佛山、广州、深圳等地开展专项招商活动，走访考察科顺防水科技、极飞科技、橡果美健集团、新深晋科技、心海城市更新集团等公司，对接洽谈招商项目。

2日，明溪县文体和旅游局被国家体育总局授予“2017—2020年度全国群众体育先进单位”称号。

3日，明溪县人民政府与中国农业银行三明分行举行全面战略合作协议签约仪式。

4日，明溪儿童公园改造提升项目建成并投入使用。

6日，明溪县召开精神文明建设先进命名暨深化省级文明县城创建动员大会。

7—8日，县委书记钟科，县委副书记、代县长陈华伟一行带领招商小分队，深入厦门市相关企业考察，开展招商对接活动。

9日，明溪县档案馆新馆正式启用。新馆位于明溪县药谷小镇气动工具城南侧，总用地面积1万平方米，总建筑面积6120平方米。该馆是集档案安全保管基地、爱国主义教育基地、档案利用服务中心、政务公开信息查阅中心、电子文件管理中心“五位一体”功能的综合档案馆。

9日，明溪县第一期电子商务师项目制培训正式开班。

11—12日，中国科学院微生物生理与代谢工程重点实验室主任、研究员陶勇，北京化工大学制药工程系主任、教授郑国钧，南京师范大学食品与制药工程学院教授、博导、副院长张幸，中国生物工程学会秘书长、研究员张宏翔等专家到福建南方制药股份有限公司考察指导。

12日，县委书记钟科深入县集中医学观察点调研督导新冠肺炎疫情防控工作，检查集中医学观察点入住对象接收和封闭管控、核酸检测、环境消杀、废弃物处置等规范化管理落实情况。

15日，福建省妇联、省农业农村厅公布2021年省级美丽庭院示范户名单，明溪县有60户上榜。

16日，县委副书记、代县长陈华伟带队深入经济开发区消防站和应急池、博诺安科医药科技有限公司、科顺新材料有限公司、南方制药股份有限公司等一线，检查安全生产、新冠肺炎疫情防控措施落实情况，调研重点项目推进工作。

17日，中国邮政集团明溪分公司与福建烁坤竹制品制造有限公司就红豆杉养生香系列产品进行战略合作签约。

18日，县委书记钟科先后深入金钻大酒店、经济开发区、学生社会实践基地、瀚仙镇等地，调研检查集中医学观察点规范化管理、生活保障和备用集中医学观察点工作。

18日，县委副书记、代县长陈华伟带队深入紫云台项目建设工地、县儿童公园、综合农贸市场、坪埠东路二期项目建设工地、明狮水泥龙湖矿山、龙湖龟山公园等处，开展节前安全生产、景区和非景区景点安全管理、新冠肺炎疫情防控、生态环保等工作检查。

23日，县委副书记、代县长陈华伟带队实地察看泰源鳗鱼养殖场尾水处理厂、县生活污水处理厂、工业污水处理厂等处设施运行情况，详细了解瀚仙、吉口两个省控断面水质以及农村生活污水治理、永溪金国养猪场整治等问题整改落实情况，现场推动渔塘溪省控断面水质超标、生活污水处理、工业污水治理和生猪、水产养殖污染等生态环境突出问题整改。

24日，明溪县举行“大招商招好商”项目集中签约仪式，共签约南方制药抗肿瘤新药、烁坤红豆杉养生香、森彩兰花等3个项目，总投资11.5亿元。

28日，邮政明溪分公司与顺丰、京东等4家快递企业，就“快递进村”签署合作协议，在收寄、分拣、运输等末端服务环节，开展全方位合作。

30日，明溪县在革命纪念园举行烈士纪念日公祭活动。

30日，三明市文化和旅游局组织福建省旅游协会、福建师范大学、三明学院等专家一行对明溪县滴水岩红色旅游景区创建国家AAAA级旅游景区进行初评。

9月，明溪县实验小学东部校区正式投入使用，总投资1.54亿元。

9月，明溪县依托第二十一届中国国际投资贸易洽谈会，在厦门市举行“现代农业、文旅康养及‘新能源、新材料、新医药’产业项目”专场招商推介会，共签约福建京和生物等11个项目，总投资44.7亿元，涵盖现代特色农业、食品深加工、新材料、新医药、文旅康养等项目。

10月

9日，明溪县胡坊镇成功签约明溪县卫祥高标准生猪良种繁育养殖基地三期建设项目，项目投资0.35亿元。

13日，2021年度福建省县域经济实力“十强”县（市）、经济发展“十佳”县（市）和城市发展“十优”区评价结果公布，明溪县获评2021年度福建省县域经济发展“十佳”县。

13日，明溪县城关卫生院举行整体搬迁揭牌仪式。

20日，共青团明溪县第十八次代表大会召开。

27日，明溪县司法局城关司法所被司法部授予“全国模范司法所”称号。

11月

1日，明溪县召开新冠肺炎疫情防控和安全生产工作会议。

2日，“筑梦青创　明溪启航”——明溪县首届“青创节”活动正式启动。

3日，明溪县举办第七届多种形式消防队伍业务技能竞赛。

4日，由三明市消防安全委员会举办的“119”消防宣传月暨乡镇消防所大宣传活动启动仪式在明溪县侨乡体育馆开幕。

5日，明溪县与泉州市鲤城区联合在明溪县欧侨广场举办“2021年明溪·鲤城山海协作金秋招聘会”，36家用工单位参加招聘，为求职者提供1424个就业岗位。

7日，明溪县总工会、县妇女联合会、县委文明办、县人力资源和社会保障局、县行政服务中心管委会联合举办新时代文明实践“中国梦·劳动美”全县政务服务窗口礼仪职业技能竞赛。

8日，由中共明溪县委宣传部、三明新周报社联合摄制的《日出旦上》获第四届中国红色微电影盛典大奖——最佳短视频奖。

8日，2021年三明市级优秀创业创新项目获奖名单公布，博冠（福建省）农业科技有限公司和明溪县心溪鲜生贸易有限责任公司项目分别获得市级创业创新项目一等奖、三等奖。

9—10日，副省长郑建闽带领省卫健委、省文旅厅相关负责人到明溪调研挂钩帮扶工作。

12日，第二十一届福建省科协年会专项活动“气象·生态·旅游论坛暨科普联合行动”在泉州市举办。会上发布首批“清新福建·气候福地”气候康养福地名单，明溪县夏阳乡入选。

13日，大国好货“一县一品”特色农产品表彰大会在泉州市举行。明溪淮山获大国好货“一县一品”特色农产品称号。

18日，三明市政府与省药监局在明溪县举行《共同建设三明（明溪）原料药绿色生产基地合作备忘录》签订仪式。

18—19日，市委书记、军分区党委第一书记余红胜深入三元、永安、明溪等地，开展党管武装工作专题调研。

19日，由三明市卫生健康委员会、三明市卫生健康系统工会联合会、明溪县卫生健康局和明溪县文体和旅游局联合举办的三明市卫生健康系统第四届全民健身运动会在明溪县开幕。

21日，由明溪县科学技术协会、明溪县教育局、明溪县科学技术局、共青团明溪县委员会、明溪县科技活动中心和明溪县第二实验小学联合举办的以“体验科学 快乐成长，为实现高水平科技自立自强而努力奋斗”为主题的明溪县2021年青少年科技竞赛在县第二实验小学举办。

21日，“福建省青年企业家八闽行”走进明溪，来自全省各地30多位青年企业家在明溪县开展学习交流和经贸考察。

24日，明溪县举行2021年工业集中区氟化氢泄漏突发环境事件演练。

26日，福建省企业家公益协会向明溪县第一中学捐赠价值5万余元的图书。

26日，三明市2021年市、县、乡、村一体化森林防灭火应急演练在明溪县举行。

27日，明溪县在沙溪乡梓口坊村举办第二届柑橘采摘文化节。

29日，明溪县退役军人服务中心获“全国退役军人服务保障先进单位”称号，全省仅2家中心获此荣誉。

29日，明溪县举行2021年度黄仲咸教育基金会奖学金发放仪式，90名优秀贫困生获得奖学金。

12月

1日，明溪县召开“医改再出发”暨卫生健康大会。

3日，明溪县举办“推进林改再出发”暨林票发行仪式。

3日，明溪县召开学习贯彻中共十九届六中全会精神市委宣讲团报告会，市委讲师团团长陈首龙作学习贯彻中共十九届六中全会精神专题报告，县委书记钟科主持报告会并讲话。

4日，明溪县“法治保障生态文明建设”单项项目获全省第一批法治政府建设单项示范项目命名。

7日，县委副书记、代县长陈华伟深入县总医院开展医改工作调研。

8日，民政部公布全国村级议事协商创新实验试点单位，明溪县沙溪乡梓口坊村入选。

8日，明溪县供销社组织锌硒望有限公司及明溪县农产品生产企业赴福州市参加由省供销社举办的“一县一周”农产品展示展销会暨“乡村振兴再出发”消费帮扶三明场活动。

8—9日，三明市客家文化（闽西）生态保护实验区联席工作会议在明溪县召开。

9日，明溪县非遗文化展览馆举行开馆授匾仪式。

9日，国家体育总局公布新一批被授予国家级运动健将称号的运动员名单。明溪籍女排运动员范紫嫣名列其中。

12—16日，政协第十一届明溪县委员会第一次会议召开。会议选举产生政协第十一届明溪县委员会主席、副主席、秘书长、常务委员。陈锋毅当选为政协第十一届明溪县委员会主席。

14日，明溪县举行三明市海斯福化工有限责任公司高端氟精细化学品项目（二期）开工仪式，项目占地面积5.73公顷，总投资6亿元。

14—17日，明溪县第十八届人民代表大会第一次会议召开。会议听取和审议县委副书记、代县长陈华伟关于明溪县人民政府工作报告。选举产生县人大常委会主任、副主任、委员，县长、副县长，监察委员会主任，法院院长，检察院检察长，三明市第十四届人大代表。谌良福当选为明溪县第十八届人大常委会主任，陈华伟当选为明溪县人民政府县长。

15日，明溪县雪峰镇人民政府与欧起航（福建）贸易有限公司举行电商直播及供应链基地建设项目签约仪式。

17日，中国侨联法顾委副主任、福建省侨联法顾委主任方忠炳带领省侨联调研组到明溪县开展“依法维护侨胞权益 推动参与社会治理”专题调研。

20日，明溪县举办“难以忘‘淮’·淮山宴”烹饪大赛，沙溪乡代表队获“淮山全宴奖”一等奖，“喜宴魁首”“云起胡坊·鱼水情”“难以忘‘淮’”“玉满青山”等31道菜品获得“菜品特色奖”。

22日，明溪县人民政府与中国联通福建省分公司举行乡村振兴共建合作框架协议签约仪式。

23日，福建省少年儿童图书馆明溪分馆授牌仪式暨第七届未成年人阅读推广培训班在明溪县图书馆举办。

23—24日，国家中医药管理局副局长、党组成员、直属机关党委书记黄璐琦，国家中医药管理局直属机关党委副书记、纪委书记朱桂，中国中医科学院广安门医院党委书记王笑频、副院长李杰，中国中医科学院中药资源中心主任郭兰萍等一行到明溪县开展对口支援调研。

25日，明溪县开展“‘永远跟党走’——发展街头文化，丰富文化供给”公益演出活动。活动由三明市文化和旅游局、明溪县文体和旅游局、明溪县民族与宗教事务局、明溪县新时代文明实践中心联合主办，三明市艺术馆、明溪县文化馆承办，雪峰镇、县妇联、县戏曲家协会协办。

25—26日，由福建安众智能科技有限公司冠名，明溪县文体和旅游局协办，明溪县乒羽协会承办的2021年明溪县“安众智能杯”乒乓球混合团体赛在明溪县全民健身中心乒乓球训练馆举行。

26日，由明溪县文体和旅游局、明溪县老体协主办，明溪县广场舞健身舞协会承办，明溪农村信用合作联社协办的学习宣传贯彻中共十九届六中全会精神2021年“全民健身 舞动明溪”广场舞汇演活动在明溪县侨乡体育中心举办。

29日，明溪县城乡供水一体化项目举行集中开工仪式。

30日，三明学院—明溪县新材料产教融合教学点揭牌仪式暨应用化工技术专业“二元制”2021级新生开学典礼在明溪县举行。

30日，明溪县举办旅外乡亲“云”宣讲报告会，与匈牙利明溪商会的旅外乡亲现场连线，学习中共十九届六中全会和省第十一次党代会精神。

31日，明溪县举行“打好收官战 誓夺开门红”活动暨重点项目集中开竣工仪式，开竣工重点项目共20个，总投资23.94亿元，其中开工项目10个，总投资18.2亿元；竣工项目10个，总投资5.74亿元。

31日，明溪籍拳击运动员孙靖宇获得2021“白沙杯”全国男子拳击冠军赛48公斤级冠军。

12月，明溪县格林韦尔材料科技有限公司通过宁德时代新能源科技股份有限公司验厂，成为宁德时代公司的规模供应商。

责任编辑：邓静倩

县情概貌

自然地理

【地理位置】　明溪县位于福建省西北部，地理坐标介于北纬26°08′～26°39′、东经116°47′～117°25′。东界沙县、三元，西邻清流、宁化，南接永安，北毗将乐、建宁、泰宁。东西长78千米，南北宽58千米，总面积1729.85平方千米。县政府驻地在县境中部的雪峰镇。

【地质地貌】　明溪县域地质构造，位于遂(昌)建(瓯)上古台拱和永(安)梅(县)上古台陷的接合处及松溪—明溪—长汀深大断裂带中。变质岩、岩浆岩发育，沉积岩分布较少。多旋回的构造变动，使褶皱断裂交错叠加，地质构造复杂。根据县境内地层的沉积间断、沉积建造、构造形式及岩浆活动等特点，划分为杨子和加里东、华力西和印支、燕山、喜马拉雅4个旋回构造层。地势四面环山，峰峦重叠。西北部和东北部崇山峻岭，海拔700～800米。南部稍低，东南部最低的渔塘溪出境处瑶奢平原海拔180米。境内有海拔1000米以上高山25座，最高的盖洋圣水岩为1561.4米。山地和丘陵面积占全县总面积的91.91%，小平原面积占6.98%，水面占1.11%。全县大小溪流密布，流域面积在50平方千米以上的河流16条。因高山阻隔，溪流分属沙溪水系和富屯溪水系。

（县自然资源局）

【气候特征】　2021年明溪县气候特点：平均气温19.6℃，比历年平均值高1.0℃；年极端最高气温37.8℃，出现在7月14日；年极端最低气温-6.4℃，出现在1月9日。年降水总量1282.6毫米，比历年平均值少603.3毫米(少32%)；年日照时数1454.0小时，比历年平均值少137.6小时。3月21—23日，出现连续3天平均温度低于12.0℃的倒春寒天气，无“五月寒”。10月16日出现“23型秋寒”，10月17日出现“20型秋寒”，出现时间均属偏晚。初霜出现在12月1日。全年气候年景较差，年平均气温异常偏高，降水量异常偏少，全年日照时数正常。

气温　冬季(2020年12月至2021年2月)平均气温为10.9℃，比常年高1.5℃，属偏高。2021年2月平均温度14.0℃，比历年平均值高3.6度，属异常偏高。春季(2021年3—5月)平均气温为19.7℃，比常年高1.6℃，属异常偏高。夏季（2021年6—8月）平均气温为27.0℃，比常年高0.8℃，属显著偏高。2021年度夏季最高气温≥35.0℃的高温日数为36天，其中极端最高气温37.8℃，出现在7月14日。秋季（2021年9—11月）平均气温为20.6℃，比常年高1.1℃，属显著偏高。其中9月平均温度26.7℃，比历年平均值高2.6℃，属异常偏高。

降水　冬季(2020年12月

至2021年2月)降水量为134.3毫米，比常年同期少107.4毫米（少94%），属偏少。其中2021年1月降水总量比历年平均值少99.4%，属异常偏少。春季（2021年3—5月）降水量为588.2毫米，比常年同期少170.8毫米，其中3月、4月降水总量，属偏少。夏季（2021年6—8月）降水量为359毫米，比常年同期少247毫米（少41%），属偏少，其中6月、7月降水总量属显著偏少。秋季（2021年9—11月）降水量为200.8毫米，比常年同期少3.4毫米（少1.7%），属正常，其中9月、10月降水总量属显著偏少。

日照　冬季(2020年12月至2021年2月)日照时数为298小时，属正常。其中2020年12月份日照时数，属偏少；2月日照时数，属偏多。春季（2021年3—5月）日照时数为257小时，比常年同期少30小时，属正常，其中5月日照时数属偏少。夏季（2021年6—8月）日照时数为474.1小时，比常年同期少71.6小时，属正常，其中8月日照时数属偏少。秋季（2021年9—11月）日照时数为372.6小时，比常年同期少75.6小时，属正常。其中，9月日照时数显著偏多，10月日照时数显著偏少，11月日照时数显著偏少。

【气象灾害】　2021年，明溪县主要气象灾害有冰雹、干旱。冰雹：5月9日12时10—17分，瀚仙镇连厝村出现冰雹，冰雹最大直径2毫米；12时12—15分，瀚仙镇坪地村出现冰雹，最大直径如黄豆大小。9月22日17时13—18分，夏阳乡俞云板村出现冰雹，最大冰雹直径约黄豆大小。干旱：2020年12月19日至2021年2月8日，持续无有效降水，形成秋冬连旱，达到气象中旱标准。

（吕　琦）

资　源

【土地资源】　2021年，明溪县土地总面积17.30万公顷。其中，耕地10678.73公顷，种植园用地2562.76公顷，林地150066.03公顷，草地867.64公顷，湿地20.26公顷，城镇村及工矿用地2669.28公顷，交通运输用地2302.63公顷，水域及水利设施用地2260.26公顷，其他土地1558.1公顷。

【矿产资源】　明溪县境内矿产资源较丰富，已发现矿产26种，其中金属矿8种，能源矿产1种，非金属矿17种，主要矿产有煤、萤石、石灰石、宝石、稀土、透闪石、白云岩等16种，其中优势矿种为煤、萤石、石灰石、宝石、稀土等。境内已发现矿床、矿（化）点105处。

【宝石资源】　明溪为全国四大蓝宝石产区之一，也是“中国锆石的故乡”，这里宝石资源丰富，多种宝石共生，与蓝宝石、锆石共生的有石榴石、辉晶宝石等，分布面积8万公顷。蓝宝石呈深蓝、浅蓝、蓝绿和黄绿等色，比重3.97～4.09，硬度8.73～9.0，折光率No=1.766～1.771牛顿每厘米，

明溪天然蓝宝石原矿　（2021年6月5日江月兰 摄）

Ne=1.758～1.763牛顿每厘米，透明度好，粒径一般为4～10毫米，最重达150多克拉，形状以六方桶状为主，少部分为规则粒状或碎片状，化学成分为Al_2O_3占95.11%、SiO_2占1.60%、Fe_2O_3占1.5%。含有Cr、Ni等微量元素，不含放射性元素。主要产品除蓝宝石外，还有红宝石、玛瑙、水晶、煤精、东陵石、木变石、虎睛、菩提珠、镶嵌首饰、玉盒玉器等产品，蓝宝石代表作有“孔雀开屏”“金三角”等一批奇特宝石。

（县自然资源局）

【水资源】 地表水资源：明溪县地表水资源主要由降雨产生，全县多年平均年水资源总量16.19亿立方米，其中丰水年为22.26亿立方米（P=10%），平水年15.53亿立方米（P=50%），枯水年10.42亿立方米（P=90%），人均拥有地表水量1.41万立方米。地下水资源：全县地下水天然资源总量3.42亿立方米/年，分布面积1703.1平方千米，平均每平方千米地下径流量549.41立方米/天，人均流量8.13立方米/天。

【主要水系河流】 明溪是典型的山区县，境内群山环抱，溪网密布，且具有源短流急、暴涨暴落的特点，水系呈树杈状。全县溪流共分为沙溪和富屯溪两大水系，从发源地到县界河口，最大河长43.5千米，最小河长不足5千米，流域面积在50平方千米以上的河流有16条，其中200平方千米以上的有7条。

角溪干流段　角溪为全县最大河流，河口以上流域总面积671.40平方千米（境内543.61平方千米），干流段河长6.6千米，坡降较缓，约3‰，在盖洋镇水口村出境，经泰宁县龙安乡角溪村后注入池潭水库。其上游分支流有盖洋、中溪、夏坊、温庄、龙坑五条。出境以上多年平均流量20.22立方米/秒，年径流总量6.38亿立方米。

盖洋溪　发源于城关罗翠村的沙坑寨，贯穿盖洋镇中部，在砂坪自然村汇入中溪、夏坊溪后形成角溪干流段，是角溪上游的主河道，河长41.75千米，流域面积221.61平方千米（境内175.95平方千米），上游坡降较陡，中下游坡降平稳，沿岸河谷盆地较多较平，平均坡降6‰，多年平均流量6.7立方米/秒，多年平均径流总量2.11亿立方米。

夏坊溪　发源于建宁县均口乡旱树坑，进入境内，经夏坊乡在砂坪与盖洋溪汇合后形成角溪。河口以上集水面积208.32平方千米（境内146.15平方千米），主河道长45千米（境内30千米），境内平均坡降4.8‰，多年平均流量6.30立方米/秒，年径流总量1.98亿立方米（境内1.39亿立方米）。

城岚溪　同属于角溪，在泰宁县角溪村注入角溪，发源于明溪县瀚仙镇九龟洞，途经将乐县后折入盖洋镇姜坊、湾内、白岚、白叶村，又折入将乐县再进入泰宁境内。出境口以上流域集水面积206.21平方千米（境内152.42平方千米），主河道总长26千米（境内20千米），平均坡降（境内）8‰，多年平均流量6.20立方米/秒，年径流总量1.96亿立方米（境内1.45亿立方米）。

黄砂溪干流段　黄砂溪为全县第二条大河流，河口以上流域总面积556.18平方千米（境内面积538.16平方千米），干流段河长6.0千米，坡降较缓约1‰，在沙溪乡瑶奢村出境进入三明三元区内吉口村，在三明三元区莘口镇注入沙溪。其上流境内主要支流有渔塘溪、夏阳溪，出境以上多年平均流量16.75立方米/秒，年径流总量5.28亿立方米。

渔塘溪　发源于城关五通凹，流经城区、瀚仙镇，在沙溪乡梓口坊村与夏阳溪汇合后，形成黄砂溪干流段，是黄砂溪主河道。河口以上集水面积311.1平方千米，主河道长38千米，平均坡降6.7‰，多年平均流量9.37立方米/秒，年径流总量2.96亿立方米。

夏阳溪　发源于夏阳乡俞云坂村的大际坂，流经夏阳乡后，在沙溪乡梓口坊注入黄砂溪，河口以上集水面积206.3平方千米（境内195.8平方千米），主河道长32.0千米，平均坡降18.9‰，多年平均流量6.21立方米/秒，年径流总量1.96亿立方米。

（县水利局）

【森林资源】 2021年，明溪县林业用地总面积14.75万公顷。其中，有林地面积141718公顷，未成林造林地面积4523.92公顷，苗圃地面积116.96公顷，迹地面积815.32公顷，宜林地面积287.04公顷。有林地中林分面积126891公顷，经济林面积1691.91公顷，竹林面积12335.09公顷。林分中重点生态公益林面积39653.38公顷，用材林面积8.72万公顷，森林覆盖率81.96%，森林总蓄积量1772.86万立方米。

【植物资源】 明溪县地处东南大陆武夷山脉东南坡，自然条件优越，生态系统复杂多样，孕育和保存了丰富的野生动植物资源，具有中亚热带基带原生性常绿阔叶林森林生态系统、天然药用植物种质资源，经济价值较高的用材树种种质资源、昆虫资源、濒危动植物物种，具有丰富的生物多样性。

全县有9个植被型、32个群系、60个群丛，闽楠林、苦槠林、甜槠林、米槠林、吊皮锥林、钩栲林等中亚热带基带原生性的常绿阔叶林保存较完好。

全县有维管束植物115目、219科、1692种。其中，蕨类植物6目、39科、180种，裸子植物2目、7科、14种，被子植物107目、173科、1498种。在植物区系成分上，各类热带成分有355属，占植物区系总属数的55.56%；各类温带成分计有284属，占植物区系总属数的44.44%。

全县有丰富的珍稀濒危植物。其中国家一级保护植物有南方红豆杉、钟萼木及历史栽培的银杏3种；国家二级保护植物有粗齿桫椤、金毛狗、福建柏、香榧、鹅掌楸、凹叶厚朴、樟树、天竺桂、闽楠、浙江楠、金荞麦、莲、短萼黄连、半枫荷、绞股蓝、榉树、伞花木、野大豆、花榈木、喜树、香果树21种及花叶开唇兰、浙江金线兰、钩距虾脊兰、铁皮石斛、长苞羊耳蒜、细叶石仙桃、小舌唇兰、苞舌兰等35种兰科植物。

县内经济植物资源比较丰富，有天然药用植物776种，其中具有抗肿瘤作用的种质资源植物43种，具有增强免疫活性作用的种质资源植物11种，具有重要经济价值的材用植物有133种。另外有食用植物102种、园林绿化植物173种、鞣料植物37种、油脂植物115种、芳香植物47种、蜜源植物119种、纤维植物84种。

【动物资源】 明溪县境内有脊椎动物38目、117科、493种，其中鱼类资源有5目、13科、49种，占福建省鱼类总种数的25.24%；两栖类2目、7科、26种，占福建省两栖类总种数的54.52%；爬行类3目、12科、63种，占福建省爬行类总种数的58.33%；鸟类20目、64科、306种，占福建省鸟类总种数的60%；兽类8目、21科、49种，占福建省兽类总种数的46.66%。昆虫有33目、300科、2413种，其中昆虫纲29目、280科、2317种，蛛形纲4目、20科、96种，已定名的物种数与物种丰富度仅次于福建省武夷山国家级自然保护区和湖南八大公山自然保护区。

（县林业局）

人文历史

【隶属沿革】 明溪建县前，疆域分属清流、宁化、将乐、沙县。明成化六年(1470)同知程熙以“地旷远，民梗难治”为由，奏准析清流县的归上、归下里，宁化县的柳杨、下觉里(含泰宁县沂州的一带村庄)，将乐县的兴善、中和里，沙县的沙阳里合置归化县，隶属福建布政司汀州府。清代，归化县隶属漳南道汀州府。民国3年(1914)6月，国民政府实行省、道、县三级地方政制，归化县隶属汀漳道。民国14年，国民政府废道，福建省实行省、县二级地方政制，归化县直属福建省。民国20年（1931），工农红军解放归化县，归化成为中央苏区早期二十一县之一，毛泽东、朱德、彭德怀、杨尚昆、滕代远、粟裕等老一辈无产阶级革命家曾先后在这块红色土地上进行革命斗争和实践，留下了光辉足迹。民国20—23年（1931—1934），先后隶属闽粤赣省、福建省、闽赣省。民国22年（1933）5月，因与绥远省归化城同名，奉民国政府令改名明溪县。此后至1949年10月，明溪县先后隶属龙汀省和福建省第八行政督察区、第七行政督察区、第九行政督察区、第六行政督察区。1949年10月24日，明溪县成立自动解放委员会，宣布和平解放，隶属永安专员公署(专署驻永安)。1956年10月，明溪和三元两县合并为三明县，隶属南平专员公署(专署设南平)。1961年10月，原三元县域设三明市，原明溪县域改称三明县(包括原三元县的岩前、吉口)，隶属三明市。1964年4月，国务院批复，将三明县改名为明溪县，隶属三明行政专员公署。1983年5月，三明专员公署改为三明市人民政府，实行市带县新体制，明溪县隶属三明市。

【行政区划】 2021年，明溪县区划为4个镇、5个乡，88个行政村和8个居民委员会及雪峰农场。

雪峰镇辖2个行政村、6个居委会：城西、城东村；城南、紫岭、中山、城北、城东、城西居委会。

盖洋镇辖18个行政村、1个居委会：盖洋、湖上、村头、雷西、葫芦形、温庄、湾内、衢地、白叶、白岚、桂林、画桥、大坑、常坪、姜坊、大洋、杨地、林地等村及盖洋居委会。

城关乡辖9个行政村：上坊、坪埠、王桥、狮窠、罗翠、余坊、下汴、大坪、大富。

胡坊镇辖10个行政村：胡坊、瓦口、柏亭、朱南、眉溪、奋发、福西、洋地、冯厝、肖家山。

瀚仙镇辖11个行政村：瀚溪、王陂、大焦、石珩、龙湖、连厝、岩里、坪地、洋龙、花园、 小眉溪。

沙溪乡辖6个行政村、1个居委会：沙溪、永溪、六合、梓口坊、瑶奢、碧州村和溪口居委会。

夏阳乡辖16个行政村：夏阳、下坂、杏村、御帘、长兴、陈坊、旦上、紫云、后洋、俞云坂、良村、瓦溪、新坊、地美、岭头、溪边。

夏坊乡辖9个行政村：夏坊、高洋、鳌坑、龙坑、新建、中溪、李沂、苎畲、黄地。

枫溪乡辖7个行政村：枫溪、小珩、官坊、大雅、华山、邓家、熊地。

【人口】 2021年年末，明溪县总人口（户籍人口）为115946人，较上年减少865人。其中，男性60430人，女性55516人。全县人口出生率6.13‰，死亡率5.75‰，自然增长率0.38‰。

【民族】 2021年，明溪县有汉族、回族、畲族、苗族、壮族、彝族、布依族、侗族、瑶族、傣族、土家族、蒙古族、维吾尔族、朝鲜族、满族、黎族、白族、土族、哈尼族、拉祜族、水族、纳西族、毛南族、阿昌族、普米族、怒族、仫佬族27个民族。汉族人口占绝大多数。少数民族占全县人口的1%，少数民族中，回族和畲族人数最多。少数民族大多是1950年后随工矿企业的兴办迁入的，或是机关职工队伍的调配、军队干部的转业和大、中专院校毕业生分配及通婚等原因迁居而来。各民族的分布是：汉族人口遍布全县各地，少数民族为散居，以雪峰镇和枫溪乡最多。枫溪乡官坊回族村是辖区内唯一的少数民族村，2019年被国家民族事务委员会命名为“中国少数民族特色村寨”。

【方言】 明溪建县是由宁化、清流、将乐、沙县割部分地域而成的。由于地域和历史的原因，故明溪方言比较复杂。通常所说的明溪话，指的是建县以来的县治地区所用方言——雪峰话。雪峰镇是县政府驻地，全县政治、经济、文化、交通的中心。雪峰话在县内通行广，使用人口占全县总人口的74%。雪峰话和城关、瀚仙话基本相通，和沙溪、胡坊、盖洋话也较接近，6个乡镇的人均能听懂雪峰话，其他3个乡的人听懂雪峰话则有一定困难。根据明溪方言内部的差异，大体可分为3片：雪峰片，包括雪峰镇、城关乡、瀚仙乡、沙溪乡、盖洋乡；枫溪片，包括枫溪乡、夏坊乡；夏阳片，含夏阳乡全境。各片内部也还有一定差异，如雪峰片的雪峰话和盖洋话、胡坊话也还有一些不同。明溪方言有闽方言、赣方言和闽西客方言的特色，具有一定的复杂性和特殊性。

【宗教和民间信仰】 明溪县宗教历史悠久、底蕴深厚，千年古寺林立，民间信仰活跃，有佛教、道教、基督教三大宗教及众多民间信仰场所。2021年，有佛教、道教和基督教活动场所83处，其中依法登记的宗教活动场所27处，省级民间信仰联系点1处，民间信仰活动场所55处，备案宗教教职人员26名，信教群众万余人。聚龙寺是福建佛教曹洞宗四大古刹之一，显应庙惠利夫人信俗、圣者殿饶公信俗分别被列入省市级“非遗”文化名录。

【民俗】 明溪先民主要为中原南迁的汉族，他们与当地人及先期到达的部分畲族居民杂居，相互融合。民俗中既继承和保留了中原的文化习俗，又受当地居民习俗的影响，形成了浓厚的以“忠孝”为中心的道德观念，人们崇尚安分守己、淳朴正直、讲礼仪、守信用、艰苦奋斗、开拓进取、尊老爱幼、热情好客的客家民俗。

（县委党史和地方志研究室）

【历史人物】 杨时（1053—1135） 字中立，号龟山。明溪县瀚仙镇龙湖村人。宋代著名思想家、教育家、诗人，被誉为“程氏正宗”“闽学鼻祖”。北宋熙宁九年（1076）进士，历任知县、著作郎、右谏议大夫、国子祭酒、工部侍郎、龙图阁直学士等职，谥“文靖”。其人尊师好学，为官清廉，守正不阿，力主抗金，具有崇高思想品格和民族气节，留下“程门立雪”佳话。创办无锡东林书院。明弘治八年（1495）起从祀文庙。著有《二程粹言》《龟山集》等。《宋史》有传。

汤莘叟（1114—1188） 字起莘、元盛。明溪县盖洋镇湖上村人。宋代隐逸诗人。南宋绍兴四年（1134）解元，绍兴五年（1135）进士，任江南东路饶州（今属江西）推官，不满朝中秦桧擅权，辞官归里。平生好吟咏，雅负诗名，著有《诗集》2卷、《诗余》1卷，已佚。入《福建通志·文苑》，《全宋诗》录其诗。

曾晏氏（生卒年不详） 明溪县城关乡坪埠村晏坊人。南宋女英雄。嫁与杨柳团大陂（今盖洋镇湾内村大陂）曾元懋，因称曾晏氏。夫死，抚幼子不再嫁。绍定间（1228—1233），宁化晏彪（晏梦彪）起事，攻城略地。曾晏氏在黄牛山建寨，率乡民智勇御敌，救助百姓数以万计。诏封“恭人”，赐冠帔，奉旨旌表“节孝”。其子曾圣徒任沔州通判时，谢（道清）太后题诗赐扇奉母。入《宋史·列女传》。

谢英辅（1312—1368） 一名瑛辅，号古溪。明溪县夏坊乡李沂村人。元元统元年（1333）进士，历任御史、兵部侍郎、枢密院副使、福建行省左丞等职。文韬武略，刚正不阿。因得罪权贵，弃官家居。后辅佐陈友定统治福建，多有奇谋，屡建奇功。谋划锦江战役，大获全胜。协助陈友定固守延平时，因势单力孤，城破自尽。清雍正五年（1727），奉旨旌表“忠义”，入祠崇祀。入《福建通志·忠节》。

谢赐荣（1324—1379） 号古峰。明溪县夏坊乡李沂村人。少时从长兄英辅习兵法，膂力过人，精通韬略。曾向朱元璋献“太平十策”，智勇兼备，屡立战功，从指挥同知升指挥使、游击将军、右翼都督。北伐元朝战功卓著，封镇国上将军兼枢密院事。奉朱元璋命经略辽东，很快稳定局势，又大兴屯田，发展生产，兵农结合，兵民两便。知朱元璋猜忌功臣，辞官归里。

陈友定（1329—1368） 又名有定，字永卿，号安国。明溪县瀚仙镇大焦村人。元末忠臣，“闽三忠”之一。历任明溪寨巡检、清流县尹、延平路总管、汀州路总管、福建行省参知政事、福建行省平章政事。为人沉勇，胆略过人，讲义气，喜结交，重文士。击败陈友谅大将邓克明，擒斩朱元璋大将胡琛，占有福建全省及广东潮州。因固守延平失败，友定、宗海父子同时慷慨赴死。明太祖朱元璋御赐柱联“名宦乡贤第，忠臣孝子门”。《明史》有传。清代奉旨旌表“忠烈”，入祠崇祀。

陈宗海（？—1368） 又名陈海，陈友定长子。多机谋，有勇力，善骑射，为少年英雄。元至正二十六年（1366），奉父命率军大败亦思巴奚军（波斯人军队），攻入泉州，擒杀叛军头目那兀纳，平定持续十年之久的亦思巴奚战乱，使福建沿海百姓不再遭荼毒。明洪武元年（1368），闻父亲被擒，奔赴父难被杀。清代奉旨旌表“忠孝”，入祠崇祀。

揭鸿（1517—1600） 字于渐，号文冈。明溪县瀚仙镇瀚溪村人。明代抗倭英雄。博览群书，胆略超群。明嘉靖二十八年（1549）举人，历任广西浔州通判、广东潮州通判、广东连州知州。任职潮州时，以文官行武将之事，率众抗倭剿匪护民。曾只身入匪窟侦察，用奇计一举歼敌。每次战斗，身先士卒，奋力拼杀，捷报频传，威震岭南。

陈启韬（1661—1742） 又名希韬，字于龙。明溪县瀚仙镇洋龙村人，陈友定第12世孙。清代华侨先驱，暹罗国（今泰国）丞相。幼聪颖，善交际。15岁到广东从事贸易，后出海时遇巨风，漂落至暹罗国。以睿智贤能被国王赏识，授予官职，并招为驸马，后升任丞相。清雍正、乾隆间，时有珍物寄回家中，并撰一联，寄回悬挂于洋坊陈氏祖屋，云：“先君遗体，天各一方，生西颍而老他乡，遂使禴祠失祀；小子远游，心怀两地，相暹罗而思故国，顿教寝食难忘。”

谢家树（1708—1770） 字维成，号兰村、益堂。明溪县夏坊乡李沂村人。清乾隆元年（1736）举人，乾隆四年（1739）进士，任福建建宁府儒学教授，后两度任福州府儒学教授、台湾府儒学教授，兼福州鳌峰书院监院、台湾海东书院掌教，培养了众多人才。授翰林院典簿，未就任。主持编修《重修台湾县志》，为台湾文教事业作出重要贡献。为官清廉。善诗文，著有《六有堂稿》。

陈汝捷（1720—1790） 字瑞远，号三峰。明溪县城关南门人，陈友定第13世孙。胆识过人，文韬武略。由武生入仕，历任江南宣州卫领运千总、浙江杭头千总，直隶昌平营守备、福建闽安协左营守备，台湾北路淡水营都司、提标、右营游击，广东平海营参将，广东春江协副将，广东碣石镇总兵、福建海坛镇总兵。致仕前还署理过一段时间福建全省陆路提督，后赠振威将军。十一次觐见乾隆皇帝。著有《水师辑要》2卷。

胡国纲（1754—1806） 一名秋筠，字燕卿，号植侯。明溪县胡坊镇柏亨村人。清代清官。自幼聪颖，能诗善文，尤工书法。清乾隆四十二年（1777）举人，任广东长乐、合浦、长宁、河源、茂名等县知县，崖州知州，化州知州，诰授奉直大夫。勤政爱民，两袖清风，惩奸除恶，政声卓著。曾为广东茂名“尚义名区”题联“愧我难登循吏传，此邦真有古人风”，其事迹在茂名一带传颂至今。入《福建通志·循吏》。

妙莲法师（1824—1907） 俗姓冯，名华标。明溪县城关西门人。历任福州涌泉寺方丈、马来西亚广福宫和极乐寺住持，创建马来西亚极乐寺，重修福州涌泉寺、漳州南山寺，将东南亚弘法所募数万银元进献朝廷。为表彰其爱国精神，慈禧太后特地召见，赐《龙藏》及袈裟等物，是福建佛教界得到朝廷最高荣誉的高僧，人称“钦命方丈”。著名的虚云大师为其弟子。

（廖康标）

南山古人类文化遗址

【概况】 南山古人类文化遗址位于明溪县城关乡上坊村狮山，遗址由南侧1—4号洞穴和山顶全部及东坡、北坡构成，遗址总面积18万平方米，是福建省第一处洞穴和旷野相结合的史前文化遗存，除了大量炭化稻谷外，考古队发现墓葬8座，大型蓄水池2座，灰坑十余个，近百个柱洞，以及陶、石、骨器千余件。1988年被列为福建省文物十大考古发现之一，2013年被列入第七批全国重点文物保护单位。2017年，南山遗址获评中国社科院“2017年中国六大考古新发现”，并入围国家文物局“2017年度全国十大考古新发现”评选。2019年1月，省文物局公布第一批8个省级考古遗址公园评定名单，明溪县南山考古遗址公园位列其中。

【考古发掘】 2012—2017年，明溪县南山古人类文化遗址经国家文物局批准，中国社会科学院考古研究所、福建博物院、明溪县博物馆联合对南山古人类文化遗址进行考古发掘。发掘重点区域分别位于山顶、4号洞及3号洞，取得重大学术收获。3号洞文化堆积厚1.6米，4号洞文化堆积厚达4米。山顶发掘面积400平方米，文化堆积平均厚度为1.5米。遗址依据地层叠压关系及遗物特征，划分为5个文化期，年代为距今5800—3500年。第一期至第三期文化仅分布于洞穴，第四期至第五期文化主要分布于山顶发掘区，4号洞有少量分布。

第一期文化遗存较少，与后期遗存关系不明。第二、三期文化遗存延续性非常明显，如发现大量磨光黑陶，陶片纹饰以绳纹、重圈纹、曲折纹为特征，器形以釜、罐、豆为主。第四期文化遗存延续第三期的文化特征，都包含磨光黑陶，部分器物口沿的形态特征相似等，但在埋葬习俗和器物组合上存在一定差异，随葬品成组出现（鼎、高柄豆、罐），显示出人类迁居山顶后文化特征的改变。第五期文化遗存已进入青铜时代，器类、器型、纹饰均出现较大变化，如出现大量黑衣陶、刻划纹灰色硬陶、原始青瓷、彩陶等。

【学术意义】 南山古人类文化遗址年代跨度大，文化堆积保存完整、连续，文化面貌独特，如独具特色的文化遗物陶器群，尤以磨光黑陶和饰以多样纹饰的磨光白陶特征鲜明，填补闽西北地区新石器时代中、晚期至青铜时代考古学文化谱系的缺环与空白，具有标杆性的意义。第五期文化遗存中含大量黑衣陶、具有闽江下游黄土仑类型的刻划纹灰色硬陶以及少量彩陶等，其年代明显早于黄土仑文化，这为广泛分布于闽江下游的黄土仑文化来源提出全新的思考方向。

在山顶发掘区发现福建省内最早的蓄水池遗迹及大量柱洞、灰坑，反映当时山顶生活的史前人群规模。主要居住区由洞穴向山顶的转变，也展现出南山先民独特的山顶、洞穴相结合的空间利用特征。作为典型的洞穴遗址，在南山遗址浮选出土异常丰富的农作物遗存以及相关的农田杂草遗存，对古代穴居人群的生业形态研究提出新的问题。南山遗址出土的水稻是武夷山东麓地区发现的最早的水稻遗存；出土的粟和黍两种小米是整个华南地区，包括岭南地区和武夷山脉以东地区发现的最早的小米遗存，这为探讨华南沿海地区的稻作农业特别是粟作农业的来源问题提供关键的考古实物证据和新的线索。丰富的植物遗存为开展史前人类资源利用行为研究、植物栽培、演化、传播研究提供极为丰富的材料。遗址出土人骨的体质人类学特征与福建漳平奇和洞遗址、广东鲤鱼墩贝丘遗址、福建连江岛尾一号遗址以及泰国、越南等类似遗址出土的人骨特征相似。人骨同位素研究结果表明，当时人的食物同时包括C3类谷物水稻和C4类谷物粟与黍两种小米，含一定的食肉成分。

南山古人类文化遗址考古工作的重大收获，对构建闽西北地区新石器时代考古学文化序列具有重要意义，为探讨福建青铜时代考古学文化的来源提出新的思考方向，也为探讨史前人类行为模式、生业形态、人类活动、种群迁徙与交流、闽台史前文化渊源关系，以及南岛语族的起源与扩散等重要学术问题，提供新的极为珍贵的资料。

红色归化

【概况】 明溪旧称归化，地处闽西北腹地。1929年，建立明溪第一个党组织——中共归化城市小组，在中国共产党的领导下，明溪人民在县、区、乡各级建立起苏维埃政府，开展土地革命，进行武装斗争；苏区干部群众投身苏区建设事业，参军参战，开展各种形式的支前运动，为宁清归苏区、闽西苏区和中央苏区的建立、巩固和发展，做出了不可磨灭的贡献。主力红军长征后，国民党对苏区人民实行报复性屠杀和抢掠焚烧。全县共有1870名红军战士、苏区干部、群众遭屠杀或被迫害致死；被烧毁房屋1330间，被拆房屋2345间；受摧残87个村庄，449户遭斩尽杀绝；饥饿死亡3768人，逃亡外地325人，被抓壮丁135人。明溪人民没有被敌人白色恐怖征服、吓倒，他们在中国共产党的领导下，全力支持坚持游击战争的闽赣军区17、18团等红军、游击队，延续革命火种，历经抗日战争和解放战争，直至1949年和平解放。

“归化之役”纪念碑 （2021年12月26日温国彪 摄）

【明溪是中央苏区早期二十一县之一】 《毛泽东选集》第二版第四卷第1136页注释中提到的中央苏区早期就占领了县城的21个苏区县就包括明溪（归化）。土地革命战争时期，毛泽东曾先后两次率领红军来到明溪进行伟大革命斗争实践，亲自领导开辟了明溪苏区。毛泽东首到明溪点燃革命星火。1930年1月16日，毛泽东率领红四军第二纵队从清流林畲进入归化盖洋等地，后经宁化转战赣南。行军途中，吟就了脍炙人口的光辉诗篇《如梦令·元旦》。红四军途经归化期间，沿途宣传党的主张，扩大了党和红军在群众中的影响，有力推动当地革命斗争的发展。同年秋，中共归化县特别支部成立。之后，在红军和地方党组织的领导下，归化迅速发展成为闽西革命根据地的重要组成部分。毛泽东再次亲临明溪指导革命实践。1931年5月第二次反“围剿”胜利后，毛泽东多次对闽西北地区工作作出部署，明确闽西红军发展的主要方向是归化、宁化和清流等县，指示红军“应该在这些区域作长期的工作计划”“四军应以归化、清流、连城为工作区域”，强调“所谓工作区都是要分配土地、建立政权的”。7月初，归化县城首次解放，毛泽东、朱德亲临归化，视察指导新区域的革命工作。在红军工作团的指导下，建立了红色政权——归化县革命委员会，随后，成立第一个中共县委——中共归化县工作委员会。1933年冬，归化县苏维埃政府正式成立，苏区各项建设进入全盛时期。

【明溪是东方军转战主要集结地之一】 以红三军团为基干的东方军在彭德怀等将帅的率领下，两次入闽作战，主力均集结明溪。1933年7月，东方军首次入闽作战。根据彭德怀、滕代远发布的《东方军拟夺取将乐、顺昌、延平、沙县等地的行军命令》，东方军各兵团集结归化待命行动。1934年1月，东方军再次入闽。彭德怀在攻打沙县城前、后分别发布《三军团向归化前进的命令》《三军团关于集中归化待机之命令》，东方军主力三军团两次集结归化。驻归化期间，彭德怀在县城、御帘等地设有司令部，并先后在归化司令部发布《东方军为消灭洋口、顺昌、将乐之敌的行军命令》《三军团向沙县前进的命令》，指挥东方军驰骋闽西、闽西北。同时，以归化等地为依托，打沙县、攻尤溪，收复和发展红色区域，归化成为东方军入闽作战的重要战略支点。

【明溪是中央苏区东部战略要地之一】 毛泽东曾盛赞中央苏区东面的闽西北等地区是好区域，有山地纵横，无河川阻隔，最适宜造成新战场；有款可筹，群众很多，可以出兵扩大红军。明溪地处中央苏区东部，是拱卫中央苏区的坚固屏障和出击反动势力、扩展苏区的重要门户，中共苏区中央局在部署第四次反“围剿”任务时，强调指出福建的建宁、泰宁、宁化、连城、归化、清流等县是“在战略上重要的地区”。明溪是中央苏区“扩红补给”的重要地区。1931年6月，按照红一方面军总前委部署，红四军、红三军团等深入归化，为第三次反“围剿”加紧扩红筹款。其中，红四军“分兵归化、永安两县筹款，数额40万元”。此后，主力红军多次深入归化区域开展革命斗争。归化人民始终抱着坚定跟党走的信念，踊跃参军参战，积极捐款捐物，为中央苏区政府和红军提供了大量物资和人力资源，在革命保障上起到了基地的作用。据不完全统计，土地革命战争时期，明溪共有3200余人参加红军，大部分被编入红三军团、红七军团和红五军团三十四师等部队，特别是长征途中，他们勇赴湘江战役等战场，与敌英勇顽强作战，绝大多数为国捐躯或失散在外地。明溪是中央苏区第五次反“围剿”坚强战斗堡垒。1934年1月，宁清归军分区从清流移至归化县城，同时成立归化警备区，统一指挥宁清归地区的红军和地方武装开展革命斗争。3月，红七军团第十九师与地方武装相互配合，由红七军团军团长寻淮洲等率领，在归化与将乐交界的铜铁岭一带两次设伏截击国民党第十师，取得归化之役胜利，严重地打击了敌人意在紧缩和封锁苏区的东方封锁线的计划。第五次反“围剿”期间，明溪苏区军民同仇敌忾，全力抗敌，顽强地在东方战线上阻滞敌人前进，在主力红军出发长征后依然坚持与敌斗争，直至11月7日最后失陷，为红军战略转移的顺利实施和长征的最后胜利起到策应支援的作用。

【滴水岩红军战地医院旧址】 明溪县是东方军入闽作战主要集结地和重要指挥中心之一。1933年7月和1934年1月，东方军由彭德怀等率领两次入闽作战，主力均集结明溪，在县城等地设立司令部、政治部、被服厂、兵站等，并在县城北郊滴水岩和东门杨家大厝、西门蔡家大厝以及夏阳、御帘等村设医院。滴水岩等红军医院以“救死扶伤”为宗旨，承担军中的治病、治伤任务，在地方开展红色宣传工作，还免费为当地群众治病，组织地方开展卫生防疫运动等，为苏区军民身体健康提供较好的保障。滴水岩红军战地医院等红军医疗卫生机构还将被俘的敌军纳入卫生服务对象当中。东方军攻占沙县县城后，把在沙县俘获的敌军伤病员540人送明溪治疗，红军医

滴水岩红军战地医院旧址　　（2021年10月9日江月兰 摄）

院不仅医治敌军生理上的伤痛，更重要的是通过思想教育，使其认识到中国共产党领导革命事业的正义性，为分化瓦解敌军产生重要作用。毛泽东曾指出："对敌军的宣传，最有效的方法是释放俘虏和医治伤兵。"滴水岩红军战地医院等红军卫生医疗机构不仅是土地革命时期重大革命历史事件的发生地和见证点，也是毛泽东这一思想的具体实践点，具有重要的革命历史价值和研究价值。1987年4月14日，明溪县人民政府将滴水岩红军战地医院旧址公布为第一批县级文物保护单位。2018年9月7日，滴水岩红军战地医院旧址被福建省人民政府公布为第九批省级文物保护单位。

【胡坊红军旧址群】 胡坊红军旧址群（含胡坊苏家大厝、李家大院、李家老屋、李家祖屋），位于胡坊镇胡坊村。

第二次反"围剿"胜利后，红一方面军集结闽西北、闽赣边等地区进行第三次反"围剿"准备。毛泽东对红军进入明溪活动作了一系列部署，指示"红四军（缺1师）取道沙县分散筹款，然后分兵归化、永安两县筹款，数额40万元"，指出"四军应以归化、清流、连城为工作区域"，要求"电令红四军及三军团不去顺昌、沙县，立即摆在将乐、归化筹款"。根据部署，1931年6月23日起，红4军第13师进入明溪县南部的胡坊、冯厝、柏亨、福西等地，发动群众，开展"不完粮，不完土豪的债"抗租抗高利贷的斗争。红军驻胡坊期间，分散驻扎在苏家大厝、李家大院、李家老屋、李家祖屋等处，其中第13师39团宋任穷部将团部设在胡坊老街苏家大厝。在红军的发动支持下，胡坊在扩红支前、筹粮筹款等方面取得良好的成效。胡坊红军旧址群是红军执行红一方面军领导机关决策，在闽西北、闽赣边分兵发动群众开展土地革命，开辟大片新苏区的重要历史见证。苏家大厝内保存有多幅红军刷写的标语，如"不完粮，不完土豪的债——红军第四军十三师卅九团""工农兵团结起来，打倒国民匪党——红军第四军（政宣）""彻底粉碎敌人第五次围剿——红军七军团（政宣）"等，具有重要的革命历史价值和研究价值。2016年12月20日，县人民政府将胡坊红4军团部旧址（苏家大厝）公布为第六批县级文物保护单位。2018年9月7日，胡坊红军旧址群被福建省人民政府公布为第九批省级文物保护单位。

【御帘东方军司令部旧址张氏大祖厝】 1933年7月，彭德怀、滕代远率领东方军第一次入闽作战，于7月9日占领明溪县城，8月19日主力进至明溪，21日彭德怀、滕代远在明溪下达《东方军为消灭洋口、顺昌、将乐之敌的行军命令》，对进攻洋口、顺昌、将乐等地进行部署，其中右纵队取道龙湖、日上、御帘、夏阳、地美等村到达沙县夏茂。1934年1月，东方军由彭德怀、杨尚昆率领，第二次入闽作战。1月8日，部队抵达明溪，彭德怀发布《三军团向沙县前进的命令》，命令第5师、军团直属队、第6师为右纵队取道龙湖、御帘、夏阳，抵达沙县富口待机。1月25日，东方军攻克沙县县城。30日，彭德怀、杨尚昆在沙县发布《三军团关于集中归化待机之命令》，命令各部队于2月2日集中明溪县城待机。2月1日，彭德怀、杨尚昆到达御帘，将司令部设在张氏大祖厝，2日回到明溪，第5师、第6师经夏阳、御帘等地先后回师明溪县城。2月中旬，东方军主力奉命从福建调回江西，投入第五次反"围剿"的新战斗。御帘东方军司令部旧址张氏大祖厝保存良好，是土地革命战争时期重大革命历史事件的发生地和见证点，具有重要的革命历史价值和研究价值。2008年4月18日，御帘东方军司令部旧址张氏大祖厝被县人民政府公布为第四批县级文物保护单位。2018年9月7日，被福建省人民政府公布为第九批省级文物保护单位。

【红7军团铜铁岭战斗旧址】 1933年9月，中央苏区第五次反"围剿"开始。1934年1月，蒋介石镇压了以国民党第19路军为

明溪县夏阳乡旦上村红7军团铜铁岭战斗旧址。图为旧址内战壕
（2021年3月8日罗蔚忠 摄）

主力发动的“福建事变”后，随即加强东路对中央苏区的进攻。福州陷落，中央苏区东翼失去依托。处在反“围剿”战争最前沿的明溪等县，担负着抵御敌军东路进攻的艰巨任务。2月24日，敌东路军第10纵队汤恩伯部攻占沙县，驻守沙县的红7军团奉命撤守明溪。3月20日，敌第10师李默庵部奉蒋介石电令，从将乐出发，协同驻永安的敌52师卢兴邦部进攻明溪。3月22日和26日，红7军团军团长寻淮洲、政委乐少华指挥红7军团第19师，与宁清归军分区独立7团及游击队相互配合，在明溪县东北铜铁岭一带2次设伏，截击进攻明溪和回师将乐敌10师，并于4月17日夺回明溪城，取得铜铁岭战斗（又称归化之役）胜利。铜铁岭战斗，是红军第五次反“围剿”在东方战线的一次重大胜利，英勇善战的红军不仅夺回明溪，保卫了苏区，而且在东南战线上阻止敌人前进，严重打击敌人建立东方封锁线的计划。1987年，为纪念铜铁岭战斗的胜利，中共明溪县委、县人民政府在战斗遗址上建书状纪念碑，上书“归化之役遗址”，记载红军指战员英勇战斗的史实，以教育后人。红军战士与敌鏖战的铜铁岭山麓，大量的战壕遗址依然留存，这些战壕形制多样，总长8千米。2020年11月19日，红7军团铜铁岭战斗旧址被福建省人民政府公布为第十批省级文物保护单位。

【革命烈士】　邱文澜、邱惠莲系同胞兄妹，明溪县盖洋镇大坑人。土地革命战争时期，兄妹俩相继为革命献出生命。1953年，省人民政府追认邱文澜、邱惠莲为革命烈士。

邱文澜（1911—1933），明溪县早期共产党组织创建人之一。民国17年（1928），于长汀省立第七中学读书，并加入中国共产党。民国18年（1929），受党组织委派回到明溪，在城关新民小学以教职为掩护，秘密发展党员，建立明溪第一个共产党组织——中共归化城市小组。民国19年（1930）秋，中共归化县城市特别支部成立，任书记。民国21年（1932），组织24名青年一同参加红军。民国22年（1933）1月，带领红军队伍外出执行任务，返程途中在罗翠伯公凹蛟坪亭附近遭大刀会伏击牺牲。

邱惠莲(1915—1934)，从小受胞兄邱文澜进步思想影响，小学毕业后参加共青团组织，民国20年（1931）加入中国共产党。民国21年（1932），反对家中包办婚姻，到城关参加宁清归游击队，转战永安、清流、连城、归化4县边界，后到汀东县苏维埃政府从事妇女工作。民国22年（1933）初，到红军某部29团政治部文工团当宣传员。民国23年（1934）冬，在闽赣边界的一次战斗中，为掩护战友，献出年轻生命。

杨芳（1911—1933）　明溪县雪峰镇人，中共党员，曾任红军某部连长。民国17年（1928），考取长汀新桥乡村师范，受进步教师阙荣兴教育启发，参加学校各种进步活动。民国18年（1929），杨芳加入红军队伍，随军攻打广东梅县等地。民国20年（1931）7月，随红军回到明溪，帮助建立归化县工农革命委员会，出任革命委员会委员和裁判部长。民国22年（1933），回到部队，在攻打宁化泉上土堡的战斗中壮烈牺牲。1983年，省人民政府追认杨芳为革命烈士。

蔡福钦（1910—1934） 明溪县雪峰镇城西村人。民国17年（1928），在长汀新桥乡村师范读书时加入共青团，同年加入中国共产党。民国18年（1929）冬，参加工农红军，任红军某部连指导员，带领部队转战闽西。民国20年（1931）7月，担任归化县工农革命委员会主席。民国21年（1932）1月，回到红军部队。民国23年（1934）1月，在攻打沙县战斗中光荣牺牲。1953年，省人民政府追认蔡福钦为革命烈士。

杨本松（1899—1934） 明溪县瀚仙镇岩里村人，早年靠打短工、卖柴艰难度日。民国20年（1931）7月，红军解放明溪县，接受革命熏陶，参加土地革命。民国21年（1932），任坪埠乡苏维埃政府主席。民国23年（1934）2月11日夜，国民党县保安团偷袭坪埠乡，正在开会的杨本松、乡苏副主席赖朝文等7名干部不幸被捕，次日被押到胡坊乡福西村芹菜芜，并对他们施以酷刑，杨本松被残忍杀害。1953年，省人民政府追认杨本松为革命烈士。

袁凤文（1893—1934） 明溪县胡坊镇肖家山东坑际村人，6岁被卖为婢女。民国20年（1931）7月，红军解放明溪县，接受红色教育，积极支前，给红军烧茶水、送柴草。民国21年（1932）秋，参加赤卫队；民国22年（1933）春，加入工农红军，并任坪埠乡苏维埃政府妇女代表，后任归化县苏维埃政府妇女代表和县女工农妇代表会副主任。民国23年（1934）10月10日，被反动民团杀害于城关坪埠村路口的一棵柿子树下。

张隆友（1870—1934） 明溪县城关乡王桥村王坊人，以行医为生。民国16年（1927）3月，参加上杭县“汀属八县社会运动人员养成所”学习训练，接受革命熏陶。回县后，组织成立归化县农民协会，任主席，领导农会公开提出“统一度量衡”“减租减息”等要求。民国20年（1931）7月，归化县工农革命委员会成立，任县农会主席，并发挥医术专长，为红军伤病员免费治疗。民国23年（1934）10月，在狮窠村被反动大刀会匪徒杀害。

廖新增（1893—1934） 明溪县雪峰镇城西村人，青年时期以挑担卖柴为生。民国22年（1933）7月，东方军进入明溪县城，帮助筹集食盐等物资，并参加地方红军，年底被选为县苏维埃政府成员。不久，县西北区苏维埃政府成立，当选副主席。民国23年（1934）10月，国民党军进犯苏区，组织县赤卫队掩护红军转移，从县西北部游击到宁化境内，在一次战斗中不幸中弹牺牲。1983年，省人民政府追认廖新增为革命烈士。

张瑞荣（1893—1934） 明溪县雪峰镇人，卖糍粿为生。民国20年（1931）7月，红军进入明溪县城，受到革命熏陶和教育，带领村民到盖洋、常坪一带买谷砻米，想尽办法突破封锁挑回县城供应红军。民国22年（1933）底，归化县苏维埃政府成立，被推选为县西北区苏维埃政府成员。民国23年（1934）11月，国民党县保安团反扑革命政权，不幸被捕，后被残忍杀害。1983年，省人民政府追认张瑞荣为革命烈士。

谢东章（1885—1934） 明溪县沙溪乡洪水坑村人。民国20年（1931）2月，工农红军进入龙湖村开展筹款和革命宣传活动，深受启发和教育。民国22年（1933）7月，担任龙湖乡苏维埃政府主席。民国23年（1934）10月，中央红军主力实行战略转移后，带领乡苏维埃干部坚持斗争。11月，反动武装偷袭龙湖乡苏维埃政府，不幸被捕，后被押解到龙湖庵坪杀害。1983年，县人民政府追认谢东章为革命烈士。

赖水金（1882—1934） 明溪县雪峰镇城东村人。民国19年（1930）春，任县工农会代表，出席龙岩召开的闽西第一次工农兵代表大会。民国20年

（1931），加入中国共产党。民国21年（1932）1月，任县工农革命委员会主席。民国22年（1933）冬，任县苏维埃政府土地部长，兼县东南区苏维埃政府主席。民国23年（1934）6月，兼任中共归化县委副书记。8月，到闽赣省委开会，回县后秘密开展地下斗争，后在王桥村被捕，受尽酷刑，于11月被国民党县保安团剖腹挖心，残忍杀害。1952年，中央及省老区慰问团到明溪，追认赖水金为革命烈士。

李鑫书（1906—1934） 明溪县城关人。民国18年（1929），在新民小学受到革命教育和启发。民国20年（1931）7月，红军解放明溪县，参与革命活动,同年加入中国共产党，任县工会主席。民国21年（1932）春，县工农革命委员会西北办事处成立，任主席，兼任办事处中心支部负责人，8月任中共归化县委委员。民国22年（1933）冬，归化县苏维埃政府成立，任财政部长。民国23年（1934），带领一批明溪青年加入红军，投入游击斗争。同年冬，在宁化县的战斗中牺牲。1953年，省人民政府追认李鑫书为革命烈士。

彭生香（1925—1950） 祖籍江西省雩都县（今于都县），少年随父到明溪。民国37年（1948）5月，加入中国共产党。同年秋，受中共宁化县委派遣，回明溪开展革命工作，领导县城工部党员和进步人士揭露反动当局罪行，对县长钟日兴、应变会副主委陈德元、西北大队长李继尧等做策反工作。1949年10月24日，以共产党人身份出任明溪县自动解放委员会副主任委员。1950年2月初，解放军接管明溪后，调任雪峰小学任副校长。5月，去永安开会经大湖回县途中，遭土匪伏击牺牲。1953年，省人民政府追认彭生香为革命烈士。

（县委党史和地方志研究室）

海峡内陆新侨乡

【概况】 明溪县是新兴的内陆新侨乡，素有“福建旅欧第一县”和“海西内陆新侨乡”之称。2021年，全县办理出国护照4.9万余本，实际在外1.43万人，侨眷约5万人，出国人员占全县人口的12%。出国人员分布在86个国家和地区，其中意大利、匈牙利占80%。

【侨乡形成】 明溪出国起源于沙溪乡一个浙江温州籍村民，1989年前往意大利务工随之寄回可观外汇，在他影响下，明溪形成出国热。出国人员发扬客家人吃苦耐劳、艰苦奋斗、努力拼搏的精神，在海外站稳脚跟，经济实力逐渐壮大，相当一部分人开公司、工厂、超市、餐馆，把大量国产服装、鞋帽等轻工产品打入欧洲市场，在匈牙利、罗马尼亚明溪人开的大大小小超市有1000多家，并涌现出许多知名企业和优秀企业家。明溪出国人员十分注重与当地政府和人民交往，融入住在国的生产生活，不断提高政治地位和社会地位，在外侨团、商会组织的骨干中，有不少明溪人。明溪人在海外成立有3个商会，分别是2007年成立的匈牙利明溪商会、2012年成立的意大利明溪华人华侨联合会（设有5个分会和1个明溪办事处）、2019年成立的意大利福建客家企业总会。县委、县政府因势利导，出台鼓励政策，做好服务和引导工作，助推明溪人出国创业，并先后创建“全国社区侨务工作明星社区”1个、“全国为侨公共服务示范单位”1个、全国侨联优秀“侨胞之家”1个、省级“侨胞之家”示范点6个，做好侨属服务工作。

【侨资回归】 明溪县委、县政府坚持开放发展的理念，把发挥华侨资源优势作为推动经济社会发展的重要抓手，先后出台就业创业政策、加大招商引资流动，开展联络联谊和招商引资工作，举办线上线下华侨专场招商会，促进“侨资回流、侨商回归、项目回乡”，助力家乡发展。编制《华侨回归兴业服务指南》《侨商侨企投资手册》，出台《明溪县归侨侨眷二次创业示范基地建设实施方案（试行）》等优惠政策，吸引、鼓励侨胞回乡置业创业。不断增加的新华侨和源源不断汇回的外汇，有力推动明溪经济建设和社会进步，成为明溪扩大对外开放、加快经济发展步伐、增强经济发展后劲的重要力量。出国人员回乡投资兴业，参与城镇建设、生态旅游、农业综合开发、娱乐业、服装加工、水电开发等经济发展项目。2017—2021年，全县每年外汇存款超2700万美元，年均外汇汇入超3500万美元；累计引进侨资企业27家，新增外资企业7家、外贸企业8家，产品出口总值增长20%以上；引进欧洲进口商品交易中心、侨心瓷海博物馆、保税仓及电商供应链基地等侨资项目50余个，总投资超10亿元。

【侨乡文化】 明溪县挖掘侨乡侨务资源，培育和发展侨乡文化，深挖侨乡文化内涵，形成侨味浓厚、主题鲜明、内涵丰富的侨乡文化品牌。把“侨”元素与城市建设、乡村振兴相融合。在城市建设方面，把侨乡文化作为城市规划的重要内容，结合县域总体规划和城镇发展规划，融入侨乡文化元素。突出侨乡城市特色，让侨乡文化元素融入城市布局、房屋建筑、休闲场所、旅游景点中，烘托侨乡形象，提升城市内涵。在乡村振兴方面，指导乡镇落实村民建房建筑风貌审批管控，在编制导则及图集时融入简欧风格元素，以农村新型住宅小区试点为契机，将侨乡文化元素融入试点乡镇农村新型住宅小区，打造具有侨乡建筑风格和文化魅力、富有侨“味”特色的小区或乡村。2020年12月，沙溪乡被福建省委统战部等部门授予第三批“福建省侨乡文化名镇”称号。

（县侨联）

风景名胜

【概况】 明溪位于三明市区划中心位置，有良好的生态旅游资源，有悠久的南山古人类文化遗址，是省内第一处洞穴和旷野相结合的史前文化遗存，是全国第七批国家重点文物保护单位。瀚仙镇龙湖村是北宋理学家杨时的诞生地。明溪是《毛泽东选集》注释中提到的中央苏区早期21个县之一，是毛泽东、朱德亲自领导开辟的苏区，红色旅游资源丰富。

【滴水岩国家AAA级旅游景区】 明溪滴水岩国家AAA级旅游景区位于县城关乡丌坑，距县城2.5千米。分为明溪县革命纪念园和玉虚洞（滴水岩）景区两大区域。

明溪县革命纪念园 明溪是重点革命老区县，中央苏区早期二十一县之一。毛泽东、朱德、彭德怀、粟裕等老一辈无产阶级革命家曾先后在这块红色土地上进行革命斗争和实践，留下了光辉的足迹。2019年，为铭记历史，缅怀先烈，明溪县人民政府在滴水岩红军战地医院旧址旁兴建明溪县革命纪念园。革命纪念园由革命英雄纪念碑、革命纪念馆、革命先烈纪念长廊、纪念广场和红军战地医院纪念馆等五大部分组成。其中，革命纪念馆展陈有52件珍贵文物，配合相关党史照片及文献资料，展现了一幅波澜壮阔的明溪革命历史画卷。革命英雄纪念碑总体

国家AAA级旅游景区——明溪县滴水岩景点天柱阁

（2021年12月7日温国彪 摄）

高度19.49米，纪念1949年中华人民共和国成立。碑座四周共有10幅汉白玉浮雕，分别再现“土地革命”“风展红旗”“创建苏区”“踊跃支前”“归化之役”“送别红军”“血战湘江”“游击斗争”“抗日救亡”“和平解放”等10个重要的革命历史场景。碑身正面镌刻着毛体的“革命英雄永垂不朽”八个鎏金大字。

玉虚洞（滴水岩）景区　玉虚洞风景区为省级地质公园，是典型喀斯特地貌，石色如白玉黄蜡,洞内奇景迭现，玲珑剔透，气象万千，令人目不暇接。开发始于北宋开宝二年（969）。明崇祯元年（1628），著名地理学家、旅游家徐霞客到玉虚洞一带旅游考察，曾誉明溪的玉虚洞、将乐的玉华洞、永安的桃源洞为“武夷三绝”。清康熙年间（1662—1722）所编《天下名山游记》，收有写福建山水的游记8篇，其中《游滴水岩记》是明代文学家、有“后七子”之称的宗臣的作品。宗臣在文中称：“兹岩之奇，天奇之也。”玉虚洞（滴水岩）分明洞、暗洞。明洞明亮不燥，怪石嵯峨；暗洞阴暗不潮，洞穴深幽。因传说古时洞内龙蛇作祟，被玉虚仙翁镇服，称作“玉虚洞”；也因明洞顶端终年滴水的奇观，被当地人称为“滴水岩”。洞前有明代人所撰“玉虚洞天”“玉虚仙洞”和“玉洞天浆”等题刻。明洞前为观音殿，面积约100平方米，由左、中、右三根天然石柱支撑，内有天泉、斗狮、龟石、蜂窝、步月台等10多个景观；后为桃花洞，可容千人，石色晶莹斑斓，有仙桥、佛头岩、祥云岩、隐鹊岩、晃石、跃鲤石等景观，其中“天鼓”和“虚鸣窍”最妙，用芦扫轻拍，即发出巨响，经久不绝。暗洞因地因景安装各色彩灯照明投影，内有镇鲤石、龟蛇入洞、一线天、沉溪、天河、仙人床、洞底日月等景致。洞内外有宋以来摩崖石刻近百处。

1934年，工农红军在玉虚洞设立战地医院，收治红军伤病员250余人和在沙县俘敌伤病员540余人。战地医院，以“救死扶伤”为宗旨，承担军中的治病、治伤任务，在地方开展红色宣传工作。医院同时还免费为当地群众治病，组织地方开展卫生防疫运动等，有效地改善苏区卫生状况，为苏区军民身体健康提供了较好的保障。为了纪念红军战地医院的历史作用，中共明溪县委、明溪县人民政府在滴水岩树立石碑，铭文“红军战地医院旧址”。滴水岩红军战地医院旧址为三明市第一批红色文化遗址、市级爱国主义教育基地、省级文物保护单位，被列入全国红色旅游经典景区名录。

【御帘村国家AAA级旅游景区】

明溪县夏阳乡御帘村面积80平方千米，居住着历史名人理学先贤张载的后裔子孙700多人。村内有始建于明崇祯元年（1628）的张氏大祖祠。1934年1月初，东方军再次入闽作战期间，彭德怀、杨尚昆曾将司令部设在御帘村张氏大祖厝内，东方军作战战壕、东方军司令部（张氏大祖厝）、红军战地医院等旧址至今保留。2012年9月，御帘村被三明市命

中国历史文化名村——夏阳乡御帘村（2021年9月19日张峰 摄）

名为“中央红军村”。12月，御帘村入选第一批中国传统村落名录。2014年2月被住房和城乡建设部、国家文物局命名为“中国历史文化名村”。2016年9月，御帘村被评为“中国最美村镇”。2017年12月，御帘古村旅游区被评为国家AAA级旅游景区。

【君子峰国家级自然保护区】君子峰国家级自然保护区地处明溪县西北部和东部，始建于1995年，2008年1月晋升为国家级自然保护区，保护区总面积18060.5公顷，其中核心区面积7497.6公顷，缓冲区面积4035.8公顷，实验区面积6527.1公顷。是以保护中亚热带、低纬度、低海拔平缓坡面的常绿阔叶林，木本药用植物种质资源，名贵用材树种种质资源，重点保护的野生动物、候鸟迁徙通道等原始森林生态系统为主的自然保护区。保护区地质古老，生态原始，是天然的动植物博物馆。保护区自然景观优美，有“绿海云都”之美誉的紫云仙境，是三明市高山生态“后花园”，有龙井瀑布等景观。保护区内山峦起伏、飞瀑流泉。保护区人文景观众多，紫云古村聚居着杨时、罗从彦、张载等宋代理学家的后裔；有宋朝宰相文天祥题匾“显盖紫云”；出土的商周古陶片、古桥、古琴、古戏台、石旗杆、演武石及水泉岩石刻，吸引着众多专家学者前往寻秘探幽；有唐末的均峰古寺和石佛庵等宗教朝拜景点。

【聚龙禅寺】 聚龙禅寺位于明溪县枫溪乡的寿山顶上，海拔830米，始建于唐开元九年（721），明天顺七年（1463）得以重建，历代均有修缮，于清代改名“聚龙禅寺”。明清时期有“二百僧侣，一楼经书”之盛赞。民国17—27年（1928—1938）极盛之时，住寺僧众达180多人，曾被誉为福建四大古刹之一，同福州涌泉寺、泉州开元寺、莆田广化寺齐名。“文化大革命”期间被毁。1984年秋原址重建，占地面积4700多平方米，建成大雄宝殿、观音殿、藏经阁、厨房、卧室等50余间，建筑面积2295平方米。聚龙禅寺出过不少高僧。盛慧法师，清末出家至聚龙寺，后在福州涌泉寺任方丈。圆澈法师是广东梅县人，在江西广昌出家，1948年至20世纪50年代中期住持聚龙禅寺，后为广东汕头市郊证果寺住持、闽侯雪峰寺首座。聚龙禅寺重建时，圆澈法师汇款支持，亲笔题写“聚龙古寺”匾额，并请中国佛教协会会长赵朴初为禅寺题书“大雄宝殿”。出生于建宁均口的广贤法师，20世纪40年代在聚龙禅寺出家，后为北美佛教协会会长、纽约福寿寺方丈。1987年曾专程前往聚龙禅寺拜祖并捐款。

【惠利夫人信俗】 惠利夫人信俗位于明溪县城北郊，旧称“夫人庙”，占地约5000平方米，有上殿、下殿、戏楼、牌坊和客房30余间，可容数千人。2011年12月，“惠利夫人信俗”被省人民政府评为福建省非物质文化遗产保护项目。庙最早建于南宋绍兴年间（1131—1162），祀奉惠利夫人。据传夫人乃莘氏圣七娘，秀州人氏，五代时随夫讨寇于县，为人治病有方，后殁于明溪驿。县人感其恩德，建庙祀奉。宋代敕封为惠利夫人、福顺夫人，清代复加封为普佑夫人、灵应夫人。每年六月十一为夫人诞辰，是日有县内规模最大的庙会。宋末文天祥勤王督师路过明溪时，曾题诗：“百万貔貅扫彗芒，家山万里受封疆。男儿不展撑天手，惭愧明溪圣七娘。”

【杨时故里——龙湖村】 龙湖村位于明溪县的东北部，距县城10千米，西南毗邻县经济开发区，东北通往将乐县，省道204线贯通全境。龙湖村属革命老区村，先后获得“市级历史文化名村”“省级传统村落”“省级生态村”“省级文明村”等荣誉称号。龙湖村是宋代理学家、思想家、教育家杨时故里，也是“延平四贤”罗从彦、李侗、朱熹历访之地。村庄生态环境优美，人文景观独特，历史蕴含丰厚，以杨时文化旅游区为中心，村东有全县独一无二的龟山秀景，村西有极具神韵的龙池公园，村北有史书记载的凤凰岩、白石寨，是县文庙所在地。

村内的杨时文化公园，占地200公顷，园内有棂星门、“德配天地、道冠古今”牌坊、下马碑等，塑有一尊杨时塑像，新建立雪亭、杨时文化馆、农耕物语馆、供村民休息的廊桥和古色古香的休闲步道近700米，有荷塘1.4公顷，同时还广植花木，设有景观灯，不仅成为村民的休闲场所，还吸引周边游客前来打卡。

龙湖龟山为明溪胜景，是宋名学者杨时读书处，杨亦以此自号。全山呈浑圆状龟形，首尾尤肖，山脊突兀，四围峰峦环抱，独挺秀姿。岩石为石灰质溶液聚凝，徐霞客曾对洞石奇态作地质分析。洞穴多，经过修整，较大的可供游人游览。洞内泉雨涓涓，寒气袭人，钟乳倒悬千姿百态，龙、马、鹿、龟，形象逼真。“吸风洞”独具一格，手持纸片，顷刻即被吸入。山上石林，有像人狮、飞鹰、骆驼、羔羊的，有如观音、老佛的，有似莲花、竹笋的，形象万千。林木苍翠，根植岩缝间，雄虬袒露于外，盘旋错落，树龄多在百年以上。枫树呈龙钟老态，荆树似裸纱仙姬，桂树随处可见。在龟山，看石有骨，探洞惊奇，察树生态，观水则旋，历代名人游客为其题咏者甚众。

【观鸟旅游】 明溪是中国黄腹角雉之乡，全县发现的野生鸟类有305种，占全省种数的60%。拥有黄腹角雉、白颈长尾雉、中华秋沙鸭、东方白鹳、乌雕、黄喉鹀等6种国家一级保护鸟类及鸳鸯、白鹇、勺鸡等57种国家二级保护鸟类，是东亚至澳大利亚候鸟迁徙通道，是国家重要的鸟类繁殖地、栖息地。根据全县鸟类资源分布及季象变化情况，以明溪城关为中心、向东西南北拓展，重点打造五大观鸟基地，即中部观鸟区域以王桥鹭鸟繁殖区、黄金井彩鹬栖息地为主；东部观鸟区域以紫云森林公园的黄腹角雉、白颈长尾雉、白鹇、白眉山鹧鸪、灰胸竹鸡等珍稀雉类为主；西部观鸟区域以李沂、中溪、苎畲的东方白鹳、鸳鸯等雁鸭类水鸟为主；北部观鸟区域以夏阳乡旦上村至瀚仙镇瀚溪村相连接的林鸟和猛禽为主；南部观鸟区域以胡坊镇瓦口村、大溪峰县级自然保护小区的三宝鸟、蓝喉蜂虎等夏候鸟为主。

（县文体和旅游局）

明溪县部分珍稀鸟类。左上为蓝喉蜂虎，右上为褐翅鸦鹃，左下为蓝喉蜂虎，右下为鸳鸯 （2021年10月肖书平 摄）

经济社会发展

【概况】 2021年，明溪县实现地区生产总值121.85亿元，按可比价格计算，比上年增长6.2%。其中，第一产业增加值21.6亿元，增长4.9%；第二产业增加值58.43亿元，增长5.2%；第三产业增加值41.82亿元，增长8.4%。三次产业结构由2020年的18.85∶48.46∶32.69调整为17.73∶47.95∶34.32。

【农林牧渔业】 2021年，明溪县完成农林牧渔业总产值35.92

亿元，比上年增长4.5%。其中，农业产值24.09亿元，增长6.21%；林业产值5.54亿元，下降8.47%；牧业产值4.12亿元，增长14.52%；渔业产值1.83亿元，增长2.69%；农林牧渔服务业0.34亿元，增长3.71%。

【工业】 2021年，明溪县规模以上工业累计完成产值174.09亿元，增加值比上年增长3.4%。全社会工业用电量3.08亿千瓦时，增长3.3%。新材料、新医药、新能源等主导产业完成产值78.64亿元，占规模以上工业产值的45.17%。其中，新材料完成产值33.64亿元，占规模以上工业产值的19.32%；新医药完成产值30亿元，占规模以上工业产值的17.23%；新能源完成产值15亿元，占规模以上工业产值8.62%。规模以上主要工业产品产量有不同程度的增长，规模以下工业增加值下降3%。

【固定资产投资】 2021年，明溪县固定资产投资比上年增长16.9%，其中项目投资增长17.6%。全年房地产开发投资2.39亿元，下降0.9%。房屋施工面积34.73万平方米，增长6.3%。竣工面积10.69万平方米。商品房销售面积8.26万平方米，增长58.6%。

【贸易】 2021年，明溪县实现社会消费品零售总额26.69亿元，比上年增长13.1%。其中，限额以上零售额12.17亿元，增长19.9%，占社会消费品零售总额的45.6%；限额以下零售额14.52亿元，增长8%，占社会消费品零售总额的54.4%。实际利用外资（验资口径）35万美元。

【财政收支】 2021年，明溪县公共财政预算收入5.70亿元，比上年增长4.7%，其中地方公共财政预算收入3.59亿元，增长3.4%；财政总支出16.93亿元，其中县级一般预算支出14.31亿元，下降0.66%。税收收入2.54亿元，非税收收入1.04亿元。

【人民生活】 2021年，明溪县全体居民人均可支配收入27404元，比上年增长7.8%；城镇居民人均可支配收入35464元，比上年增长6.8%；农村居民人均可支配收入20131元，比上年增长10.5%。年末参加企业基本养老保险参保人数13111人，比上年增长7.5%；参加职工医疗保险人数15140人，比上年增长4.31%；得到政府最低生活保障的城镇居民314人，享受低保的农村居民1991人。

（县发展和改革局）

责任编辑：罗兴东

中共明溪县委员会

综　述

【概况】 2021年，明溪县委团结带领全县各级党组织和广大党员干部群众，统筹推进“五位一体”（经济建设、政治建设、文化建设、社会建设、生态文明建设）总体布局，协调推进“四个全面”（全面建成小康社会、全面深化改革、全面依法治国、全面从严治党）战略布局，做好“六稳”（稳就业、稳金融、稳外贸、稳外资、稳投资、稳预期）工作、全面落实“六保”（保居民就业、保基本民生、保市场主体、保粮食能源安全、保产业链供应链稳定、保基层运转）任务，做实做足“四篇文章”（发挥中央苏区优势，唱响“风展红旗如画”品牌；发挥老工业基地优势，推进“老树发新枝”；发挥绿色生态优势，打造“中国绿都·最氧三明”品牌；发挥文明城市优势，提升“满意在三明”品牌）、推进“四个着力”（着力机制活、着力产业优、着力百姓富、着力生态美）、深化“五比五晒”（比增长点、晒质量，比拉动点、晒投资，比税收点、晒效益，比补短板、晒三产，比真招商、晒服务），全年地区生产总值完成121.85亿元，在全市“五比五晒”考评中居小组第一位，蝉联福建省县域经济发展“十佳”县。

【党的政治建设】 2021年，明溪县委领会“两个确立”决定性意义，增强“四个意识”、坚定“四个自信”、做到“两个维护”，推动习近平总书记重要讲话重要指示批示精神以及党中央决策部署和省委、市委工作要求落地见效，掀起学习宣传贯彻热潮。围绕习近平总书记来闽来明考察重要讲话重要指示和中共十九届六中全会及省、市党代会等精神，召开县委十二届十四次、十三届二次全会以及乡村振兴、林改、医改再出发动员部署会议，出台相关配套贯彻落实文件；县委常委带头深入挂钩乡（镇）和村（社区）等一线宣讲，带动全县开展宣传宣讲近800场次，推动学习宣传贯彻走深走实；建立县委常委会会议“第一议题”学习制度，跟进学习习近平总书记重要讲话重要指示批示和党中央重要会议、文件精神，深刻领会精神实质，把牢正确政治方向。

【党史学习教育】 2021年，明溪县建立党史学习教育“五个一”（重温一次入党誓词、聆听一个历史故事、诵读一段党史文献、观看一部党史电影、参加一次场景体验）工作机制，打造“归化正当红”革命历史展馆以及“理想照耀中国”专题展览，举办相关宣讲比赛竞赛119场次，创新出国党员党史学习教育“七个一”（每村创建一个出国党员党史学习教育微信群、每周推送一次党史知识、每月分享一批红色书籍、每月开展一次视频研讨、每季度录制一次“方言传红音”音频、每季度收集一次“我为群众办实事”意见建议、成立一个海外学习小组）工作机制，被编入《三明市党史学习教育工作案例》；开展“我为群众办实事”实践活动，县委、县政府年初确定的为民办实事项目以及主流媒体平台征集到的为民办实事项目等共计546个全部完成年度目标任务。

【政法队伍教育整顿】 2021年，明溪县开展政法队伍教育整顿，抓实学习教育、查纠整改、总结提升“三个环节”，开展专题学习29场次，完成两轮以上全覆盖谈心谈话，促使78名干警主动说明问题，排查整改顽瘴痼疾问题63个，建立完善相关制度142项。“再学习、再调研、再落实”活动方面，围绕民生社会事业等10个方面形成县级课题调研报告64篇，并建立“三再”活动长效推进机制。“牢记新嘱托、增创新优势、再上新台阶”活动方面，围绕“发展八问”等内容开展学习研讨、调查研究，形成发展建议200多条，统一思想、凝聚共识。

【社会主义民主政治建设】 2021年，明溪县加强社会主义民主政治建设，支持人大及其常委会依法履行监督权，围绕“一重山”保护、“大招商招好商”等工作开展视察、检查和专项调研22次，听取审议专项工作报告9项，交办审议意见11件。支持政协履行政治协商、民主监督、参政议政职能，围绕乡村振兴等开展专题调研，委员提案71件全部办结答复。巩固和发展爱国统一战线，支持县工会、共青团、妇联、残联、工商联等人民团体工作。落实党管武装制度，高质量完成动员备战训练和征兵任务，做好双拥工作，全市党管武装专题调研现场办公会在明溪召开，县退役军人服务中心被评为全国退役军人服务保障先进单位。

【全面从严治党】 2021年，明溪县弘扬伟大中国共产党建党精神，发挥党建引领保障作用，通过党建质量提升促发展、促改革、促民生。压实管党治党责任。从严从实落实全面从严治党主体责任，县委常委带队开展全面从严治党主体责任落实情况检查、集体约谈；召开述责述廉、抓基层党建工作述职评议会，序时抓好各级巡视巡察、涉粮问题专项巡视巡察、生态环保督察、全面从严治党主体责任检查、审计等反馈问题整改。严肃党内政治生活，严明政治纪律和政治规矩，做到“五个必须”，坚决防止“七个有之”。严格落实意识形态责任制，建立定期学习研究、绩效考核等机制，开展意识形态工作责任制落实情况巡察督查。加强干部队伍建设。圆满完成县、乡、村三级换届选举工作，村(社区)“两委”换届全部实现一次性选举成功和“一肩挑”，队伍结构得到优化。树立重实干、求实绩的导向，落实“三个区分开来”要求，提拔、晋级、使用在“五比五晒”、招

2021年 8月17日，市委书记余红胜（右三）到县调研统筹疫情防控和经济社会发展等工作。图为在瀚仙镇龙湖村调研

（图/县融媒体中心）

2021年7月20日，县委书记钟科（左三）到福建海峡科化烽林分公司调研 （图/江月兰）

商引资、改革创新等工作中表现突出的干部239人，以正确的选人用人导向引领干事创业导向。开展科级、中青年干部进修班和村党组织书记培训班等，选派5名干部到国家中医药管理局、省委办等上级部门跟班学习、挂职锻炼，抽调23名干部到征迁、项目等一线吃苦历练，干部综合素质不断提升。健全人才引进管理制度，引进各类人才38人。加强基层组织建设。深化党支部"达标创星"活动，整顿软弱涣散党组织5个，培育党建示范点26个。推行"365近邻"党建和"居民夜谈会"等做法，不断提升社区治理效能。加强"两新"（新经济组织和新社会组织）党建，实现党的组织覆盖率90.3%、党的工作覆盖率100%，创新非公企业"党建联盟"模式，被福建东南网等多家媒体平台刊发报道。实施"跨村联建"，推动全县所有行政村自有经营性收入稳定在10万元以上、21%的行政村达50万元以上。加强党风廉政建设。始终把"严"的主基调长期坚持下去，坚持有腐必反、有案必查，查处群众身边腐败和不正之风问题13起16人以及形式主义、官僚主义问题12起16人。深化"一季一警示"教育，通过召开专题警示教育会、旁听庭审、参观警示教育基地等形式开展警示教育640场次，受教育人数1.78万人次。运用监督执纪"四种形态"处理177人，部署开展十三届县委第一轮巡察工作，对8个单位开展巡察。

（曾佑极）

重要会议

【概况】 2021年，明溪县委召开农村工作、党史学习教育、教育工作等各种会议31次，召开县委常委会会议35次，推进党的建设、社会事业、经济发展等各项工作。

【县委农村工作会议】 2021年1月13日，明溪县委农村工作会议召开，县委书记钟科出席会议并讲话，县委副书记、县长苏迎平主持会议。会议深入学习贯彻习近平总书记在中央农村工作会议上的重要讲话精神，全面落实中央和省委、市委农村工作会议各项部署要求，总结回顾"十三五"期间"三农"工作成效，全面部署2021年和"十四五"期间农业农村工作。

【全县"五比五晒"总结表彰动员部署会议】 2021年2月22日，明溪县"五比五晒"总结表彰动员部署会议召开，县委书记钟科主持会议并讲话，县委副书记、县长苏迎平作具体工作部署，县委常委、副县长陈锋毅通报2020年度"五比五晒""项目攻坚年""征迁攻坚年""五个十"重大项目开展情况。会议深入贯彻落实省委、市委工作部署要求，总结分析2020年"五比五晒"情况，部署2021年工作，动员全县上下大力发扬孺子牛、拓荒牛、老黄牛精神，以不怕苦的牛劲牛力，不用扬鞭自奋蹄，撸起袖子加油干，以优异成绩向中国共产党成立100周年献礼。

【全县党史学习教育动员会】 2021年3月10日，明溪县召开党史学习教育动员会，县委副书记、县长苏迎平主持会议，县委书记钟科作动员部署讲话。会议深入学习贯彻习近平总书记在党史学习教育动员大会上的重要讲话精神和全省动员大会精神，对全县开展党史学习教育进行全面的动员和部署。钟科强调，要锚定目标要求，在强化理论武装、筑牢思想根基，站位群众立场、保障改善民生，挖掘红色史实、用好红色资源，主动担当作为，狠抓工作落地等方面上见到新气象、展现新作为，扎实推动党史学习教育取得实实在在成效，切实做到学党史、悟思想、办实事、开新局。

【全县教育工作大会】 2021年4月26日，明溪县教育工作大会召开，县委书记钟科出席会议并讲话，县委副书记、县长苏迎平主持会议，副县长聂建兴作具体工作安排。会议深入贯彻落实习近平总书记关于教育工作的重要论述，部署县教育高质量发展工作，着力办好明溪人民满意的教育。钟科指出，教育是民族振兴和社会进步的基石，是功在当代、利在千秋的德政工程，涉及千家万户，惠及子孙后代，关乎明溪未来，是最大最重要的民生工程。

【县委十二届十四次全会】 2021年7月7日，明溪县委十二届十四次全会召开，出席会议的有县委委员18名，候补委员5名，全会由县委常委会主持，县委书记钟科讲话。全会深入学习贯彻习近平总书记来闽考察重要讲话和省委十届十二次、市委九届十六次全会精神，听取和讨论钟科受县委常委会委托所作的工作报告，审议通过《中共明溪县委关于深入学习贯彻习近平总书记来闽考察重要讲话精神 为推进三明革命老区高质量发展示范区建设作出明溪贡献的决定》。

【中国共产党明溪县第十三次代表大会】 2021年7月28—29日，中国共产党明溪县第十三次代表大会召开，大会应到代表226人，实到代表225人。大会主席团常务委员会委员为钟科、陈华伟、谭细华、刘儒光、黄日福、徐婷、林中甲、张庚豫、聂建兴、杨元增、廖廷建、杨琦，县委副书记、代县长陈华伟主持大会。县委书记钟科代表中国共产党明溪县第十二届委员会作题为《奋进新征程 奋战“十四五” 为持续推进新时代明溪革命老区高质量发展而努力奋斗》的报告。

【全县医改再出发暨卫生健康大会】 2021年12月1日，明溪县召开医改再出发暨卫生健康大会，县委书记钟科出席会议并讲话，县委副书记、代县长陈华伟主持会议，副县长邱建蓉传达全市医改再出发暨卫生健康大会精神并部署安排下阶段工作，吴焰生、谌良福、陈锋毅等县领导参加会议。

【县委十三届二次全会】 2021年12月21日，明溪县委十三届二次全会召开，出席会议的有县委委员24名，候补委员4名，全会由县委常委会主持，县委书记钟科讲话。全会深入学习贯彻中共十九届六中全会精神，以及省第

2021年7月28日，中国共产党明溪县第十三次代表大会召开，县委书记钟科作工作报告 （图/县融媒体中心）

十一次党代会和省委十一届一次全会、市委十届二次全会精神，听取和讨论钟科受县委常委会委托所作的报告，审议通过《中共明溪县委关于深入学习贯彻党的十九届六中全会精神，汇聚建设开放发展新侨乡推进新时代明溪革命老区高质量发展强大精神动力的决定》，讨论《中共明溪县委关于实施党建引领工程推进新时代明溪革命老区高质量发展的实施方案》。钟科就“决定（讨论稿）”向全会作了说明。

【县委经济工作会议】 2021年12月23日，明溪县委经济工作会议召开，县委书记钟科主持会议并讲话，谌良福、陈锋毅、吴焰生等县副处级以上领导参加会议。会议深入学习贯彻中央、省委、市委经济工作会议精神，落实省第十一次党代会、市第十次党代会，县第十三次党代会部署要求，总结2021年经济工作，分析当前经济形势，部署2022年经济工作。会议强调，做好明年工作，要认真贯彻中央、省委、市委经济工作会议精神，扎实做好“六稳”“六保”工作，突出党建引领、推进“三抓一促”、深化“五比五晒”、建设“三区三地”，加快建设开放发展新侨乡，持续推进新时代明溪革命老区高质量发展，以优异成绩迎接中共二十大胜利召开。

【县委常委会会议】 2021年，明溪县委共召开35次常委会会议。1月14日，明溪县委书记钟科主持召开县委常委会会议，传达贯彻全国疫情防控工作电视电话会议精神，组织学习《中共中央关于印发〈中国共产党统一战线工作条例〉的通知》等文件精神，听取《中国共产党宣传工作条例》和2020年度意识形态工作责任制落实情况、全县人才工作和联系服务专家工作情况汇报，传达贯彻全市领导干部个人有关事项报告填报工作培训会议精神，听取2020年贸促会工作情况汇报，组织学习《中共三明市委办公室印发〈关于党员领导干部净化社交圈生活圈朋友圈的实施意见〉的通知》文件精神，听取2020年县委党校工作情况汇报，讨论研究《县领导2021年春节慰问活动方案》《2021年春节慰问经费安排(讨论稿)》，调整部分县领导挂钩联系乡(镇)安排。

2月4日，县委书记钟科主持召开县委常委会会议，传达贯彻习近平总书记在中央政治局第二十七次集体学习时的讲话精神，组织学习《中共福建省委关于开展“再学习、再调研、再落实”活动的通知》文件精神，听取2020年度安全生产、应急管理工作情况，2020年生态环境保护工作情况汇报，讨论研究《明溪县计划生育协会改革方案(讨论稿)》，传达贯彻中共中央政治局审议有关巡视巡察工作会议、十届省委第十轮巡视动员部署会精神，听取2020年巡察工作情况汇报，传达贯彻十九届中央纪委五次全会、省纪委十届六次全会精神，讨论研究《在中国共产党明溪县第十二届纪律检查委员会第六次全体会议上的工作报告(讨论稿)》。

2月22日，县委书记钟科主持召开县委常委会会议，传达学习全市2020年“五比五晒”总结表彰暨2021年“五比五晒”动员部署会议、全国全省全市宣传部长会议、习近平总书记对政法工作的重要指示和中央、省委、市委政法工作会议以及全国全省组织部长会议等精神，组织学习习近平总书记在党史学习教育动员大会上的重要讲话、在中央全面深化改革委员会第十八次会议上的重要讲话以及省领导尹力、王宁在省管干部学习贯彻中共十九届五中全会精神研讨班开班式暨开展“再学习、再调研、再落实”活动动员会上的讲话精神，传达学习省委“再学习、再调研、再落实”措施汇报暨重点工作推进交流会精神，听取表扬2020年度明溪县地方财政贡献大户企业和2020年度县级“五比五晒”推进高质量发展落实赶超竞赛活动考评结果工作情况汇报，传达学习市委常委、市委宣传部部长宋志强来明调研精神。

3月1日，县委书记钟科主持召开县委常委会会议，组织学习习近平总书记在中央政治局第二十八次集体学习时的重要讲话、尹力在全省商协会长和民营企业家代表座谈会的讲话精神和《国务院关于新时代支持革命老区振兴发展的意见》文件精神，传达市委学习《国务院关于新时代支持革命老区振兴发展的意见》交流研讨会和习近平总书记在全国脱贫攻坚总结表彰大会上的重要讲话精神，讨论研究《中共明溪县委关于开展“再学习、再调研、再落实”活动实施方案(讨论稿)》。

3月10日，县委书记钟科主持召开县委常委会会议，调整部分县领导挂钩联系乡(镇)安排，传达学习全国、全省、全市统战部长会议精神，组织学习《福建省宗教事务条例》，传达学习全市组织部长会议精神，组织学习习近平总书记在中央党校(国家行政学院)中青班干部培训班开班式上的重要讲话、尹力在全省党史学习教育动员大会上的讲话精神，听取县开展党史学习教育有关情况汇报，讨论研究《2021年县委、县政府为民办实事工作计划(讨论稿)》，传达学习全省、全市换届工作会议精神，听取2020年全县政法工作情况汇报，组织学习《中共中央关于开展全国政法队伍教育整顿的意见》、全国政法队伍教育整顿动员部署会议、省委常委会会议暨政法队伍教育整顿领导小组第一次会议、全省政法队伍教育整顿动员部署会精神。

3月18日，县委书记钟科主持召开县委常委会会议，传达学习习近平总书记出席全国两会有关会议时的重要讲话和全国两会精神以及省委常委会（扩大）会议精神，组织学习习近平总书记在中央财经委员会第九次会议上的重要讲话、《关于严肃换届纪律加强换届风气监督的通知》等精神，讨论研究关于推荐第五批选派驻村党员干部任职期满奖励建议名单，组织学习《中共中央办公厅、国务院办公厅印发〈关于加强新形势下重大决策社会稳定风险评估机制建设的意见〉的通知》文件精神，讨论研究《明溪县政法队伍教育整顿实施方案》《2020年度平安建设（综治工作）考评结果》《关于2021年在全县持续开展“项目攻坚年”活动的通知》《明溪县精神文明创建活动管理办法(讨论稿)》。

3月30日，县委书记钟科主持召开县委常委会会议，传达贯彻习近平总书记对革命文物工作作出的重要指示精神，组织学习《中国共产党组织处理规定(试行)》文件精神，讨论研究《关于调整县纪委监委派驻机构设置的方案》《明溪县关于全面推行林长制的实施方案(讨论稿)》。

4月7日，县委书记钟科主持召开县委常委会会议，调整部分县委常委分工安排，传达贯彻习近平总书记在参加首都义务植树活动时的重要讲话精神，组织学习《中共中央办公厅关于庆祝中国共产党成立100周年组织开展“永远跟党走”群众性主题宣传教育活动的通知》文件精神，讨论研究《文明单位与革命烈士纪念设施、重要红色文化遗址挂钩管护机制》《关于做好2021年县乡换届工作的实施方案》《关于成立中国共产党明溪县第十三次代表大会筹备工作领导小组及办公室的建议(讨论稿)》，传达全国全省全市审计工作会议精神，听取2020年全县审计工作情况汇报，讨论研究《2021年度明溪县审计项目计划(讨论稿)》。

4月11日，县委书记钟科主持召开县委常委会会议，组织学习《中共中央办公厅关于印发〈党委(党组)网络意识形态工作责任制实施细则〉的通知》和《中共三明市委意识形态工作领导小组办公室转发〈中共福建省委意识形态工作领导小组办公室关于近期意识形态工作有关问题的通报〉的通知》文件精神，传达学习全国、全省第一批政法队伍教育整顿工作推进会和全省政法队伍教育整顿领导小组第二次会议以及省委常委、省委政法委书记罗东川来明调研讲话精神，听取教育工作情况、2021年县级换届考察工作主要日程安排情况汇报。

4月20日，县委书记钟科主持召开县委常委会会议，组织学习习近平总书记关于职业教育工作的重要指示、省委书记尹力署名文章《全面贯彻落实总体国家安全观，为全方位推进高质量发展超越筑牢安全屏障》《中共中央关于加强对“一把手”和领导班子监督的意见》等精神，传达贯彻全省对台工作会议、全市对台工作暨两岸乡村融合发展推进会精神，听取2020年度“五比五晒”活动拟奖励表彰、政法队伍教育整顿工作、党代会相关工作情况汇报，传达贯彻省政府安委会成员(扩大)会议和市政府安全生产约谈视频会议精神，听取全县安全生产工作情况汇报，讨论研究明溪县黄沙坑水库项目资金缺口有关事宜。

4月27日，县委书记钟科主持召开县委常委会会议，传达学习第四届数字中国建设峰会、习近平总书记在“领导人气候峰会”上的讲话精神，听取2021年第一季度党风廉政建设和反腐败工作情况汇报，讨论研究《中共明溪县委关于成立县委扶贫开发成果巩固与乡村振兴工作领导小组的通知》《明溪县全面推进乡村振兴加快农业农村现代化的实施方案》《中共明溪县委常委会2021年工作要点(讨论稿)》，传达学习全省基层党建工作重点任务推进会会议精神。

5月8日，县委书记钟科主持召开县委常委会会议，传达学习福建党政代表团赴宁夏学习考察和深化闽宁协作发展交流座谈会有关精神，听取开展全县优秀共产党员、优秀党务工作者、先进基层党组织表彰工作，中共明溪县第十三次代表大会代表名额分配情况汇报，传达学习习近平总书记在中央政治局第二十九次集体学习时的讲话和4月30日中央政治局会议精神，讨论研究《2021年全县对台工作要点(讨论稿)》，传达学习全国、全省、全市网信办主任会议精神，听取2016—2020年度脱贫攻坚拟奖励工作情况汇报。

5月25日，县委书记钟科主持召开县委常委会会议，传达学习全市基层党建工作重点任务推进会精神，听取县党史学习教育工作开展情况汇报，组织学习《中共中央、国务院关于新时代加强和改进思想政治工作的意见》文件精神，讨论研究《2021年全县党建工作要点(讨论稿)》，传达学习中央深改委第十九次会议精神，讨论研究《2021年全面深化改革委员会工作要点(讨论稿)》，听取全县疫情防控工作情况汇报，传达学习中央督查组片区座谈会、第八督导组下沉明溪调研督导主要精神，听取2020明溪县“征迁攻坚年”活动拟奖励表扬情况、推荐全市“两优一先”表彰建议对象情况汇报。

6月22日，县委书记钟科主持召开县委常委会会议，传达学习5月31日中央政治局会议等精神，开展“一季一警示”教育，传达学习省、市民营经济统战工作会和省、市宗教工作督查整改经验交流暨整治非法宗教活动遏制宗教渗透蔓延工作部署会，省、市庆祝建党百年宣传工作暨党史学习教育推进会等精神，组织学习《中国共产党组织工作条例》文件精神，听取明溪县庆祝中国共产党成立100周年暨“七一”表彰大会有关事项情况、关于选派第六批驻村第一书记和工作队有关事项情况汇报，传达学习习近平总书记对打击治理电信网络诈骗犯罪工作重要指示和全国、全省电视电话会议及省委、市委常委会会议精神，讨论研究《2021年度明溪县“五比五晒”推进高质量发展活动方案(讨论稿)》《2020年度绩效管理考评情况的通报(讨论稿)》《2021年度绩效管理工作方案(讨论稿)》，听取审计工作情况汇报。

7月5日，县委书记钟科主持召开县委常委会会议，传达学习习近平总书记在庆祝中国共产党成立100周年大会上的重要讲话和中央办公厅、省委办公厅有关通知以及习近平总书记在中央政治局第三十一次集体学习时的讲话、市委九届十六次全会等精神，讨论研究县委十二届十四次全会有关文件，组织学习《中国共产党党徽党旗条例》，传达学习推荐市第十次党代会代表工作会议和省委书记尹力在省委全面依法治省工作会议上的讲话精神，讨论研究《中共明溪县委全面依法治县委员会2021年工作要点(讨论稿)》。

8月9日，县委书记钟科主持召开县委常委会会议，传达学习习近平总书记在7月30日中央政治局会议上的讲话、尹力书记在省委十届十三次全会上的报告、全市领导干部会议和市委常委会会议以及全市“牢记新嘱托、增创新优势、再上新台阶”活动动员部署会等精神，组织学习《中共三明市委关于开展“牢记新嘱托、增创新优势、再上新台阶”活动的通知》文件精神，传达学习全市党委国安办主任会议暨社会安全工作协调机制会议精神，听取县领导挂钩2021年度“项目攻坚年”重点项目、精神文明相关事项、2020年科级干部年度考核、村(社区)“两委”换届有关事项等情况汇报。

8月19日，县委书记钟科主持召开县委常委会会议，传达学习《求是》杂志第16期刊发的习近平总书记重要文章《总结党的历史经验，加强党的政治建设》、习近平总书记在中央财经委员会第十次会议上重要讲话等精神，组织开展村级组织换届培训，讨论研究《2020年以来全面从严治党主体责任落实情况检查工作方案(讨论稿)》，传达学习全省、全市村(社区)“两委”换届工作视频会议精神，听取调整《明溪县乡村振兴“县、乡(镇)”两级领导挂包工作方案》部分内容、2021年度明溪县各单位挂村安排方案以及平安建设和扫黑除恶专项斗争工作先进集体和先进个人奖励对象等情况汇报。

9月6日，县委书记钟科主持召开县委常委会会议，传达贯彻习近平总书记在中央民族工作会议上的重要讲话等精神，听取上半年全县禁毒工作情况汇报，传达贯彻全省市县乡三级人大换届选举工作部署暨业务培训会议精神，听取县乡两级人大换届选举工作有关情况汇报，传达贯彻习近平总书记关于统计工作重要讲话重要指示批示精神，组织学习统计工作相关文件精神，听取上半年统计工作情况汇报，研究《2021年第三批地方政府债券资金使用安排情况的报告》《中共明溪县委关于开展“牢记新嘱托、增创新优势、再上新台阶”活动的实施方案(讨论稿)》，听取召开共青团明溪县第十八次代表大会、沙溪乡村(居)党组织换届选举党支部书记候选人考察等情况汇报。

9月17日，县委书记钟科主持召开县委常委会会议，传达贯彻习近平总书记在陕西考察调研时的重要讲话精神，学习贯彻《中共中央办公厅 国务院办公厅印发〈关于在城乡建设中加强历史文化保护传承的意见〉的通知》精神，传达贯彻近期省、市疫情防控工作有关会议、市委领导来明调研讲话、全市对外宣传工作专题培训班暨宣传思想工作推进会等精神，学习贯彻《福建省纪委监委通报三起违反中央八项规定精神典型问题》精神，研究《城关乡等8个乡镇村(社区)党组织换届选举党支部书记候选人预备人选(讨论稿)》和有关干部人事工作。

10月18日，县委书记钟科主持召开县委常委会会议，传达贯彻习近平总书记在纪念辛亥革命110周年大会上的重要讲话等精神，学习贯彻习近平总书记关于粮食安全的重要论述、对第四个“中国农民丰收节”的重要指示和向国际粮食减损会致贺信等精神，听取北部新区控制性详细规划和县一中迁建项目情况汇报，学习贯彻《中共三明市委印发〈关于推进政治监督具体化常态化的若干措施〉的通知》，研究《明溪县行政复议体制改革实施方案(讨论稿)》《明溪县党委(党组)意识形态工作责任制实施细则(讨论稿)》《关于当前我县意识形态领域形势的通报(讨论稿)》《中共明溪县委宣传部、明溪县司法局关于在全县公民中开展法治宣传教育的第八个五年规划(2021—2025年)(讨论稿)》，传达贯彻全市乡村振兴再出发现场推进会、2021年福建省民营企业100强发布会暨全市民营经济发展大会精神，研究《2020年度公务员(参公人员)拟记三等功、嘉奖建议人选(讨论稿)》。

10月28日，县委书记钟科主持召开县委常委会会议，传达贯彻习近平总书记在中央政治局第三十四次集体学习时的重要讲话、在深入推动黄河流域生态保护和高质量发展座谈会上的重要讲话精神，学习贯彻《中共中央办公厅、国务院办公厅印发〈关于进一步加强生物多样性保护的意见〉的通知》《关于加强基层人民武装部建设的意见》，传达贯彻全省九市一区党政主要负责人座谈会、市委2021年全面从严治党主体责任检查集体约谈会精神，研究《县委落实市委2021年全面从严治党主体责任问题清单整改任务分解方案(讨论稿)》，听取县粮食安全工作情况、安全生产工作情况、2021年第六批公开招标地方政府债券资金安排情况、南山片区征迁历史遗留问题解决情况、申请2022年地方政府专项债券项目情况、申报2022年一般债券资金需求情况等汇报，研究《明溪县实施“六大行动”推进乡村振兴再出发行动方案(讨论稿)》《明溪县2021年“征迁攻坚年”工作方案(讨论稿)》，听取县城建项目工作情况汇报，研究《明溪县“三侨回归”工程实施方案(讨论稿)》《关于建立村(社区)主干“一肩挑”激励保障措施(讨论稿)》，研究有关人事工作。

11月23日，县委书记钟科主持召开县委常委会会议，传达贯彻习近平总书记在第四届中国国际进口博览会开幕式上的重要讲话、全省全市宣传文化系统学习宣传贯彻党的十九届六中全会精神电视电话会议、第九次全国法治宣传教育工作会议及省、市“八五”普法动员部署会议精神，学习贯彻《关于加强党内法规制度建设的意见》精神，听取2021年全县党内法规工作情况、县委党校及全县干部教育工作情况、全县关心下一代工作情况、全县机关党建工作情况、全县基层党建及党支部建设工作情况、全县各群团工作情况、全县产业工人队伍建设改革工作情况、全县离退休干部工作情况汇报，传达贯彻省委、市委主要领导指示批示要求和市委常委、宣传部部长陈列平来明调研讲话精神，学习贯彻《中共中央办公厅、国务院办公厅印发〈关于强化反垄断深入推进公平竞争政策实施的意见〉的通知》精神，传达贯彻省政府副省长郑建闽来明调研讲话精神，学习贯彻《中共中央、国务院关于深入打好污染防治攻坚战的意见》精神，听取2021年生态环境保护工作情况汇报，研究《关于建立健全“再学习、再调研、再落实”活动长效机制的若干措施(讨论稿)》《县委落实市委2021年全面从严治党主体责任问题清单整改落实方案(讨论稿)》，传达贯彻市委书记、军分区党委第一书记余红胜来明开展党管武装工作调研座谈讲话精神，听取2021年6—10月全县社会稳定工作情况汇报，研究《法治明溪建设规划(2021—2025年)(讨论稿)》《关于县政协换届工作的实施方案(讨论稿)》，听取2021年食品安全工作情况汇报，研究食品流动摊贩管理有关事项，研究推荐2021年度全国三八红旗手标兵、全省妇联系统先进工作者候选名单，研究有关人事工作。

12月6日，县委书记钟科主持召开县委常委会会议，传达贯彻习近平总书记在全国宗教工作会议上的重要讲话和在中央全面深化改革委员会第二十二次会议上的重要讲话精神，听取县人大常委会、县政府、县政协党组2021年工作情况汇报，学习贯彻《中共中央办公厅印发〈关于拓展新时代文明实践中心建设的意见〉的通知》精神，传达贯彻全国、全省拓展新时代文明实践中心建设工作视频会议精神，学习贯彻中央、省、市关于严肃换届纪律有关文件和电视电话会议，以及中共中央组织部关于领导干部报告个人有关事项相关文件精神，听取县第十八届人民代表大会第一次会议筹备工作情况、县政协第十一届明溪县委员会第一次会议筹备工作情况汇报，研究《明溪县政府工作报告(讨论稿)》《关于开展“大招商招好商”攻坚战役行动方案(讨论稿)》《明溪县招商引资“重中之重”项目推进管理办法(讨论稿)》《明溪县招商引资项目负面清单(讨论稿)》《2021年国民经济和社会发展计划执行情况及2022年国民经济和社会发展计划（草案）的报告（讨论稿）》，听取明溪县2021年财政收支决算预计情况及2022年预算编制情况汇报，研究《关于创建“五大新机制”激活林改再出发新动能的实施方案（讨论稿）》，听取县工商联（总商会）第十二次代表大会筹备工作情况汇报，传达贯彻习近平总书记关于巡视工作重要论述、十九届中央第八轮巡视工作动员部署会、省委和省委巡视工作领导小组主要领导对全省巡视巡察工作批示精神，听取十二届县委巡察工作情况汇报，研究《中共明溪县委巡察工作规划（2021—2026年）（讨论稿）》，研究有关人事工作。

12月21日，县委书记钟科主持召开县委常委会会议，传达贯彻习近平总书记在中央政治局会议上的重要讲话，在中国文联十一大、中国作协十大开幕式上的重要讲话，在中央全面深化改革委员会第二十三次会议上的重要讲话精神，学习贯彻《中共中央办公厅印发〈关于加强和改进新时代市县政协工作的意见〉的通知》精神，传达贯彻省委书记尹力在福建省习近平新时代中国特色社会主义思想研究中心成立座谈会上的讲话精神，听取2021年党外知识分子工作和无党派人士队伍建设工作情况汇报，传达贯彻习近平总书记在中央经济工作会议上的重要讲话和省委经济工作会议精神，传达贯彻习近平总书记在中共中央政治局第三十五次集体学习上的重要讲话精神，听取2021年法治政府建设情况汇报，学习贯彻《中华人民共和国监察法实施条例》《中共中央 国务院关于加强新时代老龄工作的意见》精神，讨论研究县委十三届二次全会有关文件，听取2021年度意识形态工作责任制落实情况、宣传思想工作情况、全县公安工作情况汇报，研究县公安局提请协调解决事项，听取县法院、检察院党组2021年工作情况汇报。

12月28日，县委书记钟科主持召开县委常委会会议，听取国家中医药管理局来明调研座谈情况汇报，研究《明溪县贯彻落实〈国家中医药管理局对口支援福建省明溪县振兴发展实施方案（2021—2025年）〉重点任务分工方案（讨论稿）》《明溪县贯彻落实〈省直属单位挂钩联系明溪县工作方案〉重点任务分工方案（讨论稿）》《关于成立推进对口支援工作领导小组的通知（讨论稿）》，传达贯彻粮食购销领域腐败问题专项整治工作相关会议、市委涉粮问题专项巡察反馈会精神，研究《关于成立县委涉粮专项巡察整改工作领导小组的通知（讨论稿）》《县委贯彻落实市委涉粮问题专项巡察反馈问题清单整改任务分解方案（讨论稿）》，听取市纪委移交对明溪开展第四季度政治监督检查发现问题清单情况汇报，研究《县委贯彻落实市纪委第四季度政治监督反馈问题清单整改任务分解方案（讨论稿）》，研究有关人事工作。

（曾佑极）

党务综合服务

【概况】 2021年，明溪县委办公室参与制定中共明溪县委《中共明溪县委关于学习贯彻习近平总书记来闽考察重要讲话精神为推进三明革命老区高质量发展示范区建设作出明溪贡献的决定》《中国共产党明溪县第十二届委员会报告》《中共明溪县委关于实施党建引领工程推进新时代明溪革命老区高质量发展的实施方案》《中共明溪县委关于深入学习贯彻党的十九届六中全会精神，汇聚建设开放发展新侨乡推进新时代明溪革命老区高质量发展强大精神动力的决定》等文件，编发《督查反馈》74期，起草领导讲话、汇报材料等各类文稿共计100余篇，60余万字。

【信息工作】 2021年，明溪县委办公室向省、市上报信息880余条，被《八闽快讯》《三明快讯》等省、市刊物采用66条，编印《明溪快讯》正刊24期、增刊1期，信息工作排名全省第19、全市第5。健全通报表扬机制，每半年通报各乡镇、各部门信息采用情况（包括采用条数、分数、排名等），起到相互激励、共同提高的作用；实行通报卡制度，针对被省、市采用的信息，向撰写人单位发放通报卡，起到激励先进的作用，全年发出省、市级刊物信息采用表扬通报17份。建立信息约稿制度，提前向有关乡镇和部门发出信息约稿通知，提出约稿信息题目、撰写要求和报送时间，确保选题方向准、投稿质量高，全年完成约稿30余篇。完善跟班培训制度，每年从各乡镇、各部门分批分期选调信息员到县委办跟班学习，掌握全县工作动态，参加信息编写、报送等，不断提升业务水平，并组建成信息员队伍，不定期开展培训和座谈会，调动工作的积极性、主动性和创造性，不断提升全县信息工作整体水平，全年选调跟班学员8名，开展信息培训3次、业务座谈会4次。

【督查工作】 2021年，明溪县委办公室推进“基层减负”工作，督查检查考核事项缩减至16项，比上年减少5.88%。加大对领导调研议定事项、“四篇文章”、“五比五晒”、项目征迁攻坚、重点项目建设等全县重点工作的督查督办、跟踪问效，共编发《督查反馈》74期，领导批示件办结率100%。开展习近平总书记重要讲话重要指示批示精神贯彻落实“回头看”督查工作，确保党中央重大决策部署落到实处。结合“难、硬、重、新”工作，开展实地督查调研，推动解决当前面临的急难险重任务、经济社会发展的重点工作等。配合开展市委、市政府“周末早餐会”明确事项督查，推动各项决策部署精准落地落实。加强督促协调，促进各级巡视巡察、生态环保督察、全面从严治党责任制检查等反馈问题整改到位。

【保密工作】 2021年，明溪县委办公室组织全县各乡镇、县直各单位开展保密自查自评工作，督促全县机关、单位落实保密工作责任制。迎接省国家保密局到明溪开展专项保密检查，并对全县保密重点要害部门上门进行保密检查，及时发现隐患和漏洞，并限时整改。县国家保密局根据相关部门业务特点和工作需求开展有针对性的保密宣传教育，推进保密“两识”（保密知识、保密意识）教育，不断强化保密观念，促进保密工作有效开展。全年通过以会代培等形式开展保密教育培训8次46人次；到各乡（镇）及县直相关部门开展保密监督检查3次，涉及计算机63台，发现问题11个，整改11个。

【办文工作】 2021年，明溪县委办公室做好上级来文、部门来文、会议通知、领导批示件落实督办等工作，及时与部门对接，按时催办，坚决杜绝错送、乱送和挤压延误现象发生。全年共登记、收发、办理各级来文来函1102件次，办理县委主要领导签批件130余件，均未出现差错。

（曾佑权）

组织工作

【概况】 2021年，明溪县委组织部开展表彰先进等庆祝中国共产党成立100周年系列活动，举办各类干部培训班5期，出台《明溪县公务员（参公）职级晋升条件原则》，对表现突出的干部提拔晋级。全县村（居）两委换届实现100%“一肩挑”，出台《关于进一步激励村(社区)主干“一肩挑”的若干措施》，调动村干部干事创业的积极性。深化“跨村联建”“人才回引”“居民夜谈会”等党建品牌建设，坚持党管人才，安排各类人才工作资金预算1306.88万元，推动成立明溪青年创业协会。明溪县共有25个党（工）委，30个党组，6个党总支，300个党支部。科级领导干部共577人，其中正科级218人，副科级359人；女性科级干部108人。

【党史学习教育】 2021年，明溪县委组织部坚持规定动作与自选动作相结合，创新开设党史有声图书馆，将党建知识以视频格式融入二维码，涵盖12个模块600余册有声书籍，带动5000多名党员群众学习党史，开展线上评

2021年9月24日，明溪县召开全县村（社区）“两委”换届工作领导小组第一次会议暨工作推进视频会 （图/县委组织部）

论、互动867人次。开展“党的历史我来讲”主题宣讲活动，组织党员干部到基层开展宣讲报告3场。立足本土优势，深入挖掘红色教育资源，推动编印《红色明溪（归化）》《铭记初心——明溪（归化）红色档案背后的故事》等党史学习教育资料，引导党员干部从百年党史中汲取智慧和力量，增强历史认同，坚定“四个自信”。将党史研究成果纳入党校培训课程，组织党史方面专家学者进行集中研究备课，形成12个课题清单。

【庆祝建党100周年活动】 2021年，明溪县委组织部围绕庆祝中国共产党建党百年华诞，做好“两优一先”评选表彰工作，评选县级优秀共产党员和优秀党务工作者80人，先进基层党组织30个，戴清华、方秋轩、阙勇刚、沙溪乡党委获评全省“两优一先”称号。组织新党员代表集体宣誓，为467名老党员集中颁发“光荣在党50年”纪念章，走访慰问老党员、困难党员等756人次，广泛深入开展学习廖俊波、孙丽美、潘东升先进典型活动，传承弘扬伟大建党精神，引导广大党员干部见贤思齐、争当先进。

【干部队伍建设】 2021年，明溪县委组织部突出干部政治建设，深化新思想教育培训，实施干部能力提升工程，分层分级抓好中共十九届六中全会精神学习全员轮训，举办科干班、中青年干部培训班、村（居）党组织书记培训班等各类班次5期、800余人次，调训34名干部参加省、市各类培训班次。做好县乡换届工作，坚持优化班子结构与人岗相适并重，树立“凭实绩、重实干”的正确选人用人导向，高标准配备9个乡镇领导班子配备96人，平均年龄35.8岁，与上届相比，下降2.5岁。班子成员中35岁以下的56人，占58.3%；女干部19人，占19.8%，与上届相比，提高2.5个百分点。9个乡镇均有配备女干部和30岁以下干部。乡镇党政正职中35岁以下的6人，占33.3%。坚持严管厚爱，加强干部全方位管理，全年开展领导班子成员谈心谈话57人次，对提拔、交流的干部进行任前廉政谈话254人次，对21名领导干部开展离任（任期）经济责任审计。坚持正向激励，制定出台《明溪县公务员（参公）职级晋升条件原则》，对在“五比五晒”、新冠肺炎疫情防控等方面表现突出的干部予以提拔晋级，共提拔正科21人，提拔副科61人，晋升职级132人次，进一步使用12人。

【基层组织建设】 2021年，明溪县委组织部聚焦县委中心工作，高质量完成村级党组织换届，全县96个村（居）两委换届实现100%“一肩挑”和100%一次性成功，做到年龄、学历“一降一升”，结构100%达标。制定出台《关于进一步激励村(社区)主干“一肩挑”的若干措施》，提高村干部报酬待遇和离任村主干补助标准，有效调动村干部干事创业的积极性。发展壮大村级集体经济，围绕柑橘产业、富硒农业、生态观鸟、红色旅游等特色资源实施跨村联建，打造乡村振兴示范带3条，实现全县所有行政村自有经营性收入达到10万元以上。常态化推动“人才回引”，吸引23名海外侨胞、在外乡贤回乡创业就业。推进近邻党建，成立小区党支部24个，组织1587名在职党员到社区报到，认领2100余个服务项目。深化“老骥工作室”“夜驻晓行”等党建模式，打造“两站一厅”，设置“邻里驿站”“庭院说事会”等群众议事平台，增强“居民夜谈会”实效，做到问题联动处置、矛盾靠前调解、一线落实服务，共计解决群众实际困难问题1000余件。抓实机关党建，组织各机关党组织把主题党日开展到一线现场，围绕工作难点、堵点问题进行深入探讨，共解决困难问题210余个。创新党建工作载体，打造非公党建联盟，选派工作专班服务重点项目4个、联盟企业28家，搭建非公企业与涉企部门常态化对接“绿色通道”，会商解决难题100余个。抓实支部建设，“一支一策”整顿软弱涣散党组织14个，发展党员181名，排查违纪违法党员13名，安排192名干部联系157个支部，解决困难问题280余个。

【基层党建创新】 2021年，明溪县委组织部围绕“一区六城”，立足“三文化色”“三新产业”“三侨回归”等本土特色资源，培育26个党建示范点，深化“跨村联建”“人才回引”“居民夜谈会”党建三大品牌，创新打造“两站一厅”，设置“邻里驿站”“庭院说事会”等群众议事平台，总结推广“老骥工作室”“书记金融助理”“365近邻”党建等党建品牌，相关经验做法在省市组工等内部刊物和东南网、《三明日报》等主流媒体刊登。

【人才工作】 2021年，明溪县委组织部坚持党管人才，优先保证人才资金，安排各类人才工作资金预算1306.88万元，发放各类人才津贴30余万元，对正式聘用为中小学教师且承诺最低服务期限5年的师范类全日制本科毕业生，每人每月给予500元的生活补助。注重政治吸纳，推荐6名省级高层次人才为市县政协委员、县党代表和人大代表，从乡镇待分配事业编制中调剂4名编制作为乡镇“社区党组织书记事业编制周转池”，专项用于社区党组织书记招聘。深化人才交流合作，争取福建中医药大学附属第二人民医院首批7名专家到县开展为期1年的帮扶工作；选任21名省级、7名市级、12名县级科技特派员到88个行政村开展帮扶；与河南师范大学、福建农林大学、厦门大学师生分别就珍稀候鸟蓝喉蜂虎的生态学课题研究、全省首个环志站科学研究、鸣溪省级湿地公园生物资源调查开展合作；召开乡贤返乡座谈会，与中巴贸易促进会、广东明溪商会、福州明溪商会等10余名返乡乡贤共叙桑梓情、共谋新发展，慰问非公经济人士代表等重点统战对象300余人，与海外侨胞侨领等广大统战人士联系交流100余人次。促进高校毕业生就业，派遣13名“三支一扶”毕业生到乡镇开展帮扶，通过事业单位招聘292人、紧缺急需方式到高校招聘38人，选送定向委培29名，参加线上招聘13场次，发布就业岗位信息3641个次。服务青年人才创新创业，推动成立明溪青年创业协会，吸收青年创业企业、个体会员60余家，聘任10位“青创指导员”；与归化印象公司共建“悦见明溪”抖音账号，开展农特产品直播带货活动，共建2个公共直播间作为青创直播孵化基地。加大人才关爱力度，走访慰问困难人才、高层次人才41人，发放慰问金3.84万元；走访慰问全县各级劳模、一线职工和生活相对困难的职工703人，累计发放慰问金22.65万元。优化服务人才环境，高标准建设29间、24套，共计101间干部人才周转房；建设服务型、联谊型、专业型、创业型、综合型等5种类型、总建筑面积5.8万平方米的人才驿站，打造项目洽谈、学术交流、成果展示、商业对接的人才平台；推出“归化英才”人才卡，为人才提供生活、金融、文化等方面服务。

（谌哲旭）

宣传工作

【概况】 2021年，明溪县委宣传部全面贯彻落实《中国共产党宣传工作条例》，开展年度党委（党组）意识形态工作责任制落实情况专项督查，落实“三会一报”制度，推动文化项目建设，举办明溪旅外乡亲“云”宣讲，在县电视台等媒体平台同步开设“奋斗百年路 启航新征程”等30多个专题专栏，扩大对外宣传影响。

【理论武装】 2021年，明溪县委理论学习中心组紧密结合党史学习教育内容，把深入学习贯彻习近平新时代中国特色社会主义思想、习近平总书记来闽来明考察重要讲话精神、习近平总书记“七一”重要讲话精神、中共十九届六中全会精神作为党委（党组）中心组学习的重要内容，集中学习39场次，其中学习研讨15场次。组织县委中心组成员深入挂钩联系乡（镇）部门开展集中宣讲29场，县委宣讲团深入基层开展巡回宣讲72场，乡村讲师团、“新时代宣讲师”、先进模范、老党员等各类宣讲1100余场次，受众约4.7万人次。注重学用结合，建立“我为群众办实事”实践活动闭环管理工作机制，推动县委、县政府年初确定的31件为民办实事项目、县委党史学习教育领导小组通过一线调研、“e三明”平台征求意见等方式明确的22件为民办实事项目，各乡镇各部门确立的351件为民办实事项目以及通过县内主流媒体平台征集的142件为民办实事项目完成年度目标任务。5月19日，明溪县作为唯一县级代表在全市党史学习教育工作推进会上作典型经验交流。创新出国党员党史学习教育“七个一”工作机制，获市委巡回指导组充分肯定，编入《三明市党史学习教育工作案例》，并2次作为特色亮点纳入市委党史学习教育领导小组向省委巡回指导组汇报的重点案例之一，相关做法被新华社、学习强国、新福建等媒体刊载。开展习近平生态文明思想论文征集活动，其中6篇文章入选全省研讨会论文集（全省40篇）。开展“引领侨乡发展 助力乡村振兴——习近平新时代中国特色社会主义思想在沙溪乡的实践探索”项目申报工作，申报课题被省委讲师团确定为立项课题，并结项。

【意识形态工作】 2021年，明溪县委召开全县宣传思想文化工作会议，安排部署党委(党组)意识形态工作。举办全县党委（党组）意识形态工作责任制培训班，邀请长期工作在意识形态领域战线上的专家来县授课，提升对意识形态工作极端重要性的认识，提高宣传队伍政治素质。组织意识形态专题学习，定期研究县意识形态工作，分析研判意识形态领域存在的问题，并在党内进行通报。开展2021年党委（党组）意识形态工作责任制落实情况专项督查，完成全县党委（党组）全覆盖督查，印发《2021年党委（党组）意识形态工作责任制落实情况专项督查整改情况的通知》，督促各党委（党组）抓好问题整改。成立3个意识形态巡察小组配合开展对县委党校、县行政服务中心等8个单位的第一轮巡察。

【融媒体管理】 2021年，明溪县委宣传部建成集微信、微博、网站、电视、客户端和图文处理为一体的融媒体平台，协调县融媒体中心取得中华人民共和国互联网新闻信息服务许可证，协调县政府门户网站在全市范围内率先完成IPv6部署，助力网络宣传平台健康规范发展。严格落实“三会一报”制度，规范全县社科研究机构和思想理论阵地的管理。协同组织县网络安全预警、保护、检查工作。加强电视广播节目管理，加大“饭圈”乱象、流量至上、违法失德等文娱领域综合治理。

【精神文明建设】 2021年，明溪县委以创建省级文明县城为抓手，完善“联建联创”共建机制，推进评议通报机制，围绕

“共建文明城，满意在明溪”品牌创建，开展“文明创建提升月”、深化省级文明县城“专项行动”系列活动，在创城中不断增强群众的获得感。构建100%覆盖的三级新时代文明实践体系，推行“一党委三中心（站）”建设，广泛开展“理论宣讲”“邻里守望”“移风易俗”“红色宣讲”“法治服务”等各类志愿服务活动410场次。创建“好人之城”，深入挖掘推荐身边好人好事，2021年入选中国好人榜好人1名、福建好人榜好人1名；组织“最美人物”表彰，表彰“最美人物”9名。建成城关乡、沙溪乡乡村“复兴少年宫”两个试点，培育“一宫一品”特色品牌，沙溪学校少年宫开设“明溪微雕技艺”课堂，胡坊学校青少年宫开设茶花灯工艺制作课助力民间艺术传承。创建“礼仪之城”，举办文明单位《职场礼仪》专项职业能力培训班，开展新时代文明实践“中国梦·劳动美”全县政务服务窗口礼仪职业技能竞赛，充分展示县工作人员的知识素养和精神风貌。

【文化建设】 2021年，明溪县委宣传部推动文化项目建设，序时推进滴水岩红色旅游景区综合提升、旦上—御帘红色旅游区建设等被纳入国家长征文化公园（明溪段）项目建设，滴水岩红色旅游景区通过国家AAAA级景区的初步验收，明溪县革命纪念园被纳入“建党百年红色旅游百条精品线路——闽西苏区·红色福建”精品线路。对全县34处红色文化遗址与革命纪念设施进行梳理摸排，实施革命文物保护工程，完成冯厝红军亭等15处革命旧址的抢险加固与环境整治工程，其余烈士纪念设施和红色文化旧址进行抢险加固。提升改造全县9个乡镇综合文化站和96个村级（社区）文化活动室、农家书屋、应急广播系统及村村响广播。打造全面展示明溪红色文化的“归化正当红——明溪革命历史陈列”展馆。开展群众性文化活动，创办“明溪文化大讲坛”栏目，成功举办“红色歌谣代代传”“品读明溪”“光影有约”3期专题讲座；举办“展红旗、歌盛世、颂党恩”庆祝中国共产党成立100周年文艺晚会等系列活动；组织编排本地方言演绎县红色歌谣“杜鹃花红”传唱首演；原创歌曲《老家故事》获全省庆祝中国共产党成立100周年歌曲征集评选活动优秀作品奖（最高奖）；组织“学党史 忆风华”清明诗会等系列活动，深入全县88个行政村放映庆祝中国共产党成立100周年优秀红色电影352场次，观影人数达34496人次。组织拍摄献礼中国共产党建党百年电影《百花理发店》及《日出旦上》《鱼水御帘》《云起胡坊》红色归化系列视频宣传片，其中《日出旦上》获中国红色微电影盛典最佳短视频大奖；与省摄协合作举办“明溪溪明 青山山青”全省摄影大赛，其中100幅作品脱颖而出，并先后在福州三坊七巷朱紫坊、三明市文艺交流中心、县档案馆举办作品展。

2021年12月30日，明溪县举办旅外乡亲“云”宣讲活动

（图/县委宣传部）

【媒体宣传】 2021年，明溪县委宣传部立足明溪侨情，举办明溪旅外乡亲“云”宣讲6场，累计吸引来自世界30余个国家（地区）的旅外乡亲和网友共计20万余人次观看直播，引导侨胞回归、侨资回流、侨智回援。深化媒体融合，对原有各媒体平台相互独立的采、编、发流程进行改革，建立统一工作平台，形成“一次采集、多种生成、多元传播”的融合传播新格局。按照“媒体+”要求，在做强做精新闻主业的基础上，逐步拓展“新闻+政务”“新闻+服务”“新闻+党建”等领域，打通党和人民群众信息沟通、社情传递的“最后一公里”。围绕主题主线，在县电视台、广播电台、微信公众号等媒体平台同步开设“奋斗百年路 启航新征程”“喜迎党代会”“融媒助招”“大招商招好商”“党的十九届六中全会精神在基层”等30多个专题专栏。结合省委“再学习、再调研、再落实”、市委“牢记新嘱托、增创新优势、再上新台阶”活动，策划一批重大主题宣传报道，共推送相关新闻1000余条次。组织创作融媒作品，制作《悦见明溪》《就地过年·吾心安处便是家》《福建新答卷：这五年，看明溪新侨乡悄然“蝶变”》等一批浏览量逾100万次的作品，其中《真是机警的鹰雕》获得央视《秘境之眼》栏目2021年精彩影像点赞活动一等奖；《家在君子峰》首次在新华社海外版刊播；短视频《“疫”往前行 不辱使命》获得全国档案系统微视频入围作品；《100年，我生活在幸福中国》入选全省“党旗飘扬 筑梦中国”优秀公益广告作品库；“明溪微雕技艺”专题片入选第44届世遗大会线上文化展播（全市仅2个）。参与三明市第二届网络文化节，共有3个选送作品获奖，县委网信办获评“优秀组织奖”。

（邓坤云）

统战工作

【概况】 2021年，明溪县委统战部全面加强党对统一战线的领导，全年县委常委会研究部署有关统战工作6次，推动落实统一战线工作“四个纳入”（即纳入领导班子和领导干部考核内容，纳入党的建设工作考评和绩效考评内容，纳入巡视巡察、监督执纪问责范围，纳入全面从严治党检查范围）；修订完善部机关内部管理制度、联席会议和党外人士联系交友等制度，定期召开侨务、宗教等工作专题会议和民族工作联席会议制度，形成统战工作齐抓共管格局。配齐配强统战干部队伍，9个乡（镇）配齐统战委员、统战专干，完成县工商联新一届领导班子换届。开通“同心明溪”微信公众号，扩大统战宣传的影响力。加强《统战工作条例》贯彻落实情况督查检查，推动统一战线各项工作有效落实。

【思想共识凝聚】 2021年，明溪县委统战部举办旅外乡亲“云”宣讲共同学习中共十九届六中全会和省党代会精神，加强思想政治引领；开展“再学习、再调研、再落实”活动，完成《打好“侨”牌促进新时代侨乡发展》等课题调研；开展“我为群众办实事”实践活动，协调解决民族宗教、涉侨领域问题6个。加强党外代表人士队伍建设，调整15名县级党员领导干部与45名党外代表人士结成对子，推荐97名党外人士提名政协委员、人大代表。

【党史学习教育】 2021年，明溪县委统战部在统战各领域开展各具特色党史学习教育，组织华人华侨、工商界开展“庆百年•感党恩•谋发展”、宗教界“爱党爱国爱社会主义”等各类主题教育21次，教育引导广大统战成员和统战干部坚决拥护“两个确立”，坚决做到“两个维护”，巩固团结奋斗的思想政治基础。西藏自治区藏传佛教代表团37人到县开展国情教育，并参观考察明溪县革命纪念馆及滴水岩红军战地医院等红色文化；先后承办三明市基督教两会、三明市道教协会在县开展“四史”学习教育交流活动；组织全县统战干部和统一战线成员代表观看红色影片《血战

2021年6月16日，西藏自治区藏传佛教代表人士到明溪考察国情教育和红色文化教育开展情况。图为参观明溪县革命纪念馆

（图/县委统战部）

湘江》《长津湖》，组织全体党员干部到县革命纪念园、建宁反“围剿”纪念园、县“归化正当红”革命历史展馆、清流林畲毛泽东旧居开展党史学习教育，牢记初心使命。举办“方寸票见证侨情·中国侨汇券展”专题展览，引导广大市民、侨界群众和侨务工作者重温党史、侨史。

【统战作用发挥】 2021年，明溪县委统战部把发挥统一战线法宝作用与统筹推进新冠肺炎疫情防控和经济社会发展有效衔接，参与招商引资、乡村振兴等重点工作。围绕制定“十四五”规划、服务高质量发展超越等重点领域建言献策，累计提交“关于发展壮大商会经济”等提案议案和意见建议38件。巩固境外疫情防控成果，全程跟踪管理境外返乡人员，全年登记出国返乡人员1483名。加强民营经济统战工作，发挥明溪异地商会优势，打好“大招商招好商”攻坚战役，协助举办招商推介会3场，签约福建京和生物等11个项目；实施“百企兴百村”行动，20个企业和商会对接帮扶17个村。做好爱心助学、“光彩助学”等公益活动，引导海斯福化工有限责任公司等企业、商会组织捐资助学260余万元。举行“情系教育，助力振兴”旅外乡亲教育爱心捐赠活动，发动匈牙利明溪商会等7个海外华侨组织捐赠60余万元。

【新时代民营经济统战工作】 2021年，明溪县委统战部支持民营企业发展壮大，推动民营经济高质量发展，召开服务非公经济发展银企对接会，为51个会员企业授信额900万元；优化“一门式”服务，落实服务民企“四访四通”机制，解决鑫腾飞等企业用工和生产问题16个。推进“百所联百会”机制建设，组织福建归化律师事务所、福建万天律师事务所分别与明溪县总商会、南安商会签订“百所联百会”合作协议；协助成立明溪县青年创业协会、明溪县建筑业协会等协会，推荐56人到省市参加初、中、高级工程类职称评审；完成县工商联新一届执行委员会换届选举工作，加强商会组织建设，完成厦门明溪商会换届选举，乡镇商会建设实现全覆盖。制定《明溪县商会招商引资工作考评办法》，表彰在2020年招商引资工作中表现突出的厦门明溪商会，并奖励5万元。福建斯特力气动工具有限公司被省委统战部等五部门评为“千企帮千村”精准扶贫行动先进民营企业，创建福建闽景茶业有限公司为“万企兴万村”行动人才培育示范基地。

【侨务工作】 2021年，明溪县委统战部围绕建设开放发展新侨乡目标，实施“三侨回归”工程，健全完善“侨”服务，打造侨资回流平台，做大做强“侨”经济，牵头制定出台相关惠侨政策，侨心瓷海艺术展示中心及欧陆风情小区项目进入供地模式洽谈，保税仓（直播基地）项目开工建设。强化涉侨服务交流合作，与厦门大学国际关系学院开展结对共建。探索跨境为侨服务，推出“涉侨在线咨询”“零距离”线上公证业务，打通为侨服务“最后一公里”。落实华侨子女升学照顾加分等各项惠侨政策，共审定出具“三侨生”证明51份，接受华侨来闽定居咨询100余人次。

（晏希峰）

精神文明建设

【概况】 2021年，明溪县委文明办做足“文明明溪”篇章，规范引导文明行为，推进“好人之城”建设，推动9个乡镇全面争创新一届省级文明乡镇，印发《明溪县2021年精神文明建设及工作要点》，深化文明县城创建活动，常态化推进创城工作。明溪县省级文明县城创建实地暗访成绩在全省县级市、县城中排名第二，为创建2021—2023年度省级文明县城工作奠定基础。

【文明创建活动】 2021年，明溪县先后召开文明创建提升活动推进会、创建省级文明县城工作会、精神文明建设先进命名暨深化省级文明县城创建动员大会等会议，研究部署新一轮省级文明县城创建等工作，推进城市常态长效管理，推动全县精神文明建设工作再上新台阶。开展创建省级文明县城攻坚行动，重点实施基础设施提升、交通秩序整治、环境卫生整顿、窗口单位服务优化、校园周边环境整治、创城氛围营造等专项行动。健全完善“中心吹哨、部门动员、各方参与”的工作机制，调整明溪县机关企事业单位挂钩社区开展联建联创活动安排，明确挂点社区县处级领导，落实全县115个单位联建联创单位，共开展联建联创志愿服务70余次。印发《明溪县2021年度省级文明县城实地考察场所申报责任分解表》等文件，对2020年度测评非达标项目情况进行责任分解并下发整改通知。发挥“文明创城监督员”队伍作用，采用微信监督群办公方式，时时督查、时时反馈，即时整改。组建“创城督查工作组”，开展实地测评点督查工作，全年共发送督查情况反馈70期。

【新时代文明实践】 2021年，明溪县各乡镇、村居共建成新时代文明实践中心1个，新时代文明实践所9个，新时代文明实践站96个，完成新时代文明实践建设全覆盖。新时代文明实践中心、所、站开展理论政策宣讲、文化健身服务、关爱守护等志愿服务活动累计300场次，受益人数约6.5万人次。县沙溪梓口坊村“桑梓融情”项目入选2021年福建省志愿服务项目大赛优秀奖、三明市志愿服务项目大赛银奖；“检护未来”未检品牌、旅外乡亲“云”讲堂、婚姻家庭辅导志愿服务项目获得2021年三明市志愿服务项目大赛优秀奖。

【“我们的节日”活动】 2021年，明溪县委文明办统筹安排“我们的节日”活动开展，印发《关于2021年度广泛开展“我们

2021年10月12日，明溪县开展“我们的节日·重阳”活动

（图/县委文明办）

的节日”主题活动的通知》，对春节（元宵）、清明、端午、七夕、中秋、重阳等传统节日主题活动进行总体部署。清明节期间，明溪县新时代文明实践中心、明溪县委宣传部、明溪县委文明办、明溪县文学艺术界联合会举办“学党史·忆风华”清明诗会。端午节活动期间，县委文明办主办“迎端午千古追思·学党史不忘初心”我们的节日·端午活动。重阳节期间，举办“树敬老美德 传廉洁家风”为主题的重阳节等群众性节日民俗、经典诵读、文化娱乐和体育健身活动，打造地方节日文化名片。

【“好人之城”建设】 2021年，明溪县委文明办深化“好人之城”创建，开展“我推荐我评议身边好人”活动，入选“中国好人榜”孝老爱亲好人1人，“福建好人榜”孝老爱亲好人1人，全县共有“中国好人”22名，“福建好人”26名。明溪县精神文明风采（好人）馆接待20批次300余人参观学习。对道德模范、身边好人进行礼遇和慰问帮扶，带动形成崇德向善、见贤思齐、德者有得、好人好报的浓厚氛围。

【公益宣传】 2021年，明溪县委文明办开展“讲文明树新风”公益广告宣传，加大“文明健康 有你有我”公益广告宣传，推动社会主义核心价值观进村、入户、上墙。重点提升归化公园、儿童公园公益广告宣传，新增24字社会主义核心价值观景观宣传栏1个、固定宣传栏8个、异型花草牌20个，并对河滨北路公园、欧侨广场宣传破损广告进行更新。在明溪电视台设立《文明讲谈》精神文明建设电视专栏，2021年播出《谌根深：敢闯敢拼的“兵支书”》《方秋轩：扎根基层 搭建出彩的人生舞台》，通过身边人讲身边事，提升精神文明创建影响力。在《明溪新闻》开设《满意在三明》栏目，在“明溪在线”公众号开设“文明创建提升月”专栏，全方位报道精神文明建设工作。推送的“文明明溪”相关文章被“学习强国”平台、中国文明网等11家市级以上媒体采用160篇。

【未成年人思想道德建设】 2021年，明溪县委文明办开展“学党史·忆初心”传承红色基因暨“童心向党清明祭英烈”文明实践活动，召开未成年人思想道德建设工作联席会议，推进未成年人思想道德建设。举办“童心向党·唱支红歌给党听”主题展演，录制完成《不忘初心》《文明美丽的祖国》等12首红歌MV和《剖心沥胆为革命的赖水金》《失散女红军战士俞伍妹》等10个明溪党史故事MV，并推送市委文明办，同步在明溪电视台、“明溪在线”公众号展播。开展“新时代好少年”推选学习宣传活动，推荐入选市级新时代好少年1名，评选县级新时代好少年10名。全力保障乡村学校少年宫运转，落实中央文明办乡村“复兴少年宫”建设工作部署，举办“向国旗敬礼”暨乡村“复兴少年宫”展演活动、“检爱同行·共护未来”微雕篆刻主题活动。推进四点半学校建设，在紫岭社区设立四点半“筑梦课堂”，在课堂内开展特色主题活动6场次。提升校外心理健康辅导水平，在全县各校开展阳光成长心理健康教育活动，召开“理想

2021年6月25日，明溪县举办2020年度县践行社会主义核心价值观“最美人物”颁奖仪式 （图/县融媒体中心）

照亮未来”心理健康课、“青春之心灵、青春之少年”主题心理健康课，为未成年人健康成长保驾护航。

【文明乡风建设】 2021年，明溪县委文明办推进文明乡风建设，指导御帘村开展新一届全国文明村创建，推动9个乡镇全面争创新一届省级文明乡镇，梓口坊、龙湖、紫云、岩里、沙溪、衢地等6个村创建新一届省级文明村，紫岭、城东、城南等3个社区争创新一届省级文明社区；李沂、鳌坑等16个村争创新一届市级文明村。组织开展2021年度明溪县精神文明建设各类先进评选活动，共有9个乡镇36个行政村参加县级文明村镇创建活动。推进移风易俗，树文明乡风，将民俗节庆中大操大办与“带彩打牌”等不良风气综合整治工作纳入各部门党风廉政建设责任制内容，开展“星级文明户”“信用村户”“文明圩场”“文明交通行动”“文明餐桌行动”等活动，通过文明创建载体倡导健康向上的科学生活，促进乡风文明的提升。

【学雷锋志愿服务】 2021年，明溪县委文明办开展新冠肺炎疫情防控志愿服务活动，组织联建联创志愿者在各社区开展疫情防控、新冠疫苗接种等志愿服务活动130余场次。开展爱国卫生志愿服务活动，在每个月新时代文明实践促进日，组织明溪县民兵应急分队120人、社区联建联创志愿者1400余人，深入6个社区开展环境卫生整治、移风易俗宣传、文明交通引导等活动。9月开始在每月最后一个周日为公共文明行为促进日，新时代文明实践中心、所（站）组织志愿者开展各类志愿服务活动，向群众传递文明的内涵、文明行为的积极意义，提升群众文明意识。县新时代文明实践中心加强对志愿者的管理，对“志愿三明”志愿者信息加强审核管理，通过开展志愿服务培训活动加强志愿者队伍整体素质，提高志愿者服务质量，推进志愿服务制度化、规范化。

【诚信建设】 2021年，明溪县委文明办组织召开“诚信八闽行 献礼百年庆”活动启动仪式暨2021年明溪县诚信促进会联席工作会议，表彰一批明溪县2018—2020年度“诚信建设工作先进会员单位”“诚信建设工作先进工作者”“诚信建设先进工作示范点”。抓牢“诚信八闽行”主线活动，拓展诚信六进活动平台，联合党史和地方志研究室整理“党史中的诚信故事”三篇，被福建省诚信促进会采稿两篇。开展诚信“6+N”活动，通过抓点带面促提升，进一步拓展诚信进大众的覆盖面，增强活动效果。深化“诚信6+N”平台，开展“构建优质营商环境，推进诚信体系建设”“做诚信学生，创诚信校园”等以诚信建设为主题的文化教育活动，营造浓厚诚信舆论氛围，展现鲜明诚信协会作为，推动诚信明溪建设上新台阶。

（李火招）

机构编制

【概况】 2021年，明溪县委编办巩固党政机构改革成果，推进县综合行政执法、农业系统、疫控体系等领域机构改革，全市首创在乡镇设置消防救援岗，完成全县163家事业单位年度报告公示。

【体制机制改革推进】 2021年，明溪县乡镇机构改革后，9个乡镇54个内设机构全部挂牌，大部分内设机构领导配备齐全，运行顺畅；乡镇27个下属事业单位全部挂牌、启用公章，办公场所、办公设备配置齐全，人员调整到位，各中心主任配备21名，运行顺畅。修订《明溪县县乡“属地管理”事项主体责任和配合责任清单指导目录》共96项，在所有乡镇推广“属地管理”改革经验，打通基层治理的“最后一公里”。推进应急管理、自然资源等领域综合行政执法改革，以县安全生产监察大队为基础组建“明溪县应急管理综合执法大队”，将县安全生产监察大队编制和在编人员全部划入县应急管理综合执法大队，机构规格为相当副科级，下设一中队、二中队，核定大队长1名，副大队长2名，中队长2名；县国土资源监察大队更名为“明溪县自然资源综合执法大队”，机构规格为相当副科级，将自然资源部门的土地、矿产、规划、测绘等行政处罚以及与之相关的行政检查、行政强制等执法职责进行整合，由县自然资源综合执法大队承担。深化县农业系统机构改革，调整扶贫开发和乡村振兴工作机构，县农业农村局加挂“明溪县乡村振兴局”牌子，设立中共明溪县委扶贫开发成果巩固与乡村振兴工作领导小组，办公室设在县农业农村局，调整县农业农村局职能及内设机构、事业单位设置，推进脱贫攻坚同乡村振兴有效衔接。深化县疾控领域体系改革，在县卫生健康局加挂“疾病预防控制局”，配备1名专职局长，兼任县卫生健康局副局长。做好县经济开发区管理机构清理规范工作，撤销明溪经济开发区管理委员会工程建设股、征地拆迁股、安全监管股、环保监察股等4个内设机构，办公室加挂“安环监管股”牌子，核定明溪经济开发区管理委员会主任1名、副主任2名，股级领导职数2名。深化政府部门权责清单管理，完善县经济开发区管委会等部门权责清单管理制度，新增县经济开发区管委会权责清单事项21项，调整县发改局、公安局、市场监管局、林业局、卫生健康局、民政局、信访局等7个政府部门权责事项394项，进一步明晰各部门单位和乡镇工作职责。

【机构编制服务保障】 2021年，明溪县委编办做好政法、公安等相关部门的机构编制服务保障工作，增设政法委内设机构扫黑除恶督导科，核定科长1名，核增社会管理综合治理服务中心事业编制2名；核增公安局分管日常工作的副局长1名（正科级），保障维护社会稳定工作对机构编制的需求。做好教育、公共卫生等重大民生领域的机构编制服务保障工作。完成2021—2022年全县中小学、职业中学、公办幼儿园教职工编制依标足额核定工作，重新调整教育系统党委领导职数，核定县教育局局长1名、副局长4名，增加1名机关党委专职副书记（正股级）。根据医改和创建二级甲等医院的要求，统筹设置县总医院51个科室、中医院26个科室，重新核定县总医院党委书记1名、副书记1名、纪委书记1名；院长1名、副院长4名，总会计师1名；内设机构副股级职数70名。县中医院院长1名、副院长3名，内设机构副股级职数34名。县内调剂1名编制到县卫生计生监督所。做好其他重点领域的机构编制服务保障工作，合理优化机构设置。向市委编委汇报请示，市委编办批复同意，将新设立的明溪县生物医药产业发展中心机构规格升格为相当正科级；将县公共资源交易中心由挂牌机构调整为独立设置机构，为县行政服务中心管理委员会下属事业单位；县直机关党工委设立明溪县直机关党建服务中心，县林业局设立明溪县林长工作服务中心、明溪县鸣溪湿地公园保护中心（明溪县紫云森林公园保护中心、明溪县火山口地质公园保护中心）等事业单位；县退役军人服务中心加挂“明溪县烈士纪念设施保护中心”牌子，县林业执法大队加挂“明溪县沙溪（瑶奢）林业检查站”“明溪县胡坊林业检查站”牌子；县机关事务保障中心增设办公室、后勤综合管理科、保卫科等3个内设机构，县交通运输综合执法大队增设工程质量监督站为内设机构等。加强编制池管理，从乡镇存量事业编制中调剂4名编制建立乡镇“社区党组织书记事业编制周转池”，专项用于社区党组织书记招聘。按照“单列管理、专编专用、动态调整”的原则，严格实行人编对应，严禁其他人员挤占、挪用编制。乡镇有空编的首先使用空编，没有空编的可申请使用周转池编制。加强编外用工管理，牵头联合财政局、人社局深入编外聘用人员比较多的乡镇、机关事业单位开展调查研究，全面了解聘用编外用工情况，广泛听取相关单位的意见建议。针对编外用工规模不断增加、编外用工不够规范等问题，完善《编外用工管理办法》，严格把关、控制编外用工总量，进一步规范编外用工管理。完善人员调配程序。牵头联合县委组织部、县人社局对近五年调离明溪的机关事业单位工作人员调离原因进行分析，发出调查问卷118份，收回110份，有效问卷107份，其中公务员（参公）21份，事业单位工作人员86份。针对调离明溪人员的问题，修订完善《明溪县机关事业单位编制管理及工作人员调配暂行办法》，进一步细化机关事业单位编制管理、人员调配条件及办事流程。

【乡镇消防救援岗设置】 2021年，明溪县加强乡镇消防力量，通过综合调研分析并结合县实际，在设置乡镇工作岗位时，全市首创在乡镇设置消防救援岗，明确每个消防所不少于2名在编人员专职从事消防救援工作。

【机构编制资源盘活】 2021年，明溪县委编办优化编制资源配置，按照“严控总量、统筹使用、有减有增、保障重点、服务发展”的原则，对机构编制实行动态调整。截至年底，全县编制4764名，在编4307人，其中行政892名，在编822人；机关工勤76名，在编34人；事业编制3796名，在编3151人。行政编制控制在中央和省核定的总额内，事业编制未突破2012年底总量，守住机构编制的“红线”。做好2022年度机关事业单位招考（招聘）用编计划审核。同意用编251名，其中行政编制30名、群团机关参公事业编制3名、参公事业单位编制13名、事业编制205名。配合教育部门赴高校招聘教师，共28名教师有意向到明溪工作。充实教育、卫生、农业农村人才队伍建设，配合相关部门申报定向委培生计划数34名，其中教育系统20名、卫生系统7名、乡镇农技站4名、乡镇林业站3名。

【机构编制监督检查】 2021年，明溪县委编办加强机构编制实名管理，发挥机构编制核编证、机构编制管理台账、机构编制管理信息系统在机构编制监督检查中的重要作用，构建“一证”“一账”“一系统”“三位一体”的机构编制实名制监管模式，确保机构设置与审批的机构相一致、实有人员与批准的编制和领导职数相对应。强化机构编制监督检查，督促各乡镇和县直部门单位严格落实机构编制年度报告制度，组织实施第二次全国机构编制核查，及时准确掌握机构编制管理情况。组织开展机构编制核编证年审工作，督促相关单位把机构编制核编证作为向有关部门申请办理工资基金、经费核拨、统发工资、配备领导、人员增减、公费医疗、社会保险等事项的依据。利用省机构编制管理信息系统开展网上巡查、日常核查，发挥其动态监测、跟踪预警的功能和作用，实现机构编制核查常态化。

【登记和赋码管理】 2021年，明溪县委编办加强事业单位法人登记管理工作，全县完成事业单位法人设立登记14家，完成事业单位法人变更登记32家，事业单位法人注销登记18家。全年需提交2020年度事业单位法人年度报告163家，提交163家，年度报告率100%。做好机关、群团统一社会信用代码申请、变更、注销工作。全年完成机关统一社会信用代码申请新办4家，变更37家；群团统一社会信用代码变更3家。开展“双法人”（事业单位法人、企业法人）清理规范工作。强化事业单位法人监管，坚持“谁管辖、谁清理”的原则，对县级“双法人”单位进行清理，县“双法人”事业单位共1家（县生产力促进中心），督促其注销企业法人，完成清理工作。

（李凌燕）

机关党建

【概况】 2021年，明溪县机关党建工作推进党史学习教育，落实“五抓五做”（抓政治统领，做“两个维护”的模范；抓班子建设，做奋勇争先的模范；抓任务攻坚，做担当作为的模范；抓素养提升，做本领高强的模范；抓作风转变，做真抓实干的模范）、创建“模范机关”，推动党建工作与业务工作深度融合，引导和推动县直机关各基层党组织和广大党员投身开放发展新侨乡建设，为全县“十四五”规划开好局、起好步提供政治和组织保证。全县共有县直党（工）委4个，分别为县直机关党工委、公安局党委、总医院党委、应急局党委，有党支部143个，党员2501名。其中县直机关党工委有直属机关党委6个，即教育局机关党委、农业农村局机关党委、林业局机关党委、工信局机关党委、法院机关党委、税务局机关党委，共有党总支部6个，党支部130个，党员2208名。成立明溪县直机关党建服务中心，核定事业编制3名，机构规格为相当于正股级事业单位

【机关党的工作会议】　2021年4月9日，明溪县召开机关党的工作会议暨党组织书记培训会，会议传达贯彻全市机关党的工作会议精神，回顾总结2020年全县机关党的工作情况，部署2021年工作任务，县委常委、组织部部长、县直机关党工委书记张翠雄出席会议并提出工作要求，党工委常务副书记王贵明向大会作工作报告，并对参会人员进行《中国共产党党员教育管理工作条例》解读培训。县直机关各党委、总支、支部书记参加会议。

【党史学习教育】　2021年，明溪县直机关党工委将党史学习教育纳入2021年机关党的工作要点进行重点安排，召开年度机关党的工作会议，对县直机关党史学习教育进行筹划，安排3人参与组织服务全县学习教育。成立党史学习教育领导小组，制定《县直机关工委关于开展党史学习教育的实施方案》，明确工作职责，搭建起全员参与、分类指导的全面领导机制。深入学习贯彻习近平总书记在党史学习教育动员大会上的重要讲话精神和习近平总书记来闽来明考察重要讲话精神，组织工委直属74个党支部召开动员大会，上好党史学习教育“第一课”。召开县直机关党史学习教育工作培训会和推进会，制定下发24条任务清单，做到工作项目化、项目节点化、节点责任化。制定下发县直机关党工委理论学习意见，将党史学习教育纳入重要学习内容，组织党员干部严格按照计划开展学习研讨、个人自学，强化党史学习教育的常态化、制度化。组织工委直属党支部做好指定书目的征订，紧密按照党史学习教育的规定要求开展学习，抓牢抓实党史学习教育，开展6次及以上高质量专题研讨。对县直机关党委（党组）理论学习情况开展巡听旁听，了解集体学习研讨情况、日常学习管理情况、平时自学情况，作出相应点评和指导意见，有效推动县直机关党史学习教育走深走实。组织全体干部前往明溪革命烈士纪念园、归化之役遗址、县档案馆“归化正当红”主题展馆等现场教学点，用好本地特色教材，推动党员干部深悟初心使命、践行为民宗旨。举办县直机关学习贯彻习近平总书记来闽考察重要讲话精神暨党史学习教育培训

2021年12月21日，县直机关党工委举办学习贯彻党的十九届六中全会精神暨党建业务知识培训班　（图/县直机关党工委）

班。举办支部书记培训班，邀请省委党校副校长刘大可作“深入学习研究党史、筑牢信仰信念之基”专题讲座。开展“学史力行，建设开放发展新侨乡”我为群众办实事典型工作案例征集活动，收集案例17篇。指导督促各党支部召开党史学习教育专题组织生活会。

【建党百年活动】 明溪县直机关工委会同县委宣传部、组织部举办全县党史知识竞赛，县直机关第二代表队、县农业农村局代表队获得三等奖，县直机关党委代表队获得优秀组织奖，各基层党组织开展37场党史知识竞赛。在县直机关开展“风展红旗　如画三明”党史故事宣讲51场，同时选送优秀选手参加市直机关比赛获“优秀组织奖”。开展“‘三明实践’故事”宣讲12场，让三明“五个一”和“一声鸟鸣”“一棵致富树”等鲜活故事深入人心。会同县总工会、文旅局等部门举办机关趣味运动会、全民健身运动会。首次为县直机关老党员110人颁发“光荣在党五十年”纪念章，49名老党员参加集中颁发仪式。组织25名新党员代表到县革命纪念园开展入党宣誓和接受党史学习教育。“七一”中国共产党建党节前后，党员领导干部、基层党组织书记、先进典型讲专题党课130余场。做好省市县“两优一先”推荐工作，方秋轩、阙永刚、郑艳等优秀共产党员受省、市委表彰，同时机关工委表彰一批先进集体和个人。

【党建引领】 2021年，明溪县直机关工委按照“五抓五做”工作思路，组织开展“永葆初心，砥砺奋进”“庆祝建党百年　让党旗高高飘扬”等主题活动，开展“服务之星”评选。各机关党组织围绕改革发展中“难点、堵点”问题，创新主题党日方式，探索到项目现场、企业现场、农村现场开展主题党日，研究解决困难问题230余个。重点培育县司法局、实验小学等5个基层党建示范点。开展“再学习、再调研、再落实”和“牢记新嘱托、增创新优势、再上新台阶”活动，将活动落实情况纳入党建任务清单、主体责任检查、党建责任制考评重要内容，推动基层党组织活动扎实开展。深入党组织建设比较薄弱、工作难度较大的县直部门开展调研，撰写《新形势下如何加强机关基层党建工作》等3篇调研文稿。同时，列出15个重点党建课题组织各基层党组织开展调研，形成调研报告53篇，其中选送市直机关工委参评2021年度三明市机关党建重点课题调研1篇获得二等奖、1篇获得三等奖。深化党建引领基层社会治理。落实好“街乡吹哨、部门报到”工作机制，深化机关单位联建联创，解决社区污水治理、违章搭建等50余件治理难题。开展在职党员“进社区、亮身份、强服务”活动，组织1587名党员到社区报到，主动认领2100余个服务项目，开展党员认领群众“微心愿”、志愿服务等活动。

【基层党组织与队伍建设】 2021年，明溪县直机关工委贯彻落实《中国共产党党和国家机关基层组织工作条例》，推动各基层党组织严格落实《新形势下党内政治生活的若干准则》，落实

2021年6月18日，县直机关党工委举办“光荣在党50年”纪念章集中颁发仪式　（图/县直机关党工委）

“三会一课”、民主生活会、党员领导干部过双重组织生活会等制度。因工作需要，成立临时党支部3个，即十三届县委第一轮巡察三个组临时党支部。新成立3个党支部，即中共明溪县君峰城市建设投资有限责任公司支部委员会、中共明溪县第一幼儿园支部委员会、中共明溪县第二幼儿园支部委员会。新成立1个机关党委，即中共明溪县公安局机关委员会，同时成立中共明溪县公安局机关纪律检查委员会。17个党支部进行换届，即县卫健局、行政服务中心管委会、供销社、水电实业公司、机关事务保障中心、交通局总支、交通局机关支部、编办、市场监督管理局总支、市场监督管理局机关支部、市场监督管理局退休干部支部、个私协支部、县委办、民政局、科协、政协、疾病预防控制中心。因换届需要及其他原因的人员调整，对22个党支部增补调整委员，即烟草公司、气象局、妇幼保健院、人社局、文明办、科协、统战部、巡办、人大办、工信局机关支部、融媒体中心、民政、司法局、城建监察大队、政法委、组织部、疾控中心、县委办、自然资源局、总工会、宣传部、档案馆。举办学习贯彻中共十九届六中全会精神暨党建业务培训班，各乡（镇）党委组织委员、组织干事，县直机关、非公企业、社会组织党务工作者共115人参加培训，邀请专家讲授十九届六中全会精神和党内法规制度，组织学员赴宁化长征学院、万寿岩遗址等地开展现场教学。坚持把政治标准放在首位，严格党员发展程序，新发展党员54名，组织49人参加发展对象培训。县直各党委、党（总）支部按标准按时上缴党费，共收缴党费75.4万元。组织开展春节慰问党员75人，发放慰问金6.36万元；开展“七一”困难党员慰问53人，发放慰问金5.3万元；开展市级关心关爱慰问21人，发放慰问金2.5万元；开展县级关心关爱对象慰问18人，发放慰问金3.2万元。开展新冠肺炎疫情防控慰问县委党校、县卫健局2个单位共17名干部，发放慰问金0.96万元；县直机关工委直接慰问参与疫情防控工作人员16人，发放慰问金1.28万元。

【县直机关纪检监察工委工作】 2021年，明溪县直机关纪检监察工委聚焦政治监督，对各综合监督单位在践行“两个维护”、落实“两个责任”上，共开展各类监督检查12次，参加或列席各综合监督单位民主生活会或组织生活会7次，“三重一大”（重大事项决策、重要干部任免、重大项目投资决策、大额资金使用）会议25次，提出意见建议13条，党风廉政意见回复71人次，开展案后回访教育1人次。做细做实日常监督，共开展新冠肺炎疫情防控、纠治“四风”、一人多证等监督检查12次，发现问题5个，谈话提醒2人次。同时，根据不同岗位和廉政风险点，主动约谈监督单位主要负责人及重要岗位人员24人次。做好案件执纪审理，严格按照“事实清楚、证据确凿、定性准确、处理恰当、手续完备、程序合规”的24字办案基本要求，坚持原则，严把审核关口，共完成审理案件4起，审结率达100%。强化廉政教育，组织各综合监督单位参加旁听庭审2次4人次，参观廉政教育基地17次212人次；开展警示教育86次1459人次。使党员干部知敬畏、存戒惧、守规矩、拒腐蚀，切实增强党干部不想腐的自觉。

【党管武装工作落实】 2021年，明溪县直机关工委坚持党管武装原则，将基层党组织党管武装工作落实情况纳入年终党建考核内容，完善队伍建设、民兵档案管理、加强思想政治队伍建设，开展集结点验1次。全年组织基干民兵参加全县民兵应急分队暨情报信息员集训1批17人次，组织1人参加全省民兵防化救援专业分队骨干集训。

（罗祥念　张水情）

老干部工作

【概况】 2021年，明溪县委老干部局引领全县离退休老干部开展党史学习教育，引导离退休干部党支部开展义诊等各类志愿服务活动，深化离退休干部党支部“一学两促”（学党史、促党性修养提升、促业务能力提升）活动，开展“庆百年华诞，赞如画明溪”正能量活动，推进“348”精准服务工作。全县有离休干部9名、“5·12”退休干部5名、处级退休干部25名。

【离退休干部党建】 2021年，明溪县委老干部局引领离退休老干部开展党史学习教育，通过全国离退休干部公众号和福建老干部App等平台，组织离退休干部党员收看全国和全省离退休干部专题学习报告会9场，参加“我心向党·书信明理”微体会征集活动200多人次。围绕开展党史学习教育的重大意义和重点内容，邀请明溪县党史学习教育宣讲团成员开展《红色记忆——明溪（归化）革命苏区历史简介》等专题讲座3场。组织全县离退休干部党支部书记31人前往古田会议旧址、才溪乡调查纪念馆开展现场参观学习1场。深化“一学两促”活动，全年召开离退休干部党支部书记联席会2场；指导县林业局等6个离退休干部党支部创建省、市级“五讲六有”示范党支部；围绕“我为群众办实事”主题，指导县总医院、税务局等退休支部开展义诊、政策宣传和矛盾调解等各类志愿服务活动40多场。发挥引领作用，依托老干部党校每月开展1次专题授课，督促指导各支部围绕党史学习教育开展集中学习、现场参观等各类学习活动150余场。注重挖掘红色资源，组织申报的明溪县革命纪念园获批为福建省离退休干部党员传承红色基因学习教育基地。

2021年4月，明溪县离退休干部工委、县委老干部局举办全县离退休干部党支部书记培训班。图为参训人员在江西才溪乡调查纪念馆接受红色教育 （图/县委老干部局）

【“庆百年华诞，赞如画明溪”正能量活动】 2021年，明溪县委老干部局开展文艺活动传递正能量。4月12—16日，县委老干部党校围绕党史学习教育开展“红色电影周”展播活动，展播《血战湘江》《百团大战》等歌颂党、歌颂革命英雄的红色主题电影，观影老干部达200人次。6月29日，举办“展红旗、歌盛世、颂党恩”庆祝中国共产党成立100周年文艺晚会，晚会有歌舞、书法太极、大合唱等节目，全县近450名群众观看。群策群力凝聚正能量。组织10名离退休干部代表参加县委常委班子民主生活会征求意见座谈会，提出意见建议35条。组织离退休干部开展“我看建党百年新成就”“我为群众办实事”等座谈会4场，各离退休干部党支部召开座谈会24场。发动离退休干部围绕主题积极创作，共收集诗歌、散文等作品28篇，并将县林业局退休党员干部朱泽创作的《十谢共产党》编排为表演唱节目。

【老干部服务】 2021年，明溪县委老干部局落实老干部各项待遇，7月7—8日组织城区17名老干部体检；开展春节等节日慰问3场，生病住院慰问4次，参加老干部遗体告别4场，去世慰问家属5人；开展社区居家养老线下服务30次；做实做细“一人一策”，帮助离休干部遗偶钟某协调解决住房问题，协调离休干部阴某党龄认定、领取“光荣在党50年”纪念章。丰富老干部活动，全年组织老干部参加全县经济形势分析会等会议5场、听取专题学习会等6场，举办游园活动1场，开展送学上门、送医上门4次。

【老干部学习活动场所建设】 2021年，明溪县委老干部局加强老干部活动中心和老年大学新址建设，新址位于县市民服务中心大楼5—7层，使用面积2396平方米。3月，活动中心和老年大学新址完成装修及配套设施的采购、安装，正式入驻。县老干部活动中心和老年大学设有乒乓球室、台球室、棋牌室（2间）、电脑室、健身室、老干部阅览室、聊天室、多媒体教室等；其他用房有活动中心工作人员办公室、医务室(健康咨询室)和活动设施储藏室。东、西两侧露台建有门球场和气排球场，门球场、气排球场面积各320平方米。新活动场所开放后，年内参加活动的老干部达5200多人次。老年大学根据社会发展变化和老年人学习需求，办有传统课程，如书法、绘画、音乐、舞蹈、腰鼓、太极拳、太极剑、古筝等；又紧跟时代发展，开设社会需要的新兴课程，如电钢琴、智能手机、摄影、计算机等课程。全年开设29个教学班，招收学员1054人次。

（李晓珍）

关心下一代工作

【概况】 2021年，明溪县有关心下一代组织137个，其中乡镇9个，社区8个，村88个，县直机关、企事业单位11个，民营企业2家，学校19个，实现全覆盖。年内新动员“五老”（老党员、老干部、老模范、老教师、老战士）23人参加关工委工作，参与关工委工作人员1299人，其中“五老”685人、“六大员”（报告员、校外辅导员、家教员、科教员、文化市场监督员、帮教员）378人、志愿者队伍236人。

【青少年思想道德建设】 2021年，明溪县关心下一代工作委员会（简称明溪县关工委）加强青少年社会主义核心价值观培育，组织开展“中华魂”主题教育读书活动、“向国旗敬礼”主题活动等各类主题教育36场次，受教育青少年1.73万人次；举办清明文明实践活动、“喜迎中国共产党成立百年，争做明伦少年”欢庆中国共产党成立100周年活动、“童心向党”系列活动等各类活动14场，参与青少年达6300余人次。

【青少年心理健康教育】 2021年，明溪县把“加强青少年心理健康教育”列入2021年县委、县政府为民办实事工作计划。县关工委作为牵头主办单位，成立落实加强青少年心理健康教育工作领导小组，制定《关于贯彻落实明溪县委、县政府开展2021年为民办实事工作的实施方案》，开展以“走近心灵，引领成长”为主题的心理健康月系列活动、预防学生沉迷手机宣传教育活动、防治校园霸凌宣传教育、“检爱同行 共护未来”宪法教育主题实践活动等各项活动。

【留守儿童关爱】 2021年，明溪县关工委贯彻落实全县贫困留守儿童“雏燕”关爱行动工作，各级关工委组织与贫困留守儿童结对帮扶60名，关爱服务留守儿童1036人次，关爱“五失”青少年48人。开展“童心向党·筑梦飞扬”庆“六一”活动、“情系雏燕·助力飞翔”公益夏令营活动、“青春护雏·童心向党”关爱留守儿童公益夏令营活动。在雪峰镇城南社区、胡坊镇胡坊村、沙溪乡梓口坊村、夏阳乡夏阳村等4个村（社区）建立“留守儿童之家”；动员“五老”加入关爱贫困留守儿童志愿者队伍，动员符合条件的“五老”志愿者担任贫困留守儿童“代理家长”。

【扶贫助学】 2021年，明溪县关工委筹措助学金19万余元，各乡镇关工委和部门关工委筹集助学金31万元。县关工委资助大学生71名（其中配合县农村信用联

2021年7月2—6日，明溪关工委在瀚仙镇学生社会实践基地举办“情系雏燕 助力飞翔”公益夏令营活动　（图/县关工委）

社助学6名，争取省关工委资助5名），困难中小学生160名（初中40名、小学120名），共资助22.3万元。乡镇关工委和部门关工委资助大学生102名。

【农村青年培训】 2021年，明溪县关工委与县农业农村局实地调研确定明溪清水湾综合设施生态观光园作为市、县两级农村青年科技创新“种子工程”示范基地，三明市东方亮设施生态硒锌猕猴桃基地、明溪县永旺生态农业有限公司确定为县级农村青年科技创新“种子工程”示范基地。4月9日，县关工委农村委邀请福建省农业科学院农业生物资源研究所赵云青助理研究员到城关乡狮窠村曾礼标重点科技示范户淮山种植示范点现场指导淮山浅层栽培新技术。7月16日，联合县农业农村局举办猕猴桃栽培技术培训班，邀请福建省农科院果树研究所副研究员、博士陈义挺，省农科院果树研究所助理研究员、博士冯新两位专家授课。举办各类科技培训班16期，受训青年农民达4000余人次；现场指导种植养殖大户8户。

【青少年学习教育】 2021年，明溪县累计发放青少年常用法律相关书籍、宣传手册4500余册；举办普法教育18场次，受教育青少年达8600余人次；巡查网吧3次；开展家教公益讲座3次；有14家单位被授予“未成年人零犯罪”学校、村（社区）称号。

【基层关工委建设】 2021年，明溪县各级关工委结合县、乡、村换届时机，调整充实关工委领导班子，把刚从领导岗位退下来政治坚定、作风端正、工作扎实、有奉献精神、热心关心下一代工作的干部充实到关工委领导班子，并配备一名办公室工作人员。全县137个关工委全部进行班子调整。

【创建三类基地】 2021年，明溪县关工委将“学（学习）”“讲（宣讲）”“实（实践）”相结合，开展各类教育活动，创建三类基地。依托县学生社会实践基地建立明溪县青少年“三爱”教育基地，分期分批安排全县中小学生进行“四史三爱”主题教育活动，举办73期，教育面达1.16万余人次。依托县红色资源在明溪县革命纪念园、夏阳乡御帘村、胡坊镇胡坊村建立传承红色基因教育基地，广泛开展传承和发扬革命精神，让红色基因融入血脉代代相传。依托猕猴桃生产基地建立农村青年科技创新“种子工程”示范基地，根据生长时间适时举办猕猴桃整形修剪、“水肥一体化”栽培及病虫草综合防治等方面的现场会，组织种植户现场观摩、学习和交流农业科学新技术，实现农村青年科技创业致富。

（邓燕秋、朱雪娜）

党校（行政学校）工作

【概况】 2021年，明溪县委党校（县行政学校）对旧教学楼实施立面改造及内部装修，校园整体面貌焕然一新。年内优化教学布局，坚持教学方式多元，推进立体化培训，全年完成各类培训班10期，培训学员850余人次。完成课题8项、调研报告9篇、论文发表9篇。扩大“三明实践”明溪篇章影响力，全年接待省委党校等各类外培班次26期1072人次。

【教学培训】 2021年，明溪县委党校（县行政学校）坚持需求导向，结合上一届培训班学员座谈意见，在教学课程中增设招商引资政策解读等内容，优化教学布局。坚持服务中心，把建设“一区六城”、增创“五大新优势”城市规划建设、建设三明革命老区高质量发展示范区等党委政府关注的重大战略、重大决策部署纳入主体班教学。坚持方式多元，在主体班中采用专题讲座、案例教学、现场教学、结构化研讨、体验教学、实地调研等多种教学方式，尤其是设置“以‘绣花’精神提升城市治理精细化水平——上海打造15分钟居民活动圈的探索与实践”“新冠肺炎疫情下的社会治理及经验启示”等案例教学课程和结构化研讨课程，丰富教学方式，提升培训实效。把“四史”作为理论教育和党性教育的重要内容，组织教师围绕党史学习教育，开发党史新专题课6个，初步构建党校党史课程体系。按照“专题课程+点评+讲解”模式，为县内“三明实践”现场教学点配套打造“牢记嘱托做强做大生物医药产业”“走绿色发展之路 打造‘三明生态后花园’”“红色旦上”等系列现场点评课程，现场教学课程体系渐趋完善。推进立体化培训，在“点”“线”“面”上下功夫，围绕讲好“三明实践”故事，重点打造了御帘、沙溪、南方制药、紫云等4个现场教学点。将现有县内现场教学点分主题串点成线，按照“追忆红色经典传承革命精神”“弘扬传统文化传承中华美德”“党建引领乡村振兴”“构建创新发展推动新兴产业”“生态产业化绿色发展之路”5个主题，分别设计5条县内现场教学线路。全年举办各类培训班10期，累计培训学员850余人次。

2021年11月25日，县委党校教师在归化之役纪念碑为前来学习的福清市委党校培训班学员作现场教学 （图/县委党校）

【理论宣讲】 2021年，明溪县委党校（县行政学校）突出宣讲重点，以学习宣传习近平新时代中国特色社会主义思想为主线，强化理论阐释职能，把中共十九届五中全会精神、十九届六中全会精神、习近平总书记来闽考察重要讲话精神、习近平总书记“七一”讲话、“四史”学习教育、省市县党代会精神等作为宣讲重点，打造宣讲专题课程。丰富宣讲方式，在运用传统的讲授方式的同时，灵活采取互动式、体验式、案例式、座谈式等丰富多样的宣讲方式，激发宣讲对象的主动性和参与性，促进理论宣讲由传授知识向提高素质和能力并重转变。选派骨干教师加入县委宣讲团，成立校宣讲小分队，深入机关、乡镇、村（社区）、企业等，开展各类宣讲共计60场次，受众约1600余人。

【科研咨政】 2021年，明溪县委党校（县行政学校）采取科研与教学相结合、科研与咨政相结合、科研与培训相结合的“三结合”方式推动科研成果转化。“杨时精神的当代价值”等课题成果转化为专题课进入主体班课堂，完成“习近平乡村振兴战略重要论述在明溪的实践探索”“高质量做好明溪南山遗址公园建设的几点思考”“革命老区创新驱动发展路径思考——明溪县构建‘三新’产业集群初探”等本土化课题研究，推动主体班学员全员参与课题研究共形成9篇课题调研报告，评选出优秀调研报告4篇。加强党史理论研究阐释，“新时代加强党的政治建设的现实意义”“中国共产党领导改革开放的历史进程与经验启示”“百年以来中国共产党意识形态工作的基本经验”等3个市校建党百年专项课题获立结项。加强基层党建问题研究，形成“基层党校提升党员干部政治能力的实践路径研究”和“坚持和加强党的全面领导落实到基层的‘五维’机制”2个课题，为全县基层党建工作提供理论支持和决策参考。全年共完成课题8项、调研报告9篇、论文发表9篇，其中1项课题“习近平乡村振兴战略重要论述在明溪的实践探索”获省委党校中国特色社会主义理论体系研究基地立项、5个课题获三明市委党校校级课题立项，科研成果实现新突破。

【对外培训】 2021年，明溪县委党校（县行政学校）深化与市、兄弟校（院）的合作，根据不同培训需求和培训主题，形成1—5天的定制培训方案。提升外培管理水平，出台《中共明溪县委党校现场教学管理办法》，制定星级现场教学点评选方案，开展星级教学点评选。提升现场教学点讲解员及教师的业务能力水平，组织3名教师及2名讲解员到福建省委党校、三明市委党校及江西赣州、兴国等地学习。邀请退休老党员、村干部、乡贤、企业集团的高管、专家等作为外培师资力量，组建优势互补的教学队伍。开展现场教学点调研走访工作，挖掘教学资源，提升教学内涵，制作和发放现场教学点宣传手册500册。全年共接待省委党校、福清党校、福州仓山区委党校等各类外培班次26期，共计1072人次，扩大“三明实践”明溪篇章的影响力。

【硬件设施建设】 2021年，明溪县委党校（县行政学校）为适应新形势培训办学的需要，改善办公教学基础设施条件，投入330余万元对校园环境和办公教学基础设施进行集中改造和装修，重点对教学楼、健身室、乒乓球室、党建室、图书室、室外球场等与学员培训学习有关的设施进行改造提升。至年末，党校教室、报告厅、研讨室等教学场所的数量、种类、功能均满足办学需要；学员食宿、文体活动等设施齐备，能适应新时代干部培训需求，为高质量地完成主体班次教学和轮训党员干部任务奠定良好基础。

（黄 茜）

党史和地方志工作

【概况】 2021年，明溪县委党史和地方志研究室（简称“明溪县委党史方志室”）把握党史学习教育契机，强化苏区历史专题研究，参与党史学习教育宣传各项活动，编纂《风展红旗如画——明溪红色故事》《明溪年鉴（2021）》等书籍，推进优秀传统文化保护与传承等工作，发挥好党史方志工作存史资政育人作用。

【苏区历史挖掘】 2021年，明溪县委党史方志室立足明溪县原中央苏区县实际，以《明溪革命故事丛书》编纂工作为抓手，发动督促全县各级各有关部门加大苏区历史资料收集整理力度。强化苏区历史专题研究，将明溪中央苏区地位作用提炼为“三个之一”，即明溪是中央苏区早期二十一县之一、是东方军入闽作战主要集结地之一、是中央苏区东部战略要地之一。深入挖掘明溪苏区历史中体现苏区精神的典型事例，形成文稿送县委办，为县委领导党史宣讲提供基础材料。组织开展铜铁岭战斗专题研究，形成文章《信念与理念的胜利：铜铁岭大捷》，由县纪委监委整理推送至“福建纪检监察”公众号，后又在“清风明溪”“明溪在线”发布。开展夏坊苏区历史专题研究，针对夏坊村魏姓村民来信反映夏坊鳌坑村关帝庙曾经做过“苏区省政府”等情况，展开专题调查行动，查阅现有党史资料，深入雪峰镇紫岭社区寻访可能的知情人，取得宁化县委党史方志室的资料和信息支持，向县退役军人事务局等通报调查情况，会同相关部门完成信访答复工作。汇总整理近年革命故事丛书编纂工作成果，编纂《风展红旗如画——明溪红色故事》，书稿共15万余字，收录明溪红色故事60余篇。会同县融媒体中心在“明溪在线”公众号推出系列专栏“党史百年·红色明溪”，做好专栏资料的提供和审核工作，每个工作日推出1期红色故事，连续推出《香樟树下葬英烈》《夏坊村的红色岁月》等红色故事100期。组织人员深入闽西革命博物馆、长汀县档案馆、省博物院、省革命历史纪念馆、省档案馆，查阅闽西革命历史资料、苏维埃建立历史档案、民国时期历史档案等，对涉及明溪县的资料进行复印整理，丰富苏区历史资料库。

【党史学习教育宣传】 2021年，明溪县委党史方志室加强爱国主义教育和革命传统教育，配合县委宣传部、三明新周报社做好庆祝中国共产党成立100周年宣传片“风展红旗 如画三明”之《日出旦上》《鱼水御帘》《红色胡坊》摄制有关工作，审核宣传片剧本，协助做好红军后代采访和当地方言翻译等工作，并参与部分镜头摄制。其中《日出旦上》在央视移动网推出，点击率达219万次，后又被推送至“学习强国”学习平台，并获第四届中国红色微电影盛典大奖——最佳短视频奖。协助央视《中国影像方志》摄制方做好影片摄制和后期制作有关工作，提供相关的地情资料信息，《中国影像方志·福建卷·明溪篇》在央视科教频道播出。做好福建电视台纪录片《红色摇篮》稿本明溪部分资料的审核工作，为摄制组整理提供县滴水岩红军战地医院旧址等5处旧址有关情况资料。开展明溪苏区历史研究整理工作，编写《中央苏区县：红色明溪（归化）》等宣讲提纲，选派2名科级干部作为党史学习教育县委宣讲团成员，深入瀚仙、城关、盖洋和县直机关党工委、县公安局党组、县人社局、县统计局、县实验幼儿园、县消防大队、县武警中队、县退休干部党校等，为在明溪开展“四史”学习教育的市道教协会会员宣讲明溪红色历史，推动党史进社区、进学校、进军营。8月，开展县第一实验小学历史沿革中党史重大事件专题资料收集，并将专题资料收集成果融入宣讲提纲，在该校举行“落实‘双减’，深化教学与管理变革”主题研训暨2021年暑期政治业务培训活动作党史专题讲座。会同县委党史学习教育办、宣传部、组织部等相关部门组织开展“庆祝中国共产党成立100周年明溪县党史知识竞赛”活动，设计竞赛试题65道纳入竞赛题库。6月17日，“庆祝中国共产党成立100周年明溪县党史知识竞赛决赛”在归化印象剧场举办，9支乡（镇）和13支机关代表队参加比赛，其中决赛情况进行网络直播，共决出一等奖1名，二等奖2名，三等奖5名。做好县“风展红旗 如画三明”党史故事宣讲比赛红色故事基础素材《中央苏区纵横（明溪卷）》《风展红旗如画——明溪红色故事》等书籍及相关故事资料的提供和6名决赛选手宣讲稿的史实审核工作，并担任复赛和决赛评委。决赛通过“明溪在线”进行网络直播，吸引近2.5万网友在线观看。

【传统文化资源保护利用】 2021年，明溪县委党史方志室贯彻落实《三明市红色文化遗址保护管理办法》等，参与重要党史纪念设施的规划建设。会同县委宣传部、县退役军人事务局、县文旅局开展全县革命烈士纪念设施和红色文物保护工作检查，组织人员深入各有关乡（镇）村，对全县30处重点红色文化遗址和17处烈士纪念设施的保护和日常管理情况进行全面检查，审核相关遗址设施的碑刻、展陈内容等，督促有关管护主体整改。组织人员对明溪红军标语进行全面摸排，深入各乡镇，对现存的红军标语进行尺寸丈量、拍摄留存、汇总分类，形成具体资料报市党史方志室。12月，在民主路黄家老厝新发现红军标语10个版块19条，为近年重大革命遗迹发现。开展红色文化产业研究，整理形成《关于推动红色文化产业工作的成效亮点、存在的问题及对策》调研报告；围绕践行好习近平总书记新嘱托、推动新时代明溪革命老区高质量发展研讨主题，就夏阳乡旦上村以红色文化促发展工作开展调研，形成《发挥红色文化在苏区县乡村振兴中引领作用的调研与思考——以夏阳乡旦上村为例》调研报告。投入“归化正当红”展馆建设，组织人员对展陈布展设计方案和展板设计方案进行全面审核，提出史实、文字和设计方面修改完善意见。结合胡坊镇、夏阳镇旦上村等建设红色展馆需要，对旦上村提出重点展示东方军两次入闽、归化之役、乡村振兴等内容，胡坊镇按前言、建设苏区、保卫胡坊、支持革命、建设新时代、结语等部分编排等意见建议，并做好文字图片资料提供。参与县实验幼儿园新建校园党建长廊的设计工作，深入新校园实地察看，结合明溪中央苏区县实际，以毛泽东《如梦令·元旦》、建党精神、苏区精神及县内纳入省级文物保护单位的红色文化遗址为主要展示内容，提出长廊建设意见建议。会同县委宣传部、县文旅局开展“风展红旗如画·遇见红色明溪”摄影大赛活动，向全县热心于文化旅游事业的摄影爱好者征集以明溪境内现存的红色旅游景区（景点）、红色文化遗址遗迹、红色亮色为创作主题的摄影作品，打响红色明溪品牌。8月12日，参赛作品经评审，评选出艺术摄影类一等奖1名（吴小平《烈士公祭》），二等奖2名（邓根珠《重温红军梦》、江月兰《滴水岩红军战地医院旧址》），三等奖3名（潘世明《红色御帘》、罗启明《再续军民情》、李正科《凌霄阁》），另有入围奖30名。钻研归化之役有关史料，围绕归化之役“如何取胜”“胜在何处”“为何能胜”这“三问”进行材料组织，会同县融媒体中心策划视频访谈方案，并在视频拍摄中接受访谈，该视频于8月25日在东南网福建频道文教栏目中播出。

【党史方志编纂】 2021年，明溪县委党史方志室加大党史和地方志资料收集整理力度，编纂《风展红旗如画——明溪红色故事》、《铭记初心——明溪（归化）红色遗存背后的故事》、《明溪县全面建成小康社会大事记》、《脱贫攻坚口述史》丛书明溪部分资料、《明溪中央苏区历史资料汇编》、《明溪年鉴（2021）》等党史方志作品。参与《明溪县革命老区发展史》编纂工作，编写《明溪县中央红军村简介》。出版发行《明溪年鉴（2020）》，全书共27个栏目、162个分目、1078个条目、8张表格、1幅地图、24张彩照、159张内页图片，共计62万字。

【读志用志】 2021年，明溪县委党史方志室充分利用党史方志成果，认真组织查找整理提供有关资料，服务全县各级各部门党史学习教育和项目建设等。根据县委宣传部、县纪委监委、县人大办、县委文明办、县信访局、县司法局等单位工作需要，收集整理提供诚信党史故事、地情信息等资料70余件次。向县教育局和城区8所中小学、幼儿园及县武警中队赠送《福建中央苏区纵横（明溪卷）》《明溪县志》等党史方志书籍，填补学校和军营图书馆缺少明溪地方党史方志资料的空白。

（邓静倩）

档案工作

【概况】 2021年，明溪县级国家综合档案馆竣工投入使用。县档案馆完成脱贫攻坚、疫情防控、农村土地承包经营权确权登记颁证档案等重点档案归集，征集赖水金烈士遗物等珍贵档案资料、照片及实物档案200余件，完成馆藏档案全文扫描49个全宗约180万页，接待查档749人次，建成“归化正当红——明溪革命历史陈列”展厅。有馆藏档案全宗

82个，档案126513卷116828件，资料6049册。

【档案治理体系建设】 2021年，明溪县档案部门深化局馆协同联动推进工作机制，实现局、馆横向联动、共同参与。持续深化档案工作常态联系制度，探索档案干部挂钩包片开展业务指导的工作方式，形成横向到边、纵向到底的档案工作指导机制，分层分级开展档案服务、业务监督、档案管理等工作。先后组织骨干力量深入县直部门开展点对点业务指导40余次，推进脱贫攻坚、新冠肺炎疫情防控两类重大活动档案及农村土地承包经营权确权登记颁证档案的高质量归集整理和数字化加工工作。县档案部门持续抓好档案工作服务农村基层社会治理试点工作，7月，三明市档案工作服务农村基层社会治理国家试点项目验收总结会在明溪县档案馆召开，明溪县作为现场验收点之一获得验收专家组充分肯定，高分通过试点验收。

【档案资源建设】 2021年，明溪县档案馆完成1900余条县脱贫攻坚成员单位专题档案目录导入三明市档案管理系统，共接收县委宣传部、文明办文书档案以及县疫情防控和农村土地承包经营权确权登记颁证档案24843卷（件）、照片档案298张、音频档案130分钟、视频档案712分钟，资料388册；开展“建党100周年”档案资料征集活动，共举办捐赠仪式3场，开展上门征集活动5次，先后征集到赖水金烈士遗物、《红军长征突破湘江烈士纪念碑园管理处给明溪县老区建设促进会和中共明溪县委党史研究室的回信》、欧阳水发的《革命军人立功喜报》等200余件珍贵档案资料、照片及实物档案。投入资金820余万元，完成馆藏总量70%的档案数字化扫描工作及国产化数字档案馆软硬件配置。在全市率先开展乡（镇）、村两级纸质档案数字化工作，全县9个乡镇累计投入44.81万元，完成8个乡镇本级、39个村级纸质档案数字化加工工作；县发改委、县经济开发区管委会、县农业农村局、县公安局等县直部门累计投入222.6万元实施文书档案、科技档案、土地确权档案、脱贫攻坚档案的数字化工作，实现纸质、数字化双移交。

【档案利用查阅】 2021年，明溪县档案馆结合党史学习教育，围绕“我为群众办实事”，全面提升服务能力和水平，共接待查阅档案群众749人次，提供利用档案1104卷件，复印档案2832页，提供延时查档利用服务20余次、开展跨馆查档11人次。各乡（镇）档案室为680余人次提供2050余卷（件）档案调阅查询，出具档案证明263余份，通过查档协助巡察78次、落实扶贫等相关政策280余人、解决纠纷200余人次、维护个人权益321人次。加大档案资源开发力度，重点发挥档案在传承红色基因等方面的独特作用，响应省档案局“凝百年之辉，筑兰台之梦”主题微视频征集活动，精心拍摄的《“疫”往

2021年11月16日，县档案馆讲解员在“归化正当红——明溪革命历史陈列”展厅为县委党校青干班学员讲解　（图/县档案馆）

前行，不辱使命》微视频入围庆祝建党100周年全国档案系统微视频作品展（福建省共入围7部）；在庆祝党的百年华诞之际，县档案馆与县委宣传部、党史和地方志研究室等部门合作完成《铭记初心——明溪（归化）红色遗存背后的故事》编撰工作，为建党百年献礼；在“6·9”国际档案日活动期间，举办“档案话百年”——明溪（归化）革命历史展、开展新修订《中华人民共和国档案法》宣传活动，现场发放宣传单350余份，接受群众现场咨询50余人次；以新馆建设为契机，打造“归化正当红——明溪革命历史陈列”展厅，该展厅被列为明溪县第二批党史学习教育参观学习点，全年共接待现场参观群众1175人次，利用该展厅录制的“党史故事云宣讲”在线观看人数达3.35万人。

【档案安全管理】 2021年，明溪县级国家综合档案馆配置库房温湿度自动调控系统5套、库房智能密码指纹管控系统1套、视频监控系统1套、档案信息综合管理系统1套、档案对外查询系统1套、真空充氮消毒柜1台、高压细水雾灭火系统1套、火灾自动报警系统1套等先进管理系统和设备，增强全县档案安全管理能力。加强档案馆库建设与管理，健全完善档案库房日常管理、档案流动过程中安全管理等制度和应急预案，推进档案安全风险评估、隐患排查治理和应急处置演练常态化，全年共开展消防安全培训和应急处置演练2次，更换过期灭火器10个，并定期更新备份数据，保障档案数据完整安全。

【县档案馆新馆建成投入使用】 2021年6月，明溪县级国家综合档案馆新馆工程建设项目全部竣工，新馆总投资4750万元，占地面积1万平方米，建筑面积6155平方米。新馆于2019年4月1日开工建设，2021年1月完成一期建设，并移交县档案馆；二期工程（特殊功能区配置及装修）建设项目由县档案馆为业主，2021年5月开工建设，6月30日建成投入使用。新馆融合印章元素的权威性和文化内涵，设有档案库房、特藏库、技术用房、查阅大厅、多功能报告厅、“归化正当红——明溪革命历史陈列”红色主题展厅等功能分区，是集爱国主义教育基地、档案安全保管基地、档案利用服务中心、政府公开信息查阅中心和电子文件管理中心“五位一体”功能的综合档案馆。

（罗艳珊）

责任编辑： 罗兴东

2021年6月30日，明溪县档案馆新馆建成揭牌，正式投入使用

（图/县档案馆）

明溪县人民代表大会

综　述

【概况】　2021年，明溪县人民代表大会常务委员会（以下简称明溪县人大常委会）共召开常委会会议9次、主任会议17次，作出各项决议决定16项，听取和审议“一府一委两院”专项工作报告15项，组织开展执法检查3项、满意度测评1次、视察调研22项，配合省、市、兄弟县人大开展执法检查、立法调研、专项工作调研和考察11次；依法任免国家机关工作人员70人次；开展县乡人大代表换届选举工作，依法选举产生新一届县人大代表171名，乡（镇）人大代表478名。

【监督工作】　2021年，明溪县人大常委会听取审议年度计划和预算执行、决算、同级审计等工作报告，对新增地方政府债券资金安排使用等情况开展监督，推动贯彻新发展理念，深化供给侧结构性改革，提高发展质量和效益，提高资金使用效益，防控隐性债务风险。听取审议国有企业改革与资产管理情况报告，推动国有企业加快改革步伐，健全完善现代企业制度，提升国有资产管理效能。听取审议老旧小区改造、学前教育发展、基层公共卫生服务体系建设等工作报告，市、县联动调研医疗保障基金使用健康效益情况，督促补齐民生事业短板，促进基本公共服务均等化。听取审议粮食安全工作情况报告，专题调研乡村振兴示范村建设情况，督促稳定粮食生产能力，加快推进农业农村现代化。听取环境状况和环境保护目标完成情况报告，强化对政府落实环保责任的监督。听取审议认罪认罚从宽制度适用情况报告，开展《中华人民共和国村民委员会组织法》执法检查，省、市、县联动检查《中华人民共和国消防法》和《福建省消防条例》实

2021年7月30日，县人大常委会现场督办代表建议办理情况。图为县人大代表实地察看雪峰镇紫云台小区施工现场　（图/县人大办）

施情况，促进“一府一委两院”在法治轨道上规范运行，推进治理体系和治理能力现代化。开展国家宪法日宣传教育活动，作出开展第八个五年法治宣传教育的决议，推动全社会尊法学法守法用法。加强规范性文件备案审查工作，全年共备案审查规范性文件9件。

【代表工作】 2021年，明溪县人大常委会不断深化和拓展代表工作，支持和保障代表依法履职，发挥人大代表在发展全过程人民民主中的重要作用。畅通代表同群众的联系渠道，办好“人大代表在身边”微信公众号，规范和推动人大代表联系群众活动室建设，拓展代表听取民意和群众反映诉求的互动交流渠道。加强代表建议跟踪督办，坚持代表建议督办月、不满意件二次办理、办理结果“回头看”、听取审议专项工作报告等制度，开展重点建议常委会领导领衔督办和办理情况满意度测评工作，建立健全答复承诺解决事项台账滚动办理机制，全面提升代表建议办理质量。拓宽代表知情知政渠道，为代表依法履职奠定基础。

（黄美钦）

重要会议

【概况】 2021年，明溪县召开第十七届人民代表大会第五次会议、第十八届人民代表大会第一次会议，年内共召开常委会会议9次、主任会议17次。召开全县县乡两级人大换届选举工作会议暨业务培训会。

【县第十七届人民代表大会第五次会议】 2021年1月5—8日，明溪县第十七届人民代表大会第五次会议召开，应到会146人，实到会140人。会议听取和审议县委副书记、县长苏迎平关于明溪县人民政府工作的报告，审查批准明溪县国民经济和社会发展第十四个五年规划和2035年远景目标纲要，审查批准关于明溪县2020年国民经济和社会发展计划执行情况与2021年国民经济和社会发展计划草案的报告，审查批准关于明溪县2020年预算执行情况和2021年预算草案的报告；听取和审议县十七届人大常委会主任廖善朋关于明溪县人民代表大会常务委员会工作的报告；听取和审议明溪县人民法院院长宁金德关于明溪县人民法院工作的报告；听取和审议明溪县人民检察院检察长胡世棋关于明溪县人民检察院工作的报告。会议表决通过《关于明溪县人民政府工作报告的决议》《明溪县国民经济和社会发展“十四五”规划和2035年远景目标纲要的决议》《关于明溪县2020年国民经济和社会发展计划执行情况及2021年国民经济和社会发展计划的决议》《关于明溪县2020年预算执行情况及2021年预算的决议》《关于明溪县人民代表大会常务委员会工作报告的决议》《关于明溪县人民法院工作报告的决议》《关于明溪县人民检察院工作报告的决议》。会议期间，共收到代表书面建议、批评和意见88件，交县人民政府办理。

【县第十八届人民代表大会第一次会议】 2021年12月14—17日，明溪县第十八届人民代表大会第一次会议召开，应到会171人，实到会168人。会议听取和审议县委副书记、代县长陈华伟关于明溪县人民政府工作的报告，审查批准关于明溪县2021年国民经济和社会发展计划执行情况与2022年国民经济和社会发展计划草案的报告，审查批准关于明溪县2021年预算执行情况和2022年预算草案的报告；听取和审议县十七届人大常委会副主任戴玲玲关于明溪县人民代表大会常务委员会工作的报告；听取和审议明溪县人民法院院长宁金德关于明溪县人民法院工作的报告；听取和审议明溪县人民检察院检察长胡世棋关于明溪县人民检察院工作的报告。会议选举产生县人大常委会主任、副主任、委员，县长、副县长，监察委员会主任，法院院长，检察院检察长，三明市第十四届人大代表。会议表决通过《关于明溪县人民政府工作报告的决议》《关于明溪县2021

年国民经济和社会发展计划执行情况及2022年国民经济和社会发展计划的决议》《关于明溪县2021年预算执行情况及2022年预算的决议》《关于明溪县人民代表大会常务委员会工作报告的决议》《关于明溪县人民法院工作报告的决议》《关于明溪县人民检察院工作报告的决议》。会议期间，共收到代表书面建议、批评和意见125件，交县人民政府办理。

【县十七届人大常委会会议】2021年，明溪县十七届人大常委会共召开9次常委会会议。

2月25日，县十七届人大常委会第三十三次会议召开。会议听取和审议县人民政府关于老旧小区改造工作情况的报告，表决通过有关人事事项。

4月28日，县十七届人大常委会第三十四次会议召开。会议组织学习习近平总书记在福建考察时的重要讲话精神及市委林兴禄书记全市党史学习教育专题党课的授课精神，听取和审议县人民政府关于明溪县粮食安全工作情况的报告，审议通过《明溪县人民代表大会常务委员会关于接受谭细华辞去明溪县监察委员会主任职务请求的决定》《关于重新确定乡镇人大代表名额的决定》。

6月28日，县十七届人大常委会第三十五次会议召开。会议听取和审议县人民政府关于2020年县本级财政决算情况的报告、关于2020年县本级预算执行和其他财政收支情况的审计工作报告，审议通过《明溪县人民代表大会常务委员会关于批准明溪县2020年县本级财政决算的决议》，听取和审议县人民政府关于明溪县学前教育情况的报告，听取县人民政府关于2020年环境状况和环境保护目标完成情况的报告。

8月9日，县十七届人大常委会第三十六次会议召开。会议听取和审议县人民政府关于县十七届人大五次会议代表建议办理情况的报告，并开展重点建议满意度测评；听取和审议县人民政府关于2021年上半年国民经济和社会发展计划执行情况的报告、关于2021年上半年财政预算执行情况的报告；听取和审议县检察院关于适用认罪认罚从宽制度情况的报告；听取和审议《明溪县第十七届人民代表大会常务委员会代表资格审查委员会关于个别代表的代表资格的报告》；表决通过有关人事事项。

8月27日，县十七届人大常委会第三十七次会议召开。会议表决通过有关人事事项。

9月29日，县十七届人大常委会第三十八次会议召开。会议审议通过《明溪县人民代表大会常务委员会关于明溪县县乡两级人民代表大会代表换届选举时间的决定》《明溪县人民代表大会常务委员会关于设立县和乡镇选举委员会及办公室、办事处的决定》《明溪县县乡人大换届选举工作方案》。

10月26日，县十七届人大常委会第三十九次会议召开。会议学习贯彻中央人大工作会议精神，听取和审议县人民政府关于明溪县基层公共卫生服务体系建设情况的报告，听取和审议县人民政府关于明溪县2021年第三批地方政府债券资金安排情况的报告，听取和审议县人大常委会执法检查组关于检查《中华人民共和国消防法》及《福建省消防条例》实施情况的报告，听取和审议县人大常委会执法检查组关于检查《中华人民共和国村民委员会组织法》实施情况的报告，听取县人民政府《关于在全县公民中开展法治宣传教育的第八个五年规划（2021—2025）》的报告，审议通过《明溪县人民代表大会常务委员会关于开展第八个五年法治宣传教育的决议》《明溪县人民代表大会常务委员会关于召开明溪县第十八届人民代表大会第一次会议的决定》。

12月2日，县十七届人大常委会第四十次会议召开。会议听取和审议明溪县第十七届人大常委会代表资格审查委员会关于明溪县第十八届人民代表大会代表的代表资格审查报告，县人民政府关于明溪县2021年第二批新增地方政府债券资金安排情况的报告、关于2021年国有企业改革与资产管理情况的报告；审议并表决通过《明溪县人民代表大会常务委员会关于批准明溪县2021年第二批新增地方政府债券资金安排方案的决议》《明溪县人大常委会工作报告》；书面听取明溪县人大常委会主任会议《关于接受谌良福等辞去明溪县选举委员会职务的情况报告》《关于补充任命县、乡选举委员会主任的情况报告》。

12月6日，县十七届人大常委会第四十一次会议召开。会议听取和审议县十八届人大一次会议安排意见的报告。

【明溪县十八届人大常委会第一次会议】 2021年12月30日，明溪县十八届人大常委会第一次会议召开。会议听取和审议《明溪县人民政府关于提请审议2021年县本级财政收支预算调整及其它重大财政事项报告的议案》。

【县乡两级人大换届选举工作会议暨业务培训会】 2021年10月15日，明溪县县乡两级人大换届选举工作会议暨业务培训会召开，传达学习全省市县乡三级人大换届选举工作部署暨业务培训会精神及省委有关会议精神，对县乡人大换届选举工作进行部署。

（黄美钦）

人事任免及重大事项决定（决议）

【概况】 2021年，明溪县人大常委会共任免国家工作人员67人次，作出决议决定16项，其中财政3项、人事8项、召开会议1项、其他4项。

【人事任免】 2021年，明溪县人大常委会任命国家工作人员27人次，免职40人次。其中，县人大常委会干部任职9人次，免职10人次；县政府干部任职11人次，免职11人次；县监察委员会干部任职3人次，免职3人次；县检察院干部任职1人次，免职2人次；县法院干部任职3人次，免职14人次。

【乡镇人大代表名额确定】 2021年4月28日，明溪县第十七届人民代表大会常务委员会第三十四次会议审议通过《关于重新确定乡镇人大代表名额的决定》，各乡镇人大代表名额重新确定如下：雪峰镇63名、城关乡52名、瀚仙镇52名、胡坊镇51名、沙溪乡49名、夏阳乡55名、盖洋镇58名、枫溪乡49名、夏坊乡49名，共478名，并报三明市人大常委会备案。

【2020年县本级财政决算决议】 2021年6月28日，明溪县十七届人大常委会第三十五次会议听取和审议县人民政府关于批准明溪县2020年县本级财政决算情况的报告，会议决定批准该报告。

【县乡两级人民代表大会代表换届选举时间决定】 2021年9月29日，明溪县第十七届人民代表大会常务委员会第三十八次会议审议通过《明溪县人民代表大会常务委员会关于明溪县县乡两级人民代表大会代表换届选举时间的决定》。

【县和乡镇选举委员会及办公室、办事处设立决定】 2021年9月29日，明溪县第十七届人民代表大会常务委员会第三十八次会议审议通过《明溪县人民代表大会常务委员会关于设立县和乡镇选举委员会及办公室、办事处的决定》。

【开展第八个五年法治宣传教育的决议】 2021年10月26日，明溪县第十七届人民代表大会常务委员会第三十九次会议审议通过《明溪县人民代表大会常务委员会关于开展第八个五年法治宣传教育的决议》。

【批准明溪县2021年第一批地方政府债券资金安排方案的决议】 2021年10月26日，明溪县第十七届人民代表大会常务委员会第三十九次会议听取和审议县人民政府关于明溪县2021年第一批地方政府债券资金安排情况的报告。会议决定批准这个报告。

【决定召开明溪县第十八届人民代表大会第一次会议】 2021年10月26日，明溪县第十七届人民代表大会常务委员会第三十九次会议决定，明溪县第十八届人民代表大会第一次会议拟于2021年12月下旬召开，会期4天。

【批准明溪县2021年第二批新增地方政府债券资金安排方案的决议】 2021年12月2日，明溪县第十七届人民代表大会常务委员会第四十次会议听取和审议县人民政府关于明溪县2021年第二批新增地方政府债券资金安排情况的报告，会议决定批准这个报告。

表1 **2021年明溪县人大常委会任免国家工作人员一览表**

会议次别	时间	任免人员、职务
第三十三次会议	2021年2月25日	免去： 胡敬春的明溪县人民法院刑事审判庭庭长职务； 游鸿程的明溪县人民法院民事审判第二庭庭长职务； 杨建玲的明溪县人民法院少年与家事审判庭庭长职务； 罗国平的明溪县人民法院民事审判第一庭庭长职务； 邱德全的明溪县人民法院审判监督庭庭长职务； 吴荣清的明溪县人民法院行政审判庭庭长职务； 严乐平的明溪县人民法院执行庭庭长职务； 黄太有的明溪县人民法院生态环境审判庭庭长职务； 陈立晖的明溪县人民法院行政审判庭副庭长职务； 洪明群的明溪县人民法院民事审判第二庭副庭长职务； 伊世杰的明溪县人民法院民事审判第一庭副庭长职务； 孙海龙的明溪县人民法院盖洋人民法庭副庭长职务； 黄炳发的明溪县人民法院少年与家事审判庭副庭长职务； 陈长峰的明溪县人民法院刑事审判庭副庭长职务
第三十四次会议	2021年4月28日	决定接受： 谭细华辞去县监察委员会主任职务
第三十五次会议	2021年6月28日	决定任命： 陈华伟为明溪县人民政府副县长，代理县长职务； 决定接受： 苏迎平辞去明溪县人民政府县长职务 决定： 陈华伟代理明溪县人民政府县长职务 决定免去： 李远良的明溪县工业和信息化局局长职务； 张运华的明溪县民政局局长职务； 王传荣的明溪县人力资源和社会保障局局长职务； 郑长龙的明溪县自然资源局局长职务； 杨武的明溪县卫生健康局局长职务 免去： 曾承伟的明溪县监察委员会委员职务； 钟贵平的明溪县监察委员会委员职务 免去： 陈红的明溪县人民检察院检察委员会委员、检察员职务 免去： 王清华的明溪县人大常委会人事代表工作室主任职务； 冯向东的明溪县人大常委会办公室主任职务； 罗建章的明溪县人大常委会财经委主任职务

续表1

会议次别	时间	任免人员、职务
第三十五次会议	2021年6月28日	决定任命： 陈孟亮为明溪县工业和信息化局局长； 张刚昌为明溪县民政局局长； 罗艳为明溪县人力资源和社会保障局局长； 汤炳龙为明溪县自然资源局局长； 张运峰为明溪县卫生健康局局长 任命： 傅兴芳为明溪县监察委员会委员； 饶凯晖为明溪县监察委员会委员 任命： 王清华为明溪县人大常委会办公室主任； 王传荣为明溪县人大常委会人事代表工作室主任； 黄继兴为明溪县人大常委会财经委主任
第三十六次会议	2021年8月9日	决定接受： 陈锋毅辞去明溪县人民政府副县长职务； 聂建兴辞去明溪县人民政府副县长职务； 林建忠辞去明溪县人民政府副县长职务； 康培阳辞去明溪县人民政府副县长职务 决定免去： 王录的明溪县司法局局长职务； 陈伟的明溪县统计局局长职务 免去： 余冰玲的明溪县人民检察院检察委员会委员、检察员职务 决定接受： 廖善朋辞去明溪县人大常委会主任职务； 施茂隆辞去明溪县人大常委会副主任职务 决定任命： 徐婷为明溪县人民政府副县长； 王远明为明溪县司法局局长 任命： 黄日福为明溪县监察委员会副主任，代理主任职务 决定： 戴玲玲代理明溪县人大常委会主任职务
第三十七次会议	2021年8月27日	决定任命： 王德礼为明溪县人民政府副县长； 邱建蓉为明溪县人民政府副县长； 童良为明溪县人民政府副县长
第四十次会议	2021年12月2日	免去： 陈桦的明溪县人大常委会教育科学文化卫生委员会主任职务； 黄锦柱的明溪县人大常委会农村经济委员会主任职务； 陈日祥的明溪县人大常委会环境与城乡建设委员会主任职务； 黄继兴的明溪县人大常委会财政经济委员会主任职务； 魏秋蓉的明溪县人大常委会信访室主任职务

续表1

会议次别	时间	任免人员、职务
第四十次会议	2021年12月2日	任命： 陈桦为明溪县人大常委会教育科学文化卫生工作委员会主任； 黄锦柱为明溪县人大常委会农业与农村工作委员会主任； 陈日祥为明溪县人大常委会环境与城乡建设工作委员会主任； 黄继兴为明溪县人大常委会财政经济工作委员会主任； 李春晖为明溪县人大常委会信访室主任 任命： 廖正币为明溪县人民检察院副检察长、检察委员会委员、检察员 任命： 游鸿程为明溪县人民法院民事审判庭（家事少年审判庭）庭长； 杨建玲为明溪县人民法院刑事审判庭庭长； 黄太有为明溪县人民法院行政与生态环境审判庭（综合审判庭）庭长

（黄美钦）

人大监督

【概况】 2021年，明溪县人大常委会听取和审议“一府一委两院”专项工作报告15项，组织开展执法检查3项、满意度测评1次、视察调研22项。

【老旧小区改造工作情况调研】 2021年1月22日，明溪县人大常委会副主任汤成荣带领调研组开展老旧小区改造工作情况调研，调研组一行先后深入原县水泥厂宿舍、粮食局宿舍楼、经济局宿舍小区、原化工厂宿舍小区等地实地察看老旧小区改造工作情况，现场听取负责人的工作汇报，详细了解老旧小区改造工作情况及存在的问题和困难，并召开座谈会听取县住建局等有关部门工作情况汇报。调研组针对存在的问题提出合理规划和改造整治相结合、多方筹措和政府补助相结合、政府主导和部门联动相结合、改造修缮和维护管理相结合等建议。

【粮食安全工作情况调研】 2021年4月1—2日，明溪县人大常委会副主任黄锦波带领调研组开展粮食安全工作情况调研，调研组一行先后察看王桥粮食储备库、盖洋镇以及胡坊镇的农资（种子、农药、化肥）供应店、粮食加工企业、高标准农田建设项目，并先后召开3场汇报座谈会，分别听取乡镇及有关部门关于粮食安全工作情况的汇报。

【学前教育情况调研】 2021年6月10—11日，明溪县人大常委会副主任黄锦波带领调研组开展学前教育情况调研，调研组一行深入在建实验幼儿园、第二幼

2021年6月10—11日，县人大常委会开展学前教育调研。图为县人大代表到县第二实验幼儿园实地考察 （图/县人大办）

儿园、意洋洋幼儿园、瀚仙中心幼儿园、澳莱贝尔幼儿园实地调研，并召开座谈会，听取相关部门关于学前教育的情况汇报，了解学前教育经费保障、师资队伍建设、保教质量提升，幼儿园规划布局、规范管理等方面情况，征求对推进学前教育的意见建议。调研组针对存在的问题提出，要根据城镇发展和学龄人口变化趋势，对学前教育资源供给进行全面梳理，摸清情况，前瞻规划布局，预留发展空间，增强容纳能力；要不断提升管理水平，加强教师岗位培训，提高教师的教学水平，促进幼儿园教育均衡发展，为明溪学前教育高质量发展作出贡献。

【2020年县本级财政决算和“同级审”情况调研】 2021年6月11日，明溪县人大常委会副主任黄锦波带领调研组对明溪县2020年县本级财政决算和“同级审”情况开展调研。调研组先后到县审计局、财政局听取《2020年明溪县本级财政预算执行和其他财政收支审计情况汇报》和《明溪县2020年县本级财政决算情况汇报》，并分别进行座谈交流，详细调研县本级财政决算和“同级审”情况，共同探讨存在问题及意见建议。

【2021年上半年国民经济和社会发展计划、财政预算执行情况调研】 2021年7月23日、26日，明溪县人大常委会副主任黄锦波带领调研组开展明溪县2021年上半年国民经济和社会发展计划、财政预算执行情况调研。调研组一行深入经济开发区、瀚仙镇、坪埠村等地，先后对科顺新型防水材料福建智能化生产基地建设项目、卓越氟硅新材料系列产品生产项目、城关中学校园整治项目、第三实验小学迁建和第三幼儿园新建项目等10个重点项目进行实地视察调研，并召开座谈会，听取相关部门关于明溪县2021年上半年国民经济和社会发展计划执行、重点项目建设、上半年财政预算执行等情况汇报。

【认罪认罚从宽制度情况调研】 2021年7月22—23日、26日，明溪县人大常委会党组成员吴洲带领部分常委会组成人员和人大代表开展县检察院适用认罪认罚从宽制度情况调研。调研组实地察看了县检察院“侨守语待”工作室、未成年人检察“非遗”文化工作室、十里埠生态修复基地、全县未成年人检察院校外实践教育基地，并在沙溪乡、瀚仙镇及县检察院分别召开座谈会，听取乡镇及检察院相关工作情况汇报。调研组针对存在的问题，提出要提高政治站位，落实认罪认罚从宽制度，找到情与法的结合点，进而达到节约司法资源、提升诉讼效益、减少社会对抗、促进社会和谐的效果；要协调配合，公检法司等相关部门要积极作为、深入沟通，及时解决问题；要探索创新，更新思想观念，在小切口、小环节上让该制度更精准、更适用、更合情合理；要拓展延伸，疏通宣传“堵点”，用小微文、动漫等群众喜闻乐见的方式加强宣传，提升群众对该制度的知晓度。

2021年7月22—23日、26日，县人大常委会开展认罪认罚从宽制度情况调研，图为调研组代表实地考察十里埠生态修复基地　（图/县人大办）

【代表建议办理情况调研】 2021年7月30日，明溪县人大常委会党组副书记、副主任戴玲玲带领部分常委会组成人员和人大代表，对县十七届人大五次会议代表建议办理情况开展调研。调研组围绕县十七届人大五次会议代表建议办理情况和列入跟踪督办的县十七届人大二次、三次、四次会议代表建议答复承诺解决事项后续办理进展情况等内容，深入县儿童公园、明溪县困难家庭精准帮扶中心、县图书馆、县林业车队地块、县交警大队办公楼前、明将公路与高速连接线平交路口等地实地察看部分建议办理情况，并召开座谈会，听取县政府相关工作情况汇报。

【医疗保障基金使用健康效益情况联动调研】 2021年8月25—26日，三明市人大常委会副主任王立文一行到明溪开展市、县两级人大医疗保障基金使用健康效益情况联动调研。调研组一行先后到沙溪乡梓口坊村卫生所、沙溪卫生院、明溪县总医院、明溪县中医院、明溪县疾控中心、枫溪乡官坊村卫生所、枫溪卫生院等地，通过实地走访、听取介绍、座谈交流，详细了解明溪医改及医疗单位工作开展、制度建设及医疗资源下沉、基本公共卫生服务、分级诊疗建设和医保基金使用等情况，就提升医保基金健康效益及医保基金使用管理方面提出意见、建议。

【“一法一条例”贯彻实施情况联动检查】 2021年9月15日，三明市人大常委会副主任刘万年率检查组到明溪联动开展《中华人民共和国消防法》及《福建省消防条例》（以下称“一法一条例”）贯彻实施情况执法检查。检查组先后深入明洲大酒店、胡坊镇消防所实地察看，细致了解消防责任落实、日常消防安全管理、灭火和应急救援设施设备等情况，就胡坊镇林业站站内设施、农村火灾防控工作进行现场交流，并对微型消防站建设、高空瞭望视频监控等工作进行指导。在县消防救援大队，检查组察看消防救援设施设备，了解县消防救援大队工作开展情况，召开明溪县贯彻落实消防法“一法一条例”汇报会。

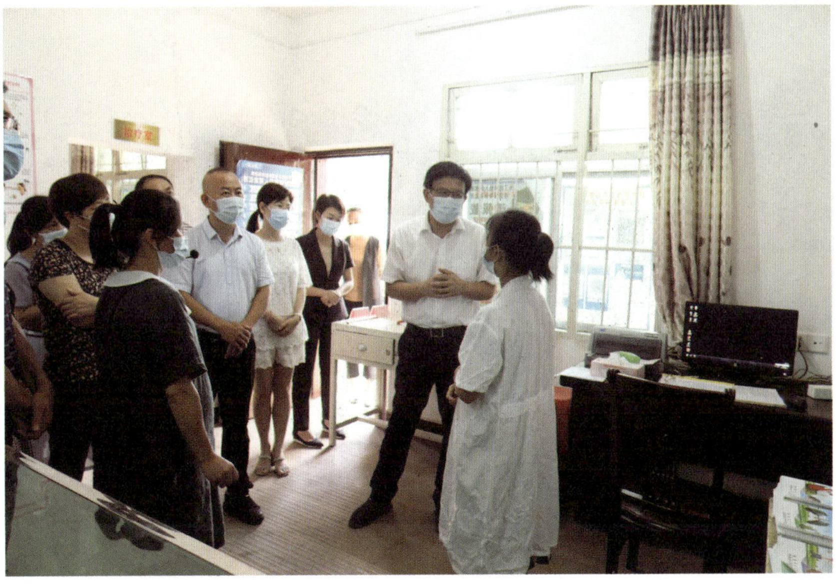

2021年8月25—26日，市、县人大常委会联动调研医保基金使用健康效益情况。图为调研组实地察看县中医院有关情况（图/县人大办）

【《中华人民共和国村民委员会组织法》贯彻实施情况执法检查】 2021年9月22—24日，明溪县人大常委会黄锦波副主任带领检查组，对贯彻实施《中华人民共和国村民委员会组织法》情况开展执法检查。检查组一行采取“听、看、查、问”等方式，先后深入沙溪乡、瀚仙镇，听取2021年村民委员会换届选举推进工作、村务公开和村民代表会议制度执行、乡村治理等情况介绍，并查阅资料，详细了解乡（镇）、村贯彻实施《中华人民共和国村民委员会组织法》过程中存在的问题、意见和建议。检查组针对存在问题，提出要做好宣传教育工作，加强对村级组织换届选举和民主建设的具体指导；要健全完善各项规章制度，加强对村级档案资料的归档整理，推进村级民主管理制度建设；要从短板问题入手，壮大村级集体经济，加强队伍建设，强化岗位业务培训，提升村级组织自我管理、自我教育、自我服务的能力和水平。

【基层公共卫生服务体系建设情况调研】 2021年10月11—12日，明溪县人大常委会副主任黄锦波带领调研组开展基层公共卫生服务体系建设情况调研。调研组一行采取实地察看、听取汇报、座谈走访等方式，先后察看县总医院医防融合、雪峰社区卫生服务中心、盖洋中心卫生院、盖洋镇湖上村卫生所等地，详细了解基层公共卫生服务体系建设和医防融合工作的基本情况、工作成效及存在的主要问题。并召开座谈会，听取相关部门关于明溪县基层公共卫生服务体系建设情况工作汇报。对公共卫生服务能力水平需要提升、医防融合机制不够完善等问题进行讨论。

【国有企业改革与资产管理情况调研】 2021年11月2日，明溪县人大常委会副主任黄锦波带领调研组，对明溪县2021年国有企业改革与资产管理情况进行调研。调研组听取县国资中心、各相关企业的工作情况汇报，详细了解国有资产改革与管理工作及当前存在的困难问题，并征求意见和建议。调研组建议，要坚持围绕中心，服务大局，加强对国有企业和国有资产的经营管理工作；要摸清家底，完善国有资产监督管理体制，推进国有资产管理制度化、规范化；要加强企业人才队伍建设，提升国有资产管理效能，实现国有资产保值增值。

2021年10月11—12日，县人大常委会开展县基层公共卫生服务体系建设情况调研。图为调研组在县总医院实地考察 （图/县人大办）

【乡村振兴试点村（示范村）建设情况调研】 2021年11月11—12日，明溪县人大常委会副主任汤成荣带领调研组开展乡村振兴试点村（示范村）建设情况调研。调研组一行先后深入盖洋镇温庄村、盖洋村，枫溪乡小珩村等地实地察看乡村振兴试点村（示范村）建设情况，现场听取各调研村工作情况的汇报，详细了解各村建设情况及存在的问题

2021年11月11—12日，县人大常委会开展乡村振兴示范村建设情况调研。图为调研组在盖洋镇实地考察 （图/县人大办）

和困难，并先后召开3场汇报座谈会，分别听取乡镇及有关部门关于乡村振兴试点村（示范村）建设情况的汇报。

（黄美钦）

代表工作

【概况】 2021年，明溪县乡两级人大代表换届选举工作从10月15日正式开始，于12月1日完成。共划分92个县人大代表选区，261个乡（镇）人大代表选区，登记选民91364人，参加选举86796人，参选率95%。依法选举产生县十八届人大代表171名、乡级十九届人大代表478名。新一届县人大代表比例：公务员代表61名，占35.67%；企业负责人代表4名，占2.34%；事业单位负责人代表2名，占1.17%；工人代表6名，占3.51%；农民代表81名，占47.37%；专业技术人员代表11名，占6.43%；军人代表1名，占0.58%。代表中，非中共党员代表63名，占36.84%；妇女代表35名，占20.47%；少数民族代表2名，占1.17%；连任代表49名，占28.65%。

【代表双向沟通联系】 2021年，明溪县人大常委会密切同代表的联系，健全完善常委会组成人员联系代表小组和代表制度，8月组织开展常委会组成人员集中走访人大代表活动，加强县人大常委会与人大代表的联系，增强代表履职的积极性和主动性。规范和推动人大代表联系群众活动室建设，拓展代表听取民意和群众反映诉求的互动交流渠道。按照要求，组织全县四级人大代表开展“亮身份、晒履职、办实事”实践活动，推进人大代表联系人民群众工作常态化，发挥人大代表联系人民群众的桥梁纽带作用。

【代表建议跟踪督办】 2021年，明溪县人大常委会加强代表建议跟踪督办，坚持代表建议督办月、不满意件二次办理、办理结果“回头看”、听取审议专项工作报告等制度，开展重点建议常委会领导领衔督办和办理情况满意度测评工作，建立健全答复承诺解决事项台账滚动办理机制，全面提升代表建议办理质量，代表在五次会议期间提出的89件建议均按时完成办理答复工作，代表对办理结果满意和基本满意的占100%，新建儿童公园、明将公路与高速连接线平交口安全隐患等一批群众关注的热点难点问题得到有效解决。

【代表履职服务保障】 2021年，明溪县人大常委会拓宽代表知情知政渠道，坚持邀请代表列席县人大常委会会议，定期组织代表开展集中视察和专题调研，推荐代表参与其他单位组织开展的活动，为代表更好地建言献策打好基础。全年安排代表列席常委会会议共35人次，参与常委会组织的视察、检查、调研等活动共97人次，参与其他单位组织开展的各类活动共80人次。加强代表履职宣传，加大代表履职典型经验和先进事迹的宣传力度，充分展现新时代人大代表风采，激发代表履职热情。11月3—4日，县人大常委会组织明溪县市十三届人大代表围绕乡村振兴、工业项目两个主题到大田、永安开展专题调研。12月10日，举办县十八届人大代表初任培训班，邀请省人大常委会人代室一级巡视员苏金祥作人大代表履职知识专题讲座。县十八届人大代表、县人大机关干部及县人大代表各小组联络员参加培训。

（黄美钦）

责任编辑：温国彪

明溪县人民政府

综 述

【概况】 2021年，明溪县统筹新冠肺炎疫情防控和经济社会发展，做好“六稳”工作，落实“六保”任务，抓好“五促一保一防一控”（促生产、促消费、促项目建设、促外经贸、促旅游、保基本、防风险、控疫情）“三抓一促”（抓招商、抓项目、抓产业、促发展）各项工作，全县地区生产总值121.85亿元，比上年增长6.2%。规模以上工业累计完成产值174.09亿元，增加值比上年增长3.4%；农林牧渔业总产值35.92亿元，增长4.5%。固定资产投资（不含农户）增长16.9%。社会消费品零售总额26.69亿元，增长13.1%。实际利用外资（验资口径）35万美元。公共财政预算收入5.70亿元，增长4.7%；其中地方公共财政预算收入3.59亿元，增长3.4%。城镇居民人均可支配收入35464元，增长6.8%；农村居民人均可支配收入20131元，增长10.5%。县级财政管理绩效综合评价进入全国前200名。2021年，明溪县再度获评福建省县域经济发展“十佳”县。

【产业发展】 2021年，明溪县坚持用发展来解决发展中的问题，深化“五比五晒”“项目攻坚年”活动，抓招商、抓项目、抓产业，稳住发展基本盘。强化组织推动，成立县招商引资工作领导小组和指挥部，完善招商引资政策若干规定，制定“大招商招好商攻坚战役”行动方案和考评办法以及招商引资“重中之重”项目推进管理办法。用好11张产业链招商地图，创新“投简历”“云平台”招商，建立招商重点项目领导挂包、全生命周期服务等机制，新引进项目87个。组建项目策划和政策研究专班，出台项目前期管理办法，安排500万元项目前期经费，带头落实“领导挂包”“现场办公”“问题销号”等项目推进机制，开展“我为企业解难题”活动，推动产融对接4.4亿元，帮助招聘员工436人，争取上级惠企资金3600万元；全年新增10亿元以上谋划项目19个、“五个一批”（谋划一批、签约一批、开工一批、投产一批，增资一批）开工和投产项目71个，20个省市重点项目超额完成年度投资任务。突出抓龙头、铸链条、建集群，做大做强新材料、新医药、新能源“三新”产业，全年“三新”产业产值、税收均增长30%以上。其中，南方医药产业园二期、旻和医药、科顺防水材料一期等项目建成或试产投产；海斯福化工有限责任公司成为三明市制造业十强企业、省优秀民营企业，精细化学品项目二期开工建设；海西联合药业与昂利康制药有限公司完成股权收购，成为全国第三家异氟烷原料药获批企业；盛禾新能源科技有限公司成为宁德时代规模供应商；三明市（明溪）原料药绿色生产基地获批，生物医药产业园列入福建省生物医药产业集群；新增国家高新技术企业2家。加快发展“小而精、有特色”文旅康养产业，围绕“吃住行、游购娱、养研休”，挖掘和弘扬红色、闽学等特色文化，实施滴水岩国家AAAA级景区、紫云生态观鸟基地项目，推出“淮山宴”等特色菜谱，夏阳乡入选全省首批“清新福建·气候福地”气候康养福地名录，新增省级以上森林村庄4个。

【改革创新】 2021年，明溪县提升改革实效，实施医改再出发“六大工程”（全民健康管护体系完善工程、公立医疗机构薪酬制度完善工程、卫生健康人才培养工程、医疗服务能力提升工程、医防融合提升工程、中医药健康促进工程），解决“看好病”、“治未病”、大健康问题，实现医保出院患者报销比例、医务人员平均年收入双提升。深化林改，建立三级林长制，推出“益林贷”2.0版本。推进教改，落实“总校制”“县管校聘”和中高考、职业教育等改革，成立县教育发展促进会，动员社会各界关心支持教育事业。深化国企改革，通过兼并重组和加强运营监管，县属国有企业经营状况持续向好，全县42家国有及国有控股企业资产增长12.3%、净资产增长8.8%。落实农业农村改革，推进农村土地“三权分置”办法，完成88个行政村和雪峰农场土地确权工作，农村土地承包经营权证颁证率100%。深化营商环境改革，设立“办不成事”反映窗口，行政审批时限平均压缩93.18%，“一趟不用跑”“最多跑一趟”事项占比达99.82%；实现全省首例不动产登记境外直接申办。持续扩大对外开放。支援合作取得突破，国家中医药管理局印发实施《对口支援明溪振兴发展实施方案》，省第二人民医院与县总医院建立合作帮扶关系，省妇幼保健院与县妇幼保健院共建保健联盟，与福建中医药大学开展县校战略合作，进一步助推明溪革命老区高质量发展。做足“侨”文章，实施侨力回归、侨资回流、侨智回援“三侨回归”工程，出台扶持华侨兴业回归政策，制定欧洲进口商品交易中心实施方案，欧起航电商直播及供应链基地建设等侨资项目落地实施，沙溪乡获评省级侨乡文化名镇，城南社区被授予全国侨联优秀“侨胞之家”称号。

【历史遗留问题攻坚】 2021年，明溪县坚持新官理旧账，直面历史遗留问题、制约发展“老大难”“中梗阻”等问题，组建征迁攻坚、化工园区认定申报、群众房产证办理、工业厂房办证四个攻坚工作组，专班推进、专题研究、专项治理，取得良好进展。征迁攻坚方面，分老城区、东部、北部、南山、园区五大片区，推动23个地块完成征迁100.87公顷，顺利突破康乐路、南山片区环境整治、城关中学新校门、县老年大学教学楼等征迁遗留问题，三个批次143.33公顷土地征收成片开发方案获批。省级化工园区认定申报方面，投入4820万元建成智慧园区平台、视频监控系统等项目17个，县工业集中区顺利通过第二批省级化工园区认定评级。工业厂房办证历史遗留攻坚方面，妥善解决美士邦、鼎成工贸、格林韦尔等3家企业厂房“两证不一”问题。群众房产证办理历史遗留攻坚方面，万乘华府二期和半山公寓两个小区301户完成总确权，并完成112户产权证办理。

【城乡建设】 2021年，明溪县按照“城乡融合、产城融合”思路，加快城乡建设步伐，提升城乡建设品质。实施“小县大城关”战略，加快中心城区、东部新区、北部新区和入城景观带建设，儿童公园等48个项目竣工投用，18个老旧小区改造完成，启动实施城乡供水一体化、南山公园一期等项目。加强商品房供应，推进紫云台等2个商品房开发项目，提供商品房905套、10.04万平方米。加快乡村振兴，实施乡村振兴再出发“六大行动（特色现代农业发展提升行动、乡村人才培育行动、文明乡风塑造行动、美丽乡村建设行动、农村党建引领行动、脱贫攻坚成果巩固拓展行动）”，创建“绿盈乡村”67个，10个省级乡村振兴试点村、9个农村新型住宅小区、3条乡村振兴“串点连线成片”示范线加快建设，旦上村获评省级乡村振兴实绩突出村。推动特色农业现代化，新引进重点项目10个，累计培育县级以上农业产业化龙头企业24家，淮山、柑橘等农产品规模化、科技化、特色化、品牌化水平提升，明溪淮山获大国好货“一县一品”特色农产品称号。

【生态建设】 2021年，明溪县是全省唯一被列为全国26个生态保护管理较好的县之一；全省4个生态环境质量变好的县之一；国家重点生态功能区域生态环境质量综合考核结果全市第一。全省首创修复性生态司法联动机制，并入选福建省法院生态环境保护十大工作机制。夏阳乡入选全省首批“清新福建·气候福地”气候康养福地名单。

2021年8月14日，市委副书记、市长李春（左一）到县开展主题调研。图为李春市长在海斯福化工有限公司调研 （图/戴紫琪）

【支援合作】 2021年，《国家中医药管理局对口支援明溪振兴发展实施方案（2021—2025年）》出台实施。省第二人民医院与县总医院建立合作帮扶关系，省妇幼保健院与明溪县共建妇儿保健联盟，与福建中医药大学开展县校战略合作，承办中华中医药学会中医护理传承与创新发展共同体会议。实施“三侨回归”工程，沙溪乡获评省级侨乡文化名镇，城南社区被授予全国侨联优秀“侨胞之家”称号。

【民生事业】 2021年，明溪县加快补齐民生短板，坚持“民生优先”原则，民生支出占财政总支出的80.9%，县级综合档案馆、公共卫生服务综合大楼、实验幼儿园迁建等一批重大民生项目建成投用，县总医院门诊综合楼开工建设。城乡居民养老保险、城乡基本医疗保险参保率分别为99.52%、100%。获评首届全省全民运动健身模范县。打好污染防治攻坚战，全县生态环境质量保持全优，作为全省唯一被列为全国26个生态保护管理较好的县之一、全省4个生态环境质量变好的县之一，“法治保障生态文明建设”项目入选全省第一批法治政府建设单项示范项目，2021年自然资源管理工作评价居全省前十、全市党政领导生态环保目标责任书考核为优秀等次；完成“两山”理论实践创新基地创建规划编制，推进2个低碳社区试点建设，实施7个省级重点技改项目，单位GDP能耗进一步下降。维护社会安定稳定。落实“快、严、实、细”要求，抓好新冠肺炎疫情防控，提升疫情防控“九种能力”，做好防和控两个方面工作，守住不发生本土病例的底线。开展安全生产专项整治三年行动及安全隐患大排查大整治，推行“两网两册六清单”工作机制，排查整改隐患4080处，12处红色安全隐患全部整改到位。推进更高水平平安明溪建设，强化社会治安综合治理，常态化开展扫黑除恶斗争，严厉打击电信网络诈骗、非法入境等行为，再次获评国家信访工作“三无”县、全市平安县(市、区)一等奖。有效防控金融风险，不良贷款率降至0.9%。便民服务质量不断提升，设立“办不成事”服务窗口，实现全省首例不动产登记境外直接申办。

【为民办实事项目】 2021年，明溪县围绕基础教育、社会保障、医疗卫生、生态环保、城乡建设等重点领域，实施为民办实事项目31项。全年投入资金5.25亿元，31项为民办实事项目全部完成年度目标任务。

表2

2021年明溪县为民办实事项目一览表

序号	实事项目	项目建设完成情况
1	卫生应急救援处置能力	投资662.5万元加强县、乡两级卫生应急队伍能力提升建设，确保全县卫生应急队伍的快速反应和处置能力。12月23日，项目建设完成
2	基本公共卫生服务项目	基本公共卫生服务项目政府补助标准从每人每年74元提高到每人每年79元，到位补助资金886.15万元
3	婴幼儿照护服务项目	完成金茂广场红黄兰贝乐托育中心建设和澳莱贝尔托育中心改建，新增托位数155个，完成投资480万元
4	全民健身工程	投入88万元开展“运动健身进万家”系列活动，成功举办县第五届全民健身运动会暨首届老年人体育健身大会等线上线下系列赛事活动30场，超万人次参与
5	学前教育普及普惠	投资9464万元推动学前教育普及普惠、安全优质发展。县实验幼儿园竣工验收并投入使用；第三幼儿园项目主体封顶，外墙油漆施工完成；夏坊中心幼儿园项目完成，等待初验
6	就业优先工程	完成实施就业优先工程投资400万元。开展线上线下招聘13场次，发放就业见习补贴37人15.76万元，开展各类职业技能提升培训42期，组织企业新招录人员参加“以工代训”，培育优秀创业创新项目典型
7	养老服务工程	完成投资230万元，推进县夏坊乡区域性养老服务中心建设，推进乡镇敬老院转型升级为区域性养老服务中心，构建县乡衔接、布局科学、配置均衡、服务完善的养老服务保障网络
8	孤儿及事实无人抚养儿童基本生活保障标准提高	集中养育和社会散居孤儿基本生活保障标准从每人每月1500元和900元，提高至1800元和1400元。向县社会散居孤儿2人、事实无人抚养儿童53人发放社会散居孤儿基本生活费3.36万元、事实无人抚养儿童生活费76.44万元
9	残疾人助残工程	发放困难残疾人生活补贴1830人200.43万元，发放重度残疾人护理补贴2171人262.15万元
10	食品放心工程	完成食品放心工程投资83万元。全县开展食品安全监管执法检查1477次，立案查处食品安全违法案件16起。认证通过无公害产品、绿色食品5个。明洲酒店获评“互联网+明厨亮灶”示范创建单位。完成生猪盐酸克伦特罗等项目抽检1588次，蔬菜农药残留抽检4634次，水果农药残留抽检1362次，城区市政管网末梢水质抽检51次
11	保障性安居工程	完成保障性安居工程投资230万元。城市棚户区改造任务开工，原造纸厂地块安置房建设项目办理开工许可证，完成“三通一平”，进入围护桩和地下室围护桩施工

续表2

序号	实事项目	项目建设完成情况
12	城市公共停车设施建设	完成城市公共停车设施投资50万元，建成县革命英雄纪念碑广场停车场停车泊位44个、县夫人庙停车场停车泊位51个
13	城市绿道新改建	莆炎高速明溪县城区连接线绿道1.9千米及迎宾大道绿道2.1千米建设项目建成投用，完成投资1800万元
14	市政生活污水管网建设	新建和改造修复污水管网7千米，完成投资700万元。建成中山路职中段、经济开发区主次干道旻和支路、西门街内巷、青年路西侧片区、消防大队东侧片区、雪峰新村片区等污水管网建设项目，坪埠东路二期项目完成所有污水管道铺设
15	农村饮水安全维修养护项目	完成农村饮水安全维修养护项目投资231.4万元，所有项目乡镇均完成饮水安全维修养护
16	“四好农村路”建设	“四好农村路”建设投资8234万元，完成农村公路建设与改造48.58千米，危桥改造3座
17	道路交通安全隐患路段整治工程	完成4处道路交通安全隐患路段整治，合计投入1234万元。项目为雪峰镇城西村红豆杉路消防大队路口改造和路面拓宽、雪峰镇城西村红豆杉路消防大队路口加设红绿灯、城关乡王桥村路段新建改道、胡坊镇朱南村路段完善护栏和警示标志及相关安全设施建设
18	城乡历史文化保护利用	投资1026万元，实施传统村落重点改善提升行动，推进城关乡翠竹洋传统村落基础设施提升改造及民宿活化利用
19	垃圾分类试点工作	投资150万元，推行垃圾分类试点工作，建设垃圾分类宣传教育中心
20	用电服务提升工程	完成用电服务提升工程投资2624.2万元。完成4个老旧小区改造，清理遗留废旧电杆290根。新建改造项目68个，新建及改造10千伏线路98.73千米。完成沙溪乡“电气化示范乡”挂牌
21	农业保险保费补贴实施	补助农险保费474.66万元。对全县水稻种植（制种）保险、森林综合保险、养殖业保险、农村住房保险、渔业互助保险等农业保险保费给予财政补贴。开展特色农业保险，扩大设施农业保险范围，并对保费给予财政补贴
22	居住品质提升项目	完成居住品质提升项目投资1250万元，改造老旧小区31个
23	农村农房建设试点	投资1510万元，建立健全“两统筹、两统管”农村村民住宅规划建设管理机制，推进瀚仙镇珩溪小区、胡坊镇古月湾小区2个新型住宅小区试点建设
24	儿童公园提升改造项目	投资400万元，改造提升儿童公园，新增一批无动力设施，配套建设夜景灯、音响、排水、给水、绿化等基础设施。8月31日项目建成并投入使用
25	青少年心理健康教育	投资10万元，开展“学党史·忆初心”传承红色基因暨“童心向党·清明祭英烈”文明实践等各类主题教育28场次；帮扶困境儿童35人次；举办“童心向党•筑梦飞扬”庆六一活动、“情系雏燕 助力飞翔”公益夏令营等活动8场次；开展防沉迷手机、防欺凌等青少年心理健康教育讲座6场次
26	中小学扩容工程	完成中小学扩容工程投资1.77亿元。明溪县城关中学学生宿舍及足球场建设项目主体封顶；明溪县城关中学艺体馆建设项目主体完工，钢网架进场；实验小学东部校区新建项目于11月24日验收并投入使用；第三实验小学扩建项目主体建成，进入外墙粉刷
27	社工站建设	完成社工站建设投资43万元。1个社工总站、9个乡镇社工站全部挂牌成立并和中标社工机构签订合同，建立村（社区）社工服务示范点1个。招聘社工13名，全部到岗

续表2

序号	实事项目	项目建设完成情况
28	明溪县总医院门诊综合楼项目	投资1100万元，建设明溪县总医院门诊综合楼项目。11月17日正式开工，完成施工用临时设施建设，进入支护桩冠梁施工
29	国家AAAA级旅游景区项目建设（滴水岩红色旅游景区提升工程）	投资500万元，实施罗翠水库至景区引水工程、天柱阁修缮工程、视频监控及智慧广播安装工程、洞内灯光效果打造工程、景区内边坡整治复绿工程和红军战地医院展馆项目。完成项目建设，AAAA级旅游景区评审暗访工作于11月27日结束
30	明溪一中艺体馆建设项目	完成明溪一中艺体馆建设项目投资100万元。项目总建筑面积6800平方米，内设游泳池、篮球场、羽毛球场、气排球场、舞蹈室、琴房、文艺汇演厅等体育艺术场馆，项目地勘、方案评审会完成，设计方根据评审意见深化设计方案
31	突发公共卫生事件应急指挥体系建设项目	完成县突发公共卫生事件应急指挥体系建设项目投资230万元，建设突发公共卫生事件应急指挥中心、疫情防控远程会商系统、疫情风险研判分析系统，购置卫生应急防控体系设备等。12月，项目完成验收并投入使用

（叶少强　邓德华）

重要会议

【概况】　2021年，明溪县第十七届人民政府召开11次常务会议，第十八届人民政府召开1次常务会议，召开疫情防控暨安全生产工作会议，召开县政府第一次全体会议。

【常务会议】　2021年2月8日，明溪县委副书记、县长苏迎平主持召开明溪县第十七届人民政府第45次常务会议，学习贯彻全省城市和农村工作会议精神、全市党政领导生态环保目标责任书签订会议精神及《中共福建省委 福建省人民政府印发〈关于全面推进乡村振兴加快农业农村现代化的实施意见〉的通知》文件精神，听取全县2020年度安全生产工作情况汇报，审议《2021年市政府工作主要任务中涉及我县工作任务分工方案（送审稿）》《2021年县政府主要工作任务分工方案（送审稿）》《明溪县十七届人大五次会议代表建议和明溪县政协十届五次会议委员提案办理分解方案（送审稿）》。

3月30日，明溪县委副书记、县长苏迎平主持召开县政府第46次常务会议，审议《明溪县关于全面推行林长制的实施方案（送审稿）》《明溪县生态环境保护"共管联动"工作实施方案（送审稿）》《明溪县城乡建设品质提升实施方案（2021—2023年）（送审稿）》《明溪县企业研发投入补助专项资金管理暂行办法（送审稿）》《明溪县人民政府关于印发〈明溪县促进建筑业高质量发展九条措施（修订）〉的通知》《明溪县人民政府办公室关于印发〈明溪县进一步加强政府投资项目工程审批和招投标管理工作的实施意见（修订）〉的通知》《明溪县国有企业招用职工管理办法（试行）（送审稿）》，研究聘请县政府法律顾问、继续对外经贸工作给予扶持有关事宜，听取全县2020年审计工作总结及2021年审计项目计划和2021年一季度安全生产、应急管理工作情况汇报，部署下阶段工作。

4月19日，明溪县委副书记、县长苏迎平主持召开县政府第47次常务会议，审议《明溪县全面推进乡村振兴加快农业农村现代化的实施方案（送审稿）》《明溪县土地整治项目奖励办法（试行）（送审稿）》，研究关于2020年度土地房屋征迁考评奖励、明溪县黄沙坑水库项目资金缺口有关事宜。

6月21日，明溪县委副书记、县长苏迎平主持召开县政府第48次常务会议，审议《明溪县“十四五”品牌发展规划（2021—2025）（送审稿）》《关于2020年度绩效考评情况的通报（送审稿）》《2021年度明溪县绩效管理工作方案（送审稿）》，研究明溪县消防救援大队记集体三等功、2020年度总部经济奖励、财税征收机关完成征收任务奖励兑现及2021年外贸出口扶持补助等有关事宜。

8月18日，明溪县委副书记、代县长陈华伟主持召开县政府第49次常务会议，听取生态环境保护、安全生产工作情况汇报，审议《2021年全县治理“餐桌污染”建设“食品放心工程”工作方案（送审稿）》《明溪县民兵事业经费使用管理暂行办法（送审稿）》，研究社区工作经费、社区工作者报酬待遇和绩效奖励，事业单位人员年终追加绩效标准，鲤城区对口帮扶资金和第三批地方政府债券资金使用安排等有关事宜。

9月22日，明溪县委副书记、代县长陈华伟主持召开县政府第50次常务会议，传达贯彻全省深化集体林权制度及全面推行林长制工作会议、全市城乡建设品质提升及农村建房管理工作推进会精神，审议《明溪县农房建设管理“房长制”实施方案（送审稿）》《明溪县人民政府关于建立新增耕地后续管护利用机制的通知（送审稿）》《明溪经济开发区工业用地挂牌起始价调整方案（送审稿）》，听取研究工业贸易企业入规入统、城乡供水一体化相关工作。

10月26日，明溪县委副书记、代县长陈华伟主持召开县政府第51次常务会议，审议《明溪县加强全民健身场地设施建设发展群众体育实施方案（送审稿）》《明溪县推动老龄事业产业高质量发展的十九条措施（送审稿）》《明溪县“大招商招好商”攻坚战役行动方案（送审稿）》《明溪县招商引资政策若干规定（试行）（送审稿）》《明溪县招商引资“重中之重”项目推进管理办法（送审稿）》《明溪县招商引资项目负面清单（送审稿）》《关于落实能耗双控目标任务的实施意见（送审稿）》《关于继续深化医药卫生体制改革为人民健康提供可靠保障的若干措施（送审稿）》《产业学院合作办学协议（送审稿）》《关于2021年第六批公开招标地方政府债券资金安排情况的报告》，听取疫情防控能力建设情况汇报，研究南山片区征迁历史遗留问题及经济开发区配套职工公寓项目、2020年度明溪企业研发投入补助方案、2022年新增专项债券和一般债券资金需求项目安排、关心关爱环卫工人、东部新城公交线路设置等有关事宜。

11月16日，明溪县委副书记、代县长陈华伟主持召开县政府第52次常务会议，审议《明溪县乡镇生活污水处理项目实施方案（送审稿）》《明溪县乡镇生活污水处理市场化项目协议书（送审稿）》。

11月25日，明溪县委副书记、代县长陈华伟主持召开县政府第53次常务会议，审议《城乡供水一体化项目合作协议及股东协议（送审稿）》《明溪县行政规范性文件管理办法（送审稿）》《明溪县人民政府行政决策事项合法性审查规定（送审稿）》《明溪县创建“五大新机制”激活林改再出发新动能实施方案（送审稿）》《明溪县2021年农村建设管理“房长制”工作督导考评方案（送审稿）》《关于进一步明晰农村建房安全监管县乡职责的意见（送审稿）》《明溪县城镇标定地价、集体建设用地基准地价和农用地基准地价修编成果（送审稿）》《普拉克索等医药中间体生产项目（二期）土地开挖平整工程产出砂石处置方案（送审稿）》，研究“五比五晒”及经济运行工作，猴子山公共租赁住房建设项目，兑现建筑业企业入驻和晋升资质等级奖励金以及县教育局机关办公场所临时搬迁等有关事宜。

12月2日，明溪县委副书记、代县长陈华伟主持召开县政府第54次常务会议，研究明溪县珩城水业有限公司（以下简称“珩城水业公司”）申请项目贷款，2020年度县域产业发展专项

2021年7月26日，县委副书记、代县长陈华伟（中）带队调研，帮助解决实际困难问题。图为陈华伟在工业园区施工现场调研

（图/戴紫琪）

资金补助项目、城镇燃气安全排查整治等有关事宜。

12月24日，明溪县委副书记、县长陈华伟主持召开明溪县第十八届人民政府第1次常务会议，审议《明溪县加强城市地下市政基础设施建设实施方案（送审稿）》《明溪县企业外线电力设施建设专项资金管理办法（试行）（送审稿）》，研究2022年拟实施城建项目、城区桥梁病害整治、“明溪县环卫工人劳动救助金”设立、南山遗址生态保护公园缆化（一期）电气部分建设、尤溪中仙至建宁里心公路（明溪段）服务区国有建设用地使用权出让、花园矿区南矿段水泥用灰岩矿股权处理以及县十八届人大一次会议代表建议、县政协十一届一次会议委员提案分解办理等有关事宜。

【疫情防控暨安全生产工作会议】 2021年6月15日，明溪县收听收看国家、省市疫情防控工作电视电话会议和全市安全生产工作会议后，召开会议部署下阶段全县疫情防控和安全生产工作，县领导苏迎平、谌良福、陈锋毅出席会议，各乡镇和有关部门主要负责人参加会议。会议强调，各级各部门要全面贯彻落实国家和省市疫情防控、安全生产工作部署要求，始终绷紧疫情防控和安全生产这根弦，细之又细、严而又严、毫不放松抓好各项工作落细落实。要精准排查掌握关键人员，强化重点场所防控措施，规范隔离人员医疗就诊服务，全力做好疫苗接种工作。要坚持问题导向，对照省督导组指出的六个方面问题，举一反三、对照抓好整改，以“绣花功夫”补短板、堵漏洞、强弱项。要发挥连续作战精神，做好疫情防控工作衔接，确保工作不脱节、不缺位。要按照“三个必须”原则，严格落实安全生产属地管理、部门监管和企业主体责任，扎实开展道路交通、矿山、危化品、房屋安全等八个方面安全生产问题隐患排查治理，突出抓好燃气安全大排查大整治、红色隐患整治和“五个一”等重点工作落实，织密织牢安全生产保障网。

【县政府第一次全体会议】 2021年12月17日，明溪县委副书记、县长陈华伟主持召开县政府第一次全体会议。会议强调，要对党忠诚，做政治过硬的表率；要履职尽责，做干事创业的表率；要永葆初心，做践行宗旨的表率；要改进作风，做真抓实干的表率；要心存敬畏，做廉洁自律的表率。全县各级各部门要凝心聚力、担当实干，发扬“冲冲冲”的工作作风，确保全面完成人大会确定的目标任务，持续推进新时代明溪革命老区高质量发展，加快建设开放发展新侨乡。

（陈振华）

政务协调服务

【概况】 2021年，明溪县政府办与县直部门、乡镇保持沟通协调，保障三明（明溪）原料药绿色生产基地第一次联席会议等重要活动顺利开展，服务海斯福四期等重点项目开工建设，推进疫情防控、大招商招好商攻坚战役、工业集中区省级化工园区认定等重要工作。办理上级来文1039件，下级来文491件。组织县政府常务会议12次、政府党组会议10次，专题会议100余次。接待到明溪调研、检查80余次。

【文稿起草】 2021年，明溪县政府办撰写政府工作报告、经济工作会、法治政府建设等综合材料120余篇，下发重要会议纪要97期。结合省委“再学习、再调研、再落实”和市委“牢记新嘱托、增创新优势、再上新台阶”活动，深入工作一线开展调查研究，围绕产业培育、园区建设、科技创新、民生事业等撰写调研文章20余篇。把好文稿政治关、内容关、文字关和格式关，审核政府和政府办文件，制定《公文错情通报工作制度》《文件审核责任倒查制度（试行）》等文件。

【讯息编发】 2021年，明溪县政府办坚持吃透上情、把握县情，总结上报县域特色经验做法及各方面新情况新问题，为上级及县委县政府科学决策提供重要信息服务。全年编辑刊发《明溪快讯》24期；《三明快讯》复刊后，编发正刊32期中上稿14期；全年向省政府办公厅上报《今日要讯》等各类刊型信息170余条，《外贸企业经营现状》《“双减”政策出台首月成效》等主题约稿被市政府办转报省政府办公厅、国务院办公厅采用；《翡翠明珠　踏歌奋进——明溪县全方位推进高质量发展超越，连创县域经济发展“十佳县”》文章在《海峡品牌》发表。1月，获评“2020年度全省政府系统信息报送优秀单位”。

【督查督办】 2021年，明溪县政府办转办上级来文领导批示件982件，其中落实720件，落实中262件；县政府专题会议明确事项122项，其中落实113项，有序推进9项；20项“五比五晒”竞赛活动省市重点项目每月通报项目进展情况；31项为民办实事项目全面完成年度目标任务；23个征迁攻坚项目（城建项目13个、产业园区项目6个、交通项目4个）完成22个，房屋征收12821平方米，完成比例62.17%，房屋征收74户，完成比例73.27%。全年收到人大代表建议89件，政协委员提案71件，建议、提案办理满意率100%。

【法治建设】 2021年，明溪县政府办推行合法性审查机制，加强重大规范性文件会前审查、会后把关，全年向市政府和县人大报备规范性文件14件，接待处理群众来信来访21批次。组织近年新提任副科级干部进行宪法宣誓，增强尊法学法守法用法的主动意识，提升运用法治思维和法治能力深化改革、推动工作、应对风险的能力。

【金融服务】 2021年，明溪县政府办搭建政银企对接平台，组织20多家企业和7家金融机构召开政银企对接会，现场达成意向贷款3.23亿元，落实2.89亿元。全年落实202家企业融资需求4.4亿元。推动政府性融资担保业务开展，截至12月末，在保客户746户，在保责任担保金8822.07万元，是净资产的3.8倍。前四批13家企业成功申报市级融资担保“白名单”企业库工作，第五批5家“白名单”企业上报市金融局审核。落实省级纾困专项资金贷款，落实57家企业资金需求7925万元。加大各金融机构不良贷款处置力度，化解存量、严控增量。截至12月末，全县贷款余额42.39亿元，比上年增长13.89%；不良贷款余额3798万元，不良贷款率0.9%，为2016年来最低水平。在全市“五比五晒”竞赛考评中，组内并列第一名。

【数字政务服务】 2021年，明溪县政府办实施大应用中心后端支持平台项目（一期），建设多功能机房、信息支撑平台和数据综合治理平台，打造“i明溪”

智慧大脑，提供农业、制造业、服务业数字化转型平台，提高政府公共服务水平和社会治理效能，满足未来10年县信息化建设需求。推进政府网站集约化发展和数据联通工作，完成县政府门户网站统一规范改造以及IPv6改造；加强县政府门户网站和政务新媒体建设管理，加强风险防范，每季度开展自查自纠并及时公布检查结果；推进财政资金、重点建设项目、常态化疫情防控等重点领域信息公开，全年发布政务公开信息3313条。抓好“e三明”建设，全县“e三明”实名认证人数4.36万人，占全县总人口的44%，“12345”便民服务平台群众评价满意率居全市前列。

（冯心怡）

机关效能建设

【概况】 2021年，明溪县效能办按照质量第一、效率优先要求，细化社会民生保障、疫情防控和“互联网+便民服务”等重点领域工作，实化为具体考核指标，引导和推动各级各部门主动作为、精准发力。全年印发通报18期。

【绩效管理】 2021年，明溪县效能办将年度绩效考评结果运用与干部能上能下和领导班子考核、领导干部评价、年度考核优秀等次比例、评先评优、精神文明评定、绩效奖励、乡镇财力补助及奖励等多项重要事项挂钩，调动各级各部门干事创业主动性、创造性，结果运用力度比对省、市只增不减。

【督查问责】 2021年，明溪县效能办围绕县委、县政府工作重点，开展疫情防控、安全生产、为民办实事等各类效能督查和明察暗访24次，印发效能督查通报18期，联合通报1期，效能约谈7人次，问责2人次。

（王　宇）

行政服务

【概况】 2021年，明溪县行政服务中心管委会优化营商环境，监管公共资源交易及政府采购行为，加强“12345”便民服务平台建设，打造为民、便民、利民的服务平台，为营造“六最”(审批最少、流程最短、成本最低、服务最好、门槛最矮、诚信最优)营商环境提供保障。全年中心窗口办理行政审批及公共服务事项达17.5万件。

【行政服务标准化建设】 2021年，明溪县行政服务中心管委会整合全县44个具有行政审批和公共服务事项的窗口部门的1699个事项入驻新中心，推动供水、供电、燃气等公用企事业单位在政务大厅设立服务网点，设置企业开办、不动产、工程建设审批3个集成服务专区，推行行政服务标准化。全县省网上办事大厅行政许可事项平均缩短时限占比达92.95%，即办占比87.65%，一趟不用跑占比97.92%，全流程网办占比96.36%。

【“五办工作法”推行】 2021年，明溪县行政服务中心管委会结合新冠肺炎疫情防控工作需要，通过电视、公众号等媒体推广“五办工作法”（网上办、掌上办、预约办、邮寄办、智能办），梳理并公布“五办工作法”审批服务事项1529项，为企业和群众提供高效、便捷的服务。

【惠企政策兑现服务落实】 2021年，明溪县行政服务中心管委会整合县发展和改革局、工业和信息化局、人力资源和社会保障局等部门惠企政策133项，编制、梳理《惠企政策兑现服务事项清单》，在惠企政策兑现窗口实行“一窗受理、分流转办、限时办结、统一反馈”办理，共办理事项1667件，提供咨询服务1266件。

【“办不成事”反映窗口设立】 2021年，明溪县行政服务中心设立“办不成事”反映窗口，解决

2021年9月30日，明溪县群众房产证办理历史遗留攻坚取得新进展，部分业主取得不动产权证。图为县委副书记、代县长陈华伟（右一）到县行政服务中心为业主发放不动产权证（图/县行政服务中心）

企业和群众在政务大厅办理业务时，因系统、申报材料以及程序等原因，造成未能成功受理或审批的问题，不断提高企业和群众的满意度和获得感。窗口成立后，为群众及企业协调解决医保、退休金、不动产权证等36个“办不成事”问题。“办不成事”反映窗口工作机制得到三明市委、三明市政府的肯定，并在全市推广运用，三明各县（市）行政服务中心均设立“办不成事”反映窗口。《中国青年报》“明溪县政府网站”“明溪在线”明溪电视台等媒体对此事进行宣传报道。

【工程建设项目审批制度改革】 2021年，明溪县行政服务中心管委会在工改（工程建设项目审批制度改革）统一受理窗口开展工程建设项目全流程审批服务，在工改大厅设置自助申报区，引导建设单位和业主通过网上办事大厅进行申报。全年，工改系统新增项目74个，通过外网申报事项263个，内网申报事项34个。

【电子证照库数据共享】 2021年，明溪县行政服务中心管委会督促各部门单位做好新增证照入库及业务办理时调用工作，基本实现群众、企业办事不再提供身份证、营业执照等纸质证照复印件，强化电子证照库数据共享。全县各部门录入电子证照至电子证照库累计总数10201条，调取电子证照2957份。

【政务服务“就近办、自助办”】 2021年，明溪县行政服务中心管委会学习推广厦门“e政务”便民服务模式工作，采购“e政务机”7台，实现县公安局、人力资源和社会保障局、教育局、民政局、市场监督管理局、医疗保障中心等15个部门92项自助服务事项入驻，推进政务服务“就近办、自助办”。

【跨区域通办】 2021年，明溪县行政服务中心管委会梳理涉及县的“跨省通办”“省内通办”事项清单70项，在政务大厅设置“跨省通办”“省内通办”窗口，县医疗保障中心、交通局、民政局婚姻登记中心窗口设置“省内通办”专窗，县公积金管理中心、自然资源局、生态环境局窗口设置“跨省通办”专窗，推进跨区域通办。

【“一件事”主题套餐服务】 2021年，明溪县行政服务中心管委会聚焦群众关注的热点问题，梳理完成“我要开网吧、我要开饮品店、我要开理发店”等21项与企业群众生产生活密切相关的事项，推行“一件事”主题套餐服务。

【“12345”便民服务平台建设】 2021年，明溪县建立“12345”便民服务平台。建立综治隐患和苗头预警机制，向县委政法委报备综治隐患和苗头性问题诉求件8件，向承办部门提醒12件次。全年“12345”平台受理各类诉求4515件，群众评价满意率、按时办结率、及时查阅率均为100%。

【公共资源交易管理】 2021年，明溪县对照法律法规，梳理和规范进场交易项目的收费行为，取消进交易中心交易项目的平台使用费、报名费。通过政府购买服务方式，引进电子化交易平台，实现所有进场交易项目全程实行电子化交易。中心开始清退历年冗余的投标保证金，全面完成冗余保证金的清退工作。将公共资源交易中心挂牌单位转为管委会下属事业单位，新增3名事业编制。全年进入县公共资源交易中心交易的项目316宗，成交金额11.28亿元，节约资金723万元，资金节约率7.40%。

【政府采购】 2021年，明溪县坚持公平、公正、公开的采购原则，依法依规落实政府采购政策，按照指引编制招标文件、采用法定的采购方式及程序进行招标。全年完成政府采购项目6个，政府采购预算金额378.19万元，实际中标金额368.21万元，节约金额9.98万元，节约率2.64%，其中城关中学台式计算机项目流标，因供应商未达到法定开标家数。

（罗文英）

信访工作

【概况】 2021年，明溪县推进“最多投一次”阳光信访机制，在实现件件有着落、事事有回音上取得成效。全县信访机构及时受理率94.2%，有关机关及时受理率98.7%，按期答复率100%。其中“省长信箱”信访机构满意率100%，有权处理机关满意率97%；信访工作机构信访事项处理群众满意率99.6%，有权处理信访事项的行政机关信访事项处理群众满意率99.2%；重复信访率16.8%；最多投一次一次性办结率94.8%，回访率99.6%。各项数据列全市前列。葛厚明被福建省信访工作联席会议办公室、福建省信访局授予全省“十佳接谈员”称号。

【来信来访】 2021年，明溪县信访局受理群众来信来访来邮357批379人。接待群众来访28批50人；办理群众来信70件；受理群众来邮259件。“县领导接待日”参加接访领导44人次，接待群众35批68人，落实包案领导、责任单位35件。到市上访1批10人，到省上访1批1人。2021年5月，国家信访局继续授予明溪县2020年度信访工作“三无”县称号。

【信访工作会议】 2021年，明溪县重视信访工作，县委常委会会议专题听取信访工作汇报2次，县信访工作联席会议分别于3月、6月、11月召开季度全县信访工作联席会议。6月9日，县委书记钟科主持召开全县信访工作专题会议，分析信访形势，部署信访工作，维护全县信访大局和谐稳定。

【环境优化服务】 2021年，明溪县信访局将接待窗口打造为服务平台，注重完善各种功能设

2021年12月30日，县信访局干部在县村“两委”主干培训班作主题讲座
（图/县信访局）

施，先后投入15万元，配备高清视频会议、监控系统、网上信访操作终端、宣传电视屏等，宣传引导群众依法有序上访。注重信访文化建设，通过路线图、漫说信访、信访名言警句，让来访群众静心表达诉求。落实新冠肺炎疫情防控要求，办理涉疫信访事项3件，定期消杀接待场所，设立1米线，做好来访人员登记，并在显眼位置放置免洗消毒液，无干部群众因信访问题引发感染。

【多元化解矛盾】 2021年，明溪县信访局运行“一个窗口，多元化解”模式，邀请县人大代表、政协委员、行业专家、律师、调解员等开展“访调对接”，促进矛盾纠纷第一时间化解。召开协调会14场次，化解疑难信访问题9件。乡镇信访工作联席会议制度实体化运行不断成熟，建立健全乡镇党委领导、政府主导、多方参与、社会协同的信访工作机制，定期召开信访联席会议，听取工作汇报、分析信访形势、研究解决信访突出问题，完善联席会议成员单位，配备专职信访干部，建立村（社区）联络员、信息员工作机制，聘请信访调解员、评理员，完善矛盾纠纷排查、化解、稳控各环节工作机制，实现“小事不出村、大事不出乡镇”工作局面。

【化解信访积案】 2021年，明溪县信访局向上争取解决特殊疑难信访事项专项资金24.3万元，治重化积专项工作第一批交办的38件信访积案全部办结化解，且未出现反弹。省市级积案全部息诉息访。开展信访基础业务培训1期。典型做法在《福建信访》杂志刊登稿件2篇，选登《治理重复信访化解信访积案典型案例汇编》1篇。

（李杰艺）

机关事务保障

【概况】 2021年，明溪县机关事务保障中心加强公务用车、办公用房、公共机构节能等方面的监督管理，突出科学化管理、法治化保障、规范化服务，提升后勤保障服务综合水平。做好政府大院新冠肺炎疫情防控工作，在机关大院办公区和宿舍区张贴宣传图、宣传条幅，做好公共场所消杀等防疫措施，确保工作环境和生活环境的卫生安全。

【公务用车管理】 2021年，明溪县机关事务保障中心完善公车使用管理制度，加大监督检查力度。深化公务用车制度改革，加强公务用车“两定一统”（定点维修、定点加油，统一保险）的规范化、制度化、信息化管理。按照上级工作部署，指导各行政事业单位公务用车的“两定一统”自5月1日起纳入“全省一张网”统一管理。多次联合县纪委、县公安局等单位开展公车检查，实现“法定节假日”监督常态化，在法定节假日调用公安局监控卡口开展检查。督促公务用车服务平台落实新冠肺炎疫情防控工作，要求全体公务用车司勤人员出车前必须进行体温检查，做到佩戴口罩出车，多次现场

2021年11月29日，县机关事务保障中心开展公务用车监督检查

（图/县机关事务保障中心）

检查公车服务平台管理人员及司勤人员的健康管理工作台账。做好公务用车、平台调度室、司勤人员休息室等办公环境的卫生消杀，减少感染风险。

【办公用房监督管理】 2021年，明溪县机关事务保障中心按照“1+X”专项督查要求，在开展办公用房检查和调整同时，重点做好党政机关办公用房信息统计报告工作。3月，开展党政机关办公用房清理整改工作，采用现场检查和书面材料复核相结合的方式，复核51家单位2015—2017年小面积超标申请暂缓整改的办公室和办公区内业务用房界定是否符合要求，并清退公益二类事业单位、生产经营类事业单位、企业、协会占用党政机关办公用房，重点检查领导干部办公室是否超标准配置。8—10月，按照国家机关事务管理局关于开展全国党政机关办公用房信息统计工作要求，开展全县党政机关办公用房信息统计工作，全县55个县级、21个乡级门牌号的党政机关办公用房信息统一录入“党政机关办公用房管理信息系统”，逐步建立党政机关办公用房基础信息数据库。

【公共机构节能管理】 2021年，明溪县机关事务保障中心强化公共机构能耗管理，统一部署全县公共机构节约能源资源工作，分析2020年度的公共机构能源消耗情况，及时与存在异常的单位进行沟通，向7家公共机构水、电异常单位提出建议，要求明确责任，加强用水、用电的日常管理。以公共机构节能宣传周活动为载体，围绕全国节能宣传周“节能降碳，绿色发展”活动主题和低碳日“低碳生活，绿建未来”活动主题，利用机关大院、机关食堂的宣传阵地和微信公众号，向全县机关干部职工宣传“光盘行动”，并通过移动公司向全县群众发送节能宣传周短信，引导机关干部养成良好的节能环保意识和行为。对2021年节约型机关创建行动22家单位经办人进行培训，并于年底组织开展相关佐证材料的审核工作。8月，明溪县林业局、卫健局、财政局等11家单位获国家机关事务管理局、中共中央直属机关事务管理局、国家发改委、财政部联合授予的全国首批“节约型机关”称号。

【后勤综合管理】 2021年，明溪县机关事务保障中心加强水电设施管理，强化基础设施建设。定期组织工作人员排查、维护、检修大院水电设施，解决自来水管道老化破裂、电路故障、楼顶渗水等问题120余处。周转房8套（机关大院7套、县宾馆1套）和直管公房5套完成装修，政府办公楼屋面完成铝瓦改造，政府小食堂厨房和餐厅添置新厨房设备。

（邓俊凯）

责任编辑：叶安婕

政协明溪县委员会

综　述

【概况】　2021年，明溪县政协常委会开展党史学习教育、“再学习、再调研、再落实”活动和“牢记新嘱托、争创新优势、再上新台阶”活动，发挥专门协商机构作用，坚持建言资政和凝聚共识双向发力，履行政治协商、民主监督、参政议政职能，为明溪“十四五”经济社会发展开好局、起好步，全方位推进明溪高质量发展，贡献政协智慧和力量。全年共召开常委会会议5次；开展专题调研视察12次，撰写报告6份；开展专题协商1次，对口协商5次，重点提案集中督办协商1次；征集提案77件，审查立案71件，答复71件（答复率100%）。

【政治引领】　2021年，明溪县政协把握政协组织的政治属性，坚持把党的领导贯穿到政协履职全过程和各方面。加强政协党组织建设，建立完善党的组织对党员委员全覆盖、党的工作对政协委员全覆盖，增强党的政治领导力、思想引领力、群众组织力、社会号召力。主动接受县委的领导，严格执行重大问题请示报告制度，重要活动围绕县委中心任务进行，重要安排报县委审批后实施，重要协商成果报县委审阅，确保政协履职与党委政府保持思想上同心、目标上同向、工作上同步。

【理论武装】　2021年，明溪县政协落实学习习近平新时代中国特色社会主义思想座谈会制度，利用党组会、主席会、常委会、专委会等形式，坚持集中学习与自主学习相结合，采取“传达+解读”“线上+线下”等方式开展多层次、全覆盖学习活动，组织广大政协委员和政协机关干部学习习近平新时代中国特色社会主义思想，学习习近平总书记“七一”重要讲话和来闽来明考

2021年4月29日，县政协主席吴焰生到枫溪乡上党史学习教育专题党课

（图/县政协办）

察重要讲话重要指示精神，传达学习中央和省委、市委、县委重要会议精神。开展党史学习教育，把党史学习教育作为贯穿全年的重大政治任务，坚持高标准、严要求，推动党史学习教育走深走实。制定党史学习教育工作方案和分专题集中学习研讨计划，采取集中学、自学、专题研讨等形式，坚持读原著、学原文、悟原理，学习《论中国共产党历史》等规定书目，开展集中专题研讨10次。发挥政协组织优势和委员优势，开展“我为群众办实事”实践活动，为企业业主、为群众协调解决具体困难，让群众感到政协就在身边，政协委员离自己很近。参与“再学习、再调研、再落实”和“牢记新嘱托、争创新优势、再上新台阶”活动，引导政协委员和机关干部胸怀“两个大局”，牢记“两个确立”、增强“四个意识”、坚定“四个自信”、做到“两个维护”，积极作为，履职尽责，确保中央和省委、市委、县委决策部署在政协系统落地落实。

【文史工作】 2021年，明溪县政协重视宣传和文史编辑工作，举办庆祝中国共产党成立100周年系列庆祝活动，选送节目《叶剑英》参加三明市政协诵读风采展示晚会；挖掘明溪县历史文化、客家文化、闽学文化、红色文化等资源，组织文史研究员、通讯员赴夏坊乡、枫溪乡开展采风，编印《明溪文史资料》（第二十四辑），收录文章53篇；联合县老区建设促进会编写出版《明溪县革命老区发展史》，全书33万余字；组织通讯员撰写文章，在《三明文史》《三明客家》《时代三明》等刊物多次发表。

【宣传工作】 2021年，明溪县政协利用《政协天地》《三明政协》等刊物和县电视台、“明溪在线”公众号等媒体，宣传报道县政协重要活动、履职成效和委员风采等。举办庆祝中国共产党成立100周年系列庆祝活动，选送节目《叶剑英》参加三明市政协诵读风采展示晚会，扩大明溪政协对外影响力。加强与县工商联、侨联等社会团体和无党派人士的合作共事，密切同明溪各界别、各阶层人士的沟通联系，向委员、侨胞侨眷、异地商会广泛宣传县委、县政府的重要决策部署，宣传明溪的产业政策和投资环境，鼓励在外乡亲和客商来明溪投资兴业。深化团结联谊，接待贵州、四川、晋江等20余批政协学习考察团，增进交流交往。

（李　英）

重要会议

【概况】 2021年，明溪县政协召开第十届第五次会议和第十一届第一次会议，召开第十届常委会会议5次。

【县政协十届五次会议】 2021年1月4—7日，政协第十届明溪县委员会第五次会议召开，会议听取和审议政协第十届明溪县常务委员会工作报告和政协第十届明溪县常务委员会关于十届四次会议以来提案工作情况报告；列席明溪县第十七届人民代表大会第五次会议；听取政协第十届明溪县委员会第五次会议提案审查情况；审议通过政协第十届明溪县委员会第五次会议决议。

【县政协十一届一次会议】 2021年12月12—16日，政协第十一届明溪县委员会第一次会议召开，会议听取和审议政协第十届明溪县委员会常务委员会工作报告和政协第十届明溪县委员会常务委员会关于五年来提案工作情况报告；会议选举政协第十一届明溪县委员会主席、副主席、秘书长、常务委员；列席明溪县第十八届人大一次会议；听取政协第十一届明溪县委员会第一次会议提案审查情况；审议通过政协第十一届明溪县委员会第一次会议决议。

【县政协十届常委会会议】 2021年1月6日，明溪县政协召开十届常委会第二十一次会议，听取各组召集人汇报分组讨论县政府工作、计划、预算报告，“十四五”规划和二〇三五年远景目标纲要草案；审议通过《政协第十届明溪县委员会第五次会议决议（草案）》。

3月31日，明溪县政协召开十届常委会第二十二次会议，会议学习贯彻习近平总书记在全国两会上的重要讲话和全国两会精神及省委、市委、县委常委会（扩大）会议精神；学习传达省政协十二届常委会第二十次会议、市政协十届常委会第二十二次会议精神；学习贯彻中央、省委党史学习教育动员大会精神、市委有关部署要求和县委党史学习教育动员大会精神；学习贯彻省委关于开展“再学习、再调研、再落实”活动的有关部署要求；邀请县委党史和地方研究室主任王远松围绕“红色记忆——明溪（归化）中央苏区历史简介”开展党史学习教育专题讲座，引导政协委员和机关干部树立正确的党史观。

6月24日，明溪县政协召开十届常委会第二十三次会议，听取县教育局关于明溪县教师队伍建设情况和县卫健局关于明溪县卫生健康事业发展情况通报；县政协党组书记、主席吴焰生围绕“学史明理、学史增信、学史崇德、学史力行，做一名新时代的合格党员”为政协委员、机关干部上专题党课。

10月22日，明溪县政协召开十届常委会第二十四次会议，围绕“加快推进南山国家考古遗址生态保护公园建设”开展专题协商。会议书面通报了明溪县重点项目建设、城市规划、城市建设等情况等。

11月30日，明溪县政协召开十届第二十五次常委会会议，会议听取副县长徐婷关于政协十届五次会议以来提案办理情况通报、县人民法院和检察院2021年工作情况通报；讨论通过县政协十届常委会工作报告和十届一次会议以来提案工作情况的报告；协商通过十一届一次会议召开的议程（草案）和日程（草案）；协商通过县政协十一届一次会议《中国人民政治协商会议第十一届明溪县委员会第一次会议选举办法（草案）》；协商决定县政协第十一届委员名单；协商通过县政协十一届一次会议有关事项等。

（李 英）

政治协商

【概况】 2021年，明溪县政协把党政关注的中心工作、群众关心的民生问题、经济社会发展的重大项目作为协商的重要内容，将“加快推进南山国家考古遗址生态保护公园建设”“园区化工企业安全生产”等课题列入常委会专题协商计划，为党政科学决策提供参考。

【推进南山考古遗址保护专题协商】 2021年，明溪县政协常委会围绕“加快推进南山国家考古遗址生态保护公园建设”议题开展专题协商。县政协主席吴焰生带领调研组成员采取实地考察、座谈研讨、查阅资料等形式，深入了解南山国家考古遗址生态保护公园建设情况及南山遗址相关文物、史料和遗址的发掘保护情况，分析存在问题，并提出以规划为引领、提升建设品质，深化特色提炼、重塑城乡风貌，做好宣传引导、打造文化名片，完善基础设施、加快建设步伐，创新融资模式、积极筹措资金等5项16条建议措施。10月21日，召开

2021年10月22日，明溪县政协召开二十四次常委会暨关于“加快推进南山国家考古遗址生态保护公园建设”专题协商会 （图/县政协办）

“加快推进南山国家考古遗址生态保护公园建设”专题协商会，县委书记钟科、副县长邱建蓉应邀参加会议。省考古研究院助理馆员张金德、省考古研究院副研究馆员王慧慧及县发改局、文旅局、住建局、自然资源局、南山遗址保护与发展中心、农业农村局、城关乡政府等相关部门单位负责人与县政协常委、课题调研组成员，进行面对面协商。与会人员提出许多有针对性的意见建议，为党政科学决策提供参考。会上，县委书记钟科提出要处理好“定性与定位、共性与特性、文化多元与资源融合、保护与利用、守住文物与讲好故事、上下一心与建设齐心”等六个关系，为加快推进明溪南山遗址公园建设理清思路、指明方向。会后，提交《加快推进南山国家考古遗址生态保护公园建设的建议案》，得到县委钟科书记批示，要求相关部门认真阅研，吸收吸纳，提升工作思路和举措，推动项目建设更加科学合理、契合实际，切实加强南山遗址保护工作。

【对口协商】 2021年，明溪县政协各专委会围绕全县中心工作和重点任务，开展对口协商，为全县高质量发展建真言、献良策。

6月29日，县政协副主席陈永洋带领县农业和农村委部分委员到瀚仙镇龙湖硒锌食用菌产业园、花园封闭式循环水鲟鱼鳗鱼养殖基地、现代渔业产业园、长赖清水湾生态农业园、灵硕蓝莓生产基地等项目点，实地了解明溪设施农业发展情况，并召开座谈会，调研组针对制约明溪设施农业发展的主要因素，提出加强领导、科学规划布局，培育龙头、推进农业产业化经营，强化措施、解决好资金和用地瓶颈难题，搞好服务、提高设施农业科技水平，营造氛围、调动乡村发展设施农业的积极性等建议。

7月30日，县政协副主席陈书宁带领教科卫体委部分委员到瀚仙镇石珩村生活污水处理设施点（人工湿地）、沙溪乡碧州水电站生态最小泄流观测点、夏阳乡民俗文化节点公园、后洋村河段治理、河长制主题公园、县河湖治理指挥中心等地，实地查看相关情况并召开座谈会。针对存在的问题，调研组提出加大宣传、营造全民治水氛围，创新机制、汇聚联防联治合力，夯实基础、构建便捷高效平台，强化举措、实现全面综合整治，突出重点、打造河道经典工程，转变观念、建设自然生态河湖等建议。

8月4日，县政协副主席李斌带领台港澳侨和民族宗教委部分委员前往县滴水岩红色主题旅游景区开展实地调研，了解滴水岩红色主题旅游景区建设情况，存在的主要问题，并召开座谈会分析探讨推进创建AAAA级滴水岩红色主题旅游景区项目存在的问题并提出建议。

8月5日，县政协主席吴焰生带领部分常委和相关部门负责人对明溪园区化工企业安全生产情况进行调研。调研组考察了海斯福三期、旻和药业、南方制药二期等生产项目，详细了解明溪园区化工企业安全生产工作现状，并召开座谈会分析明溪园区化工企业安全生产存在的困难问题，提出要提高安全生产的认识，加大隐患排查和整治力度，健全和完善责任体系，加大

2021年7月22日，县政协主席吴焰生（右三）到枫溪乡指导工作

（图/县政协办）

2021年8月5日，县政协委员到县工业园区企业开展安全生产工作调研 （图/县政协办）

安全生产投入等建议。

9月29日，县政协副主席陈永洋带领调研组成员深入斯特力气动工具有限公司、欧侨文化广场、南安商会了解明溪商会经济发展情况、重要作用，并邀请县发改局、工信局、意大利明溪华人华侨联合会、匈牙利明溪商会、明溪南安商会负责人参与座谈，分析制约明溪商会经济发展存在的主要问题，探讨发展壮大明溪商会经济的措施建议。

【提案办理协商】 2021年，明溪县政协按照提案办理协商机制，采取“走出去”的上门协商、“请进来”的座谈协商、向下延展的现场协商等方式，全方位搭建协商平台，多形式推动提案办一件、协商深一层、共识增一分，做到在协商中办理，在办理中协商，促进整体提案办理质量的稳步提升。强化互动，增进共识共为。发挥协商主体作用，按照“将协商纳入提案办理必经环节”的要求，推动承办单位建立提案办理沟通协商机制。各承办单位加强与委员办前、办中、办后的沟通协商，把提案办理协商的过程，变成民主协商凝聚共识的过程，变成破解难题务求实效的过程，推动提案办理工作从答复满意向办理满意提升，提案办理满意和基本满意率98.5%。

（李 英）

提案工作

【概况】 2021年，明溪县政协提案工作围绕全县发展大局和县委、县政府中心工作及人民群众普遍关心的热点、难点问题，运用提案履行职能、建言献策，共提交提案77件，提提案118人次。经审查，立案71件，有8件内容相近合并为4件，有2件作为委员来信处理，立案率为92.2%。其中，经济建设类18件，占25.4%；文化建设类18件，占总数的25.4%；社会建设类29件，占总数的40.8%；生态文明建设类6件，占总数的8.5%。

【提案办理】 截至2021年11月30日，提案全部办复，办复率为100%。其中，得到解决或基本解决的（A类）40件，占总数的56.3%；正在解决或纳入计划逐步解决的（B类）24件，占总数的33.8%；因条件限制或其他原因，暂时不能解决，留待以后研究解决的（C类）7件，占总数的9.9%。发出提案办理情况征询意见表71份，收回委员反馈意见66份，其中反馈满意的50份，基本满意的14份，对书面反馈不满意的2件提案，承办单位进行二次办理并进行多次沟通协商，1份表示基本满意，1份表示理解，满意和基本满意率为98.5%。

【城关中学改扩建建议】 2021年，县政协提案《关于加快明溪县城关中学改扩建的建议》得到县政府的采纳，开始实施提案建议对城关中学进行改扩建，补齐教育短板。县政协做好重点提案的督办协商工作，按照重点提案年度协商计划，由陈永洋、陈书宁2位副主席领衔，带领相关委员及主办、协办单位深入城关中学项目建设现场，实地视察项目建设进展情况，并召开重点提案督办协商座谈会，协商各方就视察中发现的问题及建设中存在的困难，探讨交流，提出推进的意见措施，推动提案的深入办理。10月，县城关中学大气新颖的钢构大门落成；校内学生宿舍及足球场、艺体馆工程建设接近尾声；县职业中学实施整体搬迁，解决与城关中学“校中校”的问题；改造后县财政局桥头到学校门口道路路面平整开阔，道路两侧扩建人行道，学校内外整体面貌焕然一新，重点提案建议逐一得到落实。

（李　英）

2021年9月15日，县政协党组书记陈锋毅（中）到夏坊乡开展全面从严治党问题清单反馈（图/县政协办）

民主监督

【概况】 2021年，明溪县政协常委会完善民主监督机制，助推党政重要工作落实和民生事业发展。围绕《中华人民共和国民法典》宣传贯彻落实、森林康养和文旅产业发展、课后延时服务、“三新”产业发展、重点民生提案落实、境内旅游规划编制情况等工作开展视察，针对工作中存在的问题，提出意见和建议，促进相关工作落细落实。常委会先后听取县政府关于提案办理工作、县人民法院工作、县人民检察院工作、县教育局关于明溪县教师队伍建设、县卫健局关于明溪县卫生健康事业发展等情况通报，就相关问题进行协商，广泛听取民意，拓展民主监督的内容和形式。组织委员参与民意调查、国土空间规划、司法队伍教育整顿、食品安全检查、小学升初中“摸球”、基准地价听证会等监督活动和旁听县法院案件审理、县检察院案件审查活动，促进社会公平正义，提升民主监督实效。

【重点民生提案办理监督】 2021年，明溪县政协聚焦落实教育补短板民生提案建议，组织开展“加快城关中学改扩建”“推进实验幼儿园迁建项目二期征迁”等重点提案办理情况视察和“扩建第三实验小学”“加快一中迁建项目启动”等往年度重点提案办理“回头看”监督活动，提、办、督三方在实地视察中发现问题，在座谈交流中共商推进措施，促进一批教育类民生提案建议落地实施，取得实效。

【贯彻落实《中华人民共和国民法典》视察监督】 2021年9月15日，明溪县政协副主席王汉英组织县政协社会和法制委委员开展县《中华人民共和国民法典》学习宣传贯彻落实情况视察。视察组先后察看城关乡坪埠村说事评理室、民政局婚姻调解室、城区法制文化公园等场所，听取县委政法委、县检察院、县法院、县司法局、县教育局等部门情况介绍，为助推《中华人民共和国民法典》贯彻落实提出突出思想引领、加强学习宣传、注重面向基层、落实部门职责等意见建议。

（李　英）

责任编辑：温国彪

纪检监察

综述

【概况】 2021年，明溪县纪委监委把政治建设摆在首位，县纪委常委会坚持“第一议题”制度，开展集中学习24次，建立纪委领导挂钩、一季度一主题、“室组”联动等监督机制，推进政治监督具体化、常态化，开展各类监督458次，督促整改问题443个。协助县委扛稳扛好管党治党政治责任，配合开展全面从严治党主体责任落实情况检查，加强“问题清单”整改督查及跟踪督办，确保整改任务落实到位；坚持定期向县委汇报全面从严治党工作情况，报请县委研究党风廉政建设和反腐败工作4次、县委主要领导批准立案审查调查4人，委托同级党委（党组）书记开展谈话22人；坚持精准稳慎问责追责，推动用权公开，强化失责必问，全县问责16人，压实各党委（党组）落实全面从严治党主体责任。

【群众利益维护】 2021年，明溪县纪委监委把监督“放大镜”聚焦在群众普遍关注、反映强烈和反复出现的问题上。通过“群众点题、部门答题、纪委监督、社会评价”的方式开展点题整治21项，督促牵头职能部门整改问题32个、建章立制23项，在建工程项目拖欠农民工工资、脏乱差店家入驻外卖平台、残疾人辅具适配服务不畅等21类群众“急难愁盼”问题得到逐步解决。“小切口”选定造林补贴、脱贫户综合保障险、教育专项资金等领域开展专项监督，保障惠民富民政策落实。其中针对综合保障险理赔流程不够便捷等薄弱环节，推

2021年1月29日，县纪检监察干部围绕监察建议书落实情况，到县财政局开展案后整改“回头看”，对照整改反馈情况逐一进行核实

（图/县纪委监委）

动人寿保险公司主动对接、靠前服务，帮助461名脱贫户完成理赔，报销金额95万余元，保障“四个不摘”落实。通过制定监督清单、发放监督联系卡、推行纪检干部错时工作制等做法，让干部“进得去、坐得下、聊得开”，以乡镇纪委作风转变来监督和推动基层工作作风转实。2021年，入户走访855户，实现脱贫不稳定户、越级访、集体访等对象100%走访，化解“三多”信访积案4件，帮助解决群众困难、问题56个。

2021年9月28日，县纪检监察干部在城关乡罗翠村向农户核实种粮补贴发放情况 （图/县纪委监委）

【新冠肺炎疫情防控】 2021年，明溪县纪委监委紧盯常态化新冠肺炎防疫责任和措施落实情况，开展各类监督检查103次，推动各乡镇和有关职能部门对疫情防控漏洞再排查、防控重点再巩固、防控要求再落实，督促整改问题128个，查处履职不到位问题2起5人。

【换届监督】 2021年，明溪县纪委监委组织2763名党员干部观看换届教育警示片，转发《换届纪律“十严禁”》动漫宣传片等35条，向科级以上干部发送换届纪律提醒短信4300余条，营造浓厚氛围。把好党风廉政意见回复关，防止干部“带病提拔”，回复党风廉政意见4910人次，提出意见81条。成立换届风气监督执纪工作小组，建立健全“周研判一月小结”内部会商制度，组织开展换届监督71次，发现并督促整改问题8个。

【营商环境优化】 2021年，明溪县纪委监委与政务中心建立行政审批监督协作机制，用好“办不成事”窗口，通过访企业、奔现场、开座谈等监督形式，梳理出涉及行政服务规范化建设、办理行政许可等7个方面24个问题，移送问题清单19份，发出工作建议函2份，推动规范、优化行政审批事项14个，房建类、市政类项目审批时限得到压缩。

【县纪委十二届六次全会】 2021年2月7日，中国共产党明溪县第十二届纪律检查委员会第六次全体会议召开，县委常委、纪委书记、监委主任谭细华主持会议并作题为《牢记新时代责任使命 推动工作高质量发展 为奋力谱写全面建设社会主义现代化国家明溪篇章提供坚强保障》的工作报告，县委书记钟科在全会上作发言。会议主要任务是以习近平新时代中国特色社会主义思想为指导，深入贯彻中共十九大和十九届二中、三中、四中、五中全会精神，认真落实十九届中央纪委五次全会、省纪委十届六次全会、市纪委九届六次全会和县委十二届十二次全会精神，回顾2020年纪检监察工作，研究部署2021年任务。全会审议通过中国共产党明溪县第十二届纪律检查委员会第六次全体会议决议。

【县纪委十三届一次全会】 2021年7月29日，中国共产党明溪县第十三届纪律检查委员会第一次全体会议召开。会议选举产生新一届县纪委常委、书记、副书记，纪委书记黄日福代表新当选的县纪委班子作讲话。

（陈少峰）

监督执纪

【概况】 2021年，明溪县纪委监委坚持无禁区、全覆盖、零容忍，推进反腐败斗争，全县立案44件，运用“四种形态”批评教育帮助和处理177人次，第一、二、三、四种形态的占比分别为76.8%、17.0%、2.8%、3.4%，查处县农科所6名干部私分国有资产违纪违法案件。优化、改进案件审理工作机制，探索建立片区交叉审理协作方式，在垂直式、交叉式、圆桌式“三式协审”基础上，推行案件质量“一季一评查”，提升案件办理质效。

【以案促改】 2021年，明溪县纪委监委针对日常监督、审查调查中发现的“两个责任”履行不到位、日常监督管理不完善等问题，发出纪检监察建议5份，督促扎牢制度笼子。深化柳某挪用公款、贪污案案后整改，推动全县财政电子票据改革、委托“会计核算中心”实行机关财务集中管理等相关做法在中央纪委国家监委网站刊发。

【“四风”纠治】 2021年，明溪县纪委监委紧盯享乐主义、奢靡之风问题，开展“天价茶”背后“四风”和腐败问题、炒作片仔癀等违规行为专项治理；聚焦重要节点，开展监督检查53次，督促整改问题27个，运用第一种形态教育帮助21人次。紧盯形式主义、官僚主义问题，实行“一季一重点”整治，构建发现问题、提出建议、推动整改的监督闭环机制，查处形式主义、官僚主义问题9个，批评教育帮助和处理13人。构建纠“四风”树新风长效机制，推动各乡镇、部门梳理本单位廉政风险点，完善廉政风险防控措施，提升预防水平；更新完善《明溪县落实中央八项规定精神简明实用手册》，列明158个常见问题解答、93条不可为事项，为广大干部提供行为指南。

（陈少峰）

2021年3月12日，县纪检监察干部在行政服务中心工程建设项目审批服务大厅了解服务企业中的腐败和作风问题　（图/县纪委监委）

廉政宣传教育

【廉洁文化建设】 2021年，明溪县纪委监委线上利用“一网一号”平台，宣传本地优秀孝廉文化及工作经验做法；线下引导各乡镇挖掘孝廉文化、红色文化，创建杨时孝廉文化品牌，推动罗翠红色孝廉馆、鳌坑廉政文化长廊等阵地建设，发挥廉洁阵地作用，开展宣传活动，营造崇廉重孝的浓厚氛围。

【警示教育】 2021年，明溪县纪委监委深化“一季一警示”教育活动，用好用活当地查处的党员干部违纪违法案例，通过召开警示教育大会、组织旁听庭审、参观警示教育基地等方式，开展警示教育721场次，受教育2万余人次，引导党员干部知敬畏、存戒惧、守底线。

【纪检监察宣传】 2021年，明溪县纪委监委围绕职责定位，传递反腐倡廉好声音。在市级以上媒体刊稿157篇，其中移风易俗推动廉洁文化进村居、做好案后整改后半篇文章等相关宣传信息在中央纪委国家监委网站和《中国纪检监察报》刊发。组织拍摄的《以剑树人持正义》廉政微视频在中纪委等多个网站刊发，将孝廉元素融入非物质文化遗产，涵养清风正气。

（陈少峰）

巡察工作

【概况】 2021年，明溪县委巡察工作坚守政治巡察职能定位，推进巡察整改，全面总结经验做法，谋划十三届县委巡察工作，向十二届县委第十三轮巡察的7个单位反馈问题84个，启动十三届县委第一轮巡察。根据巡察工作专业特点和明溪县实际情况，按照专业齐全、能力过硬、敢于担当、结构合理的标准，将全县各乡镇、部门熟悉干部人事、党建、纪检、财审等业务的骨干纳入县委巡察人才库，入库212人。选派优秀干部5人次参加上级巡视巡察，通过“以干代训”学习上级好经验好做法，推动明溪县巡察工作质效提升。

【巡察整改】 2021年，明溪县委巡察工作坚守政治巡察职能定位，紧盯巡察“后半篇文章”，推进巡察工作高质量发展。3月，向十二届县委第十三轮巡察的7个单位（2个常规巡察单位，5个巡察“回头看单位”）反馈问题84个并跟踪整改落实情况，共督促完成问题整改78个，完善制度规定、措施、办法、意见等73项，运用“四种形态”追责问责26人。11月，派出3个巡察组，启动十三届县委第一轮8个单位的常规巡察。围绕巡察监督重点、巡察全覆盖对象底数、时间任务安排等，对接上级巡视巡察机构，加强调研分析、统筹谋划，在征求有关部门意见建议后，完成十三届县委巡察工作五年规划起草工作，县委常委会会议审议通过。

【制度体系建设】 2021年，明溪县委巡察办对标对表上级巡视巡察机构要求，总结明溪县巡察工作经验做法，梳理巡察全流程各环节，规范完善集中驻点场所管理、巡察报告问题底稿、巡察组与被巡察单位主要负责人沟通等制度机制，更新完善《巡察工作有关制度文件汇编》，为巡察工作提质增效，提供制度保障。建立县纪委监委、县委组织部、县委巡察办、有关职能部门以及被巡察单位参与的巡察整改“五方会商”机制，梳理十二届县委巡察反馈问题1942个，完成整改1925个，推动完善制度规定、措施、办法、意见等926项。

（焦伊哲）

责任编辑：叶安婕

群众团体

明溪县总工会

【概况】　2021年，明溪县有基层工会280个，涵盖378个单位。其中，机关事业单位国有企业工会170个，非公企业工会110个；独立基层工会277个，联合基层工会3个。工会会员9647人，其中非公企业工会会员2716人。开展11家基层工会工会经费“1+X”专项督查，落实工会经费使用“八个不准”。

【职工政治引领】　2021年，明溪县总工会发挥工会在传播党的政策主张、展示职工精神风貌、宣传工会时代作为、服务广大职工群众中的主力军作用，开展“中国梦·劳动美——永远跟党走、奋进新时代”主题宣传教育。5月9日，举办“永远跟党走·奋进新时代”2021年五一明溪县职工健步走活动，全县机关、企事业单位的52支代表队的1200多名职工参加活动；5月16日，举办“永远跟党走——迎百年华诞·展职工风采”明溪县机关工会趣味运动会，32支机关代表队、660名职工参与活动。加强对工会宣传阵地和微信公众号等平台的建设管理，用好“明溪工会”微信公众号等网络工作平台，掌握网络舆论主导权，网聚职工正能量，传递工会好声音。

【疫情防控服务】　2021年，县总工会落实中央和省、市、县委关于新冠肺炎疫情防控的决策部署，统筹抓好疫情防控各项工作。做好受疫情影响企业劳动用工、工资支付等的指导和服务，返还小微企业工会经费和医疗互助金11万元。元旦、春节期间，强化防疫抗病一线人员关心关爱，慰问县赴厦赴榕接驳组工作人员3批60多人次，鼓励引导外省籍职工留明溪过年，巩固疫情防控成果。加强职工宣传引导，配合做好新冠疫苗接种工作。关注新冠肺炎疫情对职工生活造成的影响，做好劳动关系协调、困难帮扶、心理疏导等工作，帮助企业和职工解决实际困难。

【建功立业活动】　2021年，明溪县总工会以“当好主人翁、建功新时代”为主题，先后在县教育、卫生、烟草、消防和行政服务等行业中开展5场劳动和技能竞赛，授予竞赛优胜的个人明溪县“五一劳动标兵”21名。组织职工参加全省“五小”创新大赛，推动群众性经济技术创新活动蓬勃开展，征集申报17个“五小”创新项目参赛，获得二等奖1个，三等奖2个。

【典型培育宣传】　2021年，明溪县受省总工会表彰省五一劳动奖状1个、省五一劳动奖章获得者1人、省工人（五一）先锋号2个。开展“中国梦·劳动美”主题宣传教育活动，在政府宣传栏刊出“五一专刊”，并利用电视、网络、“明溪工会”微信公众号等工会宣传阵地开展系列宣传报道，讲好劳模故事。规范化建设“张运文劳模工作室”并推荐申报为福建省劳模工作室。推进明溪县劳模退休补充养老保险补缴工作，更好保障劳模权益，发挥先进模范作用。

【服务阵地建设】 2021年，明溪县总工会在工人文化宫设置“职工服务中心”“职工职业培训中心”“职工文体活动中心”“职工服务配套设施”“室外活动场所”五大功能区。完善园区职工文体中心规范管理，落实人员管理，免费对职工群众开放，做到“月月有活动，活动有主题”。明溪县职工爱乐合唱团以唱红歌、颂党恩、跟党走为主线，丰富职工文娱生活，增强党性意识，凝聚智慧力量。拓展工会服务阵地，落实共享职工之家“125”（实现一个目标，打造两种类型，落实“五化”措施）工作机制，建成三明市共享职工之家示范点3家，明溪县夏阳乡御帘古村国家AAA级旅游景区“妈妈小屋”投入使用。

【职工医疗互助】 2021年，明溪县医疗互助报销386人次，发放互助金49.06万元；省总工会大病补助39人，发放互助金13.04万元；市总工会大病补助6人，发放互助金0.9万元。在三明市辖区定点医疗机构住院的参保职工，出院结算时实现职工住院医疗互助和城镇职工基本医疗保险“一站式”结算。

【送温暖工程】 2021年，明溪县总工会在元旦、春节期间，走访全县109位各级劳模和县公路分局、环卫站、融媒体中心、交警大队、消防救援大队、疾控中心、供电公司、珩城水业、闽通长运、金盾保安公司、广电网络公司等16个单位一线职工和35个单位生活相对困难职工，慰问703人、发放慰问金22.65万元。举办“工会真情有爱·农信伴你过年”慰问留明过年外省籍职工活动，向120名留明过年的外省籍职工赠送“新年礼包”。三八国际妇女节前夕，以“课后服务·工会有爱”为主题，慰问县实验小学、县第二实验小学、县城关中心小学等三所学校坚持从事课后服务工作的一线女教职工。五一国际劳动节期间，开展“工会进万家”五一困难职工和劳模调研走访慰问活动，深入基层一线，走访慰问县70岁以上的老劳模老先进和生活相对困难的职工，重点是“八大群体”等新业态从业人员和坚守疫情防控一线以及生产一线的职工，发放慰问金5万余元。开展“送清凉”慰问活动，慰问29家企事业单位及重点项目，慰问高温岗位一线职工980名，发放防暑降温物资5.88万元。开展“金秋助学”活动，发放助学金5.2万元，帮助23名困难职工子女圆大学梦。

【职工合法权益维护】 2021年，明溪县总工会邀请法律顾问深入园区企业，举办职工法治宣传讲座1期；开展《中华人民共和国安全生产法》《中华人民共和国劳动法》《中华人民共和国劳动合同法》《福建省工会劳动法律监督条例》等法治宣传活动5次；深入企业开展安全生产、平安建设、禁毒、防诈骗、文明上网等专题宣传12次；发布《工会

2021年5月9日，县总工会联合县文体和旅游局等单位举办五一明溪县职工健步走活动 （图/县总工会）

劳动法律监督提示函》3次，督促用人单位维护好职工合法权益；深化集体协商制度，举办1期集体协商培训班，抓好1个区域、1个行业、2家企业示范点建设，以点带面，推动工作落实；开展“和谐劳动关系”创建活动，加大风险排查、源头预防和应急处置，受理职工求助类事件40件。推进“安康杯”劳动竞赛活动，督促企业履行安全生产和职业病防治主体责任。实施农民工职业技能提升计划，开展育婴员、烟叶调制技能培训120余人。

【服务职工12件实事】 2021年，明溪县总工会策划实施“2021年为职工办12件实事项目”，开展单身青年职工婚恋交友活动1场，县级示范性职工疗休养活动3批次，职工读书交流活动2场，工会卡服务活动7次，职工心理健康服务下基层活动3场，组织1次为八大群体女职工免费体检，帮助环卫工人实现“微心愿”40个，组织各级劳模开展疗休养，建成县工人文化宫和金茂广场电信服务厅等2个户外劳动者休息室，打造“妈妈小屋”1个，建成县总工会办公大楼、工人文化宫、税务局、供电公司等4个市级共享职工之家等。

【基层工会建设】 2021年，明溪县总工会加强基层工会业务指导，建立简捷规范的工会组织工作程序，指导基层工会换届、改选、变更66家，新组建基层工会13家，发展会员407名（其中农民工230名）。开展模范职工之家“结对共建”活动，帮助结对职工之家提升建家工作规范化、标准化水平。深化非公企业“党工共建”活动，推荐非公企业省级党建带工建示范点1家。复查1983—2005年期间受表彰的5家全国、省级模范职工之家和全国模范职工小家。加强会籍管理工作，落实工会会员实名制管理5家，逐步实现工会组织和工作覆盖精准化。

（吴志泉）

2021年5月15日，明溪县举办“永远跟党走”职工趣味运动会

（图/县总工会）

共青团明溪县委员会

【概况】 2021年，共青团明溪县委员会（以下简称明溪团县委）围绕全县中心大局工作，在《中国青年报》、团省委《八闽团讯》、《三明日报》等刊登活动宣传信息19篇。团县委有下属团委21个，下属团支部254个。新发展团员220人，全县团员2639人。

【共青团明溪县第十八次代表大会】 2021年10月20日，共青团明溪县第十八次代表大会召开。县领导钟科、陈华伟、吴焰生、谌良福、陈锋毅、杨琦、李强等出席开幕式，团市委副书记林珊到会指导。来自全县各基层团委书记、团干、优秀青年代表及全县各战线的120名团代表参加会议。县委书记钟科在开幕式上致辞。大会选举林熙为团县委书记，陆纪超、邓雯为副书记。

【团员青年思想政治引领】 2021年，明溪团县委结合党史学习教育，举办“红色百年路·科普万里行”“颂党恩 听党话 跟党走”文艺会演等活动，组建“明溪后生仔宣讲团”“红领巾宣讲团”，开展中共十九届六中全会精神宣讲、红色故事宣讲活动10余场。每周定期开展“青年大学习”网上主题团（队）课，覆盖全县200余个团组织，参与学习的团员、青年达2万余人次。

【青少年项目帮扶】 2021年，明溪团县委向上争取资金37万元。开展“希望工程圆梦行动”“困境青少年帮扶项目”“雏燕关爱基金”等，落地实施“希望厨房”建设项目1个，为乡村学校争取一批图书、科学盒子、篮球等物资，申报“希望小学”援建项目1个，帮助23名困境青少年申领各类助学金4.7万元。争取兴业证券慈善基金会“兴未来留守儿童关爱计划”项目资金10万元，开展“冬送温暖 爱润童心”走访慰问留守儿童活动，争取社会爱心企业家支持25万元拨入县教育发展促进会。与福建中医药大学共建“大学生社会实践基地、青马工程教育实践基地”，联合开展“漫说明溪”动漫微文宣传项目，发布6期、阅读量近8000人次。与福建卫生职业技术学院共建设立“大学生社会实践基地”。

【青年创业就业服务】 2021年，明溪团县委成立明溪县青年创业协会，吸纳会员60余人，组织与鲤城区青商会、南靖县青企协共建交流。与归化印象公司共建“悦见明溪”抖音账号，开展“悦见明溪 抖亮未来”抖音短视频大赛，11月起每周开展农特产品直播带货活动，并共建公共直播间作为青创直播孵化基地。创新开展“青创节”系列活动，开展为期3天的“新媒体集中训练营”抖音直播培训，创业青年职业中学师生70余人参加，活动在《中国青年报》报道。联合人社部门举办创新创业大赛，指导2个团队获得市级奖项。举办“筑梦青创 明溪启航”返乡青年、大学生创新创业计划竞赛，鼓励支持青年、大学生返乡创业。主动牵线搭桥，促成闽景茶业与南靖泓净茶业产品供销合作，促成温州市短视频直播中心合作“明星直播带货”项目等。召开返乡青年创业工作座谈会，了解收集创业青年困难需求，进行政策宣传解读。与县农信社、邮储银行分别合作推出“青创筑梦贷”“绿色金融·青创保”等优惠青创金融项目。对接三明学院联合举办“公务员备考公益讲座”，服务青年就业培训。

【首届“青创节”活动】 2021年，明溪团县委举办“筑梦青创 明溪启航”——明溪县首届“青创节”活动，推动明溪青年成长成才，助力乡村振兴、“三侨回归”，实现“党建带团建，青春振乡村”。活动于11月2日正式启动，团市委副书记刘维敏，县委常委、组织部部长杨琦，以及相关部门负责人和学员共64人参加。明溪团县委与明溪县农村信用联社合作推出“青创筑梦贷”项目，为创业青年提供利息更低、范围更广的金融贷款支持，解决创业青年资金需求。启动仪式结束后，温州市直播协会副会

2021年11月2日，明溪县“筑梦青创 明溪启航”首届“青创节”启动 （图/明溪团县委）

长、短视频直播中心负责人团队，为青创学员开展为期3天的新媒体集中训练营培训。

【志愿者服务】 2021年，明溪团县委累计向社会招募青年防疫志愿者110余名，认领入户摸排、“八闽健康码”推广、新冠疫苗接种、宣传劝导、值班值守、爱心慰问等疫情防控志愿服务工作。深化“共青团员义务星期六”品牌创建，组织成立“侨心”青年志愿服务队，参与创建文明县城、生态环保等志愿服务，开展“爱心护航高考”、“世界环境日宣教”、祭扫管护烈士墓等各类志愿服务活动30余次。开展“风展红旗·团聚初心”“青春同行相约紫云”“青心有约 团缘明溪”等青年交友联谊活动4场，200余人参加。依托瀚仙龙湖龟山书院“青年之家”阵地，开展3期“青心茶香 醉美龙湖”青少年茶艺培训。

【青少年成长关爱】 2021年，明溪团县委建立“雏燕之家”3个，创办社区（村）“四点半”课堂3个，每周一至周五开展留守儿童课业辅导，开展公益冬夏令营活动4场，探索建立留守孩常态化关爱“五小课堂”体系。对接福建中医药大学、三明学院等高校，开展“情暖童心”“青春护雏”进农村行动，并在留守儿童人数较多的第三实验小学、夏阳中心小学打造试点。针对侨乡留守儿童特点，常态化开展法治科普、安全自护、垃圾分类、心理疏导等主题团日、队会活动。建成启用县青少年宫新宫，成立全市首个县级青少年宫少工委，落实“双减”政策，引进乐善教育服务机构，新开设机器人搭建、少儿编程、人工智能创客等科创培训。

【团属阵地建设】 2021年，明溪县青少年宫发挥青少年思想教育、文化学习、艺术培训于一体的校外教育阵地作用，推进素质教育，开办春、秋季培训班及暑期夏令营，举办公益合唱班、公益美育班、电子琴、琵琶、吉他、趣味识字、中国舞、爵士舞、儿童油画棒画、水粉画、书法、素描、陶艺、美术艺考等培训项目近20个班次，培训青少年1580余人次。6月29日，在“红领巾心向党——明溪县青少年宫首届少工委成立暨新宫启用仪式”上，青少年宫舞蹈班学员表演《没有共产党就没有新中国》。7月，选送的舞蹈作品《美丽家园》作为全省唯一一支队伍入选中国文联舞蹈艺术中心承办的2021年全国教学成果展演，编排的舞蹈《希望与你同在》、音舞诗《不能忘却的长征》、舞蹈《没有共产党就没有新中国》参加县第十三次党代会文艺演出活动。

（陈睿雅）

明溪县妇女联合会

【概况】 2021年，明溪县妇女联合会（以下简称明溪县妇联）紧扣“三明实践 巾帼力量”主题，发挥妇女在社会生活和家庭生活中的独特作用，在弘扬中华民族家庭美德和树立良好家风中的独特作用。打响“执委在身边”工作品牌，建立妇联执委“1246”（建立一个执委工作室，畅通线上线下两条议事决策渠道，提供“近邻•爱心敲敲门”、“爱心妈妈”、家庭教育、帮扶妇女就业创业等四大关爱服务，联系基层妇联执委、妇女微家负责人、创业女性群体、优秀女性人才、困难妇女、困境儿童等六类妇女群众）工作机制，组建执委工作室2个，发挥执委作用，组织妇联执委定期开展儿童关爱和爱老敬老等帮扶活动，实现执委服务零距离；新建妇女微家1个，在机关企事业单位成立妇联2个。明溪县雪峰镇城南社区居委会、明溪县城关乡调解委员会成轩调解工作室获评市级“三八”红旗集体，获评省巾帼文明岗1个、市巾帼文明岗1个。

【思想政治引领】 2021年，明溪县妇联结合党史学习教育和“再学习、再调研、再落实”“牢记新嘱托、增创新优势、再上新台阶”活动，强化思想政治引领。开展集中学习研讨、主题党日活动23场，上专题党课2次，举办中共十九届六中全会精神和省委第十一次党代会精神宣讲报告会1场。联合县文旅局举办中共十九届六中全会精神“永远跟党走”文艺演出。在“明溪妇联”微信公众号开设“党史百年天天读”“巾帼英雄故事”专题专栏，更新81期。以三句半、快板、方言、专题故事短视频、召开事迹报告会等多种方式，举办“明姐姐故事会”进机关、进企业、进校园、进社区、进农村、进橘园40余场，推选《戴清华：为村民造福、为侨乡增辉》等3个宣讲视频在“学习强国”福建学习平台展播，获评“百个八闽巾帼讲百个党的女儿故事”展播优秀组织奖。组织最美家庭学党史活动，开展“风展红旗如画的明溪苏区”专题党课，开展“与党同心 与党同行”喜迎中国共产党建党百年红色教育、“牢记嘱托 传承精神 引领发展”主题党日，“书香飘万家——颂百年风华 传红色基因”亲子阅读视频征集评选、“童心向党 唱支红歌给党听”幼儿合唱比赛，举办“杜鹃花红”——明溪（归化）苏区红色歌谣传唱文艺会演等系列活动，庆祝中国共产党成立100周年。

【创业创新巾帼行动】 2021年，明溪县妇联举办家政服务（月嫂、育婴员）公益培训班和康养职业技能提升培训班6期，帮助247名农村妇女掌握就业技能。明溪县美婴悦家政服务部育婴师何莉获得2021年三明市育婴员职业技能竞赛三等奖。联合县人社局举办“明溪·鲤城山海协作”金秋招聘会，并通过“明溪妇联”微信公众号平台发布招聘信息，促进妇女就业。开展明溪县2021年优秀创业创新项目申报工作，推荐女性为主体的项目3个，其中1个获市级优秀创业创新典型项目一等奖。推广“巧妇贷”工作，发放贷款183笔，授信金额549万元。

【乡村振兴巾帼行动】 2021年，明溪县妇联坚持“1411”工作法（健全一个机制、抓好四个载体、形成一种风尚、培树一批典型），开展“最美庭院”创建活动，号召广大妇女和家庭助力乡村振兴，全县推选出省级“美丽庭院”60户、市级“美丽庭院”120户、县级“美丽庭院”130户，选送20户家庭参加全市“晒晒我家的美丽庭院（阳台）”网络大赛，夏阳乡御帘村被评为省级巾帼美丽家园；开展“村庄清洁”“巾帼护河”行动100余次；举办乡村振兴巾帼科技行线上培训班，提升妇女自我发展能力。

【建设法治明溪巾帼行动】 2021年，明溪县妇联利用重要节点，开展妇女维权进村（居）、“美好生活，民法典相伴”、家暴不是“家务事”、平安家庭齐守护等普法宣传活动，通过“明溪妇联”微信公众号开设普法维权微课堂10期，发布平安建设“三率”、反家暴法等各类宣传信息60余条，提高广大妇女群众的法治意识；推行“三员三色”（婚姻家庭辅导员、春蕾安全员、法律明白人，家庭矛盾纠纷红黄蓝“三色分级管理”）工作法，发挥婚姻家庭辅导员、春蕾安全员、法律明白人三支队伍的作用，实行家庭矛盾纠纷红黄蓝“三色分级管理”。排查婚姻家庭矛盾15起（黄色案件1起、蓝色案件14起），化解率100%； 接到来信、来电、来访26起，处理率达100%；调解疏导离婚案件144起，劝解60对夫妻打消离婚念头，劝和率达41.67%；完成“两纲”终期评估工作，县妇女儿童发展纲要涉及的12大领域93个指标（妇女53个，儿童40个）中83项达标。11月，明溪县妇联被三明市委宣传部、三明市司法局评为2016—2020年全市依法治理创建活动先进单位。

【家庭文明建设】 2021年，明溪县妇联以“家家幸福安康工程”为总抓手，常态化开展创建“平安家庭”、寻找“最美家庭”“最美绿色家庭”“好婆婆好媳妇”“最美巾帼人物”、评选“最美家政人”等活动。全县获评省级“最美家庭”“文明家庭”3户，市级“最美家庭”“文明家庭”10户，市级“好婆婆好媳妇”4人，市级“最美家政人”1人，推选“最美绿色家庭”候选户14户。注重宣传引导，在“明溪妇联”微信公众号开设“最美人物”专栏10期，开展“树敬老美德 传廉洁家风”活动2期，举办家庭公益大讲堂8期。

【关爱帮扶活动】 2021年，明溪县妇联实施母亲健康“1+1”、“关爱女性安康”保险、“春蕾计划”、“春蕾圆梦”等公益项目。募集“母亲健康天使基金”6.04万元，发放救助金2.4万元，救助“两癌”妇女6人；募集春蕾款7.49万元，资助贫困女童85人、女大学生5名；走访慰问贫困妇女、空巢母亲和留守、困境儿童195人，发放慰问金6.6万元。推广“123”（组建一支队伍、明确两项任务、落实三个举措）春蕾安全员工作机制，发动各级“春蕾安全员”开展入户走访1500余人次，摸排重点关注家庭56户，建立39名春蕾安全档案，上报、化解性侵隐患案件1起。联合有关部门开展“守护身体小秘密”等法治进校园及儿童性别安全课堂29场，发放“护蕾手册”1000余份、法律书籍2000余册。县妇联申报的家庭辅导志愿服务项目获得市优秀奖。

【婚姻家庭纠纷化解】 2021年，明溪县妇联推行“三员三色”工作法，发挥婚姻家庭辅导员、春蕾安全员、法律明白人三支队伍的作用，实行家庭矛盾纠纷红黄蓝“三色分级管理”。排查婚姻家庭矛盾15起（黄色案件1起、蓝色案件14起），化解率达100%；接到来信、来电、来访26起，处理率达100%；调解疏导离婚案件144起，劝解60对夫妻打消离婚念头，劝和率达41.67%。

【妇女参选参政】 2021年，明溪县妇联结合村级组织换届，推进女性进村（社区）“两委”工作。依托“明溪妇联”微信公众号、“一呼百万”明溪姐妹微信工作群及“妇女之家”等线上线下阵地，宣传妇女参选参政相关法律法规，引导妇女积极参选；搭建女性进村“两委”交流平台，开展线上培训班1期、优秀女村主干经验分享2期；组织农村优秀妇女选前业务指导9次，累计服务有意愿参选女性200余名；建立换届选举定期报送制度，安排指导组深入基层一线了解女性进“两委”进展情况，确保村“两委”班子中至少有1名女性成员。全县88个村、8个社区完成“两委”换届工作，在选举产生的306名村（社区）党组织委员中女性成员82名，占比26.8%，比上届提高6.33个百分点；在选举产生的361名村（社区）委员中女性成员154名，占比42.7%，比上届提高2.1个百分点；在选举产生的96名村（社区）“一肩挑”主干中女主干16名，占比16.67%，比上届提高10.42个百分点，创历史新高。

【巾帼志愿服务】 2021年，明溪县妇联深化三心三关爱（当好“爱心妈妈”，关爱留守儿童；当好“贴心女儿”，关爱空巢老人；当好“同心姐妹”，关爱留守妇女）、“近邻·爱心敲敲门”等妇联特色品牌，开展“我为妇女群众办实事”活动。全县成立巾帼志愿队106支，吸纳巾帼志愿者437名。线上发布“我为妇女群众办实事”倡议书，利用“一呼百万”姐妹微信工作群，直接联系妇女群众，收集各类妇女群众发展需求；开展“近邻·爱心敲敲门”巾帼志愿服务100余次，服务1000余人次，累计办实事办好事82件、捐赠帮扶物资和资金20余万元。

（陈莉娟）

明溪县科学技术协会

【概况】 2021年，明溪县科学技术协会（以下简称明溪县科协）开展科普宣传、科学普及、科技服务等活动。12月，县科协被评为福建省全国科普日活动优秀组织单位；县农技协被授予福建省先进农技协组织称号。

【全国科普日活动】 2021年，明溪县科协开展科技文化卫生

“三下乡”“中华中医药学会健康中国岐黄行动——中医护理分会明溪行”大型科普，明溪县2021年全国防灾减灾日主题宣传，关爱留守儿童暨未成年人保护法宣传，红色百年路·科普万里行——科普大篷车进校园和“碳达峰 碳中和”科普联合行动等全国科普日系列活动进社区、进校园、进乡村、进机关27场次。其中，“红色文化育新人，科技强国拓未来之2021年留守儿童红色科普夏令营活动”和“红色百年路·科普万里行之科普大篷车进校园”2场活动被省科协评为“2021年福建省全国科普日优秀活动”。

【科学普及活动】 2021年，明溪县科协与县融媒体中心合作开播《科普之窗》栏目，每周定时播放科学养生、健康生活、疾病预防、科学种养等知识，助力乡村振兴和提高劳动者科学文化素质、科技致富能力、健康生活素养。联合县农业农村局下发《关于组织参与2021年全国农民科学素质网络知识竞赛活动的通知》，组织广大农民群众、科普工作者（信息员）、农技人员、农村基层科教文卫工作者和涉农学（协）会会员积极参与竞赛活动。联合县总院、文明办和融媒体中心合作开设“绿海明溪 健康讲坛”直播栏目，邀请国内有关专家学者做客直播间，与网友畅谈健康科普知识。与县应急局合作印制6000册应急科普宣传手册，通过通俗易懂的语言、直观生动的图示，详细地向公众普及家庭减灾、地震和洪涝灾害避险等方面的知识、技能。

【企业发展服务】 2021年，明溪县科协牵头与县科技局、县贸促会等部门走访海斯福化工有限责任公司、海西联合药业有限公司、旻和医药科技有限公司等重点企业，开展技术、科技人才现状和需求调研，并将企业技术需求转给省科协或国家级专业协（学）会，帮助做好企业与有关高校、科研院所和科技专家的对接。在省、市科协引荐下，中国科学院微生物生理与代谢工程重点实验室主任、研究员陶勇，北京化工大学制药工程系主任、教授郑国钧，南京师范大学食品与制药工程学院教授、博导、副院长张幸，中国生物工程学会秘书长、研究员张宏翔等专家到福建南方制药股份有限公司考察指导，双方在技术改造升级、技术需求、人才引进、实验室建设、产业化市场需求项目等方面进行探讨交流和寻求合作。

2021年7月2日，市科技馆、县君子峰国家级自然保护区管理局、县科协联合在县实验小学举办“红色百年路 科普万里行”科普大篷车进校园活动 （图/县科协）

【全国科技工作者日活动】 2021年，明溪县科协以第五个全国科技工作者日为契机，开展专题宣传报道本土科技工作者活动。在明溪新闻、“明溪在线”公众号宣传报道姜祖福、卢发坤、曾佑泷、钟六根、邓先根等5名优秀科技工作者在农、林、教育、卫生等一线奋战的先进事迹。

【科技人才培养】 2021年，明溪县科协举办全县青少年科技辅导员培训班，选派多名科技辅导员参加省人工智能培训、省科技辅导员培训、市科学影像节培训等。海斯福化工有限责任公司吴成英获明溪县2020年最美科技工作者，申报第十六届福建青年科技奖。县林业局肖书平1篇论文获2021年海峡两岸管理论坛暨市科协学术年会论文评选三等奖。

【青少年科技教育】 2021年，明溪县科协联合县教育局、团县委、科技局举办以“体验科学 快乐成长，为实现高水平科技自立自强而努力奋斗”为主题的2021年青少年科技竞赛，吸引全县各中小学校13支代表队，300余名师生参与，为发现和培养科技后备人才提供重要平台。全年组织全县中小学生参加省、市各类科技竞赛5次，其中获个人一等奖7个、二等奖8个、三等奖26个，团体二等奖1个；第二实验小学获第36届三明市青少年科技创新大赛优秀组织奖。

【“千会帮千村”行动】 2021年，三明市畜牧兽医学会、明溪县农技协、明溪县农学会分别与瑶奢村、狮窠村、画桥村、岩里村等4个村建立结对帮扶关系，邀请教授级高级畜牧师、三明市畜牧兽医学会理事长、原三明市动物疫病预防控制中心主任邱位木，县农业农村局高级农艺师叶玉珍等有关农技专家技术指导4个村蛋鸡养殖、养蜂、猕猴桃和蔬菜种植等产业、培训和新品种推广示范等科技精准服务7次，帮助农户解决种植养殖困难，掌握先进种植养殖技术。

【协（学）会工作】 2021年，明溪县科协组织县农技协会会员深入田间地头，针对猕猴桃、蔬菜和柑橘等产业，开展5期实用技术培训，培训学员150余人。此外，在科技文化卫生“三下乡”、全国科技工作者日、全国科普日等活动期间，开展科学种植养殖技术、惠农政策宣传和讲解及有关资料发放，帮助广大群众丰富科学种植、科技致富知识。12月，县农技协被省农技协授予“福建省先进农技协组织”称号。

【科普阵地建设】 2021年，明溪县科协向上争取“2021年基层科普行动计划”资金15万元，补助瀚仙学生社会实践文明科普教育基地、革命英雄纪念园红色科普教育基地、青少年科技教育基地（二实小）、瑶奢村科普大堂、城东社区青少年科学工作室、城关中学青少年科学示范工作室、实验小学省人工智能教育试点校等7处科普教育阵地建设经费23万元。

【县科协五届三次全委（扩大）会议】 2021年7月6日，明溪县科协五届三次全委（扩大）会议召开。县科协五届委员、各乡镇科协和县科技局、教育局、经济开发区分管领导及县科协工作人员30余人参加会议。会议增补明溪县科协第五届委员会委员、常委、主席、副主席各1名，学习贯彻习近平总书记在两院院士大会和中国科协第十次全国代表大会上的重要讲话精神，传达市科协“众心向党 自立自强”科技工作者主题教育活动和2021年市科协学术年会精神，回顾总结县科协2020年以来的工作，进一步统一思想，部署2021年下半年工作任务。

（邱晓敏）

明溪县归国华侨联合会

【概况】 2021年，明溪县归国华侨联合会（以下简称明溪县侨联）加强与驻外使领馆的联系，在中药包的寄送、肝癌患者曹某某的回国等事件中，为侨胞争取到更多的领事帮助。6月3日，召开明溪县侨联六届五次全委（扩大）会议，增补1名侨联副主席。

【侨界思想政治引领】 2021年，明溪县侨联借助微信、QQ等新媒介，以及乡亲回乡探亲的机会，引导海内外广大侨胞积极参与党史学习教育，参观明溪红色遗址遗迹，结合“三明实践”、明溪红色历史等共同唱响主旋律，庆祝中国共产党成立100周年。12月30日，明溪县举办中共十九届六中全会精神旅外乡亲“云”宣讲，通过微信进行全程网络直播，吸引来自30多个国家（地区）的旅外乡亲和网友4.1万人次在线观看。

【经济发展助推】 2021年，明溪县侨联建立健全侨商侨企回归项目储备库，策划涉侨项目21个，开展经贸交流、联络联谊和招商引资活动20余场次。引进欧起航（福建）贸易有限公司，总投资2.7亿元。支持归侨侨眷产业扶贫项目，做好归侨侨眷二次创业的鼓励和引导工作，加速实现生产生活回归，带动更多归侨侨眷投资农业、二次创业，实现侨界稳定和乡村振兴。为胡坊镇惠农植保专业合作社建设项目向省侨联申请专项产业扶贫补助资金10万元，惠及侨眷9户预期每户增收4000元。

【“爱心工程”实施】 2021年，明溪县侨联开展“9·9”公益日、“明溪县教育发展募捐”等各项公益活动，鼓励引导侨界热心人士参与公益和慈善事业。年初，匈牙利侨领李秀云向德亨仁厚捐赠防寒被等物资，价值10万元。4月，意大利侨领陈汉生向明溪县城关中学捐赠护眼灯等物资，价值近20万元，意大利明溪华人华侨联合会向明溪县第三实验小学捐赠价值1.2万元的书籍。9月，意大利侨胞连梦茵向德亨仁厚捐赠20件饮料，价值3000余元。

【侨胞与侨益维护】 2021年，明溪县侨联开展“送温暖，献爱心”和“情暖侨界”等活动。春节期间，走访60位海外重点人士侨眷并送上慰问品；做好贫困侨救助专项资金发放工作，向20名贫困侨发放补助款6万元。致公党福建省委专职副主席吴棉国带领爱心人士到沙溪乡梓口坊村开展“爱心助侨，重阳敬老”义诊捐

2021年12月4日，县侨联与厦门大学国际关系学院南洋研究院开展共建活动，建立双向服务模式 （图/县侨联）

赠活动。走访2021年境外返乡侨胞500余人，发放防疫药品1040盒；慰问困难归侨35人及因感染新冠肺炎去世的2位华侨的家属。不定期召开归侨侨眷、侨企代表座谈会，听取他们对政府的工作建议和意见，关心了解归侨和侨眷工作生活情况，了解企业发展需求，为侨胞排忧解难。

【合作共建】 2021年，明溪县侨联贯彻落实“根、魂、梦”新时代侨务工作主线，与厦门大学国际关系学院南洋研究院签订共建协议，并联合成立校外实践教育基地。通过党建结对等方式，以“侨”架“桥”，正向叠加，探索建立“地方支持高校侨务工作，高校侨务资源服务地方发展”的双向服务模式，打通基层侨务工作“最后一公里”，发挥1+1＞2的强大效应，为双方推进侨史侨情研究、促进人才交流及对外传播好声音等方面提供有力保障，助力明溪侨乡文化品牌提质。

（邹道辉）

明溪县工商业联合会

【概况】 2021年，明溪县工商业联合会（以下简称明溪县工商联）完成换届选举工作，执委会45人，其中主席1人、常务副主席1人、副主席12人。推荐77名政治素质好、有较强社会责任感和经济实力的民营经济人士担任县新一届政协委员。围绕民营企业发展、发挥基层商会作用等主题开展调研工作，形成《关于优化明溪县民营经济营商发展环境的调查与思考》《发挥商会平台作用服务区域经济发展的调研报告》等调研报告。

【企业家政治引领】 2021年，明溪县工商联开展党史学习教育，举办“习近平‘七一’讲话精神”座谈会，开展“党史学习教育进民企”专项活动，举办《关于加强新时代民营经济人士理想信念教育的意见》学习专题班，深入基层商会和会员企业宣讲党史6场，推进新时代民营经济人士的理想信念教育常态化、制度化；组织部分党员参加全市民营经济人士“庆百年，感党恩”理想信念教育培训，推进红色文化与理想信念教育深度融合。以活动为载体加强引导，深入开展“争做爱国敬业、守法经营、创新创业、回报社会的表率，践行亲清新型政商关系”主题活动，通过“明商好故事”等网络媒体广泛宣传南方制药总经理李永、匈牙利明溪商会名誉会长邱保春、福建斯特力气动工具有限公司黄立群、意大利明溪华侨华人联合会会长黄兴武等创业典型事迹和“全国劳动模范”海斯福技术总监张运文先进事迹。推荐福建美士邦精细陶瓷科技有限公司总经理颜井意参加“新时代新三明百名担当作为青年先进”评选，获选“青年创新创业创造之星”。

【光彩事业】 2021年，明溪县工商联对接省、市“同心·光彩助学”“金湖酒业·鱼化龙——光彩助学行动”“不忘老区 燕山光彩助学”公益活动等，发放救助资金约6.6万元，惠及13户大学新生贫困家庭。三明市海斯福化工有限责任公司和公司高管向明溪县教育发展促进会捐赠总计213.4万元爱心助学资金，沙溪商会及爱心企业向明溪县教育发展促进会捐赠助学资金20万元，泉州市明溪商会乡贤向明溪县教育发展促进会捐赠助学资金12万元。组织厦门市明溪商会慰问瀚仙镇和沙溪乡2名困难党员，发放慰问金及物资2000元。组织民营企业福建省大山金线莲科技开发有限公司在第26届“环卫工人节”期间慰问一线环卫工人，发放价值1万多元的生活物资。县南安商会发挥会员企业优势，招工用工优先面向所挂包的王桥村，解决村内20名困难群众就业问题，增收15万元。泉州市明溪商会开展社会救助工作捐资2.3万元。厦门市明溪商会持续性开展会员企业进“温馨家园敬老院”活动，被厦门温馨家园养老中心授予“热心公益，爱老助老”牌匾。

【金融对接支持】 2021年，明溪县工商联为民企提供金融支持，召开服务非公经济发展银企对接会，普及金融知识，签订战略合作协议，为企业贷款提供更便捷的服务。明溪县信用联社为会员企业贷款4000万元，解决新冠肺炎疫情期间部分企业发展资金的瓶颈问题，配合县信用联社为异地乡贤办理“普惠金融卡·惠农宝”“小微宝”等金融业务，惠及企业51家，授信额900万元，确保各企业平稳发展。

【人才支持】 2021年，明溪县工商联为建筑企业升级服务，加强职改政策规定、评审工作安排、评审程序、申报条件要求等内容的宣传，提高非公企业对职称评审工作的认识，推荐56人到省、市参加初、中、高级工程类职称评审。支持成立明溪县建筑企业协会，强化建筑业人才社会责任感及企业整体形象。

【“百所联百会”合作协议】 2021年，明溪县工商联协同县司法局组织福建归化律师事务所、福建万天律师事务所分别与明溪县总商会、南安商会签订“百所联百会”合作协议，建立联系合作机制，为非公企业、商会提供企业融资、重组以及劳资关系等方面的法律咨询。

【结对帮扶】 2021年，明溪县工商联推进“百企帮百村”精准帮扶行动，春节期间组织企业慰问5个村26户困难家庭，发放物资1.5万元。组织民营企业启动“万企兴万村”行动，20家企业和商会与15个村签约形成结对帮扶，形成“万企兴万村”行动人才培育示范基地（福建闽景茶业有限公司）1个。按照序时进度完善、更新数据台账，创新探索实施“三步工作法”（双推双选结对子，双联双促抓推动，双兴双强结硕果）推进村企双兴。元旦、春节“两节”期间15家企业和商会发放慰问金及物资价值9万元，惠及298人。福建斯特力气动工具有限公司被省委统战部等五部门评为“千企帮千村”精准扶贫行动先进民营企业。

【经贸交流】 2021年，明溪县工商联制定《明溪县商会招商引资工作考评办法》，推进“回归工程”，给予招商引资工作中表现突出的异地商会表彰兑现奖励14万元。指导厦门市明溪商会协同厦门市商贸行业协会、厦门建发峰道商业公司主办“明溪·时代广场经贸投资洽谈会暨时代广场项目推介会”，成功签订项目投资3.16亿元。组织各地商会到县考察项目，厦门市明溪商会为明溪县引进“中卡智慧停车”项目，项目总投资1500万元。结合广东省福建明溪商会成立，举办现代农业招商推介会，成功签订硒锌大米加工、盖洋新鲜果蔬产业智能温室示范园建设项目等投资意向项目4个，总投资2.05亿元。结合福州市明溪商会年会，召开现代农业、现代服务业和新能源、新材料、新医药产业项目推介会，签订明溪县蛋鸡标准化养殖、新能源型燃料、优质氢氧化钙生产等13个投资意向项目，拟投资金额6.89亿元，成功引进福州丰泽农业到夏阳投资。“9·8”中国国际投资贸易洽谈会期间，在厦门市举行“现代农业、文旅康养及‘新能源、新材料、新医药’产业项目”专场招商推介会，签约和金煜丰新材料、福建京和生物等11个项目，总投资44.7亿元，侨心瓷海艺术展示中心准备落地明溪。对接福州绿水青山环保公司、厦门中信集团到明溪县考察生物治理化工污水项目和山桐子项目。

（关　丽）

明溪县社会科学界联合会

【概况】 2021年，明溪县社会科学界联合会（以下简称明溪县社科联）推进社科各项工作，开展时政宣传76场（次），收编课题研究论文36篇，6篇研究生态文明思想论文入选全省研讨会论文选编，开展网上“庆祝中国共产党成立100周年活动”等内容有奖知识竞答3次，宣传社会科学知识。

【理论宣传】 2021年，明溪县社科联多措并举，突出主题，推动理论宣传走深走实。通过宣讲会、座谈会等各类宣传宣讲形式，组织社会科学工作者开展并参与习近平新时代中国特色社会主义思想学习宣传贯彻和中共十九届五中、六中全会精神及省第十一次党代会、习近平来闽考察重要讲话、“七一”重要讲话精神等的宣讲宣传活动76场次，受众1.1万人次。市级社科基地龙湖村组织宣讲员开展廊亭宣讲的做法得到省社科联的肯定，被“学习强国”福建平台所采用。县社科联发挥“乡村讲坛”、社会科学专题报告会、社科普及宣传周、网上有奖知识竞答等载体作用，普及习近平新时代中国特色社会主义思想，营造宣传学习的浓厚氛围。

【课题研究】 2021年，明溪县社科联贯彻落实新发展理念，围绕县委、县政府工作重点，组织开展课题研究。开展习近平生态文明思想论文征集，选送“健康中国视域下发展全域森林康养产业的路径研究”等6篇文章入选全省研讨会论文选编（全省40篇）。与县委宣传部等相关部门联合开展的“助推乡村振兴，全面建成小康社会”论文征集，收编论文36篇，开展“牢记新嘱托、增创新优势、再上新台阶”主题征文活动，“持续打好明溪“侨乡”品牌，促进新时代革命老区高质量发展的思考”被“三明论坛”采用。习近平新时代中国特色社会主义思想在沙溪乡的实践案例课题项目被省委讲师团中国特色社会主义理论体系研究中心立项并结项。选送3篇重点课题参与市社科课题申报，其中“新时代年青干部传承党的光荣传统和优良作风的路径选择”获得立项。

【社科普及】 2021年，明溪县社科联开展社科普及宣传，提升

2021年10月，县社科联联合有关部门开展社会科学普及宣传周活动。图为工作人员在县金贸广场发放宣传资料

（2021年10月8日黄歆洁 摄）

公众人文社科素养。参与或组织全县“文化卫生科技”三下乡、“网络安全宣传周”、党史知识竞赛等活动，开展“社会科学在你身边”社科普及宣传周活动，组织广大干部群众参与在“八闽社会科学普及网”开展的庆祝中国共产党成立100周年、中共十九届六中全会精神、省第十一次党代会精神3次网上有奖知识竞答。打造宣传示范点，依托“乡村讲坛”、红色故事宣讲小分队，新时代宣讲师等开展“一乡（镇）一讲一长廊”社科普及进乡村活动，在侨乡沙溪举办“永远跟党走　谱写新篇章”为主题的“社会科学在你身边”系列宣传活动。2021年福建省百场社会科学专题报告会走进明溪，提升社科普及影响力。

【优秀文化弘扬】　2021年，明溪县社科联推动闽学文化建设，开展闽学文化进校园、进社区、进农村活动，普及闽学知识，发挥紫云村闽学馆、龙湖村“杨时文化馆”的宣传教育作用，开展红色文化、闽学文化主题参观教育、社科讲座等系列活动。组织社科工作者参与杨时文化与王阳明心学座谈会，推动闽学文化在乡村的传承，提升社科影响力。结合党史学习教育，社科基地夏阳御帘村开设中共党史主题展厅，围绕历史脉络和时间节点，展现中国共产党从成立之初到不断发展壮大的辉煌历程。

（黄歆洁）

明溪县文学艺术界联合会

【概况】　2021年，明溪县文学艺术界联合会（以下简称明溪县文联）新创“明溪文联”微信公众号，推送文章130条，10余条文艺信息被福建文艺网、东南网等平台采用刊发。建设“明溪文艺之家”活动场所及网上文艺之家平台，加强文艺工作者思想政治引领。发挥明溪精微雕省级文艺示范基地作用，推进“文艺两新”组织——“滴水村落”诗歌部落文艺品牌的打造和宣传。9月，被福建省人力资源和社会保障厅、福建省文学艺术界联合会评为“全省文联系统先进集体”。年内，全县新增3名中华诗词学会会员，13名省级文艺家协会会员、10名市级文艺家协会会员。

【主题文艺活动】　2021年，明溪县文联围绕献礼中国共产党建党百年，组织拍摄《百花理发店》《红色归化》系列纪录片（共3部），其中《日出旦上》获中国红色微电影盛典最佳短视频大奖；编导推出“杜鹃花红”——明溪（归化）红色歌谣传唱舞台节目；举办“永远跟党走　献礼建党100周年”残疾人故事征文比赛和宣讲活动、“永远跟党走”文艺惠民演出、“永远跟党走”革命歌曲合唱传唱活动、“喜迎党代会　奋进新征程”文艺晚会，庆祝中国共产党明溪县第十三次代表大会胜利召开。围绕“风展红旗·如画三明”品牌宣传，组织摄制推出《悦见明溪》城市名片宣传视频；举办

2021年6月30日，明溪（归化）红色歌谣传唱系列舞台节目“杜鹃花红”在归化影院演出。图为节目《革命的烽火》（图/县文联）

“行摄归化 月映明溪”摄影赛优秀作品展及“南方制药杯”明溪县首届红豆杉摄影赛；先后在福州三坊七巷朱紫坊、三明市文艺交流中心、县档案馆等地举办“明溪溪明青山山青”全省摄影大赛获奖作品展。围绕“艺说党史”，结合“我们的节日”，开展“百条灯谜贺百年 元宵竞猜乐团圆”全民线上灯谜竞猜活动，并在“明溪文联”公众号发布相关专辑6期；开展“学党史 忆风华”主题征文、清明、端午诗会及“月圆中华”中秋云诗会、“致敬最美劳动者”征文，并在“明溪文联”公众号展示主题作品16辑。

【文艺采风创作活动】 2021年，明溪县文艺工作者立足区域文化特色，争创文艺精品，助力乡村振兴。明溪县摄协组织会员参加“南方制药杯”明溪县首届红豆杉摄影赛等5次采风创作活动，并将摄影成果在“明溪文联”公众号“绿韵归化”栏目展示，全年发布4期。明溪县作协、诗学组织会员深入瀚仙镇等乡镇开展采风活动，并推出作品专辑。

【“艺”起抗疫】 2021年，明溪县文联针对全国新冠肺炎疫情反复现象，两次发出《致全县文艺工作者倡议书》，要求县文艺工作者发挥文艺工作者轻骑兵作用，开展贴近疫情防控形势、契合群众实际需求的相关文艺作品创作。全县文艺工作者创作抗疫诗文作品200余篇（首），在“明溪文联”公众号推出作品专辑4期。

【文艺作品】 2021年，明溪县文联在全年市级以上报刊、平台上稿数百余篇（首、件）；县作协参与编写的《精准扶贫在明溪》正式出版；县作协会员钟茂桂的散文集《不如枫溪》出版发行，徐晓红乡村振兴与红色文化题材散文入选省作协2021年度定点深入生活项目，杨奇斌《小猪斑斑系列之百变大侦探》音频故事在音频分享平台喜马拉雅发行。县作协曾春根诗歌作品刊发在《诗林》《星星》等数十家省级及以上刊物，《梦回延安》荣获金延安杯“百年辉煌·回望延安”征文二等奖，《在西藏的旅程修行（组诗）》获“走进西藏，谱写新时代奋进征程”征文大赛二等奖，曾春根被授予“当代德艺双馨艺术家”荣誉；曾春根、林急闽、曾旗平分别获得2021第二届（香港）紫荆花诗歌奖暨“诗与远方”全球华语诗歌大赛二等奖、优秀奖和入围奖；林急闽《我热爱这块土地（组诗）》获福建省作协等单位联合主办的“风展红旗 如画三明”诗歌征集活动优秀奖；曾春根、林急闽、曾旗平、王秀萍、枫笛诗歌作品参加2021年第五届华语春晚朗诵（海峡分会场）。与省摄协联合举办“明溪溪明 青山山青”全省摄影大赛的百幅获奖作品中，明溪县摄协张峰《白腿小隼》《明溪夜色》分别获一等奖、三等奖，谢煌伟《丰收节的喜悦》获三等奖，张峰《天路》《明溪全貌》、吴小平《瑜伽秀》、李慧兰《平安祥荷》《比武招亲》获优秀奖。韩土东摄影作品《穿针引线》在中国邮政储蓄银行第二届“金晖杯”摄影大赛中获二等奖。明溪县音协杨琳原创歌曲《老家故事》获“福建省庆祝中国共产党成立100周年歌曲征集评选活动”全省优秀作品奖。明溪县美协赖培文作品《春山觅境之一》获“江南如画——中国油画作品展(2021)”颜文樑艺术奖，《风清海晏之八》获“八闽丹青奖”第三届福建省美术双年展金奖提名（银奖），《风清海晏之二》被中国美术馆收藏。明溪县民协赖志强《“闽王”将军剑》、毛新华篆刻作品《二十四孝印谱》、马桂花《寿悦盛世》分别获2021年“中匠杯”1个金奖和2个银奖；2021年第十一届福建省“争艳杯”大赛中，毛祚胜纸雕作品《红船精神》及微雕《里程碑》、郑小春衍纸作品《吉祥三宝》分别获两个银奖和一个铜奖等；闽王宝剑传承人赖志强作品《斩妖魔佑中华金钢剑》工艺美术获“风展红旗·如画三明”全市文化旅游创意设计大赛优秀奖，相关报道《匠人·匠心》在央视《探索·发现》播出；《明溪微雕别具一格》在福建电视台《福建非遗》栏目播出，《毛祚胜大师大山深处的新发展》纪录片、《匠心绝技》纪录片等在CCTV播出，《明溪微雕技艺》入选福建省级非遗视频并以中、英、法三国语言向全世界展播。县舞协被中国舞蹈家协会评为“优秀指定授课点”“教学达标示范考点”“优秀组织单位”，被福建省舞蹈家协会授予“舞蹈教学示范基地”。县书协黄炳莹、方国作品入选“青春颂党恩 融合谱新篇”全省军民融合发展中国共产党建党百年书画展（第二届）并结集出版，入选全市老体协系统“庆祝中国共产党成立100周年”书画摄影作品展，入选三明市人大常委会“奋斗百年路 启航新征程”人大系统书画作品展；黄炳莹、熊洪斌、叶乾生、罗昌明、方国等人作品入选“永远跟党走——三明市庆祝建党100周年”书法展；熊伟作品入展福建省书坛新人展等。

【文艺交流】 2021年，明溪县文联办好“明溪文化大讲坛”栏目，邀请市委宣传部吴德权作《品读明溪》专题讲座，邀请国家高级摄影师许舒平举办《光影有约》摄影艺术专题讲座，两场讲座受众人数达2.3万人。直属文艺家协会明溪县作协与中国金融作家协会福建联创组联合举办庆祝中国共产党成立100周年明溪采风交流活动；县摄协组织会员参加“顺昌观银杏”“清流龙舟赛”采风摄影活动；县诗词学会到明溪县中小学、老年大学作诗词楹联基础知识讲座，邀请三明市及各县诗词学会会员参加明溪县“学党史·忆风华”端午诗会活动；县美协参与“风展红旗 如画三明”百名画家三明苏区行活动；县民协参与市省工艺美术赛事和展览，微雕艺术家毛祚胜深入中小学开设微雕公益课堂；县书协会员参加市书协举办的庆祝中国共产党建党百年书法展活动。

【文艺队伍建设】 2021年，明溪县文联增补副主席1名、文联兼职副主席1名。“明溪文联”微信公众号“归化‘艺’家”栏目全年推介宣传12名明溪艺术家，其中《一位村支书心中的诗和远方》《行走在乡村的青年作家——钟茂桂》社会反响较好。指导直属各文艺家协会调整充实班子成员，选好配强各协会骨干，明溪县摄协增补副会长1名、副秘书长1名，明溪县作协增补副秘书长1名，并成立现代新诗专委会。

（李晓晴）

明溪县残疾人联合会

【概况】 2021年，明溪县残疾人联合会（以下简称明溪县残联）被国家机关事务管理局、中共中央直属机关事务管理局、国家发展和改革委员会、财政部授予“节约型机关”荣誉称号，被三明市委、市政府评为2018—2020年度市级文明单位。在中国残联召开的全国基层残联组织改革工作推进会上，县残联加强基层组织建设的经验做法入选《全国基层残联组织改革工作进展情况及典型案例汇编》（福建省3个），被三明市残联发文推广。撰写的50篇宣传信息被福建省残联采稿29篇、三明市残联网站采稿36篇、三明电视台采稿2篇、《三明日报》采稿1篇、《三明新周刊》采稿3篇、书刊《精准扶贫在明溪》采稿3篇、《明溪快讯》采稿2篇。

2021年11月11—12日，2021年全市残疾人托养服务工作培训会在明溪县召开（图/县残联）

【残疾人脱贫攻坚】 2021年，明溪县组织乡（镇）残联开展易返贫致贫残疾人排查走访等工作，全县31户47人易返贫致贫残疾人对象纳入扶贫部门监测范围。将残联惠残政策向已脱贫残疾人倾斜，投入资金82万余元，受益脱贫残疾人759人次。开展困难群众“漏保”“漏救”问题点题整治工作，排查全县未纳入民政保障的1816名重度残疾人（含智力、精神三级残疾人），77名符合条件的残疾人纳入最低保障。

【残疾人生活保障】 2021年，明溪县有1830名残疾人领取生活补贴、有2171名领取护理补贴。全额资助2344名重度残疾人城乡医疗保险个人缴费。向172户“一户多残”残疾人和重度一级肢体残疾人发放生活困难补助和专项护理补助25.12万元。将218名智力、精神和肢体重度残疾人纳入省、县级居家托养服务或机构托养服务项目，补助资金达59.73万余元。为全县70周岁（含70周岁）以下2248名和1948名持证残疾人办理人身保险和购买重大疾病保险，全年有210名残疾人获理赔，理赔资金达40.37万元。扶助残疾学生和困难残疾人家庭子女242人次，助学补助资金达37.50万元。修订完善《明溪县困难残疾人新建和修缮住房资金补助办法》。

【残疾人就业】 2021年，明溪县开展扶持残疾人就业创业项目工作，发放创业、医社保补助、小额贷款贴息等各类扶持资金54万余元，受益残疾人150余名。扶持明溪首家残疾人辅助性就业机构，安置5名精神、智力、重度肢体残疾人就业。全年通过就业年检网上审批，受理按比例安排残疾人就业创业年检48家。开展残疾人就业援助活动，选送113名残疾人参加省市县举办的实用技术培训班。

【康复服务】 2021年，明溪县有1665名残疾人得到康复服务，康复服务率达到100%。开展政府购买残疾人精准康复服务工作，投入22万余元为151名残疾人开展为期4个月的居家或集中康复服务；开展精神病门诊服药和住院医疗救助项目，全年救助129名门诊服药和住院医疗精神障碍残疾人，发放补助资金6.4万余元；开展明溪县2021年首期脊髓损伤者生活重建训练营项目，投入6.12万元，为10名脊髓损伤者开展为期15天生活重建训练营；实施残疾儿童康复训练救助项目，向50名残疾人儿童发放康复救助资金近62万元；加强残疾人康复服务机构建设，明溪复康中医医院完成基础设施建设和医疗资质、医疗设备、医护人员进驻工作，县总医院康复科顺利开展肢体残疾儿童康复训练。

【辅具适配服务】 2021年，明溪县有604名残疾人得到辅具适配服务，辅具适配率达到100%。为225名残疾人适配补贴305件辅具，补贴资金达26.8万余元。雪峰镇城南、城北、城东和盖洋镇柳里社区建成辅具共享服务站4个，向居民出借辅具65人68件，回收旧辅具22件，满足伤病人、残疾人、老年人临时性辅具需求和应急配置服务需求。

【残疾人思想政治引领】 2021年，明溪县残联举办“永远跟党走·献礼建党100周年”残疾人故事征文比赛，评出获奖作品20篇；举办“残疾人故事征文比赛颁奖仪式暨残疾人故事宣讲活动”，在线观众数达6806人，在《三明市党史学习教育简报》第31期《我市各级各部门以多种形式庆祝党的百年华诞》中报道。

【残疾人证核查换发】 2021年，明溪县残联开展第二代残疾人证集中核查整治和第三代残疾人证换发工作。按照“公平、公正、公开”“动态管理”的原则，投入17万元，办理残疾人证1006本（其中换证728本、新办证266本、补办证12本），冻结608本，注销残疾人证312本；完成第二代残疾人证的核查整治及第三代残疾人证（智能卡）的换发工作，换发第三代残疾人证4092本。

【残联组织建设】 2021年，明溪县残联第五届主席团审议通过第五届执行理事会挂职、兼职副理事长各1名。修订并印发《乡（镇）街道工作手册》《村（社区）工作手册》，督促乡镇残联及时整改完善“九个有”及村（社区）残协“六个一”建设，通过加强残疾人组织阵地建设，切实提高服务残疾人的能力和水平。

（唐雪琴 陈清香）

明溪县红十字会

【概况】 2021年，明溪县红十字会推进红十字宣传、“三救三献”(应急救援、应急救护、人道救助，献血液、献造血干细胞、献人体器官组织)活动、人道主义救助等各项工作。开展无偿献血活动4场次，有854人次参与，献血量29.17万毫升。

【红十字会宣传】 2021年，明溪县红十字会结合红十字博爱周、全国防灾减灾日、世界红十字日、世界急救日等主题活动，宣传贯彻《中华人民共和国红十字会法》《中华人民共和国献血法》等红十字会法律法规。通过LED显示屏、“明溪在线”公众号、主题活动等形式，宣传红十字会运动基本知识和普及“三救三献”基本常识，增强群众获得感。全年开展宣传活动9次，发放各类相关材料1000多份，无偿献血知识普及约1100人次。在红十字会博爱驿站推广使用“红博娃”IP形象，加强红十字文化建设，发挥人道红十字文化在引领社会道德风尚、推动精神文明建设中的积极作用。

【应急救护知识技能普及】 2021年，明溪县开展群众性应急救护知识技能普及和培训，在城北社区、拱桥桥头、县电力公司、县第一实验幼儿园开展群众性应急救护知识技能普及4场次，培训166人次。推进红十字应急救护工作，县政府办公室印发县红十字会等9部门制定的《关于进一步推进全县红十字应急救护工作的实施方案》《关于开展“文明健康、有你有我”红十字急救员培训活动的通知》文件，举办“文明健康 有你有我”红十字救护员培训，报名384人，培训6场次，207人取证。

【首例非亲缘关系造血干细胞捐献】 2021年，明溪县夏阳乡后洋村村民邓俊杰成功捐献造血干细胞，这是明溪县首例非亲缘关系造血干细胞捐献者，是三明市第21例、福建省第282例、全国第10806例非亲缘关系造血干细胞捐献者。

【红十字人道救助】 2021年，明溪县红十字会做好“红十字博爱送万家”、“小天使基金”、“天使阳光基金”、福万通大病救助等系列项目的救助行动，年内发放三明市“博爱送万家”救助物资9份，价值3591元；开展“爱过年在三明”项目，向明溪县10户生活困难家庭发放每户500元的慰问金，共计5000元。落实好海斯福化工有限责任公司叶宝刚等5名爱心人士贫困生助学项目，向12名贫困学生发放助学款1.35万元。全年收到社会爱心人士捐赠善款1.45万元。3月，明溪县妇幼保健院红十字志愿服务队成立，全年开展志愿服务5次。9月，开展“9·9”公益日网络募捐活动，组建115个队伍，发动3685人次参与，为“爱过年在三明”募捐44425.89元。

（黄兴兰）

明溪县计划生育协会

【概况】 2021年，明溪县计划生育协会（以下简称明溪县计生协会）加强基层建设，提升服务能力，推动协会改革落实落地，以生育关怀、家庭健康两大主题推进“六项重点任务”（宣传教育、生殖健康咨询服务、优生优育指导、计生家庭帮扶、权益维护、流动人口服务），参与新冠肺炎疫情防控工作，为推动健康明溪建设与家庭和谐幸福做出新贡献。获省妇联通报表扬宣传服务先进工作者1名，“六项重点任务”典型人物2名。12月，漳州市计生协会到明溪县考察学习交流计生协会改革及六项重点任务工作开展情况。

【计生协会改革】 2021年，明溪县印发《明溪县计生协会改革方案》，明确健全组织机构等三个方面16条措施，落实宣传教育、生殖健康咨询服务、优生优育指导、计生家庭帮扶、权益维护、流动人口服务等六项重点任务，建立健全面向基层、面向群众的服务体系。乡级加强组织建设，明确设立“计生协会岗”，完成挂牌设岗；保障乡级工作经费，2万人以下的每年不少于2万元、2万人以上的每年不少于3万元，并随着经济社会的发展逐步提高，确保小组长的待遇落实，每月给予不低于50元补贴并逐步提高补贴标准。

【组织建设】 2021年，明溪县计生协会印发《明溪县计划生育协会2021年工作要点》，部署全年工作安排。转发《福建省计划生育协会关于做好村（社区）计生协会换届工作的指导意见》，部署乡、村两级计生协会重点做好换届工作。贯彻落实县委“再学习、再调研、再落实”工作要求，开展全县9个乡镇工作调研，赴永安、将乐、建宁对标学习先进经验，推动协会工作再提升。

【计生宣传教育】 2021年，明溪县计生协会结合庆祝中国共产党成立100周年，组织各乡镇开展第23个计生协会“5·29”会员活动日、“永远跟党走，奋进新征程”系列宣传活动，接受群众咨询1000余人次，免费义诊400余人，发放扇子、围裙、宣传袋等1000余份，宣传单5000余份，发送节日短信3万余条；上门走访入户10余户。联合县卫健局等单位在“3·5”学雷锋活动日、“世界精神卫生日”等节日开展宣传义诊活动，受益群众300余人次，发放《健康知识66条》宣传手册、青春健康知识折页、围裙、毛巾、水杯等慰问品1000余份。

【生育关怀】 2021年，明溪县计生协会在“两节”、“5·29”会员活动日期间，走访慰问各类计生家庭及计生特殊家庭234户次，发放慰问金9.9万元。邀请县总医院医生讲授“中医养生之七情六欲”，并开展义诊咨询服务，受益计生特殊家庭20余户。走访第14期“幸福工程”母亲，了解她们生产活动中遇到的难题，帮助她们致富发展。开展“生育关怀—紧急救助”活动，救助困难计生家庭10人，发放救助金3万元。落实计生意外伤害保险8055户80.78万元，完成市下达任务107.70%，赔付人数152

人，赔付金额27.52万元。落实计生失独家庭住院护理补贴保险29人0.87万元，理赔人数4人，赔付金额0.46万元。举办金秋助学活动，发放助学金12.84万元，其中省级应往届计生家庭考生16名，发放助学金8万元，市级应届考生5名2.5万元，县级考生39名2.34万元。落实安居工程，帮助枫溪乡邓家村建档立卡户帮扶户宁某建新房，补助6万元。

【家庭健康促进行动】 2021年，明溪县计生协会推进家庭健康关怀促进行动，开展“健康知识进万家”活动，提升家庭健康素养水平。开展关爱女性送健康——生殖健康村村行活动，1936名育龄妇女受益，同时对接受生殖健康系统疾病筛查、治疗的计生家庭20人补助1万元。推广“健康知识进万家”小程序，确保县、乡、村每一级都有健康知识指导员，录入指导员355人，推广群众5887人。开展应急救护培训1期，受益50余户。邀请专家赴全县各乡镇开展“健康知识素养讲座”，让群众获得健康知识，参会群众360余人次，发放健康知识66条宣传手册、围裙、毛巾、水杯等慰问品1000余份。组织各乡镇收视收听国家、省、市“家庭健康促进行动”各类直播活动8期，拓展宣传服务新模式，倡导健康生活新方式。

2021年8月2日，县计生协会联合县科协等单位举办留守儿童夏令营活动

（图/县计生协会）

【儿童早期发展教育】 2021年，明溪县计生协会做好儿童早期发展亲子小屋项目工作，建成枫溪小珩村亲子小屋1所，在建城西社区亲子小屋1所。在城东社区开展“早教进社区”活动8期，受益103户，举办“优生优育知识讲座”1期，县妇幼保健院儿保科医生指导0～3岁儿童早期发展，解读孤独症、多动症、口吃、磨牙、打呼噜等儿童常见问题，并向家长分享处理此类问题的正确做法，发放早教包100份。开展主题为“红色文化育新人，科技强国拓未来”为期7天的关爱留守儿童夏令营活动1期，受益学生30余名。

（郑　源）

责任编辑：叶安婕

法　治

政法委与综治

【概况】　2021年，明溪县政法工作围绕建设更高水平平安明溪、法治明溪，全力抗疫情、防风险、保安全、护稳定、促发展，保持社会大局安定稳定良好局面，被市委、市政府评定为2021年度平安县（市、区）一等奖。明溪县城关司法所被司法部评为“全国模范司法所”；县司法局被中华全国人民调解员协会评为“组织宣传人民调解先进集体”；县公安局干警郑艳被公安部授予“二级英雄模范”称号。

2021年3月16日，明溪县举办政法队伍教育整顿新闻发布会

（图/县融媒体中心）

【平安建设责任制】　2021年，明溪县坚持把平安建设成效纳入各级党政领导班子和领导干部政绩考核指标，将平安奖延伸至建立村（社区）和离退休人员，平安建设责任体系更加完善。发挥平安建设领导小组及“一办九组”（办公室、政治安全组、维护社会稳定组、社会治安组、公共安全组、基层社会治理组、重点人群组、反邪教工作组、平安宣传暨网络舆情组、专项治理组）统筹协调、推动落实职责，评定2020年度平安先进乡镇5个、平安乡镇4个，平安先进单位62个、平安单位41个，挂牌督办单位1个。

【信访积案攻坚】　2021年，明溪县委政法委致力“减存量、控增量、防变量”，坚持“三到位一处理”（群众诉求合理的解决问题到位、诉求无理的思想教育到位、生活困难的帮扶救助到位、行为违法的依法处理），落实县乡领导接访、包案制度，推动信访联席会、部门协调会专案研究，中央信访工作联席办第一批交办的38件治重化积信访件全部办结化解且未反弹，省、市各3件信访积案全部息诉息访，未出现新的群体信访案（事）件。

【矛盾纠纷化解】　2021年，明

溪县委政法委坚持和发展新时代“枫桥经验”，发挥综治中心、基层网格及政法“五员”（人民法官、人民检察官、人民警察、司法行政人员、城管队员）下沉和“调解小组进小区”“说事评理”等作用，调处矛盾纠纷913件。依托“12345”政务平台受理诉求件4066件，群众评价满意率、按时办结率100%。

【安保维稳】 2021年，明溪县委政法委把确保重要节点稳定作为政治任务，聚焦全国两会、习近平总书记来闽来明考察、中国共产党成立100周年、中共十九届六中全会和省市县党代会及元旦春节、国庆中秋等重大节点，把预测预警预防作为根本任务，做到对重大风险底数清、情况明，实现精确预测、精细预警、精准预防，全面完成年度重大安保维稳任务。

【公共领域安全】 2021年，明溪县委政法委着眼“减量控大”，强化重点企业源头监管、落实道路安全隐患整治、严管路面交通违法，交通安全“四项指数”全面下降，其中事故起数减少16起，比上年下降38.1%；死亡人数减少6人，比上年下降54.55%；受伤人数减少27人，比上年下降46.55%；直接经济损失减少9000元，比上年下降42.06%。创新推行护学岗“1+N”模式，整合公安、教师、家长、保安、志愿者力量，优化勤务值班，校园周边治安交通乱象得到有效整治。开展城市窨井盖、减速带等专项整治，确保“脚底下”安全。贯彻落实景区和非景区景点安全管理部署，对全县2个景区、3个非景区景点共排查出安全隐患18处，整改18处，落实景长制，设立警务室2个、执勤点1个，设置警示牌6个；对河边、湖边等临水危险区域划出安全警戒区域、设置河道护栏，通过无人机喊话等方式警示提示，加强与消防救援等部门联勤联动，建立健全紧急召集、应急响应、组织指挥、值班备勤等制度，安排部署执勤巡防力量48人，联合开展应急演练5场次，发送公安提示函2份，新购2部警用平衡车巡逻389次；增设景区“平安家园·智能天网”布点，通过科技赋能、全线设防，实现及时预警和快速处突。

【重点人员管控】 2021年，明溪县委政法委落实严重精神障碍患者救治救助管理“1234”工作模式，全县列管关注类患者339人，列管类21人，送治41人；定期对全县吸毒人员进行联系、研判、风险评估；按照“一人一策”落实刑释人员安置帮教，接收安置帮教124人，在册496人，全年未发生重点人群肇事肇祸案事件。

【消防安全整治】 2021年，明溪县委政法委开展安全隐患大排查大化解大整治专项行动，发现隐患3717处，整改3685处，并按照“六个清单”“四色治理”模式落实重点风险点管控；排查出重大安全隐患房屋206栋，销号137栋，对未销号房屋落实“一房

2021年4月22日，明溪县林则徐禁毒教育基地揭牌

（图/县公安局）

一策”处置计划；发现火灾隐患1300处，整改1292处。

【扫黑除恶专项斗争】 2021年，明溪县委政法委以四大行业领域专项整治为牵引，常态化推进扫黑除恶斗争，摸排有效涉黑恶线索3条，破获九类涉黑涉恶案件15件，抓获犯罪嫌疑人67人，查扣涉黑恶案件资金2348.6万元，查获并移送起诉“保护伞”（黑恶势力“保护伞”）2人；审结一审刑事案件134件，判处罪犯182人，依法严惩危害公共安全等犯罪59件63人。

【基层治理】 2021年，明溪县把推行“一党委三中心（站）”〔社区（村）党委、党群服务中心、综治中心、新时代文明实践站〕建设和政法“五员”下沉零距离服务作为抓基层强基础补短板的重要工作来抓。县委组织部、政法委、文明办和县住建局联合制定“一党委三中心（站）”建设方案，明确重点任务、方法步骤、工作要求；坚持试点先行、以点带面，统筹区位、人口等因素，选取9个乡（镇）的10个村、6个社区作为示范点，组织工作专班到点指导，建立“三中心”（党群服务中心、综治中心、新时代文明实践站）督导员和“政法+城建”联络员制度，推动政法“五员”下沉解决矛盾纠纷466件；召开“一党委三中心”建设专题推进会、汇报会，实化深化“互联网+综治中心+网格化”标准化建设、规范化管理、精细化服务，切实提升实体化运行、实战化水平。

【智慧政法建设】 2021年，明溪县坚持科学选点，资源整合，降本增效，实施“平安家园·智能天网”视频监控系统建设，投入137万元，完成视频监控系统建设，实现接入视频监控共享，逐步形成县际、乡际、村际、城乡接合部、主城区“五级视频防控圈”，有效提升社会治理智能化水平，项目建设资金投入、监控覆盖率位居全市前列。

【新冠肺炎疫情防控】 2021年，明溪县委政法委坚持“外防输入、内防反弹”防疫策略，组织政法干部近1000人次下沉社区开展新冠疫苗接种“清零”和重点区域入（返）明人员“清底”行动；针对境外返明人员，实施“一院一专班”“一留观点一警组”等措施，做好党校集中隔离留观点警力24小时值守，为全县8个疫苗接种点各安排2名警力维持秩序；抽查旅店业旅客登记78家次，督促整改问题6个；创新“一码公证”为侨服务“零距离”98件，优化新冠肺炎疫情防控路径。

【营商环境优化】 2021年，明溪县委政法系统紧扣“六稳”“六保”任务，审、执结各类涉企纠纷1085件，标的额2.25亿元，审结金融借款、民间借贷等案件405件，审结非法经营、生产和销售伪劣产品等破坏市场经济秩序案件5件；严格落实企业“白名单”制度，采取“活封”“活扣”方式进行执行和解，帮助2家企业修复信用，保障正常生产。组织律师服务团进企业“一对一”开展法治体检，防范企业风险。

【重点工作服务】 2021年，明溪县委政法委围绕县重大项目、城市征迁、村（居）换届、生态保护等重点工作，发挥法治固根本、稳预期、利长远作用，推动依法和谐征迁、全面完成村（居）组织换届，推动生态司法保护“明溪样本”取得新突破，建立全省首家候鸟监测与保护系统，观测和保护鸟类生态资源，在监测基础上，运用大数据智能分析功能，为打击破坏生态环境资源违法行为，保护环境和候鸟保护政策修订提供有效保障，年内依托监测系统打击涉鸟违法行为7起。县“法治保障生态文明建设”项目入选第一批全省法治政府建设示范项目。

（曾根华）

法治政府建设

【概况】 2021年，明溪县发挥党委的领导核心作用，执行《党政主要负责人履行推进法治建设第一责任人职责规定》，把法治政府建设列入党委、政府重要议事日程，与改革发展稳定各项工作同部署、同推进、同督促。县委及时研究解决法治政府建设重大问题，县委常委会专题学习省委全面依法治省工作会议精神，研究贯彻县落实意见，制定年度依法治县工作要点，专题审议年度法治政府建设工作报告。县政府科学谋划法治政府建设各项任务，专题研究和部署法治政府建设示范创建工作。落实领导干部任前法律考试、宪法宣誓等制度，健全理论学习中心组集体学法制度。推动各级党委（党组）理论中心组专题学法。县委常委会、县委理论学习中心组学法5次。县政府常务会议、县政府党组会议学法4次。领导干部和工作人员运用法治思维深化改革、推动发展、化解矛盾、维护稳定、应对风险的能力不断提高。

【法治政府建设单项示范项目创建】 2021年，明溪县贯彻落实市委、市政府《关于争创全国法治政府建设示范市的意见》要求，制定下发《明溪县争创全国法治政府建设示范县工作责任分解方案》，成立争创全国法治政府建设示范县领导小组，召开全县法治政府建设示范创建部署会，对法治政府建设目标任务进行部署安排。创建单项法治政府建设示范项目，经过省级书面评审、集中评议、实地评估核查、媒体公示、征求意见、批准命名等各个环节，明溪县“法治保障生态文明建设”单项项目被省委全面依法治省委员会命名为福建省第一批法治政府建设单项示范项目，全省2个县级单项项目位列。

【政务服务】 2021年，明溪县推进“减证便民”行动。全县11个部门涉及66项证明事项推行证明事项告知承诺制，优化简化办事流程，组织清理规范性文件自行设定的证明事项5项。提高审批服务效能。压缩审批时限，全年网上办事大厅行政许可事项平均缩短时限占比达92.90%，即办占比87.34%，一趟不用跑占比98.06%，全流程网办占比96.38%。推进行政服务标准化建设，整合全县39个窗口部门的1663个事项入驻新中心，按服务职能设置企业开办、不动产、工程建设审批3个集成服务专区，推行“一窗受理”“一次提交”“同时办结”审批模式，全年共办理行政审批及公共服务事项18.91万件。提升全程网办服务能力，增设2台“e政务”机，实现县公安、人社、教育等9个部门共10大类26小类政务服务事项入驻。优化法治化营商环境。加强公平竞争审查工作，召开全县公平竞争审查工作联席会议，县政府常务会议专题学习《关于强化反垄断深入推进公平竞争政策实施的意见》精神。出台《明溪县推进落实公平竞争审查制度工作指导意见》。开展增量审查和存量清理工作，审查增量政策措施文件3份。全面梳理存量政策措施文件2407份，清理不符合公平竞争原则的政策措施文件4份。梳理惠企政策133项，编制《惠企政

2021年12月3日，明溪县举办“宪法宣传周”暨“乡村振兴 法治同行”活动。图为河滨北路活动现场 （图/县司法局）

策兑现服务事项清单》，设立惠企政策兑现窗口，办理事项1679件，提供咨询服务1275件。强化涉企法律服务，引导律师深入企业开展法治宣传32次、法律讲座16次、法律体检41次，律师调解38件，接待群众850人次，提出法律意见建议150条。

【法治制度建设】 2021年，明溪县抓法治制度建设，全方位护航社会发展。把关重大行政决策，印发《明溪县人民政府行政决策事项合法性审查规定》，全面加强和规范行政决策事项合法性审查工作，提高决策质量。严格落实重大行政决策法定程序，明确要求未经公众参与、专家论证、风险评估、合法性审查、集体讨论等法定程序不得上会讨论。有效落实法律顾问和公职律师制度，新聘政府法律顾问2名，为政府和部门提供法律意见建议500余条，为规范权力运行、提升决策质量提供有力法治保障。强化规范性文件管理，制定《明溪县行政规范性文件管理办法》，明确行政规范性文件起草、合法性审核和备案审查等11项内容。加强合法性审核和备案审查，全年审核县政府及各部门行政规范性文件和合同22件，出具合同合法性审查意见书22份，向县人大、市政府报备政府规范性文件14件。在全县开展涉及行政处罚、计划生育、优化营商环境内容的行政规范性文件专项清理工作3次，修订规范性文件2件，废止2件。

【行政执法】 2021年，明溪县推进执法改革，领会中央关于5个领域综合执法改革指导意见，结合县实际，通过走访调研，摸清底数，完成县市场监管、文化市场、交通运输、农业执法、应急管理、自然资源6个领域综合执法队伍改革，陆续完成队伍整合、挂牌、人员转隶等工作。推动乡镇“一支队伍管执法”，整合、精简执法队伍，推动执法重心下移，最大限度减少不必要的执法事项，解决多头执法、重复执法问题。9个乡镇54个内设机构及27家下属事业单位挂牌率100%，办公场所、办公设备配置齐全，人员调整到位，配齐中心主任21名。创新执法形式，全面推行柔性执法工作，印发《明溪县全面推行柔性执法工作实施方案》，将推行柔性执法工作纳入法治政府建设考评和绩效考核重要内容。县政府领导专题部署柔性执法工作，召开全面推行柔性执法工作推进会，县交通局、城建监察大队2个柔性执法试点单位就柔性执法试点工作做典型发言。5家行政执法部门梳理193项轻微行政违法行为纳入柔性执法事项。强化执法监督。推进行政执法全过程记录、重大执法决定法制审核、行政执法公示“三项制度”，建立健全行政执法的事前、事中、事后公开机制，对市场监管、城市监察、交通等重点民生执法领域开展督查，推进行政执法“三项制度”落地见效。组织开展重点领域行政执法案卷评查2次，评查案卷89卷，评选优秀卷宗6份，发现问题20余个，督促整改，提升执法水平。规范执法主体。全年组织新任执法人员参加行政执法资格考试268人，完成行政执法人员证件申领373人。梳理确认县级行政执法主体44个，并在政府门户网站公示。

【行政复议】 2021年，明溪县规范化解行政争议，推进行政复议体制改革，制定明溪县行政复议体制改革实施方案，设立县乡两级复议案件受理点10个。全年规范办理行政复议案件6件，其中经调解撤回2件，结案3件，在审1件。严格落实行政负责人出庭应诉制度，全县行政应诉案件审结6件，行政机关负责人出庭应诉率100%。开展行政败诉案件责任追究，建立行政争议案件月报制度，及时化解行政争议。落实多元解纷机制，学习“枫桥经验”，发挥人民调解“第一道防线”作用，加强基层矛盾纠纷化解。全年各调委会调处社会矛盾纠纷972件（其中涉新冠肺炎疫情防控纠纷3件）。排查上报“民转刑”风险隐患案件11件，其中引导分流1件，化解10件。发挥公共法律服务实体及“12348”网络平台作用，拓宽线上线下法律服务渠道。提供认罪认罚法律帮助137

件，受理法律援助案件164件，其中民事114件，刑事50件，挽回群众经济损失260余万元。推进普法依法治理，落实“谁执法谁普法”，下发“谁执法谁普法”责任清单，持续落实普法责任田“亮、晒、比”制度。深化“法律明白人”培养工程，累计培养1400余名“法律明白人”“法治带头人”。

【社会监督】 2021年，明溪县政府向县人大报告、向县政协通报政府各阶段的重要工作情况，办理答复县人大代表建议89件和政协委员提案71件，答复规范率、按时办复率和代表委员满意率均为100%。接受县人大常委会执法检查3次，视察、检查和专项调研22项。接受司法监督和社会监督，畅通群众监督途径，通过信函、电话、网络、信访接待、县长（部门）领导信箱等方式受理群众举报、投诉，听取群众意见和建议。贯彻《中华人民共和国政府信息公开条例》，坚持以公开为常态、不公开为例外原则，全年主动公开政府信息数434条，机构职能类信息94条，政策、规范性文类信息7条，规划计划类信息29条，行政许可类信息16条，重大建设项目信息3条，民政扶贫救灾社会保障就业类信息27条，国土资源城乡建设环保能源类信息23条，科教文体卫生类信息8条，安全生产、应急管理类信息98条，其他类信息数129条。

（叶少强）

公　安

【概况】 2021年，明溪县公安局开展政法队伍教育整顿，做好中国共产党成立100周年安保维稳工作，保持社会大局长期安定稳定，辖区未发生敏感案事件，首次获评“全省优秀公安局”，局长傅永强获评“全省优秀公安局局长”，县公安局干警郑艳获评“全国公安机关二级英雄模范”并受邀进京参加中国共产党成立100周年庆祝大会，干警李海毅荣立个人一等功。

【新冠肺炎疫情防控】 2021年，明溪县公安局加强新冠肺炎疫情综合防控，滚动摸排统计全县出境未归人员推送乡镇开展跟踪随访，印发《关于对非法出入境违法犯罪实行有奖举报的通告》，破获偷越国（边）境案6件，抓获涉案人员25人；查处“三非”（非法入境、非法居留、非法就业）案件4件，处罚4人；核减缅北窝点人员27人。快速核查反馈涉疫指令1282批14027条，核查反馈率达100%。派出安保警力450人次保持全县隔离留观点、疫苗接种点等涉疫场所安全有序。稳妥处置阳性人员入明溪事件，连夜流调溯源、封锁涉疫区域，精准摸排出密接和次密接人员共52人，配合疾控中心隔离相关人员，快速切断疫情传播链条。

【社会稳定维护】 2021年，明溪县公安局维护社会大局稳定，

2021年6月2日，县公安局举行“全国公安系统二级英雄模范”授奖仪式

（图/县公安局）

推动将现存危险等级3级（含）以上精神障碍患者全部送医，送治精神障碍患者40人次，无人员漏管失控、肇事肇祸。动态起底重大风险隐患三类11个，全部化解稳控到位。妥善化解矛盾纠纷384起，保持全县无“民转刑”“刑转命”案事件良好势头。

【违法犯罪打击】 2021年，明溪县公安局对追踪侦查近3年的“5·12”特大跨境网络赌博案集中收网，跨越12个省、21个地市侦查取证，抓获犯罪嫌疑人36人，投入警力950人次开展监管看护和案件审讯工作。成功破获公安部督办案件1起、省公安厅督办案件2起，案件侦办时间跨度、地域跨度、扣押查封冻结的涉案物品价值创县局历史之最。新增摸排并办结涉黑恶线索3条，破获九类涉黑涉恶案件15件，抓获犯罪嫌疑人68人，查扣涉黑恶资金2348.6万元，查获并移送起诉“保护伞”2人。电信网络诈骗成功劝阻止骗1504人，发案数比上年下降42.9%，破案数比上年上升36.4%，抓获涉案人员数比上年上升24.4%。全县刑事案件发案数比上年下降23.2%，破案率比上年上升9.8%。抓获在逃人员134名，排名五小县（明溪、将乐、清流、建宁、泰宁）第一。“两抢一盗”案件破案率达90.4%、小案快侦率126%，排名全市第一。查处黄赌案件136件，破获食药环案件1起，收缴枪支27支，侦破毒品刑事案件1件、移送起诉4人，全县未出现治安热点现象。

【警务改革】 2021年，明溪县公安局试行农村派出所“一室两队”（综合指挥室+社区警务队+案件办理队）警务运行模式，大幅提升派出所服务管理能力，经验做法得到市公安局主要领导充分肯定，并在全市推广。创新推行“治安警+交警”融合联动巡防勤务机制，进一步提升见警率、管事率。依托交警大队交通指挥室、派出所综合指挥室实时视频巡查辖区治安交通状况，敏锐感知、快速落地处置异常情况，推动治安交通治理由被动应对向主动预防转变。

【基层基础保障】 2021年，明溪县公安局新建涉案物品管理中心和监视居住点，规范涉案人财物管理。启动沙溪派出所业务用房二次装修，按照“规范化、实战化、智慧化”标准，科学设置功能布局；枫溪派出所业务用房完成项目立项。加快推进执法办案管理中心建设，迁建刑侦值班区，腾挪出充足空间服务办案中心改造，项目完成可行性研究及初步设计方案招投标。

【治安立体防控】 2021年，明溪县公安局在全市率先启动巡特警专职接处警警务机制，科学划定“1、3、5”分钟快速响应圈，将噪声点、广场舞点纳入巡控范围，排查确定人员密集场所12处、防恐重点目标18家，敏感节点严格执行武装联勤巡防机制，提升快速应对能力。快速推进“平安家园·智能天网”视频监控系统建设，视频监控覆盖率走在全市前列。实施视频图像智能化应用提升项目，对视频图像进行结构化处理，实现人脸、车辆自动抓拍、解析。

【打击破坏生态专项行动】 2021年，明溪县公安局开展“猎夹行动”“绿盾行动”“黄金狙击”等专项行动，立案侦查破获野生动植物资源刑事案件24件，比上年下降31.4%，侦破现案12起、侦破往年案件12件，抓获犯罪嫌疑人21人，移送起诉案件22起26人。其中，侦破野生动物刑事案件4起，抓获犯罪嫌疑人4名，收缴野生动物（活体、死体）36只（其中国家二级保护动物白鹇活体1只，救助放生）、猎捕工具101件。

（李建平　余添金）

检　察

【概况】 2021年，明溪县人民检察院开展政法队伍教育整顿，

2021年10月8日，明溪县人民检察院被授予“全国文明单位”称号（图/县检察院）

查纠整改问题47个，完善《离任人员管理办法》《检察官司法办案权力清单》等37项制度，推进司法办案廉洁风险防控建设。全年有3个集体和13名个人获表彰，明溪县人民检察院被授予“全国文明单位”称号。

【法治营商环境优化】 2021年，明溪县人民检察院践行“法治是最好营商环境”理念，贯彻落实省、市检察院服务保障企业发展部署，开展“联百企、结百亲、解百难”活动，检察长带队深入企业走访调研，提供面对面的法律咨询和法治宣传服务，助力安全生产、合规经营。审慎办理涉企案件，开展涉民营企业案件羁押必要性审查和“挂案”清理，探索推进涉案企业合规管理，如办理的某房地产公司负责人赖某非法吸收公众存款案，引导被告人与集资参与人达成以房抵债和解协议，实现企业发展与集资参与人权益双保障，入围“三明市优化法治营商环境典型案例”。

【为民举措】 2021年，明溪县人民检察院贯彻落实省、市检察院服务深化落实“群众信访件件有回复”制度，坚持检察长接访、首办责任制，受理群众信访21件，全部做到“7日内程序回复、3个月内办理过程或结果答复”。落实最高检“三号检察建议”，联合制定《明溪县反洗钱工作打防合作机制》，协同开展“断卡”行动，起诉帮助信息网络犯罪案件12件20人。加大司法救助力度，向2名生活困难的刑事案件被害人及亲属发放司法救助金8.5万元，防止因案致贫返贫。深化构建新型检律关系，召开加强检律协作座谈会，通过建立检律互督互评、定期会商等机制，切实保障律师执业权利。加强生态环境司法保护，起诉破坏生态、污染环境等犯罪件11件15人。落实“河（林）长+检察长”协作机制，设立驻县林长办检察联络室，联合建设20公顷环境修复公益补偿教育实践基地，开展“爱鸟周”“清风行动”等爱鸟护鸟宣传活动，助推美丽明溪建设。

【司法保护】 2021年，明溪县人民检察院深化“四位一体”（从实落实宽严相济政策、从细拓展涉未刑执检察、从优推进涉未民事检察、从稳开展涉未行政公益诉讼检察）未成年人司法保护机制，严格执行未成年人特殊办案程序，依法办理侵害未成年人犯罪案件7件8人；加强涉罪未成年人教育挽救，依法不起诉14人，附条件不起诉3人，引导1名涉嫌轻微犯罪的未成年人认罪认罚、赔偿损失，取得被害人谅解，依法作出附条件不起诉决定，实现“一案双锦旗”效果。针对未成年人父母履职失当问题，发出“督促监护令”18份。设立性侵害未成年被害人“一站式询问室”，避免“二次伤害”。落实“一号检察建议”，选派检察官担任中小学法治副校长，建立法治教育基地，开展宪法教育、预防校园欺凌等主题普法活动，用法治阳光护航未成年人健康成长。在侨守孩集中的沙溪中学建立“微雕工作室”，特邀非遗传承人讲授法治微雕课，举办法治微雕赛，让非遗之美点亮留守孩生活。联合组建县乡村三级春蕾安全员队伍，建立春蕾儿童安全档案39份。开展“涉未成年人公益诉讼专项行动”，通过检察建议推动酒吧、超市、彩票销售点等商家在显著位置张贴“不向未成年人销售烟酒、彩票”标识。6月第一检察部未检检察官兰贵霞，作为三明市唯一基层院代表在福建省检察院举办的“检爱同行，共护未来”检察开放日上介绍强制报告制度落实情况，在全市未检业务培训中作春蕾安全员“123”工作机制经验介绍。

【刑事检察】 2021年，明溪县人民检察院履行批捕、起诉职责，批捕各类犯罪57件88人，起诉137件188人。常态化开展扫黑除恶，移送“保护伞”线索1条，起诉“保护伞”2人，法院作出有罪判决。深化落实认罪认罚从宽制度，依法适用129件177人，适用率达82.7%，提出定刑量刑建议171人，采纳率100%，有效节约司法资源，减少社会对抗。贯彻少捕慎诉慎押司法理念，依法不批捕21人，不起诉36人。持续优化案件管理，“案-件比”指标下降至1∶1.15，居全市前列。设立派驻公安执法办案中心检察室，监督立案3件、撤案4件，建议行政执法机关移送案件2件，追捕2人，追诉4人，发出纠正违法通知书5件。强化刑事执行监督，依法对看守所羁押、社区矫正、暂予监外执行等刑事执行活动实行法律监督，发出纠正违法通知书33份，均得到采纳和整改回复。

【民事行政检察】 2021年，明溪县人民检察院办理各类民事监督7件、行政监督5件，其中办理行政争议实质性化解案件1件，办理行政非诉执行监督案件1件。加强虚假诉讼审查力度，办理虚假诉讼案1件。持续关注农民工群体权益，支持起诉2件，帮助农民工追回劳动报酬1.1万元。加强与县法院工作配合，探索民事行政案件正副卷调阅制度，提升监督质效。针对巡河中发现的死猪丢弃在河道内案件，发出检察建议，督促有关部门及时无害化处置到位。

【公益诉讼检察】 2021年，明溪县人民检察院办理刑事附带民事公益诉讼3件，发出诉前检察建议7件，采取走访询问、现场核实、查阅资料等方式，对2019年以来提出的公益诉讼诉前检察建议进行“回头看”，全部整改到位。建立公益诉讼网格化工作制度，确定40名乡（镇）河长办主任和河道专管员为公益诉讼联络员，将公益诉讼触角向乡村延伸，对巡查中发现的涉河事件快速处置到位。联合县文旅局制定《协作推进检察公益诉讼促进红色文化遗址保护专项活动方案》，开展红色文化遗址巡查和志愿服务6次，走访县退役军人事务局协同开展散葬烈士墓统一迁建工作，针对红色文化遗址保护不到位问题发出检察建议2份。联合县住建局开展城区窨井盖、减速带和大型户外广告设施进行安全隐患排查，督促完善窨井盖档案，对减速带“钉子阵”切割打磨，监督发出行政执法提示书4份，及时加固或拆除存在隐患的广告设施，保障群众脚底下和头顶上的安全。

【未成年人刑事案件和解案例】 2021年，明溪县人民检察院坚持惩罚与教育相结合的未成年人刑事检察工作理念，运用认罪认罚从宽制度、刑事和解、教育感化等方式，帮助迷途未成年人知错悔悟，有效化解社会矛盾，促进社会和谐稳定。2020年10月，县某酒吧外，未成年曾某等人与退伍军人杨某等人发生口角，后双方相互殴打，致退伍军人杨某受伤，经鉴定为轻伤二级。为更好地教育、感化、挽救涉罪未成年人，承办检察官对未成年人犯罪嫌疑人开展讯问，引导其认罪认罚、主动登门赔礼道歉，努力取得被害人原谅，争取从宽处理，双方达成刑事和解，多名涉案未成年人向退伍军人杨某赔礼道歉，监护人赔偿受害人赔偿金。县检察院召开未成年人不起诉宣告会，依法对未成年人分别作出附条件不起诉和不起诉决定。针对监护人监管不力的问题，检察院还向未成年犯罪嫌疑人的监护人发出三份“督促监护令”，并赠送《中华人民共和国未成年人保护法》《中华人民共和国预防未成年人犯罪法》未成年人保护法，让监护人与未成年人共同接受司法矫治。

【社会监督】 2021年，明溪县人民检察院自觉将检察权置于社会各界监督之下，向县委、县委政法委和市检察院党组报告全面从严治党、意识形态、党风廉政建设和队伍建设、宣传等工作。邀请人大代表、政协委员参与检察开放日、案件公开听证、检察建议公开宣告送达等检务活动12场次。邀请省、市、县人大代表和县政府领导到院调研“非遗”法治教育基地和认罪认罚从宽制度适用情况，诚恳听取意见建议。不断深化检务公开，依法公开法律文书171件，案件程序性信息323件。

【检察宣传】 2021年，明溪县人民检察院广泛开展检察宣传，发表检察宣传文章199篇，“两微”（微信、微博）信息83期，“领导带头、部门联动、骨干示范、全员参与”检察新闻宣传工作经验被最高人民检察院内刊采用，干警陈楚贤被《检察日报》正义网评为检察工作宣传“优秀通讯员”。

（陈楚贤 张桂花）

法 院

【概况】 2021年，明溪县人民法院围绕“努力让人民群众在每一个司法案件中感受到公平正义”的目标，统筹抓好新冠肺炎疫情防控和执法办案，依法履行审判职责。开展政法队伍教育整顿，推动顽瘴痼疾专项整治和问题线索清仓见底，全面落实“让审理者裁判，由裁判者负责”的司法责任制。全年共受理各类案件2972件，办结2919件，结案率排名全市第二，审判质效综合得分排名全市第三，执行综合质效排名全市第二、全省第九。获得市级以上集体荣誉表彰3次、个人荣誉表彰9次。

【刑事审判】 2021年，明溪县人民法院审结各类刑事案件153件，判处罪犯210人。常态化推动扫黑除恶专项斗争，审结三明中院指定管辖的2件纵容黑社会性质组织罪的涉黑恶案件，维护社会和谐稳定。审结危害国家安全、公共安全案件66件，增强人民群众安全感。严厉打击多发性侵财犯罪，审结诈骗、盗窃等案件15件，保障群众财产权益。落实案件“民转刑”分级预防机制，防范重大风险，持续保持民转刑案件“零”纪录。

【民事审判】 2021年，明溪县人民法院审结民商事案件1116件，涉案标的额1.41亿元，维护群众合法权益。坚持“调解优先、调判结合”原则，加强诉前、诉中调解纠纷案件138件，维护家庭和谐稳定。审结侵权责任纠纷、劳动争议等，调撤率为

2021年3月12日，县人民法院联合县人民检察院等部门在瀚仙镇雪峰农场设立环境修复公益补偿实践教育基地。图为揭牌仪式

（图/县法院）

56.21%。推进家事审判方式改革，联合15个部门建立家事联动调解机制，审结婚姻、继承等家事纠案件45件，商品房买卖、房屋租赁纠纷等案件73件。

【行政审判】　2021年，明溪县人民法院落实行政案件跨区域集中管辖制度，审结各类行政案件55件，行政非诉审查案件9件。发挥府院联席会议良性互动机制作用，主动提供行政机关败诉案件分析材料，发出司法建议4份，降低行政机关涉诉风险，促进依法行政。

【执行工作】　2021年，明溪县人民法院推进“切实解决执行难”工作，执结到位各类执行案件1559件，到位标的额1.99亿元，执行质效考核持续保持在全省法院前列。严格执行通知前置程序和诉讼保全告知制度，增强审判与执行的衔接配合，为执行阶段有财产可供执行提供保障，切实维护当事人的合法权益。加大失信联合惩戒力度，纳入失信“黑名单”163人，限制高消费784人次，配合换届选举、干部晋升、评先评优等协审1560人次。严厉打击拒不执行判决裁定违法行为，判决拒执案件5件5人。网络司法拍卖成交26件，成交金额2453.67万元，为当事人节省拍卖佣金24.7万元。

【司法公开】　2021年，明溪县人民法院依托法院“四大公开”平台（中国审判流程信息公开网、中国裁判文书公开网、中国庭审公开网、中国执行信息公开网），加大司法公开力度，坚持“公开是原则、不公开是例外”，公布生效裁判文书1039份，庭审直播623场次，累计观看23.44万人次。加强代表委员联络工作，邀请代表委员参加“法院开放日”活动和座谈会3场次，参加视察、旁听庭审、见证执行等40余人次。征求对法院各项工作的意见建议12条，并及时反馈落实情况。支持和配合检察机关依法履行法律监督职责，办理检察建议4份，邀请检察长列席审委会1次。保障人民群众参与司法活动，人民陪审员参审各类案件192件，一审案件参审率达95.38%。

2021年4月19日，县法院举办执行款集中发放仪式，共计发放100余万元　（图/县法院）

【智慧法院建设】　2021年，明溪县法院加强科技与审判执行工作的融合应用，让智慧法院建设成果惠及广大人民群众。推行“互联网+诉讼”服务，配备“智慧法院诉讼自助服务终端”，以移动微法院为平台，实现立案、保全、委托鉴定等事项“一网通办”。开展网上立案294件，远程庭审66件次，音视频在线调解320件，接受“12368”在线咨询205人次。开通律师服务平台，提供全程线上阅卷，开庭排期避让等35项功能，便利律师诉讼活动。加强人民法院技防安保工作，推进“六专四室”（专用囚车、专用囚车库、专用羁押通道、专用电梯、专用桌椅、专用卫生间，羁押室、监控室、警用装备室、枪弹室）和法庭安保项目规范化建设，为审判执行工作提供保障。

【生态审判】　2021年，明溪县人民法院实行“四审合一”模式（融合庭审记录改革、在线庭审、庭审直播及电子档案单套制四大元素的新型庭审模式），审结各类生态环境类案件25件。贯彻修复性司法理念，持续推行“动植物保护令”工作机制，发出“护鸟令”3份，首创发出“林木采伐禁业令”2份、生态公益林保护令1份，建立环境修复公益补偿实践教育基地1个。强化生态司法联动，发挥联席会议机制作用，联合河长办、生态环境等部门开展生态普法10余场次。

【涉侨审判】 2021年，明溪县人民法院立足明溪“海西内陆新侨乡”定位，创新涉侨维权司法举措，在打通涉侨司法服务“最后一公里”上下功夫。依托涉侨诉讼“一站式”服务中心、侨益司法保护服务站和沙溪涉侨互联网巡回审判点，化解涉侨纠纷53件，保障侨胞侨眷权益。通过福建移动微法院平台顺利完成全省首例视频代理见证。发挥涉侨司法维权联席会议机制作用，加强与侨联、侨办的沟通协作，做好“三侨回归”工作。

【营商环境维护】 2021年，明溪县人民法院依法平等保护各类市场主体合法权益，审结各类涉企纠纷案件（不含执行）648件，涉案金额9663.17万元。落实涉案企业“白名单”制度，对2家被执行企业通过“活查封”方式进行执行和解，涉案标的额600余万元，为被执行人恢复生产创造便利条件。依法审理至雅公司案，审结金融借款、民间借贷、小额担保等案件（不含执行）432件，维护良好金融秩序。审结非法经营、生产和销售伪劣产品等破坏市场经济秩序案件9件，营造良好经商环境。聚焦民营企业司法需求，编发《民营企业常见法律风险防控指南》，帮助防范风险、规范经营管理。

【社会治理】 2021年，明溪县人民法院完善“诉非联动中心”建设，强化与25个部门和行业诉调对接，多元解纷机制作用得到充分发挥，诉前、诉中调解872件，调解成功率71.44%，诉讼案件数呈下降趋势。依托诉非联动机制，联合县委政法委、县司法局等部门有效化解明溪喜果公司土地租赁纠纷的群体性案件。做好涉诉信访维稳工作，落实稳控措施，确保全国两会、国庆节等重要节点无进京上访事件发生。推进“一党委三中心（站）”建设，成立硕士志愿服务队，开展“法治服务零距离 自治增强‘邻’聚力”活动。

【全省首例视频代理见证】 2021年6月16日，明溪县法院通过“福建移动微法院”线上视频代理见证一起跨境诉讼当事人委托国内律师代理诉讼的继承权纠纷案件，系福建省办理的首例线上视频代理见证案件。原告与被告因房产纠纷，诉至法院。原告童某远在意大利居住多年，因新冠肺炎疫情影响无法回国处理与被告的继承纠纷案件。童某遂联系律师前往县法院询问网上立案及线上代理见证事宜。通过现场连线指导，在福建移动微法院发起线上视频见证，法官、跨境诉讼当事人和受委托律师三方同时视频在线。在法官视频见证下，跨

2021年3月23，县法院开展“我为群众办实事“活动。图为法官上门为80余岁老人立案 （图/县法院）

境诉讼当事人、受委托律师签署有关委托代理文件，无需再去大使馆办理公证、认证手续。线上视频见证后，受委托律师可以代为开展网上立案、网上交费等事项。在新冠肺炎疫情期间既保障当事人的人身安全，又保障当事人的诉讼权利，成功解决跨境当事人的难题。

【司法救助】 2021年，明溪县人民法院聚焦困难弱势群众，依法为经济困难当事人缓减免诉讼费17笔3.92万元，发放执行救助42万元、司法救助10万元。坚持“教育、感化、挽救”方针，强化未成年人保护。联合多部门探索建立罪错未成年人临界预防机制，实施“向日葵计划”，对临罪未成年人建档、跟踪、帮教。深入开展“平安校园、与法同行”系列法治宣传活动5场次，提高中小学生法律意识。

【政治建设】 2021年，明溪县人民法院贯彻落实《政法工作条例》，坚持党对法院工作的绝对领导，把党的领导贯穿法院工作全过程和各方面。教育引导干警深刻理解“两个确立”的重大意义，增强“四个意识”、坚定“四个自信”、做到“两个维护”。严格落实意识形态工作责任制，把好导向、守好阵地、管好队伍，在省级以上新闻媒体报道400余篇。严格落实重大敏感案件研判报告机制，制定“林某等人非法吸收公众存款案”舆情应对预案，有效稳控风险。巩固拓展“1263”（“1”即围绕法院党建走前头“一个目标”；“2”即落实服务中心、建设队伍“两大任务”；“6”即抓好“一岗双责”、促进履职、思想作风、党内监督、文明和谐、基层基础“六个重点”；“3”即深化省、市、县“三级联创”）机关党建工作机制，围绕中国共产党建党百年等重要节点，组织开展党员志愿服务活动20余次。1名退休老党员获颁“光荣在党50年”纪念章，2个党支部、6名党员获得市县“两优一先”表彰。联合县电信公司、实验幼儿园共同建立《革命烈士纪念设施和重要红色文化遗址挂钩管护工作机制》，落实红色资源常态化管护责任。

（原福锋）

司 法

【概况】 2021年，明溪县司法局以发挥法治宣传、法律服务和法律保障三大职能作用，围绕社区矫正、人民调解、普法宣传、安置帮教等工作，服务明溪经济高质量发展、维护社会稳定和谐，完成司法行政工作的目标和任务。3月，明溪县城关调解委员会成轩调解工作室获评三明市三八红旗集体；4月，明溪县社区矫正管理大队获评2020年三明市青年文明号；5月，明溪县司法局获评2018—2020年度市级文明单位；9月，明溪县司法局城关司法所获评全省“五星司法所”，明溪县沙溪司法所获评“三星司法所”；10月，明溪县司法局城关司法所获评“全国模范司法所”；11月，明溪县“法治保障生态文明建设”单项项目入选福建省第一批法治政府建设单项示范项目；12月，明溪县司法局获评全国组织宣传人民调解工作先进集体。

【人民调解】 2021年，明溪县出台《进一步加强人民调解员队伍建设及经费保障工作的实施意见》，加强保障支撑。新成立行政调解委员会4家，实现7个重点行政部门全覆盖。全县各调委会调处社会矛盾纠纷972件（其中涉疫纠纷3件）。排查上报“民转刑”风险隐患案件11件，其中引导分流1件，化解10件。

【社区矫正】 2021年，明溪县司法局深化社区矫正“163”执行模式，落实“三精”（精心教育、精细管理、精准帮扶）工作法。全年共接收社区矫正对象103人，解矫98人，接受委托开展社会调查36人，对违反监督管理规定的社区矫正对象依法依规进行处罚33人次，完善社区矫正工作制度5项。

【安置帮教】 2021年，明溪县

司法局接收安置帮教对象146人，全县在册人员505人（其中重点人员35人）。排查服刑在押和强制戒毒人员困难亲属5户，其中4户落实低保。联合县财政局出台《明溪县安置帮教工作经费保障标准》，落实安置帮教工作经费，与三明市心理健康协会签订购买安置帮教协理员服务合同，在全县9个乡镇分别配备安置帮教专职协理员1名，确保安置帮教工作规范、有序开展。

2021年12月3日，县司法局蒲公英志愿者开展法律宣传

（图/县司法局）

【公共法律服务】 2021年6月，明溪县司法局优化公证服务，推出“零接触”线上公证办理模式，实现依托微信小程序全程在线完成公证申办，快速便捷，实现“足不出户办证”，全年共办结线上委托、声明等公证业务113件。法律援助中心全年受理法律援助案件164件，其中民事114件，刑事50件。提供认罪认罚法律帮助138件。律师值班86次，解答来电来访法律咨询900余人次。9月，联合财政局印发《明溪县法律援助办案补贴标准实施细则》，提高法律援助办案补贴标准，民事案件由原来的1000元调整至1500元，刑事案件侦查、审查起诉阶段从600元提至1000元，审判阶段从1000元提至1500元，激发律师承办法律援助案件的积极性。全年组织律师参与信访接待12次，化解涉法涉诉案件3件，开展法律体检30余次，提出法律意见建议60条。新聘政府法律顾问2名。法律顾问累计为政府和部门提供法律意见建议515条。

【普法宣传】 2021年，明溪县司法局持续落实普法责任田“亮、晒、比”制度，累计组织普法责任单位对普法落实情况开展“亮、晒、比”12期。完成明溪县民法典法治文化公园建设。在“明溪司法”公众号开设“明小司说法”普法栏目，拍摄普法公益视频4期。持续开展“法律明白人”“法治带头人”培养工程。结合明溪实际，创新开展法律明白人“一十百”（“一”是设立一个“说事评理点”，为“法律明白人”搭建一个平台，通过说事评理促进矛盾纠纷化解。“十”是挂包联系十户家庭，为其遇到的法律问题及生活困难予以解答帮扶救济。“百”是法律宣传教育效果惠及百人）活动。4个村（社区）获评“三明市民主法治示范村（社区）”，完成21个省、市级民主法治示范村（社区）复核，夏阳御帘村通过全国民主法治示范村复核。

（伍燕萍）

责任编辑： 温国彪

军 事

人民武装

【概况】 2021年，明溪县人民武装部（以下简称县人武部）围绕庆祝中国共产党成立100周年，深化“传承红色基因、担当强军重任”主题教育活动和党史学习教育，巩固“不忘初心、牢记使命”主题教育成果。开展政治整训，确保对党绝对忠诚、绝对纯洁、绝对可靠；开展“弘扬优良传统、整顿作风纪律”学习教育活动。在“两优一先”评选中，县人武部党委被省军区表彰为先进人武部党委，县民兵应急连党支部被三明军分区表彰为先进民兵党组织。

【党管武装】 2021年，县人武部召开党委第一书记任职大会、全县武装工作会议和基层武装部政治教导员暨专武干部任职大会，制发任命书，组织干部文职人员和专武部长参加三明军分区党委（支部）书记暨习近平总书记“七一”重要讲话精神宣讲骨干集训，协调县政府开展“双争”活动，协调保障三明军分区党委第一书记到明溪县开展党管武装工作调研座谈。

【战备准备】 2021年，县人武部始终着眼履行“急时应急”职能使命，组织防抗台风和抢险救灾方案修订，组织战场环境勘察，开展作战重难点问题研究，修订细化应对当前形势突变国防动员方案，参加战区二级部署演练和省军区指挥联动演练。正规信息报知工作秩序，创新情报报送激励机制，提高民兵信息员报情的时效性、规范性、积极性，为国动援战提供及时、可靠、不间断的情报支撑。

【按纲施训】 2021年，县人武部先后选送新任专武部长参加省军区集训，组织专武干事参加三明军分区在明溪举办的两期专武干部集训，4人次总成绩位列前10名。组织民兵营连长集训、民兵“四会”（会讲、会做、会教、会做思想工作）教练员集训、应急分队暨情报信息员集训和专业分队共同基础训练，受训民兵成绩优秀，达到预期训练效果。组织民兵参加火箭军部队联训联演，民兵遂行任务能力有新提高。

【规范化建设】 2021年，县人武部着眼本部“四个秩序”（战备、训练、工作、生活秩序）规范建设，协调县政府投入1900余万元用于新营区建设；协调县政府投入500余万元完善民兵训练基地功能，使之走在全市前列，完成军分区多项训练保障任务。紧盯实现基层规范化建设全面达标的目标，下发《基层人民武装部、民兵营（连）部规范化建设指导手册》，专项推动民兵（营）连部标识挂牌问题整治，指导城关乡、胡坊镇武装部开展“三室一库”建设，参与“评星挂牌”活动。

【基层武装建设】 2021年，县人武部结合乡镇换届，调整任命基层武装部政治教导员、专武部长和专武干事。完成应急、专业、特殊3类基干民兵整组任务，党员、退伍军人比例等关键指标均符合上级标准要求，基干民兵体检、政考、预建党组织、集结点验、档案建设等工作均有新进步，军地协同针对各级民兵整组检查指出问题逐条逐项抓好整改。协调县委成立县国防教育联席会议，厘清各单位国防教育职责，形成齐抓共管工作格局；开展“国防教育周”活动，运用各类载体，通过各种方式，广泛开展国防教育宣传，提高全县人民特别是青少年国防意识，增强国防观念；组织优秀退役军人为明溪一中和城关中学开展新生军训，受训学生1000余人。组织到瀚仙学生实践基地开展国防教育暨征兵宣传，反响较好。适应“一年两征”新常态，创新征兵宣传方式方法，全方位开展征兵宣传，适龄青年应征热情高涨。

【安全防线建设】 2021年，县人武部研究制定“四涉”整治方案，开展全员心理健康普查、网赌网贷清理整治，开展“军车交通安全月”“资产大清查”“枪弹大清理”“固网—2021”“百日安全”“微信专项整顿”“涉密场所视频监控整治”等活动，始终亮起思想“红绿灯”，拉起行为“警戒线”，营造严格正规的“四个秩序”和稳定有序的安全环境。开展隐蔽斗争、网络安全防范和打击涉军造假违法犯罪军地协作，严格各类人员政治考核，消除各类风险隐患。

（张子平）

武 警

【概况】 2021年，武警部队福建省总队三明支队执勤一大队明溪中队（以下简称武警明溪中队）营区建设取得良好成绩，目标勤务安全托底、军事训练基础扎实、部队管理秩序正规、内部关系和谐融洽。在武警部队“百日安全竞赛”活动中被福建总队表彰为“安全工作优胜单位”，多名官兵被武警三明支队评为“四有”（有灵魂、有本事、有血性、有品德）优秀个人，14名官兵获嘉奖。

【安全维稳】 2021年，武警明溪中队坚持“立足实战”“敢打必胜”原则，完善各类处置预案，加强部队战备和日常训练；尖刀力量“应急班”日常训练从社会实情贴合实际出发，重点围绕理论学习、实地演练、单兵战术、小组协同作战等方面开展训练，不断练就“听党指挥、能打胜仗、作风优良”的尖刀武装力

2021年6月8日，明溪县“以案释法进军营基层行”活动进军营。图为县司法局法律讲解员为官兵释法 （图/县司法局）

量。全年共出动兵力600余人次，协同公安巡警特警大队，完成各个节假日及重要时期的武装巡逻任务，为创建“平安明溪”发挥重要作用。

【抢险救灾】 2021年，武警明溪中队常态化抓好应急救援能力，配备冲锋舟、救生衣、铁锹等各类抢险救灾器材，每季度坚持组织全方位的方案演练。5月，精心挑选2名人员参加支队组织的冲锋舟集中培训，提升抢险救援能力，确保完成好各项紧急救援任务。

【拥政爱民】 2021年，武警明溪中队重视和地方单位开展双拥共建活动，组织看望抗战老兵张乐智，节日期间与社区志愿者一起包饺子，举办红色轻骑兵进军营文艺晚会，走访县退役军人事务局、检察院、党史和地方志研究室等单位，开展学习教育等活动10余次，筑牢官兵“视人民为父母，把驻地当故乡”的思想观念，展现了武警部队威武之师、文明之师的良好形象。

（蒋蕉蔚）

人民防空

【概况】 2021年，明溪县加强人民防空软硬件设施建设，完善应急指挥中心系统，做好日常维护，实施年度防空警报试鸣，开展结建人防地下室项目审批，推进防空地下室维护、管理工作。

【指挥信息系统建设】 2021年，明溪县按照上级统一部署在完成应急指挥中心视频会议系统互联互通、联调联训基础上，新增IP语音电话若干套，做好IP语音电话系统互联互通，确保战备指挥通信设施始终保持良好战备状态。

【人防通信设备维护】 2021年，明溪县人防办强化战备意识，做好人防通信设备战备值勤，落实每周固定时间与市县人防通信设备互联互通，提高技能，做好通信设备战备值班和维护管理、日志录入等工作，加强新冠肺炎疫情防控值守，确保人防应急战备值班工作高效有序。做好指挥中心信息系统日常养护维护，落实指挥所设备设施“三防”安全管理工作，强化战备意识，确保应急情况下设备设施正常使用，提升应急情况下遂行任务的能力。

【联统联控】 2021年，明溪县人防办落实警报系统联统联控工作，提升全县警报音响覆盖率，在城市新区、重要目标区等区域新安装人防电声警报器12台，同时结合中控系统升级改造，完成市里下达的市县警报联统联控工作任务。

【警报试鸣】 2021年，明溪县人防办做好全县防空警报器的日常维护保养和管理，确保警报器的预警功能，为防空警报试鸣做好准备。9月18日，试鸣县城区防空警报，警报鸣响率达100%。在试鸣前通过国家预警信息发布中心发布警报试鸣通告，通过多媒体广告视频、粘贴海报、网络短信通知等多种形式开展人防宣传教育活动，城区部分单位在试鸣期间还组织应急疏散演练，提高民众居安思危意识，达到提升群众防空防灾应急避险救护能力的预期效果。

（严兰昌）

【人防工程安全管理】 2021年，明溪县人防办依托“福建省人防工程监理项目人员信息登记系统”，发挥监理人员职能作用，督促监理人员到岗到位履行职责，对发现不在岗、监督不到位监理人员进行约谈，加强事中和事后监管，确保防空地下室建设质量。开展人防工程安全暨火灾隐患排查工作，全面排查明溪城区人防工程安全隐患，做好地面指挥所、指挥中心等平台消防安全工作，对过期灭火器和消防设施进行全面更换和维护；全面巡查已竣工防空地下室，做好安全排查登记表登记造册工作，并与新竣工的1处防空地下室管理单位签订《人防工程安全管理责任书》，对其日常安全管理和消防安全措施提出整改建议意见，确保人防安保维稳、火灾隐患排查整治工作落到实处。

【人防结建审批】 2021年，明溪县人防办开展创造最优“营商环境”活动，精简和改进城市新建民用建筑防空地下室易地建设审批、防空地下室施工图设计文件审核、竣工备案登记等审批服务环节，落实好“双随机、一公开”“最多跑一趟”等工作，进一步提升服务质量。做好防空地下室易地建设费的征收工作，有序办理县城规划区内民用建筑项目结建工作，确保应征缴防空地下室易地建设费上缴县财政专户。

【人防宣传教育】 2021年，明溪县人防办利用节假日、法治宣传日、“9·18”防空警报试鸣日开展多种形式的宣传活动。利用金茂人防宣教文化广场，通过彩色投影灯转动播放标语、宣传栏粘贴人防知识等形式，营造浓厚的人防宣传氛围。走进社区发放人防宣传手册，现场解答群众对人防工作的疑问。利用公共场所LED显示屏，循环播放人防动漫宣传片，让人防意识深入人心。利用线下粘贴公告和线上多媒体等形式，通过“先通告、后试鸣”，保证“9·18”防空警报试鸣日群众正常生活和工作秩序的前提下，让全县人民再一次熟悉防空警报信号含义。通过各类宣传提高居民自救互救能力和紧急避险技能，增强社会各界依法履行人防义务、参与人防建设的责任感和使命感。

（罗九根）

退役军人事务

【概况】 2021年，明溪县退役军人事务局做好退役军人服务保障体系建设，优化推进拥军褒扬，落实优待安置，促进就业创业，开展权益维护，获评“全国退役军人服务保障先进单位”、全省退役军人服务保障体系建设“五有”先进单位。

【保障体系规范化建设】 2021年，明溪县退役军人事务局按照退役军人事务部、省退役军人事务厅和市局关于做好服务保障体系建设，创建示范型退役军人服务中心（站），开展“五比五看”创“五有”工作的要求，夯实基础设施建设，做到县、乡、村（居）退役军人服务中心（站）“五有”全覆盖，工作职责、工作制度、工作流程上墙公开，表、簿、卡、册台账健全，办公信息设备齐全，有效完善和提高服务保障体系软硬设施，打通服务退役军人“最后一公里”。5月，县退役军人服务中心、瀚仙镇退役军人服务站、城关乡退役军人服务站被中共福建省委退役军人事务工作领导小组办公室评为退役军人服务保障体系建设“五有”先进单位。11月，县退役军人服务中心被退役军人事务部、中央军委政治工作部评为“全国退役军人服务保障先进单位”。

【双拥共建】 2021年，明溪县退役军人事务局在新春佳节前夕走访慰问县人武部、武警中队向他们致以节日的问候，并赠送电视、空调、牛奶、水果、坚果和食用油等慰问物资；在春节、“七一”中国共产党建党纪念日等重要节点走访慰问优抚对象，发放慰问金、“光荣之家”年画；与县人武部组成送喜报工作队，共走访慰问荣立二等功家庭1人次、三等功家庭4人次，发放慰问金0.7万元。将河滨公园打造成双拥主题公园，建有红军浮雕墙、双拥固定宣传牌等，营造浓厚双拥氛围。联合县法院、县司法局、县文旅局等部门和县信用联社、南方制药等企业深入武警明溪中队开展送法进军营、文艺进军营和党史学习教育进军营等双拥共建活动6次，巩固和发展军政军民团结局面。县人武部组织民兵开展“学雷锋”活动和文明创城活动，深入城区开展环境卫生整治，参加义务植树等。与雪峰镇中山社区、城关乡王桥村和胡坊镇开展联创联建，军民关系更加密切；指导挂钩帮扶村小珩村完成村“两委”换届工作；持续开展“助学兴教”活动，出资3万元资助20名家庭困难学生。

【公祭活动】 2021年9月30日，明溪县退役军人事务局在明溪县革命纪念园举办烈士纪念日公祭活动，明溪县四套班子领导、烈属代表、老战士代表、现役军人代表、县直各部门代表等87人参加公祭活动。

【优抚安置政策落实】 2021年，明溪县退役军人事务局按时发放义务兵家属优待金，对在部队表现优异，被评为2020年度优秀士兵的义务兵增发10%的优待金，给新疆高原地区服役的义务兵增发3倍优待金及一次性奖励金10万元。8月，按照政策要求，再次提高优抚对象抚恤生活补助标准，在乡老复员军人生活补助由每人每月1550元提高至1750元，带病回乡退伍军人生活补助由每人每月670元提高至720元，60周岁以上农村籍退役士兵生活补助由每人每月45元提高至50元。9月，开展残疾军人证换发工作，对行动不便的残疾人员提供登门温馨服务，全县残疾军人全部完成材料上报工作。11月，完成退役士官安置任务，安置率及安置满意率均为100%。

【退役军人就业创业扶持】 2021年，明溪县退役军人事务局与县人社局、教育局等部门合作，打造退役军人满意、用人单位满意的退役军人职业培训新模式。全年开展退役士兵职业技能培训2次。落实省教育厅等六部门《关于做好高职扩招专项工作的通知》文件精神，动员退役军人参加高职扩招，帮助退役军人获得高职文凭，提升退役军人文化水平，为再就业创造条件；发动退役士兵参加市、县优秀创业创新典型项目活动，择优选送3名退役士兵参加创业项目参赛，其中1名获市级评选三等奖，2名获县级评选一等奖。

【烈士纪念设施管护】 2021年，明溪县退役军人事务局联合县委宣传部、县委党史方志室、县文旅局对全县所有烈士纪念设施逐村进行再排查、再摸底，确保不漏不错，同时对全县所有的革命烈士设施的碑文、简介等进行再梳理、再核对、再甄别，确保相关史料准确无误。4月上旬，根据拟定的保护方案，组织人员到各个烈士纪念设施所在的乡镇，与乡镇人民政府、村委会、烈士亲属签订管理保护协议。建立文明单位和退役军人事务系统工作人员挂钩烈士纪念设施管护的长效管理机制，加强巡查，强化管护，乡镇、村居落实专人管护制度。9月，建成散葬烈士墓集中安葬点并投入使用，集中安葬点占地399平方米，设有烈士墓区、烈士英名墙等纪念设施，其中

2021年3月25日，明溪县组织退役士兵职业技能培训

（图/县退役军人事务局）

烈士墓区共有墓地21处，英名墙收录烈士294名。全年完成12个散葬烈士墓迁葬工作。

【退役军人服务中心建设】 2021年，明溪县退役军人服务中心根据《全国县（市、区）示范型退役军人服务中心创建标准（试行）》文件内容，多次召开专题会议，学深学透文件精神，明确责任主体，细化任务分工，有序推进创建任务。对照标准化、规范化、制度化、信息化的“四化”要求，设有服务大厅、来访接待室、会议室、老兵活动室、阅览室、退役军人法律援助工作站、老兵调解室等场所，配备电脑、电话、传真机、打印机、复印机、高拍仪、安保监控等信息化设备和资料柜、保密档案柜等办公家具，以及饮水机、医疗急救箱、报刊架、意见簿等便民设施，着力夯实服务基础；突出“军”的特色，常态化播放“军味”宣传片，老兵活动室放置早期的军用物品，设立展示“军味”的文化墙和退役军人荣誉墙等，提升退役军人荣誉感；建立退役军人信息采集、光荣牌悬挂、帮扶解困、创业就业服务等基础工作信息档案资料台账，健全中心服务保障制度机制，做到工作职责、工作制度、工作流程等上墙公开，进一步提高服务水平。11月，县退役军人服务中心被退役军人事务部、中央军委政治工作部评为“全国退役军人服务保障先进单位”。

（蔡逸超）

【拥军优属】 2021年，明溪县人武部协调召开县委议军会，研究解决武警中队有关建设经费问题，改善通信站官兵训练、生活条件问题和随军家属安置问题，多名随军家属参加事业单位专岗招考，多名军人子女按规定优先入读意愿小学、幼儿园；协调县主要领导在春节、“八一”之际，走访慰问驻地部队和优抚对象，指导县双拥办深入武警明溪中队开展包粽子、送法进军营和党史宣讲进军营等活动，组织为荣立三等功的多名军人家庭送发喜报和慰问金，营造崇军尚武浓厚氛围。推进烈士纪念设施管护工作，指导建立文明单位、退役军人事务系统工作人员挂钩烈士纪念设施长效机制。

（张子平）

责任编辑： 温国彪

2021年6月8日，县退役军人事务局联合县司法局、城南社区、农村信用社、南方制药等部门、企业到县武警中队开展双拥共建活动 （图/县退役军人事务局）

外事 侨务 台港澳事务

外 事

【概况】 2021年，明溪县外事办贯彻落实新形势下外事工作的有关政策，通过政府门户网站、明溪在线、电视媒体宣传等方式开展海外领事保护与境外安全宣传工作。援助侨胞防疫新冠疫情，寄送防疫药品2550盒。

【涉外新冠疫情防控】 2021年，明溪县外事办依托在境外设立的4个联络组和4个服务中心，续加强与境外侨领日常联系，关注境外新冠疫情变化，了解乡亲在外生活生产情况。为境外侨胞提供防疫药品援助，向匈牙利寄送“益气祛湿颗粒”和“金花清感颗粒”2550盒。派遣3批次3名干部前往厦门、福州机场开展新冠疫情防控任务，负责与厦门、福州口岸应对新型冠状病毒感染肺炎疫情工作指挥部对接联系，配合两地做好机场分流、信息采集、就地集中医学观察和“点对点”转送回明溪等工作。

【对外宣传工作联席会议】 2021年9月28日，明溪县召开对外宣传工作联席会议第二次全体会议，传达学习习近平总书记在中央政治局第三十次集体学习时的重要讲话精神和省、市对外宣传工作专题培训班会议精神，回顾总结县对外宣传工作，安排部署下阶段对外宣传工作。县对外宣传联席会议机制成员单位负责人，各乡（镇）党委宣传委员参加会议。会议要求，要统一思想行动，把握正确外宣方向，加

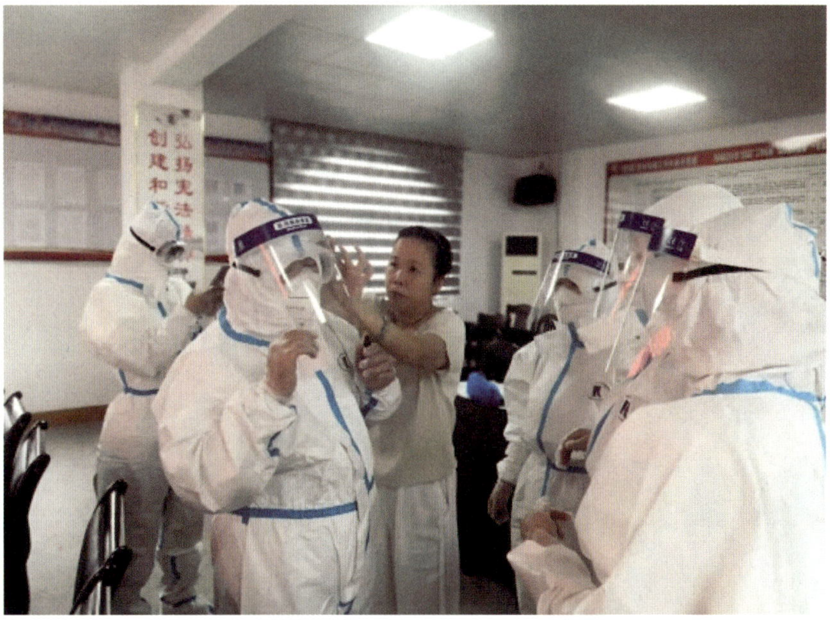

2021年8月30日，明溪县向厦门机场派驻第二批接驳转运工作组，接驳境外返乡侨胞。图为工作组人员穿戴防护服准备上岗

（图/汪其鹏）

强和改进国际传播工作，全力做好外宣工作；要凝聚工作合力，不断拓展外宣渠道，对外讲好明溪故事，全方位、多角度推介明溪；要创新工作机制，加强外宣干部队伍建设，全面提升宣传干部队伍的对外宣传能力。审议通过《明溪县对外宣传工作联席会议机制工作规则》《明溪县对外宣传工作联席会议机制办公室工作细则》，并解读《明溪县对外宣传重点项目清单及任务分工表》。

（高　灿）

侨　务

【概况】　2021年，明溪县开展侨法宣传，营造依法护侨氛围。理顺8项涉侨业务审批流程，维护归侨侨眷合法权益。做好侨胞新冠疫情防控服务，保障侨胞健康生活。发挥县华侨资源优势，实施“三侨回归”工程。

【侨法宣传】　2021年，明溪县开展“侨法宣传月”和“为侨服务月”活动，结合《中国共产党统一战线工作条例》颁布实施，通过联合意识形态检查、上街发放宣传手册、开辟宣传专栏、发送短信等方式，加大《中国共产党统一战线工作条例》和涉侨法规政策的宣传力度。

【侨权侨益维护】　2021年，明溪县深化“放管服”改革，完成网上办事大厅华侨子女考生身份确认、华侨身份证明、不具备华侨身份申请回国定居审批等8项涉侨业务审批流程、申请材料等梳理工作，在实现“最多跑一趟”的基础上，梳理调整一次性简明告知单，优化流程、压缩时限、精简材料要求，提高服务效能。通过建立“华侨子女高考”微信群，为有办理需求的海外侨胞提供政策咨询、疑难问题解答等服务。全年共审定出具“三侨生”证明51份（中考12份、高职招考3份、高考36份）；接受华侨来闽定居咨询100余人次，办理华侨来闽定居证1份，开具“不具备华侨身份”证明40份。

【“三侨回归”工程】　2021年，明溪县围绕建设开放发展新侨乡目标，实施“三侨回归”工程，从“积极引导侨胞回归，健全完善‘侨’服务；打造侨资回流平台，做大做强‘侨’经济；大力引进侨界人才，充分发挥‘侨’智慧”三个方面建立侨胞服务和保障制度体系，健全完善“侨”服务，打造侨资回流平台，制定出台《明溪县“三侨回归”工程实施方案》《明溪县欧洲进口商品交易中心建设方案》《华侨回归兴业服务指南》相关惠侨政策，做大做强“侨”经济。侨心瓷海艺术馆及欧陆风情小区项目进入供地模式洽谈，保税仓（直播基地）项目开工建设。强化涉侨服务交流合作，与厦门大学国际关系学院开展结对共建。探索跨境为侨服务，推出“涉侨在线咨询”“零距离”线上公证业务，打通为侨服务“最后一公里”。

【归侨新冠肺炎疫情防控】2021年，明溪县针对侨胞回乡及急需出国侨胞，新冠疫情防控实施全过程管理。全面摸排，建立侨胞信息数据库，运用微信地址对意大利、匈牙利、奥地利等国侨胞实行异地“网格化”管理，全面精准掌握海外侨胞详细情况。第一时间掌握境外返乡人员行程信息，实行“一对一”行程跟踪，适时提醒注意事项、了解健康状况，建立全过程管理档案，全年登记出国返乡人员1483人，无一漏管、失管。主动与入境口岸现场协调小组沟通联系，加强与交通接驳组协作配合，“点对点”接驳境外返乡人员。开展“暖侨行动”，走访返乡侨

2021年12月17日，中国侨联法顾委副主任、省侨联法顾委主任方忠炳（前排右二）到县法院调研指导侨益司法保护工作（图/县法院）

胞500余人，发放防疫药品1040盒；走访慰问因患新冠肺炎去世的侨眷2人及困难归侨35人；协调县卫健、疾控等部门优先为急需出国的老乡、归国侨胞接种疫苗1950剂次。

（邹道辉）

台港澳事务

【概况】 2021年，明溪县落实台港澳同胞求学、就业、创业、出行、安居等方面的政策措施，适时提醒台港澳同胞新冠肺炎防控措施。加强对台工作统一领导和政治保障，把对台工作纳入县委工作计划，制定《2021年全县对台工作要点》《明溪县2021年海峡两岸乡村融合发展工作要点》，加强与台湾地区文化经济交流，服务台商台胞。

【与台经贸合作】 2021年，明溪县加强和台湾地区产业合作，推进特色现代农业发展融合，实施“一县一业”特色现代农业产业发展行动，推动硒锌大米、淮山、猕猴桃等特色农产品规模化产业化发展，重点培育壮大肉制品加工、茶产品加工等农产品精深加工产业领域与台湾地区合作，建设一批农产品加工示范基地，促进一、二、三产融合发展。推进美丽乡村建设融合，通过跨村联建、资源共享、产业互补等模式，辐射带动周边乡村加快建设，把瀚仙镇龙湖村、沙溪乡梓口坊村等一批综合条件较好的行政村，打造成明台乡村融合发展示范样板，引导台湾人才参与建设。支持引进台湾地区建筑师参与县农村新型住宅小区、传统村落保护发展等乡村建设项目。

【台港澳企业及同胞服务】 2021年，明溪县委落实各级惠台港澳同胞创业、安居等政策，通过走访全县台港澳企业，及时了解、解决台兴淡水养殖有限公司、凯斯特面包坊等台港澳企业在生产经营中的问题和困难。县委台港澳办在春节期间慰问在明溪台胞及家属10人。加强沟通协调，持续梳理摸排县域内台港澳企业重要动态、同胞人数等情况，主动宣传中央和省出台的各类帮扶政策，帮助台港澳同胞用足用好政策，增强战胜新冠肺炎疫情的信心。

（曾佑极）

责任编辑：罗兴东

应急管理

安全生产监督

【概况】 2021年，明溪县应急管理局开展安全生产专项整治三年行动集中攻坚和大排查大整治活动，开展“严执法、强攻坚、促提升”专项行动，深化安全风险防控，建立健全安全隐患排查整治长效机制，遏制各类事故发生。全县发生各类安全事故61起，比上年上升12.96%；受伤34人，比上年下降40.35%；死亡9人，比上年下降18.18%；直接经济损失229.76万元，比上年下降42.54%。其中，道路交通事故27起，比上年下降27.03%；死亡6人，与2020年持平，受伤34人，比上年下降40.35%。火灾事故32起，比上年上升166.67%；经济损失18.54万元，比上年下降61.31%；无死亡、受伤人员。工矿商贸领域事故2起，比上年下降60%，死亡3人，比上年下降40%，直接经济损失210万元，比上年下降40%。全县未发生较大及以上生产安全事故。

【安全监管机制】 2021年，明溪县组织召开全县性安全生产工作部署会议37场（其中召开政府专题会议3次），对全县安全生产工作进行安排部署。及时调整县政府领导安全生产工作责任清单，建立健全重点隐患分色治理、安全隐患大排查大整治会商联络、排查整治、突发事件信息报告等制度，制定印发《关于进一步压紧压实安全生产“两个主体责任”的通知》，压紧压实乡镇、部门和企业安全生产职责，强化主体责任落实。先后下发安全生产工作部署、机制文件45份。

【督导检查】 2021年，明溪县接受省级指导服务2次、市级指导服务6次。县安办组织专家深入重点行业领域企业开展“会诊”“交叉检查”，帮助企业解决实际困难和问题，指导企业健全完善安全生产隐患排查治理制度，全年到重点企业督促指导49次；全年重点时段前后共开展执法安全检查12次，发现安全隐患41处，涉及问题得到逐条整改。确保元旦节、五一国际劳动节、国庆节、中共十九届六中全会以及省、市党代会等重点时段、重大活动安全，为全方位推进明溪高质量发展超越营造良好安全环境。

【安全监管】 2021年，明溪县应急管理局推进安全生产隐患排查治理专项行动，突出危险化学品、道路交通、非煤矿山、烟花爆竹、建筑施工、景区非景区、城镇燃气、消防安全等重点行业领域的监管，强化问题隐患“清零”，提高企业违法违规成本，倒逼企业依法依规生产经营。全县共检查重点单位（场所）5408家次，组织执法检查指导服务2829次，排查发现隐患4080处，整改4080处，整改率100%，督导检查1688次，督导问题1132个，责令停产整顿5家，约谈警示9

2021年6月29日，县委副书记、代县长陈华伟（左二）带队到企业进行安全生产检查（图/县应急局）

家，行政处罚90次，罚款167万元。

【源头管控】 2021年，明溪县应急管理局按照“六个清单”（监督清单、隐患清单、整改清单、验收销号清单、执法清单和问责清单）、“四色治理”（红、橙、黄、蓝）运行模式，更新摸排全县重点安全风险管控点65处（其中红色15处、橙色23处、黄色14处、蓝色13处，县级重中之重风险管控点13处），定期通报问题整改管控情况，确保管控状态正常。建立健全县领导挂钩安全生产红色风险点工作机制，12处县领导挂钩安全生产红色风险点全部完成整改。

【安全生产宣传】 2021年，明溪县应急管理局加强习近平总书记关于安全生产重要批示精神和《生命重于泰山——学习习近平总书记关于安全生产重要论述》电视专题片学习，组织实施安全生产宣传教育“五进”（进企业、进农村、进社区、进学校、进家庭）活动，宣传贯彻新《中华人民共和国安全生产法》，落实省安办“八个一”（组织一次全覆盖学习教育、开展一次全覆盖宣传活动、举办一次全员专题培训、开展一次配套制度梳理修订、组织一次全过程督导检查、致生产经营单位一封信、制定一份宣贯承诺书和张贴一幅新《中华人民共和国安全生产法》）部署要求。全年共开展专题学习会议50余场，参会1735人次；开展安全生产宣传咨询日28场；发放新《中华人民共和国安全生产法》手册1142本，向企业发放《致生产经营单位一封信》770余份，签订宣传贯彻承诺书700余份，张贴新《中华人民共和国安全生产法》570余张；各生产经营单位张贴宣传画1900余份，制作横幅262条，LED显示屏370块。

【安全生产警示教育】 2021年，明溪县各乡（镇）、部门开展理论中心组安全方面学习71次、组织观看《生命重于泰山》警示教育片148场、受教育人数5070余人，电视台滚动播放警示教育片80场次；开展政府主导、部门参与、政企联动的应急演练活动96次。

（余娇妹）

防灾减灾

【概况】 2021年，明溪县开展灾害综合风险普查，制定灾害综合风险普查总体方案，完成应急系统普查调查任务并通过核查；加强自然灾害避灾点建设，巩固提升已创建的4个全国综合减灾示范社区建设。

【防汛抗旱】 2021年，明溪县完成乡（镇）级、村级以及各小型水库的各类防洪防台风应急预案134份（含小型水库预案29份），进入汛期后转发各类气象信息、灾害预警信息500余条，转移安置42人次。

【森林防火】 2021年，明溪县共组织森林防灭火宣传活动13次，出动宣传车1120辆次，张贴防火标语470张，发放宣传单42200份，防火宣传购物袋2900个，手机发送短、微信警示告知10.7万条次，LED屏防火宣传300条。开展应急救援演练，承办三明市2021年市县乡村一体化森林防灭火应急演练，提高各级森林防灭火指挥部对森林火灾突发事件的应急反应能力，以及市、县、乡、村四级扑火队伍的协同作战能力。全年无森林火灾发生。

（余娇妹）

消防救援

【概况】 2021年，明溪县消防救援大队快速响应“五个第一时间”（第一时间调集足够警力和有效装备、第一时间到场、第一时间展开、第一时间救人、第一时间控火）的要求，共接警出动113起，出动车辆241辆次，出动警力1205人次，抢救疏散被困人员40人，抢救财产价值2100余万元，处置蛇类、摘除马蜂窝等社会救助任务60余次，完成春节、元宵节、中秋节、国庆节、两会等重大活动消防安保任务，完成“6·14”沙溪挂车侧翻事故、“10·29”城关工人卷入机器事故、“12·20”福溪小区民房火灾等急难险重救援，科学高效处置“4·12”南方制药爆炸起火事故，被县委、县政府第5次荣记“集体三等功”，先后获评福建省“五一先锋号”“青年文明号”等荣誉称号。2人荣立个人三等功，1人被支队评为“优秀共产党员”，1人被评为“三明市青年岗位能手”，9人次获各级奖励表彰。

【救援能力提升】 2021年，明溪县消防救援大队推送15人次参加总队、支队组织的各类比武、集训、演练、培训活动，不断强化指战员的专业能力水平。组织开展岗位练兵活动52次，体能训练135次，业务技能训练158次，月考核12次，1名指战员被抽调参加总队“闽动-2021”地震与大型城市综合体跨区域灭火救援实战演练，1名指战员被支队抽调负责装备集训班管理带训工作，1名指战员被支队抽调抗洪抢险前置点驻勤。修订完善预案41家，开展灭火演练96次，联合市森林消防支队开展灭火应急演练，承办支队大跨度、大空间灭火救援实战综合演练，并在中国新闻网、福建广播FM全媒体、《海峡都市报》等媒体广泛报道。实地调研乡镇专职队伍建设情况5次，指导胡坊、盖洋完成乡镇二级专职队建设。连续第7届举办全县多种形式消防队伍比武竞赛活动，提高消防救援能力。

【应急救援建设】 2021年，明溪县消防救援大队加大破解辖区防火工作“瓶颈”，探索“智慧消防”建设，通过在县城周边3处制高点设置的高空监控设备，全天候全方位实时监控火情。设备的预警信号直接连入大队值班室的系统终端，并“一键式”调度乡镇消防队伍参与处置。该项经验做

2021年12月3日，明溪县举办第七届消防业务技能竞赛

（图/县消防救援大队）

法在《人民日报》《中国应急管理报》等各级各类媒体上刊登。

【乡镇消防所设立】 2021年，明溪县在各乡镇配备消防工作所，明确各乡镇配备不少于2名的专职事业编制人员用于消防救援岗，夯实全县各乡镇消防监督、宣传培训和灭火救援工作能力，此项工作走在全市前列，得到上级部门肯定。

【消防宣传月活动】 2021年11月4日，由三明市消防安全委员会举办的“119”消防宣传月暨乡镇消防所大宣传活动启动仪式在明溪县侨乡体育馆拉开帷幕。宣传月主题是“落实消防责任、防范安全风险”。各行业相关部门、乡镇消防所、微型消防站、专（兼）职消防队和部分师生代表近400人参加活动。

【消防执法检查】 2021年，明溪县消防救援大队在全县消防执法检查单位1715家次，发现火灾隐患1329处，督促整改火灾隐患1311处，下发责令整改通知书739份，下发行政处罚决定书34份，下发临时查封决定书7份，责令“三停”（停产、停业、停止施工）单位4家，完成1家重大火灾隐患单位销案，推动相关部门设立免费临时停车场5处，错时停车位633个。推进8处易地扶贫搬迁安置点消防安全隐患整治，隐患整改率达100%。

【消防安全综合治理】 2021年，明溪县政府办公室印发《关于成立明溪县消防安全委员会的通知》，成立以县长为主任的县消防安全委员会。为打通消防工作“最后一公里”，各乡（镇）也相继成立乡（镇）消防安全委员会并设立乡（镇）消防所，将消防安全触角延伸到基层。县消防救援大队先后组织召开4次消防安全重点单位工作例会，组织消防安全重点单位、火灾高危单位责任人、管理人进行培训、约谈，督促开展“三自主两公开一承诺”（自主评估风险、自主检查安全、自主整改隐患；向社会公开消防安全责任人、管理人；承诺本场所不存在突出风险或者已落实防范措施）工作，落实消防安全管理制度，提高员工“一懂三会”（懂得本场所用火、用电、用油、用气火灾危险性，会报警、会灭火、会逃生）能力。宣传贯彻《高层民用建筑消防安全管理规定》，并在全市开出首张罚单。

【消防宣传】 2021年，明溪县消防救援大队全面落实消防宣传“五进”（进企业、进农村、进社区、进学校、进家庭）工作，开展“119”消防宣传月、安全生产月、防灾减灾等消防安全主题宣传活动45场次。邀请学校师生、家长，企业消防安全责任人、管理人及员工到队参观见学活动32场次。针对重点领域的十类场所火灾案例及防范措施，粘贴宣传挂图2000余张，发动派出所民警、社区网格员、消防志愿者、社区宣传大使走进出租屋、木屋毗邻区、高层建筑等重点场所区域广泛传播消防安全知识，教授防灭火技能。依托微博、微信、LED显示屏、楼宇视频等，在重点时节发布、展播消防安全公益广告及提示标语，利用短信平台发送消防安全提示4.5万余条，协调县融媒体中心播放高层建筑消防公益广告、电动车防火知识和火灾逃生自救知识。

（郑宏政）

责任编辑： 温国彪

生态环境保护

综　述

【概况】　2021年，三明市明溪生态环境局落实生态环保督察反馈问题整改和党政领导生态环保目标责任书，推进生态文明建设，打好污染防治攻坚战，城区空气质量达标天数比例为100%，全县12条主要小流域国、省考断面水质优良比例达100%。

【环境执法监管】　2021年，三明市明溪生态环境局结合“清水蓝天”、环境执法大练兵等专项执法行动，累计出动执法人员546人次，检查企业273家次，立案查处企业5家，妥善处置各类环境投诉85件。出台实施生态环境保护“共管联动”“静夜守护”城市夜间噪声污染整治等工作方案，联合县公安局、住建局、市场监管局、交通运输局等7个部门开展“静夜守护”专项行动，组织联合执法17次，受理噪声投诉213件，责令整改228家次，立案查处6家。结合县纪委监委“点题整治”，开展“我为群众办实事”实践活动，多部门协调配合，齐抓共管，解决餐饮油烟、噪声扰民等问题，因妥善处理多年来群众反映强烈的叶厝坑矿山车辆扬尘、噪声污染问题，入选三明市“我为群众办实事”典型案例。成立全县9个乡镇生态综合管护队，实现乡镇生态综合管护改革全覆盖，夯实基层生态环境保护基础，打通环保监管“最后一公里”。

【生态环保督察整改】　2021年，三明市明溪生态环境局梳理中央、省生态环保督察，2020年

2021年5月13日，明溪生态环境局开展环保设施向公众开放活动
（图/明溪生态环境局）

党政领导生态环保目标责任书通报和2021年上半年党政领导生态环保目标责任书提醒函等7个方面34项重点生态环境问题，实行每月调度，完成整改14项，9项长期坚持，其余序时推进。

【环保领域改革】 2021年，三明市明溪生态环境局把好项目环评审批关，审批建设项目环评18个，出台免除小微交易、简化审批行为等10项简政放权服务措施，推动福瑞明德药业有限公司、南方制药股份有限公司二期等一批重点项目落地，助力“五比五晒”。推进市场导向改革，组织42家次企业参与环境信用评价，完成10家企业和工业园区整体投保环境污染责任保险，指导海斯福化工有限责任公司营造碳中和示范林，通过购买碳中和林20年的碳汇开发权及碳汇所有权，抵消企业自身产生的二氧化碳排放量，达到碳中和的目标。

【生态环境宣教】 2021年，三明市明溪生态环境局利用“6·5”世界环境日、环保设施开放日等时间节点，开展现场参观环保设施、街头发放宣传册、重点企业普法、张贴宣传海报、短信宣传等活动，完成生态环保“共管联动”宣传视频制作，并通过电视台、微信等渠道大力宣传，提升群众生态环保意识。

2021年6月5日，明溪生态环境局与团县委联合开展“人与自然和谐共生”主题宣传活动 （图/明溪生态环境局）

【生态文明创建】 2021年，三明市明溪生态环境局立足明溪县资源禀赋和区位条件等特点，在获得国家生态文明建设示范县命名的基础上，梯次推进“绿盈乡村”建设，创建“绿盈乡村”67个，其中高级版5个、中级版4个，创建率达76.14%，完成明珠御苑、名儒御景2个低碳社区试点建设，二氧化碳排放强度持续降低。

【水土流失治理】 2021年，明溪县完成三明市山水林田湖草试点工程（2018—2020年）水土保持项目3个单项的建设任务和整体验收工作，项目总投资4198万元，综合治理水土流失面积48平方千米。完成夏坊乡省级水土保持生态村项目建设，项目总投资61.25万元。做好生产建设项目水土保持监管工作，共审批水土保持方案16个，其中报告书4个，报告表10个，登记表2个，共印发限期补办水土保持方案通知书6个。开展监督检查项目23个24次，印发整改通知1份；征收水土保持补偿费79.36万元；完成自主验收报备4个，开展验收核查2个。争取2022年国家重点县水保项目立项，总投资533万元。

环境质量

【概况】 2021年，明溪县乡饮用水源、国控断面水质达到国家地表水Ⅱ类标准，省控断面和其他8个小流域断面均达到Ⅲ类及以上标准，空气质量常年优于国家二级标准，在全省58个县级城市中排名第5。

【水环境质量】　2021年，明溪县地表水环境质量保持全优，县乡饮用水源、国控断面水质达到国家地表水Ⅱ类标准，3个省控和8个小流域断面水质达Ⅲ类及以上标准，达标率100%，其中Ⅰ—Ⅱ类水质占比81.8%。

【大气环境质量】　2021年，明溪县城区空气质量综合指数1.83，空气质量达标天数比例100%，在全省58个县级城市中排名第5。二氧化硫、PM2.5、二氧化氮等6项污染物年均浓度均优于国家环境空气质量二级标准。

【声环境质量】　2021年，明溪县城区声环境质量总体向好，城区昼间区域环境噪声平均值54.2分贝，比上年下降3.1分贝，昼间交通噪声平均值68.6分贝，比上年上升1.1分贝，均属二级（较好）等级。

污染防治

【概况】　2021年，三明市明溪生态环境局完善生态环境保护网格化监管，加强部门会商和应急联动，推进流域水质、城区空气、施工噪声等污染整治，提高环境监测预警能力，解决突出生态环境问题。

【水环境综合整治】　2021年，三明市明溪生态环境局完成黄沙坑水库饮用水水源保护区划定技术方案编制，开展330个农村饮用水水源地保护范围划定和应急预案编制工作，其中完成“千人以上”农村饮用水水源地14个，“千人以下二十人以上”农村饮用水水源地119个。落实9家畜禽养殖企业视频监控建设，推进企业“环保电表”安装，促进养殖企业进一步落实环保主体责任。开展淡水养殖场尾水治理专项行动，完成10家鳗鱼养殖场尾水改造。改造水电站生态下泄流量设施67座，完成率100%，落实生态下泄流量在线监控安装并联网监控61座。强化农村生活污水治理，委托第三方规范运维建成50座农村污水处理设施，确保设施正常稳定运行。建成13个小流域水质自动监测站及视频监控平台，完成“水质指数”责任保险，构建水质预警联动响应机制，提升水质管理水平。

【大气污染防治】　2021年，三明市明溪生态环境局完成海斯福、瑞海木业、紫杉园和南方制药等企业挥发性有机物治理。实施三钢矿业窑炉改造，升级2座大型节能环保型窑炉；提升改造南方制药股份有限公司锅炉废气处理设施。与县公安交警部门联合开展柴油车尾气排放专项路检工作，完成柴油车保有量的50%抽测任务，所测车辆均符合相关标准。建成工业园区12座大气自动监测微型站，提升空气自动监测能力。

2021年6月24日，明溪生态环境局在胡坊镇福西村召开“绿盈乡村”建设工作现场会　（图/明溪生态环境局）

【土壤污染防治】 2021年，三明市明溪生态环境局参与城市征迁攻坚，完成汽车站、紫云台等建设用地调查，通过市级审查批复，助力城市建设项目。把耕地保护列入党政领导生态环境保护目标责任书，落实耕地保护，安全利用受污染耕地182.67公顷。按照市下达的土壤污染重点监管单位名录，完成海斯福、汇能环保和南方制药3家土壤污染重点监管单位土壤自行监测和隐患排查。制定危险废物规范化管理工作方案，督促指导企业规范处置各类危废，全年规范转移处置危险废物1601.39吨。

【医疗废弃物处置】 2021年，三明市明溪生态环境局加强新冠肺炎疫情防控期间环境监管和应急监测，督促明溪县总医院和集中隔离观察点做好医疗废物、生活垃圾处理和污水处置工作，全年开展废水排放口余氯浓度监测49次，医院医疗废物处置率100%，组织人员参与单位集资楼、社区人员摸排、街道宣传等志愿服务，在新冠肺炎疫情防控志愿服务岗位上奉献力量，齐心协力打好新冠肺炎疫情防控阻击战。

2021年11月24日，三明市生态环境局和明溪县人民政府联合主办明溪县工业集中区氟化氢泄漏突发环境事件应急演练

（图/明溪生态环境局）

【突发环境事件应急演练】 2021年11月24日，明溪县举行工业集中区氟化氢泄漏突发环境事件演练，演练由三明市生态环境局和明溪县人民政府主办，明溪生态环境局承办，明溪县委宣传部、县应急局、公安局、卫健局、消防救援大队、经济开发区管委会等部门参加演练。演练模拟县工业集中区突发氟化氢泄漏，造成环境事件，相关企业应急处置，县政府组织县应急监测、应急处置、应急救援、新闻报道等工作组开展应急救援工作。演练完整模拟危险化学品泄漏事故环境应急救援过程，强化企业在突发事件情况下的应急处置，及与县政府和园区、周边企业之间的协同处理能力，提升企业对安全生产工作的认识。

（邱国华、廖程玲）

责任编辑：叶安婕

城乡建设

综　述

【概况】　2021年，明溪县住房和城乡建设局新(改)建城区道路8条，雨（污）水和供水管网等“市政五千工程”22.54千米；实施县儿童公园提升改造、南山郊野公园、雪城线路灯、迎宾大道绿道、莆炎高速连接线绿道等5个重点建设项目；完成绿地建设改造任务5个，提高城区公园绿地面积及品质；在项目征迁、审批、建筑质量监督等方面特事特办、点对点服务，推进第三实验小学、实验幼儿园迁建、总医院门诊综合楼等重点项目建设，推进档案馆西北侧地块开发、档案馆北侧地块开发、余厝洞地块开发、原造纸厂地块开发等促进人气聚集项目；推动乡村振兴战略，抓好农村生活垃圾和污水治理，推动农房整治和危房改造，加强风貌管控，落实“房长制”工作等任务。房地产稳步推进，完成建筑业产值申报52.9亿元。

（丁富强）

【征迁工作】　2021年，明溪县住房和城乡建设局牵头制定《明溪县2021年“征迁攻坚年”工作方案》，成立工作领导小组，实行县处级领导担任攻坚队长挂包负责，建立联席会议制度，专班协调推进。全年重点征迁攻坚项目23个（其中城建项目13个、产业园区项目6个、交通项目4个），征收土地100.9公顷，征收房屋74户12821平方米。重点实施明溪县人武部新迁建营区建设、明溪县南山遗址公园建设、明溪县南山遗址公园南侧景观提升、原造纸厂南侧保障房建设、康乐路紫岭社区旧城改造、原县老年活动中心综合楼拆迁等一批民生保障补短板项目，改善康乐路片区、猴子山片区居民居住环境，打通康乐路至体育路段“断头路”，扩建河滨南路北门桥段路口。拆除南大路明溪县城镇集体工业联合社宿舍以及西门老街等一批老旧危房，消除房屋安全隐患。

（沈雪兰）

【住房保障建设】　2021年，明溪县住房和城乡建设局加大住房保障建设力度，将原造纸厂安置房建设项目60套住房列入2021年度城市棚户区改造计划；推进猴子山公租房项目；腾退62套公租房，轮候配租34户家庭，发放住房租赁补贴12户26人，发放补贴8543元。

（肖　波）

城乡规划

【概况】　2021年，明溪县坚

持重大项目由国土空间规划委员会集体审定的原则，共召开会议8次，审议议题31个。县自然资源局通过开展“双评价”和“双评估”，落实生态优先、绿色发展及高质量发展的要求，开展三条控制线划定工作。完成规划大纲编制和8个重大专题研究初步成果，形成县国土空间总体规划阶段性成果并提交明溪县国土空间规划委员会第六次会议研究审议通过。

【城市规划编制】 2021年，明溪县自然资源局做好城市规划服务，组织第三方规划编制单位完成县北部片区、工业集中区、经济开发区A区、经济开发区B区等单元控制性详细规划编制工作；完成莆炎高速明溪服务区、枫溪服务区地块、县第一中学及周边地块、县活禽交易和屠宰市场及周边地块等23个地块控制性详细规划编制工作。

【村庄规划】 2021年，明溪县确定村庄规划编制工作目标，县自然资源局会同各乡镇组织开展13个村的村庄规划编制工作。10—11月，组织省、市专家组和有关部门对13个村庄规划编制成果进行技术评审，并全部获县政府批复实施。

市政建设

【概况】 2021年，明溪县新(改)建城区道路8条，雨（污）水、供水管网、燃气管道、强弱电管道铺设等“市政五千工程”22.54千米，实施县儿童公园提升改造等5个重点建设项目，新增公园绿地1万平方米，实施城市夜景美亮化工程。

【市政道路建设】 2021年，明溪县住房和城乡建设局推进坪埠东路二期建设，新（改）建城区道路8条4.45千米，完成中山路职中段改造、科顺支路、工业集中区旻和及南方支路建设等项目，改造消防大队东侧片区、青年路西侧片区、紫岭二支路片区、西门街内巷等城区背街小巷道路4处；新建职中桥，实现春节前通车使用，解决原老年活动中心路段“瓶颈路”问题；完成红豆杉路消防大队路口路面修复工程、紫岭路路面修复工程等路段提升改造项目。同步配套新（改）建污水管网8.54千米、雨水管网7千米。

【污水治理】 2021年，明溪县住房和城乡建设局实施城区污水管网修复工程（A区、B区）、渔塘溪水环境综合整治（城区污水设施三期）等项目，新（改）建污水管网8.54千米，有效提高污水管网覆盖率，提升污水收集率。依托已完成的城区污水管网检测成果，开展污水管网分区修复工作，促进县污水处理厂平均进水COD（化学需氧量）浓度达到每升157.2毫克，城区污水处理率达95.06%。

【路灯景观灯建设维护】 2021年，明溪县住房和城乡建设局完

2021年，明溪县实施城市夜景美化工程。图为城区夜色

（2021年10月2日陈伟 摄）

成雪城线“风展红旗如画·枪杆子里出政权”及“红缨枪”特色造型路灯201盏，完成莆炎高速连接线绿道绿灯76盏，完成实验小学综合楼及教学楼立面夜景工程建设；建成河滨公园水影灯、动态花瓣投影、萤火虫灯、鲤鱼投影灯等特色造型景观灯“网红打卡点”6处；实施春节氛围景观灯安装工程，安装LED飘带鼓灯66套、福字方块灯及中国结1500套、福字灯串195套、挂树灯带800米及定制福门灯饰1套。

【市政基础设施维护】 2021年，明溪县住房和城乡建设局加强市政设施管理，及时修复破损市政道路和人行道，修复破损水泥路面约300平方米、人行道地砖275平方米，修复沥青路面坑洞193个；完善并规范城乡道路交通标志、施划消防通道标线约400平方米，新建、修复护栏196米和道路标线、禁停标志295处；对城区市政基础设施定期巡查维护，更换破损雨水箅、污水井盖34个。

（林友平）

【环境卫生管理】 2021年，明溪县住房和城乡建设局加强垃圾清运管理，做到日产日清，全年共清运垃圾23629吨，清运率100%；做好垃圾填埋场监管工作，垃圾规范填埋和渗滤液达标排放，无害化处理率100%；加强餐厨废弃物收运监管，全年共收运、处置餐厨废弃物1071.1吨；严格按照医疗废物处理，落实“六专”（配发专袋、设置专桶、专人收集、专业消毒、专车运输和专门处理）管理要求，全年共收运隔离点垃圾约12048千克。完善环卫基础设施设备，由开发商配建公厕1座，投资23万元完成2座公厕改造；投资15万元完成紫岭校园驿站建设；投资29.58万元采购1辆小型垃圾压缩车；投资256.8万元在儿童公园原游泳池处建设垃圾分类宣教中心。选取2个有物业的小区推行生活垃圾分类试点工作。

（洪冬英）

【城区绿化改造】 2021年，明溪县住房和城乡建设局对城区绿化分车带及各公园、广场进行苗木种植、补植，种植月季球、三角梅、红叶石楠、毛杜鹃、大叶栀子、沿阶草等各类苗木4万株，种植草皮2000平方米，在城区重要节点、公园、广场摆放草花8000盆，“花化彩化”城区生态环境。重点完成莆炎高速城区连接线绿道、迎宾大道绿道、儿童公园提升改造、河滨公园立体绿化（植物墙）改造、珍贵植物园提升改造等绿地建设、改造任务，新增公园绿地近1万平方米，种植各类苗木30万株；新建和改造提升福道长度14.9千米，新增和改造立体绿化5处。完成第三轮城区绿化养护管理招投标并签订养护合同，全年加强城区公园绿地、绿化分车带、街头绿地、行道树、绿道的养护管理监管工作，园林绿化养管质量得到进一步提高。至年底，县城区园林绿地面积249.5万平方米，城区绿化覆盖面积270.3万平方米，公园绿地面积62.9万平方米，人均公园绿地面积15平方米，城区绿化覆盖率达44.15%，绿地率40.77%。

【儿童公园改造】 2021年，明溪县政府将儿童公园改造提升工程项目列入“我为群众办实事”的重要项目之一，4月开工建设，9月改造完工，总投资389万元。改造前的儿童公园，设施老旧、环境脏乱、年久失修。改造中基本保留原有大树，在不破坏生态的前提下，拆除原有老旧设施、用房。改造后儿童公园新增加入口三个，园内设计一条环形跑道，串连起儿童公园各个区域。重修园内道路，使用彩色透水混凝土路面。新增月光秋千、喷水自行车、敲击琴、传声筒、儿童攀岩设施、跷跷板等数十个新的儿童无动力设备，配套建设夜景灯光，树的周围安装LED灯带等基础配套设施。

（陈国振）

村镇建设

【概况】 2021年，明溪县住房和城乡建设局推动乡村振兴战略，补助55万元推进乡镇农房整治和危房改造，补助394.12万元推进乡镇农村生活垃圾治理，加强风貌管控，落实“房长制”工作。

【农房管控与整治】 2021年，明溪县住房和城乡建设局加强农房风貌管控，完成《农村住宅通用图集》《明溪县农村住宅施工图集》及《明溪县农房建筑立面图集》并发放至乡镇，依托图集加强批后监管，逐幢跟踪监督。推进既有农房整治，重点整治“两高”（高速公路、高速铁路）沿线、乡村振兴试点村等，全县年裸房整治任务600栋，完工603栋，完工率为100.5%。加大农村危房改造，年内完成22户危房改造任务，拨付危改补助资金55万元。

【农村生活垃圾治理】 2021年，明溪县住房和城乡建设局拨付乡镇农村生活垃圾治理补助资金394.12万元，用于加强垃圾清扫、村庄保洁及垃圾治理基础设施建设，全县农村生活垃圾治理覆盖所有村庄，无害化处理率100%。印发《明溪县推进农村生活垃圾分类减量化工作实施方案》，推进沙溪乡全域落实农村生活垃圾分类工作，将罗翠村、后洋村等7个村作为垃圾分类试点村，不断扩大垃圾分类覆盖面，做到垃圾分类“六个有”（有县乡工作机制、有宣传发动、有易腐垃圾处理设备或设施、有资金保障、有减量成效、有县级现场会总结推广）。

【乡镇污水治理】 2021年，明溪县住房和城乡建设局推进乡镇污水治理工作，枫溪乡、夏坊乡等7个乡镇安装人工湿地进出口污水流量计。各乡镇共建设污水管网5.7千米。

【传统村落保护】 2021年，明溪县住房和城乡建设局推进旦上村、罗翠村传统村落重点改善提升，整治村庄周边环境，完善基础设施建设，开展历史建筑修缮维护和活化利用工作，保护整理历史风貌和地方特色。

【在建农房安全管理】 2021年，明溪县住房和城乡建设局制定《关于切实做好全县农村在建房安全清查整治专项行动的通知》，印发《明溪县农房建设管理“房长制”实施方案》，成立明溪县房长办公室，推动落实“房长制”具体工作；印发《进一步明晰农村建房安全监管县乡职责的通知》，理清农房建设质量安全监管县乡工作职责，明确限额“四类”农房〔投资额在100万元以下（含）或者建筑面积在500平方米以下（含）的农村公共建筑、三层以上村民建房、既有房屋改扩建（加层）、影响主体结构安全装修工程〕建设审批监管流程；制定《农房建设管理“房长制”工作督导考评方案》，压实责任、奖优罚劣，推动建立“房长制”长效机制。

（曹羽中）

建筑业

【概况】 2021年，明溪县加强建筑业市场、建筑材料和质量安全监管，推动绿色建筑发展，实现建筑业产值52.9亿元，比上年增长18.4%；建筑业入库税收7299万元；新增钢结构等装配式建筑2.84万平方米；新建民用建筑中绿色建筑占比达100%；办理建筑工程施工许可证24份，受理工程竣工验收备案15宗。9月，明溪县建筑业协会正式成立，扶持建筑业企业发展壮大，全年新入驻5家三级建筑业施工总承包企业，1家乙级监理企业，为8家建筑业企业兑现扶持奖励金360余万元。

【建筑材料监管】 2021年，明溪县住房和城乡建设局开展建筑工程钢筋、建筑用砂等建筑材料专项整治，共抽测钢筋6组、钢筋连接接头29组、人工砂2组、碎石2组，全部合格。抽测22个项目的砼构件强度，抽测39个砼主要受力构件、5个梁柱节点砼强度，发现2个梁柱节点砼强度推定值低于设计强度等级，经取芯验证后达到设计强度要求。

【质量安全监管】 2021年，明溪县住房和城乡建设局每季度召开一次建筑业安全生产形势分析会，开展“安全生产月”活动，开展建筑工程质量和施工安全大检查4次，检查工程项目43个次，发出责令整改通知单43份，发现质量安全隐患252处，发出《违规事实确认与违规计分告知单》252份，进行动态监管记分543.01分。

【建筑市场监管】 2021年，明溪县住房和城乡建设局每季度开展在建项目施工合同履约评价检查，对施工企业信用记分470分；开展拖欠工程款及农民工工资问题“点题整治”，会同县人社局出动30余人次开展5次欠款欠薪专项检查，开展1次建筑市场行为专项检查，通过约谈、信用记分等方式督促22家责任单位限期整改；立案查处串通投标案件1宗，涉及2家企业、2个责任人，处罚总金额4.78万元。

（陈岩清、郑祖华、肖家春）

【建筑工程审核审批】 2021年，明溪县住房和城乡建设局共完成建筑工程审核审批88件，其中，办理建筑工程施工许可证核发24件、建设工程消防设计审查11件、建设工程档案专项验收10件、质量竣工验收监督10件、建设工程消防验收6件、建设工程消防验收（备案抽查）3件、房屋建筑和市政基础设施工程竣工验收备案10件。规模较大的项目：科顺新型防水材料福建智能化生产基地建设项目，项目总建筑面积22341.65平方米，合同价5700万元；明溪县林业车队地块建设项目，项目总建筑面积104267.47平方米，合同价21350.0256万元；明溪县第三实验小学扩建项目，项目总建筑面积12462.63平方米，合同价4407万元；明溪县原造纸厂地块安置房建设项目，项目总建筑面积17458.51平方米，合同价5928.1565万元；三明市明溪县总医院门诊综合楼建设项目，项目总建筑面积30625.11平方米，合同价12782.179万元；南方制药抗肿瘤新药系列产品生产项目（二期）综合楼，项目总建筑面积13260.01平方米，合同价3905.0022万元；明溪县南山遗址配套服务设施建设项目，项目总建筑面积18606.05平方米，合同价5485.6285万元；高端氟精细化学品项目（二期），项目总建筑面积33109平方米，合同价8680万元。

（肖家春）

房地产业

【概况】 2021年，明溪县在建在售商品房小区4个，总建筑面积26万平方米；计划完成房地产开发投资2.2亿元，实际完成投资2.4亿元；推出810套9.5万平方米商品房预售房源，比上年增长74.56%。销售商品住房512套5.78万平方米，商品房源总体供应量充足。发放购房契税“先征后奖”奖励320户，发放资金845万元。

【房地产开发】 2021年，明溪

县加强住房建设的宏观调控和指导，以“稳地价、稳房价、稳预期”为首要目标，开发不同类型、档次住房，满足不同收入人群的基本购房需求。加快推进云锦天玺、富贵壹号学府、东方佳园、紫云台等项目开发建设，保障商品房市场供应，碧桂园生态公馆等房地产开发项目陆续竣工交付使用。

【房地产市场管理】 2021年，明溪县住建局对富贵壹号学府、紫云台、云锦天玺、东方佳园等4个在建在售楼盘进行检查，了解住房销售情况，加强跟踪指导，确保房地产市场有序运行。对全县房地产中介市场开展专项治理，组织人员进行现场检查，要求各中介公司将经纪服务项目、服务内容和收费标准在显著位置进行公示，重点查处群众投诉举报、签订“阴阳合同”等中介机构，不断规范房地产经纪经营行为。

【物业管理】 2021年，明溪县加强物业管理，全面实行前期物业招投标制度，完成紫云台前期物业招投标工作。气动工具城、欧华大厦等2个小区成立业主委员会。抓好物业承接查验备案和物业服务项目备案工作，碧桂园生态公馆项目进行物业承接查验备案，办理紫云台前期物业合同备案。做好专项维修资金归集工作，严格按规定标准缴存，实行专户管理，专款专用。规范公共维修资金收缴管理工作，全年归集额3071.23万元，全年批准使用物业维修资金2.2万元。

（赖迪传）

城市建设投资

【概况】 2021年，明溪县君峰城市建设投资有限责任公司实施棚改、教育、医疗卫生惠民工程项目29个，总投资6.6亿元。坪埠东路（二期）建设项目获“三明市市政工程安全标准化示范工地”，公司被县委、县政府授予“2020年度地方财政贡献大户企业”“2020年度五比五晒竞赛活动先进单位”“2020年度县级文明单位”“2020年度平安单位”。

【惠民工程建设】 2021年，明溪县君峰城市建设投资有限责任公司实施县人武部新迁建营区建设、坪埠东路二期建设、实验幼儿园迁建、原造纸厂地块安置楼建设、县总医院门诊综合楼建设等棚改、教育、医疗卫生惠民工程项目29个，开工总用地面积16.64万平方米，项目计划总投资6.6亿元。县级综合档案馆建设、县实验幼儿园迁建、县实验小学东部校区建设、县实验小学东部校区北侧道路工程等11个项目竣工，完成投资2.33亿元。

【教育补短板项目】 2021年，明溪县君峰城市建设投资有限责任公司实施教育补短板应急项目建设，新建县实验幼儿园、县实验小学东部校区、第三实验幼儿园，扩建第三实验小学，总建筑面积59612.69平方米。其中，“县实验小学东部校区建设项目”于10月14日竣工验收；“县实验幼儿园迁建项目”创新应急项目管理工作机制，在确保工程质量同时，严抓工期进度，从2月10日开工，至8月20日完成竣工验收并投入使用。

【市政道路示范工地】 2021年4月，明溪县君峰城市建设投资有限责任公司承建的坪埠东路（二期）建设项目开工建设，施工中严格落实各项安全生产措施，12月该项目被市住建局评为“三明市市政工程安全标准化示范工地”。坪埠东路（二期）建设项目是明溪县城区东部片区重点工程的新建市政道路工程，道路南起河滨南路实验小学，北至东大路省道318线，全长1553.12米，道路等级为城市主干路。其标准横断面宽度32米，桥面宽度40米，设计时速每小时40千米。建设内容含道路、交通、桥梁、给水、雨水、污水、电力和通信照明、绿化等工程。

（李世春）

2021年11月10日，明溪县组织开展“文明养犬”宣传活动

（图/县城建监察大队）

市容管理与执法

【概况】 2021年，明溪县城建监察大队为明溪县住房和城乡建设局下属单位，加挂县“两违”办、“渣土”办、“餐厨”办。为加强城市精细化管理，提高工作成效，在“数字城管”平台的基础上，采用“数字城管”+“智慧音箱”模式提升管理城市能力。在城区主次干道、城市路口等重点区域建设“智慧音箱”，通过“数字城管”平台监控巡查情况，加强对重点区域流动摊贩、占道经营等的管理，狠抓市容市貌整治、渣土运输监管、餐厨剩余物管理及“两违”专项治理工作。

【市容环境整治】 2021年，明溪县城建监察大队建立“街（片）长”网格管理工作机制，推行“步行网格看城管”，通过定人、定岗、定责加强占道经营管理，集中开展“门前三包”责任制落实，建立长效化、常态化管理措施，推进城市管理工作开展。全年集中整治78次，劝导流动摊点17728处，店铺占道经营5695处；下发《行政执法提示书》38份、《行政告诫书》11份，责令停止(改正)违法行为通知书23份，办理简易程序案件28起。

【信访投诉处理】 2021年，明溪县城建监察大队处理各类信访投诉418起，其中来电来访10起，“e三明”投诉408件，其中，涉及市容管理157件，违章建设105件，油烟污染96件，其他60件。化解历史信访积案1起。

【户外广告整治】 2021年，明溪县城建监察大队根据《三明市市区户外广告设置导则》，加强户外广告设置的审批和管理，鼓励和引导城区沿街门面设置高档次、高品位、统一规格的门头牌匾，打造中山路红色苏区一条街。集中清理城区乱张贴、乱拉挂等违章行为，集中清理非法小广告182处，拆除破旧户外广告38块，清理未经审批广告16块，拆除到期护栏广告8块，拆除破旧公益广告条幅96条，总拆除面积达1236平方米。

【建筑渣土管理】 2021年，明溪县城建监察大队根据《三明市城市建筑垃圾管理办法》，严格渣土密闭运输管理，加强“渣霸”等恶性行为排除治理工作，开展日常巡查628次，联合执法14次，落实整改155起，立案13起，清理沿街沿河建筑垃圾164车。

【“两违”综合整治】 2021年，明溪县城建监察大队累计摸底违建面积4.57万平方米、拆除3.16万平方米、拆除率69.15%。分类处置3.16万平方米，分类处置率69.27%；腾出土地面积2.68万平方米，总利用面积0.37万平方米，总利用率13.92%。结合“两违”综合治理专项整治攻坚行动，拆除城区违章建筑面积662平方米。

【餐厨废弃物收运】 2021年，明溪县城建监察大队与全县294家餐饮单位重新签署协议，纳入收运全覆盖管理，完成收运总量976.81吨，日均2.92吨；餐厨剩余物收运率达96%以上，无害化处理率100%；日常巡查74次，联合执法整治14次，对非法收运行为教育10起。

【环保责任落实】 2021年，明溪县城建监察大队加强对城区餐饮服务业的油烟监察，督促落实餐饮服务业整改，开展联合执法整治18次，检查城区烧烤店、小炒店、大型餐饮店等经营户233家次，整治油烟污染经营户13家，共处理油烟投诉28起，宣传推广安装高效油烟净化装置86次。加强城区焚烧垃圾、秸秆监管，共处理劝阻焚烧秸秆、树叶等行为198起，处理相关投诉32起。

【市场经营规范】 2021年，明溪县城建监察大队配合县工信部门加强综合市场周边巡查，针对市场周边人流量大、商户多，环境杂、乱等特点，不定期进行集中整治，安排2名执法人员常态化巡查，共集中整治45次，清理占道垃圾7车，劝导流动摊点2571处，维护市场周边良好的市容环境。

【“数字城管”建设】 2021年，明溪县城建监察大队在充分发挥“城管通”“外勤助手”等现代化的城市管理手段基础上，不断完善“数字城管”与“智慧音箱”系统，在城区主要道口增设智慧音箱系统14个，配合监控探头通过实时喊话、录音播放等方式，定期定时进行广播宣传，发现占道经营、游摊占道、道路污染等市容问题1291起，远程喊话劝导201人次，提高远程管理城市能力。

【柔性执法】 2021年，明溪县城建监察大队落实《执法事项提示制度》《轻微违法警示制度》《重大案件回访制度》和柔性执法“三张清单”（即不予处罚事项清单、减轻处罚事项清单、从轻处罚事项清单）有关规定，在日常执法过程中，引导执法人员转变传统执法理念，通过批评教育、文书提示、告诫和处罚等柔性执法程序；采取现场劝导和“数字城管”平台监管手段，共劝导市容管理问题14675起，开具行政提示书38份、行政告诫书11份、责令停止（改正）违法行为通知书15份。通过文明执法、柔性执法，减少执法阻力、提高执法效率，有效缓解执法人员与相对人紧张关系。

（陈姻强）

责任编辑：温国彪

经济管理与监督

宏观经济管理

【概况】 2021年，明溪县发展和改革局建立“周会商、月协调、季评估”运行分析制度，向县委、县政府提交分析报告15份、提出意见建议200余条，巩固拓展新冠肺炎疫情防控和社会经济发展成果，做好“六稳”工作，全面落实“六保”任务，全县经济社会运行稳中有进，再次获得全省县域经济发展“十佳”县称号。全年全县地区生产总值、固定资产投资、第三产业增加值、其他营利性服务业营业收入、城镇居民人均可支配收入等5项局责任指标分别比上年增长6.2%、16.9%、8.4%、33.54%、6.8%，其中前4项高于全市平均增幅，地区生产总值增幅居小组第一位。

【重点项目建设】 2021年，明溪县发展和改革局深化“五比五晒”竞赛活动。修订完善县级“五比五晒”考评办法，建立健全县领导挂包、周会商月协调等工作机制，形成全县“一盘棋”工作合力，明溪县获2021年度三明市“五比五晒”推进高质量发展活动先进县一等奖。开展“项目攻坚年”活动。建立县领导挂包重点项目清单，适时通报123个攻坚项目挂包服务情况，推动干部下沉一线、服务项目。推进市级以上重点项目建设。用好“两单两促”（项目前期“提醒告知单”促前期和项目滞后“三色督查单”促滞后）协调推进机制，统筹推进20个市级以上重点项目，完成投资25.35亿元，超年度计划9.37个百分点。“五个一批”（谋划一批、签约一批、开工一批、投产一批、增资一批）滚动接续。抓好谋划、签约、开工、投产、增资等重点环节，全年新增“五个一批”项目142个，其中新增谋划项目59个、签约项目11个、开工项目32个、投产项目39个、增资项目1个，累计在库项目223个，总投资约596亿元。

【服务业发展】 2021年，明溪县发展和改革局编制服务业“十四五”专项规划，修订完善服务业扶持政策，鼓励发展直播经济等新业态，全年为47家企业（主体）发放补助资金共计200.48万元。抓好市场培育。建立重点企业上规跟踪服务清单，建立“一对一”跟踪服务机制，全年新增培育3家规模以上服务业企业，10家限上商贸企业。推进重点项目建设。南山古人类文化遗址公园等7个市重点服务业项目有序推进，完成投资5.6亿元，占年度投资计划102.6%，其中茶博生产观光、火车站站前广场建设、旦上红色遗址、云锦天玺商业综合广场项目建成。做好服务业招商工作。开展“点对点”招商推介，制定县文旅康养、现代物流产业链招商地图，签约明溪县电商直播基地、侨心瓷海艺术展示中心、厦门中远海运物流化工、高速公路服务区名特优产品合作销售等项目。

【政策对接】 2021年，明溪县发展和改革局把握国家新一轮支持苏区振兴发展、国家中医药管理局对口支援明溪等机遇，组织梳理中央苏区对口支援重点对接项目234个，估算总投资约499亿元，研究梳理政策诉求45项。代拟《国家中医药管理局对口支援明溪县振兴发展实施方案（2021—2025年）》，谋划重点项目（事项）32个。用好县财政500万元专项资金，出台《项目前期工作经费使用管理办法》，鼓励开展项目调查、储备、报批等超前工作，提高项目前期成熟度，促进项目落地成果转化。围绕2021年预算内投资补助和地方政府专项债券投向领域，组织各乡镇、部门上报预算内投资补助项目55个，获上级投资补助资金7272万元、支持县实验幼儿园、南山遗址配套服务设施等13个项目（事项）建设；上报地方政府专项债券项目4个，获地方政府专项债券资金11155万元，支持县学前教育补短板和奋发山海协作产业园基础设施等3个项目建设。

【投资审批服务】 2021年，明溪县发展和改革局优化政府投资项目委托评审管理办法，强化专家评审意见落实，促进项目决策实施科学化，全年完成27个政府投资项目评审、立项批复，共核减投资概算11个项目1336.79万元，核增投资16个6081.75万元。严格权责清单审批工作，全面推行并联审批、网上审批等标准化服务，办结政府投资项目审批40件、企业投资项目核准2件、企业投资项目备案97件。

（罗 洪）

自然资源管理

【概况】 2021年，明溪县自然资源管理局完成三个批次四个成片开发方案和“三区三线”划定的初稿及规划大纲编制，做好执法监管、地灾防范治理、调查监测支撑等工作，全方位推动自然资源领域工作高质量发展超越，用地保障等许多工作取得新进展新突破。在全省、全市自然资源管理工作综合考评中分别位居第八位、第四位。

【用地保障】 2021年，明溪县自然资源管理局完成三个批次四个成片开发方案，面积143.32公顷，成片开发实施完成率29.06%，位列全省第十。完成农用地转用及土地征收18个批次，面积72.95公顷（新增建设用地70.96公顷），保障熙华医药等重点项目和地方发展用地。批而未供土地处置18.19公顷，完成年度处置任务。

【国土空间规划编制】 2021年，明溪县自然资源管理局完成“三区三线”划定的初稿及规划大纲编制，规划方案初步成果经

2021年3月5日，县自然资源局开展”再学习、再调研、再落实“活动。图为在沙溪乡解决县华联硅业办证问题（图/县自然资源局）

明溪县国土空间规划委员会会议研究通过，永久基本农田核实整改工作完成三调图斑标注。全县应编尽编村庄规划（2021—2023年）45个，完成30个村，占应编总量的66.67%。全县9个乡镇，7个进入乡镇国土空间规划编制，2个启动前期工作。

【执法监管】 2021年，明溪县自然资源管理局落实最严格的耕地保护制度，完成部、省下发4523个疑似图斑的入户摸排调查，坚决遏制新增、新发现的农村乱占耕地建房行为2宗，全部拆除并复耕到位。制止耕地“非农化”，全县发现4宗，全部处置到位。强化日常监管，“零容忍”管住新增，明溪县所有违建别墅项目均报自然资源部核销。落实“看管查”动态执法，严格图斑核查上报，加密日常巡查和联合执法，控新增、管存量，自然资源违法案件发生率比上年下降71.4%。

【地灾防范治理】 2021年，明溪县有地质灾害点81处，其中滑坡74处、崩塌7处，规模均为小型；高陡边坡604处，其中稳定性差的有36处，稳定性较差的有532处，稳定性好的有36处。地质灾害点和高陡边坡点在各乡（镇）均有分布，总数位居前三的为胡坊镇、夏坊乡和夏阳乡。县自然资源管理局推进调查防灾、监测防灾、工程防灾、制度防灾，全省首批开展1：5万地质灾害调查与风险评价，全省首批开展专群结合监测预警点建设，地灾防范工作总体向好。福建省自然资源厅辅助决策系统数据显示，明溪县涉及地灾防范治理的5项指标全部位列全省第一。4月，自然资源部地勘管理司副司长熊自力一行专程到县开展地质灾害防治调研，对县地灾防治工作给予肯定。

【调查监测支撑】 2021年，明溪县按时完成国土“三调”时点更新工作，是全省第一批上报的县级调查单位，成果质量居全省前列，受到福建省三调办通报表扬。推进国土“三调”收尾各项工作，完成初步图件成果编制、资料归档，等待省市验收。完成2020年国土变更调查工作，顺利通过国家核查。推进农村地籍和房屋调查工作，建库率达到100%，位列全省第一。地理信息公共服务平台有效服务率位列全省第一。

【改革创新】 2021年，明溪县自然资源管理局试点探索不动产登记“跨省通办”的技术实现路径，在此基础上，立足县情创建“跨境办”模式，实现全省首例群众境外直接申办；试点推进不动产登记系统与“金服云”平台对接，为福建省自然资源厅推进登记机构和金融机构“总对总”连通，实现全省范围在线抵押登记服务探明路径；探索土地整治、表土剥离、临时用地、违法占用等业务流程细化规范管理，推进实现耕地保护的长效监管。推进林权不动产登记改革，实现外业勘验、登记全流程全免费服务。推进工业厂房和群众房产办证历史遗留问题攻坚，惠及3家企业和761户群众，群众获得感、幸福感提升。

【土地收购储备】 2021年，明

2021年6月7日，县土地收储中心对城关中心小学及幼儿园扩建项目土地征收实地定界测量 （图/县土地收储中心）

溪县土地收购储备中心围绕县委、县政府确定的23个年度征迁工作目标任务，主动站位，稳步推进收储业务，保障7个市级重点项目建设用地。累计完成南山遗址公园项目18.53公顷、明溪县南山国家考古遗址保护公园景观提升建设项目28.85公顷、明溪县第一中学及周边地块北部片区迁建项目13.33公顷、城关中学学生宿舍及足球场地块0.48公顷、明溪县老虎尾搬迁安置小区项目2.87公顷、东部校区西侧道路0.67公顷等公共服务及城市建设项目用地共10幅91.94公顷（含土地租赁面积）的土地收储工作。

【国有土地上房屋征收】 2021年，明溪县土地收购储备中心依法有序地推进县房屋征收部门委托实施的国有土地上房屋征收补偿安置工作，全年完成房屋征收59户，征收房屋总面积9793.33平方米。其中：城中大门改造提升项目12户1162.35平方米，明溪县民生路109号地块9户1770平方米，零星危房涉及自建房8幢9户1228.2平方米、公建1幢121.71平方米，明源水厂周边道路改造项目征收房屋1幢297.74平方米，县老干局房屋公建1幢1551.51平方米等工作。

（陈　玲）

2021年4月22日，县自然资源局开展地球日宣传活动

（图/县自然资源局）

【全省首例不动产登记境外直接申办】 2021年，明溪县不动产登记中心窗口成功为境外申请人杨某办理不动产转移登记手续。这种通过“互联网+”方式实现不动产登记境外直接申办，在福建省尚属首例。杨某在明溪县购买一套房产，但因常住意大利，再加疫情防控的特殊情况，本人回国现场签字和大使馆办理正常委托手续存在困难。明溪县不动产登记中心了解情况后，即启动不见面申请流程，将申请人相关信息录入电子签名平台，并将申办入口链接发送到申请人境内手机号上。申请人可选择支付宝、电子签名App、网页任一方式进入，通过人脸识别、视频活体检测、AI语音识别、语音视频双录等，在平台上完成申请、授权委托书、申请材料、缴费领证路径选择等文件的电子签署。中心依据签署的文件和已有的相关材料办理业务，全程不到半小时完成办理，便捷高效。明溪县不动产登记中心探索境外（异地）办理不动产登记路径，实行境外（异地）直接申办模式，以减少侨胞侨眷在新冠病毒肺炎疫情防控期间流动风险和境外申办不动产登记成本，提高不动产登记效率，完成境外申请办理不动产登记业务2起。

（丁可依）

市场监督管理

【概况】 2021年，明溪县市场监督管理局实施质量强县战略、品牌战略、食品安全战略、标准化战略和知识产权战略，统筹抓好新冠肺炎疫情防控工作及市场监管业务工作，推动全县经济社会健康发展。全县2207家企业更新营业执照，6715户个体户领取营业执照。4月被省委、省政府授予第十四届（2018—2020年度）省级文明单位称号。

【市场营商环境优化】 2021年，明溪县市场监督管理局推进“多证合一”登记制度改革，将企业从设立到具备一般性经营条件环节简化为2个，压缩企业开办时间至1个工作日，简化准入手续，减少申请材料，优化审批流程，提高服务效率。全年全县共有2207家企业取得加载统一社会信用代码的营业执照。推行个体工商户全程智能化“微信申请+自主申报+自动审核+自助打照”登记模式，实现登记申报路径简便化、登记事项标准化、审查核准自动化、身份认证智能化和执照打印自助化。全年全县共有6715户个体工商户通过全程智能化领取营业执照。推进信用监管，完成2020年年报工作任务，其中内资企业年报公示1610家，年报率为95.49%；个体工商户年报公示3720户，年报率为60.03%；农民专业合作社年报公示277家，年报率为95.51%。做好涉企信息归集和企业经营异常名录管理，全年共将130家内资企业、14家农民专业合作社列入企业经营异常名录，将59家内资企业、4家农民专业合作社列入严重违法失信企业名单，将12家内资企业、4家农民专业合作社从企业经营异常名录中移出。加强知识产权保护。全年全县各类市场主体获得商标注册核准219件，专利授权97件，全县每万人专利拥有量7.08件，位居全市第一。开展知识产权质押融资“入园惠企”专项行动，帮助1家专利企业办理质押贷款800万元。推动设立“知创福建”福建省知识产权公共服务平台明溪工作站并正式挂牌运行。

【餐桌污染治理】 2021年，明溪县市场监督管理局牵头组织实施“治理餐桌污染，建设食品放心工程”为民办实事项目，全年协调相关部门开展执法检查1477次，立案查处食品安全违法案件37起，查获问题食品126.9千克，案件罚没金额35.87万元，移送公安机关1起涉嫌食品安全犯罪案件。推进农产品质量安全县创建，全县34家学校食堂全部实现“明厨亮灶”和“互联网+明厨亮灶”，在明洲酒店开展2021年“互联网+明厨亮灶”示范创建。做好食品监督检测，完成各类食品抽检7160个次，合格率达100%。开展食品安全“一品一码”全过程追溯体系建设，全县258家生产经营主体纳入可追溯系统监管，粮食系统购销、储备企业纳入福建省原粮追溯系统。

【质量提升】 2021年，明溪县市场监督管理局加强产品质量监督，开展工许获证企业监督检查、危化品工业产品生产许可获证企业风险隐患排查及分级分类监督管理评定，对流通领域获得强制认证（CCC认证）产品销售企业开展监督检查31家次，发现销售“三无”玩具枪等问题2条，立案查处2起，涉案金额298元，罚款1000元，没收“三无”玩具枪13把。开展省级监督抽查7个批次，对企业内设加油点开展车用柴油监督抽检，对流通领域监督抽查28个批次，结果均合格。加强计量监督，对辖区内农资化肥的商品净含量、获得计量标准授权实验室等开展计量监督检查，对粮食购销公司粮库、烟草收购站在用电子秤、电子汽车衡及加油站、眼镜制配行业、医院、各类生产企业在用强制检定计量器具开展监督检查27家次，未发现违法行为。加强标准化工作，指导企业在全省标准信息公共服务平台上进行自我声明公开现行有效的企业执行标准10项，至年底，全县共有现行有效的企业执行标准91项。指导并实时跟进三明市海斯福化工有限责任公司建立团体标准4项，为企业新办理商品条形码4家，续展商品条形码11家。

【监督执法】 2021年，明溪县市场监督管理局强化重点领域执法，开展打击网络违法、假冒侵权、虚假广告、商标侵权、烟草市场、无照经营、食品药品、特

2021年6月29日，县市场监督管理局到福建柳里河生态农业有限公司进行食品生产现场审查 （图/县市场监督管理局）

种设备和违法合同专项整治行动，查处违法广告案件11件、无照经营案件4件。开展民生领域案件查办“铁拳”行动，没收涉案物品货值金额1813元。开展农村假冒伪劣食品、“天价岩茶”乱象治理及春季学校食品、线下网络餐饮、中药饮片、儿童化妆品、无菌和植入性医疗器械、特种设备、打击市场销售长江流域非法捕捞渔获物、涉企违规收费等专项检查23次，检查89家，查处违法案件112起，没收涉案物品货值金额4493元。加强事中事后监管，推行“双随机、一公开”，抽查85家企业，发现异常20家。加强诚信体系建设，部门协同监管平台得到广泛应用。加大食品、工业产品等抽检数量，开展“我为群众办实事”实践活动，常态性开展“你送我检”服务活动，出动食品安全快检车9次，检测水果和蔬菜34批次。强化消费维权保护，受理消费者投诉举报30件，立案查处3件，办结1件，罚没金额2万元。开展“3·15”集中执法行动，开展预付式消费、非法集资等专项整治，推进放心消费示范创建。全年办结案件42件，罚款31.11万元，审核行政处罚案件53件，被列入三明市市场监督管理局典型案例评析1件。

【疫情防控常态化】 2021年，明溪县市场监督管理局强化冷链食品监管，成立进口冷链食品新冠肺炎疫情防控工作专班，开展全覆盖摸底排查，全县有冷链食品生产经营单位38家，从业人员81名，核酸检测及新冠病毒疫苗接种全覆盖；全面落实进口冷链食品“四证一单”、集中监管仓出仓证明及“一品一码”食品安全信息追溯管理，建立集中监管仓1个，共92.5千克冷冻食品进出监管仓；加强部门联动，开展5次联合检查，检查场所661家次，立结案1件，罚没312.5元。撰写的《明溪县全力筑牢冷链食品安全监管防线》信息稿件被《八闽快讯》采用。建立药品监测机制，督促药品零售企业落实购买退热、止咳等“两抗一退”新冠肺炎治疗相关药物人员实名信息登记报告制度，就落实常态化新冠肺炎疫情防控工作约谈城区18家药品零售企业负责人，通报督查检查发现的问题10个，下发整改通知书10份，对落实常态化新冠肺炎疫情防控工作提出明确要求，责令1家未严格落实新冠肺炎疫情防控措施的药店停业整顿，切实发挥药店疫情防控“哨点”作用。加强新冠病毒疫苗接种点疫苗及核酸检测试剂盒监督检查，确保用药安全和检测质量。将药店工作人员纳入核酸检测“应检尽检”范围，全年全县药店工作人员在全员核酸检测的基础上，按15天10%的频率，完成四轮核酸检测，结果均为阴性。

（徐晓红）

审 计

【概况】 2021年，明溪县审计局完成政策跟踪审计、财政审计、经济责任审计、领导干部自然资源资产离任审计、政府投资审计等项目（部门）25个。审计查出主要问题金额21716万元，审计促进整改落实有关问题金额16174万元，审计发现非金额计量问题121个；出具审计决定5份；出具审计报告38份，提出审计建议51条、采纳率100%；撰写审计工作信息66篇，被上级审计机关采纳18篇次，获三明市第十四届文明单位称号。

【重大政策落实情况审计】 2021年，明溪县审计局加大跟踪审计力度，推动国家重大政策措施落到实处。开展县国家扶贫改革试验区专项资金审计，审计查出非金额计量问题8个，提出审计建议1条，揭示有关部门在推进试验区建设、探索更加有效的脱贫新机制和新模式过程中存在的问题。通过审计有效规范明溪县在三明国家扶贫改革试验区专项资金的使用管理，推动国家政策在县落地落实。开展财政资金提质增效专项审计，审计查出非金额计量问题3个，提出审计建议2条，重点围绕促进财政资金使用效益开展审计，通过审计促进债券资金有效投资，盘活财政存量，加快公共财政资金支出进度，提高资金使用效率，增加政府财力财源，服务县经济高质量发展。开展为民办实事审计项目，审计查出非金额计量问题17个，提出审计建议2条，通过审计调查，掌握2021年全县为民办实事工作建设项目推进情况，查找项目推进中存在的短板，揭示项目工作中存在的问题和困难，深入分析原因，提出针对性建议，督促相关主管部门加强跟踪监督，规范项目建设管理，促进为民办实事工作顺利推进，确保惠民政策措施全面落实。

2021年8月24日，明溪县召开2021年度经济责任审计工作联席会议

（图/县审计局）

【财政审计】 2021年，明溪县审计局组织实施2020年度县本级财政预算执行和其他财政收支情况审计，以及县住建局、工信局、交通局3个单位部门预算执行情况审计，以增强预算执行和财政收支的真实性、合法性和效益性，推进预算规范管理、建立现代财税体制、防范地方政府债务风险为目标，重点关注预算收入统筹、预算支出管理和财政支出标准化推进、预算编制的合规性和完整性、预算执行和绩效管理、部门预算执行、重点专项资金、地方政府债券资金使用绩效等情况，促进县委、县政府加强财政资源统筹，优化财政支出结构。审计共查出非金额计量问题13个，提出审计建议11条。

【领导干部履职尽责情况审计】 2021年，明溪县审计局以促进领导干部守法守纪，规范权力运行为目标，组织实施13个部门（乡镇）共17位领导干部经济责任审计，审计查出主要问题金额3905万元，促进干部担当作为、干事创业、厉行节约和规范管理，推进反腐倡廉建设。同时，以促进领导干部加快推进生态文明建设，践行绿色发展理念，促进自然资源资产节约集约利用和生态环境安全为目标，加强领导干部自然资源资产离任审计。先后开展胡坊镇党政主要领导及县自然资源局局长自然资源资产离任审计，审计查出非金额计量问题17个，提出审计建议5条。

【政府投资项目审计】 2021年，明溪县审计局以提高政府投资项目的资金使用效益、促进政府投资项目规范管理、建设资金规范使用为目标，完成明溪县渔塘溪（城区段）生态护岸及沿线景观提升工程等10个投资结算项目审计，送审造价4664.62万元，核减金额590.02万元，核减率12.65%。通过对公共投资工程项目建设管理活动的真实、合法和效益情况开展审计，强化建设单位主体责任意识，规范政府投资行为，节约公共资金，促进政府投资项目规范管理，建设资金规范使用。

【审计联动】 2021年，明溪县审计局强化监督合力，推进审计问题整改。结合公务支出和公款消费情况审计，落实“1+X”专项督查相关工作机制。根据年度项目计划，将公务支出和公款消费审计作为重点审计内容之一，结合“同级审”和经济责任审计项目同步开展，以推动中央八项规定精神全面落实为主线，以检查揭示“四风”问题为导向，将公务接待、公务用车、公务出国（境）、会议费、培训费和楼堂馆所建设、违规公款购买“天价茶”等名贵特产、机构编制管理及软件正版化使用等方面情况作为必审内容。与纪委监委联合构建明溪高效监督体系，推动中央八项规定精神深入落实。选派业务骨干参与2020年度税收和非税收入审计、巡查、规范津补贴、涉粮问题专项巡查等工作，发挥审计机关在党风廉政建设、审计高效监督方面的积极作用。推动审计整改工作制度化、规范化，印发《明溪县审计局关于进一步建立健全审计整改内部工作机制实施意见》，更好发挥审计监督“防未病、治已病”作用，维护审计监督的严肃性和权威性，将审计整改成果转化为治理效能。及时调整县经济责任审计工作联席会议成员单位，成立由县纪委监委，县委组织部、县委机构编制委员会办公室、县审计局、县财政局、县人力资源和社会保障局、县国资中心、县银保监管组等部门组成的县经济责任审计工作联席会议，同时印发《明溪县经济责任审计工作联席会议议事规则（试行）》和《明溪县经济责任审计工作联席会议办公室工作规则（试行）》，发挥县联席会议对全县经济责任审计工作的指导、监督和检查作用。

（官丽娟）

统 计

【概况】 2021年，明溪县统计局聚焦“十四五”规划，加大对“三新产业”“中医药产业”“小县大城关”等热点问题的调研分析力度，加强经济形势分析和预警预判，从数据中找到问题、找准症结，在对比分析中看优势找差距，提高分析研判经济社会形势的精准性和各项决策的科学性有效性。加强与各行业主管部门的协作，为促进和推动高质量发展提供“准实精深”的优质服务。

【统计调查】 2021年，明溪县统计局严格执行国家各项统计报表制度，在数据采集、上报、审核、评估各环节全面实施统计数据质量控制，做好基本单位、农业、工业、建筑业、服务业、投资、贸易、人口社会、劳动就业、科技文化、能源等各项常规统计调查工作。组织实施好城乡居民收支调查、农业农村调查、工业生产者价格调查、劳动力调查等专项调查工作，为各级党政部门快速掌握全县国民经济运行情况、科学决策提供信息保障。县综合统计工作情况获2021年度全市考评第三名。组织开展政府公众评议和综治“三率”等专项调查工作，提升政府工作绩效和综治“三率”成效。

【统计服务】 2021年，明溪县统计局跟踪月度、季度主要经济指标变化，加强先行指标的预测预警，客观分析经济社会发展成果及问题，做好服务发展、服务决策工作。全年发布2020年明溪统计公报1份，明溪县第七次全国人口普查公报1份，发布2021年月度统计报表11份，解读经济运行形势统计分析报告11期。紧扣适应和服务经济发展新常态，深入一线开展专题调研，撰写《深化统计工作改革》《明溪县氟化工产业发展现状》《明溪县农业经济发展情况》等5篇专题调研报告，进一步摸清行业情况，为县推进全方位高质量发展超越建言献策。县统计局获县级2020年度“五比五晒”活动先进单位称号，获表彰市级“五比五晒”活动嘉奖1人、县级“五比五晒”活动“记功”和“先进个人”各1人、县级脱贫攻坚工作“先进个人”1人。

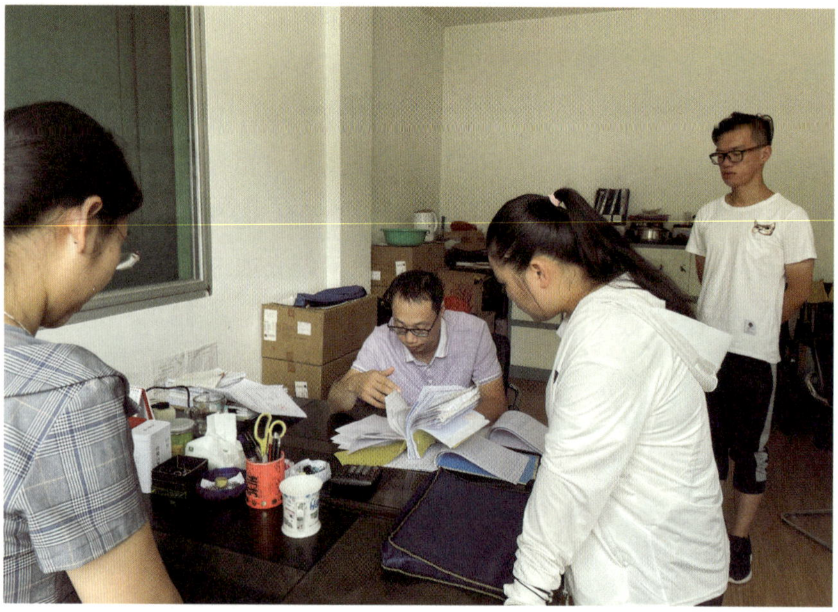

2021年8月27日，县统计局组织专业人员赴企业开展数据质量核查工作 （图/县统计局）

【统计管理】 2021年，明溪县统计局制定《明溪县统计数据质量审核评估办法（试行）》《防范和惩治统计造假弄虚作假责任制规定实施细则(试行)》，不断规范统计数据质量审核评估工作，提高其科学性、可靠性。加强数据质量分析审核，每月及时将上报数据指标与行业平均水平、地区平均水平、能耗、纳税等指标进行比对分析，对存在奇异值、指标不匹配、不协调的企业进行核查。全年各专业开展数据质量核查4次，共甄别49家“四上”（规模以上工业企业、资质等级建筑业企业、限额以上批零住餐企业、国家重点服务业企业）企业名录库中的“僵尸”企业、空壳企业、倒闭企业，甄别无中生有投资项目2个。加强统计业务培训，充分利用年报会、培训会、执法检查和调研指导等形式，有重点、有针对性对乡镇统计员和企业统计人员进行强化培训。全年共计召开各类专业培训会议8次，提高企业、乡镇基层统计人员的统计能力和实操技能。

【统计执法检查】 2021年，明溪县统计局严格执行统计执法“双随机”制度，促进统计监督检查常态化，不断提高统计执法检查的针对性和有效性。10月，对夏阳乡、胡坊镇及有关部门开展“双随机”统计监督检查，共检查工业、固定资产投资、贸易业、劳动工资专业18家企业及2个单位，对2家提供不真实统计资料的企业进行立案查处。

（杨佳敏）

责任编辑：李桂花

财政 税务

财 政

【概况】 2021年，明溪县财政局全面落实关于做好“六稳”工作、落实“六保”任务的各项决策部署，组织财政收入，增强财政保障能力，全面推进财政预算管理制度改革，2021年明溪再次进入全国县级财政管理绩效综合评价前200名（为第165名），综合性生态保护提升性补偿资金提高至第一档次。全县一般公共预算总收入5.7亿元，比上年增长4.71%。其中，地方一般公共预算收入3.59亿元，比上年增长3.38%。全县一般公共预算支出14.34亿元，比上年下降0.47%。

【资源统筹】 2021年，明溪县财政局围绕年度预期目标，加强与税务部门沟通磋商，分析财政收入形势，加强对重点税源、重点企业的跟踪调查，把组织收入作为核心职能，主动作为，强化征管。全年争取上级财政补助资金117144万元、地方政府债券资金30709万元、原中央苏区和革命老区补助资金2680万元，综合性生态保护提升性补偿资金提高至第一档次获得3000万元，比上年增加1500万元。全年盘活财政存量资金6950.73万元，支持化工园区、熙华药业产业园、三校合一等重点项目建设。

【民生投入】 2021年，明溪县财政局将新增财力和节约资金持续向民生倾斜，全年全县民生重点支出115546万元，占一般公共预算支出80.74%。其中，全年教育支出36191万元，增长15.14%，支持公办幼儿园、义务教育薄弱环节改善与能力提升等项目建设，提高相关补助标准，加大教育补短板力度。落实社会保障政策，扩大社保覆盖面，全年社会保障和就业支出17251万元，增长16.1%，其中拨付养老保险财政补助资金9096.3万元，落实特困人员救助供养政策，兑现公益性岗位、技能培训等各项就业补贴732.83万元，保障重点群体就业创业。深化医药卫生体制改革，全年卫生健康支出8285万元，其中新冠肺炎疫情防控投入1435.96万元，城乡居民基本医疗保险基金投入1080万元，基本公共卫生服务投入886万元，县总医院门诊综合楼建设、医疗服务能力提升、中医药发展经费等投入1899万元，保障卫生健康服务能力。

【重点领域投入】 2021年，明溪县财政局加大产业投入，投入9395.57万元用于园区基础设施建设，安排招商引资及项目前期经费694万元，支持重点基础设施建设和产业平台建设。加大科技和生态产业建设投入，投入3392万元用于森林生态效益补偿、造林绿化等，保障明溪生态质量持续领先。保障农业生产，全年农林水支出21973万元，支持农业生产发展和农村基础设施建设，构建完善财政支持乡村振兴政策体系和体制机制。支持文旅发展，为红色景区、革命旧址保护提供资金保障，全年拨付南山国家考古遗址公园征迁项目1685万元、滴水岩红色旅游景区改造工程500万元，推进文旅重点项目建设。

【财政监管】 2021年，明溪县财政局深化预算管理制度改革。实行零基预算管理方法、实施预算管理一体化改革，提高财政资金的配置效率，推进财政治理体系和治理能力现代化。全面推进预决算公开，建立常态化监督机制，高质量完成预决算信息公开。加强综合绩效管理。把绩效管理实质性内容嵌入预算管理全流程，提高财政资金使用效益，2021年明溪县全国县级财政管理绩效综合评价排名第165名，获得1000万元正向激励资金，连续两年获此殊荣。发挥投资评审职能作用。持续优化评审流程，健全评审制度，提高评审时效，提升服务重点项目建设能力，全年共完成评审项目62个，累计评审金额96427万元，核减金额5549万元，平均核减率5.75%，财政资金有效节约。履行财政监督职能。推进“1+3+N”内部控制制度体系建设，开展国库存款真实性检查、会计信息质量和“三公”经费检查，促进各单位加强内控制度建设，增强风险防控能力。强化政府债务限额管理。妥善处理存量，继续做好地方政府债务置换、隐性债务化解及政府债券还本付息工作，防范债务风险，确保县债务规模处于合理水平。

（冯若琳）

税 务

【概况】 2021年，明溪县税务局坚持组织收入原则，做到税源心中有底、税款应收尽收、优惠应享尽享，同时杜绝虚增收入和收“过头税”的现象，为县域经济发展提供财力支撑。全年共组织各项收入79783万元，比上年增收7012万元，增长9.6%，其中税收收入47743万元，比上年增收1507万元，增长3.3%；社会保险费收入29998万元，比上年增收5485万元，增长22.4%；其他非税收入2042万元，比上年增收20万元，增长1%；县本级收入26598万元（县级税收收入25923万元，教育费附加675万元），比上年增收789万元，增长3.1%。

【职责划转】 2021年，明溪县税务局按时限要求做好非税收入本地征缴流程制定、划转资料交接、系统测试、宣传辅导、舆情监控等工作，确保各项非税项目平稳划转。1月1日起，水土保持补偿费、地方水库移民扶持基金（含中型水库库区基金、小型水库移民扶助基金）、防空地下室异地建设费、排污权出让收入等4项非税项目划转至税务部门。7月1日起，城市绿化赔偿收入、土地闲置费、城镇垃圾处理费等3项非税项目划转至税务部门。全年共征收该7项非税收入229.65万元。

【税收征管】 2021年，明溪县税务局做好委托代征、欠税管理及清欠、现金征缴风险排查自查等日常征管工作，完成全市注销监控、电子税务局满意度、“5C”数据工作及制造业缓缴等专项工作，切实解决纳税人涉税业务办理方面存在的问题和短板。贯彻落实中央办公厅、国务

2021年10月20日，县税务局召开纳税人座谈会 （图/县税务局）

院办公厅印发《关于进一步深化税收征管改革的意见》，成立领导小组及办公室，建立健全工作运转机制。8月16日，举办线上直播，开展“一把手谈改革”访谈和“税企互动·征纳同心”福建省电子税务局交流活动，线上参与人数5000余人次，取得良好的社会反响。

2021年12月，县税务局开展税法宣传进校园活动（图/县税务局）

【税政管理】 2021年，明溪县税务局落实出口货物退（免）税政策，规范出口退税管理，加快退税进度，全年办理出口退税129万元，办理免抵税额6658万元，促进外贸经济发展。做好企业所得税年度汇算清缴，2020年企业所得税税务登记应参加汇算清缴户数1215家，实际参加汇算清缴户1215家，申报率100%，汇算面100%，差错率0。落实小型微利企业所得税优惠政策295家，全年减免税额1844.1万元。做好个人所得税六项专项附加精准扣除，共计3909人享受专项扣除，减免税额343.01万元。

【依法治税】 2021年，明溪县税务局围绕全面依法治国战略布局，贯彻落实《福建省法治政府建设实施方案》文件精神，按季召开依法行政领导小组会议，加强对日常税收执法的法制指导，规范行使行政处罚裁量权，推行执法音像记录和重大执法决定法制审核制度。部署完成执法案卷评查通报，重点对2018年机构合并以来的执法案卷进行抽查评查，共通报涉及行政处罚、执法文书等11类问题，规范基层税务执法行为。全面推进政务公开，严格执行信息审查机制，在省局行政执法公示平台和市局门户网站对25项行政执法公示事项清单内容进行集中公示公开，实现行政执法公示的常态化、规范化，保障纳税人的知情权和监督权。

【纳税服务】 2021年，明溪县税务局完成纳税信用评价工作，宣传“银税贷”以解决企业资金难题，全年共有10家纳税人获得云税贷、税e融，累计支用笔数22笔，比上年增长120%，累计支用金额2040.4万元。开展2021年便民春风行动和助力小微企业发展“春雨润苗”专项行动，全年共计开展28场次宣传活动，收集纳税人诉求19条。持续精简涉税流程，为纳税人提供“零距离”“面对面”的导税服务，全业务实现“窗口受理、内部流转、限时办结、窗口出件”新流程办理。推行“非接触式”办税，网报占比率达90%以上，全面推行发票网上申领，除定额发票外的纸质发票网上购票占比率超90%。

（林　鑫）

责任编辑：李桂花

农业农村

综 述

【概况】 2021年，明溪县农业农村局贯彻落实中央、省、市“三农”工作决策部署，围绕县委、县政府中心工作，抓好新冠肺炎疫情防控及农业农村各项工作，实施乡村振兴战略，加快推进农业农村现代化。全年完成农林牧渔业总产值35.92亿元，比上年增长4.5%，其中农业产值24.09亿元，增长6.21%；林业产值5.54亿元，下降8.47%；牧业产值4.12亿元，增长14.52%；渔业产值1.83亿元，增长2.69%；农林牧渔服务业0.34亿元，增长3.71%。农村居民人均可支配收入实现20131元，比上年增长10.5%。

【农业品牌创建】 2021年，明溪县有国家农产品地理标志登记保护产品2个（明溪淮山、明溪金线莲），国家地理标志证明商标产品2个（明溪肉脯干、明溪淮山）；绿色食品有效用标企业10家，产品14个，其中：2021年新增申报绿色食品认证产品5个，获批3个，分别为三明市中辉生态农业科技有限公司生产的猕猴桃、明溪县绿生生态农场生产的猕猴桃和福建灵硕蓝莓科技开发有限公司生产的蓝莓产品。

2021年6月，县农业农村局开展农产品安全月宣传活动。图为在盖洋镇发放宣传材料 （图/县农业农村局）

【硒锌农产品】 2021年，明溪县累计建成生态硒锌淮山、大米、猕猴桃、食用菌、茶叶、笋竹等硒锌农产品基地6800公顷，注册明吉红、碧海山琛（公用5类）、圣七娘（金线莲）等硒锌农产品商标共17个，建成硒锌农产品加工生产线13条。城关乡（淮山）成功创建省级农业产业强镇，并获得专项补助资金500万元；城关乡狮窠村（淮山）获得“一村一品”示范村补助资金100万元；明溪淮山获大国好货“一县一品”特色农产品称号。

【农产品质量监测】 2021年，明溪县农业农村局加大源头快检筛查、风险监测排查和重点监督抽查力度。全年县级完成农兽残快速检测1109个批次，乡镇5240批次。定量检测增量提质，严格落实“双随机”，合理安排抽检时间，科学把控抽检节奏，最大程度扩大监测覆盖面。全年完成开展定量检测423批次，其中县级定量检测255批次，配合部、省、市级监督抽查和风险监测168批次，合格率99.76%。

【农产品合格证与一品一码追溯并行制度】 2021年，明溪县农业农村局完善生产主体名录库，严格落实“五查”（线上巡查、现场稽查、调研抽查、执法检查、市场倒查）、“四挂钩”（农产品追溯与农业农村重大创建认定、农业品牌推选、农产品认证、农业展会等挂钩）机制，推动食用农产品生产企业、合作社、家庭农场纳入食用农产品承诺达标合格证与一品一码追溯并行系统监管。全年新增入驻平台主体46家，累计190家，生产主体建立生产记录电子档案总数616个，平均数3.5个；全县平台生产主体总赋码数5480批次，平均30.8批次；线上巡查生产主体16648次，平均93.5家次。

【农村集体产权制度改革】 2021年，明溪县完成全部88个行政村农村集体资产年度清查工作，共核实资产总计4.83亿元，所有者权益合计2.51亿元，负债2.32亿元，其中经营性资产2.2亿元，非经营性资产2.63亿元；对9.2万名成员进行县内查重、查漏，经核对，县集体经济组织成员中有447人为国家公务员序列、事业单位编制人员，共计查出重复登记人数601人，身份证号码错、漏总计2038人，形成县级档案1套、乡镇级档案2套，村级材料2套。

2021年3月30日，县农业农村局开展沙溪蓝莓生产及加工情况调研

（图/县农业农村局）

【农业新型经营主体】 2021年，明溪县新注册登记合作社6家、家庭农场85家，全县共有注册登记合作社283家、家庭农场492家。新增县级示范农场11家、县级示范合作社2家；新增市级示范农场3家、市级示范合作社1家；新增省级示范农场3家、省级示范合作社2家；全县共有省级示范社10个、省级示范农场11家，市级示范社13个、市级示范农场15家。

【农业科研论文】 2021年，明溪县农科所公开发表科研论文5篇，其中共3篇论文在CN刊物上发表：《引导和规范农村土地经营权流转的路径探讨》刊于2021年第12期《农业开发与装备》（CN32-1779/TH），《国有农场体制机制改革现状及对策建议》刊于2021年第11期《中国农机监理》（CN11-4718/TH），《明溪县生猪屠宰监管现状、存在问题及对策建议》刊于2021年第6期《福建畜牧兽医》（CN35-1103/S），促进农业科研成果转化。

（陈　鸿）

种植业

【概况】 2021年，明溪县粮食种植面积1.44万公顷，产量8.14万吨，其中稻谷种植面积9021.2公顷，产量5.79万吨。全县新建连片33.33公顷（500亩）以上粮食产能区9片，面积341.33公顷，亩产比全省平均432.55千克，高出108.42千克，达到540.97千克。推广水稻优质稻新品种15个（“荃优607”“野香优676”“晶两优534”“嘉丰优2号”“甬优4949”“荃优212”“广8优165”“甬优7860”“甬优1540”“和两优627”“昌两优8号”“野香优丝苗”“中浙优8号”“泸优明占”“禾两优676”），推广面积7533.33公顷。推广甘薯、马铃薯、大豆、玉米等旱杂粮作物优新品种26个，面积5337公顷。

表3 2021年明溪县旱杂粮种植种类情况表

序号	作物种类	优新品种名称
1	甘薯	“福薯604”“龙薯9号”“福宁紫3号”“福菜薯18”“广薯87”“普薯32”
2	马铃薯	“黄心226”“闽薯1号”“费乌瑞它”“兴佳2号”“希森3号”“福克76”
3	大豆	“福豆234”“莆豆5号”“泉豆12”“华夏9号”“闽诚豆8号”“苏闽夏2号”
4	玉米	“闽甜6855”“广良甜27”“闽双色4号”“雪甜7401”“京科糯2000”“农科368”

【经济作物】 2021年，明溪县蔬菜瓜果种植面积6268公顷，产量10.29万吨；烤烟种植面积1500公顷，产量3051吨；水果种植面积5524.4公顷，产量6.55万吨；茶叶种植1237.1公顷，生产干毛茶3857吨；苗木、花卉种植面积1160公顷；全年食用菌生产9045吨。

【强农惠农补贴】 2021年，明溪县农业支持耕地地力保护补贴1.85万户，面积1.05万公顷，发放补贴1132.59万元；2公顷以上种粮大户804户，补贴面积2541.8公顷，发放补贴120.32万元。

【种质资源普查】 2021年，明溪县作为种质资源调查县，根据国家、省、市关于农作物种质资源普查与收集行动统一部署安排，高度重视，协调推进，制定印发《明溪县第三次全国农作物种质资源普查与收集行动实施方案》，并抽经作、农技、种子等有关单位业务骨干组成普查工作组，先后3批22人次深入明溪城关、枫溪、夏阳、盖洋、瀚仙、沙溪、胡坊等7个乡镇15个自然村，共收集到各类优异农作物种质资源115份（其中明溪县农业农村局23份，省调查队92份）。

【县级种子储备】 2021年，明溪县建立健全完善县级救灾备荒种子储备制度，完善机制，储备早稻中优2155散装种子1000千克、晚稻泸优明占散装种子500千克，合计1500千克，确保县农业生产安全。

【农作物新品种区域试验项目建设】 2021年，明溪县农科所承担省、市农作物新品种区域试验项目，甜玉米、糯玉米24个，菜用大豆10个完成田间观察、记载、收获、测产与试验室考种工作及数据分析、品种评价总结，撰写试验报告5篇，为甜玉米、糯玉米、大豆品种审定提供科学可靠依据。省区域试验晚稻品种48个，完成田间观察、记载、收获、测产工作，转入试验室考种工作及数据分析，11月完成省区试晚稻试验任务。

（陈 鸿）

【植物检疫】 2021年，明溪县通过“云采集”确认沙溪乡的梓口坊、瑶奢、六合、沙溪、永溪5村为红火蚁发生区，其中梓口坊、瑶奢为集中发生区，轻度与中度发生面积各达33.32公顷和41.54公顷。以政府采购方式选定第三方开展专业化防控面积267.93公顷次、防效97.53%，有效遏制红火蚁扩散蔓延；新建性诱捕监测点30个，统计玉米、薏米发生面积31.1公顷，在集中连片地里采用性诱捕器以及食物诱杀等理化诱控措施，诱杀成虫、干扰交配、减少田间落卵量方式达93.33公顷次，并通过统一发放药剂、整片推进、群防群治开展药物防治35.9公顷次，草地贪夜蛾病虫害防治处置率达97%以上，防治效果达到80%以上，危害损失率控制在0.2%以内；完成水稻杂交制种449.2公顷的产地检疫任务，签发产地检疫合格证32份、重量135.69万千克，签发植物检疫证书（出省）14份、重量59.2万千克；严把植物检疫关。

【病虫发生与防控】 2021年，明溪县水稻、蔬菜、柑橘、茶叶主要病虫发生面积1.52万公顷次；通过纸质发送、手机短信、网络平台等多种方式发布病虫情报19期，收受预警信息约4万人次，指导科学防治2.11万公顷次；全年县、乡召开病虫防治等有关田管会议或培训110期次，参训1800余人次，其中村级植保员350人次，推进完成农作物病虫害绿色防控1.67万公顷次、统防统治1.4万公顷次，实际农药使用量127吨，比上年同期下降2.3%，为农业增量提质提供植保技术支撑。

2021年3月，县农业农村局对紫云英示范片进行测产验收

（图/县农业农村局）

【高标准农田建设】 2021年，明溪县完成高标准农田建设项目5个，建设总面积1573.33公顷。其中，盖洋镇高标准农田建设项目，建设面积620公顷，建设地点位于盖洋镇白岚村、湾内村、常坪村、村头村；夏阳乡高标准农田建设项目，建设面积400公顷，建设地点位于夏阳乡新坊、长兴、岭头、夏阳、陈坊、御帘、旦上村；夏坊乡高标准农田建设（千亿斤粮食产能）项目，建设面积286.67公顷，建设地点位于夏坊乡中溪村、黄地村、鳌坑村、李沂村、苎畲村；枫溪乡高标准农田建设（千亿斤粮食产能）项目，建设面积266.67公顷，建设地点位于枫溪乡熊地村、官坊村、枫溪村、邓家村。

畜牧业

【概况】 2021年，明溪县肉类总产量8838.18吨，比上年增长17.25%；禽蛋2432.12吨，比上年增长1.17%。全年生猪出栏7.88万头，比上年增长23.95%，家禽出栏103.12万羽，比上年增长3.13%。全年羊出栏2.76万只，比上年增长4.35%。

【生猪良种繁育】 2021年，福建（明溪）卫祥畜牧发展有限公司完成投资5000万元，建成存栏1500头母猪的全自动、全封闭、全负压、全漏粪的高科技环保型生猪育种场，填补县生猪育种的空白。

【粪污资源化利用】 2021年，明溪县推广使用异位发酵床处理技术处理粪污5家共3900平方米，推广高温发酵塔生产有机肥技术1项，年可生产有机肥3000吨，建立猪—沼—菜示范基地1个，猪—沼—油茶示范基地1个，全年资源化利用率达94.7%。

【畜禽遗传资源普查】 2021年，明溪县畜禽遗传资源普查全国系统账号完善率达100%，行政村普查率100%，有资源行政村填报率100%，有资源乡镇完成率100%。普查畜禽资源有2个畜种，4个品种（群体数量5144只，能繁母畜1469只、种公畜275只）；普查蜂资源有1个已知品种（群体数量3243只）。

【动物疫病防控】 2021年，明溪县生猪口蹄疫免疫20.12万只次、牛口蹄疫免疫0.18万只次，羊口蹄疫免疫1.8万只次，羊小反刍兽疫免疫0.83万只次；禽流感免疫116.3万羽次；完成一个“先打后补”试点场；4次开展候鸟禽流感监测，共计采样120份，全部阴性；开展非洲猪瘟入场采样检测，覆盖全县所有规模养猪场，共计采样360份，全部阴性。

【动物卫生监督】 2021年，明溪县生猪产地检疫94292头、牛1701头、家禽12.18万羽，屠宰检疫11513头，牛990头，合格率100%；检查养殖场28家次、兽药经营企业8家次、屠宰企业11次、饲料经营企业4家次，办理行政执法案件1件；指导办理养殖场动物防疫条件合格证核发3件。

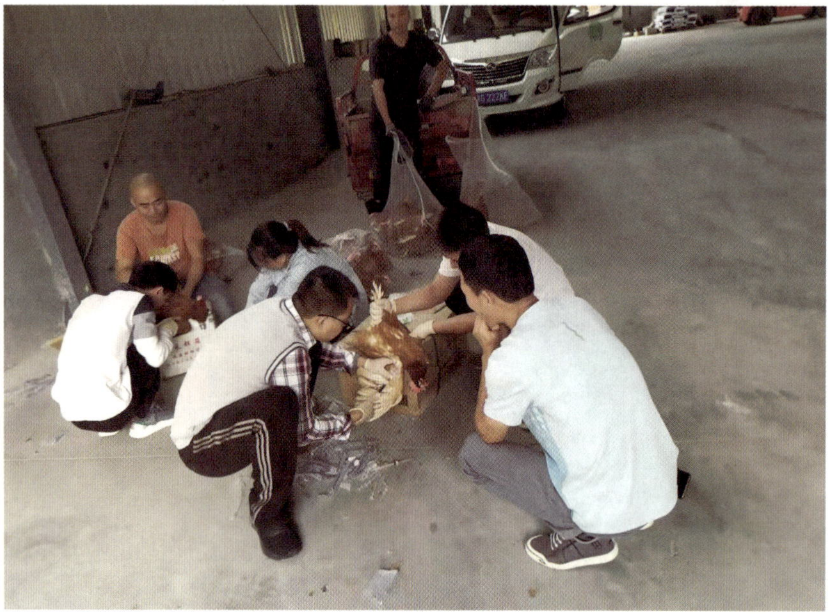

2021年10月27日，县农业农村局在沙溪乡进行秋防畜禽采样

（图/县农业农村局）

渔 业

【概况】 2021年，明溪县通过渔业科技示范基地、示范主体建设，构建多层次渔业科技示范载体，实现村有示范主体、镇有科技展示样板、县有产业示范基地，辐射带动农户发展水产养殖。全县水产养殖面积906公顷，工厂化养殖面积13万平方米，稻莲田养殖面积84公顷，全年水产品总产量8090吨，比上年增长2.47%。

【特色水产养殖】 2021年，明溪县抓好鳗、鳖、蛙等特种水产养殖，在瀚仙、城关等乡镇建立13.33公顷中华鳖（日本品系）生态养殖示范基地，在十里铺现代渔业园及瀚仙镇、沙溪乡、盖洋镇、夏阳乡等地建立13万平方米工厂化养殖示范基地，开展中华鳖日本品系、史氏鲟、达氏鳇、鳗鲡、刺胸蛙等特色新品种的引进、试验、示范工作。

【渔业增殖放流】 2021年，明溪县在城关、夏阳河段旁分别树立增殖放流平台公益广告，“6.6八闽放鱼日”在城关、夏阳、盖洋等乡镇公共水域开展增殖放流黄尾密鲴、厚唇鱼共计22万尾。12月在盖洋、夏坊、枫溪等乡镇公共水域开展增殖放流黄尾密鲴、厚唇鱼24万尾。用于增殖放流及平台建设资金55万元。

【水产养殖新技术推广】 2021年，明溪县开展水产养殖节能减排、池塘健康高效养殖、土池生态养鳖、稻（莲）田综合种养等高产高效养殖模式示范和草鱼注射灭活疫苗等水产技术推广工作，在瀚仙、胡坊、夏阳、盖洋等乡镇建立40公顷稻（莲）田综合种养试验示范基地，推广草鱼注射灭活疫苗260万尾，通过典型示范，引导启发养鱼户改进生产技术，提高养殖效益。

【水产品质量安全】 2021年，明溪县跟进水产品质量安全“一品一码”追溯管理工作，对辖区内登记的51家水产养殖企业进行跟踪指导，对未养殖水产品或企业转行的养殖企业给予平台注销，对在养企业进行追溯系统使用、三项记录填写、追溯赋码生成等工作跟踪指导。利用科技下乡、规范用药技术培训、现场指导、手机短信、媒体宣传、发放宣传材料宣传安全养殖，开展水产品质量安全培训10场，接受培训和指导人数3000人次，发放《渔药使用规范》《水产养殖用药明白纸》《水产养殖用药明白纸2020挂图》《水产养殖用药明白纸2020》《水产养殖用药技术》等系列资料3000余册。开展水产品中禁用药物残留快速检测工作，检测氯霉素、孔雀石绿、呋喃唑酮代谢物、呋喃西林代谢物等8项目，合格率均为100%。全面完成全县鳗鱼养殖企业尾水改造，并完成销号任务。

【设施渔业】 2021年，明溪县建成3个封闭式循环水工厂化养殖基地，分别为凯润达鳗鱼封闭式循环水工厂化养殖基地（二期）、拓达封闭式循环水工厂化养殖基地（二期）、罗坑封闭式循环水工厂化养殖基地；建立2个普通工厂化养殖基地，分别为：三明台兴鳗鱼养殖基地、福顺鳗鱼养殖基地；建立3个渔业科技示范基地，分别为：明溪县北湖生态农场、明溪县腾信水产养殖有限公司、明溪县景阳岗养殖场；建立30个渔业科技示范主体。全年水产品总产量8090吨，比上年增长2.47%。

【渔业新品种推广】 2021年，明溪县农业农村局在抓好加利福尼亚州鲈等新品种试验示范的基础上，着重抓好中华鳖日本品系、加利福尼亚州鲈、棘胸蛙、中华绒螯蟹、克氏原螯虾、史氏鲟、湘云鲫、黄金鲫、浦江1号、长丰鲢、南美白对虾、罗氏沼虾等新品种的引进、繁育、试验、示范工作。累计驯化加利福尼亚州鲈鱼苗1300万尾，在瀚仙、胡坊、夏阳、夏坊等乡镇开展养殖试验，为县养殖推广提供技术经验，促进县渔业新品种推广及养殖结构优化调整有较大的突破。

农业执法

【概况】 2021年，明溪县农业综合执法大队推进农业行政执法体制改革，整合县农业行政执法大队、中国渔政明溪县大队、县农业机械监理站、农产品质量安全监督管理站、动物卫生监督所等5个单位的行政执法职责及人力资源，设立办公室、案件审理室、一中队、二中队、三中队等5个内设机构。全年通过线上线下等形式，开展农资、农产品质量安全监督、动物卫生监督、渔政、农业机械等行政执法，促进农业安全生产。

【农资执法】 2021年，明溪县农业综合执法大队开展农资打假检查，出动执法人员85人次，对县内26家农资经营企业进行全覆盖监督检查，抽取农药样品15个，肥料样品6个，兽药样品1个，均送检。开展农资标签抽查，抽查农药标签120个，合格率100%；抽查谷种标签36个，合格率100%。开展放心农资下乡活动，前往枫溪乡、沙溪乡、夏阳乡和盖洋镇4个乡镇进行放心农资下乡宣传，悬挂宣传条幅4条，张贴宣传标语8条，全年发放宣传资料3000余份。强化线上监管，全年农资监管平台日常巡查336次，形成农药、兽药、肥料、种子、饲料信息化网络监管，对6家购销台账零记录的农资店，注销4家，发出整改2家。

【农产品质量安全执法】 2021年，明溪县农业综合执法大队加大农产品质量安全源头快检筛查、风险监测排查和重点监督抽查力度，县、乡两级要按序时进度推进生产基地源头快检筛查，全年完成快检蔬菜、水果、茶叶、食用菌、禽肉、禽蛋等6300批次，其中县本级1100批次，乡(镇)(雪峰镇除外)各650批次。全年完成开展定量检测423批次，其中县级定量检测255批次，市级监督抽查和风险监测62批次，省级监督抽查和风险监测106批次，部级风险监测7批次。

【动物卫生监督执法】 2021年，明溪县农业综合执法大队组织执法人员74人次，对养殖场动物防疫制度落实、养殖档案建立、兽用抗菌药、生物制品采购使用和建档等情况进行监督检查，检查养殖场15家次、兽药经营企业4家次、屠宰企业10次、饲料经营企业4家次，办理行政执法案件1件，罚款198.99元。制定下发《明溪县开展2021年“瘦肉精”整治工作的通知》，加强“瘦肉精”、兽药残留监管，瘦肉精监测，监测养殖环节猪564批次、羊10批次；屠宰环节猪1057批次、牛336批次；禽蛋类兽残21批次。送检猪肉、牛肉、猪肝3批次，未发现违法行为。加强病死畜禽无害化处理监管，确认养殖环节病死猪4544头，屠宰环节折合43头。完成上年度养殖环节病死无害化处理补助工作，共计发放补助资金21.46万元。制定《明溪县农业农村局关于开展牲畜屠宰违法行为专项行动实施方案的通知》，发放《畜禽屠宰与肉禽安全明白纸》宣传材料215份，在城郊及乡镇挂打击私屠滥宰违法行为条幅9条。在城郊接合部、主干道路及乡镇开展排查25处，出动执法人数48人次。开展新修订《生猪屠宰管理条例》及畜产品安全告知书宣传1次，发放200份宣传材料。对县牲畜定点屠宰企业开展日常监督检查9次，配合市级开展飞行检查1次，针对检查中问题，约谈企业负责人1次；召集县驻场官方兽医，县牛屠宰户和企业负责人召开专题会议1次；监督企业开展非洲猪瘟自检1350头份。

【渔政执法】 2021年，明溪县农业综合执法大队为养殖户办理棘胸蛙养殖证4本。开展渔业养殖业执法检查，对养殖户的养殖生产记录、用药记录和销售记录等进行监督检查，发放宣传材料3000份。保护我县鱼类资源。利用各乡镇赶集日认真普及《中华人民共和国渔业法》等有关法律法规。在重点河段拉横幅、水库边树立非法捕捞、电鱼等警示牌警示，并公布举报电话。立案1起非法捕捞案件。

【农机执法】 2021年，明溪县农业综合执法大队开展农业机械安全生产方面的法律法规宣传，在各乡(镇)村人员集中地，悬挂横幅4条、张贴标语10条、发放宣传材料600多份、展出安全教育警示牌4场次。检查多功能拖拉机15台，联合收割机等各类农业机械70余台，纠正违章12起。与农机手签订《农机安全生产承诺书》80余份。与县交警大队开展联合行动，专项整治多功能拖拉机无牌无证行驶、逾期未检验、拼改装和拖拉机驾驶人无证驾驶、超速、超载、违法载人等违法行为。

乡村振兴

【概况】 2021年4月29日，明溪县成立县委扶贫开发成果巩固与乡村振兴工作领导小组，下设12个专项小组，统筹推进扶贫开发成果巩固与乡村振兴。6月2日，明溪县乡村振兴局正式挂牌成立。县制定下发《关于全面推进乡村振兴加快农业农村现代化的实施方案》和《明溪县实施“六大行动”推进乡村振兴再出发行动方案》，全年实施乡村振兴战略共投入3.13亿元，省、市、县投入乡村振兴试点示范资金共3210.76万元，用于10个省级乡村振兴试点村和3条乡村振兴示范线创建，其中“革命老区高质量发展示范线”为沙溪乡梓口

2021年10月26日，明溪县召开乡村振兴再出发推进会

（图/县农业农村局）

坊村—沙溪村—瀚仙镇龙湖村；沙溪乡沙溪村获评省级乡村振兴实绩突出村。

【特色现代农业发展】　2021年，明溪县新增农业产业化省级重点龙头企业3家（福建省明溪县天龙茶业有限公司、福建卫祥畜牧发展有限公司、明溪县锦成农牧发展有限公司），全县共有省级一村一品示范村5个，新创建市级“一村一品”示范村14个，明溪淮山获大国好货“一县一品”特色农产品称号；完成灵芝、金线莲等林下经济种植260公顷；注册成立“村社合一”观鸟专业合作社5家，建成观鸟点24个，创建三星级森林人家9家、市级森林康养基地1家、以生态观鸟为主的森林康养基地11个。

【乡村人才培育】　2021年，明溪县开展乡村实用人才线上招聘13场次，发布就业岗位信息3641个次。持续开展离校未就业毕业生“线上、线下”就业跟踪服务，提供就业指导155人，推荐就业121人；省级“三支一扶”毕业生13名、大学生志愿者7名、服务社区工作者3名；事业单位招聘292人；采用定向委培等形式补充教育部门10人，卫健部门6人，县林业、农业部门7人；通过到高校招聘聘用新教师35人、卫生系统紧缺人才3人；选任21名省级科技特派员、10支省级科特派团队、7名市级科技特派员、12名县级科技特派员，服务县9个乡镇88个行政村；开展各类职业技能培训32期，参加培训人员3227人次；培训新型职业农民540人次。

【文明乡风塑造】　2021年，明溪县所有乡镇均为市级以上的文明乡镇，占比达到100%，县级以上文明村（社区）有44个，占比达50%，全国文明村御帘村被省委宣传部列入省级“文明乡风联系点”。培育省级文明家庭2户，市级文明家庭5户。组建首批16名“新时代宣讲师”，开展理论政策、卫生健康、科技科普、法律知识、文艺文化、移风易俗、公民道德等常态化宣传宣讲志愿服务，全年各类志愿宣讲服务活动36场次。组织联建联创志愿服务活动130余场次。成功调处社会矛盾纠纷782件（其中涉疫纠纷3件）。累计培养480名“法治带头人”及1082名“法律明白人”，建立“说事评理点”10个，开展

2021年8月17日，县农业农村局联合驻县农业农村局纪检监察组开展“点题整治”农村“三资”专项监管督查　（图/县农业农村局）

各类法治宣传活动80余场次。沙溪乡梓口坊村获评全国村级议事协商创新实验试点单位，3村1社区获评“三明市民主法治示范村（社区）”。

【美丽乡村建设】 2021年，明溪县完成30个村庄规划编制；整治既有裸房603栋，农村经营性自建房隐患整改1栋，排查农房21634栋；完成农村户用厕所无害化改造200户；新建乡镇污水配套管网6.41千米，实施乡镇污水处理市场化运营；新改建农村公路46.58千米，农村客运公交线路改造2条；完成14个农村水源地排查及保护范围划定；清理各类垃圾9330余吨；创建省级美丽庭院60户，市级美丽庭院120户；村庄四旁绿化5.33公顷，累计创建67个“绿盈乡村”，其中4个中级版、2个高级版，创建率达76.14%，夏阳乡入选全省首批“清新福建·气候福地”气候康养福地名单。

【农村党建引领】 2021年，明溪县“一支一策”整顿软弱涣散村党组织5个；培育6个农村党员产业致富示范基地，发展农村党员34名；全县88个行政村全面完成“两委”换届工作，100%实现村支部书记和村主任“一肩挑”，选举产生新一届村“两委”成员439人；回引22名人才回村任职；派强省、市、县驻村第一书记37人、工作队5人；成立13个联村党组织，覆盖46个村，推动实施联村项目124个；深入开展“居民夜谈会”，延伸拓展“夜谈夜访夜学”模式，择优培育26个党建示范点，探索创新“老骥工作室”“书记金融助理”等党建引领乡村振兴品牌。

【脱贫攻坚成果巩固拓展】 2021年，明溪县保持主要帮扶政策总体稳定。坚持五级书记抓脱贫攻坚成果巩固格局不变，落实“四个不摘”，对全县已列入的74户259人监测对象进行重点帮扶、单列管理；持续巩固提升“三保障”成果，累计资助各教育学段学生共3131人次，279.99万元；全县组建57个家庭医生团队，建立农村脱贫人口住房安全动态监测机制，对4户脱贫户房屋实施农村危房改造；实施2021年农村饮水安全维修养护工程，投入683.02万元，实施产业发展项目8个，促进村财政稳定增收，公益性岗位安置建档立卡脱贫户就业405人。

（叶玉珍 陈会鹏 许联彬）

农业机械

【概况】 2021年，明溪县农业机械推广中心落实农机化发展政策措施，强化农机化管理，保障农机安全生产，开展农机化优质服务，推广先进适用、节能环保与精准高效的农机新机具、新技术，落实农机购置补贴政策，优化农机装备结构，增强农业综合生产能力，提高农业机械化综合水平。全县农业机械总动力10.55万千瓦，全县拥有拖拉机2435台，拖拉机配套农机具2838部，水稻插秧机630台（其中乘坐式高速插秧机20台），排灌机械1586台，微耕机3358台（套），旋耕机2652台，田间管理机械3293套，谷物联合收割机379台，谷物烘干机17台，农产品初加工机械1053台，畜牧机械189台（套），水产机械1114台，农用植保无人机66架。全县主要农作物耕种收综合机械率73.4%，比上年增长1.5个百分点；全县水稻耕种收综合机械化率80.8%，比上年增长1.1个百分点。全县农机化管理机构10个，农机经销企业7家，农机专业合作社5个，农机户2839户，农机化作业服务人员3505人，拖拉机驾驶员536人，联合收割机驾驶员263人。全县农机服务收入8273万元，农机作业服务收入3798万元。

【农机服务】 2021年，明溪县农业机械推广中心在农时季节组织县、乡（镇）农机干部深入村、户服务累计386人次，组织各种农机服务队375支，检修农机具1.5万多台（套）。全县有农机化服务专业户495户，下地作业机械1.36万台。全县完成机耕作业面积14502公顷（含水稻机耕作业面积8913公顷，其他经济作物为5589公顷）、机插作业面积3860公顷、机收作业面积8924公顷（其中：水稻机收作业面积8554公顷，薯类机收面积370公顷）。

【农机补贴政策落实】 2021年，明溪县农业机械推广中心制定《明溪县2021—2023年农机购置补贴实施方案》，加大农机购置补贴政策宣传，在三明市农业农村局农机化信息专栏网站公开农机购置补贴方案、补贴程序、补贴目录、补贴标准，争取农机购置补贴资金142万元，实际使用补贴资金203万元，补贴农机具712台，直接受益农户506户。对涉及人身财产安全的拖拉机、联合收割机、水稻插秧机、机动喷雾（粉）机、机动脱粒机、饲料（草）粉碎机、铡草机等7种农机具实行报废补贴，报废12台机具，补贴11.4万元，加快老旧农机装备更新的进度，促进农机安全生产、节能减排和绿色发展。

【新机具新技术推广】 2021年，明溪县农业机械推广中心开展新机具推广现场会6场，举办农机新机具新技术现场演示会1场，在省、市、县网站和电视台等媒体播报县春耕备耕、无人机水稻直播、高速插秧机培训、联合收割机培训等新闻报道宣传9次。继续推广履带式大型拖拉机、农用无人机、烟地铺膜机、乘坐式高速插秧机、自走履带式谷物联合收割机（全喂入）、薯类收获机、谷物烘干机、烟叶电烤房、畜禽水产养殖机械等11种新型农机具600多台（套），提高农业生产效率。

2021年5月13日，明溪县召开农机新机具新技术推广现场会

（图/县农业农村局）

【农作物全程机械化生产推进行动】 2021年，明溪县农业机械推广中心按照省市农作物全程机械生产推进行动统一部署，推广农机新机具新技术。建设王桥村早稻生产全程机械化示范基地，实现水稻机械化耕整地、插秧、植保、收获等4个环节各133.33公顷以上和机烘1000吨以上的机械化作业服务。建设明溪县锦成农牧发展有限公司特色农业产业（畜禽）生产全程机械化示范基地，畜禽示范基地粪污处理设施装备配套率达96%。培育天喜、兴湖两家“五有”（有完善的装备设施、有良好的运行机制、有健全的管理制度、有较大的服务规模、有显著的综合效益）农机合作社，引导合作社提供代耕、代种、代收和机械烘干等全程机械化社会化服务。

【新型职业农民培训】 2021年，明溪县农业机械推广中心制定《明溪县2021年高素质农民（农机专业）培育实施方案》，在城关乡王桥村、瀚仙镇洋龙村开展机收减损、农机安全隐患排查现场培训，提高农机手的安全生产意识和农机具使用知识，并达到减损增收目标。委托明溪县闽飞航空科技有限公司举办一期高素质职业农民（农用无人机操作手）培训，培训50名学员，均通过考试并取得证书。

（沈谋盛）

农场建设

【概况】 2021年，明溪县雪峰农场落实农业保护补贴等惠农政策，修复水库防洪沟渠，完善道路等基础设施建设，完成造林45公顷。

【基础设施建设】 2021年，明溪县雪峰农场投入资金65万元实施廊当坑至山下路面3千米修复工程，提升路面通行质量。投入资金4万元实施十里铺水库防洪沟修复工程，行洪能力得到提升。将十里铺水库至明将公路0.3千米道路硬化工程（含涵洞）列入2022年预算。

【国有资产管理】 2021年，明溪县雪峰农场执行《明溪县国有资产管理办法》，明确资产管理专职人员，加强对国有资产的动态管理和维护，对属于单位国有资产的厂房、房屋做好登记造册，按照协议约定收取各类租赁金。对2个标的物的承包报县国资中心备案，并按相关招投标程序实施。落实森林资源保护与发展目标责任制，与县侨乡国有林场共同完成森林资源采伐44.33公顷，并完成植树造林工程，其中绿化苗木造林31.67公顷、杉木造林13.33公顷。

【社会治理】 2021年，明溪县雪峰农场平安建设、精神文明建设有序开展，做好公共安全领域大排查大化解大整治，推进禁毒、打击非法集资、打击网络诈骗、抓好中国共产党成立100周年庆祝活动等重点时段维稳防范工作。打好信访矛盾攻坚战，化解信访矛盾纠纷16件。全面落实安全生产责任制，强化道路交通、森林防火、防汛抗旱、房屋安全隐患等重点领域排查与整治力度，发现并整改问题8个，整改率100%，有效提高防灾减灾的能力。

【惠农政策落实】 2021年，雪峰农场全面落实惠农政策，兑现农业支持保护补贴2.5万元，发放农村低保2人1.5万元，享受高龄补贴20人1.3万元，优抚对象4人6万元，享受残疾人护理补贴8人0.7万元和生活补贴5人0.4万元。出资2200元为全场22户计生户购买计生家庭意外伤害保险，出资6120元为全场306户村民购买社会治安综合保险，多渠道保障村民人身财产安全。

（李 青）

水 利

【概况】 2021年，明溪县水利投资计划18738万元，其中重大项目12809元，面上项目5929万元。全年完成投资18750万元，占全年任务数的100.06%，其中重大项目完成12815万元，面上项目完成5935万元。

【“十四五”水安全保障规划编制】 2021年，明溪县水利局经多次征求有关各方意见并修改完善，编制完成《明溪县“十四五”水安全保障规划》，规划共梳理和谋划“十四五”水利项目6个大项50个小项目，总投资为23.88亿元，其中“十四五”期间计划投资20.83亿元。

【水土流失治理】 2021年，明溪县水利局完成三明市山水林田湖草试点工程（2018—2020年）水土保持项目3个单项的建设任务和整体验收工作，项目总投资4198万元，综合治理水土流失面积48平方千米。完成夏坊乡省级水土保持生态村项目建设，项目总投资61.25万元。做好生产建设

2021年，县水利局开展沙溪流域防洪工程建设。图为沙溪乡瑶奢段部分防洪堤 （2021年9月23日张宇 摄）

项目水土保持监管工作，共审批水土保持方案16个，其中报告书4个，报告表10个，登记表2个，共印发限期补办水土保持方案通知书6个。开展监督检查项目23个24次，印发整改通知1份；征收水土保持补偿费79.36万元；完成自主验收报备4个，开展验收核查2个。争取县小流域水土流失综合治理项目列入2022年国家水土保持重点建设工程项目，总投资533万元。

【移民区项目争取】 2021年，明溪县水利局完成库区后期扶持资金争取工作，向上争取大中型水库后期扶持资金973.52万元，策划项目8个，其中生产开发项目5个总投资832.504万元，美丽家园建设项目2个总投资140万元，小额贴息1个1.02万元。项目实施共批复中央水库资金项目8个，移民资金973.52万元，其中，项目完工2个，实施中2个，待批复2个，待变更2个。

【水资源管理】 2021年，明溪县水利局贯彻落实中央、省、市实行最严格水资源管理制度的部署要求，推进最严格水资源管理工作，健全制度、落实责任、提高能力、强化监管，严格用水总量、用水效率，加强水功能区纳污控制“三条红线”、河道岸线、河岸生态保护以及饮用水水源地保护“三条蓝线”的管理，促进水资源可持续利用和经济发展方式转变。遵照福建省水利厅《关于开展全省县域水资源配置规划工作的通知》要求，围绕水资源“全满足、全支撑、全保障”经济社会高质量发展超越和逐县盘点水账要求，编制《明溪县县域水资源配置规划》，规划通过市局初审，形成技术审查初步意见。3月，县水利局加强取水许可监督管理和计划用水管理，在全县范围内开展取水许可和计划用水监督执法检查，对持证取水单位的相关资料进行书面审查，对取水设备及计量设施进行现场检查，没有发现取水单位隐瞒和提供虚假资料情况，用水日常管理等方面都符合取水管理要求。2021年，全县有取水许可证74套，合计取水量33.69亿立方米，收取水资源费101.73万元。

【小水电生态下泄流量整治】 2021年，明溪县水利局开展小水电生态下泄流量整治，按照三明市人民政府《关于印发2019年三明市生态环境综合治理五项攻坚行动计划的通知》要求，完成水电站生态改造措施68座，完成率100%；完成水电站下泄流量在线监控安装62座，退出1座，接入福建省下泄流量在线监控系统平台61座，完成率100%。有2座水电站（罗翠一级站、罗翠二级站）因为饮用水源、4座水电站（菊香水电站、朱厝坑水电站、阳谷水电站、庆辉水电站）已停运，暂免安装下泄流量在线监控设施，另有1座水电站（大溪峰尾水站）已经拆除退出，该7座水电站经县政府批准，视同生态治理改造完成。

【农村供水保障】 2021年，明溪县推进城乡供水一体化建设，县水利局完成城乡供水一体化建设项目规划报告，12月县人民政府批复实施规划报告。实施农村饮水安全巩固提升工程，编制《明溪县2021年度农村饮水安全工程维修养护项目实施方案》，下发给各项目乡（镇），由项目乡（镇）组织实施。项目涉及城关乡、瀚仙镇、沙溪乡、夏阳乡、胡坊镇、盖洋镇、夏坊乡、枫溪乡等8个乡镇128处农村饮水安全工程，受益人口5.03万人，总投资216.26万元。建设内容包括水源工程维修养护、输水工程维修养护、水厂工程维修养护、配水工程维修养护等四个方面，各项目乡（镇）均完成建设任务。开展中型灌区节水配套改造，全县中型灌区节水配套改造项目共计2个，其中明溪县金溪中型灌区节水配套改造项目完成投资为2386.46万元，项目涉及盖洋、枫溪、夏坊3个乡镇，设计灌溉面积3733公顷，主要建设内容包括：改建与加固渠首工15座；新建与改造干支渠（沟）道工程29.04千米；渠系建筑物改造58座；新建量测与管理设施55座（个）；灌区信息化工程1项；环保及水土保持工程1项。明溪县渔塘溪重点中型灌区节水配套改造项目完成投资为2395.97万元，项目涉及城关、瀚仙、沙溪、夏阳4个乡镇，设计灌溉面积3453公顷，主要建设内容包括：重建加固引水堰31座；新建与改造干支渠（沟）道工程30.22千米；配套改造渠（沟）系建筑物106座；新建量测与管理设施106座（个）；灌区信息化工程1项；环保及水土保持工程1项，项目完工处于整理验收材料阶段。

【河湖长制建设】 2021年，明溪县各乡镇的河道保护意识不断增强，河长制工作取得明显成效。省控断面水口角溪水质持续保持国家地表水标准，12条主要小流域水质均达到或优于国家地表水类标准，其中Ⅱ类水占比39%、Ⅲ类水占比91%，总体达标率为100%。县级集中式饮用水源地罗翠水库水质达到国家地表水Ⅲ类标准，乡镇水源地水质达到国家地表水Ⅲ类标准。县水利局健全河道保洁长效机制，加强“四乱”（乱占、乱采、乱堆、乱建）巡查，加强流域生态环境保护，开展五项攻坚行动，改善河湖水质；联合县检察院、公安、农业、环保、住建等相关部门，对存在影响河湖生态环境的问题进行重点整治，同时强化河湖长制的工作，开展对河流“乱占、乱采、乱堆、乱建”等突出问题系统排查整治，巩固提升河湖“清四乱”专项行动成果。建立公益诉讼网格化工作制度，2021年县重点打造“三长”问水护河工作，依托“河（湖）长+检察长”“河（湖）长+生态庭长”联动协作机制，将检察公益诉讼触角向乡村延伸。完善县检察院与县河长办信息共享机制，定期通报涉河法律监督和刑事犯罪、公益诉讼案件办理情况。河长办定期通报河长制工作开展情况，探索生态司法修复理念，及时移送生态环境污染线索。加强与乡镇河长办的沟通联系，开展走访座谈，面对面交流工作情况。确定乡镇河长办主任和乡村河道专管员为公益诉讼联络员，县检察院第二检察部专人联系。

【水利安全监督责任落实】 2021年，明溪县水利局抓实生产经营安全，先后组织5轮安全隐患排查，出动92人次，排查项目52项，对全县在建水利工程、水库、小水电、堤防、水闸、小山塘等水利项目和运行管理工程开展督查排查，共发现隐患问题52处，整改到位52处。开展常态化水库大检查，组织有关工程技术人员，深入全县9个乡（镇）1个农场，会同各乡（镇）的分管领导、乡（镇）水利工作站的技术人员、水利水电工程管理单位有关人员以及各水库巡查员共213人次，严格按照“九查”(查《中华人民共和国防洪法》和《福建省防洪条例》等法律法规执行情况、查防汛组织、查责任制、查工情、查险病情、查预案、查防汛物资及救生器材、查抢险队伍、查防洪工程质量）、“七定”（定存在问题、定加固方案、定具体措施、定抢险及转移预案、定资金到位落实、定行政及技术人员、定完成时间）要求对全县小（2）型以上水利、城区防洪堤等，逐一进行全面的汛前安全大检查。重点检查水口、蒙州、芦下陂、黄沙坑4座中型水库和洋地际、罗翠、天际、陈坊4座小（1）型水库及日月溪等25座小（2）型水库还有城区共55处水利水电工程，严格按照相关要求，逐个工程进行检查，对检查中发现的隐患，提出整改措施。落实大坝安全鉴定工作，12月8日市水利局在县召开芦下陂水库安全鉴定报告技术审查会，通过芦下陂水库安全鉴定报告书，鉴定芦下陂水库为二类坝。

（张　宇）

责任编辑：罗兴东

林业与自然保护区

综　述

【概况】　2021年，明溪县完成植树造林731.8公顷，松林提升改造1242.7公顷；完成审批总采伐量19.91万立方米；全县林业地征占用获批53起，涉及征占用林地面积115.39公顷；查处各类林业行政案件23起，查处率100%；办结林业信访2起；发放“益林贷”贷款7732万元，制发林票1370万元。

【森林资源培育】　2021年，明溪县林业局完成植树造林731.8公顷，占任务的119.8%；完成森林抚育4426.66公顷、封山育林892公顷。推进乡村景观美化、助力乡村振兴，新增瀚仙镇省级森林城镇及沙溪乡碧洲村、瀚仙镇龙湖村、城关乡王桥村3个省级森林村庄荣誉称号。

【森林资源保护】　2021年，明溪县林业局推行基层林业执法“一带三”工作机制，发挥林业站站长这“一”个“主心骨”作用，带好“林业站人员、执法人员、护林员”这三支队伍，查处各类林业行政案件23起，查处率100%，为国家挽回经济损失32.1万元。加大防火宣传力度，开展森林防火宣传活动80场次，出动宣传车400余辆次，张贴防火标语1200余张，发放宣传年历及宣传单3万余份，手机发送短信、微信警示告知12万条次，LED显示屏宣传850余条。开展林业有害生物监测调查和各类森林植物检疫，预防和防治各类有害生物面积2460.4公顷，明溪县森林病虫害防治检疫站被评为“2021年先进国家级中心测报点”。重视人民诉求，办结林业信访2起。开展涉林扫黑除恶专项斗争和林区禁毒工作，开展“六清”（线索清

2021年，县林业局推进乡村景观美化，助力乡村振兴。图为国家级森林乡村、省级森林村庄——夏坊乡鳌坑村

（2021年9月16日肖书平　摄）

仓、逃犯清零、案件清结、伞网清除、黑财清底、行业清源）行动，摸底排查和打击整治各种林区乱象。推进安全隐患大排查大整治、安全生产专项整治三年行动，指导完成林业安全生产隐患整改268处，全年未发生重特大林业安全生产责任事故。

【森林资源管理】 2021年，明溪县林业局落实保护发展森林资源目标责任制，采伐林木蓄积量19.91万立方米，占全年采伐限额的54%；规范林地管理，报批征占用林地53起，面积115.39公顷，收缴森林植被恢复费2735.73万元。落实生态公益林补偿及天然商品林停伐补助工作，全年发放生态公益林补助资金1261.53万元、天然林停伐补助资金1349.69万元；调整聘用生态护林员113人，运用智慧林业信息管理平台监管生态护林员，提高森林管护成效。优化整合自然保护地，完成各级各类自然保护地范围调整、功能分区、矢量数据建设和评估等自然保护地整合优化工作任务，组织编制《明溪县自然保护地整合优化预案》，通过上级主管部门评审，报国家林草局审核审批。

【林业改革】 2021年，明溪县林业局结合林业实际，制定《全面推行林长制的实施方案》及林长制五项配套制度，设立林长办公室，建立县、乡、村三级林长制责任体系，启动“林长+司法”协作机制；培育新型林业经营主体4家、新获评省级标准社（场）3家、市级示范社1家。发展林下经济，新增林下种植中药材260公顷。夏阳乡中药材种植等林下经济示范基地获评国家林下经济示范基地，明溪县获评省级林下经济重点县，胡坊镇获评省级林下经济重点乡镇。拓宽“两山”转化路径，全省首创绿色林业普惠金融产品“益林贷”2.0版，发放“益林贷”贷款7732万元，受益林农735户；推进林票制度改革，创新“林票+信贷”新模式，促成场村合作联营山场338.2公顷，制发林票1370万元，信用社授信5000万元；探索林业碳汇发展，营造碳中和示范林10.53公顷；启动中福集团与恒丰公司2666.67公顷林业碳汇项目；依托盛荣林木收储有限公司、侨乡国有林场和天恒林场，完成重点生态区位商品林赎买87公顷。推进“放管服”改革，推行“马上办、网上办、就近办、一次办”审批服务，受理各类办件448件、办理检疫证2432份。

2021年10月，首个以明溪“君子峰”命名的鸢尾科植物新种——君子峰鸢尾，在学术期刊《热带亚热带植物学报》正式发表

（图/君子峰自然保护区管理局）

【林业生态项目建设】 2021年，明溪县林业局完成武夷山森林和生物多样性保护项目集约人工林栽培256.6公顷、退化林修复233.3公顷；推进鸣溪省级湿地公园详细规划编制及标志性大门、界碑界桩建设，完成第一批湿地名录编制，公布湿地14处，面积656.63公顷；坚持“政府引导、市场主体、社会参与、共建共享”机制，打造具有明溪特色的“生态观鸟+森林康养”产业。

制定《沪明鸟类摄影作品联展工作方案》，举办明溪县鸟类保护志愿者培训班，启动第二届“黄腹角雉杯”国际观鸟摄影大赛、“最绿福建，鸟类乐园”观鸟挑战赛系列活动，扩大明溪“生态观鸟+森林康养”品牌影响力。引进福建省明溪县恒鑫农林开发有限公司，开发茯苓树兜优质高产种植基地及加工项目，完成茯苓基地种植88.67公顷；高级檀香生产项目二期开工建设。

【全省首个5G智慧候鸟监测与保护系统】 2021年，明溪县为加强鸟类和生态资源保护，县林业局投资600多万元，由福建移动承建全省首个5G智慧候鸟监测平台。明溪地处中国境内三大国际候鸟迁徙通道之一的东亚至澳大利西亚国际候鸟通道上，依托中国移动建设的5G网络，通过在候鸟迁徙线路上布设的21路高清监控探头、50个红外监测相机，监控平台可实现全方位、多通道，24小时动态获取候鸟迁徙栖息、生境选择、繁衍等数据，相较之前的人为观察更全面、更精准、更高效，节省大量的人工成本。5G智慧候鸟监测平台除了收集候鸟和生态环境数据外，还开发一套集观鸟、识鸟、鸟讯发布、论坛交流、旅游导航、公众上报于一体的小程序，可以通过网络快速地向全世界展示明溪丰富的鸟类资源和良好的生态环境，吸引更多观鸟爱好者前来明溪拍鸟，实现鸟类监测保护与旅游、生态康养有机结合，提升明溪县“生态观鸟+森林康养”品牌影响力，推动明溪观鸟经济发展。

2021年7月，观鸟爱好者在夏坊乡中溪村白颈长尾雉观鸟点摄影

（图/县林业局）

【林业生态帮扶】 2021年，明溪县林业局制定《明溪县林业局关于进一步加强林业科技特派服务团工作的通知》，按照按需选派、精准对接、结构优化、全县覆盖原则，选派53名专业技术人员，组建8个林业科技特派服务团分队，围绕“村庄绿化、省级森林村庄建设”“森林质量精准提升”“生态观鸟旅游”“林下经济”等10个林业科技特派服务重点领域，通过实施“组团式”“订单式”科技服务开展“1+1”结对技术帮扶180余次，帮助解决林企、林农“急难愁盼”问题。

（吴昕景）

自然保护区建设管理

【概况】 2021年，福建君子峰国家级自然保护区管理局以社会主义生态文明观为统领，践行“绿水青山就是金山银山”理念，不断落实完善“四体系一计划”（资源监管体系、森林防火体系、科研监测体系、宣教体系和社区发展行动计划）建设，获评2016年至2020年全县普法工作先进单位、平安先进单位、全县先进基层党组织等荣誉，在全县绩效考评中取得优秀等次。

【项目建设】 2021年，福建君子峰国家级自然保护区管理局投资300万元完成白岚森林防火装备库、紫杉宣教廊道、八楼宣教中心改造等2020年度能力建设项目16个，并顺利通过中央财政林业专项资金绩效评估；完成树牌、界桩、病虫害防治设备、生态监测工程设备，以及疫源疫病监控、病虫害监测、植物样线布设等服务项目的采购；推进枫溪管理所和小珩、白叶、龙坑等3个野外宣教点建设，以及界碑、标示牌等二期基础设施项目。

【资源管护】 2021年，福建君子峰国家级自然保护区管理局依托资源监管指挥中心平台，首创“巡护时长+打卡点任务”模式，将护林员巡山护林责任落实落细，规范哨卡24小时值班制度，结合无人机智慧巡护、推广使用“防火码”、组建半专业森林消防队等“人技同防”举措，保障辖区资源安全，累计入区登记1028人次，检查车辆495车次，无人机巡护42次，发现和排除车辆异常进入辖区内情况17起，扫码登记449人次、81车次，处置森林防火预警17起，现场劝阻林区野外用火行为20次，完成危险地段可燃物清理及森林防火生土带建设34.1千米；开展区内“两违”整治专项行动自查工作，核实遥感督查涉及保护区的变化图斑234处，全部完成销号；开展自然保护地整合优化，解决好自然保护区内存在的现实矛盾冲突和历史遗留问题；入区审批事项在部门网上办事大厅跑动次数、全流程网办全市排名第一，“一趟不用跑”和“全流程网办”指标完成率100%，接收、审批入区申请表及相关申请材料15份，即办程度100%。

【宣传教育】 2021年，福建君子峰国家级自然保护区管理局新建龙坑、小珩、白叶3个生态教育基地，建成紫云宣教门楼，改造提升梓口坊和鳌坑门楼，制作完成大型宣传牌、冲孔发光字宣传牌、宣传展板等81块；与三明市科协合作举办两场大型主题科普活动，联合县公安、检察、法院、司法、林业等部门开展“爱鸟周”活动，宣传《中华人民共和国野生动植物保护法》和新调整的《国家重点保护野生动植物名录》等，拓展生态文明进社区方式，延伸到建宁县均口镇芰坑村、台田村、焦坑村周边乡村，推行联防联控综治措施；累计开展自然讲堂1期、各类主题宣传活动13场次；在紫云成功举办“绿海明溪·显盖紫云”红绿村游跑活动、全省自然保护区建设与管理培训班现场教学活动；接待北京林业大学师生到保护区开展考察研学、厦大师生到保护区开展教学实习；结合党史学习教育，做好“走近美丽君子峰、共护绿色新明溪——颂党恩、听党话、跟党走庆祝中国共产党成立100周年”等庆祝中国共产党建党百年系列宣传活动，开展宣讲23场次，覆盖群众300余人；《君子峰绿色的“秘密”：净土是守护出来的》等生态文明公益栏目接连走上央视、“学习强国”学习平台、新华网、中新网等媒体平台，央视《秘境之眼》播出4期，《君子峰精灵》入选“学习强国”学习平台，《君子峰秘境》播出30多期，在“明溪在线”平台开设“君峰鸟鸣”栏目，将《君子峰鸟类》从书向公众传播，让公众“每周认识几种鸟，你也能成为明溪鸟博士”；《真是机警的鹰雕》获中央广播电视总台与国家林业和草原局共同主办的“‘秘境之眼’2021年精彩影像评选活动”一等奖。

【科研监测】 2021年，福建君子峰国家级自然保护区管理局与浙江丽水学院合作开展两栖类固定监测样线的设计与监测、与福建农林大学合作开展维管植物资源本底调查，完成《君子峰两栖爬行动物》和《君子峰植物》1、2册书稿；首个以君子峰命名的植物新种——“君子峰鸢尾”在学术期刊《热带亚热带植物学报》正式发表；建成生物多样性监测管理平台，监测物种30种；正在

2021年6月，北京林业大学生态与自然保护学院学生到君子峰国家级自然保护区开展考察研学。图为生态调查　　（图/纪智旺）

新建夏坊、湾内2处生态定位监测站，紫云生态定位监测站运行稳定，各种气象水文要素为科研提供重要数据支撑。

【新物种——君子峰鸢尾】 2021年，福建农林大学陈世品团队在福建君子峰国家级自然保护区调查发现鸢尾科新物种，并首次以“君子峰”命名，命名为“君子峰鸢尾”，新物种在中国科学院华南植物园和广东省植物学会联合主办的学术期刊《热带亚热带植物学报》正式发表，并被百度百科、中国知网两大知识服务平台同步收录。新物种的亮相，反映君子峰保护区生态环境保护和绿色发展战略所取得的成果，不仅增加中国鸢尾属植物种质资源，为鸢尾属植物培育优良观赏品种注入新的亲本材料，也为鸢尾属植物系统分类进化研究提供新的科学依据。

【社区共建】 2021年，福建君子峰国家级自然保护区管理局完成龙坑至鸡公庵、龙坑至苎畲、苎畲至水口三条道路改造项目，全长约12千米，总投资242万元；完成五里亭至白叶电站道路的硬化，总投资40万元；完成紫杉宣教廊道建设工程、紫云生态定位站道路修复工程、紫云均峰峡谷至均峰寺巡护步道建设工程，给社区居民生产生活提供极大便利；兑现生态补偿金，增加村民收入，发放生态效益补偿金295.71万元、林权所有者补偿金54.06万元；投入20余万元用于辖区村的民居环境及保护区周边环境的整治和保洁，改善村居环境，助力乡村振兴。

（吴伟贞）

林业经营

【概况】 2021年，明溪县林业总公司实现经营收入332.87万元。其中生态公益林补偿金收入103.64万元，木材销售收入90.83万元，天然林停伐补助收入43.83万元，租金收入94.57万元。清回欠款2.5万元。争取闽江上游重点区位商品林赎买及林分改造资金1644.86万元。完成林木采伐88.33公顷，出材量4904立方米。其中主伐43公顷，出材量4384立方米；抚育间伐45.33公顷，出材量520立方米。完成造林24.8公顷。完成商品林赎买75.73公顷。

【林票式场村森林资源合作经营】 2021年，明溪县林业总公司贯彻三明市委、市政府关于推进林改再出发“八项创新”（林木采伐管理制度、林权登记管理制度、林业金融机制、林票制度、林业碳票制度、林业产业融合发展机制、国有林场绩效管理激励机制、森林资源管理体制等8个创新）精神，助力乡村振兴，整合县侨乡国有林场338.2公顷、资产价值1370万元的优质商品林，与县27个村集体以发行林票

2021年12月3日，明溪县举办推进林改再出发暨林票发行仪式

（图/县融媒体中心）

量化股权的形式开展场村森林资源合作经营，解决林业发展中林业融资难、林权流转难、森林资源变现难的问题，让合作各方真正从林改中受益，推动林业实现高质量发展。

【松林改造提升行动】 2021年，明溪县林业总公司开展松林改造提升行动，构建健康、稳定、高效森林生态系统。无害化清理处置经营区内发现的242株马尾松枯死木，降低马尾松林发生大规模林业有害生物侵染的风险。结合马尾松林的区位、类型、林相等资源现状，合理进行规划、提升改造，完成提升改造面积43公顷。

【林场矢量边界绘制】 2021年，明溪县林业总公司深化国有林场改革，按照国家林草局编制的《国有林场矢量边界数据收集技术方案》所确定的技术标准和收集方法，依据全国第三次土地调查数据，高质量完成县侨乡国有林场6866.67公顷的经营范围的矢量边界绘制工作。

【环境修复公益补偿实践教育基地建设】 2021年，明溪县林业总公司营造24.8公顷环境修复公益补偿实践教育基地，基地内种植桂花、罗汉松、茶花等彩化、香化乡土珍贵树种，集生态公益补偿、生态司法修复、法治宣传、警示教育等功能于一体。

【重点生态区位商品林赎买】 2021年，明溪县林业总公司按照《明溪县重点生态区位商品林赎买实施方案》，建立健全商品林赎买服务体系，在全县范围内赎买优质林分，在扩大公司森林经营面积的同时，化解生态保护与林农利益之间的矛盾，实现社会得绿、林农得利的目标。全年完成商品林赎买75.73公顷，完成黄沙坑水库拟赎买山场外业调查202.87公顷。

【森林资源管理】 2021年，明溪县林业总公司坚持以生态建设为中心，以培育健康、稳定、高效的森林生态系统为目标，实施灵活多样的森林经营措施，结合森林防火、防盗、林业有害生物防治等林业“三防”工作，培育和保护森林资源，增强公司森林资源总量，提高森林的生态、社会和经济效益。做好森林权属纠纷调处工作，化解山林权属矛盾纠纷，构建和谐平安林区。全年调处山林权属纠纷7起，接待群众询问、来访40余人次。

【固定资产管理】 2021年，明溪县林业总公司做好固定资产的清查和盘点工作，确保账实相符；将闲置的房屋、店面等面向社会公开招租，提高资产利用率；收取房屋、场地租金及林地使用费；做好房屋资产安全隐患排查，整治并消除危房安全隐患；妥善解决原林委宿舍楼紫岭路6号房改房土地证分户办证问题。

（颜千星）

国有林场管理

【概况】 2021年，明溪国有林

场完成造林120.4公顷、森林抚育500.6公顷、封山育林144.87公顷、杉木大径材培育示范林57公顷、杉木定株经营106.6公顷、未成林地转造林地29.2公顷、幼林进阶44公顷，维修生物防火林带4.5千米、林道3.2千米；完成木材生产18154立方米，抚育间伐970.67公顷，木材销售16888立方米，木材销售总收入1411.8万元。获评2018—2020年度市级文明单位。

【资源管护】 2021年，明溪国有林场落实护林防火责任制，完善物资储备库建设，开展火险隐患排查，加强防火宣传和值班值守，全年未发生森林火灾；探索视频监控系统应用，遏制盗伐林木现象，全年未发生林木被盗伐案件；强化林业有害生物防控，除害清理松枯死木，运用无人机喷药防治松墨天牛206.67公顷；规范林地征占用监督管理，全年未发生非法破坏和侵占林地案件；进行林权纠纷处理，维护林场合法权益和经营区稳定。

【松林改造】 2021年，明溪国有林场坚持“因地制宜、适地适树、分类施策、扎实推进”的原则，通过马尾松优化改造项目实施，实现“树种乡土化、品种多样化、色彩季相化”，优化林分树种结构，构建健康、稳定、高效的森林生态系统。建立松林改造提升示范点3个，完成造林更新59.99公顷，其中皆伐改造更新23.53公顷，带状采伐改造更新9.33公顷，择（间）林下套种27.13公顷。

【场村合作经营】 2021年，明溪国有林场开展场村合作发展森林资源131.34公顷，其中森林资源委托经营108.87公顷、合作造林22.47公顷。场企合作发展林下经济，与福建省明溪恒鑫农林开发有限公司合作种植茯苓96.13公顷，整合利用山场价值，盘活林下资源。

【现代林场建设】 2021年，明溪国有林场建立“两室一所一道一景一线”，即党建室、阅览室、体育活动场所、森林步道、科普休闲景点、森林资源培育示范线路；主持实施“马尾松林下南方红豆杉更新培育技术研究”“明溪两个观光木天然群落特征比较与人工复合经营研究”科研项目。

【森林公园建设】 2021年，明溪国有林场依托雪峰山森林公园优越地理位置，投资55万余元，连接森林步道一期完成森林步道二期建设3.5千米，将“一场一景”、环城一重山景观林、山乌桕彩化林和“百园千道”生态产品共享工程建设与森林公园总体规划有机融合，与县城景观大道相连形成闭合圈，完善森林公园基础服务设施建设，使森林公园成为明溪市民健身、休闲的好去处。

【百场结百村】 2021年，明溪国有林场贯彻落实乡村振兴战略，与胡坊镇福西村开展“百场结百村”活动，本着优势互补、互帮互促、共建共治共享的原则，投入资金3万元建设乡村道路，开展造林、森林抚育、病虫害防治等技术指导，提升共建村庄绿化美化水平，加快发展乡村特色产业。

【宣传工作创新】 2021年，明溪国有林场结合安全生产工作实际，创新制作《三明市省属国有林场图说安全》宣传手册、林业与安全宣传短视频《明溪国有林场安全生产大家谈》，借助漫画与短视频拓展林业安全宣传模式。《三明市省属国有林场图说安全》在全市林业部门推广应用。

（钟育根）

责任编辑：叶安婕

工业与园区建设

综　述

【概况】 2021年，明溪县克服经济下行压力，提高创新服务能力，培育产业集群，以工业规模升级、效益升级促进工业经济综合效益提升和可持续发展能力增强。县工业和信息化局加强对重点企业、重点项目以及工业产值、投资、用电等指标运行情况的跟踪监测，指导企业精准对接各类优惠政策，确保工业指标平稳增长。全年规模以上工业累计完成产值174.09亿元，新材料、新医药、新能源等主导产业完成产值78.64亿元，全社会工业用电量3.08亿千瓦时。

【工业发展】 2021年，明溪县规模以上工业累计完成产值174.09亿元，增加值比上年增长3.4%。全社会工业用电量3.08亿千瓦时，增长3.3%。新材料、新医药、新能源等主导产业完成产值64.06亿元，占全部规模以上工业产值的36.8%。规模以上主要工业产品产量有不同程度的增长，规模以下工业增加值下降3%。工业经济效益提高，规模以上工业企业经济效益综合指数为737.9%，比上年提高93.19个百分点；工业产品销售率96.31%，比上年下降1.35个百分点；资产负债率36.51%，比上年上升6.26个百分点。规模以上工业企业实现利润总额8.8亿元，比上年增长21.8%，实现利税10.43亿元，比上年增长16.42%。

【企业帮扶】 2021年，明溪县工业和信息化局常态化开展“访企业、解难题、促六稳”专项行动，建立局领导干部联系企业机制，定期走访企业，建立“项目问题清单”，实行“解决一项、销号一项”。针对企业发展实际情况，提出增产增效扶持措施和“一企一策”建议，为企业排忧解难，提升企业运行质量和效益。帮助海斯福、南方制药、海西药业、博诺安科等企业申报省级技改贷、省级企业技术中心、单项冠军、专精特新、产业领军团队等专项补助，助力企业高质量发展。全年为企业向上争取资金1398万元。

（黄南海）

【行业安全管理】 2021年，明溪县工业和信息化局加强行业安全管理，加大检查整改力度，全县工业企业安全形势平稳好转，无重特大事故发生。重点做好对海峡科化烽林分公司、山海民爆公司等两家民爆企业的安全监管，做好商贸和科技领域的安全生产工作。

【工艺作品参展参赛】 2021年，明溪县城镇集体工业联合社围绕“学党史，展红色，品生活”主题，引导明溪7名工艺美术大师艺人创作作品，选送具有地方特色的20余件工艺作品参展“第十五届中国（莆田）海峡工艺品博览会”。中国工艺美术学会主办的“中匠杯”大赛中，赖志强作品《“闽王”将军剑》获金奖，马贵花作品《寿悦盛世》、毛祚胜作品《二十四孝印谱》获银奖。第十一届福建省“争艳杯”大赛中，毛祚胜作品《红船精神》、毛新华作品《里程碑（纪念中国共产党诞辰100周年）》获银奖，郑小春作品《吉祥三宝》获铜奖。

【工艺美术人才申报】 2021年，明溪县城镇集体工业联合社组织工艺美术从业人员开展职称申报工作，1名工艺美术从业人员获评助理工艺美术师，毛祚胜晋级为高级工艺美术师。引导全县各类工艺美术从业人员申报“非物质文化遗产项目”，12月肖家山铜瓷技艺入选福建省第七批省级非物质文化遗产代表性项目。参加莆田艺博会、厦门文博会等活动中涌现成效显著的大师列入传统手工业和传统工艺技能的评审范围，叶玉莲、张国民、马贵花、施国宝等4人被评为明溪县2020年度“优秀传统手工艺人”。

（黄晓妹）

新材料

【概况】 2021年，明溪县新材料累计完成产值33.64亿元，占全部规模以上工业产值的19.32%。以三明市海斯福化工有限责任公司为龙头的新材料产业迅速壮大，集聚新宙邦、科顺股份、中欣氟材、昂利康等4家上市公司。海斯福公司获评省优秀民营企业。

【新材料产业发展】 2021年，三明市锦浪新材料科技有限公司微胶囊项目实现年产700余吨，产值3000余万元。美士邦氮化硅氮化炉建成全国最大的氮化硅粉体生产线，产能占全国市场份额的40%。福建科顺新材料有限公司第一期新型防水材料智能化建设项目投入试生产，项目总投资30亿元。12月，三明市海斯福化工有限责任公司高端氟精细化学品项目（二期）开工，项目占地面积5.73公顷，总投资6亿元，是省重点项目，主要建设六氟环氧丙烷、锂离子电池电解液等高端氟精细化学品生产线18条。

【海斯福公司获多项奖】 2021年5月，三明市海斯福化工有限责任公司获“中国氟硅行业创新型企业”称号，公司“环境友好型全氟多氧杂表面活性剂的产业化技术及应用”项目获评“中国氟硅行业优秀科技成果”荣誉，副总工程师吴成英被授予“中国氟硅行业先进科技工作者”称号。海斯福公司是一家研发及生产高端含氟精细化工的国家高新技术企业，是明溪新材料产业的龙头和支柱企业，致力于氟医药中间体、氟表面活性剂、氟材料特种单体、氟冷却液等高新技术产品。公司已发展成为国家高新技术企业、中国氟硅行业创新型企业、福建省科技小巨人领军企业，并获福建省制造业单项冠军产品、福建省重点国际知名品牌等称号。2021年，公司营收突破15亿元，生产的六氟异丙基甲醚、六氟异丙醇销量全球最大，产值、税收比上年分别增长60%、42%。

新医药

【概况】 2021年，明溪县新医药累计完成产值30亿元，占全部规模以上工业产值17.23%，比上年增长42.1%。以福建南方制药股份有限公司为龙头的新医药产业加快集聚，聚集熙华医药、旻和医药等11家科技型企业，包括7家国家级高新技术企业，南方制药公司甲磺酸伊马替尼原料药及制剂完成注册审评及现场核查。

【专精特新“小巨人”企业南方制药】 2021年8月，福建南方制药股份有限公司入选第二批第一年建议支持的国家级专精特新“小巨人”企业名单。南方制药

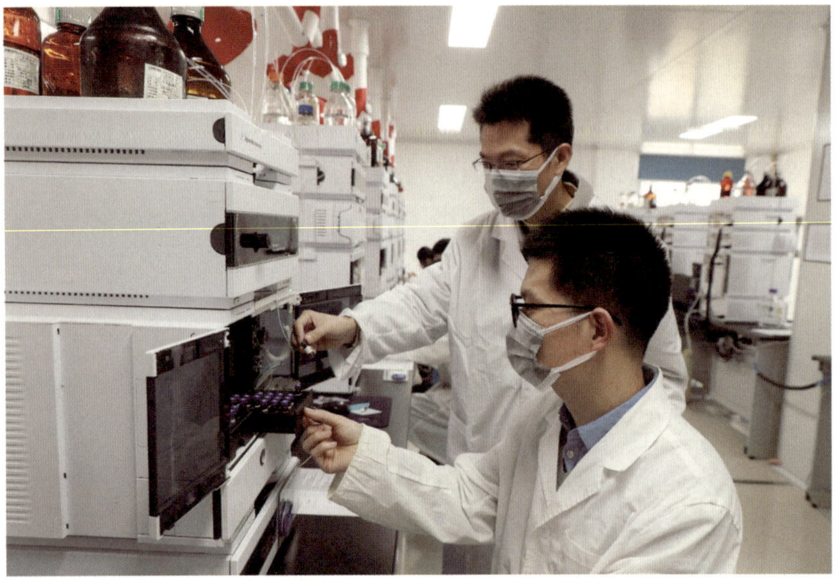

2021年8月，福建南方制药股份有限公司入选国家级专精特新“小巨人”企业名单。图为公司员工进行质量检测　（图/江月兰）

公司是明溪县新医药产业的龙头企业，是一家集种植、研发、生产、销售于一体的GMP（药品生产质量管理规范）制药企业，公司产品涵盖四大类50多个抗肿瘤原料药品种，拥有PCT（专利合作条约）国际发明7项、中国发明专利24项，是国内最大的紫杉烷类原料药生产基地及全球紫杉烷类产品最重要的供应商之一，获评国家高新技术企业、国家林业产业化龙头企业等。2021年，南方制药二期投产，为抗肿瘤新药系列产品生产项目，项目总投资3.5亿元，占地面积6.67公顷，建筑面积6.8万平方米，达产后可形成年产原料药8.4吨、医药中间体5.95吨、植物提取物170吨。

【生物医药产业发展】　2021年，明溪县依托国家中医药管理局对口支援、与省药监局共建三明（明溪）原料药生产基地、生物医药产业列入省生物医药产业集群的有利时机，海西药业成为全国第三家异氟烷原料药获批企业。南方制药、熙翔医药、海西联合药业、福瑞明德等企业瞄准原料药、医药中间体、制剂等领域，形成基地、生产、科研、市场一体化生物医药产业格局。福建熙华医药产业园项目加紧建设，总投资30亿元，占地面积20～33.33公顷，分三期实施，拟建设成药性（DMPK/药学研究）到临床前，CMC（为制药行业中，药品注册的相关术语）一体化研究全球申报到原料药工艺研发，放大生产到全球商业化生产，可延伸到临床等生命科学研究，支持全球新药研发申报商业化生产的药品的全生命周期平台。建立明溪籍人才库、学子库，探索基层企业与总部人才互通交流机制，引进生物医药高端专家人才。

新能源

【概况】　2021年，明溪县新能源产业高端配套，以格林韦尔公司为龙头培育对象，加快推进海斯福锂电池电解液、康墨锂电池隔膜、玮士迈锂电环保装备、格林韦尔NMP纳米导电剂等项目增资扩产，形成从正极、负极、电解液、隔膜材料到终端产品的产业链闭环，盛禾能源和宁德时代等国内锂电龙头企业实现配套。新能源产业全年实现产值15亿元，比上年增长18%。

【新能源产业发展】　2021年，明溪县康墨新能源科技有限公司建成锂电池隔膜生产线，成为纳入统计规模以上的企业。盛禾集团玮士迈公司为时代新能源、比亚迪等新能源龙头企业作环保装备定制生产，接单金额超1亿元。新能源产业铸链成群，与三明市内的翔丰华、夏钨新能源等企业形成集聚效应，推动海斯福锂电池电解液、盛禾新能源纳米导电剂与宁德时代深度合作，形成锂电池关键性产品从初级到终端产品的产业链闭环。12月，格林韦尔公司通过宁德时代公司的审厂，成为其指定供应商，为明溪县新能源产业高质量发展注入强劲动能。

【党建引领新能源】 2021年，明溪县成立新能源产业党建联盟，为新能源产业党建联盟选派专业性强的党建指导员，通过实施“产业联手、人才联用、技术联合、管理联促”四大行动，推动明溪新能源产业实现“党建从逐企跟进到整链推进、发展从单打独斗到抱团取暖、管理从步调不一到同频同向”三个转变，助力新能源产业链做大做强。

（黄南海）

经济开发区管理

【概况】 2021年，明溪县经济开发区管委会围绕园区高质量发展奋斗目标，“三新”产业集聚取得新突破，实现园区经济持续、平稳、较快发展。全年实现规模以上工业总产值87.03亿元，比上年增长21.35%；税收1.88亿元，比上年增长30.84%。

【化工园区建设】 2021年，明溪县经济开发区管委会获第二批化工园区安全风险C级认定，开发区实施标准化园区建设项目17个，累计完成投资8652万余元。

2021年12月，县经济开发区加快园区基础设施建设。图为园区内一主干道施工现场　（图/县经济开发区管委会）

智慧园区监管平台、医疗救护站、事故应急池等12个化工园区补短板基础设施建设项目建成投用，特勤消防站、危化停车场、工业污水处理厂二期等项目加快推进。开发区周边安全防护距离房屋征收79户。

【用地保障】 2021年，明溪县经济开发区管委会破解土地供应难题，完成化工园区2个批次土地“成片开发”方案报批，新增土地征收面积31.78公顷、林地报批面积55.87公顷，土地农转用面积36.5公顷，保障熙华医药产业园、紫杉园抗肿瘤药物迁建、盈梓SPC（石塑地板）等重点项目落地实施。

【重点项目服务】 2021年，明溪县经济开发区管委会开展“访、解、促”专项行动，抓好“五比五晒”“项目攻坚年”重点项目跟踪服务，协调解决项目落地、建设、用工等困难问题150余个，推进海斯福四期、瑞博奥、导洁水处理剂、紫杉园抗肿瘤药物迁建、科顺防水新材料、熙华药业产业园等12个重点项目建设。

【机制体制完善】 2021年，明溪县经济开发区管委会建立健全《园区封闭化管理制度》《安全风险分级管控制度》《承包商管理暂行规定》等10项制度规定，科学调整化工园区特征污染物名录库，综合运用人防、物防、技防手段，强化事故隐患排查整改，全年开展安全、环保隐患排查224家次，检查问题322处，实行闭环管理，确保风险可控、隐患消除。

（叶文倩）

电 力

【概况】 2021年，国网福建省电力有限公司明溪县供电公司（简称“明溪供电公司”）售电量4.32亿千瓦时，比上年增长3.9%。营业收入2.27亿元，比上年增长12.31%。固定资产投资2589.97万元，资产总额3.27亿元。“电力+公安”杆塔共享入选国网典型案例，典型经验事迹先后入选福建动态和国网动态。公司成为三明供电系统首家实行“供电所绩效包干制”试点开展单位并取得良好成效。公司被评为明溪县创建省级文明县城工作先进集体。

【电力服务经济】 2021年，明溪供电公司将“双满意”工程纳入县委、县政府“为民办实事”项目，工程获县委、县政府主要领导4次批示肯定。印发助力挂钩帮扶沙溪乡乡村振兴工作方案，完成沙溪乡“电气化示范乡”挂牌，支持老区苏区挂钩帮扶捐赠沙溪乡10万元。完成明溪中、高考和建党百年庆祝活动、迎峰度夏等保电工作。主动服务“碳达峰、碳中和”行动，完成明溪21座烤烟房“煤改电”工作，减少碳排放63吨。推动“生物防火隔离带”建设，促成明溪县雪峰农场2.67公顷林地种植低矮茶树等农作物，提升输电线路火灾隐患治理。

【电网建设】 2021年7月，明溪县首座220千伏明溪大焦变电站建成投运，主网网架结构更加完善，实现全省县域220千伏变电站全覆盖。梓口坊变电站2号主变扩建工程、胡坊变电站2号主变扩建工程、盖洋变1号主变技改等项目按期投运，满足胡坊奋发产业园、兴泉铁路明溪火车站等重点项目用电需求。农配网投资2624.2万元，新建改造项目68个，新建及改造10千伏线路长度98.73千米。

【供电服务】 2021年，明溪供电公司完成城区供电服务中心组建，提高对城区和园区客户的服务水平和设备运维管理能力，服务明溪“小县大城关”发展战略。组建“大招商招好商”攻坚战役专业服务团队，为明溪“大招商招好商”攻坚战役提供良好的电力营商环境。与明溪县邮政公司合力打造“电力e站”，居民可通过自助终端办理缴费、电费查询、办电申请等服务，提供一站式服务，快捷高效服务客户。组建成立亿源工程明溪分公司，拓展县域省管产业单位电力业务市场，支撑主业工程管理。

（张扬胜）

责任编辑：邓静倩

交通 邮政 通信

交通运输

【概况】 2021年，明溪县交通运输局以构建“四个交通”（综合交通、智慧交通、绿色交通、平安交通）、“两大体系”（公共便捷出行服务体系、现代交通物流服务体系）为总体目标，推进交通基础设施建设，严格规范运输行业管理，提供安全可靠的交通运输保障。全年完成交通固定投资18888万元，其中普通公路建设9650万元，农村公路建设7373万元，危桥改造415万元，农村公路养护1450万元，向上争取资金2808.97万元。

【铁路建设】 2021年，兴泉铁路明溪段完成沿线15.63千米环境外部整治、车站挡墙、框格梁、水沟排水配建配电所及变电所设备、电缆敷设、光缆敷设、信号楼、铁塔设计等工程施工，主线主体工程基本完成，明溪火车站具备通车条件。明溪火车站站前广场及附属道路项目于12月交工验收，总投资共10311万元。省道219至兴泉铁路明溪客货运站连接线（支线）工程项目完成前期工作。

【高速公路建设】 2021年，莆炎高速公路明溪段完成征迁及建设任务，全长42.3千米，于1月6日建成通车。莆炎高速公路三明境尤溪中仙至建宁里心段工程YA1标段（明溪互通连接线上坊交叉口）项目，完成交叉口道路主体部分、交安设施及信号灯安装调试，于8月18日正式通车。明溪胡坊至三明岩前高速公路完成土地总体规划调整和基本农田补划方案公告，项目完成路线方案、工程可行性研究报告和初步设计技术方案审查，初勘初测完成验收，初步设计文件完成审查。

【农村公路建设】 2021年，明溪县完成农村公路建设与改造46.58千米，占年度计划的114%，总投资7373万元。完成危桥改造1座，危桥改造中2座，总投资415万元。全年农村公路列养总里程931.3千米（按行政等分：县道138.2千米，乡道395.3千米，村道397.8千米）。全县农村公路养护工程投入642.92万元，提升列养道路行车安全、舒适度及通行能力，减少道路灾害、次生灾害的发生。投入500万元，推进创建示范乡、示范路工程，建设农村公路生态示范路37.5千米。完成公路资产专项清查工作，县道重置成本共计79073.78万元。

【道路运输市场发展】 2021年，明溪县新增墟天班车2条、优化调整3条，开通“周末班车”、滴水岩红色旅游专线，新增货车吨位1255吨，完成旅客周转量1272.82万人千米，货物周转量18007.73万吨千米，公路客货运输换算周转量为18135.01万吨千米，比上年增长2.6%。全县共有客运企业4家，客车31辆，出租车

2021年8月5日，县交通运输局执法人员在过境公路路段开展安全生产百日专项整治行动。图为交通执法人员在对客运车辆进行安全检查

（图/陈柏松）

13辆（含网约车6辆），公交车24辆；货物运输企业27家，货车314辆；维修企业12家（二类维修企业4家、三类维修企业8家）；驾驶培训机构2个，全年共培训学员1581人，和顺驾校道路货物运输驾驶员从业资格考试培训资质场地通过验收，成为三明地区3所有道路货物运输驾驶员从业资格考试培训资质的驾校之一。全年交通运输局窗口依法依规受理各类申请件569件，办结满意率达100%。

【交通运输综合执法】 2021年，明溪县交通运输局联合公路、公安等部门开展路域环境专项整治行动130次，拆除非公路标志62面，拆除违章建筑24平方米，清除路面堆积物669平方米，查处滴洒漏车辆污染公路事件17起。推行柔性执法“三张清单”（免于行政处罚事项清单、减轻行政处罚事项清单、从轻行政处罚事项清单），办理柔性执法案件37件。全年共出动执法人员1700人次，路政巡查5800千米，检查交通运输企业和客货场站190家次，检查车辆1488辆次，查处交通运输违法违章案件121起。

【疫情防控】 2021年，明溪县交通运输局加强与省市交通检疫组、驻厦办、驻榕办、县指挥部、县卫健局等部门沟通衔接，实现“点对点”转运从“国门”到“家门”全链条闭环管理。全年派出395车次，平安接境外返乡侨胞（含解除隔离人员）和高中风险地区返明溪人员679人次。开展新冠病毒疫苗接种攻坚行动，第一针、第二针接种202人，接种率100%，第三针接种率99%，实现交通运输行业一线工作人员“应接尽接”。全面落实首次新冠病毒核酸检测全覆盖，新进人员随进随检措施，按照5个月全覆盖一次，每周安排5%员工开展核酸检测，推动“应检尽检”，全年未发生防疫安全风险事故。

（张　韬）

【公共交通运营】 2021年，福建闽通长运股份有限公司明溪分公司有24辆公交车运营，从业人员32人。新开通滴水岩景区公交专线。制定《防控新型冠状病毒感染的肺炎疫情应急预案》《防控新型冠状病毒感染的肺炎疫情公务用车应急保障方案》《疫情防控和运输生产恢复总体方案》《客运站站务防控流程》等文件，加强新冠疫情防控和安全生产工作。严格执行疫情防控重点人员接驳转运工作要求，安排“点对点”接驳保障车辆4台，公交外派驾驶员7名，专职接驳驾驶员3名，全年完成接驳任务455趟次，接驳人数1425人次。组织路面行车安全检查12次，内部综治、消防安全检查12次。利用卫星定位系统对所有客车进行实时跟踪，发现6处隐患，纠正违章6起。开展“提升文明优质服务质量”专项整治活动，对违章、违纪、肇事人员约谈8人次，提高司乘人员整体优质服务质量。加强公务用车平台管理，完成全县两定一统基础信息统计，做好全县各机关、事业留车单位驾驶员的培训、指导。购置新公务车2辆，其中1辆轿车、1辆商务车，全年平台公务用车总里程28.64万千米。全年分公司票务营收432万元，完成利润总额52万元。

（徐莉梅）

公路管理

【概况】 2021年，三明市公路养护中心明溪分中心更名为三明市公路事业发展中心明溪分中心（简称“明溪公路分中心”），主管明溪县域内国省干线公路养护工程建设、管理及公路路产保护工作，管养专养公路里程155千米。年内，明溪公路分中心被福建省委、省政府授予“省级文明单位”荣誉称号，被明溪县委、县政府评为“平安先进单位”。

【公路养护】 2021年，明溪公路分中心坚持以“预防为主，防治结合”原则，做好路面小修保养、路面养护保洁工作，力求干线公路无病害、坑槽。落实路面小修与保洁，全年小修养护共计投入456.85万元。落实“脚底板工作法”，开展“我在路上、路在心上”徒步日活动，组织技术人员对专养公路沿线进行全面排查、整治，提高公路服务水平。落实专案工程建设,完成沙溪停车区公厕改造、李沂服务区管道改造和更换桥梁信息牌等，完善公路服务设施，总造价32.84万元；根据“桥梁养护年”活动实施方案要求，完成对管养路段的桥梁损坏部件修复处理，确保桥梁安全稳定；完成G534线明溪县沙溪一桥、布上大桥加固工程，完善公路运输网，总造价201.89万元。落实县道代养工作，发挥养护专业队伍、机械设备优势，提升县道养护质量，服务乡村振兴。

【公路绿化】 2021年，明溪公路分中心巩固辖区公路的绿化成果，加强季节性养护，注重沿线植物栽培管理，春季做好道路绿化补植补种、枯枝修剪以及绿化盲区修剪等工作，定期对辖区内绿化植物进行灌水、整形修剪、喷洒药物，冬季做好苗木防寒抗冻工作。全年完成种植黄山栾树、桂花树、红花继木球等乔灌木1000余株，球类550株，补植麦冬5000棵，地被3000平方米，完成路域内31千米共18处沿河透景透绿工作。

【路产管理】 2021年，明溪公路分中心贯彻执行《中华人民共和国公路法》《公路安全保护条例》及相关法律法规，依法依规对路产路权进行维护。建立公路保护信息互通机制，发挥路产股与养护班站工作的协调性和联动性，维护路产路权。全年共计上路巡查486人次，纠正制止各类违章156起,办理车辆肇事损坏公路路产赔偿案件16起，收取赔（补）偿费20.48万元。深入企业、社区开展路产宣传活动，全年出动宣传车12辆次，人员36人次，发放宣传材料1150份，刷新公路挡墙宣传标语5条，制作宣传展板3块，拆除非公路标志119块，拆除非法横幅14条，与县交通运输综合执法大队开展联合整治活动12次，营造良好的公路通行环境。

【平安公路建设】 2021年，明溪公路分中心落实“党政同责、一岗双责”制度，健全安全生产责任制，采取有效防范措施，整改安全隐患，全年安全生产态势良好。召开安全生产会议、开展安全知识讲座、安全演练等活动宣传安全知识。每月下班站、工地检查，每月组织一次综合性安全大检查，建立问题清单、责任清单、销号清单。年内，制作反光警示标志牌14面，安装柔性示警柱95根，施划道路震动标线165平方米、道路标线150平方米，更换消防干粉灭火器80个，清理路障以及劳动保护用品、安全宣传、隐患整改等费用，共计投入6.5万余元，查出各类安全隐患18处，落实整改18处。贯彻落实有关新冠肺炎疫情防控工作的决策部署，对外做好人员来访登记工作，对内坚持办公楼、停车区、服务区定期消杀，机械设施、养护车辆常态消毒。

【水毁抢险】 2021年，明溪公路分中心以水毁防治为重点，做好路基预防性养护工作，建立健全值班巡路制度。组织水毁抢险

2021年5月8日，县公路局工作人员在王桥路段树木倒塌现场紧急清障
（图/县公路局）

应急演练，完善修订《公路防毁抢险应急预案》，定期开展易毁路段和水毁隐患路段检查和修复工作。汛期严格落实24小时值班巡路制度，畅通公路管理服务“96330”热线，发现险情立即组织班站紧急抢险。全年共修复水毁损坏路基61立方米，局部修复桥梁2座，局部修复涵洞5道，清理溜方约500立方米，总费用68.6万元。

【机械养护】 2021年，明溪公路分中心加强应急机械和物资管理工作，建立健全公路突发事件应急处置保障机制，提高应对公路突发事件的应急处置能力。做好机械保养、调配、使用工作，购置养护机械割草机3台、轻型载货汽车3辆、锂电池绿篱机和锂电池高枝锯各6台等总价值约42万元；组织雨季汛期公路水毁抢险应急演练，做好施工机械设备和物资的维修、储备工作，加强同社会机械设备所有人的联系，确保公路抢险工作能及时得到处置，保持公路畅通。

（黄诗萍）

邮 政

【概况】 2021年，中国邮政集团有限公司福建省明溪县分公司（简称“邮政明溪分公司”）全面完成市公司下达各项通信指标，完成邮政总收入2341万元，比上年增长5.4%。在三明市邮政管理局2021年度县域邮政通信服务质量评比中，邮政通信服务质量综合得分80.5分，被综合评定为良好。全年无发生重特大通信案件和事故。

【金融代理业务】 2021年，邮政明溪分公司实现代理金融收入1624万元，完成年预算的101.5%，收入增幅8.4%；金融收入占全司邮政总收入的69.37%。全县邮储代理期末余额10.35亿元，本年余额净增1.2亿元；市场占有率16.49%；2021“大干100天，赢在起点”竞赛余额净增1.01亿元，完成率119%。全县保险收入完成259.3万元，本年期交保费合计780万元，增幅71.9%，综合收益率24.46%，位列全区第一。

【邮务类业务】 2021年，邮政明溪分公司完成邮务类业务收入338万元。其中函件业务收入35万元，完成年度计划的45.5%；在传统邮务发展的基础上，实现新媒体的突破，发展有声图书项目17户，实现收入22.1万元，排名全市第二。报刊类业务完成137万元，完成年计划的105.8%，2021—2022年度报刊大收订全面达成目标，实现流转额417.1万元，完成任务的103.2%，比上年增8.1%。校园报刊完成收订109.7万元，完成率107.6%，线上订阅流转额完成127万元，完成任务的115%，全区排名第一；集邮类业务收入47万元，完成年度计划62%。

【寄递类业务】 2021年，邮政

2021年4月13日，邮政集团明溪分公司与县法院签订司法送达合作协议（图/县邮政局）

明溪分公司寄递事业部完成业务总收入303万元，完成收入指标的100.8%；其中国内标快完成142万元，比上年增81.4%；国内快递包裹完成80万元；国际快递完成33万元。

【物流体系建设】 2021年，邮政明溪分公司建设县、乡、村三级物流体系项目。完成县级物流仓配中心、7个乡（镇）物流中转仓、62个行政村物流服务网点建设，在全县范围内实现“县到乡T+1、县到村T+2”的配送时效。探索利用CRM系统（客户关系管理系统）建立合作社信息管理平台，强化县、乡、村三级物流配送网络，抓好城乡投递队伍、代投点、社区邮局建设，解决制约农产品流通的“最初一千米”和“最后一千米”问题。为橙心优选提供仓配一体化服务项目，为175个团点配送货物，配送履约率95%以上。

【乡村振兴助力】 2021年，邮政明溪分公司助力乡村振兴，全年进出物流件92万件，畅通农产品进城和工业品下乡的双向通道。同时还利用遍布城乡的网络优势全方位解决产品仓储、销售、运输等问题。

【电商助农联盟】 2021年，邮政明溪分公司推进邮政电商助农帮扶工作，关注农产品产销，采取多项措施解决农产品销售难问题。对接政府联合开展助农工作，借助县融媒体中心的力量及利用邮政庞大的物流、信息、网络等体系对帮扶户滞销农产品进行精准帮扶重点宣传推介，线上以邮乐小店、朋友圈等宣传，线下参与政府组织的“御帘油饼节”、“农特产品展销”、第二届“乐购三明”直播节暨“明品明味街”开街等助农促销活动，累计帮扶农产品销售25.8万元。

（张雪）

通　信

中国电信股份有限公司明溪分公司

【概况】 2021年，中国电信股份有限公司明溪分公司（简称中国电信明溪分公司）贯彻落实集团公司“云改数转”战略，按照中国电信福建公司“九大提升行动”和中国电信三明分公司“六个坚定不移”总体思路，在高质量发展、提质增效、服务提升、安全发展、党建引领、强化执行等方面取得成效，完成网络运营、业务发展等各项目标任务。全年企业生产经营安全平稳有序，运营能力提升，被中国电信三明分公司授予“绩效考核二等奖”“业务支撑与风险管控优胜团队二等奖”荣誉称号。

【网络运营】 2021年，中国电信明溪分公司围绕打造两张精品网络，做好光网络质量的提升与5G基站建设，提高用户的满意度。实现行政村光纤全覆盖，基站建设超230个，4G信号全覆盖；全力打造电信“三千兆”（千兆

5G+千兆光宽+千兆Wi-Fi）。全县88个行政村全部实现4G和光宽带覆盖。网络保障能力持续提升，强化“快速反应、快速动员、快速抢通、快速保障”四种能力。城区5G网络覆盖进一步加强，新增FTTH（光纤到户）端口720个，完成10GE（千兆以太网）设备端口板的扩容，实现城区千兆光宽服务能力。县、乡OTN（光传送网）、IPRAN（无线接入网IP化）设备扩容，增加传输通道的承载能力和移动网上联中继容量。承担央企社会责任，参与疫情防控，做好各行业部门通信网络保障和隔离点的网络建设；对前端部门发起要客专线实施重点保障，加强重保专线的监控和巡检工作，进行隐患排查，做好专线安全保障支撑工作，维护网信安全，融入生产经营的全过程和全流程。完成网络与信息安全、防诈、保密等工作，全年保持通信网络畅通、无事故发生。

【业务发展】 2021年，中国电信明溪分公司推进市场化改革步伐，做好客户服务，提升经营能力和水平。推动城市信息化建设，累计承建地方信息化项目超20个。打造明溪数字城管、县综治网格化管理平台、县教育局一键报警管理智慧平台、县美丽乡村管理平台、县乡村振兴服务管理等一系列标杆社会管理平台。通过智慧城市、智慧医疗、智慧社区、智慧家庭、智慧校园、智慧企业、居安工程等，助力“数字明溪”改革发展新起步。

【服务提升】 2021年，中国电信明溪分公司开展 “两深入两服务，全员服务在行动”（ 深入市场、深入基层；服务客户、服务员工）教育传播活动。继续开展“双轮驱动、五力齐发”“一部一品”建设，以党建为统领五力齐发，双轮驱动企业更好地践行服务人民的初心。严格执行首问负责制规范服务，强化考核落地；严格执行携号转网新政，把选择权交给用户，倒逼优质服务；拓宽服务渠道，做强做优核心营业厅、核心门店，城区渠道布局日趋合理、服务能力更加完善；优化服务体系，坚持支撑、管理前移，严格执行“当当慢”（当日装、当日修、慢必赔）服务承诺，快速响应用户需求。

【疫情防控助力】 2021年，中国电信明溪分公司参与新冠肺炎疫情防控工作。为县各级党委政府、疫情防控部门提供基础通信、专线业务、视频监控等服务。在全县统一开展“六项服务共抗疫情行动”，包括天翼大喇叭、天翼看家、天翼云课堂、来电名片、天翼高清、天翼云会议等6项信息化服务。

【电信诈骗专项治理】 2021年，中国电信明溪分公司在电信领域开展防电信诈骗专项治理工作。严把入网关口，做到严入网、严审批和严复机。加强拓展核查反馈，每日做好疑似不良信息号码拓展核查，及时关停同户名、同渠道、同批次的可疑号码；加强人员培训，抓好对外宣传。主动防范预警，快速配合“断卡”，保障用户通信合法权益及消费安全。

【乡村振兴助力】 2021年，中国电信明溪分公司推进党建助农、网络助农、通信业务助农、信息化应用与产业助农、公益助农等助农攻坚“五大行动”。结对帮扶城西居委会，帮扶道德模范谢东秀，定期走访慰问帮扶户，组织党员捐款，为帮扶户购置通信工具。与乡村振兴村签订“党建翼联”合作协议，打造智慧乡村平台，开展公益助农。

（张凯芸）

中国移动通信集团福建有限公司明溪分公司

【概况】 2021年，中国移动通信集团福建有限公司明溪分公司（简称“移动明溪分公司”）围绕省、市公司实现高质量发展战略部署，加快短板改善，加速5G信息化建设，打造客户满意新口碑，持续做好企业经营管理、企业转型发展、网络基础建设等相关工作。

【企业经营】 2021年，移动明溪分公司推进企业转型发展，开拓创新提升服务综合能力，深化党建生态、网络运维、客户服务、管理转型。全年落实市公司各阶段的发展目标，各项份额排名全市中上游水平，其中通信客户份额62.2%、5G基础套餐份额63.7%、宽带份额46.7%，重点指标保持稳中有进，保持区域市场发展持续领先。服务地方经济积极发挥央企“国家队”作用。

【网络运营】 2021年，移动明溪分公司以市场需求为导向，提升客户体验，加快网络基础建设工作，推进网络覆盖及网络健康度提升，为提升客户网络感知打下坚实的网络基础。加快5G基础建设，全区首个完成700兆5G基站开通，全年完成5G站点建设31个，覆盖小区101个，实现城区及各乡镇本点5G网络覆盖使用。优先解决偏远农村覆盖网络问题，全年宽带端口数达2.5万个，端口在用数量1.6个。采取共建共赢的模式，实现胡坊丁家山、夏阳紫云山居洋、夏阳良村等多个偏远自然村2G及宽带覆盖，持续优化网络质量。

【企业管理】 2021年，移动明溪分公司贯彻省、市公司工作部署，传播和实践“正德厚生，臻于至善”的核心文化理念，培养“滴水岩”的品牌内涵。发挥央企主力军作用，支援保障新冠肺炎疫情防控阻击战，移动大数据助力乡（镇）防疫抗疫，做好移动客户服务工作。截至10月，县各乡（镇）政府100%开通移动大数据业务，防疫抗疫短信累计发送4万余条，提高群众自主防疫的警惕性和自信心。加强“政府+企业”合作，加快推进“平安乡村”建设，发挥移动网络、技术、数据优势，实现城关乡、盖洋镇视频监控全覆盖，为“e体+”智慧赋能中心小案快侦、大要案侦破、治安防范、交通管理等实战需要及社会“智慧”治理提供更好更全面的数据支撑。营造“奋斗为本，担当先行”的企业文化，常态化开展送温暖和员工慰问活动，优化办公环境，增强企业凝聚力和战斗力。

（杨成养 晏希华）

中国联合网络通信有限公司明溪分公司

【概况】 2021年，中国联合网络通信有限公司明溪分公司（简称“联通明溪分公司”）坚持高质量的网络建设发展之路，高起点规划和建设以5G为重点的未来新网络；推进互联网化运营，规范资费套餐设置，落实减资降费有关目标要求，提高服务质量与水平。开展与实施“智慧城市”建设，通过信息化手段，为县域城镇化发展提供生态化、网络化、数字化、幸福化的生产生活环境，加快产业县域、文化县域、科技县域建设。全年完成财务预算口径收入2819.8万元，其中码号型收入增幅15.58%，项目型收入增幅85.05%。

【新增业务】 2021年，联通明溪分公司各项主要经营指标保持稳定、快速发展。推进数字化转型以构建“智慧城市”平台，在园区、教育、农业、林业、水利、国土、环保、住建、交通、旅游、电力、气象、银行、税务、城管、公安、司法、法院等行业开发应用。在互联网+系列、云平台、物联网、大数据、高清会议系统、掌上办公、电子商务、单兵执法终端、视频监控、数字城管、社区网格化、旅游信息化上助力“智慧明溪”建设。

【网络建设】 2021年，联通明溪分公司有移动网4G站点98个扇区数214个，3G站点160个扇区数267个和2G站点42个扇区数79个，人口覆盖率86%。城区、乡镇、景区的3G/4G网络完善覆盖，覆盖率85%，部分区域存在深度覆盖不足。4G网络城区覆盖率94.8%，乡镇实现体验式点覆盖。行政村覆盖率为80.5%,在完成2升4后，明溪县的联通4G站点扇区达到200多个。高速沿线全覆盖。

（孙家明）

责任编辑：邓静倩

商贸

商贸流通

【概况】 2021年，明溪县商务局围绕“商贸富县”的发展定位，坚持稳中求进总基调，抓好开放型经济工作，商贸经济平稳发展。全县社会消费品零售总额26.69亿元，比上年增长13.1%，增长速度居全市第一位、组内第一位；外贸出口额完成8.7亿元，其中生产型企业出口3.24亿元，流通型企业出口5.46亿元。

【招商引资】 2021年，明溪县商务局建立“招商地图工作法”，围绕特色产业，瞄准“长三角”“珠三角”“闽南三角洲”等重点区域，首创投“简历”招商并打造以商招商、产业链招商、商会招商等招商活动平台，创建明溪招商云平台系统，实现远程VR看园、大数据招商。新签约项目87个，总投资167亿元；新签约亿元以上项目42个，总投资129.9亿元；开工落地项目18个，总投资61.44亿元，落地开工率42.86%。

【投“简历”招商】 2021年，明溪县首创投“简历”招商，制作《明溪投资服务指南》，给重点企业投“简历”，破解“酒香也怕巷子深”难题。聚焦11张产业链招商地图，精选长三角片区等地的213家重点企业投送“简历”，由“大水漫灌”转变为“精准滴灌”。县围绕“建链补链强链”，发挥海斯福、南方制药公司等优势产业集聚效应，拓展招商引资的“朋友圈”，一批批符合产业发展需求、高新技术、高成长性、高附加值的战略性新兴项目纷至沓来，形成“引进一个、带动一批”的招商效果。聚焦重点产业招商，引进昂利康项目、旻和医药、康墨锂电池隔膜生产项目等一批好项目落地。以“大招商招好商”为引领，还推行“招商地图工作法”“项目工作法”和“脚底板工作法”，采取顾问招商、以商招商、产业链招商等形式，全面打响招商攻坚战役。

（黄南海）

电子商务

【电商直播】 2021年，明溪县商务局推动直播带货等电子商务新业态发展，4月30日至5月2日，组织明溪县八闽香肉脯干厂等16家企业参加第二届乐购三明直播节活动，通过县长带货的直播形式在微店平台推广，促进农产品和工业、文旅等产品网络销售。鼓励电商企业培育主播带货，组织明溪县网络直播带货达人、电商龙头企业等参加推优评先活动。推荐闽景印象品牌茶叶对接入驻由省商务厅牵头建设的福茶网。

【电商直播及供应链基地建设项目签约】 2021年12月15日，明溪县雪峰镇人民政府与欧起航（福建）贸易有限公司在县第一视频会议室举行电商直播及供应链基地建设项目签约仪式。县领导钟科、陈华伟、徐婷、林中甲出席签约仪式。欧起航电商直播及供应链基地建设项目总投资2.7亿元。项目分两期建设，第一期主要建成集电商直播、电商培训、产品展示、购物体验、物流仓储、快递集发为一体的综合服务基地，建立直播平台、主播、MCN公司、品牌商、供应链相融合的电商直播产业链。第二期计划建设公用型保税仓一个，建成菜鸟中心仓，打造成为明溪在外乡亲欧洲进口商品集散中心及直播电商销售基地。

【第一期电子商务师项目制培训开班】 2021年9月9日，明溪县加强电子商务技能人才培养，提升电子商务从业人员职业技能水平和促进劳动者就业创业，县人社局联合三明学院开展为期5天的电子商务师项目制培训，培训对象主要为农村转移就业劳动者、下岗失业人员和转岗职工，参加培训44人。培训邀请高级电子商务师进行授课，课程涵盖新媒体营销认知、自媒体平台的变现模式、行业发展现状与趋势、快速打造KOL、直播销售方法、平台营销规则等方面的基础知识和相关操作技能。培训采取理论教学与模拟实操相结合的方式，帮助学员们更加全面了解电子商务知识，掌握电子商务创业技巧。

（黄南海）

2021年4月30日至5月2日，明溪县组织企业参加第二届“乐购三明”直播节活动。图为明溪直播间直播现场 （图/县融媒体中心）

供销合作

【概况】 2021年，明溪县供销系统实施农业社会化服务，融入乡村振兴战略。深化供销综合改革，融合县农业企业共同发展。紧抓安全生产工作，加强基层组织建设，强化综合服务能力，在全市供销社综合业绩考评中获三等奖。

【农业社会化服务】 2021年，明溪县供销社实施农业社会化服务惠农工程，改造提升夏阳惠农综合服务中心，采取开放办社方式与土地流转公司、专业合作社等合作对象，共同完成土地流转504.33公顷、土地托管704.6公顷、农机作业1127.67公顷；做好农资供应服务工作，全年冬储各种化肥4561吨；改造提升5个农资网点，建设完成胡坊农资配送中心。

【安全生产】 2021年，明溪县

供销社加强安全生产和烟花爆竹经营管理，开展安全生产隐患排查治理专项行动和“安全生产月”等活动，全年共开展安全检查64次，参加检查155人次，投入整改资金33.56万元，整改闭环安全隐患17处；开展消防、防恐应急演练1次，确保烟花爆竹安全供应，全年烟花爆竹经营态势良好。

【基层组织建设】 2021年，明溪县供销社立足当地农业主导产业和特色农产品，牵头领办专业合作社7个；盘活供销社资产、资金，引进村级组织、社会力量共建城乡社区综合服务社（中心），年内建成2个村级综合服务社。

【社企改革】 2021年，明溪县供销社以供销总公司为主体，联合大成生物、狮窠中蜂、薯派淮山等明溪农特产品企业，成立福建明溪锌硒望农产品有限责任公司，并上线“微店”及锌硒望小程序。组织福建明溪锌硒望农产品有限责任公司及明溪县农产品生产企业赴福州参加由省供销社举办的“一县一周”农产品展示展销会暨“乡村振兴再出发”消费帮扶三明场和“一县一周”迎新春场农产品展示展销会。公司成立后，销售食用菌、淮山面、蜂蜜等明溪县农特产品600余万元。

（肖海琴）

粮食流通

【概况】 2021年，明溪县粮食和物资储备局加强对全县粮油市场供应和粮油价格的监测预警分析，将应急供应网络建设列入县政府“民生工程”，设立应急供应网点14个、应急加工企业2家，基本实现“合理布点、全面覆盖、平时自营、急时应急”要求。密切跟踪应急供应网点销售、库存情况以及应急加工企业开工、生产、库存情况，启动“一日一报”制度，及时提醒各经销商补货稳价，做好粮油市场保供稳市工作。全年县粮油市场货源充足，价格稳定。

【粮食安全】 2021年，明溪县粮食和物资储备局按照《三明市落实粮食安全省长责任制考核办法》要求，针对2020年粮安考核过程中发现的6项问题进行“回头看”，分析问题原因，加强源头治理，补齐管理和监管短板，确保问题整改常态化、制度化、规范化。加强“爱粮节粮”知识宣传，结合“科技活动周”“食品安全周”“世界粮食日”，开展食品安全宣传活动，加大节粮减损力度。

【储备粮订单收购】 2021年，明溪县粮食和物资储备局与全县8个乡镇86个行政村签订合同，向7911户种粮农户发放“售粮卡”。制定秋粮收购工作方案，设立8个便民收粮点，组织各粮站（库）主任及相关人员召开秋粮收购工作会议，执行省储备粮公司出台的晚谷收购价145元／50千克（含12元／50千克直补款），并做好秋粮收购仓容准备。通过“明溪在线”微信公众号、村集体张榜公示等渠道公告收购计划、价格、标准等信息，让农民销售“明白粮”。10月起，历时2个多月，按时保质完成储备粮订单任务，发放直补金166.7万元。

【储备粮和物资储备管理】 2021年，明溪县粮食和物资储备局针对政策性粮油库存交叉检查发现的问题，逐条对照整改，提高储备粮管理制度化、规范化、精细化水平。做好县级储备粮轮换销售和出库工作。应对冬季出现的寒潮天气，及时安排粮食和物资储备综合股专人负责，前往指定地点对接应急物资调运和接收工作。全年共出库帐篷30顶，折叠床6床，取暖器2台。

【粮食流通监管】 2021年，明溪县粮食和物资储备局按照全县粮油加工企业及主要粮油食品销售网点全覆盖的要求，累计开展检查28次（综合检查6次、专项检查22次），出动检查人员168人次，检查企业55家次，粮油食品安全状况总体良好。严格执行定期品质抽样检查和出入库粮食质量安全检验，抽样检测代省级储备粮10份、县级储备粮5份，经检验品质合格、稻谷宜存。依托县粮食购销有限公司标准化室，完成包含3个乡（镇）8个村共计15份样品14项指标的稻谷质量检测分析。

（罗 洪）

物资流通

【概况】 2021年，明溪县物资总公司为县域经济跨越式发展提供助力，高质量完成民爆物品供应任务，全年销售额796.94万元。

【民爆行业服务】 2021年，明溪县物资总公司深入市场调研，把握市场动态，为明溪县民爆物品使用企业提供优质服务，保障民用爆炸产品的安全供应，按时按量完成配送工作。全年配送炸药533吨，雷管7.9万发。

【安全管理】 2021年，明溪县物资总公司加大安全管理，落实安全生产标准化工作。对仓库避雷、报警、监控、消防、防爆挡墙等设施进行维护，新建民爆物品专用车车棚等。做好全体职工安全教育培训和各岗位人员专项培训，全年共开展安全相关培训6次，总公司与仓管员、驾驶员、押运员、装卸员签订安全生产责任状。与县金盾保安公司签订合同，派遣4名专业保安人员专门对民爆仓库进行夜间巡逻，仓库实行24小时值班制，确保每小时巡视一次。通过人防、物防、技防、犬防等方式构建多维度民爆物品安全管理。

（余兴辉）

烟草专卖

【概况】 2021年，明溪县烟草专卖局（分公司）贯彻落实高质量新发展理念和“1234”（坚持一个“严”的主基调，把全面从严治党长期坚持下去；紧盯效益和效率两个关键指标；抓好开源、挖潜和节流三个环节；建立完善适度竞争、考核评价、激励约束和风险防控四个机制）工作思路，推进年度各项工作任务。全年企业创造税利9870.97万元，比上年增加1670.97万元，增长20.38%；贡献地方财政收入1951.39万元。

【烟叶生产】 2021年，明溪

2021年4月20日，福建省烟草学会检查组到明溪调研指导“全三明”科普服务窗口建设 （图/张瑜）

县烟叶种植面积1600公顷，收购烟叶275.06万千克，比上年增加40.88万千克。上缴烟叶税1951.39万元。烟农户均收入10.56万元，比上年增加1.61万元，增长17.99%。加强防灾减灾工作，增设防雹作业点2个，实施消雹作业29次。加强烟叶生产核心资源保护，落实2760公顷永久稻烟田、1650座烤房保护规划。加大烤房技改力度，完成烤房技改1100座，占在用烤房数的69.36%，累计盘活闲置烤房52座。

【卷烟销售】 2021年，明溪县销售卷烟3681.95箱，比上年增加4.43箱；单箱卷烟销售收入3.06万元，比上年增长2.09%，位居全市第三。全年共开展品牌营销活动19场次，省产高端品牌规格增长43.29%。做优营销网建，推广“E福通”系统，普及客户27家，占比11.3%，全区排名第一，客户使用活跃度100%，居全市首位；制订《新农网建设三年行动计划》，打造“农网+党建”“农网+诚信”“农网+企业”3类客户。规划流通品牌建设，建成1户核心终端，2户合作终端。优化吸烟环境，推进文明吸烟环境建设，在5个乡镇6个村共投入烟灰柱65个、吸烟亭1个。做优卷烟非烟，布点非烟经销客户55户，比上年增加31户。

【专卖管理】 2021年，明溪县推进新型市场监管机制，有机融合“双随机、一公开”与APCD工作法（专卖管理人员进行市场监管工作方法，分为分析、计划、检查、处理四个步骤），查处无证经营户8户。强化电子烟监管，联合公安、教育等多部门开展守护未成年人专项行动。治理真烟异常流动，开展“黑灰黄”名单动态监管，落实专销联席例会制，形成真烟治异闭环管理。落实烟叶育苗、移栽、收购等环节的监管，规范烤烟、卷烟生产经营秩序。持续落实“放管服”改革要求，提升政务标准化管理质量，缩短证件办结时间，全年共办理行政许可37件。查办各类违法案件42件，其中5万元以上案件5件、符合国标网络案件1件；查获假烟2994条、真烟2147条。支持地方烟叶产前投入扶持资金955.29万元。专卖序列考核获全市第四佳绩。

（张　瑜）

责任编辑：邓静倩

金　融

综　述

【概况】　2021年，中国人民银行明溪县支行（简称人行明溪支行）贯彻落实稳健货币政策，履行基层央行各项职责，应对新冠肺炎疫情支持防疫抗疫，为促进地方经济社会发展提供金融支持。2021年末，全县金融机构本外币各项存款余额98.21亿元，比上年增长2.87%，本外币各项贷款余额42.39亿元，比上年增长13.89%。

【货币信贷政策传导】　2021年，人行明溪支行贯彻落实“双支柱”（货币政策和宏观审慎政策）调控框架要求，做好宏观审慎评估相关工作，督促和指导地方法人金融机构科学合理审慎准确规划月度信贷计划、并稳健投放，将信贷资金真实有效地投向民营、小微（尤其是普惠领域小微企业）、涉农等重点领域、薄弱环节，切实降低综合融资成本。综合运用再贷款、再贴现，以及两项直达工具等货币政策工具，截至12月末，支行向县农村信用合作联社发放支农再贷款2178万元，展期2222万元；办理延期支持工具3495.66万元，有效支持普惠小微企业74户。有效落实房地产贷款集中度管理要求，指导县农村信用合作联社制定业务调整过渡期内逐步达到管理要求的压降方案，明确向管理要求边际收敛的具体举措。引导金融机构加大对乡村振兴的金融支持。制定《关于支持三明革命老区高质量发展示范区建设措施意见》，推进金融支持老区振兴发展，努力为老区人民办实事，解难题。推出“益林贷2.0版”金融服务产品，支持林业产业做

2021年12月3日，县农村信用合作联社“林票贷”助力县域林改工作　（图/县农村信用合作联社）

大做强。支持特色产业发展，指导金融机构安排专项信贷资金支持县域特色产业，并实行贷款额度优先满足、贷款利率优惠定价的双优服务。运用“党建+金融”的普惠金融新模式，推动小微企业及“三农”（农业、农村、农民）的金融发展，有效解决农民融资难问题。探索“普惠金融服务站+信用村”模式，全面优化农村金融环境，提升金融服务水平。

【金融服务实体经济】 2021年，明溪县本外币各项贷款余额42.39亿元，比上年增长13.89%，金融支持县域经济发展力度显著增强。人行明溪支行组织金融机构开展利率市场化改革政策宣传，推进贷款市场报价利率及存款利率定价调整的应用及推广，结合落实延期还本、政府贴息、减费让利等政策，降低企业融资成本。贯彻落实上级部署，支持乡村振兴、推动县域绿色金融发展，加大对创新金融产品、县域中小微企业的支持力度，主动融入三明绿色金改试验区建设。截至12月末，全县绿色信贷余额8074万元，比年初增加5716万元，同比增长242.34%。完善绿色金融体系建设。推动金融机构设立绿色金融专营机构——“绿色金融服务中心”或“绿色金融服务窗口”，建立完善绿色信贷考核管理机制，将绿色金融纳入绩效考评。指导金融机构创新推出“生态旅游贷”“益林贷2.0”“光伏贷”等金融产品，支持企业复工复产，推广“无还款续贷”等行之有效、符合小微企业经营特点的续贷金融产品，降低小微企业过桥成本。引导金融机构加大普惠小微贷款的投放力度，持续减少普惠小微企业的融资成本。截至12月末，全县普惠小微贷款余额为11.12亿元，比年初增加1145万元，加权平均利率为5.39%，比上年下降20BP（BP为基点）。

【金融风险防控】 2021年，人行明溪支行加强区域风险监测排查，做好央行金融机构评级工作，加强央行评级的政策引导。持续做好投保机构风险监测，保障存款保险信息系统顺利运行，做好风险差别费率管理工作。制定存款保险宣传工作网格化实施方案，组织金融机构开展《存款保险条例》实施6周年宣传活动，开展多样化的存保宣传活动，组织县农村信用合作联社录制“行长话存保”宣传视频；在存保宣传重点乡镇夏阳乡御帘村举办以“寻红色足迹，话存款保险”为主题的存保知识宣传等，实现存款保险知识各村、各户全覆盖，有效提升社会公众尤其是偏远农村居民对存款保险知识的认知度。举办全县金融系统存款保险知识竞赛。关注影响金融稳定的苗头性因素，组织开展防范非法集资宣传活动，开展各项专题调查工作。

【外汇管理服务】 2021年，人行明溪支行开展“我为群众办实事”实践活动，持续推进经常项目与资本项目便利化政策落地，推动符合条件的市场主体应享尽享政策红利。多次深入三明市海斯福化工有限责任公司，引导企业树立“汇率风险中性”理念，规避汇率双向波动风险，指导企业在外汇指定银行办理远期结汇业务。截至12月，该企业共办理远期结汇19笔，金额2200万美元，减少汇兑损失约300万元，强化跨境资金流动双向监测预警，防范跨境资金异常流动风险，严守不发生地区性与系统性金融风险。推进“数字外管”和“安全外管”建设，规范外汇管理窗口服务，丰富外汇政务服务渠道，规范办理行政许可相关业务，不断提高外汇管理政务服务水平。因地制宜开展外汇政策宣传，营造良好外汇生态环境。

【调查统计分析】 2021年，人行明溪支行按照上级部署指导金融机构对照统计制度，做好数据报文采集、审核、入库工作。指导金融机构完善内部管理机制，加强对统计数据源头及统计全流程的质量管控，确保金融基础数据统计制度贯彻落实到位。对接相关部门，推动地方金融组织统计制度平稳落地。做好县域法人金融机构考核的各项工作。密切关注统计新制度执行过程中新情况、新问题，及时做好信息收集和反馈。按上级行要求组织法人机构开展“2021年金融统计数据”“绿色贷款专项统计数据质量”等两项统计自查工作。深入调研分析民营企业小微企业金融服务、绿色金融、普惠金融等经济金融重点、热点和难点问题，为上级决策提供参考。

【征信管理】 2021年，人行明溪支行加强征信信息安全管理，防范信息泄露风险。定期通报各接入机构落实征信合规和信息安全管理工作情况，开展各接入机构2020年度征信合规与信息安全年度考核评级工作。做好征信查询窗口标准化管理，提升新冠肺炎疫情防控期间的征信服务，引导信息主体通过互联网查询个人信用报告，减少因人员聚集而带来的疫情风险。做好央行内部（企业）评级工作。做好征信系统数据采集切换工作，确保二代征信系统平稳运行。做好动产和权利担保统一登记系统的用户审核，指导县邮储银行与县市场监督管理局沟通合作，发放首笔专利权质押贷款800万元，并顺利完成登记。推广应用应收账款融资服务平台，2021年办理应收账款融资交易业务330万元，实现近两年来“零”的突破。深化农村信用体系建设，引导县农村信用合作联社共同推进明溪县“信用户”“信用村（镇）”建设。做好征信宣传工作，通过线上线下宣传，改善社会信用环境。

【普惠金融宣传教育】 2021年，人行明溪支行深化金融知识宣传教育，依托“3·15”消费者权益保护日、“守护钱袋子”、“金融知识普及月”等开展金融知识宣传月活动。贯彻执行《中国人民银行金融消费者权益保护实施办法》，完成银行机构消费者权益保护评估，开展普惠金融指标体系采集填报和数据分析工作及消费者金融素养问卷调查。加强与各部门的沟通交流，持续深化金融知识宣传教育，与“启明星”青年志愿服务相结合开展金融知识主题宣传活动，推进“1个基地+2家示范学校”金融基础教育模式，推进金融知识纳入国民教育体系。制订适老温暖金融行动计划，优化老年人无障碍金融服务。与县法院、司法局、银保监组等部门联合印发《关于建立明溪县金融司法协同中心的实施意见》，拓宽人民群众金融纠纷解决渠道，逐步推进金融消费纠纷调解组织的落实落地。

【支付结算管理】 2021年，人行明溪支行推动移动支付工程建设，推广云闪付在公用缴费、民生场景的深入运用，开展银行机构移动支付拉新培训及优惠活动讲解6次，全年新增云闪付用户3700户。拓展现有普惠金融服务点服务效能，依托移动柜员机（MTM）、掌上银行（PAD）上门服务，推进金融服务空白村金融服务全覆盖，消除农村金融服务空白村12个。推进“断卡”行动，开展打击治理跨境赌博、电信网络诈骗线下集中宣传活动，先后开展5次集中宣传活动，指导银行机构多渠道向客户普及电信网络新型违法犯罪手法及应对措施等知识。持续打击治理跨境赌博、电信网络诈骗犯罪活动，转发各类防诈风险提示，利用银政通系统强化开户审核及异常交易监测，督促金融机构从账户开立、非柜面渠道开通、账户交易等方面开展全面排查，采取相应管控措施。

【反洗钱监管】 2021年，人行明溪支行加强司法协作，与六部门建立《明溪县反洗钱工作打防合作机制》，形成金融与司法机关打击洗钱犯罪的合力，共享相关涉嫌洗钱犯罪案件信息，推动洗钱犯罪案件的立案。督促银行机构建立和完善可疑交易监测模型，强化账户风险管控及其资金交易监测。落实风险为本监管要求，对15家金融机构开展反洗钱分类评级、1家法人机构风险评估工作，发挥反洗钱在防范重大金融风险的作用。加强非现场监管，对金融机构开展反洗钱分类评级，依据洗钱风险状况，采取反洗钱监管走访、约谈、发出监管提示函等方式，督促义务主体不断强化反洗钱工作机制建设和业务建设。开展以“反诈拒赌，揭示洗钱陷阱”为主题的反洗钱知识暨反诈拒赌有奖竞答活动，受众面达24297人次，知识点传播数达102835题。

【国库管理】 2021年，人行明溪支行落实“六保”（保居民就业、保基本民生、保市场主体、保粮食能源安全、保产业链供应链稳定、保基层运转）任务，持续跟踪监督新增财政资金拨付使用，严防资金支出环节截留、挪用等情况发生。推动“国债下乡”，助力乡村振兴，开展储蓄国债知识宣传，指导农村居民通过互联网购买储蓄国债等投资理财产品，通过建立国债巡查指导与国债乡镇销售数据跟踪的“线下+线上”管理机制，推进国债下乡，实现全县乡镇储蓄国债销售“零的突破”，相关做法被人总行国库局点名表扬。加强普惠金融国库服务，审核办理个人所得税汇算清缴退税、代扣代缴手续费退税等，惠及居民3055人，单位190户，确保纳税人及时足额享受改革红利。配合税务部门做好城乡居民养老保险费现金缴交工作，全年入库税务窗口收纳现金城乡居民养老保险费47笔13.04万元。开展红色国库等专题研究，召开定点企业座谈会，持续跟踪5家定点企业经营现状，及时反映政策落实过程中相关问题。

【人民币流通管理】 2021年，人行明溪支行推动建立整治拒收现金综合治理协作机制，提请县政府出台《明溪县人民政府办公室关于开展整治拒收现金行为工作的通知》，将整治拒收人民币工作纳入全县文明考核。制订整治拒收人民币宣传计划，每月安排一家银行机构开展宣传，支行以“防范假币保护自我”为主题开展视频播放宣传，提升宣传实效。联合县市场监督管理局开展整治非法使用人民币图样巡查，组织开展小面额人民币服务暗访巡查工作，全年组织人民币流通管理工作巡查及明察暗访工作17次。督促银行机构做好常态化新冠肺炎疫情防控下的现金供应工作，确保群众用上“放心钱”“卫生钱”。组织县农村信用合作联社、邮储银行开展“兑换不宜流通人民币、赠送小礼品”宣传活动，发放宣传单8377份，兑换20元券别及以下共计86640张，金额113.51万元。

（范晓春 陈思超 薛玉宸 王君超）

表4 **2021年末明溪县各金融机构存贷款一览表**

	人行	工行	农行	中行	建行	邮储	农信社	泰隆村镇	合计
本外币存款（万元）	3285	88169	140090	98320	131974	164112	343387	12732	982069
人民币存款（万元）	3285	81719	137407	85413	127940	163697	343387	12732	955580
外汇存款（万美元）		1012	421	2024	633	65	—	—	4155
人民币贷款（万元）		14424	59305	53069	47869	54710	184467	10014	423858

表5 2021年末明溪县金融机构人民币存贷款明细表 单位：万元

各项存款	年末余额	各项贷款	年末余额
住户存款	628007	住户贷款	299903
非金融企业存款	136378	企（事）业单位贷款	123956
机关团体存款+财政性存款	190765		
非银行业金融机构存款	5	境外贷款	—
境外存款	425		
合计	955580	合计	423859

表6 2021年末明溪县金融机构外币存贷款明细表 单位：万美元

各项存款	年末余额	各项贷款	年末余额	结售汇	金额
住户存款	4106	境内贷款	0	结汇	6341
非金融企业存款	45	境外贷款	—	售汇	277
机关团体存款+财政性存款	1				
境外存款	3				
合计	4155	合计	0	合计	6618

金融监管

【概况】 2021年，中国银行保险监督管理委员会三明监管分局明溪监管组（以下简称明溪银保监管组）履行监管职责，防范风险，守住不发生系统性风险底线，促进辖内银行业保险业机构稳健发展。至年末，全县共有银行业金融机构7家，营业网点28个，从业人员317人；保险业金融机构7家，营业网点11个，从业人员299人；全县银行业机构各项贷款余额42.39亿元，比年初增加5.18亿元，增幅13.92%；不良贷款余额3798万元，比年初减少181万元；不良贷款率0.9%，比年初下降0.17个百分点。

【金融风险管控】 2021年，明溪银保监管组履行监管职责，防范风险，坚决守住不发生系统性风险底线。按时完成2020年度明溪联社理事及高管人员的年度履职评价等工作；细化制订2021年明溪联社监管计划，督促其制订和落实房地产贷款集中度整改计划。序时完成日常非现场监管，共发出监管意见书1份，风险提示书2份，召开三方会谈1次、审慎会谈2次；跟踪推动明溪联社规范股权和关联交易管理，督促做好股权确权工作；紧盯流动性风险，指导完善流动性风险预案并开展集中提款风险演练。结合月度经营指标监控，及时掌握贷款大户风险劣变情况，加强走访督导。共走访银行保险机构12次，约谈高管及相关管理人员19次，推动农信社等重点机构有序化解不良贷款大户风险。督促各银行机构采取现金清收、重组转化、不良贷款核销等多种方式化解存量不良贷款，持续推进快审快判快结，加快金融案件诉讼、审查办理及处置执行效率，为打包、核销不良贷款创造条件。全年累计清收不良贷款6246.55万元。同时配合县纪委、组织部，督导各机构做好公职人员不良贷款清收、处置和整改工作。共督导走访机构6次，约谈机构负责人4人次。结合各类会议、监管约谈和日常走访，加强监管新政宣导，推动各机构开展“内控合规管理建设年”活动；结合非房贷类贷款违规流入限制性领域疑似线索排查工作，指导各机构针对内外部检查发现问题，追根溯源，强化整改问责，督促落实人员问责6人次，经济处罚5500元。联合公安完成对辖区银行业第七轮安全评估工作，不定期召开安全保卫工作联席会议，编制银行机构安全管理文件清单，提升整体案防意识和管理水平，确保辖内银行业全年安全无案件。完成对辖区邮储银行代理营业网点飞行检查任务，发现问题4个，提出整改建议5条，结合问题整改推动邮储银行与邮政部门共建巡查机制，提升机构自我纠错能力。

【金融服务】 2021年，明溪银保监管组多措并举，提升服务质效，支持实体经济发展。结合新冠肺炎疫情防控工作部署，加强外部监管的组织协调，要求辖内银行机构保持政策稳定性，不盲目抽贷、压贷、断贷。推动部分银行机构创新信贷产品15款，累计发放特色贷款844户、金额18552万元，并对辖内中小微企业给予利率优惠、还款付息期限弹性等政策扶持，减轻各类费用186.13万元。针对明溪小企业相对多这一特点，引导银行机构持续做好疫情防控期间“百行进万企”融资对接工作。全县银行机构共走访企业1077家次，累计向中小微企业新发放贷款394户，金额合计48009万元。同时，明溪银保监管组靠前服务，适时走访2020年新开业机构（泰隆村镇银行明溪支行），推动其加大对当地小微、民营企业的信贷扶持，年内该支行新增贷款3194万元（零抵押），且保持信贷资产零不良。督导人保财险发挥农业财产保险保障作用，及时掌握年内发生的各类受灾情况，快速有序做好灾后保险理赔工作。对外理赔各类损失2490.37余万元。沟通协调县政府和有关乡镇的需求，督促相关保险公司妥善处理业务纠纷，加快理赔进度，确保理赔工作尽职到位。同时，主动走访县农业农村局等相关部门，引导保险机构加强对政策险种的支持力度。

【金融助力乡村振兴】 2021年，明溪银保监管组加强政策传导，推动辖区银行保险机构落实银保监会帮扶部署，加强信贷资源扶持，持续保障基础金融服务。推动银行完成1625户帮扶户信用建档工作，累放帮扶贷款167户、金额2174万元。参加地方的挂钩帮扶工作，挂钩1个空壳村和4名帮扶户。

（吴江一）

银 行

中国农业银行股份有限公司明溪县支行

【概况】 2021年，中国农业银行股份有限公司明溪县支行（简称农行明溪支行）突出发展第一要务，围绕市农行“客户立行、服务优行、风控护行、管理强行、人才兴行”战略，提升市场竞争力及网点服务水平，各项业务经营继续保持平稳有序的发展态势。截至12月末，本外币各项存款余额140191万元，比年初增加2100万元。本外币各项贷款余额59306万元，比年初增加11213万元。

【风险管控】 2021年，农行明溪支行按照“加快处置、全力控新、有序进账”的思路，统筹做好不良资产清收防控。截至12月末，不良贷款处置总额316万元、不良贷款余额152.41万元，比年初下降85.78万元、不良率0.26%，比年初下降0.14个百分点，不良贷款余额及不良率实现“双下降”。

【乡村振兴助推】 2021年，农

行明溪支行聚焦明溪县特色产业发展需求，开展乡村振兴项目对接与产品宣传，推进“一县一快农贷、一特色产业一快农贷”，以“整村推进”“一村一策”“一村一方案”方式推广“快农贷”。创新推出“农贸e贷”，满足从事除种植或养殖、农产品生产加工、供销外，农业生产经营贸易类农户资金需求。率先推出“绿色金融+绿盈乡村”服务模式，拓宽服务“三农”的渠道、提升服务效率及服务质量。截至12月末，“惠农e贷”实现行政村100%覆盖，整村推进准入70个行政村，覆盖率78.65%。“绿盈乡村”准入7个信用村，绿色金融贷款余额14010万元（含“惠农e贷”），比年初增加3490万元。

【普惠金融服务】 2021年，农行明溪支行开展“百行进万企”活动，上门走访对接，开辟绿色通道，倾斜信贷资源，实行优惠利率，营销小微企业一般短期流动资金贷款、“抵押e贷”、“纳税e贷”、“智动贷”等信贷产品，对接纾困优惠利率政策，解决小微企业“融资难、融资贵、担保难”问题。截至12月末，有贷客户数14户，比年初增加9户；用信余额2140万元，比年初增加1592万元。

【实体经济服务】 2021年，农行明溪支行围绕明溪县“大招商招好商”重要战略机遇，服务明溪“三新”产业、对接重点项目建设，支持重点制造业企业发展，为企业发展提供全面金融服务。截至12月末，实现“三新”产业贷款投放3300万元，重点项目贷款获批3.05亿元，实现法人贷款投放27531万元。

【升温工程服务】 2021年，农行明溪支行实施“服务升温工程”作为“我为群众办实事”实践活动的重要内容，围绕“环境升温、服务升温、品牌升温”目标，优化服务环境，完善网点便民设备设施，通过开展“一个真诚微笑，一句暖心问候，一杯贴心茶水”等举措提供暖心服务。秉承“客户至上、始终如一”的服务理念，向客户提供力所能及的延伸服务，用实际行动践行做“市民最认可银行”的初心与使命。

（余土金）

中国工商银行股份有限公司明溪支行

【概况】 2021年，中国工商银行股份有限公司明溪支行（以下简称工行明溪支行）贯彻落实上级行工作会议精神，以存款、贷款、中收为中心，围绕明溪经济发展热点，关注重点项目、重点资源信息，挖掘新客户，拓展乡镇市场，公私联动推动业务发展。截至年末，工行明溪支行各项存款时点余额8.82亿元；各项贷款余额1.44亿元。

【存款业务】 2021年，工行明溪支行拓宽批量获客渠道，新增代发工资客户比上年增长16%，代发额增长12%。用好智慧食堂等场景建设项目，提升获客能力。发挥理财产品蓄水池作用，做好到期理财产品承接及理财转定期存款的引存，实现理财与存款的联动发展，支行日均储蓄存款增加5558万元。

【普惠贷业务】 2021年，工行明溪支行走进园区对医药企业、新材料企业、能源企业开展“e抵”“e企快贷”“税务贷”及“用工贷”等金融产品宣传；“电e贷”业务取得零的突破，成功为企业办理授信。年末，工行明溪支行普惠贷余额2678万元，较年初增加1823万元，实现全年增长目标。

【乡镇市场拓展】 2021年，工行明溪支行以普惠产品为切入点，联动营销代发工资、信用卡、第三方存管等个人业务；分析乡镇特点，寻找业务突破口，制定一镇一策营销方案，在企业较多的乡镇，由外拓团队公私联动以对公开户、普惠贷款、代发工资等业务为抓手做好业务拓展；发挥侨乡优势，发放“八闽振兴卡”逾300张，弥补乡镇无网点的不足，在外汇客户集中的部分乡镇开展业务营销。

【合规经营】 2021年，工行明溪支行落实案件防范责任制，落实主体责任、抓实重点治理、压实责任追究、夯实管理基础、从源头上预防、杜绝重大恶性案件和风险事件发生；抓好员工行为状况分析排查，关注倾向性、苗头性问题，把风险控制在萌芽状态；开展消防安全知识培训及安全演练，定期巡查营业厅及自助银行设备；开展反洗钱、反假币及合规安全用卡知识宣传，落实“断卡行动”有关措施，维护人民群众合法权益。

（谢景明）

中国建设银行股份有限公司明溪支行

【概况】 2021年，中国建设银行股份有限公司明溪支行（以下简称建行明溪支行）以新发展理念引领新金融实践，将党建工作与推进新金融行动融合，建设“当地最好、系统领先，客户首选、员工满意”的最好银行。截至12月31日，一般性存款时点余额13.2亿元、时点新增-0.76亿元，四行占比第四；各项贷款余额47961万元，比年初新增5376万元。全年实现账面利润1977万元，其中实现中间业务收入780万元，四行占比第一。

【国际业务】 2021年，建行明溪支行对三明市海斯福化工有限责任公司授信额度新增至5000万元，并实现短期出口信用保险项下贷款办理，最高信贷余额2000万元。三明市海斯福化工有限责任公司外汇结算账户全年共办理收汇2820万美元，结汇1480万美元，实现新的突破。

【普惠金融业务】 2021年，建行明溪支行普惠贷款余额13498万元，比年初新增2716万元；“云税贷”“云电贷”“抵押贷”等小微快贷业务继续得到普及，全年小微快贷授信累计15485万元，新增4727万元，贷款余额11200万元、新增贷款2530万元。发放“纾困贷”4笔，金额360万元，助力复工复产。

【资产质量提升】 2021年，建行明溪支行多次走访法院沟通，得到院方支持，加快法院诉讼时效和加大执行力度；实行一户一策、采取电话催收、上门催收等多种催收方式；加大与当地公安经侦部门联系，得到警方支持，实现信用卡催收见成效。至12月底，不良贷款余额为130.52万元，比上年下降70.91万元，不良贷款率0.27%，比上年下降0.2%，不良额、不良贷款率均控制在市分行下达指标内。实现已核资产现金回收146万元，完成全年任务的111%。

（温玉畴）

中国银行股份有限公司三明明溪支行

【概况】 2021年，中国银行股份有限公司三明明溪支行（简称中国银行明溪支行）推进落实建设全球一流现代银行集团战略，围绕“强化执行年”“文化建设年”定位，聚焦“围绕中心、建设队伍、服务群众”三大核心任务，统筹新冠肺炎疫情防控和经营管理高质量发展。全年营业收入2172.72万元，税后利润1365.67万元，人均利润105万元。5月，获共青团中国银行委员会“2018—2020年度青年文明号”称号。

【存贷款业务】 2021年，中国银行明溪支行各项本外币日均存款余额92478万元，其中储蓄存款59775万元，公司存款32703万元。各项贷款余额53069万元，其中公司贷款39435万元，个人零售贷款13634万元。不良贷款57.37万元，不良贷款率0.11%。

【实体经济服务】 2021年，中国银行明溪支行贯彻落实中央关于服务生态文明战略、服务战略新兴产业、服务普惠小微企业和民营企业方针政策，探索落实集团“十四五”规划，着力于“一体两翼”（以国内商业银行为主体、全球化综合化为两翼）、“八大金融”（科技金融、绿色金融、普惠金融、跨境金融、消费金融、财富金融、供应链金融、县域金融）、数字化转型、全面风险管理、企业文化建设，全力推动支行业务稳健发展。响应县政府号召，调整信贷结构，支持发展新材料、新医药、新能源“三新”产业集群，持续加大对入园企业的金融支持，投放“三新”企业贷款4645.6万元，开立银行承兑汇票6468.48万元，办理贸易融资2690万元。其中支持瑞博奥科技、旻和医药、博诺安科医药、紫杉园生物、卓跃氟硅等一批普惠小微企业和民营企业。推进消费金融、跨境金融业务，发挥中行外汇专业优势，服务革命老区建设，推动乡村振兴，助力侨乡营商环境建设。

（海　勤）

明溪县农村信用合作联社

【概况】 2021年，明溪县农村信用合作联社开展社风建设活动，获评三明市文明单位，城关信用社获评三明市“工人（五一）先锋号”。截至12月末，资产总额37.95亿元，比上年末增加1.84亿元，增长5.09%。负债总额35.82亿元，比上年末增加1.62亿元，增长4.74%。各项存款平稳增长，核心负债占比持续上升。各项存款余额34.34亿元，比上年末增加1.46亿元，增长4.45%。贷款业务稳中有进，各项贷款余额18.45亿元，比上年末增加1.80亿元，增长10.81%，存贷比例53.72%。存、贷市场份额稳居全县第一。全年实现财务总收入1.52亿元，比上年同期增加853.52万元，实现账面净利润1079.7万元，比上年同期增加489.59万元，同比增长82.97%。

【普惠金融】 2021年，明溪县农村信用合作联社立足烟叶、淮山、水稻等县域农业经济特色产业，明确支农工作重点，落实支农工作措施。全县员工改变“官商”作风，发扬背包下乡，走村串户的传统，支持全县农业发展。截至12月末，涉农贷款余额13.53亿元，普惠型涉农贷款余额8.56亿元。支持辖内受新冠肺炎疫情影响的中小微企业、个体工商户走出困境，落实第三、四期纾困专项资金贷款工作，并指定专人专岗负责“金服云”平台及纾困贷款工作对接事宜，建立每周中层群一通报、一督导“两”模式，全年共发放纾困贷款48笔、授信金额4920万元。融入三明省级绿色金融改革试验区

2021年11月15日，县农村信用合作联社举办“情系教育　助力振兴”捐赠仪式　（图/县农信社）

建设，推广林业普惠金融产品，通过推广以激活农村的田、林、地、房等要素资源为代表的“益林贷”“福林贷”“福农直通贷”“小微贷”“林票贷”等福系列信贷产品，助推农村要素市场化改革发展。截至12月末，“五福”系列贷款户数1536户，贷款余额4.59亿元，比年初增长85.43%，占各项贷款24.90%。扩大乡村振兴（扶贫惠民）资金在线平台代发覆盖面，推进42项扶贫资金“应发尽发”，实现三资管理系统与“福农e政”系统的有效衔接。通过“福农e政”完成农村低保、城市低保补助、特困人员补助、耕地地力补贴四个专项资金在线发放工作。全年发放笔数21813笔、金额2149.33万元。以整村授信为依托，开展零售业务提升，采取“金融助理+金融联络员”的服务模式，落实金融助理“6+1+2”工作职责，推进“整村授信”工作开展。截至12月末，整村授信行政村（社区）个数28个，较年初增加20个，对1296户白名单实行无感授信。

【林业产业改革助力】 2021年，明溪县农村信用合作联社不断对“福林贷”“益林贷”等产品进行优化升级，配合林票制度改革，推出“福林贷”2.0版金融服务产品，通过“龙头企业+基地+林农”“村集体经济组织+基地+林农”等模式，支持发展油茶种植、养蜂、中草药种植等林下经济，增加林业产业附加值。截至12月末，益林贷累计授信7332万元、用信3641.64万元，受益农户735户。成立绿色金融事业部，营业部、夏阳社成立绿色金融服务中心，各营业网点设立绿色金融服务窗口，实现绿色金融服务乡镇全覆盖。优先满足绿色特色产业、绿色专业合作社、绿色家庭农场、绿色农产品品牌打造、绿色农产品销售、绿色产业带头人发展、绿色生产要素流转、绿色消费等重点领域融资需求。对绿色产业发展和绿色消费给予优惠利率，激励广大客户发展绿色产业和绿色消费。

【实体经济服务】 2021年，明溪县农村信用合作联社通过主动对接优势现代农业及一系列独具县域特色优质绿色农产品，加快首贷户、信用户贷款投放，针对新型农业经营主体（种粮大户和种养大户、家庭农场、农民合作社）、建筑行业、个体工商户创新推出三个产业链贷款（种养贷、建筑贷、码上贷），加大小微企业信贷支持。截至12月末，发放种养贷473户、授信7566.38万元、贷款余额5742.43万元、授信覆盖面47.02%；发放建筑企业贷款12户、授信1655.8万元、用信1625.8万元；发放农业龙头企业贷款5户、授信970万元、用信969万元、授信覆盖面20%；办理码上贷120户，授信2431.4万元、用信1520.16万元。响应县政府关于推动“三新”产业高质量发展的号召，主动融入县域园区新发展格局，将信贷投向往“专精特新”的产业项目适当调整。截至12月末，对旻和医药、卓跃氟硅等7家“三新”企业发放贷款1920万元。落实“对摆脱贫困的县，从脱贫之日起设立5年过渡期，做到扶上马送一程”的要求，继续保留小额信贷、产业扶贫、教育扶贫等金融扶持政策。继续发挥资金主渠道作用，做到资金投放规模不减少、力度不减弱。截至12月末，小额扶贫贷款99户、金额148.43万元。推广金融助学服务，发挥国家资助体系作用，开展生源地助学贷款业务，力求助学贷款服务覆盖更多学子；履行社会责任，依托福万通慈善基金会资助品学兼优的贫困大学生，为困难学生提供金融保障，年度新增办理助学贷款103户，金额76.64万元，捐助福万通慈善基金3.7万元，惠及8名贫困学生。同时，向明溪县教育发展促进会捐赠10万元爱心助学金。

【“党建+金融”】 2021年，明溪县农村信用合作联社与全县9个乡镇签订“党建+金融”战略合作

2021年5月21日，县发展和改革局与县农村信用合作联社建立党建联创合作关系 （图/县农村信用合作联社）

协议，发挥党建引领优势，派驻41名乡村振兴金融助理，聘请35名乡村振兴信息员，打造一支高效、高素质的金融助理团队。各金融助理通过划定网格责任区，驻村入社区，与地方村“两委”联系，及时掌握政策、资金等信息，找准业务结合点，把更多的金融资源精准配置到农村重点领域和金融服务的薄弱环节。截至12月末，建有25个金融助理工作室，覆盖96个行政村（社区）。通过与县供销社签订战略合作协议，有效推动当地农特产品与联社“福农e购”助农公益平台的融合发展，通过供销社渠道引入优质农特产品及帮扶农产品进驻平台，形成“互联网+供销社+农信社”的多重叠加效应，打通农产品“进城”流通网络。截至12月末，通过“福农e购”助农公益平台销售县红米、黄金百香果、淮山蛋卷等农产品2066件、销售金额10.57万元。通过与县住建局签订战略合作协议，精准对接老旧小区改造项目和社区居民合理的融资需求。对接瀚仙镇、胡坊镇、沙溪乡等村民住宅规划建设项目。根据全县建筑项目建设资金需要，因地制宜制定金融工作方案，及时提供金融资金支持。

【信用风险管控】 2021年，明溪县农村信用合作联社制定《明溪县农村信用合作联社不良信贷资产批量转让实施细则（试行）》《明溪县农村信用合作联社不良信贷资产单户转让实施细则（试行）》等文件，规范不良资产处置流程，根据客群灵活应用清收处置方式，实现效益最大化。在线下推动抵押品快速处置变现的同时，借助乡镇党委、各村干部“人缘熟，知人情”的优势，发动员工力量下乡催收，催收历史小额旧贷。在线上利用微信公众号、淘宝拍卖链接推广抵押物拍卖处置信息，全年通过淘宝拍卖处置不良资产1266万元。聘请法律顾问专门代理诉讼事项，并设置法律诉讼专岗，重点跟进诉讼案件的审理和执行工作。全年进行借款合同纠纷诉讼案件161件，诉讼标的达4062.96万元，全部案件均胜诉；申请执行案件93件，执行标的3560.46万元，共执行收回表内外不良贷款2348.80万元。审查处置抵债资产，规范抵债资产运作。全年处置抵债资产2宗，原入账价值共计153.33万元。明确专人妥善保管抵债资产，定期检查抵债资产保管情况。

（郑舒文）

中国邮政储蓄银行股份有限公司明溪县支行

【概况】 2021年，中国邮政储蓄银行股份有限公司明溪县支行（简称邮储银行明溪县支行）业务收入完成3244万元，比上年增长1.68%；利润完成1950万元，比上年增长0.66%。存款余额60568万元，比年初减少6010万元；各项贷款余额54710.21万元，比年初增加9481.95万元；不良贷款414.54万元，不良率0.76%。

【信贷业务】 2021年，邮储银行明溪县支行融入明溪县经济发展大局，围绕小微企业、“三农”、民生等领域，加大信贷投放力度。走访辖区内市场主体，投放普惠类信贷产品，全年普惠小微贷款净增3481万元。贯彻落实党中央决策部署，履行国有企业的社会担当，降低市场主体综合融资成本，加大对小微企业及个体工商户的让利力度，降低利率，减免各类相关费用等。加大科技投入，使用移动终端上门展业，按照整村推进、批量开发的原则，加快推进“信用村”创建并提升覆盖水平，截至12月末，共建成信用村46个，评定3个信用乡镇，评定信用户1305户，授信金额9037万元。与团县委合作，推出“青创保”信贷产品，金融支持创业青年。推出“邮好贷·利商”“极速贷”等产品，通过对接互联网大数据，提升客户体验感。强化平台联动，对接县农林牧渔、工信、税务等部门，重点针对绿色环保制造业、循环经济、林下经济、生态农业等行业进行信贷投放。全年绿色贷款净增2546万元。

【风险管控】 2021年，邮储银行明溪县支行坚持经营和风险并重，强化员工行为教育，全年未发生重大风险事件，资产质量持续向好。加强日常支出质量监测，对新增逾期贷款客户实行“一户一策”方案，借助司法力量，强化催收力度。加快不良贷款的处置，加强与司法部门的沟通协调，拍卖抵押物，压降不良贷款，风险限额处于合理水平，全年不良贷款率0.76%，较上年下降0.17%。

2021年6月28日，夏阳乡与邮储银行明溪支行建立党建共建合作关系，并签约“振兴乡村”贷 （图/邮储银行明溪支行）

【公益活动】 2021年，邮储银行明溪县支行开展形式多样的公益活动。根据明溪县政府防疫指挥部要求，安排员工参加志愿者服务活动，参加社区新冠肺炎疫苗接种动员工作，与联创社区共同宣传防疫战疫。开展“邮爱公益日”活动，3月20日为邮储银行一年一度的“邮爱公益日”活动，在上级行的统一部署下发起“邮爱自强班”项目，为高中生提供教育资金资助及成才支持，通过中国扶贫基金会、腾讯公益共同开展“益行家”爱心捐步活动，号召全社会更多人践行社会公益。开展金融知识宣传，引导消费者合理选择金融产品和服务，增进社会公众的风险责任意识和风险管理能力，履行社会责任。

（赖晓琴）

福建政和泰隆村镇银行有限责任公司明溪支行

【概况】 2021年，福建政和泰隆村镇银行有限责任公司明溪支行（以下简称泰隆村镇银行明溪支行）坚持“服务小微、服务三农”的市场定位，秉持“社区化、网格化”经营理念，实践“党建+金融”服务模式，实现各项业务全面、快速增长。截至12月末，存款余额12731.93万元，贷款余额10013.75万元。

【风险防控】 2021年，泰隆村镇银行明溪支行在案防风险合规形势日益严峻的当下，秉承“风险合规是第一发展要务”的管理理念，规范普惠金融的信贷作业标准，打造严肃、严谨的信贷文化理念，建立健全风险管理体系。截至12月末，全行实现零不良、零案件、零事故。

【绿色金融】 2021年，泰隆村镇银行明溪支行推进地方绿色生态环保产业发展，为“三农”经济发展注入新的活力，优化绿色资源配置，促进“绿水青山”转化为“金山银山”。推出绿色信贷产品长青贷，主要支持具有环境正面效益的客户，投向绿色农业、绿色林业、资源循环利用、垃圾处理及污染防治、绿色交通、绿色建筑、可再生及清洁能源、节能环保服务、农村和城市水项目等绿色领域的经营性贷款。截至12月末，发放长青贷85笔，金额4244万元。

（徐 瑶）

保 险

中国人民财产保险股份有限公司明溪支公司

【概况】 2021年，中国人民财产保险股份有限公司明溪支公司（以下简称人保财险明溪支公司）强化车险市场对标，做优做强非车险业务。全年总保费收入3418.81万元，比上年增长13%，其中车险1660.89万元，比上年增长2.7%；非车险834.73万元，比上年增长30.7%；农业保险923.19万元，比上年增长20.1%。赔付支出2000余万元。

【金融业务发展】 2021年，人保财险明溪支公司市场份额提升，全车险市场份额67.3%，比上年提升4.73%。非车险业务总体呈增长趋势，与县园区管委会、生态环境局、农业农村局等签订战略合作协议，承保明溪经济开发区整体环境污染责任险、全县1730平方千米流域“水质指数”保险、全县烟农农业雇主责任险等。农险新增3种创新型险种，承保玉米种植保险总面积达51.13公顷，茶叶低温指数保险8公顷，食用菌种植保险5万袋。5月26日，兑现全省首笔玉米种植保险理赔款。为做好巩固脱贫攻坚过渡期农业产业扶贫保险工作，联合县乡村振兴局走访各乡（镇）政府开展脱贫人口农业产业帮扶保险工作，指导乡镇干部收集相关材料，配合摸清脱贫户产业发展情况。11月开始，逐步为巩固脱贫攻坚过渡期脱贫人口发展农业产业项目提供全面保障。

【依法合规经营】 2021年，人保财险明溪支公司贯彻上级公司部署，遵循外部监管要求，开展互联网风险专项整治、打击治理电信网络诈骗和跨境赌博、防范非法集资、保险市场乱象治理、反洗钱等合规宣传自查工作，坚持“发展是第一要务，盈利是生命线，合规经营是底线”三项原则，知悉并严格遵守国家法律法规、监管规定和公司规章制度，恪守职业道德准则，遏制违规经营，杜绝违法犯罪。

（汤 妍）

中国人寿保险股份有限公司明溪县支公司

【概况】 2021年，中国人寿保险股份有限公司明溪县支公司（以下简称人寿保险明溪支公司）遵循“重价值、强队伍、优结构、稳增长、防风险”经营方针，做好“两加强、两遏制”、“反洗钱”、防范“非法集资”“销售乱象”常态化工作和自查自纠整改活动。秉承三创文化的经营思路，各类保险业务经营有新发展，实现年度经营指标居全市系统前列。

【业务经营】 2021年，人寿保险明溪支公司总保费收入

8151.59万元，比上年略有增长；股份续年保费6177.95万元，比上年增长7.78%；长险首年期交保费1381.96万元；长险10年期及以上期交保费664.92万元；长险首年保费1385.74万元；长险保障型保费446.55万元；长险首年标保596.75万元。短期险保费567.35万元，比上年略有增长。各类赔付支出1274.98万元（人寿保险支付898.34万元，健康保险支付333.80万元，意外保险42.84万元），其中短期险赔付支出291.47万元，短期险简单赔付率51.37%，发挥保险的经济补偿和社会“稳定器”作用。

【风险管控】 2021年，人寿保险明溪支公司贯彻监管要求，承担合规建设主体责任，把整治市场乱象与培育稳健的风险文化深度融合，做好“两加强、两遏制”（加强内部管控、加强外部监管，遏制违规经营、遏制违法犯罪）、“反洗钱”、防范“非法集资”及“销售乱象”常态化工作和自查自纠整改活动。组织开展重点风险专项排查整治、人身保险市场乱象治理、监管检查发现问题全面自查自纠等工作，整治各类经营乱象、销售乱象行为，巩固拓展乱象整治成果，对排查中存在的问题通过深挖问题的根源，从制度、流程、信息系统的角度提出完善建议，杜绝屡查屡犯、边查边犯问题。

【企业文化建设】 2021年，人寿保险明溪支公司推进反洗钱、防范和处置非法集资风险教育工作，对员工和营销员开展经常性教育，对客户进行长期的风险提示。在反洗钱内控制度建设、客户身份识别及客户身份资料和交易记录保存、客户风险等级划分、大额和可疑交易报告、宣传和培训等方面取得一定成效，防范和化解洗钱风险。2021年未发生洗钱风险案件和行政处罚事件。落实销售人员诚信文化建设，通过开展诚信文化宣导、诚信合规教育、诚信宣传活动等一系列诚信建设活动，推进销售队伍诚信教育与品质建设，构建常态化、规范化诚信合规教育体系。

【优化服务】 2021年，人寿保险明溪支公司倡导“内勤为外勤服务，全员为客户服务”理念。推进数字化自助经营体系，推广“国寿e店”“e宝”等平台，推进电子化投保、保全和理赔e化，实现服务方式多元化，服务时效全面提升。全年收取建档立卡脱贫户防贫保险77万余元。提供优质高效的客户服务和理赔服务，全年支付防贫险赔款近百万元。

（梁晓丹）

责任编辑：罗菊妃

教育

综　述

【概况】　2021年，明溪县有各级各类学校50所。其中，幼儿园26所，小学13所，九年一贯制学校3所，初级中学5所，职业高中1所，普通高中1所，教师进修学校1所。小学附设幼儿班1个，小学附设特教班1个，学生社会实践基地1个。在园幼儿3732人；在校小学生6122人，初中生2470人，普通高中生1280人，职业高中生902人。留守儿童1661人，随迁子女1029人（进城务工人员随迁子女783人）。全县教育系统有教职工1373人，其中幼儿园190人、小学560人、初中292人、职业中学66人、高中166人、教师进修学校28人、学生社会实践基地17人、教育局机关55人。

【教育项目推进】　2021年，明溪县实施教育补短板项目，城乡办学条件进一步均衡，累计完成投资约21767万元，新增学位1980个。学前教育方面，投资6081万元迁建明溪县实验幼儿园项目，新增学位360个。义务教育方面，投资1.5亿元新建实验小学东部校区项目，新增学位1620个；投资383万元新建城关中学大门。高中教育方面，投资303万元实施明溪一中大门改造项目；投入34441万元启动实施明溪一中迁建项目。

【教育惠民政策落实】　2021年，明溪县教育部门做好建档立卡等家庭经济困难学生资助工作，执行各教育阶段各类学生资助政策，累计落实家庭经济困难学生资助金114.22万元，受惠学生总数1782人次。开展生源地信用助学贷款工作，为337名家庭经济困难大学生办理生源地信用助学贷款，发放贷款255.6万元。

【捐资助学】　2021年，明溪县委、县政府坚持教育优先发展战略，加大教育投入，补齐教育短板。5月，成立“明溪县教育发展促进会”，向社会发出募捐倡议书，鼓励社会各界捐资助学，以“扶困助学、奖学奖教、改善

2021年8月30日，三明市海斯福化工有限责任公司及高管爱心助学捐赠仪式举行　（图/县教育局）

办学条件”为宗旨，凝聚明溪乡贤能人和社会各界爱心人士的力量，加大奖教奖学、扶困助学力度，让扎根于明溪的教育人，安心从教、乐于从教，为教育高质量发展贡献智慧力量。县委、县政府领导带头捐资助学，社会各界积极响应。至年底，共收到捐赠资金448万余元，奖教奖学75.6万元、200人次。

【禁毒宣传教育】 2021年，明溪县投入120万元，完成全县17所学校、26所幼儿园禁毒宣教室（栏）建设，实现全县禁毒宣教室“全覆盖”。开展禁毒宣传月活动，召开主题班会218节，策划禁毒黑板报243期，观看禁毒公益宣传片《青春不是挥霍的筹码》1.2万人次，开展禁毒专题讲座7场次，发放《致家长的一封信》约1.4万份，参观示范禁毒宣教室80余班次、近万人次等。

【平安校园创建】 2021年，明溪县学校牢固树立安全发展理念，不断完善学校安全管理体系，强化风险防控和隐患排查治理，坚决防范和遏制学校重特大安全事故，切实保障学校安全、师生安全和校园和谐稳定，全面提升校园“一键式”报警系统、视频监控系统，实现全县学校“一键式”报警系统、重点部位监控探头全部联入公安网，防冲撞设施安装率100%，护学岗配备率100%，学校食堂“明厨亮灶”率100%，学校闭环管理率100%。开展新一轮“平安校园”创建考评，其中17所学校达AAAAA级平安校园标准，19所学校创建消防安全达标学校，公立学校完成率达100%；城关中学和实验小学获省“平安校园”称号；实验小学、第二实验小学、城关中学、第一幼儿园获“三明市消防标准化示范学校”称号。全县校园排查的各类一般隐患，整改率100%，无重大隐患，校园未发生安全责任事故，校园内学生非正常死亡人数为零。

【教师队伍建设】 2021年，明溪县教育部门通过党史宣讲、知识竞赛等丰富多彩的形式，加强教育系统师德师风建设。从8月开始，在全县教育系统开展中小学有偿补课和教师违规收受礼品礼金问题专项整治工作。开展新教师招聘工作：3月，开展三明学院三元校区专项招聘，确定意向生10人；3—5月，开展中小学幼儿园公开招聘，确定拟聘人员39人；10月和11月，组织开展西北师范大学、福建师范大学、三明学院三场专项招聘，确定意向生28人。县教育局与三明学院联合公费定向培养“本土化”中小学教师和幼儿教师15名。加强中小学幼儿园教师培训，制订《2021年明溪县中小学校长和教师培训工作计划》，发挥县教师进修学校教师培训主渠道作用，坚持“面向全员、突出骨干、倾斜农村”的方针，以“新理念、新课程、新技术”为重点，开展教师清单式、多层次的培训。全年教师培训省级119人次，市级466人次，县级3910人次，总计4495人次。推进“县管校聘”管理体制改革，制定《明溪县推进中小学教师“县管校聘”管理体制改革的实施细则（试行）》。落实好“县管校聘”管理体制改革“三步走”的第二步，完成首轮全员工作岗位竞聘。完善名师名校长、学科带头人、骨干教师管理机制，开展8个明溪县首批名校长、名师工作室期满考核和6个第二批名师工作室2019—2020年度考核工作。对20名全县首批学科带头人和42名第二批骨干教师开展考核认定工作，确认唐田发等18名县学科带头人、邱清娥等35名明溪县骨干教师。充实县初、中级教师职称评委库人选，制定县初、中级教师职称评审方案，8月开展县首次初、中级教师职称评审工作，有20名教师参与中级职称评审，42名教师参与初级教师评审，中级职称有16名教师、初级职称有42名教师通过评审。做好人才工作，完成三批次330名实用型一类、二类教育人才认定。

【教师教学技能大赛】 2021年，明溪县开展教师教学技能大赛，全县中小学（幼儿园）149人参赛，评出一等奖23人、二等奖32人，一等奖选手同时被评为“教学能手”，12人获县“五一劳动奖章”。

（范明根）

学前教育

【概况】 2021年，明溪县有31个幼儿园（班），其中城区3个公办独立园、11所民办幼儿园、8个乡镇中心园、4个附属幼儿园、1个附设幼儿班、4个支教点。在园幼儿数3732人（公办园2441人、民办幼儿园1291人）。学前教育三年入园率98.89%，公办幼儿园和普惠性民办园在园幼儿占比99.1%。县委、县政府重视学前教育工作，统筹规划，坚持学前教育公益普惠发展，各项保障措施落实到位，幼儿园保教质量持续提升。

【示范幼儿园建设】 2021年，明溪县实验幼儿园以“总园+”办园办学为突破口，深化学前教育体制机制改革，创新办学模式，优化办学机制，发挥学前教育优质资源的辐射、示范和带动作用，不断扩大优质资源覆盖面。年内，总园王桥分园走规范发展之路，成为全市第一所行政村的市级示范园，是县“总校制”办学改革的一张亮丽名片，县第一幼儿园、明溪县第二幼儿园相继被认定为“三明市示范幼儿园”。县共有示范园14所，其中1所省级示范园，4所市级示范园，9所县级示范园。

【幼儿园结对帮扶】 2021年，明溪县提高各级各类幼儿园（班）的保教质量，通过精准帮扶工作机制，全县各级示范性幼儿园全部参与精准帮扶工作，全县4所乡村小规模学校附设幼儿园（班）全部获得实质性对口帮扶，办园水平和保教质量获得提升。片区帮扶园每学期到每个帮扶对象至少开展1次集中交流研讨活动。帮扶园根据帮扶对象实际需要，精准协助帮扶对象建立健全相关制度和管理组织，有目的、有计划地开展系列帮扶活动。在帮扶过程中及时诊断并发现存在的共性问题，开展订单式、补短式教研活动，指导帮扶对象规范办园行为，纠正“小学化”倾向，推动保教管理规范化、科学化。

【幼儿园教师专业素养提升】 2021年，明溪县根据学前教育的发展情况，逐年补充教职工数量，通过“校招”“专招”招聘幼儿教师27人，教职工增加至528人。全县民办园班级“两教一保”配置全部落实到位。每年投入培训经费35万元，通过“层级培训”机制，针对幼儿园的不同岗位开展各种形式的培养培训，园长的管理能力和教师的专业技能大幅提高。结合“县管校聘”管理机制，通过支教、走教、对口交流、跟班学习等盘活优质师资资源，开展城乡教师交流，落实城区教师支持乡村和民办园计划政策。

【民办幼儿园】 2021年，明溪县有民办幼儿园12所，其中新设立1所、停办1所；在园幼儿1010人，占全县幼儿总数29.5%。持证民办幼儿园12所，其中普惠性民办幼儿园11所；普惠性民办学前教育资源得到不断扩充，新认定意洋洋幼儿园、万乘华府幼儿园、红兰绿幼儿园为普惠性民办幼儿园。

【县实验幼儿园迁建】 2021年8月，明溪县实验幼儿园新校园建成，并完成总验收。县实验幼儿园迁建项目为明溪县2020年重点民生工程和县委、县政府教育应急补短板项目，是县委、县政府实施“北拓东进中提升”的“小县大城关”战略中“中提升”的重要一环，是优化教育布局的一项重要举措。对于办好家门口的好学校，提升人民教育满意度具有积极意义。项目总投资6081万元，规划用地面积约0.67公顷，总建筑面积10761平方米，设置24个班级，可容纳720个幼儿。县教育局、自然资源局、建设局、收储中心、城投公司等多个部门通力协作，2月20日项目开工，8月20日建成并完成总验收。原县实验幼儿园建于1986年，建筑面积3231.93平方米，开设小、中、大14个班，学位490个，不能满足群众对优质教育资源需求；迁建后新园设24个班，较旧园新增班级10个，学位350个，可满足未来10年内第一梯队幼儿入园需求。

（范明根）

义务教育

【概况】 2021年，明溪县有九年一贯制学校3所，小学13所（城区小学3所、乡镇中心小学5所、村级完全小学5所），小学附设特教班1个，小学入学率为100%，初级中学5所，九年义务教育巩固率100.29%，学生社会实践基地1个，在校小学生6122人、初中生2470人。

【义务教育均衡发展】 2021年，明溪县组织开展控辍保学专项检查，县小学入学率100%，初中入学率99.67%，均高于省均水平。加大义务教育投入力度，化解“择校热”“大班额”问题。促进义务教育优质均衡发展，推进“总校制”工作，深化农村薄弱学校委托管理改革，发挥县城优质学校资源优势，将生源数量少、教学条件差的乡镇中学委托到城区统一管理。9月，枫溪学校、胡坊学校和沙溪学校3所九年一贯制学校全部实行委托管理，夏坊初级中学、夏阳初级中学和盖洋中学初一、初三与初二部分学生实行委托管理，3所乡镇初中仅剩36名学生。加强“初高中一体化”教育教学模式研究，发挥明溪一中与二中同校办学优势，辐射城关中学，探索初高中衔接，提高教育教学质量。

【“双香”校园建设】 2021年，明溪县实验小学注重校园文化与课程建设，倡导树品牌、创特色的办学理念，致力构筑“双香”校园，形成“书香润泽童心，墨香溢满校园”的办学特色，以社团活动为载体，开设“阅读、书法、音乐、美术、体育、文学、小记者社团、人工智能——创客空间社团”等社团活动课，激发学生潜能，培养学生的特长。在县小学生诗词大赛获得优秀“组织奖”；在县青少年科技竞赛获“小学组团体”二等奖；在县青少年科技竞赛获“纸船承重赛团体”第二名、“风火轮竞距赛团体”第二名；在县首届中华优秀传统文化展演获“剪纸比赛”二等奖、“花样跳绳比赛”二等奖、“葫芦丝比赛”一等奖；在首届中华优秀传统文化推广展示活动获团体第一名。

【“书香校园”打造】 2021年，明溪县第二实验小学坚持诵读国学经典，传承中华传统文化，开展“诵经典”“演国学”和国学操等特色活动。开辟富有特色的大型传统文化墙、雅致“书香园”和开放式“图书走廊”等特色场所，为师生营造浓厚的阅读氛围。把科技教育作为特色文化的永恒主题，科技教育成为学校的亮丽品牌，参加三明市首届中小学生建筑模型锦标赛，获小学组毛泽东故居、延安精神两项场景设计制作赛团体一等奖。参加明溪县青少年科技竞赛，获得团体总分第一名，斩获全部五个单项团体第一名。

【体育和艺术教育】 2021年，明溪县义务教育贯彻落实省颁课程计划，开齐开足体育、美育等课程。全面实施“阳光体育”，推进义务教育阶段“体育、艺术2+1”项目实施，增强学生体质，提升学生艺术素养。有国家级足球特色学校4所，市级足球特色学

2021年5月7日，县实验小学举行百人书法大赛　（图/县教育局）

校7所，全国青少年校园排球特色学校3所，福建省排球传统校3所；全省中小学中华优秀文化艺术传承（培育）示范校1所，全省中小学校园文化美育环境（培育）示范校1所。在校中小学生体质健康合格率98.38%，超过国家标准3.38%。先后举办“走近美丽君子峰、共护绿色新明溪——颂党恩、听党话、跟党走庆祝中国共产党成立100周年”文艺汇演、第二十四届中小学生田径运动会、少儿羽毛球锦标赛、“走近美丽君子峰 共护绿色新明溪”主题书画及摄影作品评选、以“花样跳绳、葫芦丝、剪纸”为推广项目的明溪县学校首届中华优秀传统文化展演比赛等活动。

【县实验小学东部校区建成】 2021年，明溪县委、县政府为推进县东部新城的建设，优化城区教育布局，满足商品房“碧桂园”“云锦天玺”“富贵壹号”及周边居民的教育需求，补齐教育短板，推进“明溪县实验小学东部校区”建设。东部样区总用地面积3.67公顷，总建筑面积30244平方米，主要新建教学楼、综合楼、艺体馆、学生宿舍及食堂，配套300米塑胶运动场、围墙及大门等附属设施，总投资1.54亿元,建设规模36个教学班，可容纳学生1620人。项目于2020年5月开工建设，2021年9月竣工并投入使用。

【“七彩暑期”公益课堂】 2021年，明溪县教育局制定《明溪县公办学校暑期托管服务试点工作实施方案》，会同团县委、县总工会、县关工委、雪峰镇等部门和乡镇，在5个试点学校共开设托管班196个、公益夏令营7个，聘请教师190余人、服务学生3000多人次，实现暑期托管服务全覆盖。

（范明根）

普通高中教育

【概况】 2021年，明溪县普通高中教育有学校1所（明溪一中），在校学生1280人，教职工166人。全县422名考生参加高考，本科上线245人，本科上线率58.06%，其中物理类考生325人，本科上线215人，本科上线率66.15%；历史类考生97人，本科上线18人，上线率18.56%；艺、体类考生47人，上线30人，上线率63.8%；79人录取本一，18人被985、211及双一流以上大学录取。

【优秀课题团队打造】 2021年，明溪一中打造优秀课题团队，组织高三优秀教师及备课组长到厦门、泉州等地开展名师面对面及听课、教学研讨等活动，拓宽视野，对标学习先进教研经验。鼓励论文写作，重视课题过程向成果转化，各科研课题取得阶段性进展。以赛促研，承办县中小学(幼儿园)教师教学技能大赛高中组比赛，组织教师参加各级各类优质课评比活动，提升教师素质。年内，有8个课题结题，其中省级1个、市级1个、县级6个；在研课题8个；新立项课题4个。发表CN论文33篇，教师教学技能赛获得县级以上奖励31人次，物理组获得三明市首届先进教研组表彰。

【教学研究活动】 2021年，明溪一中加强教研常规管理，依托4个县级名师工作室、3个“省学科带头人”的示范引领作用，完善教研活动机制，要求教师做到备课要“深”，上课要“实”，作业要“精”，教学要“活”，负担要“轻”，质量要“高”。各教研组坚持两周一次的教研工作会，每学期一次的主题特色教研活动，活动有计划、有总结、可观摩。邀请省、市名师、专家到校开展讲学、研讨活动，通过开放课堂、专家会诊评议、听取专家讲座、研讨备考策略等形式，不断拓宽教师教育视野，活跃教研氛围。加强对新教师的“传、帮、带”，坚持以校本培训为主，立足教研组和备课组活动，通过备课、说课、听课、评课、汇报课、习题选编及命制试卷等措施，促进专业成长。

（范明根）

职业教育

【概况】 2021年，明溪县有职业中学1所。9月，县职业中学搬迁至县经济开发区C区22号，学校开办学前保教、机械加工技术、计算机应用、无人机应用与维修、跨境电子商务等5个专业，在校学生902人，其中全日制学生数369人。教职工66人，其中专任教师52人；高级讲师25人；专业课教师32人，其中双师型19人。春季高职单招高考专科上线率100%，本科上线2人，录取1人。

【职业教育产教融合】 2021年，明溪县推进职业教育育人模式改革，县职业中学挂牌三明学院—明溪县新材料产教融合教学点，深化产教融合，由三明学院、明溪县政府开展氟新材料产业学院合作办学，三明学院（氟化工研究院）提供专业师资和实验条件，县职业中学提供办学场所，开展“二元制”办学模式探索与实践，首批由海斯福化工等氟新材料企业推荐员工参加“二元制”人才培养40人，毕业后授予全日制大专学历。先后与福建斯特力气动工具有限公司、海斯福化工有限责任公司、明溪县实验幼儿园等企事业单位签订校企合作暨实习基地框架协议书，作为校外见习、实习基地。

【职业培训】 2021年，明溪县职业中学发挥职校中心作用，与县保安公司等企业联合举办2期保安技能培训，1期计算机等级考试，合计参训330人次，173人取得相应职业资格证。学校弘扬劳模精神和工匠精神，在全校开展“党建+社团”活动，成立焊接技术、数控综合应用技术等10个社团，学生有300人次参与社团活动。

【竞赛获奖】 2021年，明溪县职业中学学生参加省、市技能竞赛，获得省三等奖2人次，市三等奖7人次；在三明市第八届艺术节表演展演活动中获得中学甲组舞蹈一等奖、中学甲组班级合唱二等奖；1人获中等职业教育国家奖学金。在福建省拳击锦标赛中，职中学子们获得1个第三名、2个第五名；在福建省青少年u系列拳击冠军赛中，分别获得1个冠军、1个第二名、1个第三名。

（范明根）

特殊教育

【概况】 2021年，明溪县依托县特殊教育专家委员会，整合县特殊教育资源，提升特殊教育办学水平。做好疑似残疾儿童的筛查工作，在残疾儿童帮扶工作中做到有的放矢。全县形成以随班就读为主体，特教班为中心，送教上门为补充的特殊教育体系。6—14周岁残疾儿童少年随班就读生50人，城关中心小学附属特教班秋季招生13人，送教上门残疾儿童少年12人。

【送教上门】 2021年，明溪县遵循“家庭自愿、定期上门、免费教育”原则，组织有丰富教学经验的特殊教育教师为残疾孩子每月送教上门服务一次。建立规范的工作档案，包括学生基本情况、学生发展评价、教学过程资料、个别化教育方案等；送教教师定期召开工作会，研究计划、总结工作、交流经验，并通过经常入户走访或电话联系学生家长了解教学情况；每一次送教上门，教师都要制订切实可行的活动计划和个性化教学计划，对家长进行康复知识培训，携手提高残疾儿童的认知、生活自理和社会适应能力。全县有送教上门残疾儿童少年12人，全年送教144次。

【入学保障】 2021年，明溪县开展义务教育阶段残疾儿童少年筛查工作，确保残疾儿童全部接受义务教育。全县6—14周岁残疾儿童少年在校生75人，其中随班就读50人，特教班13人，送教上门12人，入学率100%。城关中心小学设附属特教班，接收全县义务教育残疾儿童，秋季招生13人。全年拨付特教“两免一补”资金10.4万元。

（范明根）

成人教育

【概况】 2021年6月，明溪县电大工作站办学场所搬迁至县雪峰镇新大路166号，配备完善3间办公室、1间计算机房、3间多媒体教室，办学场所和教学设施设备有较大改善。有开放教育在校生360名，其中本科生150名，专科生210名；有专职教师6名，兼职教师13名。

【电大教育】 2021年6月，明溪县电大工作站办学场所搬迁至县雪峰镇新大路166号，配备完善3间办公室、1间计算机房、3间多媒体教室，办学场所和教学设施设备有较大改善。有开放教育在校生360名，其中本科生150名，专科生210名；有专职教师6名，兼职教师13名。落实农民工学历与能力提升政策，对参加电大学历提升的农民工享受“求学圆梦行动”学历提升助学金3000元。开放教育开设本科法学、会计、教育管理、学前教育、小学教育、汉语言文学等6个专业以及专科法学、会计、小学教育、学前教育、茶艺与茶叶营销等5个专业。“奥鹏”远程教育明溪学习中心挂靠县电大工作站，有在校生88人，开设土木工程、建筑工程技术、工商企业管理、电力工程技术、水利水电工程、金融学等专业。

【社区教育】 2021年，明溪县社区教育有1所老年大学、1个社区开放（互联网）大学、1所社区学院、9所社区学校、77个社区教学点，社区教育学习网点覆盖全县100%乡镇和80.21%村（居），社区教育参与率城区62.98%，农村44.81%。社区教育资源采取“共享”和“自创”两种方式，依托福建开放大学平台的共享资源，组织社区人观看《诗歌朗诵与欣赏》《声乐》等优质直播课程；结合明溪的实际开发社区教育资源，各社区教育教学点将开展社区人运用智能技术教育的培训作为工作重点，对有能力、有意愿的社区人就地就近运用智能技术开展体验式教学活动，如城南社区的健康讲座、智慧医疗；城东社区的智能手机摄影、衍纸画技巧教学；城北社区的掌上金融、智慧出行等。

【老年教育】 2021年，明溪县老年大学教学用房面积2400平方米，设有电钢琴室、舞蹈室、书画室、多媒体教室、综合厅、办公室、会议室、作品展示厅等19间。县老年大学春季、秋季开学，共开设柔力球、书画、声乐等20门课程，新增电钢琴、古筝、瑜伽、旗袍、摄影等6门课程，29个教学班，创建声乐、太极两门精品课程。有兼职教师17名，其中大学本科学历7人，大专学历3人。全年招收学员1054人次。县老年教育推行开门办学，推进老年教育联盟发展，新增城南社区和紫岭社区2所分校；发挥教学实习基地作用，新增县革命纪念园红色教育基地，重大节日组织学员开展形式多样教育活动，重温革命历史，坚定理想信念，为党和人民的事业增添正能量；推进乡村老年教育发展，培育村老年学校，沙溪乡梓口坊村老年学校创全市“教养医”三结合新模式，通过梓口坊村老年学校的办学模式，以点带面，推动乡村老年教育新发展。

（范明根）

教育督导

【概况】 2021年，明溪县教育督导工作以“减负提质增效”为目标，完善教育督导管理体制，履行督政、督学、评估监测各项职责，不断提升教育督导工作水平，为县教育高质量发展保驾护航。

【教育督政】 2021年，明溪县教育督政落实“两项督导”，促进教育均衡发展，督促县委、县政府加大教育投入，改善办学条件，做好推进创建义务教育优质均衡县前期准备工作，助力明溪教育事业步入高质量发展快车道。5月，接受三明市教育局开展的县域学前教育普及普惠情况调研，开展“国家县域学前普及普惠县”创建工作。11月1—5日，接受国家县域学前教育普及普惠县市级复核督导评估，并抓好问题整改落实工作。开展义务教育教师工资收入落实情况专项督导，督促县委、县政府建立义务教育教师工资收入长效、联动机制，确保实现义务教育教师工资收入不低于当地公务员平均工资收入水平的国家决策部署落实落地。

【督学工作】 2021年，明溪县

规范幼儿园办园行为，强化幼儿园教育教学常规化管理，对县域内8所幼儿园办园行为开展督导评估，督导评估涉及夏阳中心幼儿园、夏坊中心幼儿园、枫溪中心幼儿园等3所公办园和澳莱贝尔幼儿园、名儒御景幼儿园、明珠幼儿园、爱心幼儿园、万乘华府幼儿园等5所民办园。规范常规督导，责任督学按督导室制定的计划和工作安排定期到责任区学校督导，每月不少于1次，督导时间不少于4小时，采取随机听课、查阅资料、列席会议、座谈走访、问卷调查、校园巡视等方式开展随机督导工作，将督导结果当场向学校反馈，并做好督导台账，全年责任督学下校督导160余校次，学年末督导室对每个责任督学的《责任督学工作记录表》进行检查，并对责任督学的工作情况进行量化考评。开展专项督导，对春秋季校园疫情防控及开学准备工作进行专项督导检查，3月初和9月初，联合中教、初教、体卫艺、安全股等相关股室对全县中小学幼儿园开展专项督导检查，确保开学工作有条不紊，校园安全稳定；开展“校园大阅读”专项督导检查，4月中旬和6月底，组织责任督学到全县中小学校开展“校园大阅读”实施情况专项督查，通过听取汇报、查阅资料、实地察看、课堂巡视、问卷调查等方式进行，并对督查结果予以通报；开展“五项管理”督导检查，6月中旬，组织全体责任督学开展“五项管理”督导检查，在学校自查自纠的基础上，依据《“五项管理”实地督查要点》，通过校园巡查、推门听课、查阅资料、问卷调查、走访座谈等方式，全面督查各中小学校“五项管理”政策落实情况，确保“五项管理”相关政策法规落地见效；开展“双减”督导检查，组织中教、初教、体卫艺股等相关人员对全县义务教育学校“双减”工作进行专项督查，确保“双减”政策落实到位。

【义务教育质量监测】 2021年，明溪县教育局研究制定《明溪县教育局关于进一步加强和改进新时代教育质量监测工作的意见》，完成省义务教育质量监测（体育与健康）。县2所小学、4所初中160名学生被确定为样本学生，先后参加5月19日的春季监测和11月16日的秋季监测，6名校领导和20多名体育教师参加问卷调查。2021年福建省义务教育质量监测“2+X”，县11所小学、1所中学被确定为校本校，11月18日，700多名学生参加语文、数学、科学监测及问卷调查，12名校领导和70多名教师参加问卷调查。

【督导改革】 2021年，明溪县完善督导管理体制，印发《明溪县人民政府教育督导委员会关于调整组成人员及成员单位职责的通知》，调整县政府教育督导委员会成员单位；印发《明溪县人民政府教育督导委员会关于设立总督学和副总督学的通知》，由县教育局党组书记、局长王忠和任总督学，县教育党组成员、副局长谢斌任副总督学；印发《明溪县人民政府教育督导委员会关于聘任第二届县政府督学的通知》，选聘第二届县政府督学和政府特约督学，明确督导委和成员单位职责，建立督导委成员单位联席会议制度和联络员工作机制。健全挂牌督导机制，完善督学责任区工作制度，落实中小学责任督学挂牌督导办法，落实责任督学每学期至少2次到校采取随机听课、查阅资料、列席会议、座谈走访、问卷调查、校园巡视等方式开展随机督导工作，并及时将下校督查情况以书面形式报备督导室，规范责任区学校办学行为，提高常规管理水平。提升督导队伍素质，聘任第二届中小学幼儿园专职责任督学20名和兼职幼儿园督学3名，全面实现挂牌督导在义教、职教、幼教（含民办幼儿园）领域全覆盖；通过专项培训、以会代训、互动研讨、外出学习等方式，提升督学业务能力和专业化成长，县教育督导评估中心举办6次岗位或专项培训，7人次参加三明学院继续教育学院组织的市级教育督导培训，2人次参加省级培训，全体责任督学每人撰写1篇督导案例。严格管理监督，健全教育督导岗位责任追究机制，研究讨论细化《明溪县责任督学管理考核办法》，落实学校教育质量与责任督学工作捆绑考核机制。

（范明根）

责任编辑：罗菊妃

科学技术

综 述

【概况】 2021年，明溪县科技工作落实创新驱动发展战略，以科技计划项目、创新平台建设、产学研融合、高新技术产业发展为重点，提升区域自主创新能力，创新科技管理工作机制，为产业转型升级和高质量发展提供技术支持。新培育国家高新技术企业2家，高技术产业增加值占规模以上工业增加值比重20.58%，居三明市首位。

【科技专项经费争取】 2021年，明溪县实施创新驱动发展战略，坚持“科技创新是企业核心竞争力”，培育科技型企业。10月11日，省财政厅、省科技厅下达2021年度科技重大专项专题项目经费，三明市海斯福化工有限责任公司与厦门大学共同承担的“柔性新型显示材料氟聚酰亚胺及关键单体研发与产业化”项目名列其中，获得支持经费500万元，年内下达经费300万元。项目旨在攻克六氟二酐、六氟二胺单体制备以及氟聚酰亚胺聚合工艺技术难题，建成中国最大的氟聚酰亚胺树脂及单体生产线，打破国内高端含氟单体、透明聚酰亚胺长期被国外企业垄断局面。

【科技型企业——格林韦尔】 2021年，明溪县格林韦尔材料科技有限公司经过宁德时代新能源科技股份有限公司审核，成为其合格的供应商，并接到宁德时代15万吨NMP的产品订单。12月，格林韦尔公司年产能25万吨NMP（甲基吡咯烷酮）三期建设项目行政审批事项通过，将建5组精馏塔、公共设施配套和合同能源供气系统。格林韦尔公司紧跟全球能源革命的步伐，聚集一批技术型干事创业人才，专注研发锂电池回收环保装置、NMP和碳纳米管导电浆料等产品，获得多项国家专利，产品排放指标、节能效果均达到国际先进水平。

（黄南海）

科研与成果

【概况】 2021年，明溪县作为省支持建设唯一原料药绿色生产基地，重点布局原料药及中间体，鼓励企业加大科研投入，全年科研投入7789万元，取得多项科研成果。

【科研投入】 2021年，明溪县制定《明溪县企业研发投入补助专项资金管理暂行办法》，鼓励企业加大研发费用投入，开展县级研发投入补助工作，共补助7家企业研发投入资金119.38万元。明溪县规模以上工业企业R&D经费总投入7798万元，比上年度增长15%。

【科技成果】 2021年，明溪县企业申报并获省级科技项目立项6项，分别是三明市海斯福化工有限责任公司申报的省产学研协同创新重大项目“柔性新型显示材料氟聚酰亚胺（CPI）及关键单体研发与产业化”、福建博诺安科医药科技有限公司申报的福建省中科院STS（科技服务网络）计划配套项目“微胶囊化次磷酸铝阻燃剂及其高分散母粒制备技术研发与产业化”、福建南方制药股份有限公司申报的省区域发展项目“原料药阿扎胞苷生产关键技术研究与产业化”、三明市锦浪新材料科技有限公司申报的省区域发展项目“热膨胀聚合物微胶囊技术研发及其产业化”、博冠（福建省）农业科技有限公司申报的科技特派员后补助项目“‘福建百香果3号’良种繁育与高效栽培技术应用示范”、三明市福云生态农业有限公司申报的省星火项目“紫心甘薯新品种金薯14高产高效栽培技术示范推广”；申报并获立项市级揭榜挂帅项目1项，为三明市海斯福化工有限责任公司申报的“关键氟表面活性剂技术开发”；申报北京科特派专项项目1项，为福建博诺安科医药科技有限公司申报的“漂白催化剂生产工艺研究与开发”项目。

（黄南海）

人才服务与培养

【概况】 2021年，明溪县实施人才强县战略，秉承“集聚人才、凝聚智力、服务发展”人才发展宗旨，建立健全人才服务体系，实施“人才回引”工程，新引进省级高层次人才14人。

【科特派工作】 2021年，根据氟化工、生物医药、文旅康养、现代农业等明溪县特色产业需求，中科院上海有机所、福建省农科院、三明学院、福建农林大学、福建中医药大学、集美大学等高等院所组建天龙茶业科技特派员服务团队、全氟聚醚类产品的合成及性能研究团队、特色经济植物种质保护与利用团队、红豆杉紫杉烷原料林高效培育技术创新团队、福建中医药大学中药生物技术及产业开发研究团队、淡水鱼绿色高效健康养殖技术创新推广团队等10支科技特派员团队，服务县海斯福、南方制药、大山金线莲、众合景宏、博冠农业等公司，为县氟化工、生物医药、金线莲、文旅康养、特色农业等特色产业提供强有力的技术支撑。

【科技竞赛】 2021年11月21日，明溪县举办以“体验科学 快乐成长，为实现高水平科技自立

2021年11月21日，明溪县举办青少年科技竞赛 （图/县科协）

自强而努力奋斗”为主题的明溪县2021年青少年科技竞赛。比赛共设悬浮纸飞机靶标赛、风火轮竞距（速）赛、纸船承重赛、黄鹂手掷飞机、遥控车绕标赛、科学幻想绘画、科技创新成果（小制作、小发明）等7个比赛项目。明溪县第一中学、第二实验小学获团体总分第一名，城关中学、盖洋中心小学、县实验小学获团体总分第二名，城关小学、沙溪学校、瀚仙中心小学获团体总分第三名，另有29名同学获得个人金牌。此次青少年科技竞赛旨在引导、鼓励青少年走科技创新之路，培养青少年成为创新型后备人才。

【“二元制”人才培养】 2021年，明溪县为满足企业对高素质专业技术人才的需求，促进高新技术产业发展，探索新时代职业教育发展新路径，与三明学院合作推行“二元制”办学，集传统的学徒制与现代职业教育优势于一身，深化高职教育人才培养模式改革，培养高素质科技创新型人才。“二元制”是通过搭建由学校和企业构成的二元人才培养体系，由校企共同制定培育目标和标准、共同改革课程体系和教学内容、共同实施实践教学方案、共同指导毕业设计、共同评价教学质量等“5个共同”实质性合作，完成明溪职业学校服务社会、惠及学生、发展教师的职能。

（黄南海）

气象科技

【概况】 2021年，明溪气象局围绕建设“数字气象”示范区、“清新福建”生态气象典范区、两岸气象融合发展先行区中试点示范，在气象防灾减灾和保障新时代明溪革命老区高质量发展中提供坚实的气象保障。

【气象监测】 2021年，明溪县气象局完善监测站网建设，完成4个区域站升级改造，新建一个四要素区域站，提升监测能力。严格落实24小时带班、值班制度，强化业务学习、演练，提升业务能力，根据天气情况，及时启动应急响应命令24次，应急天数81天。1—11月，地面工作基数达10949个，数据到报率、可用率分别为100%、99.97%，位居全市第一、第二。

【气象预报预警】 2021年，明溪县气象局聚焦暴雨、雷雨大风、冰雹、低温等重大气象灾害，全力做好监测预报预警服务。发布《重要天气预警报告》《重要专题气象服务》等128期，预警信号296期，发送传真3000余份，短信338条，预警短信接收达22.4万人次，电话服务1100多人次。完成“五一明溪县职工健步走”“庆祝中国共产党成立100周年明溪县红色全民健身运动会暨明溪县首届老年人体育健身大会”等重大活动气象保障工作。完善部门联动，新增34个责任单位接入“12379”预警发布体系，其中2家单位各发布一条信息。

【气象服务】 2021年，明溪县气象局根据自然资源和生态优势，结合“生态产业化”发展思路，普查气象资料，与县文体和旅游局共同打造夏阳乡气候福地品牌。夏阳乡被列入福建省首批“气候康养福地”名录，是明溪县首次获此殊荣。加强部门间的协调联动，与县经济开发区签订战略合作协议，在园区区域站安装与维护方面开展合作，助力工业园区评级认定。与县烟草公司加强人工防雹、烟叶专题气象服务方面的合作，专业气象服务实现零的突破。落实人影高质量发展。调整优化人工影响天气作业点，保留7个、调整3个、新增2个，通过合理布局提高人影作业效率，新建人影临时存储库房1个、更新作业车辆1辆、购买作业发射系统4套、人影指挥终端5台；与三明畅祥运输有限公司签订火箭弹规范运输合同。开展人影专题会议2次，演练及业务学习3次，提高作业人员安全意识和业务能力，实现空域申请规范化、作业口令标准化、作业流程精细化。全年安全开展人工防雹作业21次、增雨作业5次，共发射人影火箭弹176枚。

2021年10月14日，明溪县开展“厚植绿色生态理念 助推碳达峰碳中和”主题科普联合行动。图为志愿者在河滨北路发放宣传材料

（图/县自然资源局）

【气象安全监管】 2021年，明溪县气象局成立安全生产领导小组，根据《福建省党政领导干部安全生产责任制实施细则》《防雷监管技术规范》要求，强化责任落实，针对辖区内储存、销售危化品企业、加油站、民爆仓库等35家易燃易爆场所，开展安全生产专项检查，发现一般隐患2处，整改完成2处。开展升放气球专项巡查16次，未发现有升放气球现象。落实加快推进区域气候可行性论证工作，助力园区气候可行性论证，与县经济开发区管委会对接，邀请省、市气象专家到园区座谈和实地调研，完成《明溪经济开发区区域气候可行性论证报告》，加强园区气象安全。

【气象科普宣传】 2021年，明溪县气象局与三明市气象学会、明溪县实验小学联合开展2021年第二期气象科普讲解比赛，派出1人参加比赛并获第一期气象科普讲解一等奖。与县融媒体中心合作7次，撰稿投稿，发稿16篇，其中《中国气象报》2篇、《新福建》1篇、中国气象局（CMA）网站2篇、《今日关注》8篇、《武夷清风》3篇。分别在省、市、县电视台新闻联播中播出气象新闻3条、4条、7条，组织气象服务小队到田间地头、农户家中开展气象科普宣传服务活动10余次。

（吕 琦）

责任编辑：邓静倩

文化 旅游 体育

文化

【概况】 2021年，明溪县文体和旅游局推进文旅项目融合，完善公共文化服务体系，县图书馆、文化馆、非遗展馆完成新馆搬迁；开展群众性文化活动，加大非遗保护传承，实施革命文物保护工程，全年向上争取各类资金3861.17万元，比上年增长71.11%，开展南山国家考古遗址公园项目建设和国家级客家文化生态保护实验区创建，持续开展红色遗址、旧址本体修缮提升工程，推进县文旅事业高质量发展。

【公共文化服务供给】 2021年，明溪县文体和旅游局围绕传统节假日和重要时间节点，开展“传统文化进乡村迎新春送温暖”“学党史忆风华”“永远跟党走”文艺巡演等系列文化活动，组织编排40多场老百姓喜闻乐见的形式多样的文艺节目。12月9日，以“归化文脉古邑非遗”为主题的明溪县非遗文化展览馆举办开馆仪式，可使用面积400多平方米，配套建设非遗展示平台和非遗传习课堂，并采用全息投影等多媒体数字科技展示手段，展示明溪的悠久历史和独特的客家文化，成为明溪客家文化的展示窗口和教育基地。提升改造乡镇、社区综合文化服务中心建设，雪峰镇城北社区综合文化服务中心获得市级优秀示范点补助资金5万元。投入3.25万元，分别在胡坊村、龙湖村、御帘村、梓口坊村、紫岭社区等5个村居（社区）建立有声图书设施。完成县剩余40个行政村的广播设备升级，实现96个行政村（居）联播联控和应急预警。组织放映人员，全年深入全县88个行政村放映电影1056场，观影人数6.65万人次，其中为庆祝中国共产党成立100周年放映优秀红色电影352场次，观影人数3.45万人次。

【文旅市场管理】 2021年，明

2021年12月，明溪县举办“难以忘‘淮’·淮山宴”烹饪大赛。图为颁奖现场　　（图/县文体和旅游局）

溪县文体和旅游局全年共开展执法检查113次，日常巡查出动人员3021人次，检查经营单位790余家次，立案查处各类行政处罚案件10起，处罚金额0.12万元，没收非法出版物140余册，其中给予警告4家，责令改正2家，警告并处罚款5家，取缔无证经营场所1家。开展5次“双随机、一公开”行动，共抽查文体和旅游经营单位117家；结合新冠肺炎疫情防控要求，加强旅游市场督导检查，发现问题隐患8处，下达责令整改通知书4份。开展“扫黄打非·护苗2021”进校园活动4场次，发放“绿书签”800余份。

（邓家煌）

【融媒体宣传】 2021年，明溪县融媒体中心在中心各媒体平台先后开设“大招商 招好商”“牢记新嘱托 增创新优势 再上新台阶”“奋斗百年路 启航新征程”“建党百年话党史”“再学习、再调研、再落实”“我为群众办实事”“疫情防控”“聚焦党代会”“市第十次党代会精神在基层”等30多个栏目。全年共播出《明溪新闻》260多期，推送公众号1000多档。年内先后与福建日报社、东南网、三明电视台、三明日报社等媒体建立战略合作关系。对接中央、省、市主流媒体，向上推送稿件，讲好明溪故事，提升明溪的知名度和美誉度。全年，中心在市级以上媒体平台发稿或被转发1000余条次，其中《真是机警的鹰雕》在央视、新华社等平台播出后，首次在新华社海外版刊播。制作的《团圆不怕晚，明溪过年一样精彩》《就地过年·吾心安处便是家》等一批重大主题公益短视频浏览量达100万+，《悦见明溪》《云起胡坊》《近听老人言》系列等13条爆款融媒体产品浏览量超过100万人次。5月26日，央视新闻频道大型直播节目《今日中国》福建篇，中心2名记者全程参与《福建三明：集体林权制度改革》的采访报道。

【媒体融合发展】 2021年，明溪县融媒体中心按照媒体深度融合的要求，建成集微信、微博、网站、电视和客户端为一体的融媒体平台，入驻央视新闻移动网、央视频、新华社、人民网、“学习强国”平台、新福建、今日头条、抖音等平台，着力构建融传统媒体、新媒体和社会宣传资源于一体的现代传播体系。中心开设的《我为群众办实事》《融媒助招》《温暖人社》《高考进行时》《文明讲谈》《百万警进千万家》等多个栏目获得群众认可。报道关于党代会的视频号作品《明溪这5年》《今后5年，明溪这样干》分别获得5.5万和1.6万播放量，短视频《生活在明溪1—100岁的变化》获3.5万播放量，抖音号《莆田加油，明溪申请出战》获27.8万播放量。

【新闻作品获奖】 2021年，明溪县融媒体中心新闻作品《云端古村唤鸟人：唤起乡村活力》《守护绿水青山 护林员在行动》分别获得2020年度福建新闻奖二等奖和三等奖；《100年，我生活在幸福中国》《明溪24小时》《中

2021年4月14日，县融媒体中心与县农村信用合作联社举行战略合作签约仪式　（图/蒋志勇）

秋对诗，明溪黄腹角雉出战》获得三明市第二届网络文化节三等奖，获奖数排在全市融媒体第三位；短视频《“疫”往前行 不辱使命》获得全国档案系统微视频优秀展播作品；公益广告片《100年，我生活在幸福中国、美丽明溪》是全市唯一入选全省“党旗飘扬 筑梦中国”公益广告二类扶持项目的作品，获扶持资金8万元；原创MV《城与城的守望》被评为福建省抗击新冠肺炎疫情广播电视、网络视听优秀作品。

（范锋华）

【图书销售】 2021年7月，福建新华发行（集团）有限责任公司明溪分公司（简称“新华明溪分公司”）投资262万元进行门店改造，11月完成门店升级改造，面积由原来的146.13平方米扩建至338平方米，改造后的门店灯光柔和、环境幽雅、空间宽敞、分区明确。完成“课前到书，人手一册”的教材、教辅的征订和发放任务。在一般图书销售上，通过丰富经营业态，开展特色营销活动的方式，进行精细化管理。组织开展“暑假读一本好书”为主题的推广活动，倡导师生阅读。开展各项图书公益活动，深入明溪官坊回族村开展“传统文化进乡村”活动，为农村读者赠送价值2000元的图书，在县图书馆新馆开馆之际，向县图书馆赠送价值6000元的图书。开展经典好书进校园活动，组织员工流动售书走进各乡镇、社区、中小学校，开展65场读书活动，乡镇覆盖率达到100%。抓好重点政治理论读物的宣传征订发行工作。年内先后发行《习近平在福建》2325册、《论中国共产党历史》5003册、《中国共产党简史》5005册、《习近平新时代中国特色社会主义思想学习问答》5010册、《毛泽东邓小平江泽民胡锦涛关于中国共产党历史论述摘编》4990册。开展多元化经营工作，鼓励员工由店内坐商向店外行商转变，做到“走出去请进来”，做好多元产品营销。全年营业收入468.92万元，其中教材营业收入170.4万元，教辅营业收入159.55万元，一般图书营业收入130.38万元，多元化产品营业收入8.59万元。

（温莉莉）

2021年11月，新华明溪分公司完成门店升级改造。图为改造后的门店一角 （图/新华明溪分公司）

【文物保护】 2021年，明溪县争取290万元文物修缮资金，用于胡坊红军旧址群（苏家大厝、广西会馆、李家大院、李家祖屋）修缮和御帘村东方军司令部旧址张氏大祖厝的文物建筑本体修缮与加固。实施革命文物保护工程，争取100万元革命文物专项保护修缮经费，对冯厝红军亭、戴连发烈士墓、华山河明桥、际下塘红军墓、红军驻地旧址、下汴高平廊屋桥等红色文化旧址与革命烈士纪念设施进行抢险加固。从2021年起，县财政安排每年10万元预算作为全县文物保护专项经费。落实文物属地管理原则，完成县级及县级以上文物保护单位竖立保护碑、文物保护单位安全责任人公示牌悬挂、一般不可移动文物点的文物安全责任人公示牌及文物保护标志牌挂牌工作。落实属地管理责任，乡镇建立文保单位文物管理人员对文保单位每日进行巡查登记制度，县文物保护所不定期进行检查，对发现的问题，限期整改。为确保全县文物安全，杜绝各类安全事故的发生，县文物保护所先后于4月、6月、7月、11月会同县纪委、检察、公安、消防、住建、自然资源、文旅等部门联合进行文物执法专项检查，并就文物保护注意事项对群众进行宣传，加强文物保护意识。

【非物质文化遗产保护】 2021年，明溪县制定非遗重点宣传展示工作计划，编制《明溪县客家文化生态保护区总体规划》，与主流媒体合作，全面宣传县非遗传承保护现状。配合央视《探索·发现》栏目、央视10套《中国影像方志》摄制组到县拍摄宝剑锻造技艺、肖家山锡瓷技艺纪录片，其中宝剑锻造技艺于2021年11月底完成央视外文频道宣传片拍摄。3月，开展非物质文化遗产普查工作，重点调查非物质文化遗产项目29个，5月公布新增县级非遗项目5个、县级非遗传承人3名。截至2021年底，全县共有省级非遗项目5个、市级非遗项目10个、县级非遗项目14个，省级传承人3名、市级传承人4名、县级传承人4名。在沙溪小学开设明溪微雕技艺传承课堂，邀请省级非遗传承人为学校师生开展微雕技艺教学。推送县非遗项目微雕视频并作为市重点宣传推荐对象，入选世界文化遗产大会宣传视频名单。

【南山古人类文化遗址保护与建设】 2021年4月，明溪县成立以县委常委任组长的南山国家考古遗址公园项目建设指挥部，开展南山国家考古遗址公园项目建设。围绕第44届世界遗产大会提出的“两个提升”（文化和自然遗产保护利用工作实现新提升、城乡面貌品质实现新提升）、“六个一批”（公布一批、启动一批、展示一批、完成一批、预备一批、表彰一批）等重点任务和目标要求，推进高速口—南山古人类文化遗址沿线环境综合整治一、二期项目建设。11月动工建设南山古人类文化遗址第一期配套服务设施建设项目，总投资5600万元，工期为300天，规划面积18.34万平方米，新增建设用地19177.81平方米，项目工程有生态恢复工程，生态廊架、生态步道、生态架空栈道、生态观景广场、生态停车场、电气照明、给排水工程等。至12月底，完成南山古人类文化遗址南侧农业用房及大棚拆除工作；与城关乡上坊村委会、瀚仙镇王陂村及雪峰镇城东村签订土地租赁面积40.27公顷，征收土地2.76公顷，其中点状征收1.79公顷，工业用地征收0.97公顷；完成地上附着物及青苗补偿15.75公顷（共计42户）；完成研农生态农业公司、盛景林园公司、喜果红豆杉文化产业园、和丰农业发展公司、三辉生态农场、原金草种业主培车间13家农业设施种植大棚和附属设施拆除；完成明信橡塑公司厂房征收、拆除工作。二期项目规划面积约183545平方米，总投资3900万元，主要实施生态恢复、生态步道、生态停车场、生态建筑、市政给排水、污水处理、电气照明灯工程。开展南山古人类文化遗址——洞穴周边环境整治工程，项目投资360万元，于2020年8月开工建设，2021年4月竣工。投入140万元，完成南山古人类文化遗址临时展馆外立面改造及临时展馆布展等工作。

（邓家煌 陈冬永）

【公共文化场馆建设】 2021年，明溪县完成县图书馆、文化馆、非遗展馆新馆整体搬迁，场地和设施均有较大改善。文化馆组织实施“半台戏”配送10场；策划文艺活动42次，各类大型文艺演出11场，参与演出人员500多人次，观众2.2万人次。举办免费培训，开设未成年人声乐培训班、舞蹈培训班、器乐培训班、书画培训班和老年人声乐、舞蹈培训班等各类培训班39期，参加培训3630人次。举办展览19次，参观人数达1.2万人次。举行公益性讲座3次，参加人数450人次。组织4次非遗成果图片、展板进社区、乡镇、校园展览，深入4所城乡学校的24个教学班开展传承教学。县博物馆接待观众15624人次，举办“三明市历史文化名镇名村”和“传统村落图片展”临时展览2场。开展2021年“5·18”国际博物馆日明溪博物馆系列宣传活动，通过馆内文物展览、馆外悬挂横幅、电子宣传栏等，宣传建党100周年光辉历程和伟大成就、展示县文物发掘成果。县图书馆以线上线下相结合的方式，组织全民阅读，帮助未成年人养成阅读良好风尚和习惯。“线上”通过微信公众平台，开展“书香悦读，智赢战疫”红包答题、第二届“读中华经典颂时代华章”诵读比赛、“党史上的今天”、“绘声绘色课堂”、“红色故事绘”等活动。“线下”每周举办“国学经典讲座”5场、“亲子阅读活动”1场、“小小主持人”1场，开展“送书进军营”“送书进校园”“书香进机关”等活动。6月17日，县图书馆完成新馆搬迁并举办开馆仪式，新馆内设地方文献资料室、报刊阅览室、电子阅览室、少儿阅览室、图书外借室、绘本室、VR体验室、报告厅、采编室、机房等功能室，配置多功能报告厅、AR VR厅、亲子绘本故事厅、展览厅等读者阅读推广功能区域。全年，县图书馆订阅报纸46种，期刊160种，新增图书12543册，可供读者借阅的纸质图书17万册，自建和商购的数字资源量5TB（Terabyte，太字节），同时与国家图书馆、福建省图书馆进行对接，实现资源共享，读者可访问国家图书馆、福建省图书馆的数字资源量超过31TB。全年接待到馆读者89769人次，图书年外借流通量234248册次，开展各类读者服务活动199场次，参与读者10229人次。建立馆外图书流动服务点12个，开展馆外流动服务48次。

（邓家煌）

旅游

【概况】　2021年，明溪县共接待游客117.95万人次，比上年增加18.7%，旅游收入9.51亿元，比上年增加0.3%；获得省级旅游发展专项资金补助120万元。

【旅游宣传推介】　2021年，明溪县文体和旅游局开展“绿海明溪观鸟胜地”城市名片宣传推介，先后参加第十七届海峡旅游博览会、第三届三明旅游产品全国旅行商采购大会、第二届“中国绿都 乐购三明”直播节活动等旅游推介活动，甄选县特色旅游产品肉脯干、蓝莓干、蓝莓酱等参展。举办“风展红旗如画·遇见红色明溪”摄影大赛，记录宣传明溪红色亮色，描绘“风展红旗如画”新篇，提升红色旅游和红色文化的知名度、美誉度。

【旅游主题活动】　2021年，明溪县文体和旅游局为丰富“中国绿都·全宴三明”系列活动，促进县文旅产业和餐饮业融合发展，12月20日，举办明溪县“难以忘‘淮’·淮山宴”烹饪大赛，全县9个乡（镇）派出参赛队伍参赛。大赛邀请三明市餐饮烹饪行业协会秘书长、高级考评员等市美食专家担任评委，评出一等奖

2021年，明溪县对旅游景区安全、交通、服务体系、卫生等进行整体提升改造，推进旅游景区建设。图为翠竹洋火山口地质公园景区

（2021年11月20日张峰 摄）

1名，二等奖3名，三等奖5名。组织参加三明市首届“网红打卡地”评选活动，推出明溪紫云村观鸟基地、明溪翠竹洋火山口天池2个网红点，其中明溪紫云村观鸟基地入选三明市首届“网红打卡地”。

【旅游精品线路】 2021年，明溪县革命纪念园上榜“建党百年红色旅游百条精品线路”——“闽西苏区·红色福建”精品线路，全年接待游客总数13.76万人次。滴水岩红色旅游景区、胡坊中央红军村被列入《跟着“三明实践”游三明》精品线路手册。

【景区创建】 2021年，明溪县文体和旅游局开展A级景区创建工作。以明溪滴水岩国家AAA级旅游景区为依托，对照AAAA评分标准为准则，对景区旅游安全、旅游交通、服务体系、景区卫生进行整体提升改造。加快推进罗翠火山口地质公园景区、明溪日出旦上红色旅游景区、明溪紫云闽学文化园景区、肖家山古村落景区等创建国家AAA级旅游景区。开展旅游村镇创建，指导福建金牌旅游村御帘村做好提升建设工作。金牌旅游村、红色旅游创A级各获省级奖励10万元。

【旅游公共服务设施建设】 2021年，明溪县文体和旅游局完成2018—2020年新建旅游厕所18座任务，成功申报1座A级示范性旅游厕所（滴水岩旅游厕所）。

（邓家煌）

体育

【概况】 2021年，明溪县坚持“体育服务民生”工作理念，创建福建省全民运动健身模范县，聚焦改善体育民生、优化人才培养、发展体育经济三大任务，推进群众体育、竞技体育和体育产业协同进步，构建全民健身公共服务体系，摸索具有区域特色的体育公共服务增量提质发展之路，推动体育事业实现高质量发展超越。2021年9月，国家体育总局授予明溪县文体和旅游局“2017—2021年度全国群众体育先进单位”称号。

【全民健身设施】 2021年，明溪县文体和旅游局投入31万余元建设二代智能健身路径8处24件，对县侨乡体育中心足球场进行改造，建设国民体质测试中心站，创新建立中医版国民体质测试与运动健康指导体系。全县有侨乡体育中心、明溪滴水岩红色体育公园、雪峰镇5人制足球场、城西社区笼式足球场等13个较大体育活动场所，基本建成县、乡（镇）、村三级公共体育设施体系，城市社区建成“15分钟体育健身圈”，在城区建设二代智能健身路径7处16件。全县有体育场地数量867个，面积33.19万平方米，人均体育场地面积3.22平方米，公共体育场地设施状况良好。新建居住区和社区人均健身场地面积超0.3平方米，2个老旧小区改造配置健身设施面积410平方米。全县88个行政村农民体育健身设施提档升级，为47个脱贫村配备健身器材。130多千米的城市绿道、健身步道、武夷山森林步道在绿水青山之间绵延。

【全民健身活动】 2021年，明溪县文体和旅游局投入103.06万元，举办第二届《如梦令元旦》“归化印象”杯全民健身羽毛球、乒乓球四县团体邀请赛、首届“绿海明溪·显盖紫云”红绿村游跑、明溪县第五届全民健身运动会暨首届老年人体育健身大会、中小学生体育联赛等群众性体育活动30场，参与人数2万余人次。明溪药谷小镇茶海跑、明溪村头山地户外运动节暨半程马拉松赛2项赛事列入福建省三明市推进国家体育消费试点城市建设重点任务项目库和重点赛事。在做好新冠肺炎疫情防控的前提下，体育活动中心日常对外开放，每周开放84小时，全年接待健身群众30余万人次。

【全民健身组织网络健全】 2021年，明溪县内体育总会：县级设置覆盖率100%、乡（镇）设置覆盖率100%；老年体育：县级设置覆盖率100%、乡（镇）设置覆盖率100%；社会体育指导员协会：县

2021年3月28日，明溪县在夏阳乡紫云村举办庆祝中国共产党成立100周年健康跑活动暨首届“绿海明溪·显盖紫云”健康跑活动

（图/县文体和旅游局）

级设置覆盖率100%、乡（镇）设置覆盖率100%；农民体育协会：县级设置覆盖率100%、乡（镇）设置覆盖率100%；乡（镇）单项体育协会设置覆盖率100%。全县有跑吧运动协会、广场健身舞协会等体育社会组织12个，每万人拥有体育社会组织1.18个；每万人拥有全民健身站点数量12.35个。

【全民健身指导】 2021年，明溪县文体旅游局通过组建社会体育指导员协会，有序科学开展社会体育指导员培训、科学健身指导服务，建立多部门协同、全社会共同参与的运动促进健康新模式，有效引导群众“健身练什么”。全县拥有社会体育指导员共164人，其中国家级6人，一级20人，二级64人，三级74人，男性90人占55%，女性74人占45%，年龄45岁以下13人、45—65岁148人、65岁以上3人。指导项目涉及田径、游泳、排球、篮球、羽毛球、太极拳、健身操、腰鼓、健身气功、花毽、马拉松、瑜珈等。全县9个乡（镇）建有体育指导站和全民健身点，实现县、乡（镇）、村社会体育指导员协会、老年人体育协会等社会体育组织及行政村全民健身站点和指导员全覆盖。

【特色体育发展】 2021年，明溪县有传统排球项目特色校3所，分别为县第二实验小学、城关中学和明溪一中。排球训练与传统校的排球项目开展融合，举办教学赛促进学校传统项目的健康发展。协调福建省航空运动协会，将明溪一中纳入首批“雏鹰翱翔”示范基地，培养青少年航空运动兴趣，储备航空人才，推动航空体育产业发展。“体育+红色”。开发利用毛泽东伟大词作《如梦令·元旦》：“宁化、清流、归化（明溪）……”的红色资源，参与三明红色旅游推广联盟组织的各种活动，承办第二届“如梦令·元旦”羽毛球、乒乓球红色体育邀请赛；发挥明溪原早期中央苏区县红色政策优势，争取省上资金，结合明溪红色文物——红军战地医院旧址，创新建设滴水岩红色体育公园，配套建设木竹单杠、双杠及红色健身步道等红色体育设施，并举办以红军挑粮、抢救伤员等红色体育项目为主的明溪县首届红色运动会；代表三明市组队前往长汀县参加2021年福建省首届红色运动会，获得跳绳团体二等奖、女子跳绳第二和第三名、男子跳绳第二和第四名的优异成绩。“体育+绿色”。开发利用国家级生态县、福建君子峰国家级自然保护区及丰富的鸟类资源等明溪良好生态资源优势，打造明溪盖洋村头花海运动休闲康养小镇、明溪君子峰观鸟户外运动休闲康养小镇及明溪智慧体育公园等体育运动基地，并举办第四届“绿海明溪·清新盖洋”健康跑等体育赛事活动。“体育+振兴”。依托县侨乡体育中心高人流量及高体育消费需求，引入全省首家体育彩票销售旗舰店、胜旭体育等体育元素商业入驻。推进体育和乡村振兴融合发展，整合现有的生态、旅游、文化资源优势，将体育赛事与沿线风光、文化、民俗有机串联，打造“吃住行游购娱”体育赛事旅游套餐，举办农、体、旅融合赛事，将体育健身与森林康养、生态观鸟等特色元素融合，推出“山水运动＋度假休闲”“登山＋观鸟休闲”等特色体育消费产品，培育体育运动消费新风尚，使体育赋予乡村振兴更多的内涵与支撑，助力乡村振兴。围绕“社会力量办体育”理念，调动以企业为主体的社会力量参与体育事业发展进程，深化老体协与奥翔体育、跑吧运动协会与海斯福、篮球协会与南方制药等企业与协会合作，推动体育社会组织健康、良性、高质量振兴。“体育+中医”。发挥国家中医药管理局对口支援明溪县10年的优势，结合老区苏区国民体质与运动健康实际，在原有国民体质测试与运动健康体系的基础上，增加中医的脉诊仪、舌诊仪、经络检测仪等中医测试设施设备，提供运动处方、体育音乐调理处方、体育健康饮食处方、晨练起居处方等建议，创新建立中医版国民体质测试与运动健康指导体系，增强老区苏区广大人民群众体质。

【体育人才培养】 2021年，明溪县有国家级运动健将5名，一级运动员9名、二级运动员63名，向省体工队输送8名运动员，向省体校输送6名运动员，向市体校输送32名运动员，135名学生入选市体校举重、田径、水上、跆拳道等项目暑假集训。明溪籍运动员参加国家级、省级比赛中获得优异成绩。

【老年体育】 2021年，明溪县委、县政府加大对老年体育扶持力度，每年工作经费提高至10万元。举办首届老年人体育健身大会，设柔力球、太极拳、门球、扑克牌80分、八段锦等6个项目，参与老年人1000余人次。

【竞技体育】 2021年，明溪县新增国家级运动健将1名，一级运动员4名、二级运动员15名，向省体校输送2名运动员，向市体校输送4名运动员，10名学生入选市体校举重、田径、水上、跆拳道等项目暑假集训。年内，明溪籍运动员参加国家级、省级比赛中获得优异成绩。

国家级比赛：4月，明溪籍运动员孙靖宇参加在湖北枝江举行的全国男子拳击锦标赛，获得46—49公斤级第一名；12月，参加在中国拳击协会白沙训练基地举办的全国男子拳击冠军暨中国职业拳王赛，获46—48公斤级冠军。5月，明溪籍运动员陈平参加在成都举行的2021年全国女子水球冠军赛暨第十四届全运会女子水球资格赛中获第三名；9月，参加在宝鸡举行的第十届全运会女子水球比赛中获第六名。

省级比赛：5月，明溪籍运动员参加在长汀举行的福建省青少年羽毛球巡回赛（长汀）中王乐彤获得8岁以下女单第二名、戴芷馨获得8岁以下女单第四名。6月，明溪籍运动员参加在泰宁举行的福建省青少年羽毛球巡回赛（泰宁），王乐彤获得8岁以下女单第三名、张思允获得8岁以下男单第三名、黄劲博获得8岁以下男单第八名。7月，明溪县男子排球队参加在漳州举办的福建省中学生排球锦标赛，获高中男子二等奖、青少年锦标赛甲组风尚奖；明溪籍运动员黄岑源参加在南平举行的福建省青少年乒乓球锦标赛，获男子丙组团体第二名；明溪籍运动员戴芷馨参加在晋江举行的福建省青少年羽毛球巡回赛（晋江），获得8岁以下女单第四名。8月，明溪县男子排球队参加在漳州举办的福建省青少年排球锦标赛，获乙组男子第六名。12月，明溪籍运动员王乐菲参加在宁化举办的福建省青少年羽毛球锦标赛，获丁组女单第五名；明溪籍运动员参加在武夷山举办的福建省拳击锦标赛，王诗语获女子甲组54公斤级第三名、薛飞获男子甲组49公斤级第五名、曹仁浩获男子甲组64公斤级第五名；明溪籍运动员参加在武夷山举办的福建省青少年拳击冠军赛，薛飞获男子49公斤级冠军、王诗语获女子54公斤级第二名、肖友辉获男子57公斤级第三名。

（邓家煌）

责任编辑：李桂花

卫生健康

综 述

【概况】 2021年，明溪县门急诊量52.65万人次、出院人数8309人次、总医院床位使用率65.08%。门急诊次均费用149.76元，比上年增长0.75%；住院次均费用4824.02元，比上年增长3.19%。医疗机构医药总收入12673.55万元，比上年增长30.4%，其中财政补助收入4458.84万元。百元医疗收入中消耗的医用耗材为10.87元。3月县公共卫生服务综合大楼建成投入使用，12月投资2.02亿元的县总医院门诊综合大楼开工建设。

【医药卫生体制改革】 2021年，明溪县卫生健康局开展“互联网+”智慧医院建设，持续推动县级优质医疗资源下沉，全年县总医院向下转诊2312人次，各分院向上转诊2717人次；2021年度认定市级新技术、新项目9项，服务能力基本标准由74.32%提升至89.48%，推荐标准由33.72%提升至60.37%。3月，县总医院与省第二人民医院签订帮扶协议。7月，县妇幼保健院与省妇幼保健院建立妇幼专科医联体、儿科专科联盟。9月，县医改领导小组印发《提升村级医疗卫生服务能力的实施方案》，明确合理规划设置村卫生所、村卫生所标准化建设、乡村医生动态储备、提高乡村医生待遇、健全乡村医生保障等八个方面工作任务，持续提升和完善村级卫生所基本医疗和公共卫生服务能力，提升农村居民就医获得感，夯实紧密型县域医共体网底。11月，制定印发《关于继续深化医药卫生体制改革为人民健康提供可靠保障的若干措施》，完善制度体系，落实医改再出发，深化医药卫生体制改革，保障人民健康。

【疫情防控】 2021年，明溪县卫生健康局根据国家、省市最新疫情防控策略和新冠肺炎疫情发展态势，更新完善全县的疫情防控方案、应急预案、全员核酸检

2021年1月5日，县总医院开展新冠肺炎防控演练（图/县卫生健康局）

测等方案，其中《城区全员核酸检测应急预案》被全市推广转发。选送23名优秀的卫健系统人员支援莆田、厦门新冠肺炎疫情。完成县总医院与县疾控中心实验室提升工程，配置全进口高通量核酸提取仪等设备2台，日最大检测量4.5万人份；成立30支总人数90人的核酸检测采样应急队伍；全县设置8个新冠疫苗接种点；全年开展组织开展各类新冠肺炎疫情防控演练6场次（含现场模拟和桌面推演），指导学校、企业、社区开展有关疫情防控演练4次。县疾控中心对境外入明、集中隔离和应检尽检相关人员共核酸检测66866人次；外环境3811份、冷链食品2417份，做好人物同防。全县消毒消杀面积53.48万平方米，留观点化粪池投放含氯消毒液3700千克。疫情防控物资按满负荷10天的量进行储备。

【中医药事业】 2021年10月，国家中医药管理局印发《国家中医药管理局对口支援福建省明溪县振兴发展实施方案（2021—2025）》，支持明溪中医药事业产业发展。县实验小学和县职业中学入选福建省首批中医药文化教育试点学校；在县委党校挂牌成立福建中医药大学红色教育基地、青马红色教育实践基地、大学生实践基地。投资25万元，完成全国第四次中药资源普查，编撰《明溪县中药资源志要》《明溪县中药资源普查报告》《明溪县中药资源区划》，普查发现的210科844属1559种药用植物被详细记载在《明溪县中药资源志要》，对比《福建省明溪县药用植物资源志要》（2006）新增药用植物179种，在夏阳乡首次发现福建省新分布物种——四川山姜（箭杆风）。开展中医药健康知识普及，推出《绿海明溪·健康讲坛》健康宣讲栏目，邀请省内外知名专家，通过网络直播等方式，为群众进行中医养身、健康科普宣教，全年开展4期，点击率达97311次；组建4支中医药养生保健专家讲师团队，开展“四季养生”系列讲座活动4次，推广太极拳、健身气功等传统运动，惠及群众2万余人次。

【卫生应急】 2021年，明溪县卫生健康局投入230万元，建成县突发公共卫生事件应急指挥中心；投入690万元，实施卫生应急救援处置能力提升建设，组建1支30人的紧急医学救援队伍、1支20人的疫情防控队伍、1支5人的心理救援队伍、1支10人的中毒处置队伍、9支乡（镇）卫生应急分队，卫生应急队伍涵盖紧急医学救援、疫情防控、中毒处置、心理救援等。根据平战结合原则，开展平时服务、战时应急工作，做好应急全年度24小时应急值班值守工作，完成“我们的中国梦•文化进万家”永远跟党走演出活动、明溪县工商业联合会（总商会）第十二次代表大会、“淮山宴”烹饪大赛、明溪县第十八届人民代表大会、明溪县政协十一届一次会议、明溪县第十三次党代会等大型活动会议应急保障工作。全年报告突发公共卫生事件和苗头事件6起。

【基本公共卫生】 2021年，明溪县基本公共卫生服务项目政府补助标准从每人每年74元提高至79元，到位补助资金886.15万元，其中省财政补助资金747.69万元，县级配套资金138.46万元。全县共建立城乡居民健康档案91872份，建档92.87%。全年家庭医生签约36386人，签约率36.78%，其中重点人群签约24890人，签约率87.36%，原农村建档立卡贫困户签约4859人，应签尽签签约率达100%。组建58个家庭医生签约服务团队，参与家庭医生签约服务团队人员165人，参与签约的家庭医生数115人，其中总院医生17人。群众获得感不断上升，群众满意率98.89%。“智能穿戴设备在慢性病管理中的应用”项目通过市级认定，免费为慢性病患者提供1250台的智能血压计和血糖仪，打通易联众与物联网端口，实现医务人员实时了解患者情况，及时进行健康干预控制。国家基本公共卫生服务项目全市考核获第8名。

【严重精神障碍患者管理】 2021年，明溪县在册管理各类严重精神障碍患者584例，报告患病率为5.67‰，上升0.16‰；年在管患者560人，患者管理率为95.89%，上升0.82%；规范管理率94.01%，上升1.93%；服药率93.84%，上升1.59%；规律服药率83.73%，上升1.34%；精神分裂症服药率93.75%，上升1.91%；面访率93.66%，上升1.93%。

【医政管理】 2021年，明溪县卫生健康局组织开展医疗机构医疗废物处置专项监督检查活动，覆盖全县各级医疗机构。深化“放管服”改革工作，简化审批服务流程，共办理审批件208件。提升医疗质量，保障医疗安全，维护人民群众健康权益，委托县医疗质控中心到基层医疗机构开展质控检查。重点整治“黑诊所”、游医假医、未取得医疗机构执业许可证的生活美容机构从事医疗诊疗活动和零售药店擅自聘用医师或非医师坐堂行医，全年出动执法车辆8车次，监督员32人次，协管员8人次，受理投诉举报1件，查处非法医美场所1处，未取得医疗机构执业许可证擅自执业的查处1家，非医师行医查处1家，共罚没金额6.04万元。

（赖国芳）

医疗服务

【概况】 2021年，明溪县总医院设临床科室22个，医技科室7个，行政职能科室21个，下辖9个基层分院，73个行政村设立村卫生所，延伸举办一体化村所65个。床位控制数400张，实际开放病床300张（含中医院70张）。在岗职工518人(含两保人员55人)，其中在编人员327人，聘用190人。专业技术人员417人（在编321，编外96），卫生专业技术人员395人，其中正高职称24人，副高职称55人。

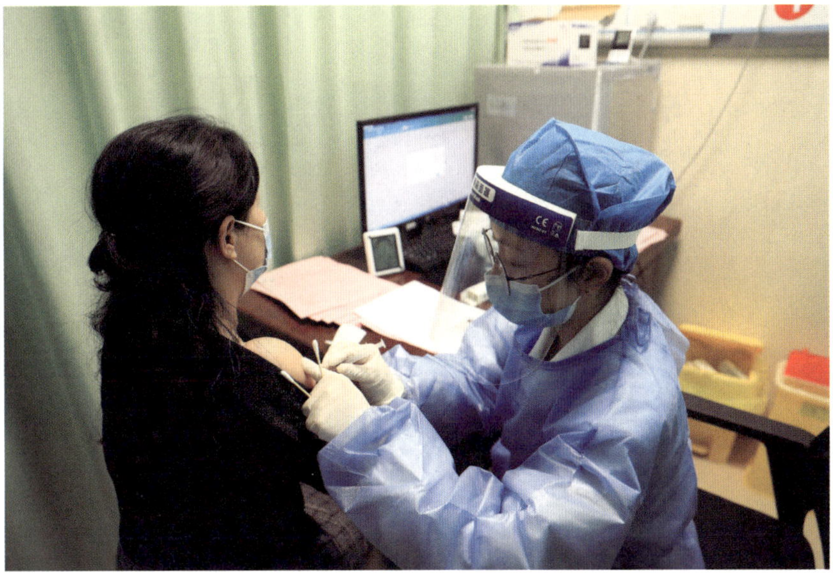

2021年1月11日，县总医院启动重点人群新冠病毒疫苗接种工作

（图/县融媒体中心）

【新冠肺炎疫情防控】 2021年，明溪县总医院修订和完善总院感染管理相关制度和措施32条，全面理清各部门、各科室及医务人员、安保人员、保洁人员等疫情防控责任，组织疫情防控及院感知识培训20余次，培训1200余人次。医院制定启动全院全员核酸检测筛查，对所有工作人员进行每日健康监测登记和疫苗接种情况筛查，全县共接种新冠疫苗174016剂次。新增4套闸机系统，对发热门诊、感染性疾病科、医疗废物暂存点及预检分诊的建筑布局进行优化，改建17间发热门诊留观室并将发热门诊进行物理隔断，履行消杀、通风等院感防控措施，降低院内感染发生风险，投入250万元对传染病房进行改造，设立20张传染病床。全年开展12次院感督查，提出整改意见并落实186条。开展各类疫情防控和院感相关知识培训，全年培训43期次，2200人次，完成考核500人次。

【医疗救援和保障任务落实】 2021年，明溪县总医院完成重大会议、高考、巡察、疫苗接种异常反应处置、市县重大活动等医疗保障任务661次，派出医护人员1341人次。组织义诊

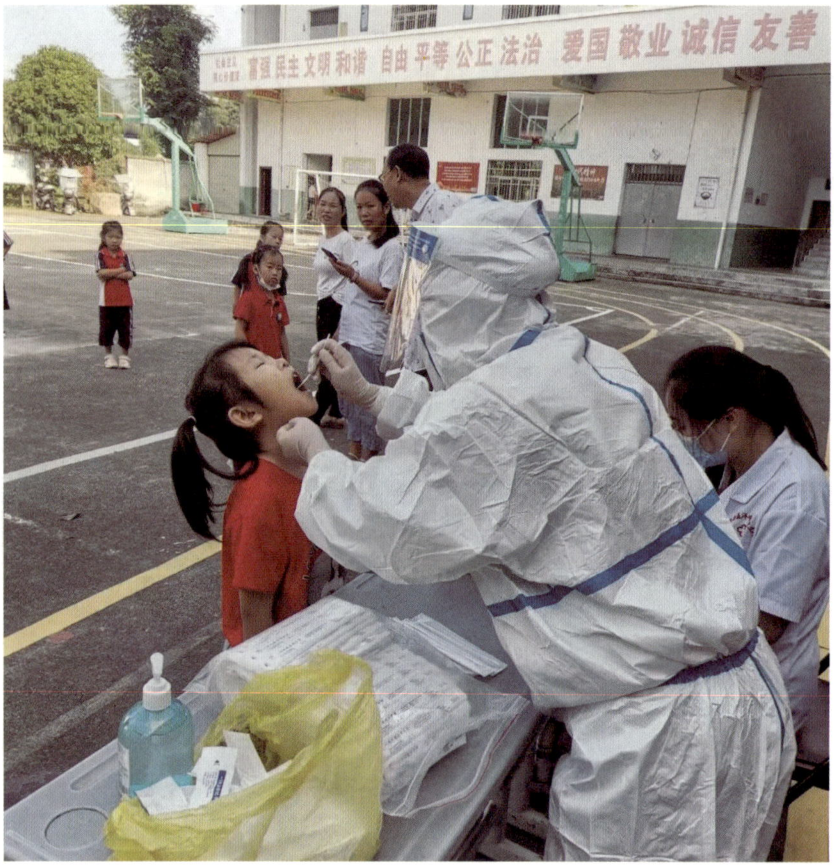

2021年5月28日，县总医院盖洋分院医护人员为盖洋小学师生进行核酸采样　（图/县卫生健康局）

咨询、公益活动22场次，派出医护人员72人次，受益群众880余人，免费赠送药品9000余元。深入学校、单位、社区开展急救培训，派出医师9人次，开展培训6场次，培训700余人。

【医疗服务水平提升】 2021年，明溪县总医院打造智慧医院，运用“互联网+管理”模式，将医护管理系统融入医院管理、门诊预约、医疗护理等方面，提升内部管理效能，强化大数据监管，保证医疗服务质量和安全；开展“互联网+中医药”进乡村服务模式，将中药代煎配送服务从城区向乡村延伸，实施三个月免配送费服务，共享药房配送中药处方7000余张，3万余帖。促进优质服务及环境改善，将一套用于患者家属互动交流的标准化医患沟通模式（CICARE）在临床中应用，护士按“六步法”与患者交流，拉近与患者之间的距离。在西区每个病室装置SOS紧急呼叫铃、中央空气源热水、新增防滑地塑、加设空调等，让患者能在舒适的环境下安心治病。规范院前、院中、院后全周期随访内容和流程，全年护士长24小时内入院访视、24小时内出院面访7931人次；经治医师7日内随访7003人次；出院病人电话满意度调查6998人次，发放住院病人问卷调查表1200份，床边走访1750人次，门诊患者电话回访2400人次，累计征集群众意见119条，其中74条整改，45条给予解释说明，受理群众和职工投诉39件，均办结。

【医防融合推进】 2021年，明溪县总医院采取人员合署、培训合办、资源合用、业务合干，围绕减少疾病发生和节约医保包干基金目标，形成健康管理有效合力，加快“以治病为中心”向“以健康为中心”转变。开展全覆盖健康筛查行动、全人群健康知识普及、全人群健康管控、全过程健康干预等4个重点工作项目，推进慢病“四个三”精细化管理。全年高血压患者管理6960人，糖尿病患者管理1984人，全人群签约33651人，签约率34.01%。打造学校卫生、职业卫生、结核病、数字化门诊、中医药对慢病的管理优势等亮点特色，入校园开展关于高考心理解压、口腔保健、保护视力及预防传染病的健康讲座22期，受益学生5228人次。开展结核病防治工作，全县接诊肺结核可疑患者120例，确诊收治肺结核患者19例，其中新发病原学阳性患者12例，完成肺结核“十三五”规划评估知晓率调查100份。开展麻疹和AFP的主动监测工作，报告

3例疑似风疹病例，经市疾控实验室检测予以排除，未发现漏报病例。肺炎疫苗接种1218剂次，比上年增长49.7%；为全院职工免费接种439剂次流感疫苗。接通心理热线咨询电话121人次，将心理测评二维码放入健康体检表中。开展县医防融合健康科普讲师团深入社区、学校、医养中心等开展慢性病义诊和健康讲座58期次，参与人员8438人次；开展12期健康科普网络直播，点击量共达16.79万人次；开展省内外医疗健康专家科普直播“绿海明溪，健康讲坛”2期，点击率60385次；向公众发布科学实用的常见病，多发病及重大疾病防治知识和信息指南59条；合理膳食、适量运动、戒烟限酒、心理平衡等相关健康科普知识53条；倡导“三减三健”相关知识28条；开展宣传活动15场。

【卫生队伍人才建设】 2021年，明溪县总医院申请紧缺急需专业人员学费和生活补助23万元；发放高级人才津贴发放11.52万元。落实医联体人才池政策，完善人事管理县管乡用办法，在人员经费保障、编制、职称等方面给予支持保障，有县管乡用人员6名。全年外送上级医院进修12人，在外规培36人，招聘入编专业技术人员23名。

【卫生信息化建设】 2021年，明溪县总医院信息化建设投入850万元，院内电子病历应用水平分级评价达到3级。通过安全等保测评三级水平，电子健康卡“多码融合”项目上线运行，完成下载22340笔，下载金额533万元，上传32975笔，上传金额628万元。

【中医诊疗】 2021年，明溪县中医院组建中医药养生保健专家讲师团队，到盖洋、夏坊分院指导、坐诊；组织省市县联合义诊，省第二人民医院先后选派10名专家驻点县总医院，在院内外开展学术讲座11场、教学查房20人次、专家巡诊36次、远程会诊3人次。以“二甲”中医医院标准健全中医类学科，重点打造康复医学科、治未病科、老年病科专科建设及健康管理示范中心，购置443万元医疗设备，为中医特色专科建设提供硬件保障。制定慢性病病种中医健康干预方案与服务项目，推广传统养生健身法，中医药对慢病的管理参与15544人次，全年中医院门诊中医药饮片占门诊处方总数比例48.4%。开展中医医疗技术项目45种，应用针灸、推拿等中医非药物治疗率27.54%，住院中医、中西医结合治疗率99.26%。开展中西医结合联合攻关，制定中西医结合诊疗方案5个，平均每个临床科室中医会诊每月25.17次，申请中医会诊临床科室100%。

（赖国芳）

妇幼保健

【概况】 2021年，明溪县妇幼保健院完成4期基层妇幼人员培训，先后安排5人前往三明市第一医院、福建省妇幼保健院进修培训学习。投入70万元建成盆底康复科、口腔保健科、眼保健专科门诊并配置相应设备，实现零的突破。全年县产妇总数735人，活产数745人，住院分娩率100%，孕产妇系统管理率93.56%，早孕建册率94.01%，产后访视率97.45%，无孕产妇死亡。0—6岁儿童健康管理率95.01%，新生儿访视率98.52%，5岁以下儿童死亡率6.71‰，婴儿死亡率4.03‰，无新生儿死亡。免费增补叶酸发放467人。4月，县妇幼保健院搬迁至新建成的县公共卫生服务综合大楼。

【“两癌”筛查】 2021年，明溪县完成免费“两癌”检查1901人，查出阴道炎648例，宫颈炎28人、子宫肌瘤35人、子宫腺肌瘤1人、宫颈脱落细胞异常114例，HPV（人乳头瘤病毒）16型阳性30人，HPV18型阳性8人，宫颈病变CINI（宫颈上皮内瘤变）级10例、CINII-III级9例、确诊原位癌1例；乳腺癌筛查1901人，完成率100%（任务数1900人），查出乳腺癌2人。

【健康检查】 2021年，明溪县

妇幼保健院入幼儿园体检儿童及幼师3037人，口腔保健2986人次，视力保健9300人次，听力保健744人次，血红蛋白5702人次，幼儿园教师体检459人。全年免费婚检、优检324对，检出异常109人；婚检女45人、男46人，婚检率11.15%，检出异常18人。

【出生医学证明管理】 2021年，明溪县首次签发《出生医学证明》496份，补发14份，换发5份，作废19份（其中18份为库存作废）。

【高危孕产妇管理】 2021年，明溪县妇幼保健院筛查出高危孕产妇388人，其中黄色高危326人，橙色高危85人，红色高危3人，紫色10人。年内救治危重症孕产妇1人，无孕产妇死亡。

【艾梅乙母婴传播防治】 2021年，明溪县妇幼保健院对全县妇儿保工作管理人员进行指导培训，培训率100%，孕产妇艾梅乙检测率100%，检出孕产妇梅毒0人，乙肝阳性72人，艾滋病病毒抗体阳性0人。

【地中海贫血防控】 2021年，明溪县地中海贫血检测完成260对，血红蛋白分析20对，基因检测4对，查出α型地中海贫血2人，无β地中海贫血。

（赖国芳）

卫生监督管理

【概况】 2021年，明溪县卫生计生监督所加强生活饮用水、公共场所、学校、放射、职业、传染病防治、医疗、餐饮具集中消毒服务单位等卫生监督工作和食品安全标准备案、跟踪评价工作。全年发（换）卫生许可件67件，行政处罚15件。

【公共场所卫生监督】 2021年，明溪县卫生计生监督所制定住宿等各类公共场所卫生监督要点，使监督工作程序化、规范化。全县有公共场所经营单位127家（其中住宿业23家、美容美发场所97家、游泳场所1家、娱乐场所4家，其他2家），均进行建档，做到纸质档案和电子档案相符，做好档案的日常管理，及时更新，确保经营单位资料的最新化，规范资料的信息化管理，及时进行网络直报。全年共换发证数50户，体检286人。监督检查186户次数，监督覆盖率100%。根据量化分级管理评分标准，对全县23家住宿场所、1家游泳场所及97家美容美发场所进行量化分级管理，住宿场所、美容美发场所、游泳场所量化分级覆盖率均达100%。着重对各类公共场所监督抽检14户，合格率100%，完成公共场所卫生国家双随机监督抽检任务。卫生行政处罚案件1件，对一家商务宾馆经营者张某未取得公共场所卫生许可证擅自营业处罚1000元。

【医疗卫生监督】 2021年，明溪县卫生计生监督所开展打击非法医疗美容宣传活动，为业主和过往群众现场答疑解惑，发放宣传材料120余份。加强医疗卫生日常监督检查，各卫生监督员及卫生监督协管员对全县各级各类医疗机构开展检查，出动车辆26车次，人员296人次，检查148家次，出具意见书10份并落实整改，其中完成国家抽检“双随机”5家。开展医疗机构依法执业自查自纠、医疗行业综合监管专项整治行动、不合理医疗检查专项治理行动、打击非法医疗美容服务专项整治、打击非法应用人类辅助生殖技术等违法犯罪行为专项整治等6个专项工作，在医疗行业综合监管专项整治行动工作中，查处3家存在违法违规的医疗机构，查处2起无证行医行为，共罚没7.72万元。完成2家医疗机构的驻点监督检查，针对存在的问题下发卫生监督意见书，全部完成整改。

【传染病防治与消毒产品监督】 2021年，明溪县卫生计生监督所对餐饮具集中消毒单位进行6次专项监督检查，出动执法车辆12台次，卫生监督员24人次，随机抽检72套餐具，检测项目为感官性状、大肠菌群及烷基苯磺酸钠，

7月检测项目增加沙门氏菌、游离性余氯，检测结果全部合格。检查辖区内消毒产品使用单位99家，出动卫生监督员198人次，出动车辆7车次，现场抽查使用中的消毒产品，对索证不全方面下达整改意见书4份，责令限期整改。对2家消毒产品生产企业进行专项检查5户次，出动卫生监督员10人次，出动车辆2车次。检查消毒产品经营单位5家次，出动卫生监督员10人次，对消毒产品索证不全方面下达意见书1份。开展医疗废物处置专项监督检查，出动车辆16车次，卫生监督员198人次，检查99家医疗机构，下达整改意见书8份，责令整改到位，立案3件，结案3件，罚款4000元。全县17家单位建立医疗污水处理设施，对部分乡镇卫生院因设备检修等原因未做污水监测档案的行为，下达整改意见书2份。

【新冠肺炎疫情常态化防控】 2021年，明溪县卫生计生监督所加强新冠肺炎疫情常态化防控工作，出动卫生监督员644人次，26车次，检查各级各类医疗机构322户次，完成98家医疗机构的传染病分类监督综合评价工作，发放宣传材料110余份。对医疗机构传染病疫情报告及控制、消毒隔离、预防接种、医疗废物处置、病原微生物实验室生物安全管理等情况进行监督检查。开展新冠肺炎疫情防控及新冠病毒核酸检测实验室生物安全管理专项监督检查，重点检查预检分诊管理情况、发热门诊设置管理情况、感染防控和医务人员防护情况、检查门诊日志、要求“验码、测温、不聚集、戴口罩”、按规范严格执行消毒制度、规范处置医疗废物和落实实验室生物安全制度等。对2家集中医学观察点、6家托幼机构、9家预防接种单位进行专项监督检查,对个别单位疫苗冷链记录不完整的情况下达整改意见书。对商场超市等各类公共场所开展监督检查，出动监督员852人次，出动车辆12次，巡查336家次，发放宣传资料856份，下发1份卫生监督意见书，发放指导性意见98份。

【职业卫生监督】 2021年，明溪县卫生计生监督所对辖区25家已纳入职业卫生监管企业开展日常卫生监督工作，出动卫生监督员62人次，监督检查监管企业25家，下达卫生监督意见书5份，行政处罚1起。对10家重点行业企业开展专项监督执法检查，其中2家用人单位存在工作场所职业病危害申报不及时、1家用人单位未按规定组织劳动者进行职业卫生培训、1家用人单位未及时书面告知劳动者检查结果、1家未按期进行职业病危害因素监测，下达5份卫生监督意见书，并责令用人单位限期改正。其中，对1家用人单位进行行政约谈，对1家用人单位给予警告。

【放射卫生监督】 2021年，明溪县卫生计生监督所出动30人次对辖区10家具有放射诊疗的医疗机构进行监督检查，对个别医疗机构放射工作人员健康管理档案资料归档不全问题，要求立即整改。

【学校卫生监督】 2021年，明溪县卫生计生监督所出动监督车辆8车次、卫生监督员和协管员36人次，监督检查辖区学校17家次，对个别学校有的教室涉水产品索证不全情况，下发1份整改意见书，并督促整改。

【生活饮用水卫生监督】 2021年，明溪县卫生计生监督所对城市供水、二次供水单位开展监督检查4次，对乡镇集中式供水单位开展监督检查2次，检查生活饮用水单位36家次，各集中供水单位水源卫生防护情况良好，供管水人员均有进行健康体检和卫生知识培训，使用的涉水产品均有卫生许可批件。对市政供水每季度监测一次，全年监测水质68份，合格68份。二次供水单位每季度监测1次，全年监测水质20份，合格20份。乡镇集中式供水单位6家，每半年监测1次，全年监测水质12份。

【卫生许可服务】 2021年，明溪县卫生计生监督所行政服务窗口提高办事效率，规范政务管理，实行周末预约无休机制。全年办理许可件67件，其中公共场所卫生许可50件，供水单位卫生许可1件，放射医疗工作人员证核发1件，放射源诊疗技术和医用辐射机构许可10件，医疗机构放射性职业病危害建设项目预评价报告审核1件，医疗机构放射性职业病危害建设项目竣工验收4件。

【卫生监督协管】 2021年，明溪县卫生计生监督所加强卫生计生监督协管巡查工作，开展卫生计生监督巡查工作4次，巡查9个乡镇卫生院，落实巡查登记报告制度。采取随机抽查和定期检查相结合的方式，对监督协管进行指导检查，采取“季督导、半年检查、全年考核”对协管服务项目执行进展情况进行摸底，对协管服务的本底资料、工作总结、协管巡查记录和意见书、培训、协管服务工作宣传等方面进行巡查督导，对食源性疾病、生活饮用水、非法行医和采供血、职业放射、学校卫生进行针对性指导。对检查中发现的问题，监督员下达卫生监督业务指导意见书并提出整改要求。做好卫生监督协管服务对象建档工作，全年建档274份，巡查1128家次。

（赖国芳）

疾病预防控制

【概况】 2021年，明溪县疾病预防控制中心做好疾病预防控制和疫情常态化防控工作，开展传染病分析预警报告12期。全县共报告乙类和丙类传染病456例（无甲类），无死亡病例，总发病率442.73/10万，比上年下降8.43%。其中乙类传染病224例，发病率217.48/10万，比上年下降3.45%；丙类传染病232例，发病率225.25/10万，比上年下降12.78%。全年报告肿瘤病例158例；报告死亡病例732例，全县总死亡率7.09‰。

【卫生应急监测调查处置】 2021年，明溪县做好禽流感、登革热等重点传染病防控，及疟疾、埃博拉出血热、塞卡病毒感染等输入性传染病应急处置准备工作。处理手足口病聚集性疫情3起，报告手足口病166例。报告AFP病例1例，报告麻疹病例3例。实时监控国内外新冠肺炎疫情动态，落实“外防输入、内防反弹”防控策略，开展重点人群、境外返明人员、中高风险地区返明人员、疫情地低风险返明人员监测，开展疫情地返明的密接人员、次密接人员及中高风险人员流行病学调查42次，流调130人。选派黄若瑶等4名专业技术人员分赴福州、泉州等地参与支援抗疫行动。开展县党代会、人大政协会议、中高考试及大型活动疫情防控工作约20场次。

【性病、艾滋病防控】 2021年，明溪县内管理的艾滋病感染者病人共18例，17位感染者做了CD4检测，随访管理率94.4%。接受抗病毒治疗人数18人，占报告存活的感染者和病人的100%。对被监管人员进行免费艾滋病病毒抗体检测，共检测125人，未检出阳性病人；共有322人接受免费咨询检测，未检出阳性病人；开展高危人群干预，共为高危人群469人次发放宣传单1200份，安全套1290个，其中有151人接受HIV检测和咨询服务。性病监测工作，共报告梅毒51例、淋病12例、生殖器疱疹5例、尖锐湿疣25例、生殖道沙眼衣原体9例。

【重点寄生虫病监测】 2021年，明溪县疾控中心落实疟疾输入性病例防控和当地发病的防控工作，4月开展“消除疟疾，谨防境外输入”为主题的宣传活动，发放宣传资料1000余份；对全县医疗机构卫生防疫人员20余人进行疟疾等重点寄生虫病防治骨干培训。全县完成“三热”病人（发热在38.5℃以上的临床诊断为疟疾、疑似疟疾、不明发热原因者）监测58例，血检率达0.57‰，复检12人，复检率20.69%，未检出阳性病人。

【麻风病防治】 2021年，明溪县疾控中心共发放88份麻风病可疑线索调查表，收回88条，收回率100%，共收到上报3条可疑线索，3例经复查排除；完成省市要求的27例麻风存活病人情况调查，并网络上报相关信息。

【结核病患者管理】 2021年，明溪县登记治疗活动性肺结核患者21例，其中新发现病原学阳性肺结核患者13例，病原学阴性8例，病原学阳性率为61.9%；病原学检查阳性肺结核患者密切接触者登记数11例，接触者筛查数11例；推送耐多药高危人群筛查3例，筛查3例；治疗满一年肺结核患者21例，成功治疗19例，成功治疗率为90.4%；其中登记涂阳患者6例，治愈5例，涂阳患者治愈率83.3%；登记肺结核21例，规范服药患者21例。

【儿童免疫接种】 2021年，明溪县出生儿童631人，实建卡631人。对0—6岁儿童实施免疫接种，接种17408剂，接种率99.9%；卡介苗接种519人，接种率100%；乙肝接种1771人，接种率100%；脊髓灰质炎接种3281人，接种率99.90%；百白破接种2823人，接种率99.92%；白破接种1154人，接种率99.74%；含麻类疫苗接种1509人，接种率99.9%；乙脑接种1653人，接种率99.9%；流脑A疫苗接种1442人，接种率100%；流脑A+C疫苗接种2376人，接种率99.7%；甲肝减毒疫苗接种880人，接种率99.89%。

【职业病危害因素监测】 2021年，明溪县疾控中心进行职业健康检查721人，报告疑似尘肺病人4例（辖区内3例），其中市职业病防治中心确诊职业性尘肺病1例，按要求将体检结果及时通过职业病报告系统录入。全年对纳入监测的重点职业病进行职业健康体检347人，并按要求将个案信息通过网络录入上报。完成职业性尘肺病随访与回顾性调查5例。完成工作场所职业病危害因素监测任务数15家，完成职业病危害现状调查90家企业。

【生活卫生监测】 2021年，明溪县开展重点人群口腔健康状况监测，抽取4所幼儿园、3所中学、3个村（居）委会作为调查点，并按年龄段进行分类，共调查500人。开展农村环境卫生监测，调查5个乡镇、20个行政村、100户农户，10所学校相关卫生状况，调查数据录入国家监测系统。开展微生物检测工作，委托餐具检测144份，合格率100%；公共场所监测290份，合格率98.6%；医疗机构监测228份，合格率98.2%；托幼监测208份，合格率97.6%。完成从业人员健康体检2914人份。采集儿童碘盐标本和尿样标本211份，全部合格；采集孕妇碘盐标本和尿样标本100份，碘盐合格99份。对水果、蜂蜜、鱼、糯米、面制品、鸡肉、猪肉、贝类等19类食品进行6轮采样（其中第三方采样一轮），采集食品样品71份，采样环节及场所包含餐饮、超市、农贸市场、网络购物、学校周边等，采集样品送至市疾控中心检测。全县有10个食源性疾病监测医疗哨点，完成食源性疾病监测613例。

（赖国芳）

爱国卫生

【“全民爱国卫生日”活动】 2021年，明溪县卫生健康局组织协调每月一次“全民爱国卫生日”活动，共发放各类宣传单4000余份，LED滚动屏播放700次，张贴宣传海报150张，横幅32条，营造爱国卫生月的宣传氛围，发动干部群众参与环境整治850余人次，清理各类垃圾60余吨，清理卫生死角400余处，疏通沟渠1300米，填平积水680余处，清除乱张贴等小广告500余处。开展灭鼠灭蝇蟑活动，全年发放慢性鼠药物0.7吨、灭蟑螂药物2000盒。

【除“四害”活动】 2021年，明溪县卫生健康局组织开展春季、秋季全县统一除“四害”活动，投放“嗅敌隆”毒饵700千克，灭蟑药2000盒。开展环境整治提升行动，全县共参与环境整治提升行动的人员7500余人次，清理各类垃圾170余吨，清理卫生死角680余处，疏通沟渠3500米，填平积水1300余处，清除乱张贴等小广告800余处。推进农村改厕工作，全年共新建和改造无害化户厕200户。

【农村改厕革命】 2021年，明溪县卫生健康局推进农村改厕革命工作，投入建设资金30万元，完成新建改造农村户厕200户，全县农村常住人口无害化厕所普及率95%。创建省级卫生乡镇1个、省级卫生社区1个。

（赖国芳）

人口与生育健康

【概况】 2021年，明溪县人口出生751人，政策符合率95.07%，出生性别比118.31，人口出生率6.13‰，自然增长率0.38‰，全县人口监测信息准确率97.98%，高于指标2.98个百分点。

【计生帮扶】 2021年，明溪县计划生育奖励扶助3613人，其中农村部分计划生育家庭奖励扶助458人，其中低保户82人，兑付奖励金64.8万元；计划生育特殊家庭58人，其中低保户19人，兑付奖励金95.58万元；农村二女扎户家庭奖励扶助2346人，兑付奖励金84.46万元；农村部分计划生育家庭贡献奖励162人，兑付奖励金5.83万元；城镇部分计划生育家庭奖励扶助584人，其中低保户11人，兑付奖励71.4万元。

【健康促进行动】 2021年，明溪县卫生健康局检查公共场所186家次，生活饮用水29家次，职业卫生21家次，放射诊疗11家次，学校卫生18家次，医疗机构依法执业监督148家次，医疗机构传染病防治监督322家次，消毒产品单位5家次，餐饮具集中消毒单位10家次，妇幼健康4家次，下达卫生监督意见书94份。餐具饮具消毒单位包装标识不符合要求，简易程序处罚警告1起，职业卫生案件1起，公共场所案件1起，无证行医2起，医疗机构违法违规案件结案9起，共计罚款83800元，没收违法所得429元。全年开展对县1家城市供水单位及7家二次供水单位日常监督4次，采集水样88份，合格率100%。

【健康教育】 2021年，明溪县疾控中心根据县常见传染病如结核，肝炎、性病等防治工作，结合各种卫生日活动，到部分机关单位和学校开展健康知识讲座、举办义诊等方式，开展倡导健康文明生活方式等相关的健康教育活动14期次，更换健康教育专栏6期，发放高血压、糖尿病等宣传资料20种82000余份。

【老龄健康服务】 2021年，明溪县雪峰镇城南社区、城西社区、沙溪乡梓口坊村3个社区（村）被列为全国老年人心理关爱项目点，完成260份老年人心理健康状况调查及心理健康教育、心理疏导、社区活动等健康促进和干预活动。开展失能老年人评估与服务工作，为全县65周岁及以上100位失能老年人进行评估与服务，并建立健康档案。完善医疗机构老年人挂号、就医绿色通道，优化老年人就医流程，使老年人享受就诊、转诊、预约专家、保障用药等优先服务。开展老年友善医疗机构建设，推动医疗卫生机构开展适老化改造，开展老年友善服务。

（赖国芳）

责任编辑：李桂花

社会生活

收入消费

【概况】 2021年，明溪县居民人均可支配收入27404元，比上年增长7.8%。全体居民人均生活消费支出17767元。

【城镇居民收入支出】 2021年，明溪县城镇居民人均可支配收入35464元，比上年增长6.8%。县城镇居民人均消费支出23817元，比上年增长9.7%。

【农村居民收入支出】 2021年，明溪县农村居民人均可支配收入20131元，比上年增长10.5%。县农村居民人均消费支出14850元，比上年增长17.3%。

（杨佳敏）

人力资源管理

【概况】 2021年，明溪县人力资源和社会保障局围绕稳定就业促进创业、统筹推进社会保障、强化人事人才管理、维护劳动者合法权益、加强自身建设，推进人力资源和社会保障各项工作取得成效。局获评第十四届省级文明单位；社会保险中心获评“全国人社系统优质服务窗口”“全省人社系统先进集体”“省级五一先锋号”；职工林燕获评“全省人社系统先进个人”。

【就业与创业创新】 2021年，明溪县人力资源和社会保障局为求职者与企业搭建对接平台，举办线上线下招聘会15场，累计发布189家企业岗位3641个次。鼓励企业吸纳毕业生就业，向8家就业见习单位征集就业见习岗位40个，到岗37人，发放青年就业见习补贴15.76万元；引导91家企业和2131人次通过线上平台办理公共就业服务。截至12月，全县城镇登记失业率3.55%，控制在5%以内。开展职业技能提升行动，举办家政服务、养老护理、电焊工等职业技能培训42期，参加培训人员3924人次；审核发放技能见证、技能提升等补贴253人次。落实援企稳岗政策，为129家企业发放一次性用工服务奖补等各类奖补资金53.66万元。发放公益性岗位补贴310.82万元、720人次；发放失业补助金319.6万元、3822人次，失业金105.81万元、1045人次；发放2020年度灵活就业人员社保补贴158.52万元、712人次。培育优秀创业创新典型项目，评选县级优秀创业创新典型项目10个，获评市级优秀创业创新典

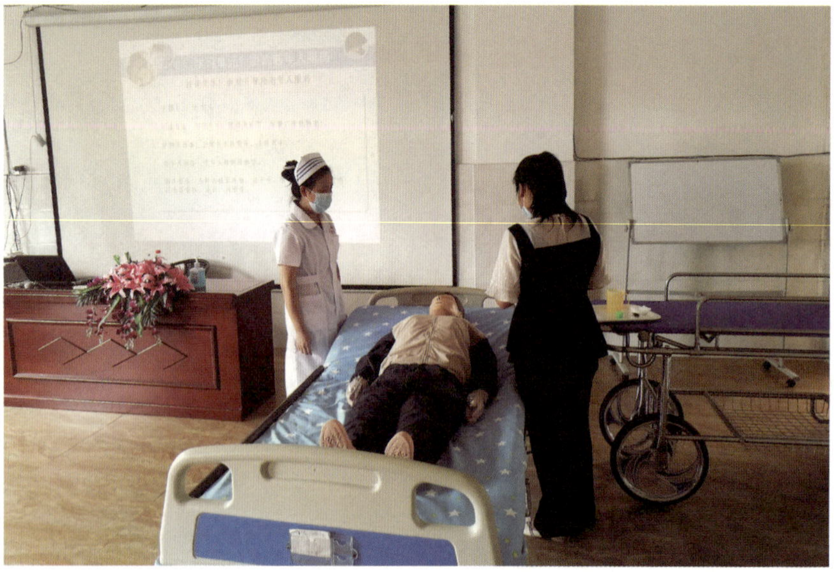

2021年9月，县民政局举办老人照护专项职业能力培训。图为学员学习护理老人 （图/县民政局）

型项目一等奖1个、三等奖1个，共发放奖金28万元；推送2021年大中专毕业生创业省级资助项目1个；落实创业担保贷款政策，为创业者发放贷款130万元，发放创业担保贷款贴息142.43万元、523人次。

【人事人才管理】 2021年，明溪县人力资源和社会保障局吸纳各类人才，审核通过实用型人才427人；海纳百川高层次人才认定平台审核通过B类8人，C类4人；申报专家服务基地9家，2020年度专家“一带一”成果1人，第二批“雏鹰计划”青年拔尖人才1人，推荐“赛马制”选拔技能人才3人；发放人才津贴、补助46.12万元、103人次，高层次人才慰问金2.54万元。稳定公共部门岗位供给，2021年聘用事业单位人员197人；与省、市同步采取“高校委培”方式补充教育、卫生专业毕业生22人；通过到高校招聘聘用新教师39人，卫生系统紧缺人才2人；统筹实施高校毕业生“三支一扶”计划，接收省级“三支一扶”毕业生13人。做好全县事业单位岗位设置管理、聘用、职称评审等工作，通过确认、评审取得职称323人，其中非公企业56人。

（范桂梅）

社会保障

【社会保险】 2021年，明溪县企业职工养老保险参保13111人，完成任务数的110.18%；工伤保险参保14572人，完成任务数的115.65%；失业保险参保9654人，比上年增长8.91%；机关事业单位养老保险参保4049人，实现全员参保；城乡居民养老保险参保58920人。完成全县6524名退休人员养老金待遇调整工作，机关事业单位、企业退休人员人均月增资分别为177.99元、134.21元；完成特殊对象1525人全额代缴工作，代缴金额30.5万元；被征地农民养老保险待遇领取1324人，发放被征地农民养老保障金641万元。建立健全风险防控体系，严格落实社保经办机构内控制度，基金运行情况良好，未发生违规使用基金的情况。

【劳动关系管理】 2021年，明溪县人力资源和社会保障局指导企业和职工依法签订劳动合同，涉及职工3970人，签订率96%；加强对工资分配宏观调控和监督，组织样本企业开展薪酬数据调查，共调查样本企业13家，涉及职工1604人；做好工伤案件的立案、调查、认定工作，受理工伤41起，认定40起。

【劳动保障监察】 2021年，明溪县人力资源和社会保障局全面

2021年9月，县人力资源和社会保障局在盖洋镇司法所开展“流动仲裁庭”活动（图/县人力资源和社会保障局）

推广“扫码投诉”功能运用，开设“明溪县劳动保障监察”微信号，畅通线上投诉举报渠道，全年协调欠薪案件51起，涉及职工208人，解决拖欠工资247万元；推动政府投资项目全部创建无欠薪项目部；公布诚信企业21家，无劳动保障失信企业。健全完善劳动关系三方协调机制，将调解贯穿劳动争议案件处理全过程，全年受理劳动人事争议仲裁案件43起，金额89.5万元，结案率100%，调解率67.4%。

（范桂梅）

住房公积金管理

【概况】 2021年，三明市住房公积金管理中心明溪管理部（简称明溪管理部）实施为民惠民政策，推动公积金信息化工作发展，畅通线上办理业务渠道，业务发展平稳增长。全年全县正常缴存住房公积金单位229个，正常缴存人数8289人，住房公积金归集额15604.04万元；办理住房公积金提取业务22164人次，提取金额14399.13万元；为185户职工家庭发放住房公积金贷款6682.7万元，个贷率63.33%；累计提取城市廉租住房建设补充资金2868.3万元。

【住房公积金归集提取】 2021年，明溪管理部推动公积金信息化工作发展，在“e三明”推出购房提取办理业务，首次实现购房提取网上办理。截至12月底，建立完善集“e三明”、闽政通、微信公众号、网上办事大厅、微信小程序等公积金线上服务渠道，推出购房提取、租房提取、还贷提取、基数核定等71项线上服务。全年新开户缴存单位14个，年末正常缴存单位229个，正常缴存人数8289人；住房公积金归集额15604.04万元，比上年增加1041.95万元，增长7.16%；年末住房公积金累计归集总额131681.41万元，归集余额43038.97万元。全年办理住房公积金提取业务22164人次，提取金额14399.13万元，比上年减少73.78万元，下降0.51%，占全年住房公积金归集额的92.28%，其中住房消费类提取金额11598.23万元，占提取总额的80.55%。

【住房公积金贷款】 2021年，明溪管理部落实各项公积金贷款政策，及时关注掌握贷款逾期情况，加强贷后停缴催缴力度，防范化解住房公积金资金流动性风险。全年共向185户职工家庭发放住房公积金贷款，比上年增加63户，增长51.64%；贷款发放金额6682.7万元，比上年增加2393.8万元，增长55.81%；当年贷款回收3060.61万元，比上年下降302.89万元，下降9.01%；年末住房公积金贷款余额27254.89万元，比上年增加3622.09万元，增长15.33%；年末无逾期3期以上贷款。

（彭 杰）

医疗保障

【概况】 2021年，明溪县医疗保障局加强部门联动，建立部门间常态化信息共享和协作机制，全年全县城镇职工基本医疗保险参保人数15140人，比上年增长4.31%，其中在职人员9176人，退休人员5964人，赡养比为1.54∶1；城乡居民参保人数93264人。

【医保基金监管】 2021年，明溪县医疗保障局加强医保基金监管，4至6月，对县域内的定点医药机构进行稽核稽查全覆盖检查，对全县24家定点医药机构提出限期整改，约谈3家定点医药机构，追回违规金额26429.31元。全年对“两定”（定点医疗机构、定点零售药店）机构日常稽核检查130余次，发现存在问题定点医疗机构8家，追回涉及违规金额22090.51元；通过电话、发传真函等手段，核查区外住院大额发票43人次，涉及总费用176.48万余元，暂未发现违规票据。追回不合规工伤报销材料1人次，涉及基金718元。

【医保扶贫】 2021年，明溪县医疗保障局巩固拓展脱贫攻坚成果同乡村振兴有效衔接，破解群众因病致贫、因病返贫问题。动态跟踪排查建档立卡脱贫人口就医84人次，回访建档立卡脱贫户82人次，协助办理转诊手续15人次；第三次精准补助提前办理4人，补助金额180004.75元。经核查，县医改领导小组专题会议研究，2020年度县符合申请条件人员共有93人，总补助金额为2469198.68元，至12月底全部补偿到位。

【医疗监管】 2021年，明溪县医疗保障局严格执行三明联盟药品限价采购，及时跟进对接国家组织药品集中采购中选结果，确保国家、省、市药品集中带量采购中选药品落地实施，禁止县总医院（医联体）内自行外购耗材。督促医疗机构及时调整医疗服务项目价格，大幅提高诊查、护理、治疗、手术等技术性劳务价格，提高医院的医务性收入占比，明溪县总医院医疗服务性收入从改革前的18.37%，提高到45.5%；药品耗材收入占比从改革前的60.08%下降到25.1%。

【医保电子凭证推广】 2021年，明溪县医疗保障局在县医院、行政服务中心入口处等地设立医保电子凭证激活点，派出专人到激活点开展医保电子凭证的宣传与激活，及时落实监督机制，实行周通报月评比，对进度后位的单位进行约谈。至12月底，全县医保电子凭证激活率达69.26%，成为全市医保电子凭证激活率首个按时突破60%的县。

【医保便民服务】 2021年，明溪县医疗保障局推行“三办”便民服务措施，宣传引导群众登陆福建网上办事大厅、“e三明”App、三明市医疗保障微信公众号等方式开展“不见面办理”，全面实行网上办、掌上办和智能办。全年网上办事大厅办件208件，提前办结208件，调取电子证照数131件。

（汪丽华）

民政事务

【概况】 2021年，明溪县民政局践行“民政为民、民政爱民”理念，聚焦巩固脱贫成果，聚焦特殊群体，聚焦群众关切，致力于巩固基本民生保障、补齐民政事业短板、增强社会治理能力，开展党史学习教育，推动民政救灾救济、低保等各项工作，与县政协合作编纂地名志类书籍《地名经略》。有10人次受到县级及以上表彰。

【城乡低保】 2021年，明溪县民政局开展困难群众“漏保”“漏救”问题点题整治工作，梳理排查8类对象，排查3186人次，将符合条件的困难群众273人纳入低保或特困供养保障。全年城乡低保2305人，发放低保金1433.86万元。深化社会救助领域“放管服”改革，监督指导各乡镇低保（特困人员）审批工作，解决城乡低保（特困人员）对象不够精准、审批不及时等问题，提高救助对象的准确度和审批时效。

【特困人员供养】 2021年，明溪县民政局完善特困人员救助供养制度，特别是不能自理特困人员集中供养工作。全年城乡特困人员289人，发放供养资金479.72万元，不能自理特困人员集中供养率达91.71%。

【临时救助】 2021年，明溪县民政局加大临时救助力度，强化急难救助措施，提高资金使用灵活性。全县实施临时救助224户320人次、122.03万元。

【流浪乞讨人员救助】 2021年，明溪县救助流浪乞讨人员148人次。通过全国救助寻亲网、公安人脸识别系统等渠道做好智障人员寻亲工作，寻亲成功3人，护送返乡8人次。开展生活无着的流浪乞讨人员救助管理服务质量大提升专项行动，继续开展“寒冬送温暖”“炎热送清凉”专项救助行动，为街头流浪乞讨人员和困难群众提供必要的救助服务。

【弱势、特殊群体关爱】 2021年，明溪县554名老年享受农村低保、197名老年享受特困供养；328名儿童享受农村低保、1名儿童享受特困供养、897名妇女享受农村低保、43名妇女享受特困供养。助学1名社会散居儿童，发放“福彩圆梦·孤儿助学工程”助学金1万元。按时发放2名孤儿保障金3.36万元和53名事实无人抚养儿童生活补贴76.44万元。落实80岁以上老人高龄补贴制度和低保对象、计划生育特殊家庭中的完全失能老年人护理补贴制度，全年发放216.91万元。投入6.43万元为3214名80周岁以上老年人和60周岁以上分散供养特困人员购买意外伤害险。为1859名困难残疾人发放生活补贴200.44万元，向2187名重度残疾人发放护理补贴262.16万元。

【养老服务】 2021年，明溪县民政局投入地方政府债券资金480万元完成6个乡镇敬老院适老化改造。福建邻鹿养老服务有限公司中标乡镇敬老院租赁权，推进乡镇敬老院公建民营。实施居家社区政府购买服务，为城区内年

2021年12月28日，雪峰镇紫岭社区长者助餐点开业

（图/县民政局）

满65周岁以上的特困供养人员等“七类特定老年人”提供线上线下服务，全年购买资金16.61万元。推进为民办实事项目，夏坊区域性养老服务中心项目于12月动工建设，紫岭社区长者助餐点12月启用运营。

【基层自治建设】 2021年，明溪县如期完成96个村（居）委会换届工作，选举产生新一届村民委员会成员301人，社区居民委员会成员58人，实现100%的村（居）委会换届一次性选举成功、100%的村（居）实现“一肩挑”、100%的村（居）委会结构比例达标。全县18个村建成“百姓说理之家”。沙溪乡梓口坊村入选全国村级议事协商创新实验试点单位，其“5+1”服务侨乡工作法获评“福建省第三批优秀社区工作法”。雪峰镇紫岭社区被确定为省级城乡社区近邻服务试点社区，沙溪乡梓口坊村和雪峰镇城北社区作为市级城乡社区近邻服务试点社区，开展示范活动。雪峰镇城南社区居民公约、盖洋镇白叶村村规民约获评为福建省第二批优秀村规民约（居民公约）。

【社区治理】 2021年，明溪县开展社区工作者报酬待遇提标工作，首次建立“三岗十八级”社区工作者薪酬体系，形成动态调整和正常增长机制。推动出台《明溪县社区工作者绩效考核办法（试行）》，探索建立“进出有通道、履职有目标、考评有标准、发展有空间”的社区工作者职业体系。加强社区队伍建设，通过选举、指派、选聘等方式配齐配强社区工作人员，输送优秀人才进社区工作者队伍。招募3名高校毕业生充实社区服务队伍。

【社会组织监管】 2021年，明溪县实行社会组织网上年度检查工作，共有206家社会组织通过审核。打击整治非法社会组织，防范化解社会组织领域重大风险。县民政局联合县发展和改革局、县市场监督管理局深入明溪县农资协会、明溪县硒锌产业协会等7家行业协会进行督查，共同执法，未发现受检行业协会有乱收费等现象。摸排全县243家社会组织，指导58家僵尸型社会组织进行整改或注销，并下发39份整改通知书，对21家僵尸型社会组织进行撤销登记的行政处罚，引导5家社会组织主动注销登记，有序推进僵尸型社会组织整治工作。依托年报系统与登记系统联通，实现一网通办、数据互通、数据共享。提升社会组织数据质量，校对、补缺补漏243家社会组织信息数据，提高数据准确率。

【社会工作发展】 2021年，明溪县开展社会工作服务站购买服务项目，构建县社工总站、区域性中心社工站、乡（镇）社工站、村（社区）社工服务点四级网络，配备社工15名。社工联动志愿者、城乡社区工作者深入一线，为留守（困境）儿童、低保对象、特困人员等提供精细化社工服务，协助解决低保申请、残疾证办理、临时困难救助等“急难愁盼”问题585个。开展“筑梦成长”儿童关爱活动、“耆乐融融”重阳节关爱行动、“恒爱妈妈”贫困母亲救助帮扶活动、疫情防控宣传动员等专项活动23场次，累计服务2000余人次。

【行政区域界线管理】 2021年，明溪县完成2条县级界线、2条乡级界线联检工作。与周边2个县市区、县境内4个乡镇进行边界互访，签订平安边界共建协议。配合市民政局在县召开有关行政区划调整的座谈会。审核、校对及修改国家地名信息库中行政区域、群众自治组织、道路、桥梁等信息4条，更换信息库内有关地名信息照片100余幅，编纂印制《明溪县行政区划地名图》。

【殡葬管理服务】 2021年，明溪县民政局减免50个困难家庭殡葬费用6.3万元，做好清明群众祭扫服务保障工作。推进4个村级公益性骨灰楼（堂）项目建设，缓解城区公墓供需矛盾。县殡仪馆做好规划区内迁坟骨骸并提供免费火化和寄存服务。开展殡葬领域突出问题专项整治工作，强化殡葬服务、中介服务和丧葬用品市场监管，促进殡葬行业健康发展。

【婚姻登记】 2021年，明溪县民政局推进婚姻登记机关行风建设，提高婚姻登记服务质量。全年共办理结婚登记408对，离婚登记133对，补发婚姻登记证131对，离婚登记申请221对，出具（无）婚姻登记证明14对。加强婚姻调解力度，全年共辅导144对前来离婚夫妻，成功劝和35对夫妻。协助县住房和城乡建设局核查公租房保障人员4000人次的婚姻状况基本信息。

（林福毅）

民族宗教事务

【概况】 2021年，明溪县有汉族等27个民族，汉族人口占99%，有回族等少数民族26个。有依法登记的宗教活动场所27处，省级民间信仰活动场所联系点1处，民间信仰活动场所55处，备案宗教教职人员26名，信教群众万余人。

【民族工作】 2021年，明溪县开展民族团结进步宣传月系列活动和民族团结进步“六进”（进机关、进乡村、进企业、进社区、进学校、进军营）活动，组织开展政策宣传、文艺表演和志愿服务等群众喜闻乐见的活动；结合“2021明溪县科普联合行动”“12·4”宪法宣传周暨“乡村振兴 法治同行”等活动，在市民广场广泛宣传宪法、《福建省少数民族权益保障条例》等相关法律法规，发放民族政策宣传品7000份，张贴宣传标语、海报、户外广告180余条，发送公益宣传短信8万余条，营造民族团结浓厚氛围。推动民族乡村振兴发展，巩固官坊回族村“中国少数民族特色村寨”创建成果，创建全省民族乡村振兴示范点，争取资金助力养蜂等产业项目建设和环境整治提升建设，精心打造“绿海明珠，回味村寨”特色品牌。

【宗教事务管理】 2021年，明溪县巩固基督教私设聚会点治理成果，开展整治非法宗教活动工作，抓实宗教领域常态化疫情防控、消防安全和建筑安全等隐患排查整治。坚持宗教中国化方向，创建2个市级“四进”活动示范场所，申报饶公信俗省级非遗文化项目；举办聚龙寺开山1300周年庆典，推进聚龙康养项目建设，提升惠利夫人信俗文化，完成惠利夫人文化长廊和牌坊基础建设；明溪显应庙打造“客家女神，惠利万家”信俗文化样板的做法，在全省“砥砺初心 爱我中华”宗教中国化协调创新论坛活动上作经验交流。全年宗教界开展各类公益慈善捐赠8.6万元。

（晏希峰）

老区建设

【概况】 2021年，明溪县老区工作围绕县委、县政府加快老区乡村振兴、全面建成小康社会的目标任务，加大老区宣传力度，落实“五老”优抚政策，争取各类老区扶建项目资金85万元，促进老区乡村全面振兴发展。

【老区宣传】 2021年，明溪县老区办做好老区苏区“红色”品牌宣传工作，以弘扬老区革命传统为宗旨，宣传老区红色革命历史，让老区传统、老区精神、老区观念、老区意识深入民心。协助县老促会完成《明溪县革命老区发展史》编撰出版工作，并成功举办首发式和赠书仪式。征订《中国老区建设》《红土地》等老区书刊116册赠送给有关部门阅读，加强政策解读，扩大老区政策宣传；向中国老区网、福建省老区建设网等网站投稿11篇，采用6篇，宣传县红色革命历史和老区乡村建设新发展、新面貌。

【老区项目资金争取】 2021年，明溪县老区办争取各类老区扶建项目资金85万元。争取中央衔接推进老区乡村振兴补助资金40万元，扶持城关乡大富村、罗翠村，夏坊乡龙坑村，瀚仙镇洋龙村等4个革命老区村的道路硬化、路灯安装等基础设施民生工程项目建设，4个项目总投资60.4万元，硬化老区村道路0.7千米，安装老区村庄照明路灯39盏，老区村受益人口达2100多人，受益耕地30多公顷。申请省级革命老区发展（革命遗址保护利用）资金15万元，补助夏坊乡黄地村红军交通站旧址修缮项目。落实市委、市政府苏区调研办实事项目资金30万元，扶持夏坊乡苎畲村形路里机耕路硬化建设项目建设，道路硬化0.8千米，受益农业耕地面积达6.67公顷，受益经济山林面积400多公顷，竹林面积4公顷，受益人口92户406人。

【“五老”优抚政策落实】 2021年，明溪县老区办落实革命“五老”人员生活、医疗补助政策，提高革命“五老”人员定期生活补助标准，按时足额发放“五老”人员各项补助。8月起，革命“五老”人员定期生活补助标准由每人每月1530元提高到1730元，五老遗偶生活补助标准由每人每月475元提高到575元。全年发放革命“五老”及遗偶生活定补、医疗补助等9.57万元。在“春节”“重阳节”开展慰问活动，由县分管领导带队走访慰问革命“五老”人员及遗偶，发放慰问金2.84万元；协助五老家属办理“五老”人员丧葬后事，及时发放丧葬补助金，送去慰问金、慰问品。健全“五老”人员县、乡、村三级工作联络员制度，主动关心“五老”生活，及时掌握“五老”人员基本情况，做好“五老”人员及其亲属来信来访工作，提供上门服务和定期电话回访，帮助协调解决“五老”人员生活中的困难和问题。

【社会力量共建】 2021年，明溪县老区办会同县民政局社会组织管理股共动员县11个社会组织成功对接12个老区村，生成有效帮扶项目3个，签约单位开展调研、座谈会等15次，投入基础设施建设、产业扶持、公益捐资等各类帮扶资金130多万元，仅县扶贫开发协会与县残疾人联合会，全年就争取省乡村振兴基金会、省残疾人基金会“扶贫助残大学圆梦行动”助学资金19.95万元，受资助学生33人，发动各界筹集资金14.6万元，资助困难家庭的在校大学生、高中生41人；开展农业产业技能培训8期，惠及老区群众3200余人。引导社会组织捐资助学，争取黄仲咸教育基金会奖学金9万元，资助90名品学兼优的老区贫困学生，11月底在明溪一中举办奖学金发放仪式。

（陈建华）

责任编辑： 罗菊妃 叶安婕

乡 镇

雪峰镇

【概况】 雪峰镇处于明溪县境中部，位于北纬26°21′，东经117°11′，属亚热带季风气候，是明溪县委、县政府所在地和全县经济、政治、文化中心。耕地面积75.73公顷，山地面积337.8公顷，林地面积224.2公顷，森林覆盖率83.8%。有闽西八大干之一的“肉脯干”山乡特色名特食品，有现代家居理想装饰精品——明溪特色三宝（宝石、宝剑、宝扇）。2021年，下辖城东、城西2个村委会和城东、城西、城南、城北、中山、紫岭6个社区居委会，辖区面积15.86平方千米。户籍人口27683人，流动人口2199人，常住人口35581人。

【经济发展】 2021年，雪峰镇主要经济指标平稳运行。全镇地方生产总值比上年增长5.5%，固定资产投资比上年增长6.1%，农林牧渔总产值1.23亿元，规模以上工业总产值6.5亿元。粮食播种面积66.13公顷，产量362吨；城镇居民人均可支配收入比上年增长3.9%，农村居民人均可支配收入比上年增长7.4%。全镇社会地方公共财政收入495.35万元，完成任务数106.27%，增量增速居全县各乡镇第二。规模服务业营业收入贡献率36.99%，位列全县第一；建筑业总产值增速78.67%，位列全县第二。

【换届选举】 2021年，雪峰镇党委召开换届培训工作会8次，其中镇党委换届培训工作会2次、政府换届培训工作会2次、村级组织换届培训工作会4次。成立村（居）换届选举工作领导小组，建立以挂村（居）领导为组长、挂村（居）工作队为成员的8个换届选举工作指导组。换届选出雪峰镇党委书记、党委副书记和党委委员共8名，出席县党代会代表13名；选举产生雪峰镇第十九届人大主席、副主席，镇长、副镇长，村（居）书记、主任、副主任。8个村（居）书记、主任全部“一肩挑”，村（居）干部学历普遍上升，平均年龄比上届显著下降。

【党史学习教育】 2021年，雪峰镇围绕党史学习教育、中共十九届六中全会精神等主题，班子成员上党课22堂，开展学习研讨18次。开展红色故事、习近平总书记来闽来明考察重要讲话精神、习近平总书记“七一”重要讲话、中共十九届六中全会、省市党代会精神等宣讲活动60余场次，受众3000人次。开展“我为群众办实事”活动，共收集建立镇级“我为群众办实事”项目清单56项、社区项目清单54项、与驻区单位共建清单8项、志愿服务项目清单34项。

【“365近邻”党建品牌创建】 2021年，雪峰镇坚持以人为核心的新型城镇化，以“邻里节”“我们的节日”等形式，开展社区日活动6次，做法先后在福建电视台综合频道播出及《三明日报》头版刊登。用好“居民夜谈会”、25个“邻里驿站”和267个楼栋微信群，组织镇干部与社区工作人员通过与居民话家常等方式，实现面对面、点对点搜集反馈问题，改造提升31个老旧小区，解决噪声污染、占用消防通道等群众急难愁盼问题380余件。

【项目建设】 2021年，雪峰镇运用“招商地图法”“脚底板工作法”，主要领导带队赴福州、厦门、深圳等地开展招商20余次，签约集采和专业石材物流网络货运平台建设，心海森林康养项目投资增资至10亿元，新引进总部经济企业13家。新增投产项目完成投资3.2亿元，位列县各乡（镇）第三。“五个一批”库内新增10亿元谋划项目1个，新增开工项目2个，新增投产项目1个，固定资产投资新增项目8个。

【征迁攻坚】 2021年，雪峰镇落实县委、县政府“小县大城关”“东进、北拓、中提升”城市建设战略部署，推进县人武部新迁建营区建设项目、民生路109号地块房屋、城关中学学生宿舍楼及足球场、嘉豪花园西侧商住地块、南山遗址公园建设项目及南山遗址公园南侧项目、原造纸厂南侧保障房建设项目地块、明溪县第一中学及周边地块迁建、康乐路紫岭社区旧城改造地块等8个城市建设征迁项目，其中4个项目实现净地交付，征迁进度位居全县各乡（镇）第一，为城市建设提供用地保障。

【综治平安建设】 2021年，雪峰镇创新网格化管理方式，通过建立完善社区267个各群体、各类型微信群，推行社区线上治理新模式；组建片区长（楼栋长）队伍、落实待遇，采取“一月一考核、一季一讲评、一年一评优”的方式，每年评选表彰全镇“十佳片区长（楼栋长）”，延伸治理“触角”；推广建设基层治理智慧指挥平台，采集综治“大数据”，建成综治“大平台”，运用现代智慧手段，提升综治工作效能。

2021年7月20日，雪峰镇首届“社区日”活动在时代广场启动。图为启动仪式现场 （图/雪峰镇）

【群众来信来访】 2021年，雪峰镇加大信访纠纷排查化解力度，摸排矛盾纠纷77起，调解化解77起。受理信访案件6件6人次，办结率100%。受理“e三明”平台诉求件399件，办结399件，满意率100%，未出现进京上访现象。

【文明创建】 2021年，雪峰镇搭建部队、机关、企业和社区联建联创平台，发动联建联创单位1600名在职党员、232名社区党员齐抓共管，定期开展志愿服务活动，建设环境卫生长效管理机制；建立在职党员、片区（楼栋长）、热心公益群众等为主体的“新时代文明志愿队”15支，开展环境卫生保护、邻里纠纷、小区公共设施维护维修等志愿服务150余次；挖掘党龄50年以上老党员91名，动员组建红色故事宣讲团2个，成员12名，开展红色故事宣讲11场。开展“社区日”等群众喜闻乐见的文体活动，开展扫黑除恶专项斗争、“移风易俗”、普法宣传等活动，创建健康向上的人文环境。完成全镇8个村（居）新时代文明实践站建设，坚持把志愿者作为新时代文明实践站的主体力量，开展全县性新时代文明实践活动94场。

【脱贫成果巩固】 2021年，雪峰镇收到扶贫项目光伏分红4.56万元，生猪养殖项目分红收益4.29万元，水力发电项目分红5.81万元，36户帮扶户获中蜂养殖收益32.77万元。保障保洁员、河道专管员、防疫消杀员等公益性岗位，实现帮扶公益岗位就业28人。落实精准帮扶医疗叠加保险、商业医疗保险政策，提高家庭签约医生服务质量，降低因病返贫风险。

（罗 宁）

瀚仙镇

【概况】 瀚仙镇地处明溪县城东北部，东毗沙溪乡，南邻胡坊镇，西连城关乡、盖洋镇，北与将乐县白莲镇接壤，距县城9千米，306、204省道及莆炎高速、永宁高速明溪连接线贯通全境。2021年，全镇总面积148.7平方千米，耕地面积1175公顷，林地面积124.57平方千米，森林总蓄积量127.66万立方米，森林覆盖率74.55%。下辖11个行政村89个村民小组，总人口3059户1.1万人。规模以上工业总产值31.87亿元，农林牧渔业总产值4.15亿元。瀚仙镇先后获评省级文明乡镇、省级脱贫攻坚先进集体、省级卫生乡镇、省级森林城镇、省级退役军人服务保障体系“五有”先进单位、市第一批农村新型住宅小区集中建设试点乡镇、市农村村民住宅规划建设管理试点乡镇、市关心下一代工作先进集体、市第三次全国农业普查先进集体、市优秀青年突击队。辖区内龙湖村获评省级乡村振兴试点村、省级村庄规划试点村、市级文明村，岩里村获评国家森林乡村，大焦村、龙湖村获评省级森林村庄。

【项目建设】 2021年，瀚仙镇推进“项目攻坚年”活动，成立项目统筹谋划小组，谋划入库“五个一批”10亿元以上项目2个，开工“五个一批”项目2个，其中10亿元以上项目1个，固定资产投资项目入库7个，待入库1个。开展“大招商招好商”攻坚战役，通过产业招商、以商招商等多方式推进招商及项目引进工作，主动上门精准招商，向企业主分析介绍镇资源优势，耐心沟通解答企业主提出的各类问题，引进盈梓新材料、昌杰嘉源建材制造、康农生态农业等10家工贸企业。全力以赴征迁攻坚，完成南方制药备用地、上海熙华公司用地等项目征迁工作，全年完成土地征收26.67公顷，园区防护距离内房屋征收共涉及大焦村际头、瀚大线沿线及王陂村住户等65户完成房屋征收协议签订，推进老虎尾安置小区和下王洞小区建设。

【农业经济】 2021年，瀚仙镇在继续抓好已建8个粮食产能区的基础上，新建瀚溪村集中连片33.33公顷（500亩）以上粮食产能区1个，在产能区推行机插秧、增施钾肥技术、实行水稻病虫害专业化统防统治。利用瀚溪、洋龙村两个水稻工厂化育秧大棚进行集中育秧，共育15个品种，并用插秧机机插40多公顷。发展果树、蔬菜、食用菌产业，培育有一定规模的蔬菜基地5个（面积30公顷），猕猴桃基地3个（面积43.33公顷），工厂化食用菌1家，建成食用菌生产产房2座，投入生产1座，日可生产秀珍菇1500千克。发展林下经济，有铁皮石斛13.33公顷，多花黄精16.67公顷。全年，农林牧渔业总产值4.15亿元，粮食播种面积1399.87公顷，总产量7840吨。

【乡村振兴】 2021年，瀚仙镇加快开发文旅游、近郊游、休闲游等产品，形成龙湖闽学鼻祖故里、洋龙油菜花、岩里森林农家等节点，成为“明溪后花园”“网红打卡点”“农家乐福地”，有效增加村民收入，聚集乡村人气。引导龙湖村融合村庄产业、生态、人文等元素，依托

“杨时故里”闽学文化，增强产业发展活力，稳步推进龙湖村AAA级景区创建。完善基础设施建设，实施老街屋面立面改造及道路工程，完成老街民居沿街面立面改造、污水管网铺设、电力杆线迁移缆化工程，处置重大安全隐患房屋9幢，拆除“两违”面积1.1万平方米，拆除率100%。持续加强农村建房规划管理，完成洋龙、龙湖村村庄规划，龙湖村规划列入第一批全国村庄规划优秀案例。实行“房长制”，探索建立农村建筑工匠协会，60名农村建筑工获得农村建筑工匠证。建设文明乡风，创建各级文明村镇，推动“一党委三中心（站）”平台建设，依托龟山书院、杨时家风家训园、归化之役遗址等场所深入推进党史学习教育、移风易俗等工作；贯彻落实“居民夜谈会”制度，开展村民夜谈、干部夜访、党员夜学“三夜”活动。

【洋龙油菜花】 2021年3月，瀚仙镇洋龙村种植的33.34公顷油菜花到了盛开的季节，黄澄澄的油菜花环抱了整个洋龙村，成了一片金色的花海。明溪城区和周边地区游客或携妻带子，或邀亲朋好友，三五成群来到洋龙村观赏油菜花。村民在油菜花基地的路边集中摆起小摊点，销售土鸡蛋、米粿、油饼、糍粑等农家美食，发展家门口经济，一些厨艺经验丰富的村民在家里办起“农家乐”百姓小厨房。洋龙油菜花基地是瀚仙镇打造的特色乡村旅游，成为明溪“十佳创意网红打卡地”。油菜花的美景不仅拉动乡村游，也带动农民增收，种植户亩收入平均达到1100元。

2021年，瀚仙镇加快开发旅游产品，增加村民收入，聚集乡村人气。图为瀚仙镇洋龙村油菜花种植基地（2021年3月16日温国彪 摄）

【环境整治】 2021年，瀚仙镇按照“全覆盖、零容忍、明责任、严执法、重实效”的总体要求，实施环境监管网格化管理，全面深入排查环境违法问题和环境风险隐患。优化人居环境，推进“河长制”“林长制”工作，完善龙湖村、大焦村污水管网项目，新增污水管网400余米，检查井12个；持续做好农村垃圾处理工作，新增分类垃圾桶1500个。

【基础设施建设】 2021年，瀚仙镇推进农村新型住宅小区集中建设试点珩溪小区建设，在建30户全部封顶，完成人工湿地池、自来水管网等配套基础设施建设。实施“我为群众办实事”实践活动，推动王陂五队大桥、乡道Y065坪埠龙湖路面破板养护工程等6个道路桥梁修建工程。实施岩里、大焦、瀚溪等村4个小型农田水利建设项目，完成洋龙农村饮用水巩固提升和2021年度农村饮用水安全工程维修养护项目。

【民生保障】 2021年，瀚仙镇新增低保11户17人，特困户3户3人，救助因病因学困难家庭17户27人，发放救助金6.54万元。开展岗位技能培训120人，实现城镇新增就业20人，再就业20人。电子医保激活率68%，社保参保率95%，医保参保率100%。抓实新冠肺炎疫情防控，建立疫情防控三级网格分包体系，加强国外及中高风险地区返乡人员和接触人员的动态排查监测，对1233个重点人员按要求实行“二对一”跟踪管理服务，推进新冠病毒疫苗接种“应接尽接”工作，接种户籍人口7307人。

【社会治理】　2021年，瀚仙镇召开中国共产党瀚仙镇第七次党员代表大会，完成镇党委和镇纪委换届；选优配强村级组织班子成员，11个村全部实现书记、主任“一肩挑”，村“两委”年龄、学历等指标超全县平均水平。畅通群众参政议政渠道，圆满完成县、乡两级人大代表换届工作。平安建设有序开展，做好公共安全领域大排查大化解大整治攻坚行动，开展扫黑除恶、推进禁毒、打击非法集资、打击网络诈骗、防范化解金融风险等工作；打好信访矛盾攻坚战，化解信访案件3件。全面落实安全生产责任制，建立常态化安全隐患排查机制，强化重点领域排查与整治力度，落实乡镇网格督导员制度，严格督促企业整改落实，开展各类安全生产检查24次，发现整改问题31处，整改率100%。拉网式摸排农房安全隐患，确保“一户不漏，一栋一档”，完成房屋排查3204户，整改老旧线路210户2.1万米，提供供桌用大理石181块，安装独立式火灾烟感报警器81个。

（刘晓云）

胡坊镇

【概况】　胡坊镇位于明溪县南部，距县城20千米。总面积231.2平方千米，其中林地面积19067公顷，耕地面积1440公顷。2021年，胡坊镇辖10个行政村75个自然村，总人口1.03万人，其中出国人员占总人口的14%。永宁高速明溪南收费站位于瓦口村，高速连接线穿境而过，兴泉铁路明溪站在胡坊设立站点，元溪高速（胡坊—岩前高速公路联接线）加快推进。镇内保留苏家大厝红军团部旧址及李家大院、广西会馆、道南书院红军驻地旧址等革命遗址，传承有茶花灯、“胖胖舞”、锔瓷等非遗技艺。

【经济建设】　2021年，胡坊镇粮食播种面积1786.67公顷，产量10026吨。规模以上工业总产值18.12亿元，工业增加值3.41亿元。完成固定资产投资3.48亿元。社会消费品零售总额完成限额以上贸易总产值0.46亿元，比上年增长19.85%。规模以上营利性服务业营业总产值2.97亿元。一般预算财政收入702.5万元。

【招商引资】　2021年，胡坊镇新增7个“五个一批”项目，完成投资1.83亿元，促成明溪强盛环保型免漆生态板生产建设项目开工建设，明溪景宸有机树脂人造石材生产建设项目、明溪荣冠高端定制织带生产线建设项目等建成投产，引进明溪县强盛木材加工有限公司、福建省北胡渔业有限公司、福建三侨贸易有限公司、福建冠尔贸易有限公司等4家企业，与福建冠泓工业有限公司、福建卫祥畜牧发展有限公司、厦门馨米兰香精香料有限公司签订投资意向书。

【项目攻坚】　2021年，胡坊镇完成古月湾小区基础设施设计，开工8栋16户，其中6户完成封顶。推动奋发山海协作产业园建设，完成10千伏胡冯线肖坊2号配变迁移工程、小型通讯微波站完成拆除、迁移，通过首动区一期（15.33公顷）6个项目征占用林地报批手续报批，推进工业用地“农转用”报批和工程建设临时用地报批，推进省道219至兴泉铁路明溪客货运站连接线（一期）、胡坊镇集镇供水管网（首动区段）改线工程等基础设施建设。

【乡村振兴】　2021年，胡坊镇福西村、肖家山村和胡坊村列入县“串点连线成片”示范线，并以此为重点，创建肖家山国家AAA级旅游景区，实施福西耕读文化园建设、小私塾功能提升建设工程、乡村振兴展示馆等建设项目，推进胡坊红旅小镇建设前期工作。支持、鼓励甜蜜蜜家庭农场、惠农植保专业合作社等优秀农场或专业合作社做优做强，“大山金线莲”“博冠百香果”“阳光葡萄”等特色品牌持续打响。博冠（福建省）农业科技有限公司完成“绿色食品”

中国传统村落森林康养福地胡坊镇肖家山村

（2021年9月17日韩土东 摄）

（“三品一标”）标签申报；小叶家庭农场、福春家庭农场获评市级示范农场称号。

【“林长制”实现“林长治”】 2021年，胡坊镇建立“一林一长一员”护林机制，做好“护绿+增绿+管绿”文章。印发《胡坊镇关于全面推行林长制的实施方案》，实行“员长”服务“林长”工作机制，镇级林长一月一巡山、村级林长一周一巡山，护林员一日一巡山，实现森林资源保护全覆盖。设置两级林长13名，设立公示牌11张、宣传牌200张。完成新造林67.06公顷，森林抚育477.2公顷、封山育林111.87公顷，义务植树600余株，落实松林改造项目78.46公顷。推行“公司+合作社+农户+基地”经营模式，加快林下种植业、养殖业、采集业等林下经济发展，扶持林下经济发展4户105.33公顷，促进小农户与现代林业发展有机衔接。

【民生事业】 2021年，胡坊镇投资1100余万元实施灌溉与排水、田间道路、农田防护与生态环境保持、水土流失治理、农村饮水安全工程维修养护、集镇污水管网建设等工程；完成县道左曹线明溪左拔村（自然村，隶属胡坊镇柏亨行政村管辖）至永安界公路(二期)改建工程。累计发放低保、特困补贴、高龄补贴、临时救济金、计生家庭意外伤害保险等288.25万元。落实“四个不摘”（摘帽不摘责任、摘帽不摘政策、摘帽不摘帮扶、摘帽不摘监管）要求，完善致贫返贫动态监测机制，识别相对贫困户7户、重点监测户5户，发放产业扶贫资金27.5万元，雨露计划资助大中专学生5.1万元，完成2户六类重点对象危房改造，落实健康扶贫政策，脱贫户就医报销比例达85.5%。

【社会治理】 2021年，胡坊镇坚持新冠肺炎疫情防控常态化，落实“三码联查”、防疫物资储备、新冠病毒疫苗接种等疫情防控举措，摸排上报境外和中高风险地区返乡人员300余人，累计接种新冠病毒疫苗7700余剂次。推进安全生产四大攻坚专项行动治理，开展安全生产检查19次、风险隐患排查220次，整改一般安全隐患17处。摸排制毒隐患点50处，调解各类矛盾纠纷47起，处理“e三明”诉求件41件、信访件3件。

（吴秀萍、王 娅）

盖洋镇

【概况】 盖洋镇位于明溪县西北部，是省级文明乡镇。全镇土地总面积355平方千米，耕地面积3538.76公顷，林地面积28713.08公顷，下辖18个行政村、1个居委会，总人口2.2万人。2021年，全镇完成规模以上工业总产值18.1亿元，比上年增长9.91%；农林牧渔业总产值完成5.74亿元，比上年增长2.84%；粮食播种面积3804.73公顷，总产量22096吨；固定资产投资对全县的贡献率为16.75%；农村居民人均可支配收入为19669元，比上年增长8%；地方一般性公共财政预算收入1508万元。

【农业经济】 2021年，盖洋镇巩固农业基础地位，发展特色农业，落实粮食播种面积3613.33公顷，依托新建成的温庄粮食烘干厂、大米加工厂，将绿色、安全、高效的优质稻产业作为主攻方向，以福建柳里河生态农业有限公司为龙头，采用“企业+党支部+合作社+农户”的产购销模式推广种植“宜优嘉七”“野香优676”等优质稻600公顷，产值1350万元。加强与明溪归化红食品有限公司合作，共同探索挖掘“明溪温庄贡米”产业附加值，并申报“明溪温庄贡米”农产品地理标志，提高品牌知名度。“明溪温庄贡米”得益于种植的耕地土层深厚、土质肥沃，又多为红壤并富含微量元素硒锌等优势，具有蛋白质、支链淀粉含量丰富，米粒晶莹剔透、粒细体长、色泽洁白、绵软适口等特点。巩固传统税源型产业，扩大烟叶种植面积至600公顷，实现烟叶收购1050吨，烟农收入4091万元，财政税收850万元，比上年增加120万元，稳定镇村财力和农户收益。发展果蔬产业，依托盖洋土壤富含硒锌的优势，打造农业品牌，种植桂林西瓜20公顷、白叶黄桃33.33公顷、画桥蔬菜33.33公顷、葫芦形紫茄14公顷，盖洋花卉13.33公顷，申报盖洋花卉和温庄贡米为“一村一品”示范村，逐步向“一村一品”的特色产业化农业发展。

【项目建设】 2021年，盖洋镇强化项目带动，打好“大招商招好商”攻坚战役，持续深化“五个一批”、推进“项目攻坚年”，累计入库“五个一批”开工项目2个，投产项目2个，新增入统5000万元以上产业类项目10个，固定资产投资对全县的贡献率为16.75%，新引进瑞锦农牧、名种农业、环保新燃料等一批好项目，完成招商引资落地开工项目8个。

2021年10月，盖洋镇温庄村完成国家级水土流失综合治理项目建设。图为温庄村小河道堤防工程 （2021年11月20日杨淑珍 摄）

【环境治理】 2021年，盖洋镇持续开展污染防治，全面落实露天焚烧治理，生活垃圾集中处理，行政村垃圾转运系统覆盖率100%，农村垃圾无害化处理率95%。推进河长制、环保网格员巡查等制度，新建排污管1千米，完成改造户厕40户。定期开展安全隐患排查，对辖区内各行业重点领域开展安全隐患排查15次，摸排出各种风险安全隐患41处，全部整改销号。按照“零容忍”、住房安全有保障的要求，对排查中发现的房屋安全隐患分类处置，全镇共排查出重大隐患34户，全部拆除销号。

【基础设施建设】 2021年，盖洋镇做好农村“四好”公路，促进农村公路提档升级，投资完成15.09千米的湾白线、葫黄线、画桂线等3条道路拓宽工程，完成温省线示范道路绿化工程。做好“水脉”文章，完成村头村、湾内村、白岚村等高标准农田建设项目、闽江上游沙溪流域明溪段（盖洋镇）水土流失综合治理项目建设、温庄村国家级水土流失综合治理项目建设，实施2021年盖洋镇高标准农田建设项目、盖洋镇农村饮水安全巩固提升工程、湖上村小流域综合治理工程、盖洋镇2021年农村饮水安全工程维修养护项目，申报2022年盖洋镇高标准农田建设项目500公顷，逐步完善盖洋基础设施。

【乡村振兴】 2021年，盖洋镇将巩固拓展脱贫攻坚成果同乡村振兴有效衔接，聚焦“两不愁、三保障”（实现农村贫困人口不愁吃、不愁穿；保障其义务教育、基本医疗和住房安全）成果稳固，巩固脱贫成果，确保脱贫不返贫。对农村儿童和少年均享受义务教育阶段“四免一补”政策。实现医疗全覆盖，为343户1045名脱贫户购买城乡居民基本医疗保险、商业医疗保险、意外伤害险、女性安康险等政策性险种。对全镇4770栋房屋逐户开展安全排查，通过危房改造、房屋修缮、残疾人住房修缮等政策改善居住条件，全年修缮危房15栋，其中低保户12栋，脱贫户3栋。全镇脱贫户集中安置80户273人，分散安置10户29人，国定脱贫户76户房产证全部发放到位。动员辖区内的镇属企业以技术支持、岗位扶持等方式带动367名脱贫户（含公益性岗位74人）就业创业。持续加强盖洋、温庄2个省级乡村振兴试点村建设，强化衢地村、白叶村省级乡村治理示范村及乡村振兴“串点连线成片”示范线有序推进，利用乡村振兴专项资金，完成各项试点村建设项目。全年投入46万元，完成盖洋村李家农耕实践基地项目；投入40万元，完成危旧房屋拆迁整治工程；投入49万元，完成温庄村翁地、上瑶组亮化工程；投入49万元，完成农耕文化墙及河边步道建设项目；投入49.5万元，完成大小瑶、马子洞、岗上组亮化工程；投入90万元，完成盖洋村三溪寨红色文化园项目；投入45万元，实施温庄下村振兴桥新建项目；投入62万元，实施盖洋镇高速口及三溪寨周边环境整治工程；投入40万元，实施盖洋镇下街至李家步道提升工程；投入50万元，实施盖洋镇盖洋村儿童微乐园项目；投入150万元，实施盖洋镇温庄村贡米产业粮食周转仓建设项目。

【平安建设】 2021年，盖洋镇推进平安盖洋建设，常态化开展扫黑除恶专项斗争，持续完善雪亮工程建设；发挥综治联防网格化体系作用，全年共处理治安案件30起、查处涉赌案件4起，劝返缅北滞留人员11人；信访积案化解2起，接待群众来访18批次，化解矛盾纠纷50余起，“e三明”政务服务平台、“12345”便民服务平台按时办结群众反映事项131件，群众满意率达100%；强化特殊重点人群管理，规范吸毒人员、精神病障碍者、社区矫正对象等人员管控。

【新冠肺炎疫情防控】 2021年，盖洋镇加强新冠肺炎疫情防控工作，实现常态化管理。落实“五包一”〔即明确一名镇干部、一名村（社区）干部、一名村（社区）医务人员、一名网格员（村或社区专职工作者）、一名公安民警进行包保联系，并提供24小时全方位服务〕网格化分包体系，完善新冠肺炎疫情防控预案、防控指南、防控管理制度，建成村居网格19个，片区网格174个，责任人员242人，严格按照疫情防控要求做好境外、国内中高风险地区返乡人员的管控。做好新冠病毒疫苗接种工作，采取网格化地毯式摸排方式，按照“村不漏户、户不漏人”逐一入户摸排，宣传动员符合接种条件人员接种疫苗，做到应接尽接，提升疫苗接种覆盖率，全年累计完成18周岁以上疫苗接种13233剂次。

【组织建设】 2021年，盖洋镇完成全镇19个村（居）换届选举工作，选举产生新一届村（居）“两委”班子99人，实现书记、主任“一肩挑”率100%，每个村至少有1名35岁以下年轻干部率100%，中专高中以上学历76人，占80.85%。

【国家一级保护动物小灵猫现身】 2021年9月5日，福建君子峰国家级自然保护区辖区的盖洋镇白岚村村民在收割农田水稻时，偶然发现一只外形奇特的小动物，经专家对图片进行鉴定，是国家一级保护动物小灵猫。因和栖息地破坏导致小灵猫种群数量减少，在之前多年野外调查中都没有发现小灵猫活体，也没有拍到野外活动的照片。

【河道清理行动】 2021年1月，盖洋镇开展为期一个月的温庄溪河道清淤工作，对温庄村、杨地村河道杂物进行清理，起点杨地村本点，终点温庄村与衢地村交界处，累计长度5千米，累计清理河道杂物、河道淤泥、杂草等共计2000立方米。清理后河道整洁美观，确保安全度汛，也遏制河道违法围垦种菜等行为。

（杨淑珍）

城关乡

【概况】 城关乡地处明溪县中西部，东与瀚仙镇为邻，南与胡坊镇接壤，西与清流县林畲乡相连，北与盖洋镇毗邻，区域总面积131.05平方千米，林地面积11002公顷，森林覆盖率73.97%。2021年，辖9个行政村80个村民小组，户籍人口13702人。

【经济发展】 2021年，城关乡规模以上工业总产值16.85亿元，工业总产值增量2328万元，比上年增长16%；农林牧渔业总产值4.31亿元，粮食播种面积1459.93公顷，总产量8002吨。社会固定资产投资比上年增长45.6%；社会

2021年12月9日，城关乡召开第十九届人民代表大会第一次会议。图为乡人大主席团主席向乡长移交代表建议　（图/城关乡）

消费品零售总额增量0.28亿元；服务业营业收入增长86.34%；实现地方级财政收入1934万元。

【征迁攻坚】 2021年，城关乡聚焦县委、县政府“小县大城关”城市建设战略，抓攻坚突破，用好“脚底板工作法”，完成侨心瓷海艺术展示中心、第三实验小学扩建等7个县级重点项目征迁任务，完成土地征收20公顷，土地租赁40余公顷，拆除建筑物、构筑物及农业设施2.9万平方米。

【乡村振兴】 2021年，城关乡抓好乡村振兴示范村建设，完成罗翠乡村振兴整体策划和翠竹洋传统村落提升方案，实施火山口展馆等12个项目。整合坪埠万春桥毛泽东调查会旧址、谢厝湾红军井、罗翠官厅红军驻地旧址等红色资源，推出特色教学和红色旅游线路。完善基础设施建设，实施总投资900万元的高标农田项目建设和200万元的结余资金争取和项目落地，不断补齐产业振兴发展中交通、用水等基础设施短板。深化“河湖长制”，深化农村“一革命四行动”（农村厕所革命，农村垃圾治理行动、污水治理行动，农房整治行动，村容村貌提升行动）和农村公路提档升级三年攻坚行动，投入资金59.94万元，养护与管理乡村公路、涵洞、桥梁。行政村公厕覆盖率、污水处理率分别达100%、95%，农村垃圾实现户投放、村收集、乡转运。国控、省控小流域断面水质达Ⅱ类标准，推广烤烟房“煤改电”9座，大富、余坊村获评初级版“绿盈乡村”。

【项目建设】 2021年，城关乡开展“五比五晒”竞赛活动，全

年新增项目26个，谋划五个一批项目9个，其中开工项目5个，投产项目1个，项目开工转化率56%。打好“大招商招好商”战役，全年引进15家企业落户城关乡，其中开工项目6个，完成培育东合餐饮等“四上”企业3家。“五比五晒”活动获得乡（镇）工作一组一等奖。

【产业发展】 2021年，城关乡围绕产业强乡，加快发展特色农业，新建百香果、中药材、淮山、柑橘等基地7个，推动特色农产品规模化、产业化。实施工业产业升级行动计划，推进硅灰石加工等项目建成投产，推动华达精密铸造产品升级、久仁矿业技改，培育澄兴装饰材料有限公司、天翔矿业等6家企业上规模。完成国际候鸟迁徙通道保护与修复工程、罗翠村景观提升及节点打造、旅游服务设施建设等项目有序推进，逐步形成以火山口旅游为主题、文旅康养为支撑、农业休闲旅游为基础的乡村农旅融合发展格局。

【党建引领】 2021年，城关乡结合党史学习教育和“再学习、再调研、再落实”活动，推动“党建+征迁”模式再发力，用好“四在一线”（下沉在一线、履职尽责在一线、指导服务在一线、主动作为在一线）工作法，推广“居民夜谈会”，推进村级各项事业再上新台阶，全乡9个村村财收入均达到10万元以上。深化罗翠村“老骥工作室”党建品牌，作为试点在全县推广并参加三明市党建工作重点创新项目竞赛。实施“人才回引”工程，选优配强村级干部队伍，完成乡村两级换届选举工作。完成市委、县委全面从严治党检查反馈问题和2020年度述职评议点评问题和自身查摆问题32个，整顿提升软弱涣散党组织1个。落实全面从严治党主体责任，贯彻落实中央八项规定及其实施细则精神和省市县实施办法，开展各类警示教育44次1074人次；挖掘辖区古今孝廉人物5人，红色文物6处、红色人物4人，粘贴孝廉公益广告20余张，创建孝廉示范点1个。

【民生事业】 2021年，城关乡城镇新增就业人口30人，组织技能培训120人。排查重残、重病等6类重点人群192人，纳入低保33人，发放农村低保金131.9万元；救助因病因学因突发事件造成困难家庭27户84人，发放救助金15.92万元。发放种粮大户补贴7.78万元、实际种粮农民一次性补贴23.27万元，惠及农户2470户。总投资1.2亿元，完成农村饮水安全工程维修养护，牛恩垄道路建设、富平新村河道整治等民生工程建设，推进高标准农田建设项目，解决坪埠村、王桥村土地灌溉用水短缺等民生问题35件。

【风险防控】 2021年，城关乡“网格化”管理9个行政村40个自然村，逐户摸排、登记造册，累计摸排境外人员2221人，登记境外返乡人员271人。组建青年突击队等队伍24支，做好摸排、咨询、宣传工作；帮助企业解决新冠肺炎疫情防控物资不足、复工复产等问题，落实各项惠企政策。按照“全民接种、应接尽接”原则，接种第一剂新冠病毒疫苗7096人，接种第二剂新冠病毒疫苗6820人次，筑牢群体免疫屏障，未出现本土新冠肺炎确诊病例。开展扫黑除恶专项斗争和“三个专项”行动，完善信访“421”工作机制，调处65起纠纷，妥善处理6件信访问题，防控金融风险，开展安全生产专项整治三年行动和安全风险隐患大排查大整治工作，全乡保持安全稳定。

（郑伟琴、夏传鹏）

沙溪乡

【概况】 沙溪乡位于明溪东部，距县城区22千米，三明市区48千米，东与三元区岩前镇毗邻，西和瀚仙镇接壤，南同胡坊镇连接，北跟夏阳乡交界，534国道线和淯渝高速公路贯穿全境，总户数1865户，户籍人口6510人，下辖6个行政村，48个村民小组，1个居委会。乡土地总面积141平方千米，耕地面积645公顷，林地面积1.25万公顷（列入生态公益林面积3067公顷、划入国家级君子峰自然保护区面积933公顷），森林覆盖率79.73%，名贵珍稀树种有红豆杉、楠木、三尖杉等；探明的矿藏资源有煤、石灰石、花岗岩、石英石等。2021年，完成农林牧渔业总产值3.45亿元，比上年增长6%；规模以上工业总产值32.17亿元，比上年增长28.7%，规模以上工业企业增加值7.17亿元；地方公共财政收入667万元，比上年增长20%；农民人均纯收入22952元，比上年增长12%。获“全省先进基层党组织”“福建省侨乡文化名镇名村”“省级文明乡镇”“全市先进基层党组织”等荣誉称号。

【党史学习教育“七个一”】 2021年，沙溪乡有党员287名，出国党员64名。针对出国党员占比高、居住散等特点，沙溪乡创新建立“每村创建一个出国党员党史学习教育微信群、每周推送一次党史知识、每月分享一批红色书籍、每月开展一次视频研讨、每季度录制一次‘方言传红音’音频、每季度收集一次‘我为群众办实事’意见建议、成立一个海外学习小组”的“七个一”党史学习教育机制。创建6个党史学习教育微信群，党史学习教育辐射侨胞侨眷1100余人。党史学习教育宣讲插上“云”翅膀，让乡音、红音传万里，实现出国党员党史学习教育“无时差”“零距离”。出国党员聚焦发展所需、基层所盼，推进“我为群众办实事”实践活动，为家乡建设建言献策16次，用心用情用力帮助解决教育、医疗、养老等民生问题，成为新时代侨乡建设的“参与者”。

【项目建设】 2021年，沙溪乡深化“五个一批”项目工作机制，推进“项目攻坚年”活动，立足侨乡资源及工业集中区优势，新入库开工项目4个，投产项目4个，谋划10亿元项目2个，投资增长点项目3个；深化“五比五晒”活动，“五比五晒”成绩获小组第一；发挥侨乡优势，开展“大招商招好商”攻坚战役，新引进怡景市政园林、旭隆建筑等6家企业，实现税收比上年增长28.34%，招商项目投资2.03亿元，均位居全县首位；坚持改旧育新两手抓，完成福明辉纸业、华联硅业等一批技改项目建设，工业企业保持强劲发展势头。

【农业产业】 2021年，沙溪乡贯彻稳中求进工作总基调，全面深化农业供给侧结构性改革，稳定传统种植产业，落实粮食种植面积1127公顷，完成烟叶种植面积80公顷；推进规模农业产业，年产50万羽标准化蛋鸡智慧农业建设项目一期建成投产，活性炭厂入选农业产业化县级龙头企业，建成梓口坊村非洲菊鲜切花大棚基地项目；深化特色农业产业，“永橙”柑橘品牌知名度持续提升，成功举办明溪县2021年柑橘采摘文化节。

【柑橘采摘文化节】 2021年11月27日，明溪县第二届柑橘采

2021年11月27日，明溪县第二届柑橘采摘文化节在沙溪乡举办。图为文化节中橘王争霸赛颁奖仪式 （图/沙溪乡）

摘文化节在沙溪乡梓口坊村举行，现场推介沙溪优质柑橘，举行橘王争霸赛大众评选，邀请游客上台品鉴柑橘。活动在“e三明”、广电云、央视移动网三大平台进行同步直播，吸引百万粉丝围观。经过专家组合现场观众的品鉴，分别评选出“橘王”、二等奖、三等奖、最受欢迎奖。现场还设置农特产品展示、美食街区、开心农场等活动，客秋包、金包银、糖画等特色小吃吸引游客驻足购买，分会场摆满不同品种的柑橘，供来往的游客品尝。沙溪乡发挥党建引领，立足资源优势，发展柑橘等特色农业产业，按照“合作社＋基地＋农户”的产业化模式，成立橘绿和华盛农业专业合作社，先后引进纽荷尔脐橙、蜜桔、红美人等优质品种，带动全乡农户种植柑橘734公顷，柑橘产业已成为全乡农户增收致富的“摇钱树”。沙溪柑橘被中国绿色食品发展中心认定为绿色食品A级产品，“永橙”脐橙获得国家商标局注册。

【乡村建设】 2021年，沙溪乡聚焦“两不愁，三保障”，建立防止返贫监测和帮扶机制，加强对脱贫不稳定户、边缘易致贫户的动态监测，抓好农村相对贫困家庭精准帮扶，巩固拓展脱贫攻坚成果同乡村振兴有效衔接。实施农村人居环境整治提升五年行动，实施牛柏岭和金井小区改造提升工程、沙溪流域明溪段国际候鸟迁徙通道保护与修复工程等项目，完成吕源组饮用水改造工程、官洞片区道路水毁修复工程和渔塘溪沿线沙溪村、梓口坊村、瑶奢村污水处理设施建设。强化农村建房安全管理，完成重大安全隐患房屋整治29栋。树立绿色发展理念，完成5个初级版1个高级版“绿盈乡村”创建。推进乡村振兴，巩固提升垃圾资源化、减量化省级试点工作，启动实施沙溪乡环卫中心建设项目；推进国土空间规划和瑶奢村、永溪村村庄规划编制工作；梓口坊村全域土地综合整治试点完成前期设计、选址工作；沙溪村、梓口坊村被列为革命老区高质量发展示范线串点连线村，沙溪村获评2021年省级乡村振兴实绩突出村。

【民生事业】 2021年，沙溪乡加大教育投入力度，完善校区基础设施建设。推广梓口坊村医养中心新模式，完成瑶奢村健康文化中心建设。实施全民参保计划精准扩面工作，全乡参加城乡居民养老保险3252人、城乡基本医疗保险5474人。全面落实兜底性保障政策，发放低保、临时救助等各类补贴137万元。探索推行“143”跨村联建工作模式，即建立以梓口坊村为中心村的联合党总支，制定每月召开一次联席会制度，实行发展一同探讨、要事一同推进、难题一同解决、活动一同开展的“四同”机制，通过产业“联抓”、养老“联促”、乡村“联治”三项内容，带动乡村全面振兴。设立“议事庭院”，建立邻里“三步走”议事机制，深化“五分钟”工作法，解决群众反映的道路硬化、污水沟处理等问题13个。完成碧州村王力组路灯提升改造、永溪村路灯改造、金井小区南路环境改造提升等一事一议项目5个。完成永溪村自来水水源水毁修复、沙溪乡生活污水设施建设等为民办实事项目8个，提高群众幸福感、获得感和安全感。

【新冠肺炎疫情防控】 2021年，沙溪乡落实“外防输入、内防反弹”新冠肺炎疫情防控措施，坚持“大数据+网格化”管理，做好重点人群排查、信息登记和健康管理。利用微信群、村村响广播、LED屏、入户走访等方式加强宣传教育。加强重点地区入（返）明人员居家健康监测管理，建立“二对一”工作群，持续做好跟踪服务。落实新冠病毒疫苗接种工作，按照“村不漏户、户不漏人”的要求，精准掌握辖区符合接种条件人员做到“应接尽接”，持续抓好第三剂和3—11岁儿童疫苗接种工作。

（谢伟忠）

夏阳乡

【概况】 夏阳乡地处明溪县东

北部，距县城47千米，东与沙县的富口、夏茂两镇毗邻，南与三元区的陈大、岩前两镇交界，西与沙溪乡、瀚仙镇接壤，北与将乐白莲镇、南口镇、漠源乡相邻，辖16个行政村，84个自然村，人口1.65万人，土地总面积343.2平方千米，其中耕地面积2067公顷，林地面积3.2万公顷，竹林面积6000公顷。2021年，完成固定资产投资9.8亿元；规模以上工业企业完成总产值16.2亿元，比上年增长22%；社会消费品零售总额1.2亿元，比上年增长28%；农林牧渔业总产值4.89亿元，比上年增长5%，粮食播种面积2643.6公顷，总产量14923吨；一般公共财政收入1028万元；向上争取资金1193.4万元。

【项目建设】 2021年，夏阳乡围绕“发展为上、投资为本、工业为先、招商为要”的工作思路，做好重点项目服务和推进工作，发挥夏阳在特色现代农业、文旅康养产业方面的独特优势，成立工作专班服务重大项目落地，推进项目建设。新增“五比五晒”项目8个，谋划7个，签约3个，开工建设2个，投产2个，增资1个。

【特色农业】 2021年，夏阳乡不断创新特色农业，稳定粮食播种面积2643.6公顷、烟叶种植面积167公顷，持续壮大万亩现代竹业基地、千亩高山果蔬基地、千亩红豆杉种植基地等特色产业，继续与六三种业合作，发展制种面积140公顷。通过承包、合作等方式发展农、林、牧、渔等基地面积5333.33公顷，其中毛竹4666.67公顷、蔬菜200公顷、中药材200公顷、水果88.87公顷、淡水养殖51.67公顷、吊瓜40公顷、茶园12.67公顷，其他73.45公顷。

【基础设施建设】 2021年，夏阳乡推进乡村振兴试点村、实绩突出村、“串点连线成片”沿路项目建设，策划高质量的基础设施建设项目13个，总投资1556万元。投入862.22万元完成夏阳乡2020年度高标准农田建设项目，投入478万元完成闽江上游沙溪流域明溪段2019年夏阳乡水土流失综合治理项目，投入459万元完成旦上村、紫云村沙溪流域明溪段国际候鸟迁徙通道保护与修复工程试点村建设项目。紫云村总体项目完成87%，御帘村总体项目完成40%，“串点连线成片”沿路项目建设总体完成70%，在项目建设的同时落实资金管理制度，以“快”“严”“实”的标准确保专项资金得到落实。改善人居环境，完成户厕改造30户，清理农村生活垃圾1140吨，完成12个村庄的“绿盈乡村”创建认定工作，其中旦上村完成中级版认定、御帘村完成高级版的认定。投入258万元完成后洋、紫云、下坂、杏村、御帘等5个村污水管网建设；采购一批垃圾处理设备，率先在全县范围内采用易腐垃圾无害化处理。持续提升农村家庭的生活品质和乡村振兴成效，成功创建省级美丽庭院示范户12户、市级美丽庭院示范户34户；严格按照农村危房改造档案管理要求，对全乡3900栋房屋结构安全隐患进行彻底排查，完成农村危房改造2户；重大安全隐患房屋拆除4栋；完成裸房整治70栋；清查在建农房30户，均按要求整改到位。

【党史学习教育】 2021年，夏阳乡开展党史学习教育，宣传党的光辉历程和丰功伟绩。重点围绕党史故事和夏阳红色文化，举办红色故事分享会、红色基因传承活动等宣传宣讲活动，累计受众12000余人次；结合清明节、中国共产党成立日等重要时间节点，组织党员干部、学生等前往“归化之役”纪念碑、戴连发烈士墓等地，开展“学党史、忆先烈、促振兴”活动，学习先烈事迹，传承和发扬爱国主义精神。

【生态综合管护队成立】 2021年12月2日，夏阳乡成立生态综合管护队，通过整合“环保网格、森林保护、河道管护”三支生态管护队伍，组建队伍、梳理职责、完善考核、健全机制，实现全乡生态环境得到综合管护，形成“纵向到底、横向到边、合力共管”的生态管护的局面，实现

2021年12月2日，夏阳乡召开生态综合管护队成立大会（图/夏阳乡）

“水净、河清、天蓝、地绿、居怡”生态建设目标。

【乡村旅游】 2021年，夏阳乡依托“红色、绿色、古色”等特色资源优势，打造“紫云—夏阳—御帘”乡村振兴精品示范线。投入378.06万元实施夏阳紫云书院建设项目。举办明溪（归化）健康跑暨首届“绿海明溪·显盖紫云”红绿村游跑活动、“绿海明溪·显盖紫云”定向趣味徒步活动，获评第五批国家级中药材种植林下经济示范基地，入选福建省首批“清新福建·气候福地”名单。

【社会民生】 2021年，夏阳乡致力保障饮水安全，坚持科学布局，做好“水脉”“路脉”文章，投入148万元推进安全饮水工程，确保群众喝上“安全水”“放心水”。打破交通瓶颈，串联“紫云、御帘、旦上”旅游路线，实施夏铁线、夏紫线可研报告编制工作。城乡基本医疗保险参保率97.92%，发放低保金222.95万元，惠及群众287人次。做好城乡医疗救助和临时救助工作，累计发放特困补助59.53万元，支出城乡困难群众临时救助资金10.09万元。推进“雪亮工程”建设，架设监控探头，全部裸纤接入“雪亮工程”云平台。

（张建和）

夏坊乡

【概况】 夏坊乡位于明溪西北部，境内多山，平均海拔452.2米，主峰1000米以上山峰有6座，其中国家级自然保护区君子峰海拔高度1360.5米。全乡土地总面积223平方千米，其中耕地面积826.67公顷、林地面积19992.13公顷，森林覆盖率87.5%。辖区主要河流有夏坊溪、中溪、苎畲溪，有3个中型水库，可利用水域面积266.67公顷。2021年，全乡居民1057户，总人口7079人；下辖9个行政村，其中省级美丽乡村6个，国家级传统村落1个；有61个村民小组，83个自然村。地方公共财政收入724.98万元，完成财政税收498.65万元，规模以上工业总产值10.26亿元，农林牧渔业总产值2.41亿元，粮食播种面积1137.47公顷，产量6824吨，社会消费品零售总额14192万元。

【项目建设】 2021年，夏坊乡推深做实“大招商招好商”攻坚战，实施“精准招商、以商招商、以情招商”工作法，引进总部企业20家，实现税收225.36万元。向上争取项目建设资金9000万元，争取或推动实施项目50余个落地夏坊乡建设。采用线上线下相结合的方式，组建项目服务专班，累计协调解决企业用地、拖欠货款等难题17个；签约项目21个，新增开工项目4个，居全县前列；在县“五比五晒”“项目攻坚年”活动考评中获得乡镇二组二等奖。

【产业发展】 2021年，夏坊乡加快产业振兴发展，投入150余万元，实施烤房新建、技改等项目。追加投入200余万元，加快鳌坑村省级乡村振兴示范村建设。持续发展壮大1.2万尾稻花鱼、

33.33公顷鳌坑硒锌猕猴桃基地、5.33公顷莲子基地、明虾、蜂蜜等特色种养殖产业，累计对各类新型农业经营主体发放奖补资金10余万元。逐步打造夏字号渔业、森林康养等生态产业，提升“珍稀鸟类”“夏坊鲜鱼”“鳌坑豆腐”等特色品牌影响力。

2021年3月，夏坊乡李沂村获第一批三明市中级版“绿盈乡村”称号。图为长启自然村自然风光 （2021年9月21日张峰 摄）

【乡村建设】 2021年，夏坊乡打造生态宜居乡村，完成户厕改造16户，任务完成率100%。拆除重大安全隐患房屋4栋，加固3栋，重大安全隐患房屋全面清零。完成敬老院提升改造工程，实施800余万元的日间照料中心建设项目，提升养老服务水平。完成中学五人制足球场、中心幼儿园新建工程等民生工程20余个。完成鳌坑村“夏坊乡‘一党委三中心’试点建设村”建设，打造群众身边的便民服务窗口。成立生态综合管护队伍，实行“1+5”（将环保网格员、河道专管员、护林员、道路养护员、保洁员“五大员”融为一体）工作机制，夯实农村人居环境整治工作基础。追加投放2500余个垃圾桶，垃圾清运实现全覆盖。投入110余万元，实施夏坊乡污水管网提升改造工程。争取中央环保专项资金1500万元，启动实施夏坊溪及其周边水系综合治理项目。投入549万元，完成涉及中溪村、黄地村、李沂村、鳌坑村、苎畬村5个村的高标准农田建设。加强“绿盈乡村”建设，3月李沂村成为第一批三明市中级版“绿盈乡村”。投入20余万元，完成县文保单位高洋徐家老宅、红色文物旧址黄地老厝下李氏祖屋修缮工程。“明溪鳌坑古法榨油”“明溪新建春社”成功申报第五批县级非物质文化遗产。立足夏坊革命老区苏区、第五次反“围剿”前沿阵地的历史地位，编撰夏坊红色故事绘本，加强红色文化遗址的修缮保护宣传工作，推进夏坊乡苏维埃纪念馆、乡村振兴馆、乡愁馆等项目建设，致力打造红色旅游精品线路，引导党员干部讲好红色故事，传承苏区精神。

【福建鸣溪省级湿地公园首期项目完工】 2021年2月，福建鸣溪省级湿地公园首期生态修复工程项目竣工投入使用。湿地生态修复工程属于福建鸣溪省级湿地公园总体规划中的恢复重建区，是福建鸣溪省级湿地公园建设的首期项目。项目总投资230万元，总面积5.30公顷，主要分布在夏坊乡中溪流域的中溪村地块1.85公顷、长启村地块1.70公顷和夏坊溪流域的李沂村地块1.75公顷。项目由南京大学生态研究院设计，项目区处在东亚至澳大利西亚鸟类迁飞路线上，总体功能定位为恢复鸟类栖息地。福建鸣溪省级湿地公园位于县夏坊乡境内，是福建省首个省级湿地公园，以中溪、夏坊溪、苎畬溪为主体，湿地公园规划面积609.64公顷，其中湿地面积392.16公顷，湿地率（不含稻田湿地）为63.56%。

【脱贫成果巩固】 2021年，夏坊乡巩固脱贫攻坚成果同乡村振兴有效衔接，将11户脱贫户纳入防止返贫监测对象，为52户脱贫户办理安置房房产证。强化防贫保险和兜底救助保障，将126户237人纳入农村低保或特困人群，累计发放低保金及供养金165.55

万元。开展临时救助，累计发放救助金额10.71万元。落实残疾人保障政策，累计发放残疾人“两项补贴”21.26万元。

【平安建设】 2021年，夏坊乡发挥各调委会和人民调解驻派出所调解室作用，累计化解矛盾纠纷42件、公调对接案件3件、访调对接案件1件、调解成功率达100%。受理办结信访件23件，化解信访积案1件。全面落实“1234”（“一个原则”：凡事理为先、止争和为贵；“两个小组”：“说事评理”指导小组、“说事评理”评理小组；“说三事”：家事、公事、农事；“评三理”：情理、德理、法理；“四个工作步骤”：收集群众诉求、提议说评、分类说事评理、建档跟踪问效）工作模式和“一历五单”（“一历”指患者病历，“五单”指《患者家属通知单》《乡镇（街道）卫生院（社区卫生服务中心）对接单》《公安（边防）派出所告知单》《乡镇（街道）综治中心提示单》《村（社区）跟踪单》）管理衔接机制，严重精神障碍患者监护协议实现100%签订。完成市级文明乡镇创建考评工作，被评为县平安先进乡（镇）。投入15.6万元，完成苎畲至水口公路安保工程。结合消防、防汛、森林防火等综合应急需要，充实调整3班45人综合应急救援队伍，提高防灾应急能力。全年全乡无群体性事件和非正常上访事件发生、无重大安全事故发生，群众安全感、满意率明显提高。

（张子杰）

枫溪乡

【概况】 枫溪乡位于明溪县西北部，土地总面积123.2平方千米，其中林地面积106平方千米，耕地面积893.33公顷，下辖7个行政村、70个村民小组，分散于90个自然村，全乡总人口6648人。枫溪乡是省定革命老区基点乡，所辖7个行政村均为革命老区基点村，有华山河明桥战斗遗址、际下塘红军烈士墓等红色遗址遗迹。生态环境优美，平均海拔606.5米，森林覆盖率85.53%，有红豆杉、楠木、花梨木等珍贵的树木，草珊瑚、黄精等野生和可见栽培的药用植物资源丰富。拥有银、铀、稀土等矿藏资源，其中官坊出水坑银多矿储量丰富。辖区内聚龙寺是福建省四大古刹之一，“中国少数民族特色村寨”官坊回族村是全县唯一的少数民族村。

【经济发展】 2021年，枫溪乡实现农林牧渔总产值3.1亿元，比上年增长4.8%；粮食播种面积935.8公顷，总产量5349吨；规模以上工业产值2.45亿元，增量5.2亿元，比上年增长30%；完成固定资产投资9.2亿元，比上年增长25%；财政总收入887万元；农民人均可支配收入16537元，比上年增长5%。

【招商引资】 2021年，枫溪乡开展“大招商招好商”，利用“6·18”海交会、“9·8”厦洽会平台，宣传明溪招商优惠政策，邀请客商到县考察，并组织招商小分队到厦门、泉州、福州一带走访调研5次，引进枫通红、华盛闽安、胜源运输等7家税源企业。推出“店小二”式服务，建立挂包服务工作机制，以项目为单位成立工作专班，先后帮助企业协调解决办理营业执照、运输许可证等问题6个。

【农业生产】 2021年，枫溪乡粮食播种面积935.8公顷，其中水稻种植面积666.67公顷，全年粮食产量5349吨。完成烟叶种植面积76.53公顷，烟叶收购119.6吨，销售426.7万元。推广烟后甜玉米种植，形成“农户+合作社+公司”的产购销一体的种植模式，邓家村集中连片种植甜玉米11.85公顷，产量219吨，销售收入61.25万元。

【乡村建设】 2021年，枫溪乡围绕“水净、河清、天蓝、地绿、居宜”等要求，开展饮用水源保护、小流域治理、污水垃圾治理、生态环境宣传教育、环保网格化巡查等重点工作，生态环境趋于向好。实施农村人居环境

2021年，枫溪乡落实革命文物管理责任，加强对革命文物的修缮保护和宣传工作。图为华山河明桥红军战斗旧址 （2021年4月11日温国彪 摄）

整治专项行动，开展枫溪村垃圾分类试点工作，实施农村户厕改造10户，加强农房风貌管控，拆除4处“两违”建筑面积共1700平方米，推进“美丽庭院”创建工作，在乡村振兴试点村小珩村评选出6户“最美庭院”家庭。重新编制小珩、官坊村庄规划，实施小珩村路灯提升、水尾廊桥、环境卫生整治（四期）等工程，实施枫溪村沿街沿河沿路景观节点提升、枫溪村至沉木坑路灯安装等工程。落实革命文物管理责任，对际下塘红军墓、华山河明桥红军战斗旧址等革命文物进行修缮保护，加强文物保护宣传，增强群众文物保护意识。

【“枫情小镇”建设】 2021年，枫溪乡在开展党史学习教育中，主动回应群众期盼，把实施“搬迁安居”工程作为“我为群众办实事”的重要内容，确立“枫情小镇”建设项目，将分散在偏远自然村危房的居民，集中在集镇本点建房，提升群众幸福指数。“枫情小镇”项目占地总面积5.33公顷，规划建设双拼住宅29栋、小高层2幢，总投资约5000万元，其中乡政府计划投资1000多万元，完善小区的水电管网、路灯、道路桥梁等基础设施建设。按照农村新型住宅小区建设要求，以高标准规划、统一风貌管控、政府配套公共设施为原则，通过“党建+项目征迁”的模式，党员入户宣传发动，引导偏远村组、高陡边坡户前来集镇安居。小区分为公建区和民建区，住宅小高层在沿河滨线引入商业元素，形成商贸街。

【民生服务】 2021年，枫溪乡做好119户脱贫户接续帮扶工作，开展相对贫困家庭帮扶，累计发放产业、助学等补助资金7.1万元，提供公益性岗位27个，组织干部走访420余次，推动解决困难及问题69个。推动党史学习教育走深走实，将枫溪—官坊、枫溪—熊地单改双等40个项目列入“我为群众办实事”清单之中，逐个推进直至完成。持续完善便民服务大厅设置，切实优化服务功能、提高办事效率，更好为群众提供方便，通过“12345”便民服务平台，解决群众急难愁盼问题61件。

【平安建设】 2021年，枫溪乡常态化开展安全生产培训和检查，开展2021年防汛应急救援演练和企业消防应急演练，提升企业和干部群众的安全生产意识，摸排核准农村住房，对全乡1340户农房进行统保，增强农户对自然灾害抗风险能力。常态化开展扫黑除恶专项斗争，全年开展禁毒、反邪教、防范电信诈骗等宣传30余次，排查化解矛盾纠纷，成功调处矛盾纠纷50起，推进“平安家园，智能天网”视频监控建设，推行“一党委三中心”建设。落细落实新冠肺炎疫情常态化防控工作，深化“网格化”管理，多渠道做好防护物资储备，执行公共场所“三码联查”（健康码、行程码、核酸检测结果）、测温、戴口罩等疫情防控措施，做好重点场所管控，持续推进疫情防控宣传，组织应接种人员接种新冠病毒疫苗，全覆盖推进疫苗接种。

（余兴翔）

责任编辑：罗兴东

人物 荣誉

人 物

王德礼获“全国脱贫攻坚先进个人”称号

王德礼，男，1974年2月生，中共党员，任沙溪乡党委书记，2021年2月，“全国脱贫攻坚先进个人”称号。自脱贫攻坚工作开展以来，牢记习近平总书记1997年沙溪调研嘱托，紧盯“两不愁、三保障”， 凝心聚力、精准发力，探索实施党建引领扶贫工程、产业培育示范工程、就业创业安置工程、综合保障叠加工程、易地搬迁造福工程等“五大工程”，出色地完成脱贫攻坚各项任务，沙溪乡2018年摘帽退出贫困乡，4个建档立卡贫困村全部退出，97户贫困户全部实现脱贫。

坚持党建引领，勇当脱贫攻坚“领航员”。他始终把党的力量挺在脱贫攻坚战线最前沿，以“侨乡党旗红 嘱托化行动”为工作总抓手，建立“精准识别、精准施策、精准管理”工作体系，推行“一月一例会、一季一研判”推进机制，谋划并带头开展片区督导制度，实行挂村领导负总责的“六位一体”帮扶责任制。实施“头雁工程”，精心选优配强村级党组织负责人，组建30人的精准扶贫党员突击队，全员编入扶贫工作队，定期开展“逐村逐户逐人逐项”会诊行动，形成亲自抓、专人管、全员干的扶贫工作格局。

坚持产业推动，勇当脱贫攻坚“开拓者”。按照“一村一品”产业布局，先后建成沙溪灵硕蓝莓、永溪橘绿柑桔、梓口坊清水湾生态农业、六合华盛农业、沙溪鲜切花等9个农业基地，打造万亩柑橘、万亩红豆杉、万亩竹林、千亩烟叶“三万一千”产业格局，谋划并探索“1234”产业扶贫工作法，推行“基地+务工、合作社+分红、大户+土地、个体+生产”增收模式，整乡推进、连片开发、户户增收的扶贫产业格局初步形成，实现村财增收、农民致富。

坚持项目带动，勇当脱贫攻坚“实干家”。紧盯“两不愁、三保障”短板， 牵头编制《沙溪乡总体规划2010-2035》和“多规合一”总体规划，建成沙溪村牛柏岭、梓口坊村金井小区、碧州布上新村、沙溪扶贫安置区等新型住宅小区，建新房300余幢，边远山村群众基本搬迁。以主动谋划、主动争取、主动作为的工作态度，5年累计投入民生事业领域9000余万元，安全饮水、卫生所、幸福院、文化服务中心、休闲广场以及通组到户道路硬化等全覆盖，群众的幸福感、获得感和安全感明显提高，实现贫困乡村到乡村振兴试点示范乡村的华丽转身。

表7

2021年明溪县获省部级及以上表彰先进个人名表

姓名	工作单位	荣誉称号	授予单位	授予时间
王德礼	沙溪乡	全国脱贫攻坚先进个人	中国共产党中央委员会、中华人民共和国国务院	2021年2月
欧建德	明溪县林业局	全国最美林草科技推广员	国家林业和草原局	2021年1月
黄红香	明溪县盖洋镇村头村	孝老爱亲好人	中央文明办	2021年1月
戴清华	明溪县沙溪乡梓口坊村党支部书记、村委会主任、妇联主席	全国三八红旗手	全国妇联	2021年2月
郑　艳	明溪县公安局	全国公安二级英雄模范	公安部	2021年3月
赖旺成	三明市明溪生态环境局	2020年生态环境保护执法大练兵表现突出个人	生态环境部	2021年4月
郑秀娟	枫溪乡	福建省脱贫攻坚先进个人	中共福建省委、福建省人民政府	2021年5月
戴清华	明溪县沙溪乡梓口坊村	福建省优秀共产党员	中共福建省委	2021年6月
石秀琴	国家税务总局明溪县税务局	全国税务系统百佳税务所长（书记）	国家税务总局	2021年6月
方秋轩	明溪县司法局	全省优秀共产党员	中共福建省委	2021年6月
欧建德	明溪县林业局	梁希林业科学技术奖科技进步二等奖	国家林业和草原局	2021年9月
汤怀荣	明溪县公安局	嘉奖	公安部	2021年10月

表8

2021年明溪县获市厅级表彰先进个人名表

姓名	工作单位	荣誉称号	授予单位	授予时间
李凤英	明溪县委政法委	2017—2020年度全省政法委系统先进工作者	福建省委政法委员会、福建省人力资源和社会保障厅	2021年1月
谢　亮	明溪县盖洋镇人民政府	2020年度全省征兵工作先进个人	福建省征兵领导小组	2021年1月
陈楚贤	明溪县人民检察院	2020年度检察工作宣传“优秀通讯员”	检察日报正义网	2021年1月
王凤珍	明溪县人民政府	2020年度对口支援挂职工作记三等功	中共三明市委、三明市人民政府	2021年2月
林中甲	明溪县人民政府	2020年度对口支援挂职工作嘉奖	中共三明市委、三明市人民政府	2021年2月
余金招	明溪县瀚仙镇龙湖村妇联主席	省优秀妇联主席	福建省妇联	2021年2月
陈楚贤	明溪县人民检察院	2020年度全省新闻宣传工作“百优”评选“优秀检察官宣传工作者”	福建省人民检察院	2021年2月
李一帆	盖洋镇人民政府	2020年度“五比五晒”项目竞赛活动嘉奖	中共三明市委、三明市人民政府	2021年2月
邓丽珍	明溪县胡坊镇	2020年度全省侨联系统信息传播工作先进个人	福建归国华侨联合会	2021年2月
温水木	明溪县人民政府办公室	2020年度“五比五晒”活动先进个人（记三等功）	中共三明市委、三明市人民政府	2021年3月

续表8

姓名	工作单位	荣誉称号	授予单位	授予时间
李雅君	明溪县人民检察院	全省检察机关第二十期司法警察培训班优秀学员	福建省人民检察院司法警察大队	2021年3月
林　燕	明溪县统计局	2020年度“五比五晒”活动嘉奖	中共三明市委、　三明市人民政府	2021年3月
涂晓彬	明溪县夏阳乡人民政府	2020年度“五比五晒”活动嘉奖	中共三明市委、三明市人民政府	2021年3月
谭细华	中共明溪县委	2020年度“五比五晒”活动先进个人	中共三明市委、三明市人民政府	2021年3月
黄胜梁	明溪县沙溪乡农技站	2020年度福建省“最美农业专家”	福建省农业农村厅	2021年4月
葛厚明	明溪县人民政府信访局	十佳接谈员	福建省信访工作联席会议办公室、福建省人民政府信访局	2021年4月
李燕萍	明溪县委宣传部、明溪县文联	“三明实践”工作先进个人嘉奖	中共三明市委、三明市人民政府	2021年4月
张志辉	三明明溪南山遗址保护与发展中心	第五批选派驻村干部先进个人记三等功	中共三明市委、三明市人民政府	2021年4月
王佳宇	明溪县实验幼儿园	全国“中华魂”（科技托起强国梦）主题教育活动二等奖	全国“中华魂”主题教育活动组织委员会	2021年5月
吴光备	县委政法委	全省扫黑除恶专项斗争先进工作者	福建省扫黑除恶专项斗争领导小组	2021年5月
严祖平	县卫生健康局	第二届三明市文明家庭	中共三明市委、三明市人民政府	2021年5月
严乐平家庭	明溪县法院	第二届三明市文明家庭	中共三明市委、三明市人民政府	2021年5月
林中海	明溪县夏阳乡人民政府	2020年完成安全生产、消防工作目标责任考核成效显著先进个人	三明市人民政府	2021年5月
方建秀	明溪县雪峰紫岭社区	省级最美家庭	福建省妇联	2021年5月
赖旺成	三明市明溪生态环境局	全市优秀共产党员	中共三明市委	2021年6月
王招月	明溪县雪峰镇紫岭社区	全市优秀党务工作者	中共三明市委	2021年6月
刘　丽	明溪县气象局	2020年福建省气象局观测与网络业务先进个人	福建省气象局	2021年6月
张运峰	明溪县卫生健康局	全省卫生健康系统先进工作者	福建省人社厅、福建省卫健委	2021年6月
方秋轩	明溪县司法局	全市优秀共产党员	中共三明市委	2021年6月
魏生强	明溪县烟草专卖局	全省系统“百年溯源·金叶颂党”图文视听作品评选活动书法类一等奖	福建省烟草专卖局（公司）	2021年6月
陈丹婕	明溪县烟草专卖局	全省系统“百年溯源·金叶颂党”图文视听作品评选活动书法类三等奖	福建省烟草专卖局（公司）	2021年6月
张　瑜	明溪县烟草专卖局	全省系统“百年溯源·金叶颂党”图文视听作品评选活动摄影类二等奖	福建省烟草专卖局（公司）	2021年6月

续表8

姓名	工作单位	荣誉称号	授予单位	授予时间
戴清华	明溪县沙溪乡梓口坊村书记	“孝老爱亲好人”	中共福建省委文明办	2021年6月
刘　丽	福建省明溪县气象局	2020年福建省气象局观测与网络业务先进个人	福建省气象局	2021年6月
曾素瑜	明溪县林业局	2018—2020年扫黑除恶专项斗争工作先进个人嘉奖	中共三明市委、三明市人民政府	2021年7月
罗承全	明溪县财政局	全省财政系统先进工作者	福建省人力资源和社会保障厅、福建省财政厅	2021年7月
黄太有	明溪县法院	2018—2020年扫黑除恶专项斗争先进个人（嘉奖）	中共三明市委、三明市人民政府	2021年7月
温素霞	明溪县司法局	2018—2020年扫黑除恶专项斗争先进个人	中共三明市委、三明市人民政府	2021年7月
王　勇	明溪县人民检察院	2018—2020年扫黑除恶专项斗争先进个人嘉奖	中共三明市委、三明市人民政府	2021年7月
姜　卓	明溪县融媒体中心	福建新闻奖二等奖（广播专题）	福建省新闻工作者协会	2021年7月
江月兰	明溪县融媒体中心	优秀通讯员	福建日报社	2021年8月
叶秋发	明溪县人民检察院	全省检察机关扫黑除恶专项斗争优秀个人	福建省人民检察院	2021年8月
罗建文家庭	明溪县城关乡罗翠村罗地50号	省美丽庭院	福建省妇联、福建省农业农村厅	2021年9月
罗一声家庭	明溪县城关乡罗翠村罗地90号	省美丽庭院	福建省妇联、福建省农业农村厅	2021年9月
罗徽盛家庭	明溪县城关乡罗翠村翠竹洋30号	省美丽庭院	福建省妇联、福建省农业农村厅	2021年9月
罗辉鹏家庭	明溪县城关乡罗翠村翠竹洋38号	省美丽庭院	福建省妇联、福建省农业农村厅	2021年9月
罗小宁家庭	明溪县城关乡罗翠村罗地56号	省美丽庭院	福建省妇联、福建省农业农村厅	2021年9月
汤七金家庭	明溪县城关乡罗翠村翠竹洋2号	省美丽庭院	福建省妇联、福建省农业农村厅	2021年9月
汤正达家庭	明溪县盖洋镇盖洋村汤家14号	省美丽庭院	福建省妇联、福建省农业农村厅	2021年9月
邓建山家庭	明溪县盖洋镇盖洋村汤家77号	省美丽庭院	福建省妇联、福建省农业农村厅	2021年9月
汤礼生家庭	明溪县盖洋镇盖洋村汤家52号	省美丽庭院	福建省妇联、福建省农业农村厅	2021年9月
叶孙桂家庭	明溪县盖洋镇盖洋村汤家27号	省美丽庭院	福建省妇联、福建省农业农村厅	2021年9月
汤美珍家庭	明溪县盖洋镇盖洋村汤家104号	省美丽庭院	福建省妇联、福建省农业农村厅	2021年9月
汤冬连家庭	明溪县盖洋镇盖洋村张良5号	省美丽庭院	福建省妇联、福建省农业农村厅	2021年9月

续表8

姓名	工作单位	荣誉称号	授予单位	授予时间
吕家林家庭	明溪县盖洋镇温庄村大小瑶组	省美丽庭院	福建省妇联、福建省农业农村厅	2021年9月
赖衡阳家庭	明溪县盖洋镇温庄村大小瑶组	省美丽庭院	福建省妇联、福建省农业农村厅	2021年9月
肖世辉家庭	明溪县盖洋镇温庄村大小瑶组	省美丽庭院	福建省妇联、福建省农业农村厅	2021年9月
吕援根家庭	明溪县盖洋镇温庄村大小瑶组	省美丽庭院	福建省妇联、福建省农业农村厅	2021年9月
吕援章家庭	明溪县盖洋镇温庄村大小瑶组	省美丽庭院	福建省妇联、福建省农业农村厅	2021年9月
颜贻来家庭	明溪县盖洋镇温庄村大小瑶组	省美丽庭院	福建省妇联、福建省农业农村厅	2021年9月
王桂平家庭	明溪县胡坊镇福西村28号	省美丽庭院	福建省妇联、福建省农业农村厅	2021年9月
王源基家庭	明溪县胡坊镇福西村72号	省美丽庭院	福建省妇联、福建省农业农村厅	2021年9月
吴金伦家庭	明溪县胡坊镇福西村8号	省美丽庭院	福建省妇联、福建省农业农村厅	2021年9月
王生平家庭	明溪县胡坊镇福西村58号	省美丽庭院	福建省妇联、福建省农业农村厅	2021年9月
王源华家庭	明溪县胡坊镇福西村1号	省美丽庭院	福建省妇联、福建省农业农村厅	2021年9月
吴吁江家庭	明溪县夏坊乡鳌坑村鳌坑3号	省美丽庭院	福建省妇联、福建省农业农村厅	2021年9月
彭水生家庭	明溪县夏坊乡鳌坑村鳌坑17号	省美丽庭院	福建省妇联、福建省农业农村厅	2021年9月
朱凤金家庭	明溪县夏坊乡鳌坑村鳌坑26号	省美丽庭院	福建省妇联、福建省农业农村厅	2021年9月
李秀英家庭	明溪县夏坊乡鳌坑村鳌坑27号	省美丽庭院	福建省妇联、福建省农业农村厅	2021年9月
范石庭家庭	明溪县夏坊乡鳌坑村鳌坑5号	省美丽庭院	福建省妇联、福建省农业农村厅	2021年9月
黄高远家庭	明溪县夏坊乡鳌坑村鳌坑22号	省美丽庭院	福建省妇联、福建省农业农村厅	2021年9月
谢建平家庭	明溪县瀚仙镇龙湖村中心路48号	省美丽庭院	福建省妇联、福建省农业农村厅	2021年9月
连建明家庭	明溪县瀚仙镇龙湖村泉水溪6号	省美丽庭院	福建省妇联、福建省农业农村厅	2021年9月
汤伟平家庭	明溪县瀚仙镇龙湖村新村路44号	省美丽庭院	福建省妇联、福建省农业农村厅	2021年9月
王文根家庭	明溪县瀚仙镇龙湖村石灰奄17号	省美丽庭院	福建省妇联、福建省农业农村厅	2021年9月
谢北平家庭	明溪县瀚仙镇龙湖村新村路43号	省美丽庭院	福建省妇联、福建省农业农村厅	2021年9月

续表8

姓名	工作单位	荣誉称号	授予单位	授予时间
邓必光家庭	明溪县沙溪乡梓口坊村二组	省美丽庭院	福建省妇联、福建省农业农村厅	2021年9月
王添顺家庭	明溪县沙溪乡梓口坊村金井小区	省美丽庭院	福建省妇联、福建省农业农村厅	2021年9月
谢永发家庭	明溪县沙溪乡梓口坊村金井小区42号	省美丽庭院	福建省妇联、福建省农业农村厅	2021年9月
黄文仰家庭	明溪县沙溪乡梓口坊村三组	省美丽庭院	福建省妇联、福建省农业农村厅	2021年9月
陈贵兴家庭	明溪县沙溪乡梓口坊村六组	省美丽庭院	福建省妇联、福建省农业农村厅	2021年9月
黄荣香家庭	明溪县枫溪乡小珩村邱家10号	省美丽庭院	福建省妇联、福建省农业农村厅	2021年9月
张寅生家庭	明溪县枫溪乡小珩村邱家11号	省美丽庭院	福建省妇联、福建省农业农村厅	2021年9月
邱德盛家庭	明溪县枫溪乡小珩村邱家5号	省美丽庭院	福建省妇联、福建省农业农村厅	2021年9月
邱祖强家庭	明溪县枫溪乡小珩村邱家22号	省美丽庭院	福建省妇联、福建省农业农村厅	2021年9月
邱祖光家庭	明溪县枫溪乡小珩村邱家21号	省美丽庭院	福建省妇联、福建省农业农村厅	2021年9月
杨发喜家庭	明溪县夏阳乡紫云村杨坊65号	省美丽庭院	福建省妇联、福建省农业农村厅	2021年9月
吴四川家庭	明溪县夏阳乡紫云村新建15号	省美丽庭院	福建省妇联、福建省农业农村厅	2021年9月
罗纯华家庭	明溪县夏阳乡紫云村罗坊56号	省美丽庭院	福建省妇联、福建省农业农村厅	2021年9月
张达宣家庭	明溪县夏阳乡紫云村张坊26号	省美丽庭院	福建省妇联、福建省农业农村厅	2021年9月
张新加家庭	明溪县夏阳乡御帘村御帘103号	省美丽庭院	福建省妇联、福建省农业农村厅	2021年9月
张炳旺家庭	明溪县夏阳乡御帘村御帘50号	省美丽庭院	福建省妇联、福建省农业农村厅	2021年9月
张有三家庭	明溪县夏阳乡御帘村御帘18号	省美丽庭院	福建省妇联、福建省农业农村厅	2021年9月
张云钦家庭	明溪县夏阳乡御帘村御帘35号	省美丽庭院	福建省妇联、福建省农业农村厅	2021年9月
张志生家庭	明溪县夏阳乡御帘村御帘94号	省美丽庭院	福建省妇联、福建省农业农村厅	2021年9月
张鑫生家庭	明溪县夏阳乡御帘村御帘66号	省美丽庭院	福建省妇联、福建省农业农村厅	2021年9月
王远灿	明溪县胡坊镇福西村8号	省美丽庭院示范户	福建省妇联、福建省农业农村厅	2021年9月
连炳开	明溪县瀚仙镇龙湖村泉水溪1号	省美丽庭院示范户	福建省妇联、福建省农业农村厅	2021年9月

续表8

姓名	工作单位	荣誉称号	授予单位	授予时间
邓有生	明溪县沙溪乡梓口坊村金井小区62号	省美丽庭院示范户	福建省妇联、福建省农业农村厅	2021年9月
邱德根	明溪县枫溪乡小珩村邱家9号	省美丽庭院示范户	福建省妇联、福建省农业农村厅	2021年9月
杨美林	明溪县夏阳乡紫云村杨坊5号	省美丽庭院示范户	福建省妇联、福建省农业农村厅	2021年9月
罗叶生	明溪县夏阳乡紫云村罗坊16-1号	省美丽庭院示范户	福建省妇联、福建省农业农村厅	2021年9月
曹钦中	明溪县公安局	成绩突出个人	福建省公安厅	2021年9月
余家廉家庭	明溪县盖洋镇白叶村	省级最美绿色家庭	福建省妇联、福建省生态环境厅	2021年10月
何　莉	明溪县美婴悦家政服务部	市“最美家政人”	三明市妇联、三明市人力资源和社会保障局、三明市商务局、三明市总工会	2021年10月
卢遵杨	明溪县林业局	三明市深化林改工作表现突出的个人嘉奖	中共三明市委、三明市人民政府	2021年10月
胡敬春	明溪县法院	全省法院扫黑除恶专项工作表现突出个人	福建省高级人民法院	2021年10月
沈海春	明溪县融媒体中心	从事新闻工作三十年	中华全国新闻工作者协会	2021年11月
李海毅	明溪县公安局	个人一等功	福建省公安厅	2021年12月
傅永强	明溪县公安局	全省优秀公安局长	福建省人社厅、福建省公安厅	2021年12月
吕水根	明溪县公安局	全省优秀人民警察	福建省人社厅、福建省公安厅	2021年12月

2021年度“五比五晒”活动奖励人员名单

一、记功

曾周华　县纪委常委、县监委委员、县委巡察办主任

王清华　县人大常委会党组成员、办公室主任

谢巧玲　县政协办公室主任

雷祖泉　县委宣传部常务副部长、四级调研员

崔　毅　县委统战部常务副部长、民宗局长、一级主任科员

李凤英　县委政法委常务副书记、一级主任科员

罗智闽　县政府办党组成员、副主任

邓德华　县政府办督查科科长、一级科员

邱保群　城关乡党委副书记、三级主任科员

郑　蔚　城关乡副乡长

章　炜　雪峰镇党委副书记、镇长

林　桂　瀚仙镇人大主席

张　媛　沙溪乡党委副书记、乡长、一级主任科员

陈　辉　沙溪乡党委统战委员、副乡长、乡村振兴综合服务中心主任

涂晓彬　夏阳乡党委副书记、乡长

邝立聪　盖洋镇党委书记、一级主任科员

陈国泳　夏坊乡党委书记

王怀龙　县发展和改革局副局长

林　雄　县发展和改革局服务业股股长

叶　林　县委经济开发区工委专职副书记

苏荣斌　县工业和信息化局党组成员、副局长，科学技术局局长（兼）、三级主任科员

余　珊　县人社局党组成员、副局长
汤先锋　县住房和城乡建设局党组书记、局长
汤国平　县住房和城乡建设局副局长
黄泽湜　县交通运输局党组书记、局长、四级调研员
陈金贺　县农业农村局党组成员、副局长、一级主任科员
林兆河　县文体和旅游局党组成员、副局长（正科级）
谌启能　县退役军人事务局党组成员、副局长
陈江杰　县统计局党组成员、农村社会经济调查队队长
余　舜　三明市明溪生态环境局分党组书记、局长
杨立平　国家税务总局明溪县税务局党委委员、副局长

二、嘉奖

林嘉斌　城关乡社会事务综合服务中心主任
高　俞　胡坊镇人大主席
傅兴禄　盖洋镇统战委员、副镇长
朱海南　夏坊乡统战委员、副乡长
曹连祥　枫溪乡党委副书记、乡长
张福梁　县发展和改革局党组成员、副局长
孙旻婧　县发展和改革局一级科员
邱永明　县工业和信息化局党组成员、副局长，三级主任科员
石林清　县工业和信息化局工业运行股股长
陈　赟　县公安局党委副书记、政委、四级高级警长
谢正良　县民政局养老服务和慈善事业促进股股长兼县福利中心主任
黄玲瑛　县财政局党组成员、副局长、二级主任科员
吴开宇　县农业综合执法大队案件审理股股长
陈建华　县林业局党组成员、副局长、二级主任科员
罗建华　县市场监督管理局党组成员、副局长、二级主任科员
杨秋香　县行政服务中心管理委员会主任
王昌枝　三明市明溪生态环境局分党组成员、副局长
王允和　县君峰城市建设投资有限责任公司总经理

三、先进个人

卓成烨　县纪委监委组织和宣传部副部长
廖岩芳　县委办保密与国安科科长
王传荣　县人大常委会人事代表工作室主任
李　英　县政协办公室副主任
巫星良　县委组织部干部监督室主任
叶　斌　县委宣传部理论科科长
范锋华　县融媒体中心办公室主任
汤继伟　县委统战部侨务科长
冯向东　县委政法委副书记
曾美倩　县政府办一级科员
刘礼彬　县政府办绩效管理科副科长、效能办干部
朱建宸　城关乡党政办副主任、一级科员
曾国欣　城关乡党政办公室一级科员
刘　炜　雪峰镇党委统战委员、副镇长
赖鹏炜　雪峰镇乡村振兴综合服务中心干部
汤先平　瀚仙镇社会事务综合服务中心主任
吴锐军　瀚仙镇项目办副主任
刘　虹　胡坊镇党委组织委员
柯锦稳　胡坊镇乡村振兴综合服务中心干事
曾扬河　沙溪乡项目办负责人
戴辉麟　沙溪乡乡村振兴办副主任
庄　丽　夏阳乡党委宣传委员
余　力　夏阳乡政府统计站干事
吴　涛　盖洋镇经济发展岗负责人、党政办副主任
罗　洋　盖洋镇乡村振兴办副主任
罗梅丹　夏坊乡乡村振兴综合服务中心副主任

张子杰　夏坊乡社会事务办副主任、团委书记
邱明铭　枫溪乡党委宣传委员
曾绍炜　枫溪乡社会事务综合服务中心干部
罗　洪　县发展和改革局聘用事业单位工作人员
罗伟华　县教育局办公室主任
郑晓玲　县工业和信息化局中小企业服务中心主任
杨　锴　县工业和信息化局投资规划和技术进步股负责人
陈春菊　县民政局基层政权建设和社区治理股股长
邓晓杰　县财政局预算股副股长
邓昌斌　县机关社保中心主任
马传智　县自然资源局办公室主任
施艺麟　县不动产登记中心副主任
赖迪传　县住房和城乡建设局房屋交易中心副主任
胡志民　县住房和城乡建设局审核审批股干部
童丽萍　县交通运输局道路客运股股长
王　旭　县交通运输局建设管理股股长
卢玉华　县农业农村局乡村振兴服务中心主任
郭嘉欣　县农业农村局乡村产业发展股干部
曹勇金　县旅游发展中心副主任
张文强　县应急管理局党组成员、副局长
王　健　县审计局党组成员、副局长
谢伙妹　县林业局林业改革与产业发展股业务、林业工程师
陈明琳　县林业局财务
肖建辉　县市场监督管理局党组成员、副局长、二级主任科员
张　泓　县市场监督管理局四级主任科员
林增云　县统计局党组书记、局长
李　月　县行政服务中心管理委员会副主任
林小真　县君峰城市建设投资有限责任公司财务部经理
赖旺成　三明市明溪生态环境局分党组成员
石秀琴　国家税务总局明溪县税务局第一税务分局分局长
谢春风　明溪县税务局纳税服务股股长
黄　晖　县银保监管组组长
梁垂超　国网明溪县供电公司总经理

表9

2021年度明溪县新任高级专业技术职务名表

姓名	所在单位	专业技术职务	任职资格时间	聘用情况
吴庆锥	明溪县林业总公司	享受教授、研究员待遇高级工程师	2021年5月27日	—
王孟英	三明市海斯福化工有限责任公司	高级工程师	2020年12月6日	—
石美洋	明溪县残疾人就业服务指导中心	高级经济师	2021年4月18日	已聘
杨志宏	明溪县广播电视转播台	高级经济师	2021年4月18日	已聘
林爱珠	明溪县第二幼儿园	高级教师	2021年7月6日	已聘
罗月萍	明溪县城关中心小学	高级教师	2021年7月6日	已聘
陈　红	明溪县城关中心小学	高级教师	2021年7月6日	已聘
陈秋兰	明溪县城关中心小学	高级教师	2021年7月6日	已聘
李晓雁	明溪县第二实验小学	高级教师	2021年7月6日	已聘
曾桂招	明溪县第二实验小学	高级教师	2021年7月6日	已聘
傅燕珠	明溪县盖洋中心小学	高级教师	2021年7月6日	已聘
罗荣轩	明溪县瀚仙中心小学	高级教师	2021年7月6日	已聘

续表9

姓名	所在单位	专业技术职务	任职资格时间	聘用情况
叶宝香	明溪县实验小学	高级教师	2021年7月6日	已聘
谢梅仙	明溪县实验幼儿园	高级教师	2021年7月6日	已聘
叶琼花	明溪县招商服务中心	副研究馆员	2021年7月8日	已聘
江月兰	明溪县融媒体中心	副研究馆员	2021年7月8日	已聘
方　国	明溪县文化馆	副研究馆员	2021年7月18日	已聘
罗丽云	明溪县第一中学	高级教师	2021年8月6日	已聘
谢晓凤	明溪县城关中学	高级教师	2021年8月6日	已聘
赖丽娟	明溪县城关中学	高级教师	2021年8月6日	已聘
叶艺四	明溪县城关中学	高级教师	2021年8月6日	已聘
黄剑平	明溪县城关中学	高级教师	2021年8月6日	已聘
卓丽华	明溪县第二中学	高级教师	2021年8月6日	已聘
刘　奕	明溪县第二中学	高级教师	2021年8月6日	已聘
李宏明	明溪县总医院	高级会计师	2021年8月31日	已聘
叶敬芳	明溪县总医院	临床副主任医师	2021年11月15日	已聘
杨芳辉	明溪县总医院	临床副主任医师	2021年11月15日	已聘
伍鸿亮	明溪县瀚仙卫生院	临床副主任医师	2021年11月15日	已聘
陈丽双	明溪县总医院	中医副主任医师	2021年11月15日	已聘
黄明珠	明溪县总医院	护理副主任护师	2021年11月15日	已聘
黄　娟	明溪县总医院	护理副主任护师	2021年11月15日	已聘
廖爱珠	明溪县总医院	基层护理副主任护师	2021年11月15日	未聘

集体荣誉

表10　2021年明溪县获省部级及以上表彰先进单位名表

获奖单位	荣誉称号	授予单位	授予时间
明溪县人民政府办公室	2020年度福建省人民政府系统信息报送优秀单位	福建省人民政府办公厅	2021年1月
明溪县	2018—2020年度省级文明城市	中共福建省委、福建省人民政府	2021年4月
明溪县沙溪乡梓口坊村	2018—2020年度省级文明村镇	中共福建省委、福建省人民政府	2021年4月
明溪县瀚仙镇龙湖村	2018—2020年度省级文明村镇	中共福建省委、福建省人民政府	2021年4月
明溪县盖洋镇	2018—2020年度省级文明村镇	中共福建省委、福建省人民政府	2021年4月
明溪县瀚仙镇	2018—2020年度省级文明村镇	中共福建省委、福建省人民政府	2021年4月
明溪县沙溪乡	2018—2020年度省级文明村镇	中共福建省委、福建省人民政府	2021年4月

续表10

获奖单位	荣誉称号	授予单位	授予时间
明溪县雪峰镇	2018—2020年度省级文明村镇	中共福建省委、福建省人民政府	2021年4月
国家税务总局明溪县税务局	2018—2020年度省级文明单位	中共福建省委、福建省人民政府	2021年4月
明溪县人民法院	2018—2020年度省级文明单位	中共福建省委、福建省人民政府	2021年4月
明溪县人民政府办公室	2018—2020年度省级文明单位	中共福建省委、福建省人民政府	2021年4月
明溪县委办公室	2018—2020年度省级文明单位	中共福建省委、福建省人民政府	2021年4月
明溪县财政局	2018—2020年度省级文明单位	中共福建省委、福建省人民政府	2021年4月
国网福建省电力有限公司明溪县供电公司	2018—2020年度省级文明单位	中共福建省委、福建省人民政府	2021年4月
明溪县委组织部	2018—2020年度省级文明单位	中共福建省委、福建省人民政府	2021年4月
中国农业银行股份有限公司明溪县支行	2018—2020年度省级文明单位	中共福建省委、福建省人民政府	2021年4月
明溪县人力资源和社会保障局	2018—2020年度省级文明单位	中共福建省委、福建省人民政府	2021年4月
明溪县纪委监委	2018—2020年度省级文明单位	中共福建省委、福建省人民政府	2021年4月
三明市公路养护中心明溪分中心	2018—2020年度省级文明单位	中共福建省委、福建省人民政府	2021年4月
明溪县烟草专卖局（分公司）	2018—2020年度省级文明单位	中共福建省委、福建省人民政府	2021年4月
明溪县公安局	2018—2020年度省级文明单位	中共福建省委、福建省人民政府	2021年4月
明溪县市场监督管理局	2018—2020年度省级文明单位	中共福建省委、福建省人民政府	2021年4月
明溪县气象局	2018—2020年度省级文明单位	中共福建省委、福建省人民政府	2021年4月
明溪县第一中学	2018—2020年度省级文明校园	中共福建省委、福建省人民政府	2021年4月
明溪县实验小学	2018—2020年度省级文明校园	中共福建省委、福建省人民政府	2021年4月
明溪县第二实验小学	2018—2020年度省级文明校园	中共福建省委、福建省人民政府	2021年4月
明溪县实验幼儿园	2018—2020年度省级文明校园	中共福建省委、福建省人民政府	2021年4月
曾春根家庭（明溪县雪峰镇紫岭社区）	2018—2020年度省级文明家庭	中共福建省委、福建省人民政府	2021年4月
赖荷芬家庭（明溪县雪峰镇城南社区）	2018—2020年度省级文明家庭	中共福建省委、福建省人民政府	2021年4月
明溪县瀚仙镇	2018—2020年度省级文明镇	中共福建省委	2021年4月
明溪县瀚仙镇党委	福建省脱贫攻坚先进集体	中共福建省委、福建省人民政府	2021年5月
明溪县人民政府信访局	2020年信访工作“三无”县	国家信访局	2021年5月
明溪县卫生健康局	节约型机关	国家机关事务管理局、中共中央直属机关事务管理局、国家发展和改革委员会、中华人民共和国财政部	2021年7月
明溪县文体和旅游局	节约型机关	国家机关事务管理局、中共中央直属机关事务管理局、国家发展和改革委员会、中华人民共和国财政部	2021年7月

续表10

获奖单位	荣誉称号	授予单位	授予时间
明溪县水利局	节约型机关	国家机关事务管理局、中共中央直属机关事务管理局、国家发展和改革委员会、中华人民共和国财政部	2021年7月
明溪县人力资源和社会保障局	节约型机关	国家机关事务管理局、中共中央直属机关事务管理局、国家发展和改革委员会、中华人民共和国财政部	2021年7月
明溪县农业农村局	节约型机关	国家机关事务管理局、中共中央直属机关事务管理局、国家发展和改革委员会、中华人民共和国财政部	2021年7月
明溪县住房和城乡建设局	节约型机关	国家机关事务管理局、中共中央直属机关事务管理局、国家发展和改革委员会、中华人民共和国财政部	2021年7月
明溪县林业局	节约型机关	国家机关事务管理局、中共中央直属机关事务管理局、国家发展和改革委员会、中华人民共和国财政部	2021年7月
明溪县残疾人联合会	节约型机关	国家机关事务管理局、中共中央直属机关事务管理局、国家发展和改革委员会、中华人民共和国财政部	2021年7月
明溪县自然资源局	节约型机关	国家机关事务管理局、中共中央直属机关事务管理局、国家发展和改革委员会、中华人民共和国财政部	2021年7月
明溪县财政局	节约型机关	国家机关事务管理局、中共中央直属机关事务管理局、国家发展和改革委员会、中华人民共和国财政部	2021年7月
明溪县工业和信息化局	节约型机关	国家机关事务管理局、中共中央直属机关事务管理局、国家发展和改革委员会、中华人民共和国财政部	2021年7月
明溪县财政局	2020年县级财政管理绩效综合评价全国前200名中第165名	财政部	2021年9月
明溪县文体和旅游局	2017—2020年度全国群众体育先进单位	国家体育总局	2021年9月
明溪县城关乡司法所	全国模范司法所	司法部	2021年10月
明溪县总工会	最美户外劳动者服务站点	中华全国总工会	2021年12月

表11 **2021年度明溪县获市厅级表彰先进集体名表**

获奖单位	荣誉称号	授予单位	授予时间
明溪县融媒体中心	“村村美·丰收的日子”全省广播大联播“潜力合作单位”	福建省广播影视集团	2021年1月
明溪县委政法委员会基层社会治理科	2017—2020年度福建省政法委系统先进集体	中共福建省委政法委员会、福建省人力资源和社会保障厅	2021年1月
明溪县人民法院行政与生态环境审判庭	2019—2020年度福建省法院先进集体	福建省高级人民法院、福建省人力资源和社会保障厅	2021年1月
明溪县瀚仙镇人民政府	福建省卫生乡镇	福建省爱国卫生运动委员会	2021年1月
明溪县瀚仙镇妇联	福建省达标乡镇	福建省妇联	2021年2月
明溪县枫溪乡小珩村妇联	福建省达标村妇联	福建省妇联	2021年2月
明溪县人民检察院第一检察部	福建省巾帼文明岗	福建省妇联	2021年3月
明溪县雪峰消防救援站	五一先锋号	福建省总工会	2021年3月
明溪县城建监察大队市容中队	福建省五一先锋号	福建省总工会	2021年3月
三明市明溪生态环境保护综合执法大队	全省生态环境系统先进集体	福建省人力资源和社会保障厅、福建省生态环境厅	2021年4月
国家税务总局明溪县税务局	福建省五一劳动奖状	福建省总工会	2021年4月
明溪县沙溪乡沙溪村	2020年度福建省“农业科技推广示范村”	福建省农业农村厅	2021年4月
中共明溪县委宣传部	2020年全省舆情信息先进单位	中共福建省委宣传部	2021年5月
中共明溪县委宣传部宣传科	全省扫黑除恶专项斗争先进集体	福建省扫黑除恶专项斗争领导小组	2021年5月
明溪县城关乡退役军人服务站	退役军人服务保障体系“五有单位”	福建省委退役军人事务工作领导小组办公室	2021年5月
三明市明溪县瀚仙镇退役军人服务站	退役军人服务保障体系建设“五有”先进单位	中共福建省委退役军人事务工作领导小组办公室	2021年5月
中共明溪县委宣传部	2018—2020年度市级文明单位	中共三明市委、三明市人民政府	2021年6月
中共明溪县委精神文明建设办公室	2018—2020年度市级文明单位	中共三明市委、三明市人民政府	2021年6月
明溪县发展和改革局（明溪县粮食和物资储备局）	2018—2020年度市级文明单位	中共三明市委、三明市人民政府	2021年6月
明溪县住房和城乡建设局	2018—2020年度市级文明单位	中共三明市委、三明市人民政府	2021年6月
明溪县交通运输局	2018—2020年度市级文明单位	中共三明市委、三明市人民政府	2021年6月
中国电信股份有限公司明溪分公司	2018—2020年度市级文明单位	中共三明市委、三明市人民政府	2021年6月
福建君子峰国家级自然保护区管理局	2018—2020年度市级文明单位	中共三明市委、三明市人民政府	2021年6月
明溪县总工会	2018—2020年度市级文明单位	中共三明市委、三明市人民政府	2021年6月
明溪县消防救援大队	2018—2020年度市级文明单位	中共三明市委、三明市人民政府	2021年6月

续表11

获奖单位	荣誉称号	授予单位	授予时间
明溪县生态环境局	2018—2020年度市级文明单位	中共三明市委、三明市人民政府	2021年6月
明溪县融媒体中心	2018—2020年度市级文明单位	中共三明市委、三明市人民政府	2021年6月
明溪县农业农村局	2018—2020年度市级文明单位	中共三明市委、三明市人民政府	2021年6月
明溪县城镇集体工业联合社	2018—2020年度市级文明单位	中共三明市委、三明市人民政府	2021年6月
明溪县残疾人联合会	2018—2020年度市级文明单位	中共三明市委、三明市人民政府	2021年6月
明溪县总医院	2018—2020年度市级文明单位	中共三明市委、三明市人民政府	2021年6月
明溪县人大常委会机关	2018—2020年度市级文明单位	中共三明市委、三明市人民政府	2021年6月
明溪县教育局	2018—2020年度市级文明单位	中共三明市委、三明市人民政府	2021年6月
明溪县农村信用合作联社	2018—2020年度市级文明单位	中共三明市委、三明市人民政府	2021年6月
明溪经济开发区管理委员会	2018—2020年度市级文明单位	中共三明市委、三明市人民政府	2021年6月
明溪县人民政府行政服务中心管理委员会	2018—2020年度市级文明单位	中共三明市委、三明市人民政府	2021年6月
明溪县环境卫生服务中心	2018—2020年度市级文明单位	中共三明市委、三明市人民政府	2021年6月
明溪县政协机关	2018—2020年度市级文明单位	中共三明市委、三明市人民政府	2021年6月
明溪县卫生健康局	2018—2020年度市级文明单位	中共三明市委、三明市人民政府	2021年6月
明溪县委统战部	2018—2020年度市级文明单位	中共三明市委、三明市人民政府	2021年6月
明溪县委老干部局	2018—2020年度市级文明单位	中共三明市委、三明市人民政府	2021年6月
明溪县委党校	2018—2020年度市级文明单位	中共三明市委、三明市人民政府	2021年6月
明溪县供销合作社联合社	2018—2020年度市级文明单位	中共三明市委、三明市人民政府	2021年6月
福建省明溪国有林场	2018—2020年度市级文明单位	中共三明市委、三明市人民政府	2021年6月
明溪县退役军人事务局	2018—2020年度市级文明单位	中共三明市委、三明市人民政府	2021年6月
明溪县委政法委员会	2018—2020年度市级文明单位	中共三明市委、三明市人民政府	2021年6月
明溪县民政局	2018—2020年度市级文明单位	中共三明市委、三明市人民政府	2021年6月
明溪县审计局	2018—2020年度市级文明单位	中共三明市委、三明市人民政府	2021年6月
明溪县司法局	2018—2020年度市级文明单位	中共三明市委、三明市人民政府	2021年6月
明溪县妇女联合会	2018—2020年度市级文明单位	中共三明市委、三明市人民政府	2021年6月
明溪县自然资源局	2018—2020年度市级文明单位	中共三明市委、三明市人民政府	2021年6月
明溪县城建监察综合执法大队	2018—2020年度市级文明单位	中共三明市委、三明市人民政府	2021年6月

续表11

获奖单位	荣誉称号	授予单位	授予时间
明溪县教师进修学校	2018—2020年度市级文明单位	中共三明市委、三明市人民政府	2021年6月
明溪县统计局	2018—2020年度市级文明单位	中共三明市委、三明市人民政府	2021年6月
中国移动通信集团福建有限公司明溪分公司	2018—2020年度市级文明单位	中共三明市委、三明市人民政府	2021年6月
中国共产党明溪县直机关工作委员会	2018—2020年度市级文明单位	中共三明市委、三明市人民政府	2021年6月
中国银行股份有限公司三明明溪支行	2018—2020年度市级文明单位	中共三明市委、三明市人民政府	2021年6月
中国邮政集团公司福建省明溪县分公司	2018—2020年度市级文明单位	中共三明市委、三明市人民政府	2021年6月
中国建设银行股份有限公司明溪支行	2018—2020年度市级文明单位	中共三明市委、三明市人民政府	2021年6月
明溪县档案馆	2018—2020年度市级文明单位	中共三明市委、三明市人民政府	2021年6月
明溪县文体和旅游局	2018—2020年度市级文明单位	中共三明市委、三明市人民政府	2021年6月
明溪县人民武装部	2018—2020年度市级文明单位	中共三明市委、三明市人民政府	2021年6月
明溪县城关乡	2018—2020年度市级文明村镇	中共三明市委、三明市人民政府	2021年6月
明溪县胡坊镇	2018—2020年度市级文明村镇	中共三明市委、三明市人民政府	2021年6月
明溪县夏阳乡	2018—2020年度市级文明村镇	中共三明市委、三明市人民政府	2021年6月
明溪县夏坊乡	2018—2020年度市级文明村镇	中共三明市委、三明市人民政府	2021年6月
明溪县枫溪乡	2018—2020年度市级文明村镇	中共三明市委、三明市人民政府	2021年6月
明溪县沙溪乡沙溪村	2018—2020年度市级文明村镇	中共三明市委、三明市人民政府	2021年6月
明溪县瀚仙镇岩里村	2018—2020年度市级文明村镇	中共三明市委、三明市人民政府	2021年6月
明溪县盖洋镇衢地村	2018—2020年度市级文明村镇	中共三明市委、三明市人民政府	2021年6月
明溪县城关乡罗翠村	2018—2020年度市级文明村镇	中共三明市委、三明市人民政府	2021年6月
明溪县夏阳乡紫云村	2018—2020年度市级文明村镇	中共三明市委、三明市人民政府	2021年6月
明溪县城关中学	2018—2020年度市级文明校园	中共三明市委、三明市人民政府	2021年6月
明溪县城关中心小学	2018—2020年度市级文明校园	中共三明市委、三明市人民政府	2021年6月
明溪县沙溪中心小学	2018—2020年度市级文明校园	中共三明市委、三明市人民政府	2021年6月
明溪县夏阳中心小学	2018—2020年度市级文明校园	中共三明市委、三明市人民政府	2021年6月
明溪县夏坊中心小学	2018—2020年度市级文明校园	中共三明市委、三明市人民政府	2021年6月
明溪县胡坊学校	2018—2020年度市级文明校园	中共三明市委、三明市人民政府	2021年6月

续表11

获奖单位	荣誉称号	授予单位	授予时间
明溪县夏阳初级中学	2018—2020年度市级文明校园	中共三明市委、三明市人民政府	2021年6月
明溪县职业中学	2018—2020年度市级文明校园	中共三明市委、三明市人民政府	2021年6月
明溪县盖洋中心小学	2018—2020年度市级文明校园	中共三明市委、三明市人民政府	2021年6月
明溪县雪峰镇城南社区	2018—2020年度市级文明社区	中共三明市委、三明市人民政府	2021年6月
明溪县雪峰镇紫岭社区	2018—2020年度市级文明社区	中共三明市委、三明市人民政府	2021年6月
明溪县雪峰镇城东社区	2018—2020年度市级文明社区	中共三明市委、三明市人民政府	2021年6月
丁绍文家庭（明溪县胡坊镇胡东街）	2018—2020年度市级文明家庭	中共三明市委、三明市人民政府	2021年6月
李柳清家庭（明溪县雪峰镇新村路66号）	2018—2020年度市级文明家庭	中共三明市委、三明市人民政府	2021年6月
严乐平家庭（明溪县雪峰镇东村巷）	2018—2020年度市级文明家庭	中共三明市委、三明市人民政府	2021年6月
汤丽平家庭（明溪县夏阳乡御帘村）	2018—2020年度市级文明家庭	中共三明市委、三明市人民政府	2021年6月
严祖平家庭（明溪县雪峰镇新大路1716号）	2018—2020年度市级文明家庭	中共三明市委、三明市人民政府	2021年6月
明溪县雪峰镇城南社区	全市先进基层党组织	中共三明市委、三明市人民政府	2021年6月
明溪县市场监督管理局	全省市场监管部门非公党建工作先进集体	中共三明市委、三明市人民政府	2021年6月
明溪县夏阳乡旦上村	全市先进基层党组织	中共三明市委、三明市人民政府	2021年6月
明溪县沙溪乡党委	全省先进基层党组织	中共三明市委、三明市人民政府	2021年6月
中共明溪县夏阳乡退休干部支部委员会	示范党支部	中共福建省委离退休干部工作委员会、中共福建省委老干部局	2021年7月
夏阳乡	2021年“清新福建. 气候福地”气候康养福地	省气象学会、省旅游协会	2021年7月
明溪县妇联	“百个八闽巾帼讲百个党的女儿故事”展播优秀组织奖	福建省妇联	2021年8月
明溪县文学艺术界联合会	福建省文联系统先进集体	福建省人力资源和社会保障厅、福建省文学艺术界联合会	2021年9月
明溪县城关乡司法所	福建省五星司法所	福建省司法厅	2021年9月
明溪县公安局刑事侦查大队	成绩突出集体	福建省公安厅	2021年9月
明溪县卫生健康局	“十三五”期间医改工作集体嘉奖	中共三明市委、三明市人民政府	2021年10月
明溪县融媒体中心	“村村美·奋进新征程”全省广播大联播“融媒潜力合作单位”	福建省广播影视集团	2021年11月
三明市明溪县“法治保障生态文明建设”单项项目	福建省第一批法治政府建设单项示范项目	中共福建省委全面依法治省委员会	2021年11月

续表11

获奖单位	荣誉称号	授予单位	授予时间
明溪县科学技术协会	2021年福建省全国科普日活动优秀组织单位	福建省科协	2021年12月
明溪县农村专业技术协会（直属协会）	2021年福建省先进农技协组织	福建省农技协	2021年12月
明溪县司法局	组织宣传人民调解工作先进集体	中华全国人民调解员协会	2021年12月
明溪县公安局	全省优秀公安局	福建省人社厅和福建省公安厅	2021年12月
明溪县夏阳乡紫云村	三明市研学实践教育基地	三明市教育局、三明市文化和旅游局	2021年12月
明溪县胡坊镇	2022—2024省级林下经济重点乡镇	福建省林业厅	2021年12月
明溪县胡坊镇肖家山村	肖家山村高级版“绿盈乡村”	福建省农业农村厅	2021年12月
明溪县福春家庭农场、明溪县小叶家庭农场	明溪县福春家庭农场、明溪县小叶家庭农场被评为2021年省级示范家庭农场	福建省农业农村厅	2021年12月
明溪县瀚仙镇	2021年度福建省森林城镇	福建省绿化委员会、福建省林业局	2021年12月
明溪县瀚仙镇龙湖村	2021年度福建省森林村庄	福建省绿化委员会、福建省林业局	2021年12月

2021 年度“五比五晒”活动先进单位名单

中共明溪县委办公室
明溪县融媒体中心
明溪县人民政府办公室
明溪县城关乡党委
明溪县雪峰镇党委
明溪县沙溪乡党委
明溪县夏坊乡党委
明溪县发展和改革局
明溪县招商服务中心
明溪县应急管理局
明溪县财政局
明溪县不动产登记中心
明溪县住房和城乡建设局明溪县水利局
明溪县统计局
明溪县文体和旅游局
明溪县市场监督管理局
明溪县行政服务中心管理委员会
明溪县君峰城市建设投资有限责任公司
三明市明溪生态环境局
国家税务总局明溪县税务局雪峰税务分局
中国人民银行明溪县支行
明溪县银保监管组
国网福建省电力有限公司明溪供电公司

责任编辑：罗兴东

奋进新征程 奋战“十四五”
为持续推进新时代明溪革命老区高质量发展而努力奋斗

——钟科同志在中国共产党明溪县第十三次代表大会上的报告

（2021年7月28日）

中国共产党明溪县第十三次代表大会，是在中国共产党成立100周年，在“两个一百年”奋斗目标历史交汇的关键节点召开的一次十分重要的会议。大会的主要任务是：回顾总结县第十二次党代会以来的工作，研究确定今后五年全县工作的指导思想、发展思路和主要任务，选举中国共产党明溪县第十三届委员会、中国共产党明溪县第十三届纪律检查委员会和我县出席中国共产党三明市第十次代表大会代表。大会的主题是：坚持以习近平新时代中国特色社会主义思想为指导，深入学习贯彻习近平总书记“七一”重要讲话和来闽考察重要讲话精神，牢记嘱托、勇担使命，动员全县广大党员干部群众苦干实干、担当作为，为持续推进新时代明溪革命老区高质量发展而努力奋斗。

一、回眸“十三五”，砥砺奋进固根基

县第十二次党代会以来，面对错综复杂的国际国内形势和艰巨繁重的任务，特别是新冠肺炎疫情的严重冲击，在党中央和省委、市委坚强领导下，县委团结带领全县各级党组织和广大党员干部群众，统筹推进“五位一体”总体布局，协调推进“四个全面”战略布局，扎实做好“六稳”工作、全面落实“六保”任务，持续做实做足“四篇文章”、推进“四个着力”、深化“五比五晒”，圆满完成了“十三五”确定的目标任务。

五年来，我们始终把高质量发展作为第一要务，综合实力稳步提升。2020年，全县地区生产总值111亿元，突破百亿关口，比2015年增长41.34%，年均增长7.2%；一般公共预算总收入、地方一般公共预算收入分别达5.44亿元、3.47亿元，年均增长3.16%、4.18%；五年实施省市重点项目114个，固定资产投资年均增长13.68%；社会消费品零售总额年均增长7%；三次产业结构从2015年的23.9∶44.7∶31.4优化为18.85∶48.46∶32.69。“五比五晒”“项目攻坚年”“征迁攻坚年”活动深入推进，年均新增“五个一批”项目306个，2017-2020年连续4年“五比五晒”成绩获全市二等奖。2017-2019年连续3年市对县绩效考评优秀，跻身全国财政管理绩效综合评价百强县，获评全省县

域经济发展“十佳”县。

五年来，我们始终把创新驱动作为第一战略，工业发展闯出新路。规上工业企业实现税收4.82亿元，比“十二五”时期增长87.9%。着眼于化解山区用地、用工、资源、环境容量等局限，探索推进“专精特新”发展路子，持续壮大新材料、新医药、新能源“三新”产业，累计引进和实施海斯福三期、科顺新型防水材料、南方制药二期、熙华医药产业园、格林韦尔NMP纳米导电剂等“三新”产业链重点项目20个，培育集聚了“三新”企业34家，其中4家上市公司重要生产基地，8家国家高新技术企业；2020年“三新”产业产值超过50亿元、年均增长25%以上，产业集群初见雏形；传统产业转型发展，累计实施千万元以上重点技改项目213项，技改投资年均增长56%。推动科技创新，全县企业研发投入较2015年翻了一番，连续6年高技术产业增加值占规上工业增加值比重居全市第1位。园区综合发展水平连续2年居省级扶贫开发工作重点县园区前5位，亩均税收全市经济开发区最高，“一区多园”建设迈出重要步伐。

五年来，我们始终把城乡建设作为第一抓手，侨乡面貌显著变化。推进“小县大城关”建设，实施了侨乡体育公园、县级综合档案馆、迎宾大道立面改造等重点城建项目92个，打造了惠利金茂广场、时代广场、欧侨广场等城市商圈，建成了名儒御景、碧桂园生态公馆、富贵·壹号学府、东方佳园等商住小区10个，推出商品房3090套；东部新城格局初显，城市建成区面积扩大到6.5平方千米，城镇化率提高了4.7个百分点，成功创建并蝉联省级文明县城。疏通“路脉”，全面打通紫岭路、中山路等城区“断头路”，莆炎高速明溪城关至建宁段、国省干线横六线大焦至上坊段、雪城线红色旅游公路、林地至罗翠等“三产路”全线通车，兴泉铁路加快建设，新增高速公路57.7千米、国省道路42.85千米、新改建农村公路174千米，改造危桥42座，具备通车条件的建制村全部实现通客车；做活“水脉”，黄沙坑水库建成投用，新改建城市供水、雨污等各类管网147.6千米，城区污水处理率从2016年的80%提升到95.06%。深入实施乡村振兴战略，建成淮山、大米、猕猴桃等硒锌农产品基地10.2万亩，创建“三品一标”50个、“一村一品”农产品5个，明溪获评“中国硒锌农产品”之乡、被列为省级农产品质量安全县创建试点单位；农村人居环境整治三年行动圆满收官，打造省级美丽乡村59个，明溪被列入全国首批农村生活垃圾分类和资源化利用示范县、省级乡村振兴重点县。

五年来，我们始终把全面小康作为第一目标，人民生活日益改善。居民收入稳定增加，新增城镇就业0.5万人、农村劳动力转移就业0.46万人，城乡居民人均可支配收入从2015年的23739元、12102元分别提高到33206元、18212元，年均增长6.97%、8.52%；居民人均储蓄存款近6万元，居全省前列。脱贫攻坚取得全面胜利，全县建档立卡贫困人口1634户4861人全部脱贫，年人均收入从2016年的3586元增加到15278元，增加了11692元，增长了3.26倍；30个建档立卡贫困村、10个市级空壳村、2个市级扶贫开发工作重点乡、省级扶贫开发工作重点县全部摘帽退出，贫困发生率从2016年的5.9%降至0。民生事业全面进步，“十三五”期间，民生支出占财政总支出的80%以上，完成为民办实事项目117项；先后建成新实验小学及附属幼儿园、药谷小镇幼儿园、市民服务中心、融媒体中心、党校培训中心、公共卫生服务综合大楼等补短板项目，全县普惠性幼儿园覆盖率达100%、义务教育巩固率达98.42%；每千人常住人口医疗机构床位6.08张，县总医院晋升二级甲等综合医院；梓口坊村医养结合中心获评省五星级养老服务机构；南山遗址入选“2017中国六大考古新发现”，明溪被评为第二批国家公共文化服务体系示范区。全力防范化解各类风险挑战，金融不良贷款率从4.8%降低至1.07%，安全生产形势持续向好，有效应对非洲猪瘟疫情、“5·16”特大洪灾和新冠肺炎疫情，扫黑除恶专项斗争成效显著，2019-2020年连续两年被评为国家信访工作“三无”县，群众安全感率保持全省、全市前列。

五年来，我们始终把深化改革作为第一动力，发展活力充分激发。“放管服”改革深入推进，建成新行政服务中心，建立“12345”便民服务平台，99.36%以上服务事项实现“一趟不用跑”和“最多跑一趟”，行政审批时限平均压缩率81.83%，创造了“科顺速度、明溪服务”项目建设经验，全省首创减税降费“县域网”部门协作机制，累计减税降费1.17亿元。教改、医改、农改、林改、国企改革等取得新突破，“总校制”办学实现幼儿至初中学段全覆盖，教师“县管校聘”深入实施，学校教职工编制管理机制进一步优化；建立县、乡、村一体化县域紧密型医共体，深化“三医联动”改革，医保出院患者报销比例提高到78.89%；完成农村永久经营权确权登记领证和农村集体产权制度改革，创新推出“益林贷”；组建六大国有企业，完成城投公司兼并重组、行政事业单位经营性资产委托管理、国企退休人员社会化管理，2020年国企净资产增长18.2%。政府机构改革圆满完成，组建成立县监察委员会。

五年来，我们始终把绿色发展作为第一路径，生态红利持续释放。深入践行“绿水青山就是金山银山”理念，打赢污染防治攻坚战，全县生态环境质量保持全优，森林覆盖率进一步提高，连续5年市对县党政领导生态环保目标责任书考核优秀，9个乡镇全部创成国家级生态乡镇，荣获国家生态文明建设示范县。推动生态产业化、产业生态化，森林康养、观鸟旅游等绿色产业加快发展，推进国际候鸟迁徙通道保护与修复工程、武夷山国家森林步道明溪段示范工程等项目，成立全省首家观鸟旅游合作社，打造了森林康养基地12个、省级以上森林村庄12个，每年吸引国内外观鸟游客3万余人次、带动消费1亿元，获评“观鸟绝胜全国四佳”。

五年来，我们始终把从严治党作为第一责任，党的建设全面加强。支持人大及其常委会、政协依法依章程履职，民族、宗教、侨台、党管武装、国防动员等工作取得新进展，工会、共青团、妇联等群团组织作用进一步发挥，民主法治建设不断加强。深入开展“两学一做”学习教育、“不忘初心、牢记使命”主题教育和党史学习教育，党员干部理想信念更加坚定。干事创业精气神进一步提振，一批政治坚定、敢于担当、善于攻坚、实绩突出的优秀干部得到提拔重用，选树了全国“人民满意的公务员”方秋轩、“公安部二级英模”郑艳、“全国优秀教师”傅燕珠等9位“国字号”先进典型。农村、社区、机关、非公等领域党建质量不断提升，圆满完成乡镇领导班子换届，整顿转化软弱涣散党组织66个，培育了“365”近邻党建、书记金融助理等党建品牌，实现全县所有村集体经济收入达10万元以上。一体推进不敢腐、不能腐、不想腐，深入开展扶贫领域腐败和作风问题专项治理，完成十二届县委巡察全覆盖任务，风清气正的政治生态得到持续巩固。

回首过去五年的砥砺奋进，既取得了发展成效，也积累了宝贵经验：一是站位决定方位。必须坚持政治方向不偏移，自觉增强“四个意识”，坚定“四个自信”，做到“两个维护”，不折不扣贯彻落实党中央重大决策部署和省委、市委工作要求。二是民生决定民心。必须坚持执政为民不褪色，把人民对美好生活的向往作为奋斗目标，用心用情用力解决好群众“急难愁盼”问题，做到“群众盼什么、我们就干什么”，形成共建共治共享的生动局面。三是思路决定出路。必须坚持解放思想不止步，理念常新、思路创新，跳出明溪看明溪，善于运用系统观念、改革思维、创新办法破解难题、推动发展。四是优势决定胜势。必须坚持特色发展不动摇，立足自身潜力优势，科学提出发展目标、确定发展重点、选择发展路径，探索符合实际、具有特色的高质量发展路子，不断在激烈区域竞争中抢占先机、赢得主动、实现赶超。五是作风决定作为。必须坚持管党治党不松劲，把严和实的要求贯穿于党的建设全过程、各方面，驰而不息正风肃纪反腐，引导鼓励党员干部想干事、能干事、干成事、不出事、好共事，不断把各项事业推向前进。

各位代表，同志们！成绩来之不易，共识凝聚力量。五年来，明溪发展取得的每一点进步、每一份成绩，得益于党中央和省委、市委的坚强领导、亲切关怀，得益于历届县委班子和全县广大干部群众的团结奋斗、创新实干，得益于国家和省直挂钩帮扶部门的倾力支持、鼎力相助，得益于人大、政府、政协、各群众团体、省市驻明单位和驻明部队的积极参与、大力支持。在此，我谨代表中共明溪县第十二届委员会，向全县广大党员干部群众，向所有关心、支持明溪发展的同志们、朋友们，表示衷心的感谢，致以崇高的敬意！

在看到成绩的同时，必须清醒认识到，我们的工作还存在许多不足，也面临不少困难和挑战：一是经济体量依然偏小，财政实力较弱；二是三次产业结构不优，服务业短板仍然突出，新旧动能转换接续比较困难；三是县城集聚能力不强，城区人气不足、老旧小区较多，城市更新难度大，公共服务基础设施仍需完善；四是乡村振兴动力不足，村集体经济发展后劲弱；五是教育、医疗、养老等民生领域还存在不少短板；六是部分干部不能适应新形势新要求，思想不够解放，主动担当作为、争先创优意识不强，精气神仍需进一步提振。我们要正视这些问题，发扬斗争精神，采取有效措施加以解决。

二、展望“十四五”，锚定目标再出发

“十四五”时期是中国开启全面建设社会主义现代化国家新征程、向第二个百年奋斗目标进军的第一个五年，也是明溪大有可为的战略机遇期、优势叠加的黄金发展期。“一带一路”、制造强国、碳达峰碳中和等一系列国家战略的深入实施，以及构建以国内大循环为主体、国内国际双循环相互促进的新发展格局；习近平总书记亲临福建考察提出“四个更大”重要要求和当前四项重点任务，国务院出台新时代支持革命老区振兴发展政策，国家支持福建全方位推进高质量发展超越、支持三明建设革命老区高质量发展示范区，国家中医药管理局和省直部门对口支援明溪。我们要坚定信心决心，认清形势、把握大势、发挥优势，集中精力办好自己的事，推动经济社会发展迈上新台阶、实现新跨越。

未来五年工作的指导思想是:坚持以习近平新时代中国特色社会主义思想为指导，深入贯彻党的十九大和十九届二中、三中、四中、五中全会精神，全面贯彻党的基本理论、基本路线、基本方略，认真贯彻习近平总书记“七一”重要讲话和来闽考察重要讲话精神，紧紧围绕统筹推进“五位一体”总体布局和协调推进“四个全面”战略布局，增强“四个意识”、坚定“四个自信”、做到“两个维护”，坚持党的全面领导，坚持以人民为中心，坚持新发展理念，坚持深化改革开放，坚持系统观念，坚持稳中求进工作总基调，以全方位推进高质量发展超越为主题，以深化供给侧结构性改革为主线，以改革创新为根本动力，以满足人民日益增长的美好生活需要为根本目的，统筹发展和安全，积极融入三明革命老区高质量发展示范区建设，巩固拓展提升新思想新理念指引下的“三明实践”，做实做足“四篇文章”、推进“四个着力”、深化“五比五晒”，努力打造山区产业现代化先行区、生态文明建设示范区、县域治理现代化样板区、城乡发展融合地、改革创新实践地、民生幸福宜居地，实现经济行稳致远、社会安定和谐，不断增强人民群众获得感、幸福感、安全感，持续推进新时代明溪革命老区高质量发展。

未来五年工作的奋斗目标是：经济实力更加壮大，经济总量占全市比重不断提高，地区生产总值年均增长6.5%左右；三次产业结构优化为16.2∶50.2∶33.6；新材料、新医药、新能源“三

新”产业集群更具市场竞争力；社会消费品零售总额年均增长7.5%左右，三产增加值逐年提高；农业基础更加稳固；城乡一体化和区域协调发展的新格局基本形成。改革开放更加深入，社会主义市场经济体制更加完善，医改、林改、“放管服”改革等重点领域改革取得新成效；区域合作更加深入，开放型经济发展水平持续提高。社会风尚更加良好，人民思想道德素质、科学文化素质和身心健康素质明显提升；持续打响红色、闽学、侨乡、客家、南山古人类等地域文化品牌，公共文化服务体系不断完善，文化软实力、影响力进一步增强。生态环境更加优美，生态环境质量持续保持全省前列，县域国土空间体系更加健全，能源资源使用效率持续提高，绿色经济不断做大，绿色低碳生产生活方式加快形成。居民生活更加美好，实现更加充分更高质量就业，脱贫成果巩固拓展，城镇、农村居民人均可支配收入分别年均增长7%、8%左右。基本公共服务均等化水平稳步提高，民生、城乡基础设施等领域短板明显改善，多层次社会保障体系更加健全。社会大局更加稳定，社会治理体系和治理能力现代化水平进一步提高，防范重特大风险体制机制不断健全，突发公共事件应急能力显著增强，自然灾害防御水平明显提升，平安明溪建设取得新进展。党的建设更加科学，思想建党和制度治党水平全面提升，民主政治不断健全，队伍结构更趋合理，基层基础持续巩固，政治生态风清气正。

三、奋战“十四五”，继往开来谱新篇

宏伟蓝图已绘就，奋发有为正当时。要实现“十四五”战略目标，必须坚持用发展来解决发展中的问题，聚焦打造“三区三地”，抓重点、攻难点、疏堵点，进一步厚植优势、补齐短板，在全面建设社会主义现代化国家新征程上谱写新篇章、开创新未来。

（一）坚持发展质量和发展速度双促进，打造山区产业现代化先行区。始终把发展经济的着力点放在实体经济上，深入实施工业强县发展战略，以工业为引擎，带动现代农业、服务业共同发展，加快补齐产业转型升级短板，逐步构建符合山区实际、具有山区特色的现代化产业体系。一是构建高质量现代工业体系。做大做强新材料、新医药、新能源“三新”产业，实施龙头企业和“专精特新”中小企业培育工程，加快完善园区平台建设，全力服务海斯福四期五期、科顺新型防水材料、南方制药三期、熙华医药产业园、海西联合药业二期等重大项目建成投产，推动靶向抗肿瘤药、含氟制剂原料药及成品药等注册申报，支持南方制药转“主板”上市和海西联合药业、旻和医药等企业上市，争创国家级新材料产业示范基地、原料药绿色生产基地、创新药研发基地。力争到2025年，“三新”产业产值突破百亿，培育产值10亿元以上企业4家、产值30亿元以上企业1家，国家高新技术企业20家以上；到2030年，培育氟新材料、生物医药两个产值超百亿的产业园。实施新一轮技改专项行动，用好企业技改设备补助、技改奖励和技改基金等政策组合拳，支持百事达淀粉、明狮水泥、盈梓石塑地板、斯特力气动工具、长虹精密制造等食品加工、矿产深加工、机械装备类传统工业企业技改升级，推动传统产业、老牌企业“老树发新枝”。二是构建高水平现代农业体系。落实粮食安全战略，推进高标准农田、新增粮食产能、土地整理等农田基础设施项目建设，发展一批标准化规模化粮食、蔬菜种植基地，确保年粮食总产量稳定在8.08万吨以上。扩大淮山、大米、茶叶、猕猴桃等硒锌特色农产品种植规模，抓好硒锌农产品认证、精深加工企业培育、专业交易市场建设、品牌创建等工作，打响生态硒锌农产品区域公用品牌。到2025年，全县建成硒锌农产品基地16万亩以上，引进硒锌农产品加工企业5家以上。三是构建高素质现代服务业体系。加快发展现代物流业，推进公铁联运物流园、绿色食品加工及冷链物流等项目建设，打造区域性商贸物流集散中心。发展普惠金融、绿色金融、科技金融等特色金融产品，鼓励商业银行、证券、保险、

基金等金融机构到我县设立分支机构。培育发展文旅产业，推进滴水岩国家4A级景区创建，加快南山遗址公园、闽学鼻祖杨时故里等项目建设，带动特色旅游村发展，打造精品文旅线路。四是建立高效益项目滚动接续机制。紧紧抓住“五比五晒”项目攻坚这个主抓手、主赛场、主阵地，围绕产业薄弱环节和重点突破方向，发挥项目策划和政策研究专班作用，每年谋划储备一批补链、强链、延链的大项目好项目。强化招商引资，建立县域产业招商项目库，编制农业、工业、服务业等招商手册，真招商、招真商，确保每年引进一批优质项目。加快项目建设，落实“领导挂包”“问题销号”“提醒告知”等项目推进工作机制，加强资金、用地等要素保障，力求策划储备一批、洽谈签约一批、落地建设一批、投产见效一批。

(二)坚持城市更新和乡村建设双发力，打造城乡发展融合地。坚持城乡并重、区域协同，统筹推进以人为核心的新型城镇化和城乡一体化，加快公共服务能力建设，不断提升城市承载力和吸附力。一是提升城区发展品质。融入三明新时代精神文明建设示范创建，坚持“城乡融合、产城融合”思路，加快形成“一心三区”的城乡发展新格局。中心城区加快城市功能更新，推动坪埠东路(二期)、长途汽车站、博物馆等建设及各类管网新建改建，实施青年路、康乐路、西门等城中村、棚户区及老旧小区改造，提高城市管理服务的人性化、精细化、规范化水平；东部新区推进上坊、大焦、南山等片区建设，加强土地收储开发，完善公共服务配套，打造“小县大城关”的新增长极；北部新区立足打造生态人文宜居新城，实施县一中(高中部)新建、第三实验小学扩建、第三实验幼儿园新建等项目，推进坪埠、大富等区域发展。园区推动与城区基础设施和公共服务设施连接联网、共建共享，探索园区“社区化”路径，实现以产兴城、以城促产。二是全面推动乡村振兴。巩固拓展脱贫攻坚成果同乡村振兴有效衔接，按照“四个不摘”要求，保持现有帮扶政策总体稳定，健全致贫返贫动态监测机制和解决相对贫困长效机制，争取列入国家乡村振兴重点帮扶县。推动生态宜居乡村建设，开展农村人居环境整治提升五年行动，加强乡村规划建设管理，推进御帘、肖家山等传统村落保护发展，抓好10个省级乡村振兴试点村、16个乡村治理试点示范村、3条乡村振兴“串点连线成片”示范线建设，打造乡村振兴的明溪样板。三是完善城乡基础设施。加快兴泉铁路明溪段、明溪胡坊至三明岩前及小蕉互通工程、国道G534明溪上坊至城关王桥段等重大交通项目建设，依托“四好农村路”建设，带动农村公路全面提档升级，基本形成现代化综合交通运输体系。加快渔塘溪生态水系综合治理、明源水厂、城乡供水一体化等项目建设，构建安全稳定的城乡供水保障体系。布局新型基础设施，加快第五代移动通信建设，探索实施“5G+”应用试点，推进公共服务设施数字化、网络化、智能化改造升级，加强重要信息系统网络安全防护。

(三)坚持向内挖潜和向外借力双驱动，打造改革创新实践地。大力弘扬改革创新精神，聚焦重点领域、关键环节，注重探索先行，以更深层次改革、更高水平开放为发展注入新活力。一是深化重点改革。巩固拓展“三医联动”综合改革，推进医防融合发展，探索建立中医药和医改“双向”促进机制，完善应急医疗救助体系。提升林权制度改革，推广“益林贷”等林业普惠金融产品，完善绿色金融体系。深入推进国企改革，建立现代企业管理制度，健全国有资本投资、运营体制机制，通过注入资金、资产、资源等方式，促进国有企业、国有资本做大做强。深化农村改革，积极探索农村宅基地“三权分置”，鼓励发展多种形式的农业适度规模经营，推进“房票”“地票”改革，盘活闲置宅基地和闲置住宅。二是强化科技创新。围绕产业链部署创新链，支持企业建设研发中心、重点实验室等科技创新平台，鼓励开展产学研深度合作。到2025年，全社会研发投入占GDP比重达1.7%以上。坚持创新不问“出身”，完善关键技术联合攻坚、科技成果孵化转化等机制，落实“军令状”“揭榜挂帅”等制度，提高科技成果转移转化效率。强化人才支撑，深化拓展“五个一”产业人才工作模式，完善引才育才留才系列政策，培养和引进更多高层次科技领军人才、专业技术人才和创新创业团队。三是扩大对外开放。主动融入闽西南协同发展区建设，拓宽与鲤城区合作领域，推进奋发山海协作产业园建设，推动与漳州金峰经济开发区协同招商，打造闽西南协作重点示范园区。融入三明海峡两岸乡村融合发展试验区创建，围绕乡村振兴、产业培育、文化交流等方面探索开展明台交流合作。深入实施“回归工程”，创新华侨双向投资机制，建立服务和保障华侨回明创业安居制度体系，引导推动侨资回流、侨力回归、侨智回援。

（四）坚持生态保护和绿色发展双推进，打造生态文明建设示范区。深入贯彻习近平生态文明思想，主动融入三明美丽中国建设示范创建，把碳达峰、碳中和纳入生态文明建设整体布局，积极拓宽“两山”转化通道，争创“两山”理论实践创新基地。一是强化生态环境保护。依法、科学、精准打好污染防治攻坚战，实施蓝天、碧水、净土工程，深化河（湖）长制、林长制等工作，抓好各级生态环保督察反馈问题整改，推动生态环境质量不断改善。推进山水林田湖草生态保护修复试点工程，实施南方丘陵山地带生态保护和修复重大工程、重点流域水环境综合治理和安全生态水系等项目建设，不断提升森林质量、改善流域水环境、提高生物多样性。严格生态领域监督执法，严厉打击各类破坏生态环境行为，解决好群众身边突出的生态环境问题。二是发展壮大绿色经济。以生态产业化创新发展为突破口，培育发展绿色农业、绿色林业、森林康养、观鸟休闲等生态产业，推动福建鸣溪湿地公园、紫云康养基地等项目建设，把生态优势转化为经济优势。培育发展中医药产业，把握国家中医药管理局对口支援有利契机，规划建设中医药产业园，建设“中药材良种繁育中心”，扶持发展一批中药材标准化种植基地，培育引进中药材提取及深加工、中药饮片、中成药制造、中药保健品、药食同源等中医药健康系列产品研发生产项目，形成集种、产、加、销、养于一体的大健康产业链，打造中医药产业合作区和中药材集散地。实施绿色产业指导目录，建立完善产业负面清单，支持绿色技术创新，全面推行清洁生产，积极争创国家循环经济示范县。三是健全生态文明制度。扎实推进碳达峰、碳中和工作，制定实施碳达峰行动方案，提升生态系统碳汇增量。深化拓展国家生态文明建设示范县成果，建立健全“三线一单”生态环境分区管控体系，推进绿色发展评价体系和生态产品价值实现、生态司法保护、自然资源价格形成等机制建设，加快构建现代环境治理体系，积极争取列入国家重点生态功能区和生态综合补偿试点县。

（五）坚持生活品质和保障水平双提升，打造民生幸福宜居地。深入贯彻以人民为中心的发展思想，坚持为民惠民利民、共建共治共享，加快建设与经济社会发展相适应的社会服务和民生保障体系，补齐促进共同富裕短板，让人民群众的获得感和幸福感成色更足。一是强化社会保障兜底。实施积极的就业政策和居民增收行动，不断提高居民收入。坚持普惠性、保基本、均等化、可持续原则，健全完善社会保障以及社会福利和救助体系，加快妇女儿童事业发展。完善住房供应与保障体系，推动房地产市场健康发展。二是补齐民生事业短板。坚持民生导向，按照急需先行、尽力而为、量力而行原则，每年组织实施好一批为民办实事项目，持续增进民生福祉。着力办好人民满意的教育，发挥县教育发展促进会作用，深化教育综合体制改革，完善基础设施，重点推进县一中（高中部）、职中迁建等项目，推进县一中创建省一级达标高中，提高教育质量和办学水平。实施健康明溪行动，健全医疗服务、公共卫生、疾病防控体系建设，加强医疗卫生队伍建设，加快县总医院综合门诊大楼、雪峰社区卫生服务中心等建设，推进县中医院“两专科一中心”建设，构建县、乡、村三级中医药服务网络，改善城乡卫生健康服务水平。积极应对人口老龄化，组织实施三孩生育政策，深入推进养老服务改革试点，加快心海生态康养、居家养老服务照料中心、农村幸福院等设施建设，不断完善养老服务体系。三是繁荣文化事业和文化产业。推动优秀传统文化创新发展，实施文化惠民工程，推进文化馆、基层综合性文化服务中心等建设，做好明朝宫廷打击乐、茶花灯等非物质文化遗产传承和开发利用。持续打响“风展红旗如画”品牌，主动融入长征国家文化公园(三明段)建设，加强红色资源和革命纪念设施管护、运用，推出一批红色文艺作品、红色精品课程、红色标志性项目，讲好红色故事，打造红色文化展示馆。

(六)坚持社会环境和营商环境双改善，打造县域治理现代化样板区。深入贯彻总体国家安全观，统筹发展和安全，主动融入三明平安中国建设示范创建，积极推进治理体系和治理能力现代化，努力建设更高水平平安明溪、法治明溪。一是提高治理效能。坚持和发展新时代“枫桥经验”，加强人民调解与行政调解、司法调解的衔接联动，依法及时就地解决群众合理诉求。深化“六无”村(社区)建设，加强网格化管理和服务，发挥群团组织、社会组织作用以及行业协会商会自律功能，实现政府治理和社会调节、居民自治良性互动。加强社会治安综合治理，常态化推进扫黑除恶斗争，加快“雪亮工程”“智慧安防小区”对接融合，构建智慧化治安防控新格局。二是增强应急能力。启动疾控体系综合改革，完善疾病预防控制体制机制，提升公共卫生突发事件监测预警处置能力。推进区域性防灾减灾应急救援指挥中心建设，完善监测及预警预报信息网络和县、乡防汛抢险救灾物资储备网络，提升防灾减灾救灾水平。健全完善安全生产隐患排查治理和安全预防控制体系，深化安全生产专项整治行动。三是优化政务服务。持续开展营商环境对标活动，完善新市民服务中心运行管理模式，推行“互联网+政务服务”，深化个人和企业“一件事”全流程“最多跑一次”迭代升级，提高审批服务质量和效率。构建“亲”“清”新型政商关系，加强社会信用环境建设，支持民营经济发展，营造鼓励创业、扶持实业、发展主业的良好氛围。四是推进法治建设。建立健全公众参与、专家论证和政府决定相结合的科学民主决策机制，加大政务公开力度，强化对行政权力的制约和监督。认真落实行政执法“三项制度”，推进严格规范公正文明执法，提高行政执法的能力和水平。坚持“人民主体、政府主导、社会参与”的原则，推动构建覆盖城乡、便捷高效、均等普惠的现代公共法律服务体系。扎实开展“八五”普法，增强全民法治观念，营造尊法学法守法用法的社会风尚。

四、决胜“十四五”，党建引领聚合力

“十四五”发展成效如何，关键在党、关键在干部。要全面贯彻新时代党的建设总要求，弘扬伟大建党精神，按照省委“八个坚定不移”具体部署，压实全面从严治党主体责任、监督责任，以党的政治建设为统领，推进党的各方面建设，有效发挥党统揽全局、协调各方的作用，凝聚决胜“十四五”的强大合力。

(一)加强思想政治建设，以坚定信念提升引领力。坚持把坚定理想信念作为党的思想建设的首要任务，加强党性锻炼和党性修养，扎实开展党史学习教育，深入学习宣传贯彻习近平总书记“七一”重要讲话和来闽考察重要讲话精神，引导各级党员干部进一步增强“四个意识”、坚定“四个自信”、做到“两个维护”，不断提高政治判断力、政治领悟力、政治执行力。加强思想理论武装，完善党委(党组)中心组学习制度，持续学深悟透习近平新时代中国特色社会主义思想，切实用以武装头脑、指导实践、推动工作。加强宣传思想和意识形态工作，健全分析研判机制，统筹好网络、文化、学校、宗教、社科等领域意识形态建设，牢牢掌握

意识形态工作主导权。深化民主政治建设，支持人大及其常委会、政协依法行使职权，加强党对统一战线和群团组织的领导，广泛凝聚社会各界智慧和力量。以创建省级双拥模范县为抓手，进一步密切军政军民关系，加强国防动员和后备力量建设，推动军民融合深度发展。

（二）加强基层组织建设，以为民服务提升凝聚力。树立大抓基层的鲜明导向，统筹推进农村、社区、机关、学校、非公企业和社会组织等各领域党建，加强党员发展和党员管理，高质量完成村级组织换届，深化“达标创星”活动，整顿软弱涣散党组织，培育特色党建品牌，不断提升党组织引领发展、服务群众、凝聚力量的水平，让每一个支部成为党旗高高飘扬的战斗堡垒。深入推广跨村联建党建模式，坚持并提升“老骥工作室”“夜驻晓行”等做法，着力打通联系服务群众的“最后一公里”。全面推行村级后备力量培养“三步走”“实习村干部”等机制，为巩固脱贫攻坚成果、推进乡村振兴提供坚实人才支撑。

（三）加强干部队伍建设，以担当作为提升战斗力。坚持在战场中找战果、在战果中找战将，落实系统常态化激励措施，把政治立场坚定、敢于善于作为、工作实绩突出的优秀干部选出来、用起来，以正确用人导向引领干事创业导向。加强干部能力素质建设，完善干部教育培训机制，实施好“干细胞”计划、“提升”计划、“先锋”计划，注重在项目、征迁、维稳等急难险重一线培养历练干部，不断增强“八项本领”“七种能力”，提高干部贯彻落实新发展理念、服务构建新发展格局的能力和水平。

（四）加强工作作风建设，以勤勉务实提升执行力。大力弘扬苏区精神、客家精神和侨乡精神，勇于开拓创新，创造性地开展工作。力戒形式主义、官僚主义，开短会、讲短话、发短文，践行“四下基层”等优良作风，把更多时间和精力用在一线了解问题、研究问题、解决问题上。倡导马上就办、真抓实干，不等不停不看，以“功成不必在我”的担当和“滴水穿石”的韧劲攻难点、抓落实，切实用干部的辛苦指数换取发展的质量指数、群众的幸福指数。

（五）加强党风廉政建设，以清正廉洁提升公信力。严格落实中央八项规定及其实施细则精神和省、市、县实施办法，常态化开展“一季一警示”教育，引导党员领导干部自觉净化“三圈”。做实基层监督和政治巡察，强化对“一把手”和领导班子监督，加强党员干部“八小时之外”管理监督，完善管思想、管工作、管作风、管纪律的从严管理机制。深入整治基层“微腐败”、黑恶势力“保护伞”、政策落实“绊脚石”，推动全面从严治党向基层一线、向群众身边延伸。把严的主基调长期坚持下去，不断增强不敢腐、不能腐、不想腐的综合功效，持续巩固发展良好的政治生态。

各位代表、同志们！百舸争流，破浪者领航；千帆共进，奋勇者当先。让我们更加紧密地团结在以习近平同志为核心的党中央周围，在省委、市委的坚强领导下，永葆“闯”的精神、“创”的劲头、“干”的作风，一任接着一任干，继往开来，砥砺奋进，为全面完成“十四五”各项目标任务，持续推进新时代明溪革命老区高质量发展而努力奋斗！

政府工作报告

——2021年12月14日在明溪县第十八届人民代表大会第一次会议上

明溪县人民政府代县长 陈华伟

各位代表：

现在，我代表明溪县人民政府，向大会作政府工作报告，请予审议，并请各位政协委员和其他列席人员提出意见。

一、2021年和过去五年工作回顾

2021年是中国共产党成立100周年，是“十四五”规划开局之年。一年来，全县各级各部门以习近平新时代中国特色社会主义思想为指导，深入学习贯彻党的十九大和十九届二中、三中、四中、五中、六中全会精神，按照省、市、县委决策部署，统筹疫情防控和经济社会发展，扎实做好“六稳”工作，全面落实“六保”任务，全力抓好“五促一保一防一控”“三抓一促”各项工作，经济社会发展稳中向好、稳中加固、稳中有进，2021年再度获评福建省县域经济发展“十佳”县。预计全县地区生产总值增长7.5%，固定资产投资增长13%，规模以上工业增加值增长8.3%，地方一般公共财政预算收入增长10%，社会消费品零售总额增长14%，城镇居民人均可支配收入增长8.5%，农村居民人均可支配收入增长10%，基本完成县十七届人大五次会议确定的目标任务。一年来取得的主要成效是：

（一）产业支撑更加有力。南方制药二期、福瑞明德医药等项目建成投产，科顺新型防水材料一期、卓跃氟硅新材料等项目建成或部分试产，熙华医药产业园等项目启动实施，海斯福四期即将开工建设。1—11月“三新”产业产值、税收分别增长51.4%、42.4%，其中海斯福产值突破10亿元，税收达1.4亿元，获评中国氟硅行业创新型企业；南方制药获评第二批国家级专精特新“小巨人”企业；4家企业列入省重点上市后备企业名单。三明市（明溪）原料药绿色生产基地获批，生物医药产业园列入省生物医药产业集群，工业集中区通过省级化工园区认定。

（二）攻坚破难富有成效。深化“五个一批”项目工作机制，推进“项目攻坚年”活动，三季度“五比五晒”位居小组第1位；深入开展“大招商招好商”攻坚战役，创新招商地图、“投简历”工作法等招商方式，新增签约落地项目68个，总投资达129.43亿元。征迁攻坚有力推进，11个市级土地和房屋征迁项目全部完成；扎实推进工业厂房和群众房产办证历史遗留问题攻坚，完成3家企业和301户群众产权证办理。

（三）城乡品质有力提升。儿童公园、迎宾大道景观提升改造等48个项目竣工投用，启动实施城乡供水一体化，明源水厂厂区基本建成，明溪火车站及站前广场基本完工，兴泉铁路明溪段进入竣工验收阶段。9个农村新型住宅小区、3条乡村振兴“串点连线成片”示范线建设加快推进，龙湖村村庄规划列入第一批全国村庄规划优秀案例，夏阳乡列入全省乡镇国土空间规划试点，梓口坊村列入全域土地综合整治全国试点，旦上村获评省级乡村振兴实绩突出村。

（四）生态质量继续领先。全省唯一被列为全国26个生态保护管理较好的县之一；全省4个生态环境质量变好的县之一；国家重点生态功能区域生态环境质量综合考核结果全市第一。全省首创修复性生态司法联动机制，并入选福建省法院生态环境保护十大工作机制。夏阳乡入选全省首批“清新福建·气候福地”气候康养福地名单。

（五）支援合作取得突破。国家中医药管理局对口支援明溪振兴发展实施方案（2021-2025年）出台实施。省第二人民医院与县总医院建立合作帮扶关系，省妇幼保健院与我县共建妇儿保健联盟，与福建中医药大学开展县校战略合作，承办中华中医药学会中医护理传承与创新发展共同体会议。深入实施“三侨回归”工程，沙溪乡获评省级侨乡文化名镇，城南社区被授予全国侨联优秀“侨胞之家”称号。

（六）民生事业不断进步。31个为民办实事项目扎实推进，公共卫生服务综合大楼、实验小学东部校区等项目建成投用，第三实验小学扩建、第三幼儿园新建项目完成主体建设，明溪一中迁建项目启动实施，县总医院门诊综合大楼开工建设，省级全民运动健身模范县通过验收。县退役军人服务中心被评为全国退役军人服务保障先进单位。便民服务质量不断提升，设立“办不成事”服务窗口，实现全省首例不动产登记境外直接申办。城关司法所获评“全国模范司法所”“全省五星司法所”，法治保障生态文明建设项目获评福建省第一批法治政府建设示范项目。

各位代表！2021年工作目标任务的基本完成，标志着本届政府工作圆满收官。五年来，我们开拓创新、真抓实干、奋勇争先，全面建成小康社会取得决定性成就，为开启全面建设社会主义现代化新征程奠定了坚实基础。

五年来，我们抓特色强产业，推进经济发展高质量。地区生产总值跨过百亿大关，预计达119.4亿元，五年增加近55亿元，人均GDP突破10万元；地方级财政收入达3.82亿元，五年增长35%，连续两年跻身全国县级财政管理绩效综合评价前200名。产业发展提质增效，持续抓好“232”现代产业体系，“三新”产业产值预计翻倍，培育5家上市公司重要生产基地；旅游总收入五年增长120%；获评中国硒锌农产品之乡、省级首批富硒农业产业重点县、全国电商示范百佳县。深化“五比五晒”，推进“项目攻坚”“大招商招好商”攻坚战役，五年共引进实施省市重点项目91个，亿元以上产业项目50个，连续4年“五比五晒”成绩获市二等奖。提高平台承载能力，建设军民融合产业园、奋发山海协作产业园，推进园区标准化建设，经济开发区综合发展水平连续2年居省级扶贫开发工作重点县园区前5位。深化创新驱动战略，全市率先出台县级企业研发投入补助政策，五年财政科技投入增长23.3%；规模以上工业企业研发经费投入2.84亿元，年均增长16.55%，获得省科技二、三等奖6项；建立氟新材料工程研究中心，培育国家高新技术企业8家、“专精特新”企业2家、科技小巨人领军企业8家，高技术产业增加值占规上工业增加值比重连续6年居全市首位，园区获评省小型微型企业创新创业示范基地，列为全省第三批“人才强县”试点县。

五年来，我们抓统筹重协调，推进宜居环境高品质。坚持以人为核心的新型城镇化，连续两届获评省级文明县城，全县常住人口城镇化率52.4%。实施“小县大城关”战略，坚持“东进、北拓、中提升”，五年保障建设用地4000亩，东部新城面积达1268亩，城市建成区面积扩大到8.9平方千米。实施城市更新行动，建成“两公园两广场”等一批城市节点项目，完成迎宾大道立面改造、渔塘溪生态护岸及景观提升等工程，欧陆风情步行街等商业综合体和特色街区建成运营，新改扩建城市供水、雨污、燃气等地下管网174千米，打通中山路、紫岭路、坪埠东路（一期）等断头路。加强城市管理“五难”治理，智慧停车项目建成运营，新增停车泊位1196个。实施乡村建设行动，农村人居环境整治三年行动圆满收官，打造美丽乡村59个、绿盈乡村67个；创建夏阳乡“中国森林文化小镇”、御帘“中国最美村镇”、旦上、芒畲“中国传统村落”、官坊“中国少数民族特色村寨”、梓口坊“全国乡村治理示范村”；推进乡村振兴“串点连线成片”，创建省级乡村振兴试点村10个、省级乡村治理示范村16个，被列入全国首批农村生活垃圾分类和资源化利用示范县、省级乡村振兴重点县。加强基础设施互联互通，莆炎高速明溪段、横六线大焦至上坊段、雪城线红色旅游公路等建成通车，新增高速公路里程46千米，“四好农村公路”206.6千米；黄沙坑水库、220千伏大焦变电站建成投用，群众用水用电得到更好保障。

五年来，我们抓生态重保护，推进绿色发展高颜值。坚持生态优先、绿色发展，划定生态保护红线89万亩，植树造林11.73万亩，森林覆盖率持续保持在80%以上，市级以上生态村创建覆盖率达94.3%，获评国家生态文明建设示范县、国家国土资源节约集约模范县。统筹山水林田湖草系统治理，深化河湖长制，打好蓝天、碧水、净土保卫战，空气质量、地表水水质持续保持全省前列，胡贡溪、城岚溪列入全省一级健康河流，党政领导生态环保目标责任书连续5年考核优秀。深入践行“两山”理念，做好“生态＋”文章，建成大米、淮山、猕猴桃等硒锌农产品基地10.2万亩，发展林下经济1.45万亩，夏阳乡获评第五批国家中药材种植林下经济示范基地；明溪列入省级农产品质量安全县创建试点单位，明溪淮山荣获大国好货“一县一品”特色农产品称号；观鸟旅游加快发展，举办“黄腹角雉杯”国际观鸟摄影大赛，获评“中国候鸟旅居小城”“观鸟绝胜全国四佳”；获批省级鸣溪湿地公园、火山口省级地质公园；完成国际候鸟迁徙通道保护与修复工程、武夷山国家森林步道明溪示范段（一期），打造国家3A旅游景区2个、省级旅游特色村9个、省级以上森林村庄12个、森林康养基地12个，建设绿道170千米。

五年来，我们抓改革促开放，推进动能转换高效率。“三医联动”改革深入推进，实行“全民健康四级共保”“4＋7”药品集中采购，建成“六大中心”和慢性病一体化管理系统。“总校制”“县管校聘”“1＋4”正向激励等教育改革稳步推进，义务教育管理标准化学校创建覆盖面达88.9%；深化“二元制”办学，三明学院在我县设立新材料产业学院教学点。林改持续深入，推行“林长制”，全省首创“益林贷”并推出“2.0”版，完成重点生态区位商品林赎买1.34万亩。农村改革扎实有效，推行“房长制”，完成农村集体产权制度改革，股权颁证率达100%。顺利推进财政零基预算改革全省试点工作。全面完成政府机构、乡镇机构改革，“放管服”改革持续深化，新行政服务中心建成投用，完成“一事一次办”改革22项，行政审批时限平均压缩92.54%，“一趟不用跑”“最多跑一趟”事项占比达99.79%。外向型经济取得突破，融入闽西南协同发展区建设，深化明溪－鲤城区山海协作，五年新增外资企业7家、外贸企业8家，产品出口总值五年增长20.85%；用好侨资侨智侨力，累计引进侨资项目50余项，总投资达10亿元，梓口坊村获评全国为侨公共服务示范单位。

五年来，我们惠民生奔小康，推进人民幸福高指数。坚持以人民为中心的发展思想，五年来民生支出占财政支出80%。实施居民增收行动，城镇、农村居民人均可支配收入年均分别增长7.1%、9.3%；居民人均储蓄存款约6万元，居全省前列。脱贫攻坚任务如期完成，累计投入扶贫资金3.3亿元，贫困户人均收入翻两番，贫困发生率降至0，建档立卡贫困村村财年经营收入均达10万元以上，省级扶贫开发工作重点县顺利摘帽退出。社会保障不断加强，城乡居民养老保险、基本医疗保险参保率均达98%以上，成立困难家庭精准帮扶中心，实现城乡低保、特困供养标准一体化。教育事业不断进步，累计实施县实验小学迁建等教育项目21个，新增中小学、幼儿园学位2460个，学前教育公办率、普惠率分别为70.5%、100%，义务教育巩固率达97.8%。医疗服务能力持续提升，县总医院晋升二级甲等综合医院，中医院完成能力提升，复康中医医院、福建中医药大学（明溪）中医药健康管理示范中心投入运营，中医馆实现乡镇全覆盖，每千常住人口医疗机构床位6.33张，每万常住人口全科医生4.1名，均高于全省平均水平。养老服务体系加快完善，乡镇敬老院改造提升全部完成，德亨仁厚养老养生中心建成投用，每千人养老床位47.05张，高于全省平均水平；人均预期寿命80.33岁，比全省高1.3岁，盖洋镇获评省级长寿乡镇。文体事业繁荣发展，南山遗址列入“2017年中国六大考古新发现”“省级首批考古遗址公园”和第44届世界遗产大会线上展示点，明溪列入国家第一批革命文物保护利用片区县、客家文化（闽西）生态实验保护区，革命纪念园入选全国“建党百年红色旅游百条精品路线”，省级重点文物保护单位达6处。

五年来，我们防风险保稳定，推进治理能力高水平。常态化做好疫情防控，落实落细“外防输入、内防反弹”各项防控措施，核酸检测“应检尽检”、疫苗接种“应接尽接”，筑起守护生命健康的坚固防线，境外疫情防控方案全省推广。有力应对“5·16”“6·7”特大暴雨洪灾，累计争取“1+N”政策资金5000多万元，推动灾后恢复重建。打好防范化解重大风险攻坚战，不良贷款率降至0.9%，地方政府债务严格控制在省定限额范围内；深入推进扫黑除恶专项斗争，刑事发案率逐年下降，扫黑除恶好评率位居全市首位，群众安全感率持续保持全省前列，社区矫正“163”执行模式和“12345”工作法在全省推广；深化安全生产专项整治三年行动和安全隐患大排查大整治，整顿销号市县红色安全隐患点48处，安全生产形势平稳；强化矛盾纠纷多元化解，连续两年被评为国家信访工作“三无县”。

五年来，我们坚持党的全面领导，加强政府自身建设，认真开展“两学一做”学习教育、“不忘初心、牢记使命”主题教育、党史学习教育和省委“再学习、再调研、再落实”、市委“牢记新嘱托、增创新优势、再上新台阶”活动，推进全面从严治党，抓好党风廉政建设和反腐败斗争，严格落实中央八项规定及其实施细则精神，风清气正的发展氛围持续浓厚。坚持依法行政，科学民主决策，加快法治政府建设，累计办理人大建议612件，政协提案388件，办复率均为100%。大力弘扬“马上就办、真抓实干”作风，深化二级绩效管理，市对县绩效考评连续3年获优秀等次；力戒形式主义、官僚主义，压减一般性支出，加强政治监督、统计监督、审计监督，政府治理效能和公信力进一步提升。

此外，双拥共建、人民防空、国防后备力量建设进一步加强，完成第三次全国国土调查、农村地籍房屋调查，第四次全国经济普查、第七次全国人口普查；工会、共青团、妇联、老龄、残疾人和关心下一代等工作扎实开展；统计、科普、方志、档案、移民、侨务、气象、民族宗教等工作取得新进展。

各位代表，回顾2021年和过去五年发展，这些成绩的取得是党中央坚强领导下，上级党委政府和县委正确领导的结果，是人大政协和社会各界有效监督、大力支持的结果，是全县上下攻坚克难、团结拼搏的结果。在此，我代表明溪县人民政府，向全县人民，向全体人大代表、政协委员，向各民主党派、工商联、各驻明单位和驻明部队、政法干警，向各人民团体、无党派人士、离退休老同志，向对口支援、帮扶明溪的各级单位及来明挂职干部，向关心支持明溪发展的社会各界人士、海外乡亲及全体纳税人，表示衷心的感谢和崇高的敬意！

在看到成绩的同时，我们也清醒地认识到发展还面临不少困难和问题，主要有：经济总量偏小，发展不平衡不充分；产业结构不优，产业链发展水平不高，新兴产业规模不大，现代农业、现代服务业仍是短板；重大项目接续不足，支撑发展的大项目、好项目不多；县城集聚能力不强，常住人口仍处于净流出状态；乡村振兴任重道远，居民收入水平有待提升；基础设施、教育、卫生、养老等基本公共服务还存在薄弱环节，等等。对此，我们要直面问题矛盾，采取有力措施，切实加以解决，不辜负全县人民的期待和重托。

二、新一届政府的总体要求和奋斗目标

各位代表，今后五年，是开启全面建设社会主义现代化国家新征程、向第二个百年奋斗目标进军的关键五年，也是明溪全方位高质量发展超越、加快建设开放发展新侨乡的关键五年。按照县第十三次党代会的总体部署，做好今后五年政府工作，要以习近平新时代中国特色社会主义思想为指导，全面贯彻党的十九大和十九届二中、三中、四中、五中、六中全会精神，深入贯彻习近平总书记来闽来明考察重要讲话重要指示精神，统筹推进“五位一体”总体布局，协调推进“四个全面”战略布局，坚持稳中求进工作总基调，立足新发展阶段，完整、准确、全面贯彻新发展理念，积极服务和融入新发展格局，贯彻落实省市党代会精神，“牢记新嘱托、增创新优势、再上新台阶”，以全方位推进高质量发展超越为主题，以深化供给侧结构性改革为主线，以改革创新为根本动力，以满足人民日益增长的美好生活需要为根本目的，统筹发展和安全，主动融入三明“一区六城”建设，进一步厚植优势、补齐短板，全面完成县第十三次党代会提出的“三区三地”目标任务，加快推进新时代明溪革命老区高质量发展。

今后五年的奋斗目标是：

——建设山区产业现代化先行区。坚持把发展的着力点放在实体经济上，为高质量发展提供强有力支撑。大力发展绿色经济，发展壮大绿色农业、绿色林业、森林康养、观鸟休闲等生态产业，加快培育中医药产业，把生态优势转化为经济优势；大力发展文旅经济，坚持以文塑旅、以旅彰文，主动融入“清新福建”“全福游、有全福”等文旅线路，精心打造一批旅游线路、旅游产品，持续提升文旅产业影响力。着力培育数字经济，推进数字产业化、产业数字化，促进数字经济和实体经济深度融合。加快产业提质增效，坚持抓龙头铸链条，扬优势补短板，培育壮大新材料、新医药、新能源战略性新兴产业，推进林木加工、矿产加工、机械制造传统产业转型升级，加快发展生产性服务业、现代商贸服务业，不断提高经济效益和核心竞争力，加快构建产业基础高级化和产业链现代化的“232”现代产业体系，力争至2025年“三新”产业产值突破100亿元，培育产值10亿元以上企业4家、产值40亿元以上企业1家，高新技术企业20家以上。

——建设城乡发展融合地。坚持城乡并重、区域协同、功能互补、深度融合，加快推进以人为核心的新型城镇化和城乡一体化，深入实施“小县大城关”战略，加快形成“一心三区”城市发展新格局。加快城市更新步伐，全面提升城市功能品质，不断提升城市承载力和吸附力，力争到2025年常住人口城镇化率达到58.4%以上。坚持农村为农民而建，全面推进村庄规划建设，打造一批乡村振兴示范村、示范线，把乡镇建成服务农民的区域中心，打造乡村振兴明溪样板。实施一批新型基础设施、新型城镇化、交通水利等重点工程，促进城乡基础设施互联互通。

——建设生态文明建设示范区。深入践行习近平生态文明思想，巩固拓展国家生态文明建设示范县创建成果，深入打好污染防治攻坚战，统筹山水林田湖草一体化保护和修复，提升生态系统质量和稳定性，森林覆盖率持续保持80%以上，生态环境质量保持全省前列。坚持生态产业化、产业生态化，做好“生态＋”文章，加快构建生态产品价值实现机制，创新发展绿色金融，拓宽绿水青山向金山银山转化路径。坚持减污降碳协同增效，坚决落实碳达峰、碳中和战略部署，实施碳达峰行动，建立健全绿色低碳循环发展经济体系，促进经济社会发展全面绿色转型，建设人与自然和谐共生的美丽明溪。

——建设改革创新实践地。发挥改革的突破和先导作用，深入推进医改、林改、教改、国企改革、农村改革等重点领域改革，以深化改革促发展增活力。深入实施创新驱动发展战略、人才强县战

略，完善科技创新体制机制，提升企业技术创新能力，强化创新链产业链价值链深度融合，建设创新型城市，到2025年全社会研发投入占GDP比重达1.7%以上。主动融入和服务“一带一路”、闽西南协同发展区等区域战略，大力实施“三侨回归”工程，做好对口支援帮扶合作，念好新时代“山海经”，建设更高水平的开放型经济。

——建设民生幸福宜居地。坚持以人民为中心的发展思想，推动高质量发展与高品质生活相互促进，巩固拓展脱贫攻坚成果，实施居民增收行动，健全覆盖全民、统筹城乡、公平统一、可持续的多层次社会保障体系。坚持急需先行、尽力而为、量力而行，滚动实施教育、卫生、养老、城乡基础设施补短板项目，每年办好一批为民实事，在更高水平上实现幼有善育、学有优教、病有良医、老有颐养、住有宜居、弱有众扶，在高质量发展中促进共同富裕。围绕文化强省建设，大力弘扬社会主义核心价值观，深化精神文明创建工作，丰富人民群众精神文化生活。

——建设县域治理现代化样板区。坚持总体国家安全观，统筹发展和安全，加强系统治理、依法治理、综合治理、源头治理，完善共建共治共享的社会治理制度，不断推进社会治理体系和治理能力现代化，建设更高水平的法治明溪、平安明溪。落实安全生产责任制，加强应急管理体系建设，提高预测预警预防各类风险能力，守住不发生系统性风险底线。坚持和发展新时代“枫桥经验”，提高社会治安立体化、法治化、专业化、智能化水平，加快构建自治、法治、德治相结合的城乡基层治理体系。积极推动有效市场和有为政府更好结合，持续营造“六最”营商环境，不断提升政务服务水平。

三、2022年主要工作

2022年是新一届政府任期第一年，是实施“十四五”规划的重要一年。我们要贯彻落实好中央省市和县委决策部署，坚持稳中求进工作总基调，统筹疫情防控和经济社会发展，扎实做好“六稳”工作，全面落实“六保”任务，抓实“五促一保一防一控”，致力“三抓一促”，推进“四个再出发”，打好“八大攻坚战役”，全方位推进明溪高质量发展超越。

2022年我县经济社会发展主要预期目标是：地区生产总值增长7.5%，固定资产投资增长11%，地方一般公共财政预算收入增长3%，规上工业增加值增长7.5%，社会消费品零售总额增长10%，外贸出口增长3%，实际利用外资增长3%，城镇居民人均可支配收入增长7.8%，农村居民人均可支配收入增长9%，城镇登记失业率控制在5%以内,完成节能减排降碳目标。实现上述目标，重点做好五个方面工作：

（一）实施“三项工程”，做强特色产业增实力。一体推进产业基础高级化和产业链现代化，形成具有核心竞争力的现代产业体系，筑牢高质量发展根基。

实施龙头培育工程。加快构建“232”现代产业体系，力争年内实现第一产业增加值22.7亿元、第二产业增加值60.36亿元，第三产业增加值45.31亿元。深入实施工业强县发展战略，重点抓好“三新”产业龙头培育，着力推进南方制药二期、福瑞明德医药、科顺一期、卓跃氟硅新材料等项目投产达产，开工建设熙华医药产业园、SPC石塑地板、京和生物等项目，加快南方制药三期、科顺二期、海西联合药业二期等项目前期，推进海斯福锂电池电解液扩产及康墨隔膜、玮士迈锂电环保装备、格林韦尔NMP纳米导电剂等项目增产增效，支持靶向抗肿瘤药、含氟制剂原料药及成品药等注册申报，努力打造国家级新材料产业示范基地、原料药绿色生产基地、创新药研发生产基地。实施新一轮技改专项行动，实施省级重点技改项目10项，其中投资亿元以上技改项目4项，促进工业企业快成长、上规模、提质效，力争年内培育规上工业企业5家以上。加快工业互联网、企业云等建设与应用，推进企业数字化、网络化、智能化改造升级。加大南方制药等4家重点上市后备企业培育力度，支持海西联合药业、旻和医药等企业上市融资。

实施创新驱动工程。围绕产业链部署创新链，做强氟新材料、抗肿瘤药物、薯类变性淀粉3个省级工程技术研究中心，布局建设重点实验室、企业技术中心等创新平台。强化企业创新主体地位，鼓励企业加大研发投入，引导全社会研发投入增长30%以上，支持领军企业牵头组建产学研深度融合的创新联合体，实施省级科技重大专项1个以上。完善高技术企业成长加速机制，力争培育国家高新技术企业2家、“专精特新”企业1家。落实“军令状”“揭榜挂帅”等机制，加强关键核心技术攻关和成果转化，搞出更多独门绝技，新增“单项冠军”“隐形冠军”企业1家，高技术产业产值占规上工业产值比重超过22%。落实积极的人才政策，深化拓展“五个一”产业人才工作模式，加快聚集“高精尖缺”人才和工匠型、实用型人才。

实施园区提升工程。坚持“一区多园”模式，统筹推进奋发山海协作产业园建设、工业集中区扩区，加快特勤消防站、工业污水处理厂二期等项目建设，加快推进园区安全防护距离住户搬迁安置工作，确保顺利通过省级化工园区评级现场核查。加快熙华医药产业园、工业集中区扩区首动区征迁工作，力争全年征收土地1000亩以上，落实“熟地”500亩以上，保障重大项目用地需求。坚持“腾笼换鸟”，清理盘活园区土地、厂房等闲置资产，开展二次招商。突出集约节约用地，强化“亩均论英雄”导向，严把入园项目产业类型、能耗强度、安全环保关，提高投资强度、单位产值、亩均税收等入园门槛，对“低产田”和“高产田”差别化配置资源。提升园区配套服务，加快园区职工公寓建设，推动园区与城区基础设施和公共服务设施连接联网，共建共享，促进产城联动。

（二）抓好“三大攻坚”，增投资扩内需强后劲。坚持扩大内需这个战略基点，推进供给需求双向发力、消费投资双轮驱动，为推动高质量发展聚势蓄能。

抓项目攻坚。持续深化“五比五晒”，完善“五个一批”项目推进机制，力争全年新增“五个一批”实施类项目60个以上，投资100亿元以上。完善项目谋划激励机制，精准对接国家政策、产业布局和资金投向，谋划储备一批“含金量”“含新量”“含绿量”高的重大项目，特别是围绕壮大“三新”产业集群、延链补链强链，积极策划重大产业项目，力争策划储备项目60个以上，形成项目滚动开发的良好态势。组织实施“重点项目攻坚战役”，完善县领导挂钩服务机制，加快推进11个省级重点项目和4个“三大一重”项目建设。抓好“两新一重”项目，推进兴泉铁路明溪段全线通车，明源水厂建成投用，开工建设胡坊至岩前高速公路、兴泉铁路客货运站连接线，积极推动城乡供水一体化、奋发石溪水库、公共交通综合服务开发项目，加快第五代移动通信、大应用中心等建设，不断增强投资拉动作用。

抓招商攻坚。深入推进“大招商招好商”攻坚战役，不断增强产业发展后劲。面向重点区域招商，瞄准京津冀、长三角、粤港澳、闽东南、成渝汉五大片区，发挥驻外商会作用，加强重点项目跟踪洽谈，加大产业承接转移力度。聚焦重点产业招商，围绕我县“232”现代产业体系，用好11张产业链招商地图，紧盯产业链关键环节、空白领域开展招商推介，特别是加强战略性新兴产业招商，大力招引宁波酶赛生物等掌握关键技术、市场前景好、综合效益高的好项目。瞄准重点企业招商，加大央企、省企、民企、外企招商对接力度，跟踪分析目标企业战略动向、投资趋向，积极引进一批投资规模大、资源能耗低、安全环保标准高的大项目好项目。加强招商项目服务保障，力争全年对接120个以上项目，促成80个项目签约，实现格林韦尔二期等45个签约项目落地转化，其中亿元以上项目20个以上。严格执行招商引资项目负面清单，坚决不要带血、带泪、带污的GDP。坚持优惠与贡献对等，完善招商引资政策，强化项目全生命周期服务，推动更多优质项目落地明溪。

抓消费攻坚。着力发展现代物流、健康养老、文化体育、家政物业等业态，促进商贸、餐饮等传统行业跨界融合，推动线上线下消费有机融合，支持农村电商发展，发展直播带货、在线教育等新型消费，力争全年培育规上服务业企业4家以上，限上商贸企业8家以上。加快发展文旅康养产业，推进滴水岩国家4A景区和翠竹洋、肖家山、旦上、龙湖等国家3A景区创建，加快南山遗址公园、鸣溪省级湿地公园、聚龙康养等项目建设，推动“康养+”融合发展，力争培育市级以上康养基地1个以上；积极推动新绎集团观鸟休闲项目落地，举办观鸟系列主题活动，打响明溪观鸟品牌。着力推出一批“必点菜”“必游点”和网红打卡点，精心打造“淮山宴”；支持传统老字号、非遗工艺创新开发，打造一批明溪“好礼”，扩大名优特产销售，促进旅游消费。

（三）坚持“三个衔接”，推动城乡融合发展聚人气。统筹推进以人为核心的新型城镇化和城乡一体化，加快城乡公共服务能力建设，聚集更多人气商气。

推进城市开发建设与品质提升相衔接。深入实施“小县大城关”战略，统筹生产、生活、生态空间，完善国土空间规划体系，打造东部产城融合区、北部生态人文宜居区和南山生态休闲区，加快形成“一心三区”城乡发展新格局。坚持“房住不炒”定位，控地价、稳房价、稳预期，重点推进北部片区开发，加快造纸厂安置房、猴子山保障房建设，有效增加商品房、保障房供给。加快城市更新步伐，推进城乡品质提升三年行动，启动过境公路改线项目前期工作，改造提升红豆杉路、三元巷、河滨北路，建成坪埠东路（二期），推进河滨公园两端延伸建设，实施18个老旧小区改造提升，新改建城市给排、雨污等地下管网21千米，抓好渔塘溪生态水系综合治理。加强城市管理“五难”治理和“两违”整治，持续推进园林绿化，加快智慧城市建设，巩固拓展省级文明城市创建成果，争创新一届省级文明县城。

巩固拓展脱贫攻坚成果同乡村振兴有效衔接。严格落实粮食安全责任制，坚持藏粮于地、藏粮于技，执行最严格的耕地保护制度，坚决遏制耕地“非农化”，防止“非粮化”；完善农田水利设施，实施优质粮食工程，完善种粮农民补贴，确保粮食播种面积和产量只增不减。全面推进乡村振兴，围绕“五个振兴”“五子登科”，实施“六大行动”，努力实现农业高质高效、乡村宜居宜业、农民富裕富足。着重发展特色现代农业，打响生态硒锌农产品区域公用品牌，加快实施中城百斯特食品加工、森彩兰花产业化等10个重点农业项目，抓好淮山、猕猴桃、百香果等6个与省农科院合作示范基地建设，新增“三品一标”农产品4个以上，进一步培强乡村富民产业。着重加快美丽乡村建设，深入实施乡村建设行动和农村人居环境整治提升五年行动，建设运营乡镇生活污水处理项目；落实“两统筹、两统管”“房长制”等机制，完成9个村庄规划编制，加快9个农村新型住宅小区和瀚仙、沙溪农村村民住宅规划建设管理试点，推进10个省级乡村振兴试点村、16个省级乡村治理示范村建设，集中力量打造3条“串点连线成片”乡村振兴示范线，年内完成“革命老区高质量发展示范线”创建工作。持续巩固拓展脱贫攻坚成果，健全防止返贫动态监测机制和解决相对贫困长效机制，加强农村低收入人口常态化帮扶，做好扶贫项目资产后续管理，筑牢防贫“底板”。

完善社会保障与提升公共服务相衔接。加强普惠性、基础性、兜底性民生保障，实施“六大群体”增收计划，实现城乡居民稳定增收；完善失业、工伤等保险制度，推进社会保险参保扩面；稳步提高城乡低保标准，加强低收入、特困群体帮扶救助，保障困难群众基本生活。办好人民满意的教育，确保第三实验小学扩建、第三幼儿园新建等项目明年秋季开学投用；开工建设县一中迁建项目，确保2024年完成省一级达标高中创建；推动职业教育产教融合发展，办好新材料产业学院教学点。深入实施健康明溪行动，加快县总医院综合门诊大楼建设，加强与省第二人民医院、省妇幼保健院合作共建，补齐重点学科、薄弱专科、高层次人才短板，不断提高医疗服务能力；推动中医药传承创新发展，实施慢病康养中心项目，加强中医医疗机构标准化建设，提升中医药服务能力，争创全国基层中医药工作示范县。促进人口长期均衡发展，落实三孩生育政策及配套支持措施，积极应对人口老龄化，推动养老“事业＋产业”协同发展，完善“一老一小”服务体系。繁荣发展文体事业，启动南山遗址博物馆等“四馆合一”项目规划建设，加强革命文物保护利用和历史文化保护传承，建设红色体育公园，办好一批特色体育赛事。

（四）坚持“三个深化”，推动改革开放增活力。以更深层次改革激发活力，以更高水平开放抢占先机，不断以改革开放加速度开创发展新局面。

深化重点领域改革。持续深化医改，实施“六大工程”，推进医防融合发展，探索中医药和医改“双向”促进机制，完善医保支付方式和药品耗材集中采购，进一步提高县域内医保出院患者报销比例。持续深化林改，创建“五大新机制”，深化林票制度改革，实现林权管理与不动产登记有效衔接；主动融入三明省级绿色金融改革试验区建设，积极探索林业碳汇，创新推广“益林贷”等绿色金融产品，建立健全碳排放权、用能权等交易机制，推进生态产品价值实现，争创全国“两山”实践创新基地。持续深化教改，推进“总校制”“县管校聘”改革，完善教学质量考评体系，认真落实“双减”政策，创建国家县域学前教育普及普惠县。深化农村集体产权制度改革，强化集体“三资”管理，壮大村集体经济。继续抓好零基预算改革，建立健全预算绩效管理体系。深入推进国企改革，做大做强国有资本。

深化对口支援工作。细化落实国家中医药管理局对口支援振兴发展实施方案、省直单位和鲤城区挂钩联系工作方案，建立重大协调事项和重点项目储备库，跟踪落实与省直单位初步对接的10个项目，争取更多项目年内落地见效。发挥国家中医药管理局对口支援优势，引进一批中医药产业龙头企业，加快培育中药材种植、提取及深加工、中药饮片、药食同源等中医药产业，突出抓好茯苓种植、沃林大健康系列产品等项目建设，着力打造集种、产、加、销、养于一体的大健康产业链。

深化对外交流合作。深入实施“三侨回归”工程，完善侨胞回乡创业服务保障机制，重点推进欧洲进口商品交易中心、侨心瓷海艺术中心、保税仓及电商供应链基地等项目落地，打造欧洲进口商品集散地、华侨投资聚集地、欧陆风情旅游体验地，不断擦亮“侨乡”名片。积极参与闽西南协同发展区建设，加强与鲤城高新技术产业开发区合作，开展协同招商，承接厦漳泉产业转移，打造闽西南协作重点示范园区。融入三明海峡两岸乡村融合发展试验区创建，围绕乡村振兴、产业培育、文化交流等探索开展对台交流合作。

（五）守住“三个底线”，抓牢安全环保防风险。统筹发展和安全，守住自然生态安全边界，有效防范各类风险挑战。

坚决守住疫情防控底线。慎终如始抓好常态化疫情防控，压实“四方”责任，落实“四早”措施，坚持“人、物”同防，突出“快、严、实、细”，全面提升“九种能力”，落实落细“外防输入、内防反弹”各项防控措施，牢牢守住不发生本土病例的底线，为经济社会发展创造良好条件。

坚决守住生态环境底线。持续打好蓝天、碧水、净土保卫战，抓好养殖污染、小水电生态下泄流量、城乡生活污水等问题整治，常态化推进中央、省上生态环保督察反馈问题整改和党政领导生态环保目标责任书任务落实，深化“河湖长制”“林长制”，健全完善“行业＋生态司法”机制，确保生态环境质量持续保持全省前列。加强

“三线一单”生态环境分区管控，统筹山水林田湖草系统治理，加快推进武夷山森林和生物多样性保护工程、闽江上游沙溪流域防洪四期等项目建设，推动造林绿化1万亩，提升生态环境治理体系和治理能力现代化水平。推动绿色低碳循环发展，制定实施碳达峰行动方案，强化能源消费强度和总量控制，遏制“两高”项目盲目发展，营造绿色低碳生产生活新时尚。

坚决守住社会稳定底线。严格落实安全生产责任制，完善应急管理和救援体系，全面提升突发事件应急处置能力，深入开展“严执法、强攻坚、促提升”专项行动，持续加大危化品、道路交通、燃气消防、农村建房等重点领域安全隐患排查整治，坚决防范和遏制重特大安全生产事故发生。着力防范化解金融风险，巩固安全的金融环境。加强食品药品监管，深化“餐桌污染”治理，保障人民群众“舌尖上”的安全。扎实推进法治明溪、平安明溪建设，强化信访积案和矛盾纠纷化解，常态化开展扫黑除恶斗争，依法打击非法集资、电信诈骗等各类违法犯罪活动。此外，加强国防动员、双拥共建、后备力量建设等工作，推动军民融合发展，争创省级双拥模范县。支持工会、共青团、妇联等群团组织发挥更大作用，发展残疾人、社会福利和慈善事业，做好外事侨务、民族宗教、统计、供销、老龄和关心下一代等工作。

四、加强政府自身建设

坚持党对政府工作全面领导，不断推动政府治理体系和治理能力现代化，努力建设廉洁、勤政、务实、高效的人民满意政府。

（一）旗帜鲜明讲政治。始终把党的政治建设摆在首位，学深悟透笃行习近平新时代中国特色社会主义思想，从党的百年奋斗历程中汲取智慧和力量，始终牢记“两个确立”，坚决做到“两个维护”，不断提高政治判断力、政治领悟力、政治执行力，不折不扣落实习近平总书记重要讲话重要指示精神和党中央、国务院、省市县委各项决策部署，认真抓好上级巡视、巡察和审计、督察发现问题整改工作。善于用政治眼光观察和分析经济社会问题，从讲政治的高度思考和推进改革发展稳定各项工作，严格落实意识形态工作责任制，严守政治纪律和政治规矩，始终做政治上的明白人。

（二）明晰权责重法治。认真践行习近平法治思想，坚持法治明溪、法治政府、法治社会一体建设。坚持法定职责必须为、法无授权不可为，严格依法规范决策，全面落实行政执法“三项制度”，推行柔性执法，开展“八五”普法，坚决落实防止干预司法“三个规定”，做到尊法学法守法用法。自觉接受人大法律监督和工作监督、政协民主监督、监察监督，加强政治监督、审计监督、统计监督，主动接受社会舆论监督，高质量办好人大代表建议和政协委员提案。

（三）担当实干提效能。大力弘扬党的光荣传统和优良作风，树牢“今天再晚也是早，明天再早也是晚”的效率意识，用好“项目工作法”“脚底板工作法”，马上就办、真抓实干，以干事创业的实效检验政府的担当作为。以信息化建设为支撑，聚焦市场有效、政府有为、企业有利、群众有感，推进“放管服”改革，深化“六最”营商环境对标活动，推行“一件事”套餐服务和项目建设审批帮代办服务，加强“办不成事”窗口服务，深入开展“我为企业解难题”活动，争当企业“店小二”，着力打造能办事、快办事、办成事的“便利明溪”。

（四）心中有民办实事。始终牢记政府前面的“人民”二字，始终把为民造福作为一切工作的出发点和落脚点，把人民对美好生活的向往作为奋斗目标，一件事接着一件事办，一年接着一年干，认真抓好为民办实事项目，扎实推进“我为群众办实事”实践活动，解决好群众“急难愁盼”问题，努力让老百姓过上更好的日子。

（五）清正廉洁做表率。坚持严的主基调，认真履行全面从严治党主体责任，一刻不停推进党风廉政建设和反腐败斗争，健全廉政风险防控制度，推动公共资金、国有资源、国有资产和民生等重点领域、关键环节监管全覆盖，推动政务公开，让权力在阳光下运行。坚持过“紧日子”，严格落实中央八项规定及其实施细则精神，更加有力有效纠“四风”树新风，带动党员干部净化“三圈”，构建亲而有度、清而有为的“亲”“清”政商关系。

各位代表！奋斗创造历史，实干成就未来。让我们更加紧密地团结在以习近平同志为核心的党中央周围，在省、市、县委的正确领导下，不忘初心、牢记使命，凝心聚力、担当实干，发扬冲冲冲的工作作风，加快建设开放发展新侨乡，持续推进新时代明溪革命老区高质量发展，为建设三明“一区六城”、谱写全面建设社会主义现代化国家福建篇章作出明溪贡献！

名词解释

1.**“六稳”**:即稳就业、稳金融、稳外贸、稳外资、稳投资、稳预期。

2.**“六保”**：即保居民就业、保基本民生、保市场主体、保粮食能源安全、保产业链供应链稳定、保基层运转。

3.**“五促一保一防一控”**：即促生产、促消费、促项目建设、促外经贸、促旅游、保基本、防风险、控疫情。

4.**“三抓一促”**：即抓招商、抓项目、抓产业、促发展。

5.**“三新”产业**：即新材料、新医药、新能源产业。

6.**“专精特新”**：即专业化、精细化、特色化、新颖化。

7.**“五个一批”**：即谋划一批、签约一批、开工一批、投产一批、增资一批。

8.**“五比五晒”**：即比增长点、晒质量，比拉动点、晒投资，比税收点、晒效益，比补短板、晒三产，比真招商、晒服务。

9.**“三侨回归”**：即侨资回流、侨力回归、侨智回援。

10.**“232”现代产业体系**：即以特色现代农业、中医药种植产业为龙头的第一产业，以新材料、新医药、新能源产业为龙头的第二产业，以文旅康养、生态观鸟产业为龙头的第三产业。

11.**“两公园两广场”**：即侨乡体育公园、归化公园、时代广场、欧侨广场。

12.**城市管理“五难”治理**：即治理停车难、如厕难、农贸市场整治难、背街小巷通行难、小区物业管理难等城市管理问题。

13.**“四好农村公路”**：即建好、管好、护好、运营好农村公路。

14.**“两山”**：即绿水青山就是金山银山。

15.**“三医联动”**：即医疗、医保、医药改革联动。

16.**“全民健康四级共保”**：指在三明市现有医保支付政策的基础上（以医保支付改革为杠杆），并行实施“一组团、一包干、互结算、两确定”的工作机制。

17.**“4+7”药品集中采购**：即国务院办公厅和国家医保局、卫健委、药监局等部门选择4个直辖市和7个副省级城市，启动国家组织药品集中采购和使用试点工作。三明市积极跟进对接“4+7”集中采购中选结果，让群众用上更多质优价廉的药品。

18.**“六大中心”**：即以县级综合医院为龙头，建立消毒供应中心、心电诊断中心、临床检验中心、医学影像中心、病理检验中心、远程会诊中心等六大中心。

19.**“总校制”**：指充分发挥优质学校资源优势，组建横向到边、纵向到底的合作型总校，采取“一对多”、同学段的形式开展总校制办学。

20.**“县管校聘”**：即中小学教师及校长归县一级行政部门统一管理，各学校根据需求对教师进行聘任。

21.“1+4”正向激励机制：指《明溪县基础教育工作绩效考评实施意见（试行）》等“1+4”文件。

22.“零基预算”：零基预算改变现行“基数+增长”的预算编制方式，即不受以往预算安排情况的影响，一切从实际需要出发，逐项审议预算年度内各项费用的内容及开支标准，结合财力状况，在综合平衡的基础上编制预算的一种科学的现代预算编制方法。

23.“放管服”：即简政放权、放管结合、优化服务。

24. 社区矫正“163”执行模式：即建好1个中心，实现6项功能，落实3个机制。

25. 社区矫正“12345”工作法：即上好第1课，做好2个环节，实施好3项监管措施，开展好4项教育，落实好5类帮扶。

26. 信访工作“三无”县：即无进京越级上访、无大规模集体上访、无因信访问题引发的极端恶性事件和舆论负面炒作。

27.“两学一做”：学党章党规、学系列讲话，做合格党员。

28.“一区六城”：“一区”即“革命老区高质量发展示范区”；“六城”即“魅力红色之城”“新兴工业之城”“绿色生态之城”“和谐文明之城”“改革创新之城”“包容开放之城”。

29.“三区三地”：“三区”即“山区产业现代化先行区”“生态文明建设示范区”“县域治理现代化样板区”；“三地”即“城乡发展融合地”“改革创新实践地”“民生幸福宜居地”。

30.“一心三区”：即“中心城区”“东部新区”“北部新区”“园区”。

31.“六最”营商环境：即审批最少、流程最短、成本最低、服务最好、门槛最矮、诚信最优。

32.“四个再出发”：即“医改再出发”“林改再出发”“乡村振兴再出发”“沙县小吃产业发展再出发”。

33.“八大攻坚战役”：即“大招商招好商”攻坚战役、重点项目攻坚战役、绿色经济发展攻坚战役、重点改革攻坚战役、优化营商环境攻坚战役、城乡品质提升攻坚战役、平安建设攻坚战役、基层党组织能力提升攻坚战役。

34.“单项冠军”：指长期专注于制造业某些特定细分产品市场、生产技术或工艺国际领先，单项产品市场占有率位居全球前列的企业。

35.“隐形冠军”：指长期专注于某一细分行业产品的研发、生产和经营，具有较高的市场份额和市场领袖地位的中小企业。

36.“五个一”产业人才工作模式：即引进一名领军人才、集聚一批创新人才、创办一家龙头企业、催生一个工业园区、形成一条产业链。

37.“三大一重”项目：即重大产业项目、重大基础设施项目、重大社会民生项目、重中之重招商引资项目。

38.“两新一重”：即新型基础设施建设、新型城镇化建设，交通、水利等重大工程建设。

39.“五个振兴”：即产业、人才、文化、生态、组织振兴。

40.“五子登科”：即建好支部班子、找准振兴路子、结好帮扶对子、激活致富脑子、增强群众票子。

41.“六大行动”：即特色现代农业发展提升行动、乡村人才培育行动、文明乡风塑造行动、美丽乡村建设行动、农村党建引领行动、脱贫攻坚成果巩固拓展行动。

42.“两统筹、两统管”：即县统筹、乡统管、地统筹、事统管。

43.“革命老区高质量发展示范线”：即沙溪乡梓口坊村–沙溪村–瀚仙镇龙湖村–城关乡罗翠村。

44.“六大群体”增收计划：即农民创新创业增收计划、小微企业者增收计划、高层次人才和高技能人才增收计划、企业职工增收计划、机关事业单位人员增收计划、困难群体收入保障计划。

45. 医改“六大工程”：即全民健康管护体系完善工程、公立医疗机构薪酬制度完善工程、卫生健康人才培养工程、医疗服务能力提升工程、医防融合提升工程、中医药健康促进工程。

46. 林改“五大新机制”：即创新林业经营管理新机制、生态产品实现价值新机制、森林资源管理新机制、生态产业融合发展新机制、金融支持林业发展新机制。

47.“双减”政策：即减轻学生作业负担、减轻学生校外培训负担。

48.“四方”责任：即属地、部门、单位、个人责任。

49.“四早”措施：即早发现、早报告、早隔离、早治疗。

50.“九种能力”：即流调溯源能力、集中医学观察场所能力、核酸检测能力、医疗救治能力、医疗物资储备能力、疫苗接种能力、疫情监测能力、干部疫情防控能力、境外入明人员常态化管理能力。

51.“三线一单”：即生态保护红线、环境质量底线、资源利用上线和生态环境准入清单。

52.“两高”项目：即高耗能、高排放项目。

53.“两个确立”：即确立习近平同志党中央的核心、全党的核心地位，确立习近平新时代中国特色社会主义思想的指导地位。

54.“两个维护”：即坚决维护习近平总书记党中央的核心、全党的核心地位，坚决维护党中央权威和集中统一领导。

55. 行政执法“三项制度”：即行政执法公示、执法全过程记录、重大执法决定法制审核制度。

56. 司法“三个规定”：即《领导干部干预司法活动、插手具体案件处理的记录、通报和责任追究规定》《司法内部人员过问案件的记录和责任追究规定》《关于进一步规范司法人员与当事人、律师、特殊关系人、中介组织接触交往行为的若干规定》。

57.“四风”：即形式主义、官僚主义、享乐主义和奢靡之风。

58.“三圈”：即朋友圈、社交圈、生活圈。

责任编辑：罗兴东

附 录

2021年明溪县在职领导干部名录

（一）中国共产党明溪县委员会

书　记	钟　科
副书记、县长	苏迎平（2021年6月离任）
副书记	陈华伟（2021年6月到任）
	谭细华（2021年3月到任）
常　委	谌良福（2021年7月离任）
	钱　超（2021年7月离任）
	刘儒光
	黄日福（2021年7月到任）
	徐　婷（女）
	聂建兴（2021年7月到任）
	杨元增（2021年7月到任）
	廖廷建（2021年7月到任）
	陈锋毅（2021年7月离任）
	吴　洲（2021年7月离任）
	张翠雄（2021年7月离任）
	杨　琦（女，2021年7月到任）
	林中甲
	张庚豫

（二）明溪县人民代表大会常务委员会

党组书记	廖善朋（2021年7月离任）
	谌良福（2021年7月到任）
党组副书记	戴玲玲（女）
党组成员	施茂隆（2021年6月离任）
	吴　洲（2021年7月到任）
	黄锦波（2021年12月离任）
	陈永洋（2021年12月到任）
	冯向东（2021年5月离任）
	王清华（女，2021年5月到任）
主　任	廖善朋（2021年8月离任）
	谌良福（2021年12月到任）
副主任	戴玲玲
	施茂隆（2021年8月离任）
	吴　洲（2021年12月到任）
	黄锦波（2021年12月离任）
	陈永洋（2021年12月到任）
	汤成荣

（三）明溪县人民政府

党组书记	苏迎平（2021年6月离任）
	陈华伟（2021年6月到任）
县　长	苏迎平（2021年6月离任）
	陈华伟（2021年12月到任）

代县长　陈华伟（2021年6月到任）

党组副书记　徐　婷（女，2021年7月到任）
陈锋毅（2021年7月离任）
林中甲（挂职）

党组成员　王　君（2021年1月到任）
周晓松（2021年1月离任）
王德礼（2021年7月到任）
邱建蓉（2021年7月到任）
李　强（2021年7月到任）

副县长　陈锋毅（2021年7月离任）
聂建兴（2021年7月离任）
林建忠（2021年7月离任）
王凤珍（女，挂职）
傅永强
林中甲（挂职）
徐　婷（女，2021年7月到任）
王德礼（2021年8月到任）
邱建蓉（2021年8月到任）
童　良（2021年8月到任）
李　强（2021年12月到任）

科技副县长　康培阳（挂职，2021年7月离任）

（四）中国人民政治协商会议明溪县委员会

党组书记　吴焰生（2021年7月离任）
陈锋毅（2021年7月到任）

党组副书记　谌良福（2021年7月离任）
陈永洋（2021年12月离任）
黄锦波（2021年12月到任）
廖廷建（2021年11月到任）

党组成员　李　斌
刘祥斌（2021年11月离任）
董淑明（女，2021年11月到任）

主　席　吴焰生（2021年12月离任）
陈锋毅（2021年12月到任）

副主席　王汉英
黄锦波（2021年12月到任）
李　斌
邱建玮（2021年12月到任）
陈永洋（2021年12月离任）
陈书宁（2021年12月离任）

秘书长　刘祥斌（2021年12月离任）
董淑明（女，2021年12月到任）

（五）中国共产党明溪县纪律检查委员会、明溪县监察委员会

书　记　谭细华（2021年4月离任）
黄日福（2021年7月到任）

监察委主任　谭细华（2021年4月离任）
黄日福（2021年12月到任）

副书记、监察委副主任
林志杰
林黎清

常　委　曾周华
林威宏（2021年5月到任）
傅兴芳（女，2021年5月到任）
饶凯晖（2021年5月到任）
钟贵平（2021年5月离任）
曾承伟（2021年5月离任）

监察委委员　曾周华
傅兴芳（女，2021年6月到任）
饶凯晖（2021年6月到任）
钟贵平（2021年6月离任）
曾承伟（2021年6月离任）

（六）县委各部、委、办、局及直属事业单位

1.县委办公室

主　任　黄国荣

副主任　杨秋香（女，2021年5月离任）
陈礼滨（2021年5月离任）
雷　敏（2021年1月到任）
张光平（2021年5月到任）

王　强（2021年10月到任）
徐世权（2021年12月到任）
督查室主任　曾佑极（2020年9月到任，12月离任）
孙海强（2021年12月到任）
县国家保密局局长
陈礼滨（2021年5月离任）
县委机要局局长
陈礼滨（2021年5月离任）
曾佑极（2021年5月到任）
县委台港澳办主任
陈礼滨（2021年5月离任）
曾佑极（2021年5月到任）
室务会成员　王远明（2021年5月到任，7月离任）
曾佑极（2021年5月到任）
县纪委监委驻县委办公室纪检监察组
组　长　郑文泉
副组长　邓秋媛（女）

2.县委组织部

部　长　张翠雄（2021年7月离任）
杨　琦（女，2021年7月到任）
常务副部长　陈国柱
副部长　范远辉（2021年1月到任，9月离任）
冯燕春（女）
连建山
邱铸兴（2021年1月到任，6月离任）
陈孟耀（2021年9月到任）
部务委员　董淑明（女，2021年10月离任）
叶　伟（2021年5月到任）
县委人才办主任
董淑明（女，2021年10月离任）
县委人才办专职副主任
李燕梅（女，2021年5月离任）
严祯曦（2021年5月到任）
县人才发展促进中心主任　王达伟

3.县委宣传部

部　长　钱　超（2021年7月离任）
杨元增（2021年7月到任）
常务副部长　雷祖泉
副部长　谢寿生（2021年5月离任）
罗　艳（女，2021年5月离任）
林增云（2021年5月到任）
章　蕾（女）
李燕梅（女，2021年5月到任）
部务会成员　许裕珍

4.县委统战部

部　长　谌良福（2021年7月离任）
廖廷建（2021年7月到任）
常务副部长　崔　毅（2021年5月到任）
副部长　杨建明（2021年12月离任）
廖丽萍（女，2021年12月到任）
罗建文

5.县委政法委

书　记　吴　洲（2021年7月离任）
聂建兴（2021年7月到任）
副书记　傅永强（兼）
常务副书记　李凤英（女，2021年5月到任）
副书记　吴光备
李凤英（女，2021年5月离任）
曹连祥（2021年5月离任）
冯向东（2021年5月到任）
政治处主任　张建晖
政法委委务会成员
黄建位（2021年5月离任）

6.县委巡办

主　任　钟贵平（2021年5月离任）

曾周华（2021年5月到任）
副主任　张彬祥

7.县委编办

主　任　邱铸兴（2021年6月离任）
陈孟耀（2021年9月到任）
副主任　陈孟耀（2021年9月离任）
杨丽云（女）

8.县直机关党工委

书　记　张翠雄（兼，2021年7月离任）
杨　琦（兼，女，2021年7月到任）
常务副书记　王贵明
副书记　揭久平（2021年5月离任）
黄　靖（女，2021年5月离任）
陈起晃（2021年5月到任）
委　员　吴陈桂
罗祥念
杨真后（2021年5月到任）
县直机关纪检监察工委
书　记　吴陈桂
副书记　张水情
县直机关人民武装部
部　长　罗祥念

9.县委文明办

主　任　罗　艳（女，2021年5月离任）
林增云（2021年5月到任）
副主任　邱德标
余晓明

10.县委老干部局（加挂县委离退休干部工作委员会）

局　长　连建山
副局长　邱学莲（女，2021年5月离任）
肖新梅（女）
黄　靖（女，2021年5月到任）

11.县委离退休干部工作委员会

书　记　连建山

12.县委党校（县行政学校）

党校校长　张翠雄（兼，2021年7月离任）
杨　琦（兼，女，2021年7月到任）
行政学校校长　徐　婷（兼，女）
常务副校长　吴映岚（女）
副校长　黄宝玲（女）
付伟业

13.县委党史和地方志研究室

主　任　王远松
副主任　温国彪
罗菊妃（女）

14.县档案局

局　长　曾佑极（2021年5月到任）

15.县融媒体中心

主　任　葛本洛（2021年5月离任）
黄选辉（2021年12月到任）
总编辑　石秀苇（女）
副主任　黄选辉（2021年12月离任）
江月兰（女）
汪其鹏
王　健（挂职，2021年1月离任）
夏丽琴（女，挂职，2021年1月离任）

16.县档案馆

馆　长　陈蔚辉（2021年12月离任）
黄建茹（2021年12月到任）
副馆长　李亚清（女）
程晓康（2021年5月离任）
罗寿民（2021年5月到任）

17.县委报道组

组 长 雷玉平（女，2021年4月到任）

18.县事业单位登记中心

主 任 黄建茹（2021年12月离任）

兰小芳（女，2021年12月到任）

（七）县人大常委会各委室

1.办公室

主 任 冯向东（2021年6月离任）

王清华（女，2021年6月到任）

副主任 黄美钦（女）

汪美玉（女，2021年10月到任）

2.社会建设委员会（2021年1月设立）

副主任委员 陈 桦（2021年1月到任，12月离任）

王启良(2021年12月到任)

3.人事代表工作室

主 任 王清华（女，2021年6月离任）

王传荣（2021年6月到任）

4.监察和司法工作委员会

主 任 邱正文

5.财政经济工作委员会（2021年12月更名）

主 任 罗建章（2021年6月离任）

黄继兴（2021年6月到任）

6.农业与农村工作委员会（2021年12月更名）

主 任 黄锦柱

7.教育科学文化卫生工作委员会（2021年12月更名）

主 任 陈 桦

8.环境和城乡建设工作委员会（2021年12月更名）

主 任 陈日祥

9.信访工作室

主 任 魏秋蓉（女，2021年12月离任）

李春晖（2021年12月到任）

（八）县政协各委室

1.办公室

主 任 谢巧玲（女）

副主任 李传谟（2021年5月离任）

李 英（女，2021年5月到任）

罗栋成（2021年4月离任）

2.提案和法制委员会

主 任 肖秋梅（女）

3.教科卫体委员会（2021年8月更名）

主 任 黄国强

4.经济和港澳台侨委员会

主 任 朱发远

5.文化文史学习和民族宗教委员会（2021年8月更名）

主 任 廖康标

6.农业和农村委员会

主 任 刘祥斌

（九）县纪委、监委各室

1.办公室

主 任 詹跃华（2021年7月离任）

2.组织和宣传部

部 长 高 俞（女，2021年5月离任）

傅兴芳（女，2021年5月到任）

3.党风政风监督室

主　任　林威宏

4.信访室

主　任　赖贤铭（2021年5月到任）

5.案件监督管理室

主　任　刘宗权（2021年5月离任）
钟求明（2021年5月到任）

6.第一纪检监察室

主　任　饶凯晖

7.第二纪检监察室

主　任　吴毅辉

8.第三纪检监察室

主　任　戴少瑜

9.第四纪检监察室

主　任　吴祯越（2021年7月离任）

10.第五纪检监察室

主　任　陈明钟

11.案件审理室

主　任　吴丽雪（女）

12.纪检监察干部监督室

主　任　林　彬

（十）县政府组成部门及相关管理工作机构

1.县政府办公室

党组书记、主任　温水木
党组成员、副主任
田其懋（2021年5月离任）
罗智闽
葛厚明
叶少强（2021年5月到任）
柳伟胜（2021年10月到任）
夏丽琴（女，2021年1月到任）
副主任　童　良（2021年7月到任，9月离任）
党组成员　傅兴禄（2021年5月离任）
县纪委监委驻县政府办公室纪检监察组
组　长　沈富勇
副组长　冯新祥
外事办主任　温水木
效能办主任　温水木

2.县信访局

党组书记、局长　葛厚明
党组成员、副局长　阮　强
黄华昕（2021年5月到任）

3.县发展和改革局（加挂县粮食和物资储备局牌子）

党组书记、局长　温裕强
党组成员、副局长
罗艳娟（女，2021年11月离任）
曾繁尧
陈孟良（2021年11月兼任县粮食和物资储备局局长）
副局长　王怀龙
科技副局长（省派挂职）
曾新宇（2021年7月离任）

4.县经济开发区管委会

党委书记、主任　陈建东
党委专职副书记　叶　林

党委委员、副主任
张文强（2021年5月离任）
李　荔
林　伟
黄建位（2021年5月到任）
党委委员　吕家贵（2021年4月离任）
叶　林

5.县工业和信息化局（加挂县科学技术局、县商务局牌子）

党组书记　李远良（2021年5月离任）
陈孟亮（2021年5月到任）
局　长　李远良（2021年6月离任）
陈孟亮（2021年6月到任）
党组成员、副局长　苏荣斌
邱永明
副局长　李步忠（兼任县商务局局长）
张建平（2021年10月到任）
科技副局长　陈　奇
科技局局长　苏荣斌
县贸促会会长　吴金华
县招商服务中心副主任
张金铄

6.县应急管理局

党组书记、局长 蒋祖舜
党组成员、副局长
郑榕桔（2021年5月离任）
黄林超
李　强
蔡建明
张文强（2021年5月到任）

7.县教育局

党组书记、局长 王忠和
党组副书记、副局长
胡桂娥（女）
党组成员、副局长
吴玉忠（2021年8月离任）
吴富根
谢　斌（2021年8月到任）
党组成员、县纪委监委驻县教育局纪检监察组组长　张丰根
明溪电大工作站站长
蔡庆元

8.县公安局

党委书记、局长　傅永强
党委副书记、政委
陈　赟
党委副书记　吴锦财（2021年3月离任）
党委委员、副政委
王毓传
党委委员、副局长
刘春明（2021年3月离任）
王　勇
张雄彬
郭林峰（2021年3月到任）
党委委员、县纪委监委驻县公安局纪检监察组组　长　崔素萍（女，2021年5月离任）
曾承伟（2021年5月到任）
县纪委监委驻县公安局纪检监察组
副组长　黄建光
党委委员　郑金藏
林轶雄
官光能（2021年3月离任）

9.县民政局

党组书记、局长
张运华（2021年6月离任）
张刚昌（2021年6月到任）
党组成员、副局长
魏　坚
罗桂珠（2021年6月到任）

副局长　　　　李春晖（2021年11月离任）
　　　　　　　汤宏瑛（女，2021年11月到任）
县老区办主任　魏　坚

10.县退役军人事务局

党组书记、局长　　邱德兴
党组成员、副局长　谌启能
　　　　　　　　　陈志武

11.县司法局

党组书记、局长
　　　　　　　王　录（2021年7月离任）
　　　　　　　王远明（2021年7月到任）
党组成员、副局长
　　　　　　　黄天铮
　　　　　　　方秋轩（女，2021年3月离任）
　　　　　　　林　峰（2021年5月到任）
　　　　　　　何　媛（女，2021年5月到任）

12.县财政局

党组书记、局长　　张扬伟
党组成员、副局长
　　　　　　　张标炳
　　　　　　　黄玲瑛（女）
　　　　　　　卢晓军（挂职，2021年9月离任）
　　　　　　　陈永中

13.县人力资源和社会保障局

党组书记、局长
　　　　　　　王传荣（2021年5月离任）
　　　　　　　罗　艳（女，2021年5月到任）
党组成员、副局长
　　　　　　　曾云祥
　　　　　　　余　珊（女）
副局长　　　　王　斌

14.县自然资源局

党组书记、局长 郑长龙（2021年6月离任）
　　　　　　　 汤炳龙（2021年6月到任）
党组成员、副局长　魏锦华
　　　　　　　　　刘智勇
　　　　　　　　　邓敏生
副局长　　　　　　朱玉明
　　　　　　　　　邹益銮（挂职）
科技副局长　　　　王绪辉（挂职）
总规划师、勘测队队长　朱书斌
不动产登记中心主任　　肖胜华

15.县住房和城乡建设局（县人民防空办公室）

党组书记、局长、人防办主任　　汤先锋
党组成员、副局长、人防办副主任　罗九根
党组成员、副局长　　　　　　　张锴强
　　　　　　　　　　　　　　　陈良枝
党组成员、总工程师　　　　　　陈岩清
副局长、人防办副主任　　　　　汤国平
科技副局长　　黄全芳（2021年7月离任）
园林中心主任　游木生
环卫服务中心主任　洪冬英（女）
城建监察大队大队长
　　　　　　　黄建华（2021年3月到任）

16.县交通运输局

党组书记、局长 黄泽湜
党组成员、副局长
　　　　　　　官厚斌（2021年5月离任）
　　　　　　　黄顺全（2021年5月离任）
　　　　　　　罗国培
　　　　　　　陈振辉
　　　　　　　童　炜
　　　　　　　罗程亮（2021年5月到任）
　　　　　　　李志兴（2021年5月到任）
党组成员、县运输发展中心主任
　　　　　　　邱明铭（2021年5月离任）

县运输发展中心主任

廖应钊（2021年5月到任）

交通运输综合执法大队大队长

陈　雨（2021年7月到任）

17.县水利局

党组书记　张　翊

局　长　邱建玮（2021年12月离任）

副局长　陈贵春

张　翊（2021年12月离任）

涂　瑞（2021年5月到任）

总工程师　郑庆喜（2021年10月离任）

陈勤新（2021年10月到任）

县水利水电工程移民中心主任　卢长桂

18.县农业农村局

党组书记　曾荣华（2021年1月到任）

党组副书记　谢振锟（2021年11到任）

党组成员　陈金贺（2021年1月到任）

张长兴（2021年1月到任）

严绍忠（2021年1月到任）

黄忠衡（2021年1月到任）

吴瑞金（2021年1月到任）

局　长　曾荣华

副局长　陈金贺

张长兴

严绍忠

谢振锟

刘明洪（挂职，2021年2月离任）

张立杰（挂职，2021年8月离任）

县纪委监委驻县农业农村局纪检监察组

组长　黄忠衡

县纪委监委驻县农业农村局纪检监察组

副组长　范建琳

农业综合执法大队

大队长　王伯平（2021年12月到任）

19.县林业局

党组书记、局长　李　毅

党组副书记、副局长　杨永生

党组成员、副局长　林报运

李马霖

陈建华

党组成员、总工程师　邱乐平

20.县卫生健康局

党组书记、局长

杨　武（2021年6月离任）

张运峰（2021年6月到任）

党组副书记　黄　伟

党组成员、副局长

张运峰（2021年6月离任）

付莉丽(女)

李志兴（2021年5月离任）

陈登明（2021年5月到任）

罗时旺（2021年5月到任）

孙丽平（女，挂职）

21.县审计局

党组书记、局长

陈国强

党组成员、副局长

陈美兰（女，2021年5月离任）

陈炳林

王　健（2021年1月到任）

邹杨结（2021年5月到任）

22.县统计局

党组书记　林增云（2021年12月到任）

局　长　陈　伟（2021年8月离任）

党组书记、副局长

廖丽萍（女，2021年12月离任）

党组成员、副局长

江兴发（2021年10月离任）

副局长　　　　李宏韬（2021年10月到任）
党组成员、农村社会经济调查队
队　长　　　　陈江杰
党组成员、城市社会经济调查队
队　长　　　　吕清香（女）

23.县文体和旅游局

党组书记、局长
陈建华（女）
党组成员、副局长
林兆河
黄益龙
罗永漠
陈明英（女）
吴智强（挂职）
明溪县旅游发展中心
副主任　　　　曹勇金
明溪县文化市场综合执法大队
大队长　　　　陈呀明（2021年3月到任）

24.县市场监督管理局

党组书记、局长
黄云明
党组成员、副局长
黄子台（2021年5月离任）
林跃东（2021年5月离任）
肖建辉
梁文仙（2021年5月离任）
罗建华
温耿晖（2021年5月兼任县知识产权局局长）
副局长　　　　陈思力（2021年10月到任）
党组成员、县纪委驻县市场监督管理局纪检监察组
组　长　　　　卢　萍（女）
县纪委监委驻县市场监督管理局纪检监察组
副组长　　　　钟求明（2021年5月离任）

25.行政服务中心管委会

主　任　　　　林增云（2021年5月离任）
杨秋香（2021年5月到任）
副主任　　　　陈绍顺
李　月（女）

26.县民族与宗教事务局

局长　　　　崔　毅

（十一）县政府所属企事业单位

1.县机关事务保障中心

主　任　　　　江斌虹（女）
副主任　　　　连淼玄
方文林

2.县农业机械化推广中心

主　任　　　　叶孙发（2021年5月到任）
副主任　　　　叶孙发（2021年5月离任）
曾绍福
庄建良

3.县农业科学研究所

所　长　　　　李传祀

4.县供销合作社

主　任　　　　陈文联
副主任　　　　张金明
吴庆荣

5.县城镇集体工业联合社

主　任　　　　王福明
副主任　　　　陈明仙（女，2021年3月到任）
彭少敏（2021年5月离任）
刘明洪（2021年10月离任）

6.县林业总公司

总经理　吴庆锥
副总经理　夏　伟（2021年6月离任）
　夏树荣（2021年3月到任）

7.三明明溪南山遗址保护与发展中心、三明明溪南山遗址博物馆、三明明溪文物保护所

主任、馆长、所长
　吕家贵（2021年3月到任）
副主任、副馆长、副所长
　陈冬永（2021年3月到任）

8.县君峰城市建设投资有限责任公司

董事长、总经理　王允和
总工程师　李世春
副总经理　林伟明
副总经理　黄卫明
财务总监　伍文隆

9.县土地收储中心

主　任　林中甲
常务副主任　方文林（2021年8月离任）
　廖金根（2021年8月到任）
副主任　陈　康（2021年8月到任）

10.县物资总公司

总经理　王明旺
副总经理　张清友（2021年10月离任）
　余兴辉

11.县生物医药产业发展中心

主　任　陈蔚辉（2021年12月到任）
副主任　卢遵杨（2021年12月到任）

12.县第一中学

党支部书记、校长
　谢　斌（2021年8月离任）
　吴玉忠（2021年8月到任）
副校长　陈永明（2021年8月离任）
　饶炳生
　杨伟敏
党支部副书记　曾红东（女，2021年11月离任）
　朱晓娟（女，2021年11月到任）

13.县职业中学

党支部书记、校长　谢正贤

14.县实验小学

党支部书记、校长
　王彩萍（女）

15.县总医院

党委书记　梁广文
党委副书记、行政副院长
　李宏明
院　长　刘志刚
党委委员、副院长
　郑发斌
　张玖福
副院长　王秀萍（女）
　余　文
纪委书记　陈全明
党委委员　温建成
总会计师　汤凤英（女）

16.县疾病预防控制中心

主　任　黄锦松

17.县卫生监督所

所　长　曾朝铖

18.县妇幼保健院

院　长　揭小云（女,2021年10月离任）
　邓丽红（女，2021年10月到任）

（十二）司法机关

1.县人民检察院

党组书记、检察长
胡世棋（2021年1月到任）
党组成员、副检察长
施万庆
叶秋发
廖正币（2021年11月到任）
党组成员、县纪委监委驻县人民检察院纪检监察组组长　涂学章（2021年5月离任）
张元诚（2021年5月到任）
党组成员、检察委员会专职委员
李建明
检察委员会专职委员
黄怀忠

2.县人民法院

党组书记、院长
宁金德（2021年1月到任）
党组成员、副院长
何毅明
张元优
党组成员、政治处主任　邱生旺
党组成员、审委会专职委员　吕家寿
党组成员、县纪委监委驻县人民法院纪检监察组组长　余钦龙（2021年5月离任）
郑小丹（女，2021年5月到任）
审委会专职委员
胡敬春

（十三）省、市属单位

1.国家税务总局明溪县税务局

党委书记、局长　罗朝焰
党委委员、副局长
杨立平
苏国庆
黄惠枝
曹焕生（2021年7月到任）
党委委员、纪检组长
伊贤赞（2021年7月离任）
林　超（2021年7月到任）

2.三明市明溪生态环境局

党组书记、局长
余　舜
党组成员、副局长
王远辉
王昌枝
党组成员、生态环境保护综合执法大队大队长　邱国华
党组成员、环境监测站站长
赖旺成

3.三明市明溪医疗保障局

局　长　张根兴
副局长　冯先福

4.县烟草专卖局（公司）

局长、经理　丁加东
副局长　魏生强
副经理　张一帆
纪检员　张日生

3.中国邮政集团有限公司福建省明溪县分公司

副总经理：　杨　威（主持）
刘　明

4.中国电信股份有限公司明溪分公司

总 经 理　廖福金
副总经理　江清芬

5.福建移动通信有限责任公司明溪分公司

经　理　　原天生
副经理　　肖勇东

6.中国联通明溪分公司

总经理　　廖建平

7.县气象局

局　长　　吴小明（2021年2月离任）
　　　　　邓殷鸿（2021年2月到任）
副局长　　何　磊
气象台台长、纪检员
　　　　　薛晓菲（女）

8.三明市公路养护中心明溪分中心

主　任　　黄晓平
副主任　　郑玉锋
　　　　　吴锡易
　　　　　姜明生（2021年6月到任）

9.福建闽通长运股份有限公司明溪分公司

经　理　　邱建华
副经理　　林贻鸽（2021年1月离任）

10.中国银行保险监督管理委员会三明监管分局明溪监管组

主　任　　黄　晖
副主任　　吴江一（2021年4月离任）

11.中国人民银行明溪县支行

党组书记、行长　　徐文龙
党组成员、副行长　　官光生
　　　　　卢念明

12.中国工商银行股份有限公司明溪支行

行　长　　吴忠健（2021年5月离任）
　　　　　曾钦略（2021年5月到任）
副行长　　邵　军
　　　　　林金美

13.中国农业银行明溪县支行

党委书记、行长
　　　　　董巧芳（女）
副行长　　江　赟（女）
纪委书记　　谢文娟（女）

14.中国建设银行股份有限公司明溪支行

行　长　　黄周衢
副行长　　吴春华（女）
　　　　　林舒毅（2021年10月到任）

15.中国银行股份有限公司三明明溪支行

行　长　　黄汉明（2021年5月离任）
　　　　　颜志生（2021年7月到任）
副行长　　罗秀萍（女）
派驻纪检监察员
　　　　　海　勤（女）

16.县农村信用联社

党委书记、理事长
　　　　　林志民（2021年4月离任）
　　　　　蔡朝阳（2021年5月到任）
党委副书记、主任
　　　　　黄瑞洪（2021年8月离任）
　　　　　王翔燕（女，2021年12月到任）
纪委书记、监事长
　　　　　柯旗伟（2021年3月离任）
　　　　　梅兴金（2021年4月到任）
党委委员、副主任
　　　　　王翔燕（女，2021年12月离任）
　　　　　白平源

17.中国邮政储蓄银行有限责任公司明溪县支行

行　长　　黄丽娟（女，2021年10月到任）

副行长　黄丽娟（女，2021年10月离任）
　　杨静生
　　上官鹏荣（2021年12月到任，主持工作）
　　叶家青

18.福建政和泰隆村镇银行有限责任公司明溪支行

行　长　王　杰（2021年5月离任）
　　朱科宇（2021年5月到任）
副行长　王佳瑜（女）

19.中国财保股份有限公司明溪县支公司

经　理　傅绍敏
副经理　陈逢满
　　杨　帆(2021年11离任)

20.中国人寿保险股份有限公司明溪县支公司

经　理　翁　健

21.县供电有限公司

党委书记　姚　彬
党委副书记、总经理
　　梁垂超
党委委员　王梓华（2021年9月离任）
　　卢根毅（2021年9月到任）
　　汤　华
　　王云鹤
副总经理　姚　彬
　　王梓华（2021年9月离任）
　　汤　华
　　卢根毅（2021年9月到任）
纪委书记　王云鹤

22.福建省明溪国有林场

场　长　赖建明
副场长　郭运堂
　　罗　宁

23.福建新华发行（集团）有限公司明溪分公司

副经理　戴观荣（2021年12月离任）

24.福建海峡科化股份有限公司烽林分公司

党委（党组）书记
　　苏明阳
总经理　苏明阳
党委副书记　林良书
党委委员　胡黎东
　　吕燕清（女）
　　欧仙荣
常务副总经理　陈启洋
副总经理　胡黎东
　　洪进青（2021年8月到任）
纪委书记　吕燕清（女）

25.三明市住房公积金管理中心明溪管理部

主　任　邱和平
副主任　连江永（2021年8月到任）

26.明溪县消防救援大队

党委书记、教导员　陈伟斌
党委副书记、大队长
　　刘必凤（2021年2月离任）
　　占　伟（2021年2月到任）
党委委员　邱慈湘（2021年2月离任）
　　吕靖中（2021年2月离任）
　　叶友宾（2021年2月离任）
　　肖荣春（2021年2月到任）
　　郑宏政（2021年2月到任）
　　刘　翔（2021年2月到任）

（十四）群众团体、工商联

1.县总工会

主　席　张翠雄（兼，2021年7月离任）

杨　琦（兼，女，2021年8月到任）
党组书记、常务副主席　张永清
党组副书记、副主席　胡继忠
庄雪花（女）
兼职副主席　潘梓金（女）
挂职副主席　余晓明

2.团县委

书　记　林　熙
副书记　陆纪超
邓　雯（女）

3.县妇女联合会

主　席　徐　笑（女）
副主席　林　栎（女）
王月清（女）

4.县科学技术协会

主　席　黄清基（2021年5月离任）
李传谟（2021年5月到任）
副主席　邹杨洁（2021年5月离任）
邱学莲（女，2021年5月到任）
刘志刚（兼）
张　诚（兼）
吕　涛（兼）

5.县计划生育协会

会　长　李群秀（女）
常务副会长　黄　伟
副会长　黄松银

6.县工商业联合会（总商会）

主席（会长）　黄立群（兼）
党组书记、常务副主席（副会长）
杨建明（2021年12月离任）
廖丽萍（女，2021年12月到任）
党组成员　汤正春（2021年12月到任）
邱连根（2021年12月到任）
副主席　关　丽（女，2021年5月到任）

7.县残疾人联合会

理事长　叶玉珑
副理事长　冯德平
汤均衡
兼职副理事长　唐雪琴（女）
挂职副理事长　冯小群（女）

8.县归国华侨联合会

主　席　罗建文
副主席　阙　凡（2021年5月到任）

9.县关心下一代工作委员会

主　任　陈全北
常务副主任　谢世平
张　诚
黄苏明

10.县文学艺术界联合会

主　席　李燕萍（女）
副主席　江兴发（2021年11月到任）

11.县社会科学界联合会

主　席　许裕珍

12.县红十字会

会　长　王凤珍（女）
常务副会长　王启良（2021年5月离任）
巫河清（2021年7月到任）
专职副会长　林周如（2021年5月到任）

（十五）自然保护区

福建君子峰国家级自然保护区管理局

局　长　杨元增（2021年7月离任）

党组成员、副局长
余迭生
陈建武
张光长
副局长　雷　敏（2021年1月离任）
郑　蔚（2021年1月离任）
党组成员、纪委书记
曾庭军

（十六）乡镇、农场

1.城关乡

书　记　曾卫中
乡　长　邱筱斌（2021年5月离任）
田其懋（2021年12月到任）
人大主席团主席　郑祖棉
副书记　邱筱斌（2021年5月离任）
田其懋（2021年12月到任）
杨　峰（2021年5月离任）
邱保群（挂职）
余学忠（挂职）
林　熙（挂职，2021年8月到任）
组织委员　黄艳平（女）
纪委书记　孙传杰（2021年5月离任）
游昌林（2021年5月到任）
监察组组长　孙传杰（2021年5月离任）
游昌林（2021年5月到任）
宣传委员　杨　峰（2021年5月离任）
郑剑波（2021年5月到任）
统战委员　杨　峰（2021年5月离任）
程晓康（2021年5月到任）
政法委员　邱保群（2021年5月离任）
江宗禄（2021年5月到任）
武装部部长　江宗禄（2021年5月到任）
党委委员　孙传杰（2021年5月离任）
郑　蔚（2021年5月离任）
副乡长　李　英（女，2021年5月离任）
程晓康（2021年12月到任）
钟琳华（女，2021年12月到任）
郑　蔚（2021年12月到任）
村镇建设综合服务中心主任　傅茂国
社会事务综合服务中心主任　林嘉斌

2.雪峰镇

党委书记　汤炳龙（2021年5月离任）
郑　晔（2021年5月到任）
镇　长　章　炜
人大主席团主席
廖文炳（2021年5月离任）
林永强（2021年12月到任）
党委副书记　章　炜
林永强（2021年5月离任）
方文林（2021年5月离任）
陈首记（2021年5月到任）
纪委书记　杨真后（2021年5月离任）
吴永建（2021年5月到任）
监察组组长　杨真后（2021年5月离任）
吴永建（2021年5月到任）
组织委员　陈雪娇（女）
宣传委员　陈登明（2021年5月离任）
罗容容（女，2021年5月到任）
统战委员　林永强（2021年5月离任）
刘　炜（2021年5月到任）
政法委员　林永强（2021年5月离任）
张　杰（2021年5月到任）
副镇长　林周如（2021年5月离任）
罗桂珠（女，2021年5月离任）
黄永峰（2021年5月离任）
刘　炜（2021年12月到任）
李旺根（2021年12月到任）
冯庆威（2021年12月到任）
黄臻炜（2021年12月到任）
乡村振兴综合服务中心主任　杨春莲（女）

社会事务综合服务中心主任　　温爱芬（女）
社区综合服务中心主任　　蔡艳红（女）

3.瀚仙镇

党委书记　　王远明（2021年5月离任）
　　邱文祥（2021年5月到任）
镇　　长　　邱文祥（2021年5月离任）
　　李东维（2021年12月到任）
人大主席团主席　　林　桂
党委副书记　　邱文祥（2021年5月离任）
　　李东维（2021年5月到任）
　　林　峰（挂职，2021年5月离任）
　　杨　旷
　　卢晓军（挂职，2021年9月到任）
纪委书记　　李伟华
监察组组长　　李伟华
武装部部长　　黄大荣（2021年6月到任）
组织委员　　林育红（女，2021年5月离任）
　　肖万健（2021年5月到任）
宣传委员　　刘　虹（女，2021年5月离任）
　　李　萍（女，2021年5月到任）
统战委员　　林　峰（2021年5月离任）
　　林育红（女，2021年5月到任）
政法委员　　林　峰（2021年5月离任）
　　黄大荣（2021年5月到任）
党委委员　　王　超（2021年5月离任）
副镇长　　王　超（2021年5月离任）
　　黄大荣（2021年5月离任）
　　吕水根
　　林育红（女，2021年5月到任）
　　苏聪聪（2021年12月到任）
　　管光炳（2021年12月到任）
乡村振兴综合服务中心主任　　余兴生
社会事务综合服务中心主任　　汤先平

4.胡坊镇

党委书记　　陈孟亮（2021年5月离任）
　　张庚豫（2021年5月到任）
第一书记　　林　尧（2021年4月离任）
镇　　长　　张刚昌（2021年5月离任）
　　黄　纬（2021年12月到任）
人大主席团主席
　　肖　锋（2021年5月离任）
　　高　俞（2021年12月到任）
党委副书记　　张刚昌（2021年5月离任）
　　肖连顺（2021年5月离任）
　　黄　纬
　　丁绍文（2021年5月到任）
纪委书记　　傅兴芳（女，2021年5月离任）
　　庄衍昌（2021年5月到任）
监察组组长　　傅兴芳（女，2021年5月离任）
　　庄衍昌（2021年5月到任）
组织委员　　李　萍（女，2021年5月离任）
　　刘　虹（女，2021年5月到任）
宣传委员　　邓丽珍（女）
统战委员　　肖连顺（2021年5月离任）
　　池旭忠（2021年5月到任）
政法委员　　黄　纬（2021年5月离任）
　　张清华（2021年5月到任）
党委委员、武装部部长
　　池旭忠（2021年5月离任）
　　张清华（2021年5月到任）
副镇长　　池旭忠
　　丁绍文（2021年5月离任）
　　关　丽（女，2021年5月离任）
　　邓其奋（2021年3月到任）
　　伍　健（2021年12月到任）
　　陈　晔（2021年12月到任）
乡村振兴综合服务中心主任　　赖吾生
社会事务综合服务中心主任　　程代贤

5.盖洋镇

党委书记　　巫河清（2021年5月离任）
　　邝立聪（2021年5月到任）

镇　　长　　邝立聪（2021年5月离任）
　　　　　　李一帆（2021年5月到任）
人大主席团主席
　　　　　　黄继兴（2021年5月离任）
　　　　　　张　弦（2021年5月到任）
党委副书记　邝立聪（2021年5月离任）
　　　　　　陈起晃（2021年5月离任）
　　　　　　李一帆
　　　　　　黄正镇（2021年5月到任）
纪委书记　　雷　鸿（2021年5月离任）
　　　　　　毛雯琦（女，2021年5月到任）
监察组组长　雷　鸿（2021年5月离任）
　　　　　　毛雯琦（女，2021年5月到任）
党委委员、武装部部长　谢　亮
组织委员　　黄华昕（2021年5月离任）
　　　　　　俞　娇（女，2021年5月到任）
宣传委员　　程　琅（女，2021年5月离任）
　　　　　　廖春盼（2021年5月到任）
统战委员　　李一帆（2021年5月离任）
　　　　　　傅兴禄（2021年5月到任）
政法委员　　李一帆（2021年5月离任）
　　　　　　谢　亮（2021年5月到任）
副镇长　　　谢　亮（2021年5月离任）
　　　　　　胡定斌
　　　　　　吴大勇
　　　　　　傅兴禄（2021年5月到任）
　　　　　　汤银生（2021年5月到任）
村镇建设综合服务中心主任　江夏华
社会事务综合服务中心主任　李建雄

6.沙溪乡

党委书记　　王德礼（2021年5月离任）
　　　　　　王　勇（2021年5月到任）
乡　　长　　张　媛（女）
人大主席团主席
　　　　　　范远辉（2021年5月离任）
　　　　　　肖连顺（2021年5月到任）
党委副书记　张　媛（女）
　　　　　　李东维（2021年5月离任）
　　　　　　刘晓庆
　　　　　　李志强（2021年5月到任）
纪委书记　　黄正镇（2021年5月离任）
　　　　　　丁　祺（2021年5月到任）
监察组组长　黄正镇（2021年5月离任）
　　　　　　丁　祺（2021年5月到任）
组织委员　　李志强（2021年5月离任）
　　　　　　陈昌建（2021年5月到任）
宣传委员　　罗时旺（2021年5月离任）
　　　　　　吕　林（2021年5月到任）
统战委员　　陈　辉（2021年5月到任）
政法委员　　李晨帆（2021年5月到任）
党委委员、武装部部长　李晨帆
党委委员　　黄臻炜（2021年1月离任）
副乡长　　　涂　瑞（2021年5月离任）
　　　　　　童桂梅（女）
　　　　　　黄臻炜（2021年1月离任）
　　　　　　李文丽（女，2021年5月到任）
　　　　　　陈　辉（2021年5月到任）
　　　　　　张新华（2021年3月到任）
乡村振兴综合服务中心主任　陈　辉
社会事务综合服务中心主任　姜武辉
村镇建设综合服务中心主任　杨连重

7.夏阳乡

党委书记　　池昌江（2021年5月离任）
　　　　　　邱筱斌（2021年5月到任）
乡　　长　　涂晓彬
人大主席团主席
　　　　　　罗程亮（2021年5月离任）
　　　　　　巫锡源（2021年12月到任）
党委副书记　涂晓彬
　　　　　　巫锡源（2021年5月到任，12月离任）
　　　　　　张　弦（2021年5月离任）

钟茂桂（2021年5月到任）
纪委书记 李 伟
监察组组长 李 伟
党委委员、武装部部长
张 弦（2021年5月离任）
罗正荣（2021年5月到任）
组织委员 廖尚洲
宣传委员 庄 丽（女）
统战委员 巫锡源（2021年5月离任）
涂传彬（2021年5月 到任）
政法委员 巫锡源（2021年5月离任）
罗正荣（2021年5月 到任）
党委委员 张 弦
涂晓彬
副乡长 钟琳华（女，2021年5月离任）
赖万松
林 征（挂职）
林晓凤（女，2021年12月到任）
涂传彬（2021年12月到任）
社会事务综合服务中心主任 张雪英（女）

8.枫溪乡

党委书记 郑秀娟（女，2021年7月离任）
范远辉（2021年9月到任）
乡 长 王 勇（2021年5月离任）
曹连祥（2021年5月到任）
人大主席团主席
张七金（2021年5月离任）
杨 峰（2021年5月到任）
党委副书记 王 勇（2021年5月离任）
陈首记（2021年5月离任）
程 琅（女，2021年5月到任）
纪委书记 吴永建（2021年5月离任）
邓兴宇（2021年5月到任）
监察组组长 吴永建（2021年5月离任）
邓兴宇（2021年5月到任）
党委委员、武装部部长 钟茂桂
组织委员 俞 娇（女，2021年5月离任）
罗文斌（2021年5月到任）
宣传、统战委员
陈首记（2021年5月离任）
宣传委员 邱明铭（2021年5月到任）
统战委员 陈德才（2021年5月到任）
政法委员 陈首记（2021年5月离任）
吴雄伟（2021年5月到任）
副乡长 吴雄伟（2021年5月离任）
陈德才（2021年5月到任）
刘明洪（2021年3月到任）
乡村振兴综合服务中心主任
张扬忠
社会事务综合服务中心主任
邓丽媛（女）

9.夏坊乡

党委书记 郑 晔（2021年5月离任）
陈国泳（2021年5月到任）
乡 长 陈国泳（2021年5月离任）
原建发（2021年5月到任）
人大主席团主席
原建发（2021年5月离任）
陈礼滨（2021年5月到任）
党委副书记 陈国泳（2021年5月离任）
阙 凡（女，2021年5月离任）
原建发（2021年5月到任）
王 超（2021年5月到任）
纪委书记 丁 祺（2021年5月离任）
李世鹏（2021.05到任）
监察组组长 丁 祺（2021年5月离任）
李世鹏（2021年5月到任）
组织委员 罗容容（女，2021年5月离任）
罗长连（女，2021年5月到任）
宣传委员 邱兴星
统战委员 邱兴星（2021年5月离任）
朱海南（2021年5月到任）

政法委员　林长烨（2021年5月离任）
　　　　　涂志强（2021年5月到任）
武装部部长　涂志强（2021年5月到任）
副乡长　李旺根（2021年5月离任）
　　　　林长烨
　　　　朱海南（2021年5月到任）

乡村振兴综合服务中心主任
　　　　陈德才（2021年5月离任）
社会事务综合服务中心主任　丁　铭

10.雪峰农场

副场长　傅俊荣

表12

2021年明溪县主要统计数据一览表

	单位	2020年实绩	2021年实绩	2021年比2020年增长（%）
一、户籍人口				
1.年末总户数	户	34450	34561	0.3
2.年末总人口	人	116811	115946	-0.7
其中：乡村人口	人	78813	77815	-1.3
城镇人口	人	37998	38131	0.35
3.年平均人口	人	117406	116378	-0.88
4.人口出生率	‰	8	6.13	—
5.人口自然增长率	‰	2.17	0.38	—
二、综合经济				
1.地区生产总值(GDP)	亿元	110.5	121.85	6.2
其中：第一产业增加值	亿元	20.92	21.6	4.9
第二产业增加值	亿元	51.8	58.43	5.2
第三产业增加值	亿元	37.78	41.82	8.4
2.三次产业结构比	%	18.93∶46.88∶34.19	17.73∶47.95∶34.32	—
三、农业				
1.农业总产值	亿元	34.93	35.92	4.5
2.全县耕地面积	公顷	10833	10679	-1.42
3.粮食播种面积	万亩	21.51	21.52	0
4.茶叶面积	万亩	1.79	1.86	3.9
5.水果面积	万亩	7.55	7.84	3.8
6.主要农产品产量				
(1)粮食	万吨	8.08	8.14	0.7
(2)茶叶	吨	3525	3857	9.4
(3)水果	吨	62587	65463	4.6

续表12

	单位	2020年实绩	2021年实绩	2021年比2020年增长（%）
(4)蔬菜	吨	98215	101092	2.9
(5)食用菌	吨	8604	9045	5.1
(6)肉类	吨	7537.94	8838.18	17.3
(7)蛋品	吨	2404	2432.12	1.2
(8)水产品	吨	7895	8090	2.5
四、工业				
1.工业总产值	亿元			
其中：规模以上工业产值	亿元	153.03	174.09	13.76
2.规模以上工业经济效益综合指数	%	676.04	737.9	61.86
3.主要工业产品产量				
水泥	万吨	116.63	92.36	-20.8
化学药品原药	吨	1155.54	1369.41	18.51
人造板	万立方米	111	103.52	-6.74
布	万米	6934	6209	-10.45
五、建筑业				
资质以上建筑业总产值	亿元	44.09	52.91	18.4
六、固定资产投资总额	万元	62.01	72.46	16.9
1.项目投资	万元	59.59	70.07	17.6
2.房地产开发	万元	2.42	2.4	-0.9
七、交通邮电				
1.旅客周转量	万人千米	1764.55	1272.82	-27.97
2.货物周转量	万吨千米	19397.18	18007.73	-7.16
3.邮政业务总量	万元	1939.49	2038.61	5.1
八、商业外经				
1.社会消费品零售总额	万元	235980.4	266893.8	13.1
2.实际利用外资	万美元	104	35	-66.35
九、能源消耗				
1.全社会用电	亿千瓦时	4.45	4.32	-2.92
其中：工业用电	万千瓦时	2.98	3.08	3.36
2.规模以上工业增加值单位能耗(上升或下降)	%	下降4.6%	上升15.2%	19.8%

续表12

	单位	2020年实绩	2021年实绩	2021年比2020年增长（%）
十、财税金融				
1.一般公共预算总收入	万元	54402	56966	4.71
其中：　一般公共预算收入	万元	34713	35887	3.38
2.一般公共预算支出	万元	144085	143401	-0.47
3.税收总收入	万元	72771	79783	9.6
4.年末各项存款余额	万元	954636	982069	2.87
5.年末各项贷款余额	万元	372170	423860	13.89
6.储蓄存款（住户存款）	万元	593431	654186	10.24
十一、人民生活				
1.农村居民人均可支配收入	元	18212	20131	10.5
2.城镇居民人均可支配收入	元	33206	35464	6.8
十二、科教文卫等社会事业				
1.申获专利数	件	16	33	206
2.在校学生数	人	14561	13973	-4
3.学校教职员工数	人	1599	1650	3.2
4.门诊急诊量	万人次	54.09	52.65	-2.66
5.结婚登记总数	对	947	408	-56.92
6.离婚登记总数	对	69	109	57.97
十三、林业概况				
当年造林面积	公顷	2403.2	1885.13	-21.6
当年幼林抚育面积	公顷	3467	1640	-52.7
主要林产品产量				—
油茶籽	吨	1744	1695	-2.8
松脂	吨	7550	7550	0
板栗	吨	166	177	6.6
竹笋干	吨	6178	6039	-2.2
毛竹及篙竹采伐	万根	2174	1305	-39.9
木材采伐	万立方米	30.76	25.69	-16.5

责任编辑：罗兴东

索引

说 明

一、本索引采用主题词分析法，按主题词首字汉语拼音字母顺序排列。

二、类目、分目标题用黑体字。“专记”“大事记”“人物 荣誉”“重要文献”“附录”内容不作索引。

三、索引主题词后的数字表示页码，数字后的 a、b、c 表示栏别左中右。

四、空一字起排的款目为上一主题的“附见”。

D

E

F

G

H

J

K

L

M

N

P

S

T

W

X

Y

Z